OLDENBOURG
GRUNDRISS DER
GESCHICHTE

OLDENBOURG
GRUNDRISS DER
GESCHICHTE

HERAUSGEGEBEN
VON
HANS BECK
KARL-JOACHIM HÖLKESKAMP
ACHIM LANDWEHR
STEFFEN PATZOLD
BENEDIKT STUCHTEY

BAND 16

DIE WEIMARER REPUBLIK

VON
EBERHARD KOLB
DIRK SCHUMANN

9., durchgesehene und erweiterte Auflage

DE GRUYTER OLDENBOURG
BERLIN 2022

ISBN 978-3-11-079510-3
eISBN 978-3-11-079791-6
ISSN 2190-2976

Library of Congress Number: 2022938368

Bibliografische Information der Deutschen Nationalbibliothek
Die Deutsche Nationalbibliothek verzeichnet diese Publikation in der
Deutschen Nationalbibliografie; detaillierte bibliografische Daten sind
im Internet über <http://dnb.d-nb.de> abrufbar.

© 2022 Walter de Gruyter GmbH, Berlin/Boston
Satz: primustype R. Hurler GmbH, Notzingen; Michael Peschke, Berlin
Druck und Bindung: CPI books GmbH, Leck

www.degruyter.com

VORWORT DER HERAUSGEBER

Die Reihe *Oldenbourg Grundriss der Geschichte* dient seit 1978 als wichtiges Mittel der Orientierung, sowohl für Studierende wie für Lehrende. Sie löst seither ein, was ihr Titel verspricht: ein Grundriss zu sein, also einen Plan zur Verfügung zu stellen, der aus der Vogelschau Einsichten gewährt, die aus anderen Perspektiven schwerlich zu gewinnen wären.

Seit ihren Anfängen ist die Reihe bei ihren wesentlichen Anliegen geblieben. In einer bewährten Dreiteilung wollen ihre Bände in einem ersten Teil einen Überblick über den jeweiligen historischen Gegenstand geben. Ein zweiter Teil wird bestimmt durch einen ausgiebigen Forschungsüberblick, der nicht nur den Studierenden in einem historischen Forschungsgebiet eine Übersicht über gegenwärtige wie vergangene thematische Schwerpunkte und vor allem Debatten gibt. Denn angesichts der Komplexität, Internationalität sowie der zeitlichen Tiefe, die für solche Diskussionen kennzeichnend sind, stellt es auch für Wissenschaftler eine zunehmende Herausforderung dar, über die wesentlichen Bereiche einer Forschungsdebatte informiert zu bleiben. Hier leistet die Reihe eine wesentliche Hilfestellung – und hier lässt sich auch das Merkmal identifizieren, das sie von anderen Publikationsvorhaben dieser Art deutlich abhebt. Eine umfangreiche Bibliographie rundet als dritter Teil die jeweiligen Bände ab.

Im Laufe ihrer eigenen Historie hat der *Oldenbourg Grundriss der Geschichte* auf die Veränderungen in geschichtswissenschaftlichen Diskussionen und im Geschichtsstudium reagiert. Sie hat sich nach und nach neue Themenfelder erschlossen. Es geht der Reihe in ihrer Gesamtheit nicht mehr ausschließlich darum, in der griechisch-römischen Antike zu beginnen, um das europäische Mittelalter zu durchschreiten und schließlich in der Neuzeit als unserer erweiterten Gegenwart anzukommen. Dieser Gang durch die Chronologie der deutschen und europäischen Geschichte ist für die Orientierung im historischen Geschehen weiterhin grundlegend; er wird aber zunehmend erweitert durch Bände zu nicht europäischen Themen und zu thematischen Schwerpunkten. Die Reihe dokumentiert damit die inhaltlichen Veränderungen, die sich in den Geschichtswissenschaften international beständig vollziehen.

Mit diesen Inhalten wendet sich die Reihe einerseits an Studierende, die sich die Komplexität eines Themenfeldes nicht nur inhaltlich, sondern auch forschungsgeschichtlich erschließen wollen. Andererseits sollen Lehrende in ihrem Anliegen unterstützt werden, Themengebiete in Vorlesungen und Seminaren vermitteln zu können. Im Mittelpunkt steht aber immer der Versuch zu zeigen, wie Geschichte in ihren Ereignissen und Strukturen durch Wissenschaft gemacht wird und damit selbst historisch gewachsen ist.

Hans Beck Karl-Joachim Hölkeskamp Achim Landwehr
Steffen Patzold Benedikt Stuchtey

INHALT

Vorwort IX

I. Darstellung 1
   A. Entstehung und Selbstbehauptung der Republik 1918/19–1923 ... 1
      1. Revolution und Republikgründung 1918/19 1
      2. Pariser Friedenskonferenz und Versailler Vertrag 23
      3. Die Republik in den Krisenjahren 1919–1923 37
   B. Die Republik in der Phase der relativen Stabilisierung 1924–1929 .. 57
      1. Deutsche Außenpolitik im europäischen Beziehungsgeflecht . 57
      2. Strukturprobleme und innere Politik 74
      3. Künstlerische Avantgarde und Massenkultur:
         Zur Physiognomie der „goldenen zwanziger Jahre" 95
   C. Auflösung und Zerstörung der Republik 1930–1933 112
      1. Der Aufstieg des Nationalsozialismus im Schatten der
         Weltwirtschaftskrise 112
      2. Die Desintegration des politischen Systems in der Ära der
         Präsidialkabinette 130

II. Grundprobleme und Tendenzen der Forschung 155
      1. Die Weimarer Republik als Gegenstand wissenschaftlicher
         Forschung 155
      2. Die revolutionäre Entstehungsphase der Republik 166
      3. Reichsverfassung, Parteiensystem, Reichswehr 179
      4. Probleme der wirtschaftlichen und gesellschaftlichen
         Entwicklung 196
      5. „Kultur" in den Jahren der Weimarer Republik 212
      6. Vom Friedensschluß zum Young-Plan: Aspekte der
         internationalen Beziehungen und der deutschen
         Außenpolitik 1919–1930 238
      7. Die Auflösungsphase der Republik 255
      8. Ergänzender Bericht über wichtige Forschungsliteratur
         zur Weimarer Republik seit 2011/12 279

III. Quellen und Literatur 295
   A. Quellen 295
      1. Aktenpublikationen zur Außenpolitik und Vertragstexte 295
      2. Editionen, Dokumentensammlungen, Jahrbücher 296

      3. Stenographische Berichte und Statistiken 302
      4. Memoiren und andere Selbstzeugnisse (Tagebücher, Briefe)
         in Auswahl 302
  B. Literatur 305
      1. Handbücher, Gesamtdarstellungen, Allgemeines 305
      2. Bibliographien 308
      3. Weltkriegsende, Revolution, Reichsverfassung 309
      4. Voraussetzungen, Verlauf und Ergebnis der
         Friedenskonferenz 313
      5. Internationale Beziehungen und deutsche
         Außenpolitik 1919–1932 316
      6. Regierungssystem und Wahlen, Reich und Länder,
         Justiz und Verwaltung, zentrale innenpolitische
         Ereignisse 322
      7. Parteien, Kirchen, gesellschaftliche Organisationen
         und Bewegungen 328
      8. Bildungswesen, Kultur und Wissenschaft, Medien,
         Ideologien, Lebensreform 336
      9. Wirtschaftliche Entwicklung, soziale Probleme,
         Lebensverhältnisse, Milieus 345
     10. Reichswehr, Militärpolitik, paramilitärische
         Organisationen, Polizei 355
     11. NS-Bewegung vor 1933 358
     12. Biographien 362

Anhang 369
  Abkürzungsverzeichnis 369
  Tabelle: Ergebnisse der Wahlen im Reich 1919–1933 370
  Tabelle: Die Reichspräsidentenwahlen 1919, 1925 und 1932 372
  Tabelle: Daten zu Bevölkerungsentwicklung und Erwerbstätigkeit 374
  Zeittafel 376
  Kartenskizze: Das Deutsche Reich zur Zeit der Weimarer Republik 386
  Personenregister 387
  Sachregister 394

VORWORT ZUR 9. AUFLAGE

Der vorliegende Band umfasst den Nachdruck der 8., überarbeiteten und erweiterten Auflage sowie seine Ergänzung durch einen von Dirk Schumann verfassten Bericht über wichtige Werke der seit 2011/12 erschienenen Forschungsliteratur zu verschiedenen thematischen Bereichen. In den Teil „Quellen und Literatur" wurden 39 Titel neu aufgenommen.

Schorndorf und Göttingen, im Januar 2022
Eberhard Kolb
und Dirk Schumann

VORWORT

Zur 8., überarbeiteten und erweiterten Auflage

Der 1984 erstmals vorgelegte Band „Die Weimarer Republik" ist von der fachwissenschaftlichen Kritik freundlich aufgenommen worden und hat sich bei der Beschäftigung mit der Weimarer Republik offensichtlich als Arbeitsbuch bewährt, was dazu führte, daß im Abstand von jeweils mehreren Jahren Neuauflagen notwendig wurden. Für die 3. und für die 6. Auflage (1993 und 2002) wurden der Darstellungs- und vor allem der Forschungsteil des Bandes gründlich überarbeitet und die Bibliographie aktualisiert. Für die vorliegende 8. Auflage haben wir den Teil „Grundprobleme und Tendenzen der Forschung" um ein von Dirk Schumann verfaßtes Kapitel zur „Kultur" erweitert sowie einzelne andere Passagen ergänzt. Unser Ziel war es, den aktuellen Stand der Forschung möglichst präzise vorzustellen und insbesondere die in den letzten Jahre deutlich gewachsene Zahl kulturgeschichtlicher Studien angemessen zu berücksichtigen. Im Teil „Quellen und Literatur" sind gegenüber der letzten Auflage von 2009 rund 60 zwischen 2005 und 2011/2012 erschienene Titel neu aufgenommen worden.

Wir möchten an dieser Stelle all jenen danken, die das Buch bei seiner Entstehung begleitet und zu seinen weiteren Auflagen beigetragen haben. Unser herzlicher Dank gilt in erster Linie Professor Dr. Lothar Gall, der als Mitherausgeber der Reihe den Band verständnisvoll betreut hat, und Professor Dr. Klaus Schönhoven, der nicht nur das Manuskript der ersten Auflage sorgfältig gelesen und sachkundig kommentiert hat, sondern auch als Partner für zahlreiche anregende Gespräche über die Zeit von Weimar zur Verfügung stand. Ein nicht weniger herzlicher Dank geht an Professor Dr. Martin H. Geyer, der sich der Mühe unterzogen hat, das neue Kapitel zur Kultur im Entwurf genau zu lesen und kritisch zu kommentieren sowie an Prof. Dr. Ruth Florack, Prof. Dr. Andreas Waczkat und Dr. Wilfried Rudloff, die wertvolle Hinweise zur Forschung über Literatur, Musik und Stadtgeschichte gegeben haben. Danken möchten wir des weiteren den seinerzeitigen Mitarbeiterinnen und Mitarbeitern am Lehrstuhl Kolb für ihre tatkräftige Hilfe: Prof. Dr. Peter Alter, Prof. Dr. Wolfram Pyta, Dr. Hans-Georg Fleck, Dr. Christine Lattek, Georg Mölich und Dr. Stefan Noethen, ferner Frau Renate Kolwert und Frau Gisela Reddmann, die die Schreibarbeiten erledigten. Zu danken haben wir ebenso den Mitarbeiterinnen am Lehrstuhl Schumann: Dr. Hannah Ahlheim für ihre Hinweise und Anregungen und Inga Kahlcke für ihre Mithilfe an der Fertigstellung des Manuskripts der vorliegenden Auflage.

Bad Kreuznach und Göttingen, im Juli 2012   Eberhard Kolb
                                                                                          und Dirk Schumann

AUS DEM VORWORT ZUR 1. AUFLAGE

Obwohl die Weimarer Republik nur einen vergleichsweise kurzen Zeitraum von etwa vierzehn Jahren umspannt, erweist es sich als eine schwierig zu lösende Aufgabe, auf sehr knapp bemessenem Raum die Geschichte der ersten deutschen Republik darzustellen und den Gang der Weimar-Forschung nachzuzeichnen. Denn die Geschichte dieser vierzehn Jahre ist von höchster Komplexität und überreicher Ereignisfülle, und schon allein die weltgeschichtlichen Konsequenzen des Scheiterns der Demokratie von Weimar zwingen dazu, die Entwicklung in Deutschland zwischen 1918 und 1933 besonders umfassend und sorgfältig zu analysieren. Im Rahmen einer gerafften Überblicksdarstellung ist eine derartige Analyse jedoch nur ansatzweise zu leisten.

Auch bei der Skizzierung von Forschungsentwicklung und Forschungsstand ist eine Beschränkung auf wesentliche Aspekte unumgänglich. Seit mehreren Jahrzehnten beschäftigt sich die deutsche und die internationale Forschung so intensiv gerade mit der Epoche von Weimar, daß selbst der Spezialist inzwischen Mühe hat, die einschlägige Literatur vollständig zu überblicken. Ein detaillierter Bericht über Forschungsaktivitäten und Forschungsergebnisse auf allen Problemfeldern der Zeit von Weimar müßte daher den vorgegebenen Rahmen sprengen, vielmehr kann es sich nur darum handeln, wichtige Erträge der bisherigen Weimar-Forschung vorzustellen und einzelne, zumal kontrovers diskutierte Problemkomplexe genauer zu durchleuchten. Dabei sei darauf hingewiesen, daß Darstellungsteil und Forschungsbericht eng miteinander verzahnt sind (wohl enger als in anderen Bänden dieser Reihe); manche Sachverhalte, die im Darstellungsteil nur knappe Erwähnung finden, werden im Forschungsbericht ausführlicher entwickelt und erörtert.

Die notwendigen Entscheidungen über Gliederung des Stoffes und Auswahl der eingehender behandelten Probleme erfolgten mit Blick auf die Adressaten des Bandes, Geschichtsstudenten, Geschichtslehrer und allgemein historisch Interessierte. Sie möchte der vorliegende Band mit der Geschichte der ersten deutschen Republik und mit dem Stand ihrer Erforschung vertraut machen.

[...]

Köln, im April 1983   Eberhard Kolb

I. Darstellung

A. ENTSTEHUNG UND SELBSTBEHAUPTUNG DER REPUBLIK 1918/19–1923

1. Revolution und Republikgründung 1918/19

Eine „improvisierte Demokratie" ist die Weimarer Republik genannt worden. Diese suggestive Formel meint: Die erste deutsche Demokratie wurde nicht erkämpft von einer starken, in breiten Bevölkerungsschichten verwurzelten republikanischen Bewegung, die langfristig und planvoll eine demokratische Umgestaltung des monarchischen Obrigkeitsstaates anstrebte und schließlich in einer großen Kraftanstrengung durchsetzte; sie wurde vielmehr improvisiert als eine „Notlösung", um die Folgen des verlorenen Weltkrieges für das deutsche Volk einigermaßen erträglich zu gestalten. Und als dieser vermeintliche Ausweg aus der Misere der Niederlage nicht zum Ziel führte, als trotz der Etablierung einer demokratischen Republik die Siegermächte dem Deutschen Reich einen Friedensvertrag mit drückenden Bestimmungen aufzwangen, war damit auch die neue Staatsordnung in den Augen der großen Mehrheit der Bevölkerung dauerhaft diskreditiert: Der Mohr – die von vielen nicht gewollte Republik – hatte seine Schuldigkeit *nicht* getan. Die „improvisierte Demokratie" von Weimar ruhte daher von Anfang an auf nicht sehr stabilen Fundamenten.

Die Weimarer Republik – eine „improvisierte Demokratie"?

Eine solche Deutung von Ursprüngen und Anfängen der Weimarer Republik enthält Richtiges und Falsches. Gewiß: Die Ablösung der Monarchie durch eine Republik stand bis in die letzten Kriegstage hinein nicht auf der Tagesordnung der deutschen Politik. Eine von starken politischen Kräften getragene republikanische Bewegung gab es in Deutschland nicht. Der bürgerliche Linksliberalismus, der vor, während und auch noch nach der 1848er Revolution republikanischen Tendenzen huldigte, hatte sich längst mit der Staatsform der Monarchie abgefunden. Selbst die Sozialdemokraten, für welche die Republik nach wie vor eine Programmforderung darstellte, betrachteten die Ablösung der Monarchie durch die Republik nicht als ein vorrangiges und mit vollem Kräfteeinsatz anzustrebendes Ziel ihrer praktischen Politik.

Aber in der Deutung von der „Improvisation" der Demokratie sind doch wichtige Aspekte nicht ausreichend berücksichtigt. Erstens: Schon ehe die militärische Führung eingestand, daß der Krieg verloren sei, hatte die Reichstagsmehrheit (Mehrheitssozialdemokraten, Zentrum und Fortschrittspartei) ihre Bemühungen um eine Parlamentarisierung der Reichsregierung – und damit um einen Ausbau der demokratischen Verfassungselemente – intensiviert; der Übergang von der konstitutionellen zur parlamentarischen Monarchie zumindest wurde nicht einfach improvisiert, sondern von starken politischen Kräften vorbereitet und gewollt. Zweitens: Die sicherlich höchst ungünstigen Umstände, unter denen die Republik ins Leben trat, determinierten nicht zwingend, wie solide oder fragil der Bau der ersten deutschen Demokratie ausfallen würde; die Entscheidung über die konkrete Ausgestaltung der Weimarer Demokratie fiel erst im Verlauf der Revolutionsmonate. Und schließlich drittens: Auch nach Abschluß der eigentlichen Gründungsphase war über die längerfristigen Lebenschancen der Weimarer Demokratie noch nicht das letzte Wort gesprochen. Auch die Dritte Republik in Frankreich war in den 1870er Jahren aus einem verlorenen Krieg hervorgegangen und hatte sich in der ersten Phase ihrer Existenz einer massiven Infragestellung durch die republikfeindlichen Kräfte zu erwehren, vermochte sich dann aber doch langfristig als demokratische Republik zu konsolidieren. Man wird sich deshalb davor hüten müssen, das Schicksal der Weimarer Demokratie bereits dadurch für entschieden anzusehen, daß sie nicht von einer republikanisch-demokratischen Volksbewegung erkämpft, sondern aus der Niederlage und durch die Niederlage geboren wurde und mit der Hypothek belastet blieb, einen verlorenen Krieg liquidieren zu müssen.

<small>Parlamentarisierung im Zeichen der militärischen Niederlage</small>

Das politische System des Deutschen Kaiserreichs erwies sich – wie immer man seine Stabilität, Flexibilität und Entwicklungsfähigkeit im allgemeinen einschätzen mag – den Belastungen des Krieges gewachsen, solange die große Mehrheit des deutschen Volkes sich in dem Glauben wiegte, der Krieg werde mit einem deutschen Sieg enden. Erst als dieser Glaube schwand und die militärische Niederlage sich abzuzeichnen begann, eskalierten die teils latenten, teils offenen Spannungen im politischen und sozialen Gefüge des Kaiserreichs rasch zu einer akuten Systemkrise, die in Staatsumsturz, Revolution und Republikgründung ausmündete.

Die Parteien der Reichstagsmehrheit hatten ihre Politik der Parlamentarisierung bis in den Sommer 1918 hinein eher behutsam als ungestüm betrieben; aber die sich seit Juli/August 1918 rapide verschlechternde militärische Situation der Mittelmächte brachte auch die innere Politik rasch in heftige Bewegung. Nach der Friedensnote Österreich-Ungarns (14. September) und dem Zusammenbruch Bulgariens (Waffenstillstand 30. September) sah sich die „Oberste Heeresleitung" (OHL) zu dem Eingeständnis gezwungen, daß der Krieg für Deutschland verloren sei und nur der sofortige Abschluß eines Waffenstillstands die militärische Katastrophe verhindern könne.

Diesen militärischen Offenbarungseid leistete die OHL bei den Beratungen im Großen Hauptquartier zu Spa am 28./29. September, an denen die führenden Repräsentanten des Kaiserreichs teilnahmen. Man beschloß, unverzüglich ein Waffenstillstands- und Friedensangebot an den amerikanischen Präsidenten Wilson zu richten und diese Aktion innenpolitisch abzustützen durch eine Parlamentarisierung der Reichsregierung („Parlamentarisierungserlaß" vom 30. September). Auf dieser Grundlage wurde – unter ständigem Drängen der OHL auf sofortige Absendung des Waffenstillstandersuchens – über die Zusammensetzung der neuen Regierung verhandelt. Der am 3. Oktober zum Reichskanzler ernannte Prinz Max von Baden bildete sein Kabinett unter maßgebender Mitwirkung der Parteien der Reichstagsmehrheit – damit war der entscheidende Schritt auf dem Weg von der konstitutionellen zur parlamentarischen Monarchie getan. *Bildung der Regierung Max von Baden*

Den Übergang zum parlamentarischen Regierungssystem in der Agonie des Kaiserreichs lediglich als eine durch OHL und Kaiser Wilhelm II. bewirkte „Revolution von oben" zu klassifizieren, hieße indessen, den in Wirklichkeit höchst komplexen Vorgang des verfassungspolitischen Strukturwandels im Herbst 1918 unzulässig zu vereinfachen. Wie die neuere Forschung nachweisen konnte, ließen sich die Mehrheitsparteien des Reichstags keineswegs – als willige Instrumente in der Hand Ludendorffs – gleichsam „zur Machtübernahme" befehlen. Vielmehr hatten diese Parteien von sich aus die Initiative in der Verfassungsfrage ergriffen, bevor man sich im Großen Hauptquartier Ende September entschied, den Weg zur Parlamentarisierung der Reichsleitung freizugeben. Am 28. September verlangte der „Interfraktionelle Ausschuß", das Koordinationsgremium der Mehrheitsparteien, eine Änderung der Reichsverfassung als „Voraussetzung für die Schaffung einer starken, vom Vertrauen der Mehrheit des Reichstags getragenen Regierung". Ohne Zweifel stand hinter dieser Initiative vom 28. September eine beachtliche Stoßkraft, denn offenkundig zeigten sich die Mehrheitsparteien jetzt entschlossen, das durch die Friedensresolution vom Juli des Vorjahres demonstrierte Machtpotential des Reichstags uneingeschränkt einzusetzen. Wenn es in jenen Tagen nicht zu einer Auseinandersetzung auf Biegen und Brechen zwischen OHL und Reichstagsmehrheit kam, dann deshalb, weil Ludendorff es unter dem Eindruck der aussichtslosen militärischen Lage für opportun hielt, selber den Parteien das Tor zur Macht zu öffnen – und ihnen damit zugleich die Verantwortung für die Liquidierung des Krieges zuzuschieben.

Die erste parlamentarische Regierung des Deutschen Reichs trat unter Auspizien an, wie sie ungünstiger nicht hätten sein können: Die erste, ihr von der OHL aufgezwungene Aktion war die Absendung des Waffenstillstandsangebots. Erst am 2. Oktober, mitten in den Verhandlungen um die Bildung der neuen Mehrheitsregierung, wurden die Führer der Reichstagsfraktionen durch einen Abgesandten der OHL über die desolate militärische Lage informiert, die den *Deutsches Waffenstillstandsgesuch vom 3. Oktober 1918*

sofortigen Abschluß eines Waffenstillstands notwendig mache. Verzweifelt, aber vergeblich kämpfte Prinz Max von Baden um einen Aufschub von wenigstens einigen Tagen für die Einleitung der Friedensaktion – Ludendorff bestand auf unverzüglicher Absendung der Note an Wilson: „48 Stunden könne die Armee nicht noch warten." Dem ultimativen Drängen der OHL beugte sich die neue Reichsleitung. Am Abend des 3. Oktober ersuchte die deutsche Regierung den amerikanischen Präsidenten, „die Herstellung des Friedens" auf der Grundlage des von ihm aufgestellten Programms (insbesondere der Vierzehn Punkte) in die Hand zu nehmen. Dann folgte der bedeutungsschwere Satz: „Um weiteres Blutvergießen zu vermeiden, ersucht die deutsche Regierung den sofortigen Abschluß eines Waffenstillstandes zu Lande, zu Wasser und in der Luft herbeizuführen."

Psychologische Auswirkung

Dieses offene Eingeständnis der Niederlage traf die psychologisch völlig unvorbereitete deutsche Öffentlichkeit wie ein Keulenschlag, denn bis zuletzt hatte die große Mehrheit der Bevölkerung der von der amtlichen Propaganda systematisch erzeugten und verbreiteten, ungerechtfertigt optimistischen Einschätzung der Kriegslage Glauben geschenkt. Nachdem das deutsche Waffenstillstandsangebot jäh und in so dramatischer Weise den illusionären Charakter der bisherigen Lageeinschätzung enthüllt hatte, gab es für die kriegsmüden Massen in Deutschland nur noch *ein* Ziel: Beendigung des Krieges – so schnell wie möglich und um jeden Preis. Die „Friedensbewegung" wuchs im Lauf des Oktober lawinengleich an, radikalisierte sich zunehmend und brachte Regierung und Parteien unter starken Druck von unten. Die revolutionären Gruppen, bislang zahlenmäßig schwach und organisatorisch ungefestigt, in ihrem Aktionsradius durch die Polizeimaßnahmen des Regimes aufs äußerste eingeschränkt, erhielten Zulauf und Auftrieb.

Zwar wandte sich die Massenstimmung nicht primär gegen die monarchische Staatsform, aber in weiten Kreisen der Bevölkerung, im Bürgertum ebenso wie in der Arbeiterschaft, wuchs die Befürchtung, es könnte auf der Basis der bis dahin eingeleiteten Verfassungsänderungen unmöglich sein, rasch zur Einstellung der Kampfhandlungen zu gelangen. Um dieses Ziel zu erreichen, war man bereit, weitergehende staatliche Umgestaltungen zu fordern, selbst die Abdankung des Kaisers.

Forderung nach Abdankung Kaiser Wilhelms II.

Den Ausgangspunkt für diese Radikalisierung der Friedensbewegung bildeten die Antwortnoten Wilsons auf das deutsche Friedensangebot. Vor allem die dritte Note vom 23. Oktober enthielt alarmierende Passagen, die in der deutschen Öffentlichkeit tiefe Niedergeschlagenheit hervorriefen, aber auch in zunehmendem Maße die Entschlossenheit, Wilsons Bedingungen zu erfüllen, um zum Frieden zu gelangen. Unmißverständlich nämlich drohte der amerikanische Präsident: wenn die USA mit den militärischen Beherrschern und monarchistischen Autokraten verhandeln müßten „dann kann Deutschland über keine Friedensbedingungen verhandeln, sondern muß sich ergeben". Diese Formulierung bewirkte in der öffentlichen Meinung Deutschlands – unabhängig davon, wie sie wirklich gemeint war – die Vorstellung: „Wenn der Kaiser abdankt, bekommen wir einen guten Waffenstillstand." Die Forderung nach Abdankung Kaiser Wilhelms II. wurde nun immer vehementer erhoben und – trotz Zensur – in der Presse offen diskutiert.

In zeitlicher Parallelität zum Notenwechsel mit Wilson, auf den sich die Aufmerksamkeit der Öffentlichkeit konzentrierte, bereitete die neue Reichsregierung mit den Parteien der Reichstagsmehrheit eine Verfassungsreform vor. Die potentielle Tragweite des damit eingeleiteten Parlamentarisierungsprozesses kam der großen Mehrheit der Bevölkerung damals allerdings kaum zum Bewußtsein – nicht ohne Schuld der neuen Reichsleitung und der sie tragenden Parteien. Denn der Reichstag, der angesichts der kritischen äußeren und inneren Entwicklung gerade in diesen Wochen eine zentrale Rolle hätte spielen müssen – als Forum zur massiven Artikulation der Parlamentarisierungsbestrebungen und als Motor der Verfassungsreform –, trat im Oktober viel zu selten zusammen. Er nahm am 5. Oktober die Regierungserklärung entgegen und vertagte sich daraufhin, entsprechend dem Willen der Mehrheitsparteien, bis zum 22. Oktober. Zu diesem Zeitpunkt aber war für die öffentliche Meinung nicht die Verfassungsreform, sondern die Beendigung des Krieges und – damit im Zusammenhang – die Abdankung des Kaisers das beherrschende Thema der Stunde.

„Oktoberreform"

Am 28. Oktober traten die beiden Gesetze „zur Abänderung der Reichsverfassung" in Kraft. Obwohl nur wenige Artikel der Bismarckschen Reichsverfassung von 1871 modifiziert wurden, bewirkten diese Änderungen doch, daß das Reich nun auch verfassungsrechtlich eine parlamentarische Monarchie war. Zentrale Bedeutung hatten dabei folgende Bestimmungen: Fortan bedurfte der Reichskanzler des Vertrauens des Reichstags und war, wie sein Stellvertreter, für seine Amtsführung dem Bundesrat und Reichstag verantwortlich; Mitglieder des Reichstags konnten jetzt Minister werden, ohne ihr Mandat niederlegen zu müssen.

Lebensfähigkeit und Erfolgsaussichten der Oktoberreform werden in der Forschung recht unterschiedlich beurteilt. Kaum zu bestreiten ist jedoch, daß trotz des im Gang befindlichen Verfassungswandels Krone und Militär im Oktober nicht bereit waren, sich der zivilen Reichsleitung unterzuordnen und sich von ihr kontrollieren zu lassen. Das zeigte sich deutlich bei mehreren Gelegenheiten. Epoche machten vor allem zwei Aktionen: der von der Seekriegsleitung ohne Wissen der Reichsregierung angeordnete Flottenvorstoß in die Nordsee sowie die – gegen den Willen der Reichsleitung unternommene – Reise des Kaisers ins Große Hauptquartier nach Spa, mit der sich Wilhelm II. der Einwirkung der zivilen Gewalt entzog. Diese „Flucht" des Kaisers nach Spa erfolgte in einem Moment, in dem sich die innere Krisensituation dramatisch zuspitzte. Immer lauter erscholl der Ruf nach Abdankung des Kaisers, und am 28. Oktober kam es zu ersten Befehlsverweigerungen bei der auf Schilligreede vor

Befehlsverweigerung bei der Marine

Wilhelmshaven versammelten Hochseeflotte. Die Matrosen befürchteten, die Seekriegsleitung wolle mit dem Flottenvorstoß den von der Reichsregierung verfolgten politischen Kurs unterlaufen und den Engländern in der Nordsee eine „Verzweiflungsschlacht" liefern, die – militärstrategisch zumindest fragwürdig – in den Augen der Matrosen ein ebenso verantwortungsloses wie sinnloses Unternehmen war. Die Marineführung hingegen, die sich einem traditionellen Ehrenkodex verpflichtet wußte, wollte nicht kampflos, ohne einen letzten Einsatz der Hochseeflotte gewagt zu haben, die Kapitulation vollziehen. Sie ließ in Wilhelmshaven rund tausend meuternde Matrosen verhaften und dirigierte fünf Linienschiffe nach Kiel, wo dann ebenfalls Verhaftungen vorgenommen wurden. Die Sorge um das Schicksal der inhaftierten Kameraden mobilisierte in Kiel Soldaten und Matrosen. In massenhaft besuchten Kundgebungen forderten sie die Freilassung der Verhafteten; es kam zu Schießereien, Soldatenräte wurden gebildet, Offiziere entwaffnet. Die militärische Führung war nicht mehr Herr der Lage und erklärte sich bereit, den Forderungen der Aufständischen entgegenzukommen. Am Abend des 4. November befand sich Kiel in den Händen der aufständischen Matrosen und Soldaten.

Ausbreitung der Aufstandsbewegung

Die nächsten Tage enthüllten das ganze Ausmaß einer grandiosen „Willenslähmung der Ordnungsmacht im Staat"; der Militär- und Polizeiapparat des alten Regimes kapitulierte überall so gut wie widerstandslos vor der Aufstandsbewegung, die von Kiel aus wie ein Steppenbrand um sich griff. Wohin die von Kiel ausschwärmenden Matrosen gelangten, schlossen sich ihnen die Soldaten der Garnisonen, die Arbeiter der Fabriken an. Es wurden Arbeiter- und Soldatenräte improvisiert; die örtlichen Funktionäre der Arbeiterparteien und der Gewerkschaften nahmen die Dinge in die Hand, ohne die Anweisungen ihrer Führungszentralen abzuwarten: am 6. 11. in Hamburg, Bremen, Wilhelmshaven, Lübeck; am 7. 11. in Hannover; am 8. 11. in Köln, Braunschweig, Düsseldorf, Leipzig, Frankfurt. Es handelte sich dabei *nicht* um eine von revolutionären Zirkeln generalstabsmäßig geplante und durchgeführte Umsturzaktion, sondern um eine spontane Bewegung der kriegsmüden Massen, die eine sofortige Beendigung des Krieges erzwingen wollten. In der Tiefenströmung dieser Bewegung gelangte aber auch ein in breiteren Bevölkerungsschichten bis dahin eher latent existierender Wille zu einer umfassenderen Neugestaltung der politischen und sozialen Ordnung zum Durchbruch, der sich in den folgenden Monaten deutlicher artikulieren und an Dynamik gewinnen sollte.

Der 9. November 1918 in Berlin

Am 9. November erreichte die revolutionäre Welle die Reichshauptstadt. An diesem Tag kreuzten sich in Berlin mehrere Aktionslinien. Der Reichskanzler Max von Baden war überzeugt, daß die Monarchie nur dann eine Überlebenschance besaß, wenn Wilhelm II. und der Kronprinz unverzüglich abdankten; er bemühte sich deshalb seit dem frühen Morgen fieberhaft, von dem im Großen Hauptquartier in Spa weilenden Kaiser die Ermächtigung zur Veröffentlichung einer entsprechenden Erklärung zu erhalten. Gegen Mittag, als sich riesige Demonstrationszüge durch die Straßen der Hauptstadt wälzten und die Soldaten in den Kasernen sich der Bewegung anschlossen, publizierte Prinz Max die Abdankung des Kaisers, obwohl er dazu noch nicht autorisiert worden war; gleichzeitig übergab er das Amt des Reichskanzlers an den Führer der Mehrheitssozialdemokratie, Friedrich Ebert. Dieser war mit mehreren SPD-Führern in der Reichskanzlei erschienen und hatte gefordert, die Regierungsgewalt müsse jetzt an Männer übergehen, die „das volle Vertrauen des Volkes" besäßen. Ebert erklärte sich zur Übernahme des Reichskanzleramtes bereit und versicherte, er werde die Regierung im Rahmen der Reichsverfassung führen. Auch der Ausschreibung von Wahlen zu einer verfassunggebenden Nationalversammlung stimmte die mehrheitssozialdemokratische Deputation zu. Eberts Ziel in diesen Stunden war es, die revolutionäre Bewegung durch eine Neubildung der Regierung auf der Basis der Oktoberverfassung aufzufangen. Ihm schwebte eine um die Unabhängige Sozialdemokratie (USPD) erweiterte Koalition der bisherigen Mehrheitsparteien (SPD, Zentrum, Fortschrittspartei) vor, ein Übergangskabinett mit diktatorischen Vollmachten bis zum Zusammentritt einer umgehend zu wählenden Nationalversammlung, der die Entscheidung über die Staatsform vorbehalten bleiben sollte. Deshalb war Ebert empört, als er erfuhr, daß sein Parteifreund Scheidemann von einem Fenster des Reichstagsgebäudes aus die Republik proklamiert hatte. Ebert richtete sich mit einigen Mitarbeitern in der Reichskanzlei ein; seine Reichskanzlerschaft währte aber nur wenige Stunden.

Ziele Eberts

„Ausrufung der Republik" durch Scheidemann

Die revolutionären Gruppen in Berlin waren nämlich am 9. November nicht untätig geblieben. Den „Revolutionären Obleuten", die in der Berliner Arbeiterschaft erheblichen Rückhalt besaßen und auf dem linken Flügel der USPD standen, gelang es, bei einer Soldatenversammlung den Beschluß durchzusetzen, daß am nächsten Vormittag in den Berliner Betrieben und Garnisonen Arbeiter- und Soldatenräte gewählt würden, die noch am gleichen Tag zu einer Versammlung zusammentreten und eine provisorische Regierung einsetzen sollten. Damit hatten die Berliner Soldatenräte, die seit dem Nachmittag des 9. November die Inhaber der tatsächlichen Macht in Berlin waren, den Anspruch auf entscheidende Mitsprache der Räte bei der Regierungsbildung erhoben.

Berliner Arbeiter- und Soldatenräte

Angesichts dieser Situation entschlossen sich Ebert und seine Freunde, den Plan eines sozialistisch-bürgerlichen Koalitionskabinetts fallenzulassen und eine direkte Verständigung mit der USPD-Führung zu suchen, um noch vor dem Zusammentritt der Räteversammlung vollendete Tatsachen zu schaffen; im Interesse dieser übergeordneten Zielsetzung akzeptierten sie die recht weitgehenden Bedingungen der USPD-Führung. So kam am frühen Nachmittag des 10. November zwischen den Parteiführungen von SPD und USPD eine Vereinbarung über die Bildung der neuen Regierung auf paritätischer Grundlage zustande („Rat der Volksbeauftragten": Ebert, Scheidemann, Landsberg – SPD; Haase, Dittmann, Barth – USPD).

Bildung des Rats der Volksbeauftragten

Räteversammlung in Berlin am 10. November 1918

Die Versammlung der 3000 gewählten Delegierten der Berliner Arbeiter und Soldaten nahm die Mitteilung von der erzielten Einigung zwischen SPD und USPD mit stürmischem Beifall auf: Die im „Vorwärts" am 10. November aufgestellte Forderung „Kein Bruderkrieg!" charakterisierte prägnant die Stimmung der Stunde. Die Versammlung „bestätigte" den Rat der Volksbeauftragten als provisorische Reichsregierung, wählte zugleich aber auch, entsprechend den Intentionen der Linksradikalen, einen Aktionsausschuß, den „Vollzugsrat". Erst nach turbulenten Auseinandersetzungen vermochten Mehrheitssozialdemokraten und Soldatenvertreter gegen den Widerstand der Revolutionären Obleute und ihrer Anhänger eine paritätische Besetzung dieses Gremiums zu erzwingen. Aufgrund dieser paritätischen Besetzung, aber auch aufgrund der organisatorischen Unfähigkeit und der taktischen Ungeschicklichkeiten der linken Fraktion im Vollzugsrat konnte dieser nicht die Funktion einer von den revolutionären Kräften gelenkten „Gegenregierung" zum Rat der Volksbeauftragten übernehmen, wie es die Linksradikalen zunächst beabsichtigt hatten. Eine „Doppelherrschaft" nach russischem Muster gab es an der Spitze des Reiches auch in den Wochen der verfassungslosen „Übergangszeit" nicht. Bereits Ende November hatte der Rat der Volksbeauftragten den Machtkampf mit dem Vollzugsrat eindeutig zu seinen Gunsten entschieden. Vor allem die mehrheitssozialdemokratischen Volksbeauftragten besaßen dabei einen starken Rückhalt bei den „Fachministern" (Leiter der Reichsämter), die fast alle den bürgerlichen Parteien angehörten oder ihnen zuzurechnen waren (Solf, Preuß, Schiffer, v. Krause, Koeth).

„Rat der Volksbeauftragten" vs. „Vollzugsrat"

Revolutionsregierungen in den Bundesstaaten

Wie im Reich, so endete auch in den einzelnen deutschen Bundesstaaten im November die Monarchie. Die in den Umsturztagen gebildeten Revolutionsregierungen der Einzelstaaten waren teilweise ebenfalls paritätisch aus SPD- und USPD-Vertretern zusammengesetzt (Preußen, Sachsen), teilweise dominierte die Mehrheitssozialdemokratie (Württemberg, Hessen), teilweise die USPD (Braunschweig, Hamburg, Bremen, einige thüringische Kleinstaaten); einigen Kabinetten gehörten auch bürgerliche Minister an (Baden, Mecklenburg-Schwerin). In Bayern stand an der Spitze der Revolutionsregierung, der SPD- und USPD-Politiker angehörten, der Unabhängige Kurt Eisner, der in den entscheidenden Tagen die Initiative ergriffen und schon am 7. November in München den Sturz der Wittelsbacher-Dynastie herbeigeführt und die Republik proklamiert hatte.

Abschluß des Waffenstillstandes am 11.11.1918

Der Sturz der Monarchien und die Einsetzung von Revolutionsregierungen im Reich und in den Einzelstaaten fielen zeitlich zusammen mit dem Ende des Krieges. Nachdem eine am 6. November in Berlin eingetroffene Note der amerikanischen Regierung grünes Licht für die Waffenstillstandsverhandlungen gegeben hatte, reiste noch am gleichen Tag eine deutsche Delegation nach dem Westen ab. An ihrer Spitze stand, mit Einverständnis der OHL, der Zentrumspolitiker Matthias Erzberger – es wäre sicher besser gewesen, wenn die

Leitung der Delegation durch einen Vertreter des Generalstabs auch nach außen hin sichtbar dokumentiert hätte, wer die eigentliche Verantwortung für die deutsche Kapitulation trug. Die Bedingungen, die der deutschen Delegation von General Foch vorgelegt wurden, waren äußerst hart: Räumung aller besetzten Gebiete im Westen und des gesamten linken Rheinufers sowie dreier Brückenköpfe bei Köln, Mainz und Koblenz; Auslieferung eines großen Teils des Kriegsmaterials, der Unterseeboote sowie von Lokomotiven, Eisenbahnwaggons und Kraftwagen; Internierung der Hochseeflotte; Rückführung der alliierten Kriegsgefangenen ohne Verpflichtung zur Gegenseitigkeit; Aufhebung der Friedensverträge von Brest-Litowsk und Bukarest; Räumung der von deutschen Truppen besetzten Ostgebiete (jedoch erst nach Aufforderung durch die Alliierten); Aufrechterhaltung der Blockade. Auf Rückfrage erklärte die OHL, man solle versuchen, Erleichterungen auszuhandeln; gelinge das nicht, „so wäre trotzdem abzuschließen". Alles, was die deutsche Delegation erreichte, war eine geringfügige Änderung der Termine für die Rückführung der deutschen Truppen. Am 11. November wurde das Waffenstillstandsabkommen unterzeichnet. Wenige Stunden später schwiegen, nach über vier Jahren blutigen Kampfes, an allen Fronten die Waffen.

Nachdem der Krieg damit faktisch beendet war, konzentrierten sich jetzt alle Energien auf die innenpolitischen Auseinandersetzungen. Welches waren die Zielvorstellungen und politischen Strategie-Konzepte der die Revolutionsbewegung tragenden Gruppen und Parteien sowie der führenden Männer der Revolutionsregierung, und wie reagierte das Bürgertum auf den Staatsumsturz? *Innenpolitische Auseinandersetzungen*

Ein Patentrezept, eine langfristig ausgearbeitete, situationsadäquate Strategie zur Bewältigung der seit Ende Oktober akut aufgebrochenen Staats- und Gesellschaftskrise besaß keine der politischen Gruppierungen. Alle waren durch den Verlauf der Ereignisse völlig überrascht worden. Durch den unerwarteten und jähen Zusammenbruch der Ordnungsmacht im Staat war eine Situation entstanden, auf die niemand vorbereitet war: nicht die politische Rechte, die fassungslos und in den ersten Tagen wie gelähmt den Untergang der Monarchie ohne Versuch eines Widerstands hinnahm; nicht die bürgerlichen Parteien, bei denen die Sorge vor einem drohenden radikalen Umsturz der Gesellschaftsordnung vorherrschte; nicht die Sozialdemokratie, die mit der Oktoberreform ihre vorrangigen Ziele erreicht hatte und am 9. November nur mit Unlust den Rubikon überschritt; nicht einmal die radikale Linke, die die revolutionäre Wende gewollt und darauf hingearbeitet hatte, bei der man deshalb eine klare Revolutionsstrategie am ehesten voraussetzen durfte. Aber selbst die Linksradikalen hatten bis in die letzten Oktobertage hinein mit einem so plötzlichen Zusammenbruch des Kaiserreichs nicht gerechnet.

Beginnen wir bei der äußersten Linken, der (bis Ende Dezember 1918 organisatorisch der USPD angeschlossenen) Spartakusgruppe. Was Karl Lieb- *Spartakusbund* knecht, Rosa Luxemburg und ihre Anhänger *wollten*, war klar: die Errichtung eines sich mit Sowjetrußland verbündenden Rätedeutschland. Das bis zum 10. November Erreichte war ihnen deshalb eine unerträgliche Halbheit; „Weitertreiben der Revolution" lautete ihre Parole. In diesem Sinne forderte die Spartakusgruppe: Auflösung des Rats der Volksbeauftragten, sofortige Übernahme der politischen Macht durch die Arbeiter- und Soldatenräte, Verzicht auf die Einberufung einer Nationalversammlung, Entwaffnung der Polizei, sämtlicher Offiziere sowie der „nichtproletarischen Soldaten", Schaffung einer Arbeitermiliz, Enteignung von Grund und Boden aller landwirtschaftlichen Groß- und Mittelbetriebe, Enteignung aller Bergwerke, Hütten und Großbetriebe in Industrie und Handel.

An revolutionärer Entschlossenheit mangelte es den Anhängern von Liebknecht und Luxemburg gewiß nicht. Aber sie waren ein kleines Häuflein; bei Ausbruch der Revolution wohl höchstens einige Tausend. Die eifrigsten Verfechter der Parole „Alle Macht den Räten" hatten in kaum einem Arbeiterrat einen Sitz gewonnen. Eben deshalb gingen sie auf die Straße, entfesselten sie in ihrer revolutionären Ungeduld eine ungezügelte Versammlungsagitation; sie suchten auf diese Weise eine Stärke vorzutäuschen, die sie in Wirklichkeit nicht besaßen. „Revolutionäre Gymnastik" spotteten die Revolutionären Obleute in Berlin, die dem Programm des Spartakusbundes nahestanden, aber die Taktik der Spartakisten ablehnten. Diese Taktik war in den November- und Dezembertagen nicht erfolgreich, aber auch nicht folgenlos. Denn weiten Teilen der Öffentlichkeit erschien die Einberufung einer Nationalversammlung – gemeinsames Ziel aller bürgerlichen Kreise, der Sozialdemokratie und der meisten Arbeiter- und Soldatenräte – gefährdet, viele sahen bereits die bolschewistische Anarchie im Anmarsch.

Die Drohung von Links rief entschiedene Abwehrreaktionen hervor, nicht nur beim Bürgertum, sondern auch bei der Anhängerschaft der Sozialdemokratie, auch bei den meisten Arbeiter- und Soldatenräten. Vor allem aber: Die Drohung von Links bestärkte die sozialdemokratischen Volksbeauftragten in ihrer Auffassung, nur im Zusammenwirken mit Offizierskorps und alter Bürokratie könne die Ordnung aufrechterhalten, könnten die drängenden Tagesprobleme gemeistert werden. So kam bereits im November ein verhängnisvoller Teufelskreis in Gang: Die Aktivitäten der äußersten Linken trieben die sozialdemokratischen Volksbeauftragten nach rechts; eben diese starke Anlehnung an die alten Machtträger wurde aber, je länger, je mehr, zum Stein des Anstoßes auch für viele Anhänger der Mehrheitssozialdemokratie, die eine Überwindung des „Obrigkeitsstaates" erstrebten.

<small>Unabhängige Sozialdemokratie (USPD)</small>

Die Unabhängige Sozialdemokratie, die 1917 gegründet worden war und in der sich die Gegner der mehrheitssozialdemokratischen Kriegspolitik zusammengeschlossen hatten, trat innerlich gespalten in die Revolutionsperiode ein. Unter den Parteifunktionären und in der Mitgliedschaft gab es sehr unterschiedliche Auffassungen über entscheidende Grundfragen der Revolutionspolitik und der Neugestaltung von Staat und Gesellschaft. So fand die Partei zu keiner geschlossenen Strategie, seit Dezember blockierten sich der linke und der rechte Flügel der Partei gegenseitig so weitgehend, daß die USPD in ihrer Aktionsfähigkeit erheblich beeinträchtigt war, obwohl sie einen beachtlichen Mitgliederzustrom zu verzeichnen hatte (Oktober 1918 rund 100 000 Mitglieder, Januar 1919 über 300 000 Mitglieder; die Mehrheitssozialdemokratie hatte im März 1919 rund 1 Mill. Mitglieder).

Der linke Flügel sympathisierte mit dem radikalsozialistischen Programm von Luxemburg und Liebknecht, er war gegen die Einberufung einer Nationalversammlung und für ein Rätesystem, er lehnte jedoch die Taktik des Spartakusbundes ab, durch Straßendemonstrationen und zügellose Versammlungsagitation in unkontrollierter Weise die Emotionalisierung amorpher, zum Teil politisch labiler Massen voranzutreiben. Dieser Flügel setzte auf die disziplinierte Aktion der radikalen Arbeiterschaft in den Betrieben.

Zunächst jedoch konnte noch der rechte USPD-Flügel den Kurs der Partei bestimmen. Männer des rechten Flügels saßen im Rat der Volksbeauftragten und in vielen Arbeiterräten. Sie waren für die Einberufung der Nationalversammlung – darin gingen sie mit den Mehrheitssozialdemokraten zusammen. Aber sie wollten keinen allzu frühen Wahltermin, damit in der Zeit des Interregnums die Grundlagen für eine soziale Demokratie gelegt werden konnten – darin unterschieden sich ihre Vorstellungen von den Intentionen der mehrheitssozialdemokratischen Volksbeauftragten. Realisierungschancen für die Konzeption des rechten USPD-Flügels bestanden jedoch nur dann – und das war das entscheidende Handicap für die gemäßigten Unabhängigen –, wenn die mehrheitssozialdemokratische Führung bereit war, ebenfalls einen solchen politischen Kurs zu steuern. Aber gerade dies war nicht der Fall, wie sich seit Mitte November immer deutlicher zeigte.

Die Führer der Mehrheitssozialdemokratie hatten sich mit der Oktoberreform am Ziel ihrer Wünsche gesehen. In ihren Augen war der Novemberumsturz ebenso überflüssig wie schädlich, erschwerte er doch die Lösung all der schwierigen Probleme, die durch das Kriegsende und die Niederlage entstanden waren: Rückführung der Armeen innerhalb der kurzen Fristen, die die Waffenstillstandsbedingungen festlegten; Sicherung der Lebensmittelversorgung, Umstellung des Wirtschaftslebens von der Kriegs- auf die Friedenswirtschaft; Wiedereingliederung der aus dem Feld heimkehrenden und aus den Garnisonen entlassenen Soldaten in den Arbeitsprozeß; Erhaltung der Reichseinheit, Durchführung des Waffenstillstands und Vorbereitung der Friedensverhandlungen. Alle diese Aufgaben mußten in der revolutionär erregten Atmosphäre der Novembertage gleichzeitig angepackt werden und ließen sich nach Auffassung der mehrheitssozialdemokratischen Führung nur dann meistern, wenn die Verwaltungsapparate funktionierten, Störungen der öffentlichen Ordnung und des Wirtschaftslebens soweit irgend möglich verhindert wurden, die

Mehrheitssozialdemokratie (MSPD)

Disziplin sowohl bei den auf dem Rückmarsch befindlichen Truppen wie in den Garnisonen intakt blieb. Deshalb waren die SPD-Führer vital interessiert an einer loyalen Unterstützung durch die Führungseliten des Kaiserreichs, die Bürokratie, vor allem auch die höhere Bürokratie, die Unternehmerschaft und das Offizierskorps. Aufgrund ihrer Sicht der Prioritäten hielten es die SPD-Führer für inopportun, sofort – wie die USPD forderte – einschneidende Strukturreformen einzuleiten oder wenigstens vorbeugende Eingriffe in das gesellschaftliche und wirtschaftliche Gefüge vorzunehmen – Eingriffe, die geeignet gewesen wären, der erstrebten parlamentarischen Demokratie ein festeres soziales Fundament zu geben (vgl. dazu u. S. 170 ff.). Statt dessen bemühten sie sich nach dem 9. November, die Revolutionsbewegung möglichst rasch in das ruhigere Fahrwasser einer Wahlbewegung überzuleiten. Die Regierungsgeschäfte bis zur Wahl der Nationalversammlung führten sie im Bewußtsein, lediglich zur Ausübung einer interimistischen Notverwaltung legitimiert zu sein; alle wesentlichen Entscheidungen über die politische und gesellschaftliche Neuordnung sollten der Nationalversammlung überlassen bleiben.

Bürgerliche Gruppierungen

Während in den ersten Wochen nach dem Staatsumsturz die entscheidende politische Initiative bei den Parteien und Gruppierungen der politischen Linken lag, waren das Bürgertum und seine politischen Organisationen in den Tagen des November und Dezember auf eine vorwiegend passive Rolle verwiesen. Kriegsniederlage und revolutionäre Ereignisse, Zukunftsungewißheit und Furcht vor einer elementaren Umgestaltung der gesellschaftlichen Ordnung übten anfänglich eine lähmende Wirkung auf große Teile des Bürgertums aus. Die mit dem Staatsumsturz eingetretene Konstellation verlangte gebieterisch nach organisatorischer Neuformierung und politisch-inhaltlicher Neuorientierung, wobei erst die Zukunft erweisen sollte, was Konsequenz eines tatsächlichen Wandels, was bloße Konzession an den Geist der Stunde war.

DNVP

Auf der politischen Rechten entstand eine neue Partei, die Deutschnationale Volkspartei (DNVP). Den Grundstock bildeten die bisherigen konservativen Parteien (Deutschkonservative und Reichspartei), hinzu stießen Mitglieder antisemitischer und völkischer Vereinigungen sowie rechtsstehende Kreise des alten und neuen Mittelstandes, aber auch Teile der kirchlich gebundenen evangelischen Arbeiterschaft. Die DNVP bekannte sich zur monarchischen Staatsform, den gesellschaftlichen Grundlagen und Werthaltungen des wilhelminischen Deutschland; sie verstand sich als nationalistische antiparlamentarische Gesinnungspartei, war daneben aber durchaus auch durch eine massive Interessenbindung an Industrie und Landwirtschaft gekennzeichnet.

Zentrum

Die katholische Zentrumspartei scheiterte rasch bei dem Versuch, sich unter dem Signum „christliche Volkspartei" als überkonfessionell-christliche Partei zu etablieren. Sie blieb die entscheidende politische Kraft innerhalb der katholischen Wählerschaft Deutschlands, unter Beibehaltung einer großen sozialen Spannweite, die vom adligen Großgrundbesitzer bis zum christlichen Gewerkschaftler reichte. Wenn das Zentrum auch mancherlei politische Hoffnungen mit dem Sturz der protestantischen Hohenzollern-Dynastie verbinden mochte, konnte von einem engagierten Bekenntnis zur republikanischen Staatsform in weiten Teilen der Partei nicht die Rede sein, vor allem nicht bei der bayerischen Landesorganisation, die sich Ende 1918 als selbständige Partei konstituierte (Bayerische Volkspartei, BVP).

Die Sammlung des politischen Liberalismus in einer einzigen Partei mißlang. Zwar wies die neugegründete Deutsche Demokratische Partei (DDP) anfänglich ein breiteres politisches Spektrum auf als ihre faktische Vorläuferorganisation, die Fortschrittliche Volkspartei. Aber ein Teil der Nationalliberalen schloß sich der DDP nicht an, einzelne nationalliberale Politiker wurden auch bewußt ferngehalten, weil sie wegen ihrer annexionistischen Haltung in den Kriegsjahren als politisch diskreditiert galten. Während diese Gruppen der einstigen Nationalliberalen Partei im Dezember 1918 unter Führung von Gustav Stresemann, dem letzten Vorsitzenden der nationalliberalen Reichstagsfraktion, die Deutsche Volkspartei (DVP) ins Leben riefen, konzentrierte sich auf die DDP in den Revolutionsmonaten die Hoffnung des nichtkatholischen Bürgertums, es werde dieser Partei gelingen, durch eine Anpassung an die neue Regierungsform der parlamentarischen Demokratie und durch die vorsichtige Bereitschaft zur Hinnahme sozialer Veränderungen den bürgerlichen Kräften auch in der neuen Staatsordnung maßgebliches Gewicht zu verschaffen und eine politische Stabilisierung zu erreichen.

DDP

DVP

Nach diesen Hinweisen auf die Konfiguration des politischen Kräftefeldes nach dem 9. November 1918 ist nun ein Blick zu werfen auf die wichtigsten Entscheidungen und Stationen des innenpolitischen Ringens während der ersten Monate nach dem Staatsumsturz.

Bereits am 10. November kam es zu einer Übereinkunft zwischen Ebert und General Groener, der am 26. Oktober die Nachfolge Ludendorffs als Generalquartiermeister angetreten hatte und während der Revolutionsmonate die dominierende Persönlichkeit innerhalb der OHL war. Ebert und Groener fanden sich im gemeinsamen Willen, ohne tiefgreifende Erschütterungen des Staates zu einem Frieden zu kommen und – bei entschiedener Ablehnung einer Linksentwicklung – durch die Einberufung einer Nationalversammlung möglichst rasch wieder „gesetzmäßige Zustände" herzustellen. Deshalb gab Groener namens der OHL eine Loyalitätserklärung gegenüber der neuen Regierung ab. Er erwartete als Gegenleistung die Unterstützung des Rats der Volksbeauftragten für die Bemühungen der militärischen Führung, die Disziplin in der Truppe aufrechtzuerhalten, was insbesondere auch Aufrechterhaltung der Kommandogewalt der Offiziere bedeutete. Dies akzeptierte Ebert; in der unübersichtlichen Situation des 10. November konnte schwerlich anders verfahren werden. Eine dauernde Abhängigkeit Eberts und des Rats der Volksbeauftragten von der OHL mußte aus dieser Absprache (die man zu Unrecht zum innenpolitischen Offensiv-

Übereinkunft Ebert – Groener

Pakt, zum „Bündnis Ebert-Groener" hochstilisiert hat) jedoch nicht unbedingt resultieren. Die wesentlichen Entscheidungen über den militärpolitischen Kurs fielen erst in den folgenden Wochen.

"Zentralarbeitsgemeinschafts"-Abkommen vom 15. 11. 1918   Für die von der mehrheitssozialdemokratischen Führung beabsichtigte Beruhigung der inneren Entwicklung mindestens ebenso wichtig war der Abschluß des „Zentralarbeitsgemeinschafts"-Abkommens zwischen Unternehmerverbänden und Gewerkschaften am 15. November. Die Verhandlungen waren von beiden Seiten schon vor dem Staatsumsturz eingeleitet worden. Das Unternehmerlager glaubte, sich in den kommenden Stürmen nicht ausschließlich auf den Schutz durch die Staatsorgane verlassen zu können, und hielt deshalb zur Sicherung einer freien Unternehmerwirtschaft eine direkte Verständigung mit den Gewerkschaften für geboten. Die Verhandlungsführer der Gewerkschaftsverbände setzten auf die Karte der Partnerschaft von Kapital und Arbeit, sie hofften, daß nun langerstrebte Reformziele verwirklicht werden könnten. Diese Erwartungen schien das Abkommen vom 15. November 1918 zu erfüllen: Die Gewerkschaften wurden von den Unternehmern als „berufene Vertretung der Arbeiterschaft" und als Partner für den Abschluß kollektiver Tarifverträge anerkannt, die wirtschaftsfriedlichen und arbeitgeberhörigen „Werkvereine" von den Unternehmern preisgegeben, der Achtstundentag (bei vollem Lohnausgleich) und die Einsetzung von Arbeiterausschüssen in allen Betrieben mit mindestens 50 Beschäftigten zugestanden. Durch diese Konzessionen erkauften sich die Unternehmer ein weitgehendes Stillhalten der Gewerkschaftsführungen, ja, eine partielle Unterstützung in den Auseinandersetzungen um die grundsätzliche Gestaltung der Wirtschaftsordnung. Mit dem Gedanken der Sozialpartnerschaft boten sie zugleich ein Modell an, wie man den Interessen und Forderungen der Arbeiterschaft auch ohne Sozialisierung ein Stück weit entgegenkommen konnte. „Sozialpolitik gegen Verzicht auf Sozialisierung" – dies war die Unternehmerstrategie während der Revolutionsmonate. Das Zentralarbeitsgemeinschafts-Abkommen ist mit Recht als ein „gewerkschaftlich-großindustrielles Rückversicherungsabkommen auf Gegenseitigkeit" bezeichnet worden, „das gegenüber Rätebewegungen, staatlicher Bürokratie und revolutionärer Regierung einen quasi-syndikalistischen Primat der Ökonomie proklamierte" (HEINRICH A. WINKLER). Noch ehe der Parteienstaat konstituiert war und die Machtträger der Republik sich voll organisiert hatten, gelang es auf diese Weise der Wirtschaft, insbesondere der Großindustrie, ihre Einflußsphäre abzusichern, ja z. T. sogar auszubauen, ein Erfolg, der um so beachtlicher ist, als die Gewerkschaften durch einen Massenzustrom von Mitgliedern in den Monaten nach dem Novemberumsturz erheblich an Kampfkraft gewannen (so stieg z. B. die Mitgliederzahl der mit den Arbeiterparteien verbundenen „Freien Gewerkschaften" von rund 2,8 Mill. Ende 1918 auf 7,3 Mill. Ende 1919).

Kampf um die Einberufung der Nationalversammlung   Vorrangiges Ziel der mehrheitssozialdemokratischen Führer war vom 9. November an die schleunige Einberufung einer Nationalversammlung; ausschließlich ihr sollten die Entscheidungen über die zukünftige Gestaltung von Staat und Gesellschaft vorbehalten bleiben. Trotz aller lautstarken Agitation der Linksradikalen gegen die Wahl einer Nationalversammlung und für die Parole „Alle Macht den Räten!": Eine Rätediktatur stand im November nicht auf der Tagesordnung. Darüber mußte sich jeder im klaren sein, der seinen Blick nicht ausschließlich auf einige Versammlungen in der Reichshauptstadt fixierte. Für die Einberufung der Nationalversammlung traten alle politisch relevanten Kräfte ein: das Bürgertum ebenso geschlossen wie SPD und Gewerkschaften, sogar der größere Teil der USPD, die meisten Arbeiterräte und – in diesen Wochen besonders wichtig – nahezu alle Soldatenräte. Am 29. November verabschiedete der Rat der Volksbeauftragten das Gesetz über die Wahlen zur verfassunggebenden deutschen Nationalversammlung. Neben der Einführung eines strikten Verhältniswahlsystems war die wohl wichtigste Bestimmung, daß die Frauen, die im kaiserlichen Deutschland weder wahlberechtigt noch wählbar gewesen waren, jetzt das aktive und passive Wahlrecht erhielten.

Die Festlegung des Termins für die Wahl der Nationalversammlung blieb dem I. Rätekongreß vorbehalten, der vom 16. bis 20. Dezember in Berlin tagte und von Vertretern aller deutschen Arbeiter- und Soldatenräte beschickt wurde. Von den rund 500 Delegierten waren nahezu zwei Drittel in der SPD organisiert; dem Spartakusbund gehörte nicht einmal ein volles Dutzend Delegierte an, Liebknecht und Luxemburg hatten kein Mandat erhalten. Mit überwältigender Mehrheit wurde der 19. Januar 1919 als Wahltermin festgesetzt. Mit großer Mehrheit lehnte der Kongreß dagegen den Antrag ab, am Rätesystem „als Grundlage der Verfassung der sozialistischen Republik" festzuhalten und den Räten die höchste gesetzgebende und vollziehende Gewalt zuzugestehen.

Rätekongreß in Berlin (16.–20.12.1918)

Aber der von der Mehrheitssozialdemokratie beherrschte Rätekongreß faßte auch Beschlüsse, die zum Konzept der SPD-Führung in eindeutigem Widerspruch standen, Beschlüsse, welche die Richtung signalisierten, in der die sozialdemokratischen Arbeiter und Soldaten ein zügiges Voranschreiten der Regierung wünschten. Der Kongreß beauftragte die Regierung, „mit der Sozialisierung aller hierzu reifen Industrien, insbesondere des Bergbaus, unverzüglich zu beginnen" und „alle Maßnahmen zur Entwaffnung der Konterrevolution zu ergreifen". Als „Symbol der Zertrümmerung des Militarismus und der Abschaffung des Kadavergehorsams" wurde die Entfernung aller Rangabzeichen und das Verbot des außerdienstlichen Waffentragens gefordert; die Soldaten sollten ihre Führer selbst wählen, die Errichtung einer Volkswehr anstelle eines stehenden Heeres sollte beschleunigt werden (sog. „Hamburger Punkte").

In diesen Forderungen wurde umrißhaft ein „Programm" sichtbar, für das es in der demokratischen Massenbewegung dieser Wochen einen breiten Konsens gab: „Demokratisierung" vor allem des Heeres, der Verwaltung und der Wirtschaft, „wobei die Sozialisierung der großen Industrie als selbstverständlich, aber angesichts der akuten Demobilisierungs- und Versorgungsprobleme nicht als vordringlich gegenüber anderen Maßnahmen angesehen wurde. Dabei bedeutete die grundsätzliche Entscheidung für die Nationalversammlung und ein parlamentarisches System nicht, daß alle Entscheidungen über den Demokratisierungsprozeß der Nationalversammlung vorbehalten sein sollten. Vielmehr erwartete man von den Regierungen sofortige und entschiedene Initiativen, um die mit dem Umsturz errungenen Machtverhältnisse zu sichern und das Wiedererstarken reaktionärer Kräfte unmöglich zu machen" (REINHARD RÜRUP).

Die Aussichten für ein zügiges Voranschreiten auf dem Weg einer solchen Reformpolitik verschlechterten sich jedoch ab Ende Dezember von Tag zu Tag mehr. Am 28. Dezember traten die USPD-Vertreter aus dem Rat der Volksbeauftragten aus. Den unmittelbaren Anlaß bildeten Meinungsverschiedenheiten über Berechtigung und Zweckmäßigkeit des von den SPD-Volksbeauftragten angeordneten Truppeneinsatzes bei den Weihnachtskämpfen in Berlin. Die tiefere Ursache für den Austritt der USPD aus der Regierung waren indessen die gravierenden Differenzen zwischen SPD- und USPD-Volksbeauftragten über den grundsätzlichen Kurs vor allem in der Militärpolitik und gegenüber der OHL, verbunden mit dem zunehmenden Druck des linken USPD-Flügels auf die USPD-Volksbeauftragten, die Regierung zu verlassen und die Koalition mit der SPD aufzukündigen. Nach dem Austritt von Haase, Dittmann und Barth aus dem Rat der Volksbeauftragten und dem Hinzutritt der Mehrheitssozialisten Noske und Wissell regierte im Reich eine rein mehrheitssozialdemokratische Regierung, die von den bürgerlichen Fachministern und der Reichsbürokratie tatkräftig unterstützt wurde. Am 3. Januar 1919 schieden auch in Preußen die USPD-Minister aus der Regierung aus.

Austritt der USPD aus dem Rat der Volksbeauftragten

Während in der USPD die gemäßigten Kräfte (zu denen neben dem Parteivorsitzenden Haase z. B. auch die Parteitheoretiker Kautsky und Hilferding zählten) an Einfluß verloren, organisierte sich jetzt – und erst jetzt – auch die äußerste Linke als selbständige Partei. Aus dem Zusammenschluß von Spartakusbund und „Bremer Linksradikalen" ging die KPD hervor, die am 1. Januar 1919 in Berlin ihren Gründungsparteitag abhielt. Am 5. Januar entfesselten die Berliner Linksradikalen den sog. „Januaraufstand" (Besetzung von Zeitungsgebäuden durch Bewaffnete, Einsetzung eines Revolutionsausschusses und Proklamierung der Absetzung der Regierung Ebert-Scheidemann). Um den von Revolutionären Obleuten und KPD-Zentrale ohne klares strategisches Konzept eingeleiteten und miserabel, zum Teil sogar halbherzig geführten Aufstand niederzuwerfen, mußte die Regierung Truppen einsetzen. Sie forcierte zu diesem Zweck die seit längerem vorbereitete Bildung von Freikorps, die dann in den folgenden Monaten auch in anderen Regionen des Reichs zum Einsatz gelangten.

Gründung der KPD

„Januaraufstand" in Berlin

Man hat den Januaraufstand die „Marneschlacht der Revolution" genannt. Die blutige Niederwerfung des Aufstands riß tiefe Gräben innerhalb der Arbeiterschaft auf und trieb die politische Eskalation voran. Die Ermordung von Liebknecht und Luxemburg durch Angehörige der Garde-Schützen-Kavallerie-

Ermordung von K. Liebknecht und R. Luxemburg

Division am 15. Januar rief Empörung und Abscheu auch bei vielen hervor, die die politischen Ansichten der Ermordeten keineswegs teilten. Während die USPD sich radikalisierte, suchte die SPD-Führung nun immer offener eine enge Kooperation mit Offizierskorps und hoher Bürokratie und intensivierte die nie abgebrochenen Kontakte zu den bürgerlichen Parteien.

Obwohl die Radikalisierung seit Anfang Januar 1919 rasche Fortschritte machte, nicht nur in Berlin, sondern auch in anderen industriellen Ballungszentren des Reiches, fand dieser Trend bei den Wahlen zur Nationalversammlung am 19. Januar noch keinen zahlenmäßig signifikanten Niederschlag (s. Tab. S. 344). Die SPD erhielt 37,9% der Stimmen und 165 Mandate – es war der höchste Stimmenanteil, den nicht nur die SPD, sondern überhaupt eine Partei bei reichsweiten Wahlen in den Jahren der Weimarer Republik erzielte –, während die USPD nur 7,6% verbuchte (22 Mandate). Die Mehrheit in der Nationalversammlung aber besaßen die bürgerlichen Parteien, die in unbeschränkter Presse- und Versammlungsfreiheit einen sehr offensiven Wahlkampf geführt hatten. Stärkste bürgerliche Partei wurde das Zentrum (19,7%; 91 Mandate), dicht gefolgt von der DDP (18,5%; 75 Mandate). Die DNVP kam nur auf 10,3% der Stimmen (44 Sitze), konnte aber über die traditionellen konservativen Hochburgen im ostelbischen Deutschland hinaus in städtisch-kleinbürgerliche Wählerschichten des deutschen Westens und Südens vorstoßen. Die DVP, die erst verhältnismäßig spät in den Wahlkampf eingetreten war, erhielt 4,4% der Stimmen (19 Mandate). Trotz sichtbarer Verschiebungen und Veränderungen bewies das deutsche Parteiensystem in der Umbruchsituation von 1918/19 eine bemerkenswerte Kontinuität. Angesichts des Wahlergebnisses war die Ausgestaltung der Oktoberkoalition von Mehrheitssozialdemokraten, Zentrum und Demokraten zur „Weimarer Koalition" nach dem Wahltag vorprogrammiert. Dies aber bedeutete zugleich, daß der Verfassungsbau nur auf der Basis eines Kompromisses zwischen Sozialdemokratie und bürgerlich-demokratischen Parteien errichtet werden konnte. Für einen solchen Verfassungskompromiß waren bereits im November die Weichen gestellt worden: Am 15. 11. wurde der angesehene linksliberale Staatsrechtslehrer Hugo Preuß, ein profilierter Gegner des alten Obrigkeitsstaates, aber zweifellos kein Sozialist, zum Staatssekretär im Reichsamt des Innern berufen mit dem ausdrücklichen Auftrag, einen Verfassungsentwurf auszuarbeiten.

Die Nationalversammlung wurde am 6. Februar in Weimar eröffnet. Für diesen Tagungsort hatte sich die Regierung unter dem Eindruck des Berliner Januaraufstands entschieden: Die parlamentarischen Beratungen sollten den Einflüssen der revolutionär erregten Atmosphäre in der Reichshauptstadt und dem Druck von Demonstrationen der unruhigen Berliner Bevölkerung entzogen werden. Da alle Parteien rechts von der USPD entschlossen waren, die „Übergangszeit" so schnell wie möglich zu beenden, legte die Nationalversammlung in kürzester Zeit die verfassungsrechtlichen Fundamente für den neuen Staatsbau. Am 8. Februar

Wahlen zur Nationalversammlung (19.1.1919)

„Gesetz über die vorläufige Reichsgewalt" wurde der Nationalversammlung der Entwurf eines „Gesetzes über die vorläufige Reichsgewalt" zugeleitet (den Entwurf hatte die Regierung mit den Vertretern der Einzelstaaten ausgearbeitet), und bereits zwei Tage später verabschiedete die Nationalversammlung dieses Gesetz - ohne in eine Grundsatzdebatte einzutreten und ohne eine genauere materielle Prüfung vorzunehmen.

Durch das - nur zehn Paragraphen umfassende - „Gesetz über die vorläufige Reichsgewalt" wurden die wesentlichen Verfassungsorgane der Republik geschaffen: 1) Die Nationalversammlung erhielt die Aufgabe zugewiesen, außer der Verfassung auch „sonstige dringende Reichsgesetze zu beschließen", d. h. die Nationalversammlung besaß die Funktionen der Legislative, des Reichstags. 2) Als Vertretung der Einzelstaaten fungierte der „Staatenausschuß", der sich bereits auf einer Staatenkonferenz der Vertreter aller Einzelstaaten am 25. Januar konstituiert hatte und seit diesem Zeitpunkt nachhaltigen Einfluß auf die Verfassungsberatungen ausübte; mit diesem Staatenausschuß war in gewisser Weise der spätere „Reichsrat" vorgeformt. Reichsgesetze kamen durch Übereinstimmung zwischen der Nationalversammlung und dem Staatenausschuß zustande. Außerdem erhielten die Einzelstaaten die Zusicherung, daß ihr Gebietsstand nur mit ihrer Zustimmung geändert werden konnte. 3) Die Führung der „Geschäfte des Reichs" wurde einem - von der Nationalversammlung zu wählenden - Reichspräsidenten anvertraut, der das Reichsministerium zu berufen hatte; die Reichsminister bedurften zu ihrer Amtsführung des Vertrauens der Nationalversammlung. Mochte das alles auch als „vorläufig" deklariert werden - durch die Macht des Faktischen war schon vor Beginn der eigentlichen Verfassungsberatungen mit Reichstag, Reichspräsident, Reichsministerium und Reichsrat die Grundstruktur des Verfassungsbaus festgelegt.

Wahl Eberts zum Reichspräsidenten Bildung der „Weimarer Koalition"   Am 11. Februar wählte die Nationalversammlung Friedrich Ebert zum ersten Reichspräsidenten. Dieser beauftragte noch am gleichen Tag den SPD-Abgeordneten Scheidemann mit der Kabinettsbildung und ernannte am 13. Februar das neue Reichskabinett, eine Koalition aus Mehrheitssozialdemokraten, Demokraten und Zentrum: die „Weimarer Koalition".

Verfassungsberatungen   Wenige Tage später begann die Nationalversammlung mit den Verfassungsberatungen. Der Verfassungsentwurf, den Reichsinnenminister Preuß einbrachte, konnte auf eine wechselvolle Entstehungsgeschichte zurückblicken. Preuß hatte nach eingehenden Erörterungen im Reichsamt des Innern, an denen u. a. Max Weber beteiligt war, Ende Dezember einen ersten Entwurf fertiggestellt. Dieser sah bereits den „starken Reichspräsidenten" als Gegengewicht zum Reichstag vor, zugleich aber auch eine einschneidende Strukturveränderung im Verhältnis zwischen Reich und Einzelstaaten, nämlich einen Bundesstaat mit stark unitarischen Zügen unter Aufteilung Preußens und umfassender Neugliederung des Reichs (anstelle der bisherigen Staaten sechzehn „Gebiete des Reichs", zu denen gegebenenfalls noch Deutsch-Österreich und Wien hinzutreten sollten). Nachdem Preuß auf Geheiß der Volksbeauftragten seinen Entwurf in zwei wichtigen Punkten verändert hatte (Aufnahme eines knappen Grundrechtskatalogs, Ersetzung des konkreten Neugliederungsvorschlags durch eine vage Klausel, die eine Neugliederung vorbehielt), wurde dieser am 20. Januar veröffentlicht. Angesichts des unitarischen Gepräges der im Entwurf vorgesehenen Struktur des Reich-Länder-Verhältnisses wurden nun die Regierungen der Einzelstaaten aktiv und erzwangen eine weitere Modifizierung des Entwurfs. Der Verfassungsentwurf, der im Februar der Nationalversammlung vorgelegt wurde, wich daher in entscheidenden Punkten von der ursprünglichen Konzeption des Reichsinnenministers ab, und Preuß setzte seine Hoffnung jetzt allein darauf, daß die souveräne Nationalversammlung den Ambitionen der Einzelstaaten entschieden entgegentreten werde.

Diese Hoffnung sollte nicht vollständig enttäuscht werden. Im Laufe der Verfassungsberatungen, die sich überwiegend im 28 köpfigen Verfassungsausschuß abspielten und seit Anfang Mai zudem im Schatten der Friedensbedingungen und des Kampfes um die Unterzeichnung des Friedensvertrags standen (s. folg. Kapitel), setzte sich die Tendenz durch, die Reichskompetenzen auszubauen, besonders auf dem Gebiet der Steuergesetzgebung und -verwaltung. Die Reservatrechte Bayerns und Württembergs auf dem Gebiet von Militär, Post und Verkehrswesen wurden aufgehoben. Aus Staaten wurden „Länder". Die Stellung des Reichsrats als Organ der Länder war erheblich schwächer als diejenige des Bundesrats vor 1918; im wesentlichen blieb der Reichsrat auf eine beratende Mitwirkung bei der Gesetzgebung beschränkt.

Die „Weimarer Verfassung", die am 31. Juli von der Nationalversammlung verabschiedet und am 11. August vom Reichspräsidenten unterzeichnet wurde, konstituierte das Reich als parlamentarische Republik. Als zentrales Organ der Reichsgewalt fungierte der Reichstag; er übte die Gesetzgebung für das Reich und die Kontrolle der Exekutive aus, die Reichsregierung war von seinem Vertrauen abhängig. Um von vornherein ein starkes Gegengewicht gegen einen – vor allem von der politischen Rechten befürchteten – „Parlamentsabsolutismus" zu schaffen, stattete man das Amt des Reichspräsidenten mit weitreichenden Befugnissen aus: Der Reichspräsident blieb aufgrund der Direktwahl durch das Volk (Amtsdauer von sieben Jahren mit Möglichkeit unbeschränkter Wiederwahl) unabhängig von der Parlamentsmehrheit; er berief und entließ die Reichsregierung; er besaß das Recht, den Reichstag aufzulösen; er konnte durch Anordnung eines Volksentscheids in das Gesetzgebungsverfahren eingreifen; und er verfügte mit Hilfe des Artikel 48 über den Ausnahmezustand. Die potentielle Tragweite dieses Artikels 48 erkannte die Parlamentsmehrheit nicht, er war zwischen den Parteien der Regierungskoalition nicht umstritten, ja die ursprüngliche Fassung erfuhr in den Ausschußberatungen noch eine Verschärfung – trotz eindringlicher Warnungen der USPD vor einem derartigen Blankoscheck für den Reichspräsidenten: Man möge bedenken, rief der USPD-Abgeordnete Cohn beschwörend aus, was geschähe, „wenn ein Trabant der Hohenzollern,

Die Weimarer Verfassung

Reichstag

Reichspräsident

Artikel 48

vielleicht ein General, an der Spitze des Reichs oder des Reichswehrministeriums steht".

In diesen Bestimmungen, die den Reichspräsidenten als eine Art „Ersatzkaiser" konzipierten, kam das Mißtrauen der Verfassungsväter gegenüber einem voll ausgebildeten parlamentarischen System und einer parteienstaatlichen Demokratie zum Ausdruck. Auch mit dem Einbau von plebiszitären Elementen in die Verfassung (Volksbegehren, Volksentscheid) wurde in erster Linie die Absicht verfolgt, einer einseitigen Parlamentsherrschaft Schranken zu setzen. Die Verfassungsgeber gingen also – im Unterschied etwa zum britischen Parlamentarismus – nicht vom Gedanken der Parlamentssouveränität aus. Daß dies die Mehrheitssozialdemokraten nicht taten, muß überraschen und stand im Widerspruch zu ihren früher verfochtenen verfassungstheoretischen Vorstellungen. Bei der politischen Mitte und Rechten hingegen entbehrte diese Einstellung – ganz abgesehen vom Gewicht der politischen Tradition – nicht einer aktuellen politischen Ratio: Unbeschränkter Parlamentarismus konnte dazu führen, daß eines Tages eine sozialistische Parlamentsmehrheit regieren würde – immerhin waren im Januar 1919 die beiden sozialistischen Parteien zusammen nur knapp unter der 50%-Marke geblieben.

Grundrechte   Zu langen und engagierten Debatten kam es über den Grundrechtsteil der Verfassung. Sie wurden ausgelöst durch einen Vorstoß des liberalen Parteiführers Friedrich Naumann, der eine Erweiterung des im Verfassungsentwurf enthaltenen Grundrechtskatalogs vorschlug und einen eigenen „Versuch volkstümlicher Grundrechte" präsentierte. Dies führte zu ausufernden Diskussionen. Die verschiedenen politischen und gesellschaftlichen Gruppen bemühten sich jetzt, ihre speziellen Forderungen und Vorstellungen in der Verfassung unterzubringen, z. B. konnte das Zentrum zahlreiche Artikel über Kirche und Schule durchsetzen, auf der anderen Seite wurde der Arbeiterschaft die Möglichkeit einer Überführung „geeigneter privater wirtschaftlicher Unternehmungen in Gemeineigentum" und die Verankerung der Arbeiterräte in der Verfassung zugestanden (Art. 156, 165). Während einzelne Artikel den wirtschaftlichen und gesellschaftlichen Status quo festschrieben, boten andere Artikel eine Handhabe zur Veränderung der wirtschaftlichen und gesellschaftlichen Verhältnisse. So liegt dem Grundrechtsteil der Weimarer Verfassung kein konsistentes Gesellschaftsbild und gesellschaftspolitisches Programm zugrunde. Vielmehr spiegelt sich darin die soziale und ideologische Zerklüftung einer modernen, pluralistischen Industriegesellschaft. Was für die Weimarer Verfassung allgemein gilt, gilt verstärkt für den Grundrechtsteil: Die Verfassung war eine „Verfassung ohne Entscheidung" (OTTO KIRCHHEIMER), sie war ein System politischer und sozialer Kompromisse, welche die gemäßigte Arbeiterbewegung und die demokratischen Teile des Bürgertums nach dem Sturz des Kaiserreichs eingegangen waren, daher in vielen Punkten unentschieden, damit aber auch offen für eine zukünftige Weiterentwicklung.

Wenn trotz Staatsumsturz und Revolution die Weimarer Verfassung so stark durch die Vorstellungen des bürgerlichen Liberalismus geprägt wurde und Exponenten des Linksliberalismus bei der Ausarbeitung der Verfassung eine Schlüsselrolle zufiel (von Preuß stammte der ursprüngliche Entwurf, Haußmann war Vorsitzender des Verfassungsausschusses der Nationalversammlung, Naumann inspirierte die Grundrechte-Diskussion), wenn demgegenüber die SPD als zahlenmäßig weitaus stärkste Fraktion dem Verfassungswerk so wenig den Stempel des verfassungs- und gesellschaftspolitischen Programms der Sozialdemokratie aufzudrücken vermochte, so hat dies mehrere Gründe. Der aus den Bedingungen des Regierungsbündnisses resultierende Zwang zum Kompromiß ist hier ebenso zu nennen wie die Tatsache, daß die Sozialdemokratie kein eigenes, klar ausformuliertes verfassungstheoretisches Konzept besaß und daher die liberale Verfassungskonzeption ohne Skrupel im wesentlichen übernehmen konnte, zumal sich bei der Ausarbeitung und Verabschiedung der Verfassung noch keineswegs klar prognostizieren ließ, wie die Verfassungsbestimmungen in politische und gesellschaftliche Realität umgesetzt werden würden. Hinzu trat aber noch ein weiteres: Die SPD befand sich im Frühjahr und Sommer 1919 bereits in einer viel schwächeren Position – gerade auch gegenüber den Koalitionspartnern – als im Januar nach der Wahl zur Nationalversammlung.

<small>Die Rolle der Liberalen bei der Verfassungsgebung</small>

Deshalb ist an dieser Stelle kurz auf die Entwicklung der innenpolitischen Kräftekonstellation und der politischen Atmosphäre zwischen Januar und Frühsommer 1919 zurückzublenden (vgl. dazu auch u. S. 171). Die Monate Januar bis April/Mai waren sehr viel unruhiger verlaufen als die November- und Dezemberwochen. In vielen Teilen des Reiches kam es zu großen Streikaktionen, zur Besetzung von Betrieben, Zeitungshäusern und öffentlichen Gebäuden; einige kurzlebige Räterepubliken entstanden (Bremen, München), vielerorts fanden bewaffnete Auseinandersetzungen statt. Erst mit der Niederwerfung der Streikbewegungen, Unruhen und räterepublikanischen Experimente des Frühjahrs 1919 durch massiven Einsatz von Freikorpsformationen war die Revolution von 1918/19 beendet. Die Massenbewegung dieser Frühjahrsmonate trug ein wesentlich anderes Gepräge als diejenige im November und Dezember; sie war gekennzeichnet durch eine Radikalisierung in den politischen Zielvorstellungen und in den Aktionsformen.

<small>Innenpolitische Entwicklung im Frühjahr 1919</small>

Während die radikalen Kräfte sich in der Massenbewegung immer stärker durchsetzen und diese zum Instrument ihrer politischen Zielsetzungen und Aktivitäten machen konnten, zogen sich viele Mehrheitssozialdemokraten und Gewerkschaftler aus der Bewegung zurück; was diese an Radikalität, zum Teil auch an revolutionärer Dynamik gewann, verlor sie an Breite. Andererseits strömten der USPD in diesen Monaten zahllose Industriearbeiter zu, die im Herbst und Winter 1918 noch im Lager der Mehrheitssozialdemokratie gestanden hatten. In der USPD hatte sich inzwischen der linke Flügel eindeutig durchgesetzt. Die Partei nahm jetzt Stellung gegen das System der parlamentarischen Demokratie und forderte die Einführung eines Rätesystems: An Stelle parlamentarischer Institutionen sollten Arbeiterräte und Betriebsräte, mit legislativen und exekutiven Befugnissen ausgestattet, als „Vertretung der werktätigen Bevölkerung" auf politischem und wirtschaftlichem Gebiet fungieren.

Die Mehrheitssozialdemokratie zahlte in diesen Monaten den Preis für die von der Parteiführung zwischen November und Januar verfolgte politische Linie: Ein nicht unerheblicher Teil der bisherigen Mitglieder- und Anhängerschaft wandte sich von der SPD ab, enttäuscht über den Kompromißkurs der Führung, die Kooperation mit den bürgerlichen Parteien und den bürokratischen und militärischen Machteliten. Diese Enttäuschung und Erbitterung kam auf zweierlei Weise zum Ausdruck: nicht nur in einer Radikalisierung, die der USPD viele frühere SPD-Anhänger zuführte, sondern auch in wachsender Resignation und politischer Abstinenz derjenigen, die zwar die Radikalisierung nicht mitmachen wollten, aber auch den Regierungskurs nicht mehr unterstützen konnten und deshalb, zum Beispiel, den Wahlurnen fernblieben. Bei Landtags- und Gemeindewahlen im Frühjahr 1919 erlitt die SPD starke, zum Teil drastische Stimmenverluste, die USPD erzielte beachtliche Gewinne und konnte die SPD in vielen Orten überflügeln. Die Radikalisierung fand so auch einen zahlenmäßigen Niederschlag. Beide Trends – zunehmende Radikalisierung und wachsende Resignation einstiger SPD-Anhänger – bewirkten eine entscheidende Schwächung der Mehrheitssozialdemokratie. Die SPD-Führung tat kaum etwas, um diesen Prozeß der Abwanderung und des apathischen Rückzugs aus der Parteiarbeit durch ein stärkeres Eingehen auf die Vorstellungen und Forderungen ihrer Arbeiter-Anhängerschaft nach Kräften aufzuhalten. Sie reagierte mit Irritation, Unnachgiebigkeit, verstärkter Anlehnung an die bürgerlichen Koalitionspartner und hielt weiterhin an jenem strategischen Konzept fest, das ihrem politischen Agieren seit Ausbruch der Revolution zugrundegelegen hatte: maßvolle, in Zusammenarbeit mit den bürgerlichen Parteien durchführbare Umgestaltung der politischen und sozialen Ordnung statt tiefgreifender Strukturreformen.

Bewertung von Verlauf und Ergebnissen der deutschen Revolution 1918/19

Mißt man die Ergebnisse der Revolution von 1918/19 daran, in welchem Maße die Zielvorstellungen der Revolutionsbewegung realisiert wurden und die politische und gesellschaftliche Verfassung der Weimarer Republik geprägt haben, dann bleibt nur die Feststellung: Die revolutionäre Massenbewegung ist im wesentlichen gescheitert, und zwar sowohl die der ersten, gemäßigten Phase wie die der zweiten, radikalen Phase. Man kann daher von einer „steckengebliebenen Revolution" sprechen. Mit dieser steckengebliebenen Revolution mochte sich keine der großen politischen Richtungen identifizieren. Wie diese Revolution verlief und schließlich endete, hatte sie sich kaum jemand in Deutschland gewünscht. Die einen hatten überhaupt keine Revolution, die anderen ein wesentlich anderes Ergebnis der Revolution gewollt. Zum Kernbestand der durch allgemeinen Konsens als positiv eingestuften Traditionen der deutschen Geschichte gehört diese Revolution bis heute nicht.

Nicht eigentlich die „Demokratie", wohl aber die parlamentarische Republik ist in Deutschland 1918 improvisiert worden. Das Reich wurde zur Republik infolge einer totalen militärischen Niederlage, aus der die schwere Hypothek eines Friedensvertrags mit drückenden Bestimmungen erwuchs. Die Anfänge der Republik waren begleitet von erbitterten bürgerkriegsähnlichen Auseinandersetzungen um die konkrete Gestaltung der neuen Ordnung – ungünstigere Ausgangsbedingungen für eine Demokratiegründung ließen sich kaum denken. So, wie der Staat von Weimar Mitte 1919 aus seiner Gründungsphase hervorging, war er ohne Zweifel ein fragiles Gebilde, bedroht von links und von rechts. In enttäuschter Reaktion auf das Steckenbleiben der Revolution rüstete sich die radikale Linke zum revolutionären Sturz der Republik, die als eine bürgerliche Republik verworfen wurde. Und auf der Rechten trauerte man der vermeintlichen heilen Welt des Kaiserreichs nicht nur nostalgisch nach – man sammelte die Kräfte, um die parlamentarische Demokratie wieder abzuschaffen.

Offene Fragen für die Zukunft der Republik

Die Lebens- und Überlebensfrage für die neue staatliche Ordnung lautete daher: Würde sich das Fundament, auf dem die Republik von Weimar errichtet worden war, auf Dauer als tragfähig erweisen – das Zweckbündnis zwischen dem gemäßigten Flügel der Arbeiterbewegung und dem demokratisch gesinnten Teil des Bürgertums? Würden die Führungsgruppen beider Seiten auch in Zukunft auf der Basis der im Herbst 1918 und in den Revolutionsmonaten eingegangenen politischen und sozialen Kompromisse loyal miteinander kooperieren und dabei Rückhalt finden in ihren Anhänger- und Wählerschichten? Nur wenn dies der Fall war, bestand Aussicht, daß eine Mehrheit der Bevölkerung die so plötzlich gekommene neue Staatsordnung innerlich akzeptieren oder sich doch wenigstens mit ihr abfinden würde – unerläßliche Voraussetzung für eine längerfristige Konsolidierung und Stabilisierung der Republik.

2. Pariser Friedenskonferenz und Versailler Vertrag

Den auf der Pariser Friedenskonferenz 1919 versammelten Staatsmännern ist es nicht gelungen, nach dem Ende des Weltkriegs eine einigermaßen stabile europäische Friedensordnung oder ein Weltfriedenssystem zu errichten, das die Gewähr wenigstens relativer Dauer zu bieten schien. Das Werk der „Friedensmacher" von 1919 war daher von allem Anfang an Gegenstand einer umfassenden Kritik. Besonders vehement haben die Besiegten des Weltkriegs – und hier vor allem das deutsche Volk – die Friedensregelungen verurteilt, aber auch in den Siegerstaaten fanden die Ergebnisse der Friedenskonferenz keinen uneingeschränkten Beifall: Den einen erschienen die Bestimmungen der Pariser Vorortverträge als zu milde, den anderen als zu hart.

I. Darstellung

Probleme des Friedenschließens

Aus größerer zeitlicher Distanz und in Kenntnis der inzwischen zugänglichen Quellen ist man heute geneigt, den Friedensmachern von 1919 mehr Gerechtigkeit widerfahren zu lassen: Die „irreparablen Umstände" (GERHARD SCHULZ), die der Krieg geschaffen hatte und die die Voraussetzungen des Friedenschließens bestimmten, machten es extrem schwierig, wenn nicht unmöglich, zu wirklich haltbaren Lösungen zu gelangen. In einem über vier Jahre dauernden Weltkrieg, in dem alle großen Nationen Europas und zahlreiche außereuropäische Staaten engagiert waren, hatten auf beiden Seiten die Propagandamaschinerien durch eine bis dahin ungekannte Intensität des publizistischen Trommelfeuers die nationalen Leidenschaften mobilisiert und dem Krieg immer stärker den Charakter eines Kreuzzugs für bestimmte Ideale und Ideologien zu verleihen versucht – mit der sich daraus ergebenden Konsequenz einer Verteufelung der jeweiligen Feindnationen. Der erste Weltkrieg war daher tendenziell – auch was die vollständige Mobilisierung des gesamten Wirtschaftspotentials anbetrifft – bereits ein „totaler Krieg".

Totalität der deutschen Niederlage

Der Totalität des Krieges korrespondierte – mit dem militärischen Desaster der Mittelmächte – eine Totalität des Sieges der Alliierten. Da das Deutsche Reich erst im Moment völliger Kampfunfähigkeit kapitulierte, stellte es bei den Friedensverhandlungen keinen Verhandlungspartner dar, der – zur Wiederaufnahme der Kampfhandlungen fähig – die Siegermächte zur Mäßigung im Siege hätte zwingen können. Hinzu kam, auch das kennzeichnet die Totalität des Sieges, daß es am Ende dieses Krieges keine mächtigen Neutralen mehr gab, die bei den Friedensverhandlungen ihr Gewicht – vermittelnd oder mit der Drohung einer Intervention – zugunsten der Besiegten in die Waagschale hätten werfen und damit mäßigend auf die Sieger hätten einwirken können. Die eigentlichen Auseinandersetzungen und Konflikte auf der Friedenskonferenz spielten sich daher nicht zwischen Siegern und Besiegten ab, sondern sie wurden *innerhalb* der Siegerkoalition ausgetragen.

Dilemma der Siegerkoalition

Angesichts der emotionsgeladenen und erwartungsvollen Stimmung in den Siegernationen aber wollten und konnten die alliierten Staatsmänner nicht auf die Gewinne des Krieges, auf die ihre Völker hofften, verzichten; sie waren ihrerseits Gefangene des vollständigen militärischen Triumphs. Die Ausgangslage für die Friedensverhandlungen war insofern nur teilweise unter der Kontrolle und Verfügbarkeit der Staatsmänner der Siegermächte.

Die „russische Frage" auf der Friedenskonferenz

Es war tatsächlich ein „Weltkrieg", der auf der Pariser Friedenskonferenz zu liquidieren war. Deutschland bildete zwar das zentrale Thema der Friedensverhandlungen, aber bei weitem nicht das einzige. Mit besonderer Eindringlichkeit hebt die moderne Forschung hervor, wie sehr die Aufmerksamkeit der alliierten Staatsmänner durch die „russische Frage" in Anspruch genommen wurde. Das sorgenvolle „Was wird aus Rußland?" begleitete gleichsam als Generalbaß die Erörterungen auf der Friedenskonferenz. Die Absicht der – ja durchweg kapitalistischen – westlichen Siegermächte, die Sowjetmacht zu beseitigen oder wenigstens „einzudämmen", führte einerseits zur alliierten Intervention im russischen Bürgerkrieg, sie wirkte sich andererseits auch aus auf die Beratungen über die künftige Gestalt „Zwischeneuropas", also Ostmittel- und Südosteuropas. Denn dieses Zwischeneuropa sollte künftig auch die Funktion einer Barriere gegenüber Sowjetrußland erfüllen. Vor allem Frankreich suchte hier einen gewissen Ersatz für den Wegfall seines früheren russischen Alliierten zu finden und einen „cordon sanitaire" zwischen Deutschland und Sowjetrußland zu schaffen. Im gesamtpolitischen Spektrum dieser Monate bildete die Strategie der „Eindämmung" des bolschewistischen Rußland zweifellos einen wichtigen Faktor. Allerdings wird man nicht so weit gehen dürfen, die Deutschland-Politik der Siegermächte nur noch als eine Funktion der alliierten Rußland-Politik zu interpretieren und zu bewerten, wie das versucht wurde.

Aber nicht nur im mitteleuropäischen und osteuropäischen Raum waren schwierige Fragen zu lösen. Komplizierte Probleme stellten sich auch im Adriaraum, wo Italien und das zum „Königreich der Serben, Kroaten und Slowenen" erweiterte Serbien um die Vorherrschaft stritten; im Nahen Osten, wo über die Erbmasse des Osmanischen Reiches zu befinden war; in Ostasien, wo der japanische Imperialismus seinen Vormarsch begonnen hatte; nicht zuletzt mußte über die deutschen Kolonien entschieden werden. Bei der Behandlung all dieser Streitfragen traten die Interessengegensätze zwischen den Siegermächten offen zutage und überlagerten auch die Auseinandersetzungen über die Bedingungen, die dem besiegten Deutschland auferlegt werden sollten. Angesichts dieser nun aufbrechenden weltpolitischen Interessengegensätze war es nicht erstaunlich, daß man auf der Pariser Friedenskonferenz mehr Aufmerksamkeit, Mühen und Anstrengungen darauf verwandte, eine Einigung unter den alliierten Mächten herbeizuführen, bzw. die Basis für ein gemeinsames Vorgehen gegenüber den Besiegten zu erhalten, als in echte Verhandlungen mit den vollständig niedergeworfenen Gegnern einzutreten.

Vielzahl territorialer Streitfragen

Die Friedenskonferenz, auf der 32 Staaten vertreten waren, tagte in Paris und wurde am 18. Januar 1919 vom französischen Staatspräsidenten Poincaré eröffnet. Auf Vorschlag Wilsons wählten die Delegierten den französischen Ministerpräsidenten Clemenceau zum Präsidenten der Konferenz. Die Vollversammlung – mit über tausend Beteiligten kaum arbeitsfähig – trat nur wenige Male zusammen. Als oberstes Entscheidungsgremium fungierte in der ersten Konferenzphase der „Rat der Zehn": die Regierungschefs und Außenminister der vier Großmächte USA, Großbritannien, Frankreich und Italien sowie zwei Vertreter Japans. Nach zehnwöchiger Dauer der Konferenz konstituierte sich dann am 24. März als oberstes Entscheidungsgremium der „Rat der Vier": Wilson, Clemenceau, Lloyd George und Orlando berieten und entschieden hier alle heiklen Probleme ohne ihre Außenminister und ohne die Vertreter Japans, das an den europäischen Streitfragen wenig interessiert war und sich darauf konzentrierte, seine chinesische Beute festzuhalten. Der „Rat der Vier" trat länger als

Tagungsort Paris

Organisation der Konferenz

Vollversammlung

„Rat der Vier"

drei Monate hindurch fast täglich und gelegentlich mehrmals täglich zusammen; er hielt insgesamt 148 Sitzungen ab. Dieses Gremium besaß für drei Monate eine imposante Zuständigkeit nicht nur bei der Vorbereitung der Friedensverträge mit Deutschland und den anderen Kriegsgegnern der Alliierten, sondern in allen bedeutsamen Fragen, welche die Pazifizierung Europas, die Ereignisse in Rußland und die Regelungen für die außereuropäischen Räume betrafen. Hier wurden jene Kompromisse erkämpft, auf denen das Vertragswerk ruhte.

<small>Ausschüsse</small> Unterhalb der beiden obersten Entscheidungsebenen des „Rats der Vier" und des Rats der Außenminister waren die Ausschüsse tätig, in denen Vertreter der Großmächte und Vertreter der übrigen Siegerstaaten zusammenarbeiteten, und diesen Delegierten wiederum gingen vielköpfige Beraterstäbe der verschiedenen Nationen zur Hand.

<small>Wilsons Konzeption einer Weltfriedensordnung</small> Für Wilson besaß die Schaffung eines Völkerbundes oberste Priorität. Mit dieser Institution wollte er den Grundstein legen für eine universale Friedensordnung auf der Grundlage des Rechts und eines friedlichen Ausgleichs zwischen den Völkern; der Völkerbund war daher für ihn der „Schlüssel des ganzen Friedens". Mit dieser Konzeption einer künftigen Weltfriedensordnung stand Wilson keineswegs völlig allein; der südafrikanische Ministerpräsident Smuts etwa leistete mit seiner Denkschrift vom Dezember 1918 wichtige gedankliche Vorarbeit für die Errichtung eines Völkerbundes. Um den Völkerbund zustandezubringen, war Wilson zu manchem Opfer bereit. Dabei leitete ihn die Überzeugung, alle momentan notwendigen Abweichungen von seinen Prinzipien könnten durch das Wirken des Völkerbunds allmählich wieder rückgängig gemacht werden („The covenant will put that right"). Gegenüber den anfänglich widerstrebenden europäischen Politikern setzte er seine Absicht durch, die Schaffung des Völkerbunds ganz an den Anfang der Konferenzarbeit zu stellen und die Völkerbundsatzung als integralen Bestandteil in den allgemeinen Friedensvertrag aufzunehmen.

<small>Organisation und Satzung des Völkerbunds</small> Das Organisationsschema des Völkerbunds war einfach und klar: Die Vollversammlung aus Vertretern aller Mitgliedstaaten trat in regelmäßigen Abständen zusammen; der Völkerbundsrat, dem die Großmächte als ständige Mitglieder sowie einige weitere nichtständige Mitglieder angehörten, tagte nach Bedarf, jedoch mindestens einmal im Jahr; ferner gab es ein permanentes Sekretariat, das seinen Sitz in Genf hatte, wo auch Vollversammlung und Rat ihre Sitzungen abhielten.

Die Völkerbundsatzung garantierte den Mitgliedstaaten territoriale Integrität und politische Unabhängigkeit (Art. 10). Die Möglichkeit einer „Nachprüfung der unanwendbar gewordenen Verträge" (Art. 19) war dadurch von vornherein eingeschränkt auf nichtterritoriale Probleme. Der Völkerbund wurde so zum Konservator des durch die Friedensverträge geschaffenen territorialen Status quo, was Frankreich und die kleineren Staaten begrüßten, während es den besiegten Staaten unmöglich war, ihre revisionistische Politik im Rahmen des

Völkerbundes zu verfolgen. Jeder Mitgliedstaat besaß das Recht, von Rat und Vollversammlung eine Diskussion über Differenzen zu verlangen, die zwischen ihm und einem anderen Mitglied entstanden waren. Zur Beilegung internationaler Konflikte wurden verschiedene Möglichkeiten vorgesehen: Debatte in Rat und Vollversammlung, Schiedsverfahren, Urteile des Internationalen Gerichtshofs. In keinem Fall durfte vor Ablauf einer Frist von drei Monaten nach dem Spruch der Schiedsrichter oder dem Bericht des Rates zum Krieg geschritten werden (Art. 12). Gegen denjenigen, der den Krieg unter Verletzung der Satzung eröffnete, richteten sich Sanktionen aller übrigen Völkerbundsmitglieder; sie reichten vom Abbruch der finanziellen und Handelsbeziehungen, also dem wirtschaftlichen Boykott, bis zu gemeinsamen militärischen Aktionen (Art. 16). Die bisherigen deutschen Kolonien und Teile des osmanischen Reiches wurden als Mandate des Völkerbunds der Verwaltung einzelner Siegermächte unterstellt, aber gleichzeitig das Prinzip der Verantwortung dieser Mandatarmächte und das Prinzip einer anzustrebenden Entwicklung dieser Gebiete zu sich selbst verwaltenden Einheiten proklamiert (Art. 22). So wurde hier ein Prozeß eingeleitet, der schließlich zur Entkolonialisierung führte.

Zweifellos ist der Versuch, mit der Schaffung des Völkerbunds ein weltweites System kollektiver Sicherheit zu errichten, als die eigentlich weiterweisende Idee der Friedenskonferenz anzusehen. Aber die neue Institution entpuppte sich doch rasch als ein schwaches und problematisches Gebilde, das die großen Erwartungen nur zu einem kleinen Teil erfüllte und schließlich nur noch ein Schattendasein führte. Diese Entwicklung war bei der Errichtung des Völkerbunds nicht unbedingt vorauszusehen und kaum zwangsläufig vorgegeben; spätere Vorgänge und Entscheidungen haben dazu nicht wenig beigetragen.

Bewertung des Völkerbundes

Besonders gravierend wirkte sich die Tatsache aus, daß der Völkerbundsgedanke in den USA eine schwere Niederlage erlitt und infolgedessen gerade derjenige Staat, dessen oberster Repräsentant der eigentliche Initiator des Völkerbunds war, nicht Mitglied des Völkerbunds wurde. Ferner blieb die Sowjetunion lange außerhalb des Bundes (Beitritt 1934), und auch die besiegten Staaten wurden nicht, wie Wilson zunächst beabsichtigt hatte, sofort aufgenommen. Der Völkerbund trat daher als ein Bund der Siegerstaaten ins Leben; Frankreich sah in ihm primär ein Instrument zur Erhaltung und Befestigung der eigenen Machtstellung, England suchte ihn im Rahmen seiner kontinentalen Gleichgewichtspolitik einzusetzen. Jene „Revolution der Außenpolitik", welche die Errichtung des Völkerbunds nach dem Willen Wilsons und der Anhänger der Völkerbundsidee bewirken sollte, fand nicht statt. Auch nach 1918 verlief die Außenpolitik ganz überwiegend in den Bahnen nationalstaatlicher Mächtepolitik und einer sie abstützenden bilateralen und multilateralen Bündnispolitik wie vor 1914. Die Überwindung des Krieges als eines Mittels der Politik – das, was Millionen von Menschen am Ende des Weltkrieges erstrebten und was mit der Schaffung des Völkerbunds wenigstens ansatzweise versucht wurde – ist nicht gelungen.

Wenn Wilson so großes Gewicht auf eine vorrangige Behandlung des Themas Völkerbund legte, dann auch deshalb, weil ihm seit Oktober 1918 klar zu werden begann, daß es im Verlauf der Friedensverhandlungen zu schwierigen Debatten und erheblichen Spannungen zwischen den Siegermächten kommen würde. Nicht nur Franzosen und Engländer, auch die übrigen Alliierten zeigten sich entschlossen, ohne Rücksicht auf Wilsons Friedensprogramm, wie es in den Vierzehn Punkten und einigen Reden niedergelegt war, ihre speziellen Forderungen und Interessen in möglichst weitem Umfang durchzusetzen.

Frankreichs Verhandlungsposition

Der französischen Verhandlungsstrategie auf der Pariser Friedenskonferenz lag eine Sicherheitsdoktrin zugrunde, die sich sowohl auf strategische wie auf geopolitische und bevölkerungspolitische Überlegungen stützte. Die französischen Staatsmänner agierten aus dem Bewußtsein heraus, daß Frankreich seinem östlichen Nachbarn zwar momentan überlegen, langfristig jedoch unterlegen sei. Sie waren deshalb entschlossen, die einzigartige Chance zu nutzen, um das Deutsche Reich nach Möglichkeit dauerhaft zu schwächen und ein französisches Hegemonialsystem in Europa zu errichten. Konkret bedeutete dies: Erzwingung umfangreicher Gebietsabtretungen im Osten und Westen des Reichs sowie drastischer Rüstungsbeschränkungen und weitreichender Reparationsverpflichtungen Deutschlands; Aufbau eines festgefügten französischen Bündnissystems insbesondere in Ostmitteleuropa („cordon sanitaire"); Stärkung der französischen Verbündeten auf Kosten Deutschlands. Vor allem dem im Krieg wiedererstandenen polnischen Staat war dabei, zumal nach dem Verlust des russischen Bündnispartners, eine Schlüsselrolle zugedacht: Polen, aufgrund der gegebenen machtpolitischen Konstellation, aber auch aufgrund der traditionellen polnisch-französischen Sympathien nach Frankreich hin orientiert, sollte – territorial vergrößert und mit allen verfügbaren Mitteln aufgerüstet – zu einem mächtigen Bollwerk sowohl gegen Deutschland wie gegen die Sowjetunion ausgebaut werden. Auch die anderen Siegermächte waren durchaus bereit, den polnischen Forderungen weit entgegenzukommen; Wilson hatte im dreizehnten seiner vierzehn Punkte den Polen eine Grenzfestlegung aufgrund des Selbstbestimmungsrechts sowie freien Zugang zum Meer zugesichert.

Die britische Strategie auf der Friedenskonferenz

Die englische Politik tendierte im Frühjahr 1919 dazu, im Interesse der Aufrechterhaltung eines gewissen Gleichgewichts auf dem Kontinent und der Begrenzung von Frankreichs hegemonialer Stellung eine zu weitgehende Schwächung des Deutschen Reichs zu verhindern und einen „dauerhaften Frieden" zu schaffen. In dieser Richtung wirkte auch die Überlegung, ein völlig verzweifeltes und jeder Hoffnung beraubtes Deutschland könnte sich dem Bolschewismus in die Arme werfen (Fontainebleau-Memorandum vom 25.3.1919). Aus diesem Grunde ist Lloyd George mehrfach den französischen Ambitionen entgegengetreten. Man darf dabei aber nicht übersehen, daß Lloyd George noch im Dezember 1918 bei den von nationalistischen Emotionen geprägten Parlamentswahlen („Khaki-Wahlen") durch zügellose Reden in der englischen Bevölkerung hochgespannte Erwartungen erzeugt hatte, daß die englische Delegation auf der Friedenskonferenz zum Nachteil Deutschlands eine Ausweitung des Reparationsbegriffs durchsetzte und daß England – wie Clemenceau scharfzüngig, aber nicht zu Unrecht bemerkte – seine vorrangigen Kriegsziele bereits in den Waffenstillstandsbedingungen weitgehend erreicht hatte (Auslieferung aller U-Boote, Internierung der Hochseeflotte, Wegnahme der deutschen Handelsflotte), während das Sicherheitsverlangen der Franzosen erst durch die Bestimmungen des Friedensvertrags befriedigt werden konnte.

Immerhin konnten Wilson und Lloyd George die Franzosen in langen und spannungsgeladenen Diskussionen dazu bringen, einige Abstriche an ihren territorialen Maximalforderungen vorzunehmen, sowohl hinsichtlich der Ostgrenze wie hinsichtlich der Westgrenze des Deutschen Reichs. Zwar erhielt Polen ohne Abstimmung den größten Teil der Provinzen Westpreußen und Posen zugesprochen (im südlichen Ostpreußen und in Westpreußen östlich der Weichsel fand eine Volksabstimmung statt; sie erbrachte am 11. 7. 1920 ein nahezu einstimmiges Ergebnis für den Verbleib bei Deutschland). Aber Danzig wurde nicht polnisch, wie zunächst geplant war; vielmehr erhielt Danzig mit seiner Umgebung den völkerrechtlichen Status einer „Freien Stadt" unter dem Schutz des Völkerbunds und konnte so den Charakter einer deutschen Stadt bewahren. Und statt der zunächst vorgesehenen Abtretung ganz Oberschlesiens wurde eine Volksabstimmung dekretiert (sie fand im März 1921 statt, und in ihrer Konsequenz blieb der größere Teil Oberschlesiens beim Reich, während das Zentrum des Industriegebiets zu Polen kam). Im Osten hatte das Reich ferner abzutreten das Hultschiner Ländchen an die Tschechoslowakei und das Memelgebiet an die Alliierten (französische Besatzung, seit 1923/24 litauische Oberhoheit). Für Nordschleswig wurde eine Volksabstimmung anberaumt (aufgrund des Abstimmungsergebnisses kam dann die nördliche Zone zu Dänemark, die südliche blieb bei Deutschland).

Gebietsforderungen an das Deutsche Reich

Um die Grenzregelung im Westen wurde im „Rat der Vier" bis zuletzt mit äußerstem Einsatz gestritten. Die Frage Elsaß-Lothringen allerdings erforderte keine Diskussion. Wilson hatte sich schon in seinen vierzehn Punkten festgelegt, und die Engländer hatten bereits bald nach Kriegsbeginn den französischen Anspruch auf Rückgabe Elsaß-Lothringens anerkannt – ohne Volksabstimmung fiel daher Elsaß-Lothringen an Frankreich, und Belgien erhielt den preußischen Kreis Eupen-Malmedy. Aber nach der totalen militärischen Niederlage Deutschlands sahen Regierung und öffentliche Meinung Frankreichs den langersehnten Moment gekommen, in dem es möglich schien, den aggressiven Nachbar noch erheblich weiter zurückzudrängen, möglicherweise die Rheinlinie zu gewinnen. Die französischen Absichten zielten in erster Linie auf den Erwerb des Saargebiets, in zweiter Linie wenn schon nicht auf die Rheingrenze, so doch zumindest auf die ständige militärische Kontrolle des Flusses und der Brückenköpfe sowie die Bildung eines oder mehrerer vom Reich losgelöster Staaten

Dissens der Alliierten über die deutsche Westgrenze

auf dem linken Rheinufer. Diesen Plan verfocht, vom französischen Staatspräsidenten Poincaré unterstützt, vor allem Marschall Foch („Wenn man nicht am Rhein steht, ist alles verloren").

Wilson lehnte die Forderungen Fochs und anderer französischer Militärs und Politiker entschieden ab und fand dabei die grundsätzliche Unterstützung von Lloyd George; beide widersetzten sich einer mehr oder weniger verschleierten Annexion des linken Rheinufers. In dieser Situation wurde es bedeutsam, daß sich Clemenceau nicht darauf versteifte, um jeden Preis – auch um den eines Bruchs mit Amerika und England – die französischen Forderungen durchzusetzen. Angesichts der unnachgiebigen amerikanischen und englischen Haltung rückte Clemenceau schließlich von Fochs Plänen ab und begnügte sich mit der Entmilitarisierung des Rheinlands und einer Besetzung des linken Rheinufers und der Brückenköpfe auf 15 Jahre. Das linksrheinische Gebiet blieb somit Teil des Reiches. Nach erbitterten Wortgefechten steckte Clemenceau auch in der Saarfrage zurück: Das Saargebiet wurde dem Völkerbund unterstellt mit der Maßgabe, daß nach 15 Jahren die Bevölkerung in einer Volksabstimmung darüber befinden solle, ob sie den Anschluß an Deutschland, an Frankreich oder die Autonomie wünsche. Das Eigentum an den Saargruben mußte das Reich an Frankreich abtreten; im Fall eines für Deutschland günstigen Ausgangs der Volksabstimmung besaß das Reich das Rückkaufrecht.

Resultat der Auseinandersetzungen

Zu diesen – gemessen an den Forderungen der französischen Nationalisten – erheblichen Konzessionen entschloß sich Clemenceau, weil in seiner Sicht die Allianz mit England und ein gutes Einvernehmen mit den USA unabdingbare Voraussetzungen einer realistischen französischen Sicherheitspolitik bildeten. Als Gegenleistung für Clemenceaus relative Mäßigung in der Rheinfrage boten Wilson und Lloyd George eine vertragliche amerikanisch-englische Garantie an, Frankreich militärisch zu unterstützen, wenn Deutschland ohne Einverständnis des Völkerbundes mit seinen Truppen den Rhein überschreiten würde. Eingelöst wurde diese Zusage allerdings nicht, denn nach dem Scheitern von Wilsons Europa- und Vertragspolitik in den USA hat der amerikanische Kongreß den Garantievertrag nicht ratifiziert, und daraufhin trat auch England von diesem Vertrag zurück. Diese Entwicklung hat nicht wenig dazu beigetragen, daß man in Frankreich den im November 1918 als „Vater des Sieges" gefeierten Clemenceau schon bald beschuldigte, der „Verlierer des Sieges" zu sein. Große Teile der französischen Bevölkerung und vor allem der politischen Führungsschicht betrachteten den Versailler Vertrag als ungenügend, als viel zu gemäßigt, und die auf Clemenceau folgenden Rechtsregierungen versuchten, den Frieden im Sinn der radikalnationalistischen Zielsetzungen zu revidieren.

Neben den territorialen Regelungen (in deren Konsequenz das Deutsche Reich über ein Achtel seines Gebiets und ein Zehntel seiner Bevölkerung verlor – mit 15% der landwirtschaftlichen Produktion, rund 20% des Bergbaus und der eisenerzeugenden Industrie sowie 6–7% der verarbeitenden Industrie) war auf

der Friedenskonferenz die Reparationsfrage Gegenstand harter Auseinan- Reparationsfrage
dersetzungen zwischen den Siegermächten. Wilson akzeptierte schließlich nach
langem Widerstand eine Regelung, die in eindeutigem Widerspruch zu seiner
ursprünglichen Konzeption stand. Diese sah eine Beschränkung der Reparationsverpflichtung auf zwei Komplexe vor: Schäden, die aus dem Bruch bestehenden internationalen Rechts entstanden waren (Belgien, rechtswidrige Behandlung von Gefangenen) sowie Schäden, die die Zivilbevölkerung der gegen Deutschland im Krieg stehenden Staaten erlitten hatte. Aber die amerikanische Delegation stand mit dieser Auffassung allein einer geschlossenen Front aller übrigen Siegerstaaten gegenüber, die wesentlich höhere Reparationsansprüche verfochten und im Grunde einen vollständigen Ersatz ihrer Kriegskosten wünschten, zumal sie selbst gegenüber den USA hohe Kriegsschulden abzutragen hatten. (Durch das Schuldenabkommen zwischen Großbritannien und den USA vom 19.6.1923 wurde die fundierte britische Gesamtschuld an die USA auf 4,6 Milliarden Dollar festgestellt, die französische durch ein entsprechendes Abkommen vom 29.4.1926 auf 4 Milliarden Dollar.) Da bei einer strikten Anwendung der von Wilson aufgestellten Kriterien die Engländer nahezu leer ausgegangen wären, verlangte vor allem Großbritannien mit seinen Dominions eine Ausweitung des Reparationsbegriffs. Lloyd George stand in dieser Frage unter schwerstem Druck der öffentlichen Meinung seines Landes; 233 Unterhausabgeordnete forderten ihn am 8. April 1919 telegraphisch auf, eine deutsche Schuldanerkennung und eine hohe Schadenersatzforderung an Deutschland durchzusetzen.

Es war in erster Linie die Sorge um die innenpolitische Stellung von Lloyd George, welche Wilson zu einem schrittweisen Zurückweichen in der Frage der Reparationsregelung bewog, so wie seine kompromißbereite Haltung in der Frage der Rheinlandbesetzung durch seine Sorge um das politische Schicksal Clemenceaus bedingt war: Den Sturz der Regierungen Lloyd George und Clemenceau durch ihre Opponenten auf der Rechten und eine daraus resultierende Verzögerung, wenn nicht Vereitelung des Friedensschlusses (und damit zugleich das Scheitern des Völkerbundsprojekts) – das glaubte Wilson nicht verantworten zu können.

Aus dieser Konferenzsituation heraus kam es im April schließlich zu jener Regelung des Reparationsproblems, die im Teil VIII der Friedensbedingungen fixiert wurde. Entsprechend den Forderungen von Lloyd George und General Smuts wurden auch Militärpensionen und Familienunterstützungen für Kriegsbeschädigte und Hinterbliebene der Gefallenen zu den Kriegsschäden gezählt. Da Frankreichs Anteil an den Sachschäden der Alliierten 54,4 %, der an den Personenschäden dagegen nur 38 % betrug, mußte mit der Annahme des englischen Vorschlags der französische Anteil an den Reparationen sinken. Andererseits entstand durch diese Ausweitung des Reparationsbegriffs eine immense deutsche Reparationsverpflichtung. Da die Schätzungen der alliierten Sachverständigen über die deutsche Leistungsfähigkeit weit auseinandergingen, verzichtete man schließlich auf die sofortige Festsetzung einer bestimmten Reparationssumme und kam überein, eine mit weitreichenden Befugnissen ausgestattete Reparationskommission einzusetzen, welche die Forderungen an Deutschland entgegennehmen, prüfen und summieren würde und dann die deutsche Jahresleistung unter Berücksichtigung der wirtschaftlichen Leistungsfähigkeit Deutschlands festzulegen hatte.

Artikel 231 („Kriegsschuldartikel")
Um eine im Prinzip *globale* Reparationsverpflichtung Deutschlands zu konstatieren, die dann in der Praxis nur *partiell* realisiert werden sollte, wurde an die Spitze der entsprechenden Vertragsbestimmungen der ominöse Artikel 231 gestellt, durch den Deutschland anerkennen mußte, mit seinen Verbündeten „als Urheber" für alle Schäden verantwortlich zu sein, welche die Alliierten infolge des ihnen durch den „Angriff Deutschlands und seiner Verbündeten" aufgezwungenen Krieges erlitten hätten. Dieser Artikel 231 hatte die Funktion, eine juristische Haftung des Deutschen Reichs für die angerichteten Schäden festzuschreiben und den Reparationsanspruch damit rechtlich abzusichern. Im Verlauf der Auseinandersetzungen, die durch die vehementen deutschen Proteste gegen diesen Artikel ausgelöst wurden, erhielt der Artikel 231 dann sehr viel stärker, als ursprünglich beabsichtigt war, den Charakter eines moralischen Kriegsschuldverdikts, das zum deutschen Trauma der Weimarer Zeit wurde.

Weitere Bestimmungen des Friedensvertrags
Von den weiteren Friedensbedingungen, die man Deutschland auferlegte, sind als besonders einschneidend noch zu nennen: Verlust aller Kolonien, Verbot des Anschlusses von Deutsch-Österreich an Deutschland (Art. 80), Konfiskation des deutschen Auslandsvermögens, die sog. „Strafbestimmungen" (u. a. Auslieferung von „Kriegsverbrechern" und Anklageerhebung gegen Wilhelm II. „wegen schwerster Verletzung des internationalen Sittengesetzes und der Heiligkeit der Verträge") sowie die Entwaffnungsbestimmungen, die als Vorgriff auf eine „allgemeine Rüstungsbeschränkung aller Nationen" deklariert wurden und die die deutsche Souveränität empfindlich beeinträchtigen (u. a. Berufsheer von 100 000 Mann, Marine von 15 000 Mann, Auflösung des Generalstabs, Schleifung der Festungen in der neutralen Zone, Verbot von Panzer-, Gas-, Luft- und U-Boot-Waffen, Überwachungstätigkeit interalliierter Ausschüsse).

Deutsche Illusionen
Über Verlauf und Ergebnis der Beratungen im Kreis der Siegermächte drangen zwischen Januar und Anfang Mai keine genauen Informationen nach außen. In Deutschland besaß deshalb weder die Regierung noch die öffentliche Meinung ein klares, einigermaßen realistisches Bild vom Ausmaß dessen, was von Deutschland gefordert werden würde. Im „Traumland der Waffenstillstandsperiode" (ERNST TROELTSCH) hoffte man immer noch auf glimpfliche Friedensbedingungen, auf einen milden „Wilson-Frieden". Die deutsche Regierung hatte gleich nach Abschluß des Waffenstillstandes mit der Vorbereitung der Friedensverhandlungen begonnen. Zahlreiche Expertengruppen waren damit beschäftigt, Material zu sammeln und eine Argumentationsbasis zu erarbeiten. Dabei rückte – wie neu-

ere Forschungen zeigen – das Reparationsproblem in den Mittelpunkt der deutschen Vorbereitungen: „Alle Überlegungen kreisten um die Frage, wie man die deutsche Wirtschaftskraft als Machtfaktor erhalten und zu diesem Zweck höheren Reparationen entgehen könne; auf wirtschaftlichem Felde sollte die Niederlage folgenlos bleiben ... So sollte der Rückweg zum machtpolitischen Vorkriegsstatus Deutschlands offen gehalten, der gesellschafts- und wirtschaftspolitische Status quo hingegen gewahrt werden" (PETER KRÜGER). Die intensiven deutschen Vorbereitungen blieben indessen ohne Einfluß auf den Verlauf der Friedenskonferenz, da die deutsche Friedensdelegation zu den Beratungen nicht hinzugezogen wurde.

Die Zeit der Illusionen endete abrupt am 7. Mai, als der deutschen Delegation in Versailles das fertige Vertragswerk überreicht wurde – solche Bestimmungen hatten in Deutschland selbst die größten Pessimisten nicht erwartet. Die Nation reagierte mit Empörung und Bestürzung, alle politischen Parteien waren sich einig in der Ablehnung dieses Vertrags. In einer Kundgebung der National- *Deutsche Reaktionen auf den Vertragsentwurf* versammlung, die am 12. Mai in der Berliner Universitätsaula abgehalten wurde, erklärte Reichsministerpräsident Scheidemann, der Vertrag sei nach Auffassung der Reichsregierung unannehmbar: „Welche Hand müßte nicht verdorren, die sich und uns in diese Fesseln legt?"

Eine mündliche Verhandlung über den Vertragstext ließen die Siegermächte nicht zu, sie erlaubten der deutschen Delegation nur schriftliche Äußerungen, die innerhalb von 14 Tagen abzugeben waren. Reichsaußenminister Graf Brockdorff- *Verhandlungsstrategie Brockdorff-Rantzaus* Rantzau, Leiter der deutschen Friedensdelegation, suchte die gesamte Basis des Vertragswerks vor allem von zwei Punkten aus zu unterminieren: 1) Wilsons Friedensprogramm der Vierzehn Punkte in Verbindung mit dem deutsch-amerikanischen Notenwechsel vom Oktober 1918 stelle – so die deutsche Position – einen beide Seiten bindenden Vorvertrag (pactum de contrahendo) dar, die Sieger könnten sich deshalb nicht mehr auf ein unbeschränktes Siegerrecht berufen. Bei der Gegenüberstellung der vorgelegten Friedensbedingungen mit Wilsons Friedensprogramm (in der deutschen Interpretation) fand man den Friedensvertrag völlig unvereinbar mit dem angeblichen Präliminarvertrag. 2) Der konzentrierte Angriff der deutschen Friedensdelegation galt der Kriegsschuldthese; durch eine Widerlegung der Behauptung von einer deutschen Schuld am Kriege sollte die moralische Basis der gegnerischen Forderungen insgesamt, vor allem aber der Reparationsforderungen erschüttert werden. Brockdorff-Rantzau wollte, sofern die Siegermächte die am 29. Mai übergebenen deutschen Gegenvorschläge nicht in toto annehmen würden, den Vertrag ablehnen, um die Gegner auseinanderzudividieren, was er für möglich hielt. In den ersten Junitagen bereitete Brockdorff-Rantzau die Reichsregierung systematisch auf diese Eventualität vor, die in seinen Augen bereits eine Wahrscheinlichkeit geworden war. Seine Politik des offenen Widerstands hatte jedoch zur Folge, daß sich die Solidarität innerhalb der Siegerkoalition verstärkte. Inzwischen kann auch nicht mehr bezweifelt werden, daß die Siegermächte entschlossen waren, militärisch zu intervenieren, wenn Deutschland die Unterzeichnung des Friedensvertrags ablehnen sollte. Der von Marschall Foch ausgearbeitete Feldzugsplan sah einen Vorstoß entlang der Mainlinie mit anschließender Entwaffnung und Separierung Süddeutschlands vom Reich sowie Operationen in Norddeutschland bis zur Weser vor. Der Marschall und seine Umgebung hofften geradezu auf eine deutsche Ablehnung, um die Friedensbedingungen in ihrem Sinne revidieren zu können.

Unnachgiebigkeit der Alliierten – ultimative Forderung der Vertragsunterzeichnung

Am 16. Juni wurde der endgültige Vertragstext überreicht; die deutschen Gegenvorschläge hatten nur in der Frage Oberschlesien einen gewissen Erfolg zu verzeichnen (Volksabstimmung statt der zunächst vorgesehenen Abtretung). In einer Mantelnote wurde die Kriegsschuldthese jetzt viel schärfer akzentuiert und als moralisches Verdikt gegen Deutschland formuliert. Ultimativ wurde die Annahme des Vertrags innerhalb einer Frist von fünf Tagen gefordert, die dann auf sieben Tage verlängert wurde.

Kampf um die Unterzeichnung in Regierung und Nationalversammlung

Zwar gab es in Deutschland keine Partei, die aus freien Stücken bereit gewesen wäre, die Friedensbedingungen anzunehmen. Aber in der bestehenden Zwangslage war die Ablehnungsfront nicht so geschlossen, wie es aufgrund der ersten Reaktionen im Mai den Anschein hatte, weder in der Regierung noch in der deutschen Bevölkerung; Brockdorff-Rantzaus Kurs wurde von vielen – mit Recht – für allzu riskant gehalten; Hindenburg und Groener erklärten, militärischer Widerstand bei einem alliierten Vormarsch sei aussichtslos. In der entscheidenden Sitzung des Reichskabinetts in der Nacht vom 18./19. Juni votierten sieben Minister für, sieben Minister gegen die Vertragsunterzeichnung. Daraufhin trat das Kabinett Scheidemann am 20. Juni zurück. Das am folgenden Tag gebildete neue Kabinett, in das die DDP keine Vertreter entsandte, stand unter der Führung des Sozialdemokraten Gustav Bauer, Außenminister wurde der Sozialdemokrat Hermann Müller. Stärkste politische Potenz in diesem Kabinett aber war Erzberger, der schon bisher als der eigentliche Gegenspieler von Brockdorff-Rantzau gewirkt hatte und jetzt – unbeirrt durch die nationalistische Agitation – auf eine bedingte Annahme des Friedensvertrags zusteuerte.

Am 22. Juni, einen Tag vor Ablauf des Ultimatums, erklärte sich die neue Reichsregierung bereit, die Friedensbedingungen mit dem Vorbehalt anzunehmen, daß damit keine Anerkennung der deutschen Kriegsschuld ausgesprochen werde und die Bestimmungen über die Aburteilung des Kaisers und die Strafverfolgung deutscher Personen im Zusammenhang mit der Kriegsführung nicht akzeptiert würden. Diese Regierungserklärung wurde von der Nationalversammlung mit 237:138 Stimmen gebilligt. Die alliierten Staatsmänner wiesen die deutschen Vorbehalte jedoch zurück und forderten eine vorbehaltlose Unterzeichnung des Friedensvertrags. Nun verwirrte sich die Situation in Weimar noch einmal völlig. Unter dem Druck des ablaufenden Ultimatums,

d. h. angesichts der Drohung einer Wiedereröffnung der militärischen Operationen, kam am 23. Juni ein Beschluß der Nationalversammlung des Inhalts zustande, daß die Reichsregierung auch unter den veränderten Umständen zur Unterzeichnung des Friedensvertrags ermächtigt bleibe. Vorher hatten Vertreter der DNVP, DVP und DDP Erklärungen abgegeben, durch die sie denen, die für die Annahme des Friedensvertrags stimmten, die Ehrenhaftigkeit der Motive zubilligten. Die Reichsregierung handelte unverzüglich und erklärte sich noch am 23. Juni zur Unterzeichnung des Friedensvertrags bereit. Am 28. Juni setzten der Außenminister Hermann Müller (SPD) und Verkehrsminister Johannes Bell (Zentrum) im Spiegelsaal von Versailles ihre Unterschrift unter den „Versailler Vertrag". Unterzeichnung des Versailler Vertrages (28. 6. 1919)

In anderen „Vororten" von Paris erfolgte – allerdings erst Monate später – die Unterzeichnung der Friedensverträge zwischen den Alliierten und Deutschlands Kriegsverbündeten (deshalb „Vorortverträge"): in St. Germain (10. 9. 1919 mit Österreich), in Neuilly (27. 11. 1919 mit Bulgarien), in Trianon (4. 6. 1920 mit Ungarn) und schließlich in Sèvres (10. 8. 1920 mit der Türkei). Den einstigen Verbündeten Deutschlands wurden neben Heeresbeschränkungen und Reparationen umfangreiche Gebietsabtretungen auferlegt. Österreich hatte die Selbständigkeit Ungarns, der Tschechoslowakei, Polens und Jugoslawiens anzuerkennen und mußte Südtirol bis zum Brenner, Triest, Istrien und Dalmatien sowie Gebiete von Kärnten und Krain abtreten. Bulgarien verlor seinen Zugang zum ägäischen Meer an Griechenland. Ungarn wurde (neben dem ehemaligen Osmanischen Reich) territorial am stärksten reduziert: die Slowakei und die Karpatoukraine fielen an die ČSR, das Burgenland an Österreich, Kroatien, Slawonien und Teile des Banat an Jugoslawien, der übrige Teil des Banat und ganz Siebenbürgen an Rumänien. Pariser „Vorortverträge"

Österreich

Bulgarien
Ungarn

Der Friedensvertrag von Sèvres besiegelte die Auflösung des Osmanischen Reiches. Griechenland erhielt Ostthrazien, die ägäischen Inseln und Smyrna mit Hinterland, Frankreich Syrien und Kilikien, Italien Rhodos und die übrigen Inseln des Dodekanes sowie Südwestanatolien; Großbritannien, an das Irak und Palästina fielen, übte die Schutzherrschaft über Arabien und das Protektorat über Ägypten aus. Türkisch-Armenien wurde (für kurze Zeit) ein selbständiger Staat. Außerdem mußte der Sultan der Internationalisierung der Meerengen, der Besetzung Konstantinopels und einer alliierten Finanz- und Militärkontrolle zustimmen. Doch der Vertrag von Sèvres wurde vom Parlament in Konstantinopel nicht ratifiziert und ist nicht in Kraft getreten. Unter Führung Mustafa Kemal Paschas (Atatürk) formierte sich der Widerstand der nationalistisch-republikanischen Kräfte. Ihnen gelang es, die in Kleinasien operierende griechische Armee zu besiegen und aus Westanatolien zu verdrängen (1921/22); 1921 zogen sich die Franzosen aus Kilikien zurück, 1922 die Italiener aus Südwestanatolien. Nach der Absetzung des Sultans (1922) und langwierigen Verhandlungen mit den Alliierten erlangte die türkische Republik durch den Frieden von Lausanne Türkei

(24.7.1923) Souveränität und (in etwa) ihren heutigen Gebietsumfang. Der Friedensvertrag von Lausanne besitzt bis heute auch deshalb hohe Bedeutung, weil Zwangsumsiedlungen großer Bevölkerungsgruppen erstmals völkerrechtlich sanktioniert wurden.

Revisionspolitik der Verliererstaaten

Jene Staaten, die Gebietsverluste erlitten hatten, waren nicht bereit, sich mit dem durch die Verträge geschaffenen territorialen Status quo abzufinden, und betrieben deshalb ihre Außenpolitik mit dem erklärten Ziel einer Revision der Friedensverträge. Dies gilt für Ungarn und Bulgarien, und dies gilt vor allem für das Deutsche Reich. Deutschland wurde zur revisionistischen Macht par excellence der Zwischenkriegszeit.

Historische Würdigung des Versailler Vertrages

Mit Recht ist gesagt worden, der Versailler Vertrag sei – je nachdem, wie man ihn ansehe – entweder zu hart oder zu milde gewesen. „Zu hart: denn Deutschland konnte nicht anders, als vom ersten Augenblick an zu versuchen, ihn abzuschütteln; zu milde: denn der Eingriff in die deutsche Substanz war nicht tief genug, um Deutschland die Hoffnung und die Möglichkeit zu nehmen, den Vertrag revidieren zu können – sich ihm zu entwinden oder ihn zu zerreißen" (KARL DIETRICH ERDMANN). Bei der Beurteilung des Versailler Vertrags im historischen Rückblick müssen heute vor allem zwei Gesichtspunkte hervorgehoben werden, die im Deutschland der Zwischenkriegszeit angesichts der nahezu einmütigen, emotionsgeladenen Ablehnung des „Diktatfriedens" nicht ausreichend berücksichtigt wurden, sehr zum Schaden der deutschen Politik. Erstens: Gewiß ist zuzugeben, daß das Vertragswerk eine extreme Belastung für die junge Demokratie darstellte, und es kann bezweifelt werden, ob die Sieger sehr klug handelten, wenn sie die Folgen der Niederlage gerade jenen deutschen Politikern und Parteien aufbürdeten, die sich zu Wilsons Ideen einer Völkerverständigung bekannten. Aber so harte Bedingungen Deutschland auch auferlegt wurden – einzelne Bestimmungen des Friedensvertrags waren doch weniger rigoros ausgefallen, als es während der Verhandlungen im Bereich der Möglichkeiten gelegen hatte. Der Vertrag besaß tatsächlich einen Kompromißcharakter, er war zwar nicht jener milde „Wilson-Friede", den man in Deutschland erträumt hatte – und den Wilson in dieser Form gar nicht beabsichtigte: „Der ‚Betrug' Wilsons war in Wirklichkeit der Selbstbetrug der Deutschen über den tatsächlichen Ausgang des Krieges" (MANFRED BERG); aber er war auch nicht ein „karthagischer Friede", wie ihn einflußreiche Politiker und große Teile der öffentlichen Meinung in den Siegerstaaten forderten. Zweitens: Trotz des Versailler Vertrags behielt das Deutsche Reich den Status einer europäischen Großmacht und besaß auf längere Sicht die Möglichkeit, wieder einen aktiven Part in der europäischen Politik zu spielen, sogar mit größerer außenpolitischer Bewegungsfreiheit als vor 1914: Rußland war aus Mitteleuropa abgedrängt und für lange Zeit mit seinen innenpolitischen Problemen beschäftigt, Südosteuropa aber konnte, bei behutsam-stetiger Politik, mit der Zeit zur wirtschaftlichen und politischen Einflußsphäre des Deutschen Reiches werden. Insofern ist GER-

HARD RITTER voll zuzustimmen, wenn er nach dem Ende des II. Weltkriegs konstatierte: „Für eine kluge, besonnene und geduldige deutsche Politik, die für unseren Staat nichts anderes erstrebte, als ihn zur friedenssichernden Mitte Europas zu machen, eröffneten sich – auf lange Sicht gesehen – die besten Chancen. Daß wir sie verfehlt haben und in maßloser Ungeduld, in blindem Haß gegen das sogenannte Versailler System uns einem gewalttätigen Abenteurer in die Arme stürzten, ist das größte Unglück und der verhängnisvollste Fehltritt unserer neueren Geschichte."

3. DIE REPUBLIK IN DEN KRISENJAHREN 1919–1923

Mit dem Abschluß des Friedensvertrags und der Verabschiedung der Verfassung begann für die Weimarer Republik nicht eine Phase der inneren Konsolidierung – im Gegenteil: Bis 1923 war die Existenz der 1918/19 errichteten staatlichen Ordnung mehr als ein Mal in Frage gestellt; die Regierungen sahen sich mit einer Vielzahl nahezu unlösbar erscheinender politischer, wirtschaftlicher und sozialer Probleme konfrontiert; sie hatten sich des vehementen Ansturms der Gegner einer parlamentarischen Demokratie zu erwehren und standen unter massivem Druck von außen. Insbesondere Frankreich, wo 1919 die Wahlen eine konservativ-nationalistische Mehrheit erbrachten, beharrte unerbittlich auf genauester Erfüllung der Bestimmungen des Friedensvertrags, ja es war darüber hinaus bemüht, seine auf der Friedenskonferenz nicht voll durchgesetzten Sicherheitsforderungen nachträglich doch noch zu realisieren und in diesem Sinne den Versailler Vertrag zu Lasten Deutschlands zu revidieren. Es grenzt an ein Wunder, daß sich die Weimarer Demokratie in diesen Jahren schwerster innerer und äußerer Bedrängnis zu behaupten vermochte. Erst nachdem die krisenhafte Entwicklung im Jahr 1923 ihren Kulminationspunkt erreicht und überschritten hatte, begann eine Phase, in der die innere Ordnung sich zu stabilisieren schien und die äußere Lage sich entspannte.

Probleme der jungen Republik

1919 hatte sich bereits jene innenpolitische Konstellation herausgebildet, die für die erste deutsche Republik bestimmend blieb und ihr schließlich zum Schicksal werden sollte: Auf der Linken und auf der Rechten formierten sich die Gegner der parlamentarischen Demokratie und traten zum Kampf gegen das „System" an. Schon jetzt wurde deutlich, daß sich weder die extreme Linke noch die extreme Rechte als eine systemimmanente Opposition verstand, deren eigentliches Ziel die Ablösung der Regierungskoalition und die Übernahme der Regierungsverantwortung im Rahmen der bestehenden Verfassungsordnung war; vielmehr wurde gerade diese Verfassungsordnung der parlamentarischen Demokratie grundsätzlich abgelehnt und rücksichtslos bekämpft. Die extreme Rechte erstrebte teils eine Restauration der vordemokratischen Monarchie, teils die Errichtung einer postdemokratischen Diktatur nationalistisch-plebiszitären Cha-

Innenpolitische Konstellation

rakters. Auf der extremen Linken konnte sich im Zuge der kontinuierlichen Radikalisierung seit Anfang 1919 die antiparlamentarische Position bis zum Herbst voll durchsetzen.

<small>Radikalisierung der USPD</small>   Die USPD, die Ende 1919 mehr als 750 000 Mitglieder zählte, verabschiedete auf ihrem Parteitag in Leipzig (30. 11. – 6. 12. 1919) ein Aktionsprogramm, das mit den Sätzen schloß: „Die Diktatur des Proletariats ist ein revolutionäres Mittel zur Beseitigung aller Klassen und Aufhebung jeder Klassenherrschaft, zur Erringung der sozialistischen Demokratie ... Die Organisation der sozialistischen Gesellschaft erfolgt nach dem Rätesystem." Damit stellte sich die USPD jetzt auf eine ideologische Plattform, die eine politische Kooperation mit der SPD oder gar eine Wiedervereinigung der beiden Flügel der sozialistischen Arbeiterbewegung ausschloß. Verglichen mit der mitgliederstarken und sich organisatorisch festigenden USPD war die KPD lediglich eine Splitterpartei. Sie wurde in ihrem ohnedies geringen Aktionsradius noch zusätzlich beeinträchtigt durch heftige Richtungskämpfe; im Oktober 1919 drängte die KPD-Führung die ultralinken Gruppen aus der Partei, die dadurch etwa die Hälfte ihrer rund 100 000 Mitglieder verlor.

Zu großangelegten Aktionen der Linken kam es in der zweiten Jahreshälfte 1919 indessen nicht, auch die Streikbewegungen gingen zurück. Als dann im Januar 1920 ein Streik der Eisenbahner, die Forderung der Bergarbeiter nach Einführung der 6-Stunden-Schicht sowie eine Massendemonstration der USPD in Berlin mit nachfolgendem Sturm auf das Reichstagsgebäude (13. 1. 1920) neue Unruhen ankündigten, verhängte die Reichsregierung den Ausnahmezustand und brachte die Situation rasch unter Kontrolle. Nach wie vor sah die Regierung die staatliche Ordnung vor allem durch die Aktivitäten der politischen Linken gefährdet und rechnete mit neuen Putschversuchen und Streikaktionen. Demgegenüber unterschätzte sie die Gefahr, die von der seit Herbst 1919 bedrohlich anwach-

<small>„Welle von rechts"</small>   senden „Welle von rechts" ausging. Ein aufmerksamer Beobachter der politischen Szene, Ernst Troeltsch, konstatierte im Dezember 1919, Hauptträger der „Welle von rechts" seien neben den protestantischen Kirchen die „Elemente städtischer und akademischer Bildung". In diesem Zusammenhang registrierte Troeltsch einen dramatischen Stimmungsumschwung bei der Studentenschaft: „Sprach man vor einem Jahre vor Studenten, so mußte man sich auf wilde pazifistische, revolutionäre, ja idealistisch-bolschewistische Widersprüche gefaßt machen; heute muß man auf antisemitische, nationalistische, antirevolutionäre Einsprüche sich einrichten. In manchen juristischen Kollegien wird gescharrt, wenn das Wort ‚Reichsverfassung' fällt." Über die hier apostrophierten Kreise hinaus erfaßte die „Welle von rechts" jetzt aber auch beträchtliche Teile der Angestelltenschaft und des Kleinbürgertums, die bis dahin eher zur politischen Mitte tendiert hatten.

<small>Dolchstoß-Legende</small>   In Publizistik und Versammlungstätigkeit der politischen Rechten wurde die Agitation gegen den „Schmachfrieden" verknüpft mit der Propagierung der

„Dolchstoß"-Legende: Die Heimat sei der kämpfenden Front in den Rücken gefallen, die politischen Linkskreise seien daher verantwortlich für die militärische Niederlage und den daraus resultierenden drückenden Friedensvertrag. Hindenburg stützte diese Deutung der Ursachen des deutschen Zusammenbruchs durch die Autorität seines Namens (Aussage vor dem Untersuchungsausschuß der Nationalversammlung am 18.11.1919). Für die konservativ-nationalistische Rechte erfüllte die Dolchstoß-Legende, die durch die Behauptung der Schuldlosigkeit Deutschlands am Kriege wirkungsvoll ergänzt wurde, eine politisch sehr nützliche Doppelfunktion: Einerseits verschleierte sie das Versagen der politischen und militärischen Führungsinstanzen des kaiserlichen Deutschland und entlastete so das alte Regime, andererseits bürdete sie den revolutionären Kräften und – direkt oder indirekt – auch den Trägern der Weimarer Republik die Schuld an der Niederlage und damit an der als unerträglich empfundenen Gegenwartsmisere auf. Innerhalb weniger Monate wurde die Dolchstoß-Legende zu einer tragenden Säule der konservativ-nationalistischen Rechtfertigungs- und Kampfideologie; ihr Wirkungsradius reichte aber weit hinaus über den Kreis kompromißloser Gegner der Republik, weil große Teile des deutschen Volkes die erlittene Niederlage nicht anerkennen wollten. Mit Recht ist gesagt worden, daß die Dolchstoß-Legende selbst wie ein Dolchstoß wirkte – ein Dolchstoß „in den Rücken des neuen Staates" (ALBERT SCHWARZ).

Besonders maßlosen Angriffen der Rechtsopposition war der Zentrumspolitiker Erzberger ausgesetzt. Er war der Rechten verhaßt als Initiator der Friedensresolution von 1917, Leiter der Waffenstillstandsdelegation, Befürworter der Unterzeichnung des Friedensvertrags und Reichsfinanzminister, der durch eine große Finanzreform – entsprechend dem Verfassungsauftrag – die Finanzhoheit des Reichs gegenüber den Ländern durchgesetzt hatte. Mit Erzberger, dem „heimlichen Kanzler", sollte darüber hinaus aber auch der „Schlüsselpunkt des Systems" (ERNST TROELTSCH) getroffen werden, weil Erzberger das eigentliche Scharnier der Koalition von Zentrum und SPD darstellte. Ein von Erzberger angestrengter Beleidigungsprozeß gegen den DNVP-Führer Helfferich, der ihm eine „unsaubere Vermischung politischer Tätigkeit und eigener Geldinteressen" vorgeworfen hatte, endete nach wochenlanger Verhandlung in erregter Atmosphäre am 12.3.1920 mit einem Urteil, das Helfferichs Anschuldigungen zum Teil als inhaltlich richtig bestätigte; lediglich wegen formaler Beleidigung wurde Helfferich zu einer lächerlich niedrigen Geldstrafe verurteilt. Noch am gleichen Tag trat Erzberger von seinem Ministeramt zurück – die nationalistische Rechte jubelte. Das Urteil im Erzberger-Prozeß war nicht der erste, aber ein besonders aufsehenerregender Fall in jener langen Reihe von Gerichtsurteilen, die der „politischen Justiz" der Weimarer Republik zu trauriger Berühmtheit verholfen haben. Viele Richter, in ihrer politischen und sozialen Mentalität geprägt durch die Wertvorstellungen und konservativen Ideologien der wilhelminischen Zeit, bezweifelten die Legitimität der neuen

Feindbild Erzberger

Politische Justiz in der Weimarer Republik

Ordnung. Geschützt durch das von der Revolutionsregierung nicht angetastete und dann in der Verfassung festgeschriebene Privileg der Unabsetzbarkeit, brachten sie ihre Abneigung gegen die Republik und deren engagierte Träger in zahlreichen Urteilen offen zum Ausdruck. Insofern trägt die Justiz ein gut Teil der Verantwortung für das Scheitern der Republik. Sie hat mitgewirkt „an ihrer Überwältigung durch autoritäre und totalitäre Bewegungen" (KARL DIETRICH BRACHER).

<small>Kapp-Lüttwitz-Putsch</small>

Am 13.3.1920, einen Tag nach der Urteilsverkündung im Erzberger-Prozeß, versuchten militante Rechtskreise, im Kapp-Lüttwitz-Putsch die Regierungsgewalt an sich zu reißen. Den gewaltsamen Sturz der Regierung hatte sich seit Anfang Juli 1919 eine Gruppe von Rechtsextremisten um General Ludendorff und Wolfgang Kapp, den ostpreußischen Generallandschaftsdirektor und 1917 Mitbegründer der annexionistischen Vaterlandspartei, zum Ziel gesetzt; als organisatorischer Kristallisationskern wurde im Oktober 1919 die „Nationale Vereinigung" gegründet. Der Verschwörerkreis bemühte sich eifrig, für das geplante Unternehmen aktionsbereite Offiziere und Politiker zu gewinnen; intensive Kontakte bestanden zu General von Lüttwitz, dem „Vater der Freikorps", dem seit Frühjahr 1919 alle Truppen östlich der Elbe sowie die Verbände in Sachsen, Thüringen und Hannover unterstanden. Da seit Herbst 1919 mit der durch den Friedensvertrag vorgeschriebenen Verminderung des Heeres begonnen wurde, sahen sich viele Freikorpssoldaten in ihrer Existenz bedroht und waren zu Aktionen gegen die Regierung bereit – diese Stimmung unter den Truppen gedachte sich der Kreis um Kapp und Lüttwitz zunutze zu machen. Als die Regierung Anfang März 1920 die Auflösung u.a. der Marinebrigade Ehrhardt verfügte, die in der Nähe von Berlin lag, forderte Lüttwitz am 10. März von Reichspräsident Ebert ultimativ den Verzicht auf einen weiteren Truppenabbau, den Rücktritt des Reichspräsidenten und der Reichsregierung sowie die sofortige Ausschreibung von Neuwahlen zum Reichstag. Von der Regierung daraufhin entlassen, begab sich Lüttwitz unverzüglich zur Marinebrigade Ehrhardt, die unter seiner Führung am frühen Morgen des 13. März das Berliner Regierungsviertel besetzte; Kapp wurde zum neuen Reichskanzler ausgerufen. Da innerhalb der Reichswehrführung nur der Chef der Heeresleitung, General Reinhardt, für einen bewaffneten Widerstand gegen die Putschaktion eintrat, General von Seeckt, der Chef des Truppenamtes, hingegen einen Truppeneinsatz für unmöglich erklärte, standen Reichswehrminister Noske für eine militärische Auseinandersetzung mit den Putschisten in Berlin keine Kräfte zur Verfügung. Von der bewaffneten Macht im Stich gelassen, flohen Reichspräsident und Reichsregierung zunächst nach Dresden, dann nach Stuttgart.

<small>Scheitern des Putsches</small>

Trotz der kampflosen Besetzung von Berlin und der Bereitschaft zahlreicher Reichswehrkommandeure in verschiedenen Teilen des Reichs, sich der Putschistenregierung anzuschließen, brach der Kapp-Lüttwitz-Putsch rasch zusammen. Er scheiterte am Generalstreik, den die Gewerkschaften ausgerufen hatten und dem sich die Arbeiterschaft im ganzen Reich spontan anschloß, sowie an der abwartenden Haltung der Ministerialbürokratie, die sich im Reich und in Preußen vorläufig weigerte, den Anordnungen Kapps Folge zu leisten. Am 17. März flüchteten Kapp und Lüttwitz mit ihren engsten Mitarbeitern ins Ausland.

Das sang- und klanglose Ende des Putschunternehmens bildete indessen nicht den Auftakt zu einem entschlossenen Durchgreifen der nach Berlin zurückgekehrten Regierung gegen die militanten Gegner der demokratischen Verfassungsordnung, wie es von vielen, insbesondere von den streikenden Arbeitern, aber auch von den demokratischen Kräften im Bürgertum erwartet wurde. Die Forderungen der Gewerkschaften nach einer Säuberung des Behörden- und Militärapparats von unzuverlässigen Elementen, Bestrafung der Schuldigen, Sozialisierung der dafür reifen Industriezweige, Neubildung der Regierung im Einvernehmen mit der Gewerkschaftsführung blieben praktisch unerfüllt. Noske allerdings mußte zurücktreten; er war nicht nur den radikalen, sondern auch zahllosen sozialdemokratischen Arbeitern verhaßt: Unter seiner Verantwortung waren im Jahr 1919 die Freikorps rigoros gegen streikende und revoltierende Arbeiter vorgegangen, und seiner Vertrauensseligkeit gegenüber dem Offizierskorps wurde es zugeschrieben, daß die gegenrevolutionären Kräfte ihren Putsch gleichsam unter den Augen der Reichsregierung hatten vorbereiten können. Neuer Reichswehrminister wurde Otto Geßler (DDP), neuer Chef der Heeresleitung Hans von Seeckt, obwohl dieser die Reichswehr nicht zur Niederwerfung des Putsches hatte einsetzen wollen.

Auswirkungen des Putsches

Wenn die Chance, das Scheitern des Kapp-Lüttwitz-Putsches zu einer durchgreifenden Stabilisierung der demokratischen Ordnung zu nutzen, weitgehend ungenutzt blieb, so war das dadurch mitbedingt, daß die Gegenaktionen der streikenden Arbeiter in verschiedenen Teilen des Reichs gewaltige Dimensionen angenommen hatten. In Sachsen und Thüringen gingen die Selbstschutzeinheiten der Arbeiterschaft ihrerseits zum bewaffneten Angriff auf Freikorps und Reichswehrtruppen über, im Ruhrgebiet formierte sich eine „Rote Armee" aus sozialistischen Arbeitern der verschiedenen Richtungen. Besonders aktiv waren zunächst die Anhänger der USPD und syndikalistische Gruppen, allmählich gewannen auch die Kommunisten an Einfluß, deren Parteiführung anfänglich eine unklare Haltung eingenommen hatte (die KPD-Zentrale schloß sich dem Aufruf zum Generalstreik zunächst nicht an). Die „Rote Armee" beherrschte mehrere Wochen lang große Teile des Ruhrgebiets und lieferte den von der Regierung eingesetzten Freikorpstruppen erbitterte Kämpfe, die auf beiden Seiten mit einem Höchstmaß an Grausamkeit ausgetragen wurden. Da die Regierungstruppen bei ihren militärischen Operationen auch in die entmilitarisierte Zone eindrangen, besetzten die Franzosen im Gegenzug vorübergehend die Städte Frankfurt und Darmstadt mit ihrem Umland.

Unruhen in Sachsen und Thüringen; Kämpfe im Ruhrgebiet

Um der Aufstände vor allem im Ruhrgebiet und in Mitteldeutschland Herr zu werden, setzte die Regierung also eben jene Truppen ein, die in den Tagen des Kapp-Lüttwitz-Putsches eine zumindest zwielichtig zu nennende Loyalität gegenüber Regierung und Staat an den Tag gelegt hatten. Dieser Einsatz der Truppen bildete sozusagen die Brücke, über welche die Reichswehr praktisch unangetastet in die Nach-Kapp-Ära marschierte. Seeckt formte die Reichswehr zu einem „Staat im Staate", weitgehend abgeschottet gegenüber einer parlamentarischen Kontrolle. Das Insistieren auf dem „unpolitischen" Charakter der Reichswehr war auch Mittel zum Zweck, alle Forderungen nach einer stärker republikanischen und demokratischen Ausrichtung der „Wehrmacht der deutschen Republik" als Versuche einer unzulässigen Politisierung abzuwehren. So wurde die Reichswehr in der „Ära Seeckt" zu einem zuverlässigen Instrument in der Hand ihrer Führer, aber sie fühlte sich lediglich einem abstrakten Staatsgedanken verpflichtet, nicht in erster Linie dem konkreten Staat der parlamentarischen Republik. Das Offizierskorps betrachtete die Reichswehr als einen eigenständigen innenpolitischen Machtfaktor und lebte in einer ideologischen Vorstellungswelt, „in der sich monarchistisch-obrigkeitsstaatliche Residuen mit dem Gefühl der Demütigung durch die Niederlage und das System von Versailles verbanden, überhöht durch ein elitäres Sendungsbewußtsein, Wahrer des ‚Staatsganzen' gegenüber dem prinzipiell mit negativen Akzenten versehenen demokratischen Parteienstaat zu sein" (HAGEN SCHULZE). Die politische Linke stand daher der Reichswehr mit ausgeprägtem Mißtrauen gegenüber.

Siegreich, wenn man so will, war der Kapp-Putsch in Bayern. Nachdem die mit den Putschisten sympathisierende Führung des Reichswehrgruppenkommandos in Bayern die von dem Sozialdemokraten Hoffmann geführte Koalitionsregierung zum Rücktritt gezwungen hatte, wurde eine Regierung gebildet, die einen strammen Rechtskurs steuerte mit dem Ziel, Bayern zur „Ordnungszelle" des Reiches zu machen. Seit 1920 wurde Bayern ein Eldorado für rechtsextremistische Organisationen und führende Persönlichkeiten des militanten Rechtsradikalismus.

Vor Ausbruch des Kapp-Lüttwitz-Putsches hatte die Reichsregierung beabsichtigt, Wahlen zum Reichstag frühestens im Herbst 1920 abzuhalten. Nach der Niederwerfung des Putsches sowie der Aufstände im Ruhrgebiet und in Mitteldeutschland wurden die Wahlen dann auf den 6. Juni anberaumt. Sie endeten mit einem Debakel für die Parteien der „Weimarer Koalition". SPD und DDP erlitten schwere Verluste (SPD – 16,2%, DDP – 10,2%), während die Oppositionsparteien DNVP, DVP und USPD außerordentlich starke Stimmengewinne verbuchen konnten (DNVP + 4,8%, DVP + 9,5%, USPD + 10,3%); hingegen brachte es die KPD nur auf kümmerliche 2,1% der Stimmen (s. Tab. S. 344). Mit der Juniwahl 1920 verlor die „Weimarer Koalition" auf der Ebene des Reiches ihre parlamentarische Mehrheit (die sie nie mehr wiedergewinnen sollte): Hatten in der Nationalversammlung die Parteien der

"Weimarer Koalition" über 78% der Mandate verfügt (331 von 423), so behaupteten jetzt SPD, Zentrum und DDP zusammen nur noch 44,6% der Sitze (205 von 459). Den Anhängern der Weimarer Verfassung standen im Ergebnis dieser Wahl im Reichstag zwei kompakte verfassungsoppositionelle Blöcke gegenüber, ein schwarz-weiß-roter und ein roter; das normale Wechselspiel von Regierung und Opposition war dadurch ausgeschlossen, die Bildung einer stabilen demokratischen Regierung fürs erste – und wie sich dann zeigen sollte: für die ganze Dauer der Republik (s. u. S. 75 ff.) – in Frage gestellt. Unter diesen Umständen gestaltete sich die Kabinettsbildung im Sommer 1920 außerordentlich schwierig. Da die SPD nach ihren drastischen Stimmenverlusten keine Neigung zeigte, wieder die Regierungsverantwortung zu übernehmen, ging aus den langwierigen Verhandlungen schließlich ein bürgerliches Minderheitskabinett (unter Führung des Zentrumspolitikers Konstantin Fehrenbach) hervor. Es wurde mitgetragen von der DVP, die sich durch eine förmliche Erklärung auf den Boden der bestehenden republikanischen Staatsform gestellt hatte, und toleriert von der SPD, die nunmehr eine „Art Zwitter von Oppositions- und Regierungspartei" (ALFRED KASTNING) darstellte.

Konsequenzen hinsichtlich der „Regierbarkeit" der Republik

Bildung eines bürgerlichen Minderheitskabinetts

Die USPD vermochte ihren beachtlichen Wahlerfolg nicht in politische Einflußnahme umzusetzen, denn sie war 1920 ganz mit einem parteiinternen Konflikt beschäftigt. Der linke Flügel der Partei wünschte den Anschluß an die im März 1919 gegründete Kommunistische Internationale (Komintern) und war bereit, die von Moskau gestellten Bedingungen zu akzeptieren, die eine absolute Unterordnung der einzelnen nationalen kommunistischen Parteien unter den Willen des Exekutivkomitees der Komintern vorsahen. Hingegen lehnte der rechte Flügel der USPD diese Bedingungen entschieden ab. Auf dem Parteitag in Halle (12.–17.10.1920) kam es zur Spaltung der USPD, die zu diesem Zeitpunkt rund 900 000 Mitglieder zählte. Der linke Flügel schloß sich mit der KPD zusammen, die dadurch – und erst jetzt – eine Massenbasis in der Arbeiterschaft gewann (am 1.10.1920, vor dem Zusammenschluß, hatte die KPD nur 78 000 Mitglieder). Der rechte Flügel, die sog. „Rest-USPD" mit etwas weniger als der Hälfte der Parteimitgliedschaft vom Oktober 1920, näherte sich allmählich der Mehrheitssozialdemokratie und vereinigte sich mit ihr im September 1922.

Spaltung der USPD

Zu einem Hauptproblem deutscher Außen-, aber auch Innenpolitik entwickelte sich schon bald nach der Bildung des Minderheitskabinetts Fehrenbach die Reparationsfrage – sie sollte über Jahre hin ein beherrschendes, wenn nicht gar *das* beherrschende Thema bleiben. Im Versailler Vertrag war – wie dargelegt (s. o. S. 31 f.) – die Verpflichtung des Reichs zur Leistung von Reparationen konstatiert, aber keine bestimmte Summe festgelegt worden. Vielmehr erhielt die mit großen Vollmachten ausgestattete Reparationskommission den Auftrag, bis zum 1.5.1921 den Gesamtbetrag der von Deutschland zu leistenden Reparationszahlungen zu ermitteln und einen Zahlungsplan auszuarbeiten; bis zu diesem Zeitpunkt hatte das Reich – unter Anrechnung auf seine Gesamtschuld –

Reparationsfrage

Festlegung der deutschen Gesamtschuld

20 Milliarden Goldmark in Geld- und Sachwerten zu leisten. Schon ehe die Zahlen der Reparationskommission auf dem Tisch lagen, war indessen völlig klar, daß mit einer extrem hohen Reparationsforderung zu rechnen war und sich in der Behandlung der gesamten Reparationsproblematik unüberbrückbare Gegensätze zwischen Deutschland und den Siegermächten auftun würden.

Weltwirtschaftliche Implikationen   Mit der Aufbringung und Transferierung von Geld- und Sachleistungen in einer Größenordnung, die alle bisherigen Vorstellungen sprengte, wurde ein Vorstoß in eine terra incognita der internationalen Finanz-, Währungs- und Wirtschaftspolitik unternommen, für den alle Beteiligten schlecht gerüstet waren. Vor allem: Das Reparationsproblem wurde nicht als eine weltwirtschaftliche Aufgabe begriffen, die nur in gemeinsamer Anstrengung aller beteiligten Staaten bewältigt werden konnte, sondern jeder Staat orientierte sich ausschließlich am eigenen nationalen Interesse. Die deutsche Seite suchte die Reparationsleistung möglichst stark herunterzuhandeln und nach Möglichkeit ganz auf Sachleistungen zu beschränken. Im Lager der Siegermächte hingegen ging man davon aus, daß bei der Festlegung der Reparationssumme und der Zahlungsweise vorwiegend die Bedürfnisse der Gläubiger zu berücksichtigen seien und daß Deutschland die Gläubiger zufriedenzustellen habe ohne Rücksicht darauf, ob es dazu wirklich in der Lage war. Daher bestand bei den Siegermächten keine Bereitschaft, verstärkt deutsche Exporte aufzunehmen, obwohl Deutschland nur durch Exportsteigerung den Wert der abfließenden Reparationssumme kompensieren konnte; durch staatliche Schutzzollpolitik, kollektive Vorurteile und kompakte Einflußnahme mächtiger Interessengruppen (z. B. der französischen und englischen Schwerindustrie) wurde es dem auf Exporte angewiesenen Deutschland erschwert, seine Produkte im Ausland abzusetzen. Ferner fiel ins Gewicht, daß sich in den Gläubigerstaaten die Kaufkraft durch Zufluß von Geld und Sachwerten aus Deutschland kaum verstärkte, weil alle diese Länder hoch bei den USA verschuldet waren. Ein großer Teil der deutschen Zahlungen floß daher letztlich in die USA, von wo er dann später, nach der Währungsstabilisierung, in Form von Anleihen temporär wieder nach Deutschland zurückkehrte.

Deutsche Währungssituation   Beeinträchtigte somit die Wirtschaftspolitik der Siegermächte eine sinnvolle Durchführung der Reparationszahlungen, so war die deutsche Währungspolitik alles andere als geeignet, eine derart komplizierte Operation wie diejenige der deutschen Wiedergutmachungsleistungen zu erleichtern. Zu der Liquidationsmasse, welche die Regierung der Republik vom bankrotten Kaiserreich übernommen hatte, gehörte auch eine bereits stark zerrüttete Währung. Die Staatsschuld hatte 1913 fünf Milliarden betragen, bis 1919 war sie auf 144 Milliarden angewachsen, denn die kaiserliche Regierung hatte den Krieg nicht durch eine rigorose Steuerpolitik finanziert, sondern vor allem durch eine langfristige Verschuldung des Staates (Kriegsanleihen) und durch eine Erhöhung der schwebenden Schuld (der Papiergeldumlauf einschließlich der Reichsbanknoten stieg von zwei Milliarden im Jahr 1913 auf 45 Milliarden im Jahr

1919). Die Finanzpolitik einer rücksichtslosen Staatsverschuldung wurde nach 1918 fortgesetzt. In der ohnehin äußerst kritischen innenpolitischen Situation war auf diese Weise wenigstens vorläufig am bequemsten mit den wirtschaftlichen und sozialen Folgelasten des verlorenen Krieges fertig zu werden (u. a. Teuerungszulagen, Kriegsopferversorgung, Erwerbslosenunterstützung, Entschädigungen an Industrieunternehmen und Reedereien, Zinsendienst für die Kriegsanleihen). Reichsregierung und Reichsbank mußten sich dabei allerdings im klaren darüber sein, daß die deutsche Währung nicht saniert werden konnte, solange man die Kluft, die sich im Reichshaushalt zwischen Einnahmen und Ausgaben auftat (und die nur zum kleineren Teil von Versailler Lasten verursacht wurde), lediglich mit Papiergeld überbrückte, statt sie zu schließen, d. h. durch einschneidende Maßnahmen den Haushalt auszubalancieren. Spätestens seit 1921 konnte dies nur noch durch eine drastische Währungsreform geschehen, auf konventionelle Weise war der Budgetausgleich nicht mehr durchführbar. (Das Defizit des Reiches betrug im Dezember 1922 bereits 469 Milliarden.)

<small>Deutsche Finanzpolitik der Staatsverschuldung</small>

Die Passivität der Reichsregierung in der Frage der Währungssanierung wird man aber wohl auch als ein Stück deutscher Strategie in der Reparationspolitik verstehen müssen. Die Inflation ließ sich nämlich außenpolitisch instrumentalisieren, um eine Ableistung der Reparationen und damit die Ausführung des Friedensvertrags gleichsam zu unterlaufen. Denn solange die Inflation dauerte, war es in der Tat nicht möglich, die Zahlungs- und Leistungsfähigkeit Deutschlands klar festzustellen. Die deutschen Unterhändler sind denn auch nicht müde geworden, ihren alliierten Verhandlungspartnern diesen Sachverhalt auseinanderzusetzen und hinzuzufügen, daß jede in bar erfolgende Reparationszahlung die Lage weiter verschlechtern würde.

<small>Außenpolitische Instrumentalisierung der Inflation</small>

Die Siegermächte dagegen lehnten sowohl einen längerfristigen Zahlungsaufschub wie eine Ermäßigung der Geldzahlungen aufgrund der desolaten deutschen Finanzlage entschieden ab. Sie verlangten von der deutschen Regierung, sie solle unverzüglich die Basis für eine realistische Reparationskalkulation schaffen, indem die Druckerpresse stillgelegt und der Staatshaushalt, gegebenenfalls durch drastische Steuererhöhungen, ausgeglichen würde.

<small>Position der Siegermächte</small>

Mit ihrer Strategie in der Währungs- und Reparationspolitik arbeiteten die deutschen Kabinette bis 1923 – ungewollt – gerade jenen politischen Kräften Frankreichs in die Hände, die ihrerseits an einer Politisierung der Reparationsfrage interessiert waren. Die französische Regierung suchte seit 1920, vor allem aber nachdem Poincaré das Amt des Ministerpräsidenten und Außenministers übernommen hatte (17. 1. 1922), die Reparationsfrage zu benutzen, um nach dem gescheiterten Anlauf auf der Pariser Friedenskonferenz nun doch noch an den Rhein und an das Ruhrgebiet heranzukommen, und wenigstens zeitweilig schien diese Politik einem Erfolg nahe – nicht zuletzt infolge der Schwächen der deutschen Reparationspolitik. Erst nachdem das Deutsche Reich 1923 – mit dem

Abbruch des passiven Widerstandes im Ruhrgebiet und mit der Sanierung seiner Währung – seine zweite Kapitulation vollzogen hatte, waren die Franzosen gezwungen, ihre Revisionspolitik Schritt für Schritt aufzugeben.

Die grundsätzlichen Dispositionen im Kampf um die Reparationen bis 1923 sind damit umrissen. Diese Skizze soll durch einige detailliertere Angaben über den Verlauf der Auseinandersetzungen ergänzt werden.

In einer Serie von Konferenzen – es waren insgesamt nicht weniger als 23 – befaßten sich die Vertreter der Siegermächte mit der Festlegung der Gesamtforderung, der Höhe der Annuitäten und den Zahlungsmodalitäten. Im Juli 1920 wurde zwischen den Alliierten zunächst ein Verteilerschlüssel vereinbart; danach sollte von der zu erwartenden Gesamtsumme Frankreich 52 % erhalten, England 22 %, Italien 10 %, Belgien 8 %. Im Januar 1921 einigte sich eine Interalliierte Konferenz in Paris dann auf eine deutsche Gesamtschuld in Höhe von 226 Milliarden Goldmark, die in einem Zeitraum von 42 Jahren abgetragen werden sollte. Die Reichsregierung wurde Anfang März ultimativ aufgefordert, binnen vier Tagen diese Pariser Beschlüsse anzunehmen oder befriedigende Gegenvorschläge zu machen, andernfalls würden Sanktionen erfolgen. Als die Reichsregierung die Annahme der Bedingungen ablehnte, besetzten am 8. 3. 1921 französische Truppen Düsseldorf, Duisburg und Ruhrort; die Grenze zwischen dem besetzten Gebiet und dem übrigen Reichsgebiet verwandelte sich in eine Zollgrenze.

Ganz ohne Eindruck waren die deutschen Proteste indessen nicht geblieben. Im April setzte die Reparationskommission den Gesamtbetrag der Reparationen auf 132 Milliarden Goldmark fest und stellte zugleich einen Zahlungsplan auf, den sog. „Londoner Zahlungsplan". Dieser kompliziert aufgebaute Plan lief darauf hinaus, daß Deutschland bis zur Tilgung seiner Schuld jährlich zwei Milliarden Goldmark und 26 % des Wertes seiner Ausfuhr (ungefähr eine weitere Milliarde) zu zahlen hatte; die erste Goldmilliarde wurde am 31. 8. 1921 fällig.

Der „Londoner Zahlungsplan" traf am 6. Mai 1921 in Berlin ein, begleitet von einem auf sechs Tage befristeten Ultimatum des Obersten Rats der Alliierten, das bei Nichtannahme des Plans die sofortige Besetzung des Ruhrgebiets androhte. Die Besetzung des Ruhrgebiets war das Ziel einflußreicher Kreise in Paris, denen deshalb eine deutsche Ablehnung gar nicht unwillkommen gewesen wäre. Aber dazu kam es nicht. Nach dem Rücktritt des Kabinetts Fehrenbach und der Bildung des Kabinetts Wirth aus den Parteien der Weimarer Koalition (10. 5. 1921) sprach sich der Reichstag mit 220:172 Stimmen für die Annahme des Londoner Ultimatums aus.

Dies geschah nicht zuletzt unter dem Eindruck der Situation in Oberschlesien; deutscherseits fürchtete man nämlich, bei einer Ablehnung des Londoner Ultimatums den englischen Rückhalt in der Oberschlesienfrage zu verlieren. In Oberschlesien hatte die im Versailler Vertrag dekretierte Volksabstimmung am 20. März 1921 stattgefunden und ein für Deutschland günstiges Ergebnis erbracht:

fast 60% der Abstimmenden votierten für den Verbleib Oberschlesiens beim Reich, gut 40% für den Anschluß an Polen. Daraufhin entfesselten die Polen Anfang Mai 1921 in Oberschlesien einen Aufstand, in dem die französischen Besatzungstruppen die Polen begünstigten, während die Engländer, die das Industriegebiet bei Deutschland belassen wollten, die Organisierung eines deutschen Selbstschutzes duldeten. Die Auseinandersetzung um Oberschlesien endete trotz militärischer Erfolge der deutschen Freikorps (Erstürmung des Annabergs 23.5.1921) mit einer herben Enttäuschung für Deutschland. Entsprechend einer Empfehlung des Völkerbundsrats beschloß am 20.10.1921 der Oberste Rat der Alliierten eine Teilung des Abstimmungsgebiets (die im Versailler Vertrag als Möglichkeit vorgesehen war) – mit einer für Deutschland ungünstigen Grenzziehung: Das ostoberschlesische Industriegebiet fiel fast ganz an Polen (3213 qkm mit rund 1 Mill. Einwohnern; in diesem Gebiet hatten rund 56% der Bevölkerung für Polen gestimmt); bei Deutschland verblieb der umfangmäßig größere, aber industriell weniger wertvolle Teil Oberschlesiens.

Mit der Annahme des Londoner Zahlungsplans begann die Phase der von den deutschen Nationalisten erbittert bekämpften „Erfüllungspolitik". Dieser 1921/22 verfolgten Politik lag – was ihre deutschen Gegner nicht erkannten oder nicht wahrhaben wollten – die Intention zugrunde, die Unerfüllbarkeit der Reparationsforderungen zu beweisen und deren Revision gerade dadurch zu erzwingen, daß Deutschland die alliierten Forderungen vorläufig bis an die Grenzen seiner Möglichkeiten zu erfüllen suchte. Sie war auch darauf angelegt, im „Kalten Krieg" mit Frankreich Zeit zu gewinnen, da diese – wie man glaubte – für Deutschland arbeiten würde. Die Gläubigerseite jedoch wertete eine deutsche Erfüllungspolitik ohne vorausgehende Währungssanierung d. h. ohne radikale Kürzung der Ausgaben und rücksichtslose Einführung und Erhebung neuer Steuern, keineswegs als einen ernsthaften deutschen Versuch, den Zahlungsverpflichtungen gerecht zu werden. Sie sah sich in dieser Einschätzung der deutschen Haltung dadurch bestätigt, daß Deutschland bereits nach der Zahlung der ersten Milliarde Goldmark ein Moratoriumsgesuch an die Gläubiger richtete.

„Erfüllungspolitik" 1921/22

Am 12. Juli 1922 beantragte die Berliner Regierung bei der Reparationskommission die Aussetzung der 1922 fälligen Restzahlungen und teilte gleichzeitig mit, Deutschland werde auch 1923 und 1924 keine Barzahlungen leisten können. Noch einige Schritte weiter ging die deutsche Regierung im November 1922: Als Voraussetzung einer Währungssanierung forderte sie eine Befreiung von sämtlichen Versailler Lasten für drei bis vier Jahre sowie einen internationalen Bankkredit in Höhe von einer halben Milliarde Goldmark; von eigenen Bemühungen war kaum und jedenfalls nur als Folge alliierter Konzessionen die Rede. Die Phase der deutschen Erfüllungspolitik war vorläufig zu Ende.

Die deutsche „Erfüllungspolitik" der Jahre 1921/22 ist verbunden mit den Namen von Reichskanzler Wirth und Walther Rathenau (zunächst Wiederaufbauminister, ab Januar 1922 Außenminister). Die Namen dieser beiden Po-

Der Weg nach Rapallo

litiker stehen zugleich aber auch für den ersten Anlauf zu einer eigenständigen deutschen Außenpolitik nach 1918: die Unterzeichnung des Vertrags von Rapallo zwischen dem Deutschen Reich und der Sowjetunion am 16. April 1922. In diesem Vertrag verzichteten beide Mächte ausdrücklich auf Ersatz der Kriegskosten und der Kriegsschäden einschließlich der Zivilschäden, Deutschland auch auf alle Ansprüche für das durch Verstaatlichungsmaßnahmen der Sowjetregierung betroffene deutsche Eigentum in Rußland. Aus deutscher Sicht war ein Positivum, daß sich damit Artikel 116 des Versailler Vertrags erledigte, der Rußland eine – allerdings vage – Aussicht auf deutsche Reparationen eröffnet hatte. Außerdem wurde eine Intensivierung der beiderseitigen Wirtschaftsbeziehungen auf der Grundlage der Meistbegünstigung sowie die Aufnahme voller diplomatischer Beziehungen vereinbart.

Dem Vertragsabschluß war eine Phase engerer wirtschaftlicher Kontakte (Handelsvertrag vom 6.5.1921) und begrenzter Zusammenarbeit zwischen Reichswehr und Roter Armee (Austausch von Offizieren zur kriegstechnischen Fortbildung, rüstungswirtschaftliche Kooperation seit 1920) vorausgegangen. Zustande kam der Vertrag dann in der Konstellation, die sich auf der Konferenz von Genua herauskristallisierte. Auf dieser Mammutkonferenz, die im April 1922 zusammentrat und auf der 34 Staaten vertreten waren, wurde über den wirtschaftlichen Wiederaufbau Mittel- und Osteuropas verhandelt. Im Mittelpunkt stand dabei das vor allem von der englischen Regierung favorisierte Projekt eines internationalen Finanz- und Wirtschaftskonsortiums, das die für den Wiederaufbau Rußlands nötigen Mittel aufbringen und verteilen und zugleich eine Art von Wirtschaftskontrolle über Sowjetrußland ausüben sollte. Dahinter stand die Absicht, gegenüber Sowjetrußland eine Einheitsfront aller europäischen Mächte herzustellen, die dem vorrevolutionären Rußland Kredite gewährt oder deren Staatsbürger seit dem Machtantritt der Bolschewiki Sozialisierungsschäden erlitten hatten. Die Russen wollten das – nach ihrer Auffassung lediglich der Ausbeutung Rußlands und der Beschränkung der russischen Souveränität dienende – Projekt eines internationalen Konsortiums verständlicherweise zu Fall bringen und statt dessen Einzelabmachungen mit den verschiedenen Mächten zu günstigen Bedingungen abschließen. Um dies zu erreichen, suchte die russische Diplomatie einerseits die britisch-französischen Spannungen auszunutzen, andererseits intensivierte sie die Beziehungen zu Deutschland. Die deutsche Delegation in Genua ging angesichts der unfreundlichen Haltung der Westmächte gegenüber Deutschland auf die russischen Avancen ein: Ein Vertragsabschluß mit der Sowjetunion schien die Chance zu bieten, die Isolierung Deutschlands zu durchbrechen. Tatsächlich wirkte die Nachricht von der Unterzeichnung des Rapallo-Vertrags als Sensation. Frankreich und England fühlten sich durch das deutsche Vorgehen brüskiert, der Plan eines internationalen Konsortiums war torpediert.

Ebenso umstritten wie seinerzeit die Rapallo-Politik ist bis heute die Beurteilung von Bedeutung, Reichweite und Folgewirkungen des Rapallo-Vertrags geblieben. Was bedeutete Rapallo wirklich im Kontext deutscher Außenpolitik? Gewiß knüpften einzelne Verfechter der Rapallo-Politik an den Vertragsabschluß weitgespannte Erwartungen, sei es hinsichtlich einer baldigen deutsch-russischen Aktion gegen Polen, sei es hinsichtlich einer allgemeinen Erschütterung des Systems von Versailles. Insbesondere Seeckt träumte davon, Polen in einer konzertierten Aktion mit Sowjetrußland von der Landkarte zu streichen und die deutsche Ostgrenze von 1914 wiederherzustellen (Denkschrift vom 11.9.1922). Aber Rapallo bedeutete nicht notwendigerweise die Vorentscheidung für eine Ostorientierung der deutschen Außenpolitik, wie sie manche Träger der Rapallo-Politik in der Tat – doch im Endergebnis vergeblich – befürworteten. Rapallo war auch ein strategischer Erfolg gerade für eine Politik, die auf eine Normalisierung der Beziehungen zu den Westmächten abzielte (KARL DIETRICH ERDMANN). Tatsächlich hat die deutsche Delegation in Genua den Vertragsabschluß nicht als ein Instrument benutzt, um West und Ost gegeneinander auszuspielen, ja, sie suchte sogar auf einen gewissen Ausgleich zwischen Sowjetrußland und den Westmächten hinzuwirken. Man sollte die weltgeschichtliche Bedeutung des Rapallo-Vertrags daher nicht überschätzen.

Beurteilung des Rapallo-Vertrags

Wie begrenzt die Reichweite des Erfolgs von Rapallo war, wurde rasch deutlich. Außenpolitisch gewann das Reich keine Atempause, im Inneren blieb die massive Bedrohung durch den militanten Rechts- und Linksradikalismus bestehen.

Im Frühjahr 1921 hatte die KPD-Führung – in illusionärer Überschätzung ihres durch den Anschluß des linken USPD-Flügels gewonnenen Aktionspotentials und nicht zuletzt auf Weisung von Komintern-Emissären – im mitteldeutschen Industriegebiet Merseburg–Halle–Mansfeld einen Aufstand entfesselt, der den revolutionären Frontalangriff auf die parlamentarische Republik einleiten sollte („Märzaktion"). Dieser Aufstand wurde innerhalb weniger Tage von der preußischen Polizei in teilweise erbittert geführten Kämpfen niedergeworfen. Die schwere Niederlage und die daraus resultierenden parteiinternen Konflikte (Ausschluß und Austritt führender Funktionäre aus der KPD, Spaltung der Reichstagsfraktion) dämpften zwar für eine Reihe von Monaten die Aktionsfähigkeit und Aktionsfreudigkeit der KPD, aber die Stoßkraft der kommunistischen Bewegung war keineswegs gebrochen, denn die Partei vermochte die Mehrzahl ihrer Organisationen in der Hand zu behalten und suchte seit Sommer 1921 mit ihrer „Einheitsfront"-Taktik in die Anhängerschaft von SPD und Rest-USPD einzubrechen.

Innenpolitische Ereignisse und Konflikte

„Märzaktion" der KPD

Im Lager des militanten Rechtsextremismus vollzog sich 1921/22 eine Neuformierung, verbunden mit einer verstärkten Mobilisierung. Die Rechtsradikalen organisierten sich in den „Vaterländischen Verbänden" und in zahlreichen Geheimbünden, großenteils illegale Nachfolgeorganisationen der inzwischen offiziell aufgelösten Freikorps, wie z.B. die von Kapitän Ehrhardt geführte

Formierung der militanten Rechtskräfte

"Organisation Consul". Angehörige dieser militanten Zirkel waren es, welche zunehmend zu der in Deutschland bis dahin unüblichen Waffe des politischen Mordes griffen. Neben tatsächlich oder vermeintlich Abtrünnigen aus den eigenen Reihen sowie Menschen, die der Anzeige illegaler Waffenlager verdächtigt wurden, („Fememorde"), waren die Opfer führende Repräsentanten des demokratischen Deutschland. Tödliche Schüsse trafen am 9. 6. 1921 in München den USPD-Führer Karl Gareis, am 26. 8. 1921 im Schwarzwald Matthias Erzberger; Scheidemann und der Publizist Harden entgingen bei Mordanschlägen nur knapp dem Tod. Prominentestes Opfer des rechtsradikalen Mordterrors war Außenminister Rathenau, der am 24. 6. 1922 von Mitgliedern der „Organisation Consul" erschossen wurde.

Dieses Attentat wühlte die deutsche Öffentlichkeit, auch das Bürgertum, in dem Rathenau großes Ansehen genoß, tief auf. „Der Feind steht rechts!" rief Reichskanzler Wirth im Reichstag der DNVP-Fraktion und speziell Helfferich zu und brachte damit zum Ausdruck, daß die gesamte Rechte durch ihre hemmungslose Hetze gegen die demokratische Republik und deren Repräsentanten für die beispiellose Verrohung des politischen Kampfes mitverantwortlich war.

Unter dem Eindruck der Ermordung Rathenaus verabschiedete der Reichstag am 18. 7. 1922 (Erlaß am 21. 7. 1922) gegen die Stimmen der DNVP, BVP und KPD ein (auf fünf Jahre befristetes) „Gesetz zum Schutze der Republik", das Mordverschwörungen unter schwere Strafen stellte und eine Handhabe zum Verbot extremistischer Organisationen bot. Bayern allerdings weigerte sich, dieses Gesetz anzuerkennen; dort steuerte die Regierung inzwischen einen eindeutigen Rechtskurs, der den rechtsextremistischen Organisationen – unter denen die NSDAP zunehmend an Bedeutung gewann – freie Entfaltungsmöglichkeiten gewährte. Wenn das Republikschutzgesetz – entgegen den Hoffnungen und Erwartungen republikanischer Kreise – nicht zu einer wirksamen Waffe im Kampf gegen die Feinde des demokratischen Staates wurde, dann lag dies vor allem daran, daß die Anwendung des Gesetzes jener Justiz anvertraut war, die aus ihrer Abneigung gegen die Demokratie und ihren Sympathien für die politische Rechte kein Hehl machte: „Wohl ließ man die Kommunisten die volle Schärfe des Gesetzes spüren, aber die Gegner von der Rechten fanden allzuoft auffallende Milde. Das Versagen vieler Richter und Staatsanwälte in diesem Bereich ist nicht hinwegzudisputieren und wird immer ein trübes Kapitel in der Geschichte der deutschen Justiz bleiben" (GOTTHARD JASPER).

Angesichts der durch die Ermordung Rathenaus ausgelösten starken politischen Erregung hielten es die Regierungsparteien für inopportun, jetzt die durch die Verfassung vorgeschriebene Volkswahl des Reichspräsidenten durchzuführen. Durch verfassungsändernden Beschluß des Reichstags wurde am 24. 10. 1922 die Amtszeit Eberts bis Juni 1925 verlängert. Drei Wochen später stürzte das Kabinett Wirth, weil sich die sozialdemokratische Reichstagsfraktion weigerte, die bestehende Weimarer Koalition zur „Großen Koalition" (unter Einbeziehung der

DVP) zu erweitern, und einer solchen Lösung die Rückkehr in die Opposition
vorzog (zum generellen Problem der Koalitionspolitik s. u. S. 75 f.). An der Spitze *Kabinett Cuno*
des am 22.11.1922 ernannten prononciert rechtsbürgerlichen Kabinetts stand der
parteilose, aber der DVP zugerechnete Hapag-Direktor Wilhelm Cuno.

Während man in Deutschland in diesen Wochen eine Abkehr von der „Erfüllungspolitik" vollzog, war die französische Regierung unter Poincaré aufs
äußerste entschlossen, alle Rechte zu beanspruchen, die der Friedensvertrag gab,
d. h. nunmehr mit Sanktionen gegen Deutschland vorzugehen. Poincarés Maxime *Poincarés Strategie in*
lautete: „Keine Moratorien ohne Pfänder", und da sein Ziel war, in den Besitz *der Reparationsfrage*
solcher Pfänder zu gelangen, kam ihm das deutsche Insistieren auf Moratorien
gerade zupaß. Großbritannien lehnte eine Politik der „produktiven Pfänder" zwar
ab, man begegnete in London aber mit wachsender Ungeduld den Berliner
Versuchen, „die Krise der deutschen Währung als Krise der deutschen Zahlungskraft darzustellen" (HERMANN GRAML). England war deshalb nicht bereit,
durch eine eindeutige Parteinahme zugunsten Deutschlands Poincaré den Weg ins
Ruhrgebiet zu verlegen.

Zeitpunkt und Möglichkeit, seine langgehegten Wünsche ihrer Realisierung
nahezubringen, sah Poincaré gekommen, als die Reparationskommission Ende
Dezember 1922 einen deutschen Rückstand bei Holz- und Kohlelieferungen
feststellte und – gegen die Stimme des englischen Delegierten – darin einen
vorsätzlichen Bruch der Reparationsverpflichtungen erblickte. Gestützt auf
diese wenig durchschlagende juristische Begründung, die nur den Vorwand
abgab, begann Poincaré am 9.1.1923 mit belgischer und italienischer Unterstützung den Vorstoß ins Ruhrgebiet. Er entsandte eine Kommission von Inge- *Ruhrbesetzung*
nieuren mit dem Auftrag, die Kontrolle über das Kohlesyndikat zu übernehmen
und eine strikte Durchführung der von der Reparationskommission festgelegten
Lieferungsverpflichtungen sicherzustellen. Den „Schutz" dieser Ingenieurskommission übernahmen fünf französische Divisionen und eine belgische Division, insgesamt 60 000 Mann, die das ganze Ruhrgebiet besetzten. In den folgenden Wochen wurde die Besatzungsarmee auf eine Stärke von 100 000 Mann
gebracht. Poincaré verfolgte mit seinem Unternehmen zwar auch reparationspolitische Ziele, in erster Linie aber kam es ihm darauf an, die politischen
Voraussetzungen für eine Zurückdrängung der deutschen Grenze an den Rhein zu
schaffen und so die – nach seiner Auffassung 1919 versäumte – permanente
Schwächung Deutschlands nachträglich doch noch durchzusetzen. Die Ruhrbesetzung war insofern ein Akt aktiver französischer Revisionspolitik.

In Deutschland reagierte man auf die Ruhrbesetzung mit einem nahezu ein- *Passiver Widerstand*
mütigen Aufschrei nationaler Empörung. Noch einmal schien die Stimmung des
August 1914 wiederzukehren, als unter dem suggestiven Eindruck eines gemeinsamen nationalen Schicksals die Klassengegensätze zeitweilig in den Hintergrund traten. Die Reichsregierung, nicht in der Lage, sich mit Waffengewalt zur
Wehr zu setzen, unterbrach sofort alle Reparationsleistungen an Frankreich und

Belgien und rief die Bevölkerung des Ruhrgebiet zum „passiven Widerstand" auf; allen Beamten, auch den Eisenbahnbeamten, wurde verboten, Befehle von den Besatzungsbehörden entgegenzunehmen. Die Besatzungsmächte antworteten auf den „Generalstreik" der deutschen Regierung und der Bevölkerung mit der Ausweisung von Beamten, besonders der Zivil- und Eisenbahnverwaltung, mit Beschlagnahmungen und mit der vollständigen wirtschaftlichen Abschnürung des Ruhrgebiets vom Reich. Der offene Konflikt zwischen Deutschland und den Siegermächten, insbesondere mit Frankreich, war da.

Das Ziel der deutschen Regierung war es, mit Hilfe des passiven Widerstandes den Franzosen und Belgiern zu demonstrieren, daß sich die Pfandpolitik für sie nicht bezahlt mache, daß die Pfänder in Wirklichkeit gar nicht „produktiv" seien. Auf diese Weise, so hoffte man in Berlin, könnten die Regierungen Frankreichs und Belgiens zum Truppenrückzug aus dem Ruhrgebiet veranlaßt werden und danach würde dann über die Höhe der Reparationen und über die mögliche Heranziehung deutscher Sachwerte als Garantie für ihre Durchführung verhandelt. Tatsächlich wurde in den ersten sechs Monaten der Ruhrbesetzung weniger Kohle und Koks nach Frankreich und Belgien abtransportiert als allein in den letzten zehn Tagen vor dem Einmarsch. Aber die Zeit arbeitete doch eindeutig für Frankreich, denn der passive Widerstand konnte nur für eine begrenzte Zeit durchgehalten werden.

<small>Rapide Beschleunigung der Inflation</small>
Das Deutsche Reich mit seiner ohnehin zerrütteten Währung mußte die Millionenbevölkerung des Ruhrgebiets, die sozusagen staatlich verordneten und bezahlten Zwangsurlaub feierte, durch Geldzahlungen und Sachleistungen in Milliardenhöhe unterstützen, während gleichzeitig die Steuererträge aus dem besetzten Gebiet wegfielen und Kohlelieferungen von der Ruhr ins unbesetzte Gebiet unterblieben, so daß der geringe Devisenvorrat des Reichs für Kohlekäufe im Ausland verwendet werden mußte. Da auf eine dieser extremen Situation angemessene Besteuerung der – ebenfalls schwerste Not leidenden – Bevölkerung im unbesetzten Deutschland verzichtet wurde, konnte schon im April 1923 der sprunghaft angestiegene Finanzbedarf des Reiches nur noch zu einem Siebtel aus den regulären Einnahmen gedeckt werden; für den Rest sorgte die Notenpresse. Hatte die Parität der Mark zum Dollar im Dezember 1922 noch bei 8000 gelegen, so notierte der Dollar im April 1923 mit rund 20 000 Mark, Anfang August mit 1 Million Mark. Der Wert der Mark sank ins Bodenlose. Auch das in festen Geldbeträgen angelegte Vermögen (Staatsanleihen, Hypotheken, Pfandbriefe, Sparkassenguthaben) wurde wertlos. Der Banknotenumlauf erreichte im August 663 Billionen Mark, die schwebende Schuld des Reiches betrug über eine Trillion Mark – es gab keine deutsche Währung mehr (zu den wirtschaftlichen und sozialen Auswirkungen des Inflationsprozesses s. ausführlich u. S. 202 ff.).

Alle seit Frühjahr 1923 unternommenen Versuche der Reichsregierung, eine Beilegung des Ruhrkampfes ohne eine totale deutsche Kapitulation zu erreichen, blieben erfolglos. Poincaré bestand auf dem bedingungslosen Abbruch des passiven Widerstands, ehe in neue Verhandlungen mit dem Reich eingetreten werden könne. So blieb der Reichsregierung die bedingungslose Kapitulation nicht erspart. Nach dem Sturz des Kabinetts Cuno wurde am 13. August 1923 eine Regierung der „Großen Koalition" (SPD, DDP, Z, DVP) gebildet. Es war der Versuch, einen „Zusammenschluß aller den verfassungsmäßigen Staatsgedanken bejahenden Kräfte" zustandezubringen, wie Gustav Stresemann erklärte, der in dieser Großen Koalition das Amt des Reichskanzlers übernahm: Ausgerechnet der Führer einer prononciert nationalen Rechtspartei, der DVP, war es, der die restlos gescheiterte deutsche Obstruktionspolitik liquidierte und durch eine kalkulierte außenpolitische Kapitulation die Bahn freimachte für eine stärker an den weltpolitischen Realitäten orientierte deutsche Außenpolitik. Am 26. September brach Stresemann den passiven Widerstand ab (mit der Konsequenz einer Wiederaufnahme der Zahlungen von Reparationsleistungen und Besatzungskosten an Frankreich und Belgien); am 24. Oktober stellte die deutsche Regierung bei der Reparationskommission den Antrag, eine Untersuchung über die wirtschaftliche Lage Deutschlands durchzuführen. *(Sturz des Kabinetts Cuno; „Große Koalition" unter Stresemann)* *(Abbruch des passiven Widerstands)*

Dem ersten Kapitulationsakt folgte ein zweiter, der ebenso durch die Umstände erzwungen war, aber nach dem viel zu langen Zögern der vorhergehenden Kabinette von Stresemann schließlich beherzt gewagt wurde; mit der Schaffung der „Rentenmark" im November 1923 wurde die Grundlage für eine stabile Währung gelegt. Damit war endlich auch die Basis für konstruktive Verhandlungen über die Regelung des Reparationsproblems geschaffen. *(Währungssanierung)*

Ehe dies geschah, hatte die Reichsregierung allerdings noch eine Krisenzone schwerster innenpolitischer Belastungsproben zu durchsteuern. Im Westen des Reichs, im Rheinland und in der Pfalz, wurden im Oktober und November separatistische Gruppen aktiv, die teils unter stillschweigender Duldung, teils mit offener Unterstützung der Besatzungsmächte öffentliche Gebäude besetzten und „autonome Republiken" proklamierten; ihr Versuch, die Macht an sich zu reißen, scheiterte indessen am Widerstand der Bevölkerung, so daß schließlich auch die französische Besatzungsmacht die Separatisten fallenließ. *(Separatistische Bestrebungen)*

Gefährlicher waren die Aufstandsversuche der extremen Rechten und Linken. Am 1. Oktober putschte in Küstrin eine Zeitfreiwilligenformation („Schwarze Reichswehr"). Dieser Putsch wurde aber von regulären Reichswehrtruppen rasch erstickt. Zur gleichen Zeit suchte die KPD von Mitteldeutschland aus eine revolutionäre Aktion vorzubereiten. Sowohl in Sachsen wie in Thüringen, wo SPD und KPD zusammen über die Mehrheit in den Landtagen verfügten, gingen die beiden Parteien im Oktober ein Regierungsbündnis ein und begannen mit der Aufstellung von „proletarischen Hundertschaften". Für die KPD war der unter der Parole der Einheitsfront vollzogene Eintritt in diese Regierungen ein taktisches Manöver: Ihr ging es darum, eine günstige Ausgangsbasis für den Versuch einer revolutionären Erhebung zu gewinnen, die sie – in Überschätzung der *(Putschversuche von links und rechts)* *(Sachsen und Thüringen)* eigenen Stärke und der Kampfbereitschaft der Arbeiterschaft sowie unter bestimmender Einwirkung der Komintern-Führung in Moskau – wagen wollte und durch den Aufbau einer militärischen Führungsorganisation aktiv vorbereitete. Aber die Reichsregierung durchkreuzte durch schnelles und entschlossenes Agieren die Pläne der Kommunisten, von Sachsen und Thüringen aus einen „deutschen Oktober" zu entfesseln. Bereits am 26. September hatte die Reichsregierung angesichts der sich zuspitzenden innenpolitischen Krisensituation über das ganze Reich den Ausnahmezustand verhängt; damit war die ausführende Gewalt auf die Wehrkreisbefehlshaber als Vertreter des Reichswehrministers übergegangen. Als der sächsische Ministerpräsident Erich Zeigner (SPD) es ablehnte, der Anordnung des Wehrkreisbefehlshabers für Sachsen nachzukommen und die „proletarischen Hundertschaften" aufzulösen, leitete die *Reichsexekution* Reichsregierung eine Reichsexekution gegen Sachsen ein: Sie ließ am 23. Oktober *gegen Sachsen* Reichswehrtruppen in Sachsen einmarschieren und richtete wenige Tage später an den sächsischen Ministerpräsidenten die kategorische Aufforderung, die Kommunisten unverzüglich aus dem Kabinett auszuschließen. Während in Thüringen die proletarischen Hundertschaften jetzt dem Auflösungsbefehl folgten und die kommunistischen Minister zurücktraten, weigerte sich Zeigner, seine Regierung umzubilden. Daraufhin enthob die Reichsregierung am 29. Oktober die Regierung Zeigner des Amtes und setzte einen Reichskommissar (den DVP-Politiker Heinze) ein. Zu der von bürgerlichen Kreisen erstrebten Rechtsdiktatur in Sachsen kam es indessen nicht, weil der sächsische Landtag sofort einen Sozialdemokraten zum neuen Ministerpräsidenten wählte, der eine Regierung bildete, der nur Sozialdemokraten als Minister angehörten.

Zu diesem Zeitpunkt hatte die KPD-Führung bereits den Rückzug angetreten. Nachdem sich am 21. Oktober auf einer Betriebsrätekonferenz in Chemnitz keine Mehrheit für die Proklamierung des Generalstreiks und die Wahl politischer Arbeiterräte gefunden hatte, scheute die KPD-Zentrale vor einem mit vollem Einsatz unternommenen Kampf um die Macht zurück und blies die geplanten *Hamburg* Aktionen ab. Nur in Hamburg kam es infolge einer Panne bei der Nachrichtenübermittlung zu einer isolierten Aktion; vom 23.–25. Oktober kämpften ein paar hundert Kommunisten einen völlig aussichtslosen Kampf gegen die Polizei. Der „deutsche Oktober", den Komintern- und KPD-Führung in Szene zu setzen versucht hatten, fand nicht statt.

Eine wesentlich weniger energische Haltung als gegenüber der sächsischen und thüringischen Regierung legten Reichsregierung und Reichswehrführung ge-
Bayern genüber Bayern an den Tag (dies gab der SPD Anlaß, am 3. November aus der „Großen Koalition" im Reich auszuscheiden). Im Herbst 1923 blickte die nationalistische Rechte erwartungsvoller denn je auf Bayern. Denn dort geriet die stramm rechtsorientierte Regierung unter zunehmenden Druck von noch weiter rechts stehenden Kräften, den völkischen, nationalistischen und paramilitärischen Organisationen, die unter der Schirmherrschaft Ludendorffs gemeinsam als

„Vereinigte Vaterländische Verbände" agierten und in Nachahmung des faschistischen „Marsches auf Rom" (Oktober 1922) einen „Marsch auf Berlin" planten, um eine nationale Diktatur zu errichten.

Nach dem Abbruch des passiven Widerstands an der Ruhr verkündete die bayerische Regierung den Ausnahmezustand für das Land und berief einen Generalstaatskommissar, Ritter von Kahr, einen Parteigänger der „Vaterländischen Verbände". Als im Oktober die in Bayern stationierte 7. Reichswehrdivision unter General von Lossow sich weigerte, Befehle der Reichsregierung auszuführen, gewann die Auflehnung Bayerns gegen das Reich eine neue Dimension. In den ersten Novembertagen – die Situation in Sachsen und Thüringen war inzwischen bereits unter der Kontrolle der Reichsregierung – spitzte sich der Konflikt mit Bayern dramatisch zu. Die Haltung Seeckts, des Chefs der Heeresleitung, war in diesen Tagen undurchsichtig. Die von Ebert am 3. November gewünschte Reichsexekution gegen Bayern erklärte Seeckt für unmöglich, da Reichswehr nicht gegen Reichswehr marschiere; statt dessen wollte er sich von Ebert Diktaturvollmachten übertragen lassen (was Ebert jedoch ablehnte). Andererseits richtete Seeckt an Kahr und Lossow eine eindringliche Warnung, sich von den völkischen und nationalistischen Extremisten nicht zu sehr ins Schlepptau nehmen zu lassen, und diese Warnung blieb nicht ohne Wirkung. Die Führer der rechtsextremistischen Organisationen, allen voran Ludendorff und Hitler, registrierten die sich anbahnende Reserve Kahrs und Lossows gegenüber einem „selbständigen Losschlagen". Sie entschlossen sich daher, eine von Kahr auf den 8. November in den Münchener Bürgerbräukeller einberufene Versammlung umzufunktionieren zum Auftakt eines Staatsstreichs und so die „nationale Erhebung" doch noch zu erzwingen. Mit bewaffneten SA-Leuten drang Hitler in den Saal ein, erklärte die bayerische Regierung und die Reichsregierung für abgesetzt und nötigte Kahr, Lossow und Seisser (Kommandeur der bayerischen Polizei) die Zustimmung zur Proklamierung einer provisorischen Reichsregierung Ludendorff-Hitler-Lossow-Seisser ab. Doch schon nach wenigen Stunden hatte sich das Blatt gewendet: Kahr, Lossow und Seisser, die im Lauf der Nacht ihre Handlungsfreiheit wiedergewonnen hatten, widerriefen ihre Zustimmung und beschlossen, den nationalsozialistischen Putsch niederzuwerfen. Als Hitler und Ludendorff am Morgen des 9. November erkannten, daß sie überspielt worden waren, wollten sie noch nicht aufgeben. Sie formierten ihre Anhänger zu einem Marsch durch die Münchener Innenstadt; bei der Feldherrnhalle wurde der Zug durch einen Polizeikordon aufgehalten und beschossen, die Teilnehmer zerstreuten sich – die „nationale Revolution" war zusammengebrochen. Mit dem Scheitern des Putschversuchs in München war auch der Höhepunkt der inneren Krisensituation überschritten. Seeckt, dem Ebert in der Nacht vom 8./9. November die vollziehende Gewalt im Reich und den Oberbefehl über die Wehrmacht übertragen hatte, scheute sich jetzt, den Rubikon zu überschreiten und eine Diktatur auszuüben. Die NSDAP und andere

Hitler-Putsch (8./9. 11. 1923)

rechtsextremistische Organisationen sowie die KPD wurden für das ganze Reichsgebiet verboten.

Selbstbehauptung der Republik im Herbst 1923

Die Republik hat sich in der Zerreißprobe der Herbstwochen 1923 gegenüber den Herausforderungen von rechts und links behauptet. Putschversuche aus beiden extremen Lagern konnten abgewehrt werden, die Inflation wurde durch eine Währungsreform gestoppt, die außenpolitische Konfliktlage begann sich zu entspannen, zaghaft setzte eine innenpolitische Beruhigung ein. Nachhaltig geschwächt ging vor allem die äußerste Linke aus den Auseinandersetzungen des Jahres 1923 hervor. Nach dem Scheitern des „deutschen Oktober" konnte die Gefahr eines kommunistischen Umsturzversuchs als endgültig gebannt betrachtet werden: Es bestand nun keine „revolutionäre Situation" mehr, und die KPD hatte erheblich an Offensivkraft eingebüßt – sie verlor einen Großteil ihrer Mitglieder und Anhänger, und die Energien der Funktionäre wurden durch parteiinterne Konflikte im Zuge der „Stalinisierung" der KPD absorbiert. In den Jahren 1924–1930 stellte die KPD keine wirklich entscheidende Kraft innerhalb der Arbeiterbewegung oder in der größeren politischen Arena dar, ihre Sichtbarkeit überstieg weit ihre Stärke. Nur vorläufig abgeschlagen war hingegen die Herausforderung der Republik von rechts. Nach wie vor existierte – in einzelnen Bevölkerungskreisen wie in den Funktionseliten – ein massives antirepublikanisch-antidemokratisches Potential, das bei geeigneter Gelegenheit für einen neuen frontalen Angriff auf den Staat von Weimar aktivierbar war, nach wie vor auch standen große Teile besonders des protestantischen Kirchenvolks und der protestantischen Kirchenführung der neuen Verfassungsordnung mit Skepsis und Ablehnung gegenüber. Ob aus der Selbstbehauptung der Republik eine dauerhafte Konsolidierung der parlamentarisch-demokratischen Staatsordnung erwachsen würde, war daher am Ende des Jahres 1923 noch nicht klar abzusehen. Schon allein die unterschiedliche Intensität des Einsatzes gegenüber den Umsturzaktionen von rechts und links, die zwielichtige Haltung der Reichswehrführung in den Entscheidungstagen, die mit unverminderter Heftigkeit fortgeführte Agitation gegen die „Novemberrepublik" ließen ahnen, auf welch dünnem Boden sich diejenigen bewegten, die sich um eine Stabilisierung der Republik bemühten.

B. DIE REPUBLIK IN DER PHASE DER RELATIVEN STABILISIERUNG 1924–1929

1. Deutsche Aussenpolitik im europäischen Beziehungsgeflecht

Einem günstigen Zusammentreffen und Zusammenwirken von inneren und äußeren Bestimmungsfaktoren war es zu verdanken, wenn in Deutschland nach den dramatischen Krisenvorgängen des Jahres 1923 erstaunlich rasch ein Prozeß der inneren Konsolidierung in Gang kam und auch die außenpolitische Isolierung der ersten Nachkriegsjahre Schritt für Schritt durchbrochen werden konnte. Eine bei den maßgebenden deutschen Politikern sich jetzt durchsetzende realistischere Auffassung von Möglichkeiten und Grenzen deutscher Politik im internationalen Beziehungsgeflecht traf bei den Staatsmännern der Siegermächte auf eine – aus den verschiedensten Gründen – sich allmählich wandelnde Einstellung gegenüber dem besiegten Deutschland und den zu lösenden Problemen der europäischen Politik. Eine Veränderung des Klimas in den zwischenstaatlichen Beziehungen bahnte sich an. Nicht nur in Deutschland, auch in den anderen europäischen Staaten ging nunmehr die unmittelbare Nachkriegszeit zu Ende, die in den verschiedenen Staaten einen sehr unterschiedlichen Verlauf genommen und zu einer recht unterschiedlichen Gestaltung der inneren Verhältnisse und der Verfassungsstrukturen geführt hatte. *Innerstaatliche Entwicklungen in den Nachkriegsjahren*

Wenn Frankreich während der ersten Nachkriegsjahre noch einmal in der Rolle einer europäischen Hegemonialmacht auftreten konnte, dann deshalb, weil von den anderen großen Mächten den Franzosen das kontinentaleuropäische Feld teils mehr, teils weniger freiwillig überlassen wurde: Die USA zogen sich fürs erste aus Europa zurück, Deutschland und die Sowjetunion waren zu aktiv ausgreifender Außenpolitik vorderhand nicht in der Lage und *Großbritannien* konzentrierte sich ganz auf seine kolonialen, wirtschaftlichen und sozialen Probleme. Diese Probleme glaubten die maßgeblichen britischen Politiker nur meistern zu können, wenn die breite Regierungskoalition der Kriegsjahre auch in der Friedenszeit fortdauerte. Deshalb schloß der von Lloyd George geführte Flügel der Liberalen Partei unmittelbar nach dem Abschluß des Waffenstillstands mit dem Deutschen Reich ein Wahlbündnis mit den Konservativen. Bei den sog. „Khaki-Wahlen" am 14.12.1918, bei denen übrigens zum ersten Mal alle Männer über zwanzig und alle Frauen über dreißig stimmberechtigt waren, errang dieses Wahlbündnis einen triumphalen Sieg. Die Koalition gewann über 5 Mill. Stimmen und 478 Mandate; Labour brachte es bei 2,38 Mill. Stimmen auf 63 Mandate. Der von Asquith, dem ehemaligen Premierminister (1908–16), geführte Flügel der Liberalen, der die Koalitionspolitik ablehnte, erhielt bei 1,3 Mill. Stimmen gar nur 28 Sitze im Unterhaus. Dieses Wahlergebnis war ein großer Erfolg für Lloyd *Großbritannien*

George, mehr noch aber ein bedeutsamer Sieg der Konservativen, die nicht weniger als 339 Abgeordnete ins Unterhaus entsandten. Sie besaßen damit innerhalb der Regierungskoalition ein eindeutiges Übergewicht, auch wenn Lloyd George bis Ende 1922 als Premierminister dank seiner Autorität, seines Führungsstils und seines taktischen Geschicks den politischen Kurs Englands entscheidend zu bestimmen vermochte.

Dieser politische Kurs bestand allerdings über weite Strecken in einem „muddling through". Rücksichten der Koalitionspolitik nötigten die Regierung zu ständigen Kompromissen und einer widerspruchsvollen Haltung, zumal im Bereich der Wirtschafts- und Sozialpolitik, wo sich die Probleme seit dem Zusammenbruch des Nachkriegsbooms im Winter 1920/21 drastisch verschärften. Die Zahl der Arbeitslosen verdoppelte sich von Dezember 1920 auf März 1921, die Arbeitslosenquote erreichte schließlich 16 %; der „Economist" nannte das Jahr 1921 „one of the worst years of depression since the industrial revolution". Immerhin gelang es der Regierung, trotz hoher Arbeitslosigkeit und großer Streikaktionen ihre Autorität und die innere Ordnung aufrechtzuerhalten und 1921 auch eine Teillösung in der Irland-Frage zu erreichen, die faktisch auf eine Selbständigkeit Südirlands hinauslief. Das Jahr 1922 wurde dann das erste „normale" Jahr für Großbritannien seit dem Ausbruch des Krieges, und auch hinsichtlich der Ausformung des politischen Systems bahnte sich jetzt durch die Auflösung der Koalition eine Normalisierung an. Auf den Beschluß der konservativen Parteiführung vom 19.10.1922, den kommenden Wahlkampf selbständig zu führen, reagierte Lloyd George mit seinem Rücktritt; der Konservative Bonar Law wurde neuer Premierminister. Bei den Unterhauswahlen im November 1922 errangen die Konservativen eine massive Mehrheit (345 Sitze), während die Liberalen (116 Sitze) deutlich hinter Labour (142 Sitze) zurückfielen. Baldwin als Nachfolger Laws konnte diesen Erfolg bei den vorzeitigen Neuwahlen im Dezember 1923 nicht wiederholen; trotz nahezu unveränderter Stimmenzahl gewannen die Liberalen 40 und Labour 50 Sitze hinzu, während die Konservativen mehr als 90 Mandate verloren und nur noch über eine relative Mehrheit im Parlament verfügten. Im Laufe der zwanziger Jahre erfuhr das klassische britische Zweiparteiensystem eine entscheidende Umprägung: Die Labour Party (mit Hochburgen in den Industriestädten und einzelnen Regionen wie Schottland und Wales) begann die Liberale Partei in der Rolle einer Regierungsalternative abzulösen, was zunächst zu einer Destabilisierung der alten Block-Bildung und schließlich zu einer neuen Alternativkonstellation Konservativ-Labour führte.

Nachdem das konservative Kabinett im Januar 1924 eine Abstimmungsniederlage erlitten hatte, erhielt der Labour-Führer James Ramsay MacDonald als Vorsitzender der zweitstärksten Parlamentsfraktion den Auftrag zur Regierungsbildung. Er bildete ein aus Repräsentanten der Labour Party bestehendes, von den beiden anderen großen Fraktionen toleriertes Minderheitskabinett. Daß dies möglich war und daß ein Labour-Kabinett die Regierungsgeschäfte führen konnte, ohne durch Obstruktion von Bürokratie und Wirtschaftskreisen lahmgelegt zu werden, ist ein eindrucksvoller Beweis für die Funktionsfähigkeit des britischen Parlamentarismus, aber zugleich auch ein Indiz dafür, wie weit die britische Arbeiterschaft und ihre politische Vertretung inzwischen in das politische System integriert waren. MacDonald entfaltete in dem für die weitere Entwicklung der europäischen Konstellation so wichtigen Jahr 1924 eine lebhafte außenpolitische Aktivität; er vermittelte zwischen Frankreich und Deutschland, bemühte sich um eine effektivere Ausgestaltung des Völkerbunds (Genfer Protokoll) und nahm diplomatische Beziehungen zur Sowjetunion auf.

Das von MacDonald in diesen Monaten entwickelte Modell britischer Außen- und Europapolitik überdauerte seine kurze Amtszeit: Nach einer Abstimmungsniederlage der Regierung in einer relativ unbedeutenden Angelegenheit fanden Ende Oktober 1924 Neuwahlen statt, bei denen die Konservativen wieder eine klare Mehrheit errangen, während Labour einige Sitze verlor, die Liberalen aber ihren politischen Abstieg fortsetzten und über 100 Sitze einbüßten, so daß sie fortan kein entscheidendes politisches Gewicht mehr besaßen. Die fünf Jahre des 2. Kabinetts Baldwin erhielten ihr Gepräge durch einen modus vivendi zwischen den regierenden Konservativen und der oppositionellen Labour Party sowie durch eine langsame wirtschaftliche Aufwärtsentwicklung, die nur für eine kurze Phase während des Generalstreiks von 1926 unterbrochen wurde. Konsequent und engagiert unterstützte die britische Regierung in diesen Jahren die Bemühungen um eine dauerhafte Sicherung des Friedens in Europa.

Im Unterschied zu Großbritannien waren in *Frankreich* die politischen Überlegungen, Planungen und Aktivitäten beherrscht vom deutschen Problem und – in Verbindung damit – von dem Bestreben, gegenüber dem deutschen Nachbarn ein Maximum an Sicherheit zu erringen und zu behaupten. Nach 1918 war Frankreich Deutschland sowohl politisch wie militärisch eindeutig überlegen – dies war gewiß unbestreitbar. Aber in Frankreich schreckte die Vorstellung, trotz der deutschen Gebiets- und Bevölkerungsverluste würden auf lange Sicht eben doch die 40 Mill. Franzosen den 62 Mill. Deutschen unterlegen sein, die über ein riesiges, durch Krieg und Kriegsfolgen nicht ernstlich beeinträchtigtes ökonomisches Potential verfügten. Zudem trug Frankreich schwer an den Kriegsfolgen; es hatte nicht nur 1,4 Mill. Menschen auf den Schlachtfeldern verloren, sondern im Norden und Osten des Landes große Zerstörungen erlitten: 2 Mill. Hektar Kulturland waren verwüstet, über 220 000 Häuser demoliert, über 120 000 beschädigt, 60 000 km Straße und 5600 km Eisenbahnstrecke mußten wiederhergestellt werden. Gewaltige ökonomische und soziale Probleme waren zu bewältigen.

Aber trotz massiver Streikbewegungen und zahlreicher Zusammenstöße mit der Polizei in den Jahren 1919/20 entwickelte sich in Frankreich nach dem

Frankreich

Kriegsende keine eigentlich revolutionäre Situation; es dominierte der Stolz auf die besondere nationale Bewährung. Bei den Parlamentswahlen vom November 1919 triumphierte daher der „Nationale Block", ein Wahlbündnis von Parteien der Rechten und der Mitte mit dem Ziel, ähnlich wie die Koalition in England die „Union sacrée" der Kriegsjahre in die Friedenszeit hinein zu verlängern. Der Nationale Block errang über zwei Drittel aller Sitze; den Abgeordneten des Blocks stand nur eine einzige größere Oppositionsfraktion gegenüber, die Sozialisten mit 72 Abgeordneten. Clemenceau blieb zunächst an der Spitze der Regierung, scheiterte dann aber im Januar 1920 bei seinem Versuch, sich zum Präsidenten der Republik wählen zu lassen, und verließ danach die politische Bühne Frankreichs, auf der er fünfzig Jahre lang eine bedeutende Rolle gespielt hatte. Ministerpräsident war von Januar 1921 bis Januar 1922 Aristide Briand. Er, der nach 1924 zum Exponenten einer auf Ausgleich und Versöhnung mit Deutschland gerichteten französischen Politik wurde, betrieb 1920/21 eine Politik der strikten Durchführung des Versailler Vertrags unter Einsatz von Sanktionen – allerdings nach dem Geschmack der Blockmehrheit noch nicht radikal genug, so daß er sich im Januar 1922 zum Rücktritt genötigt sah; zum Mann der Stunde wurde jetzt Poincaré. Von Poincarés intransigenter Haltung gegenüber der deutschen Reparationspolitik und seinem in der Ruhrbesetzung gipfelnden Versuch, den Versailler Vertrag zugunsten Frankreichs zu „revidieren", war bereits ausführlich die Rede (s. o. S. 51 ff.). Nachdem Poincaré die Kraftprobe an der Ruhr zugunsten Frankreichs entschieden hatte, gelang es ihm allerdings nicht, den „technischen Sieg" in einen dauerhaften politischen Erfolg – im Sinne seiner Zielsetzung – umzuwandeln.

Mehrere Faktoren waren es, die bewirkten, daß Frankreich im Laufe des Jahres 1924 einlenkte. Die durch den Kurssturz des Franc seit Ende 1923 ausgelöste Franc-Krise ließ sich nur durch Unterstützung von Großbritannien und den USA meistern. Die französische Politik war daher zu einem gewissen Entgegenkommen gegenüber den englischen und amerikanischen Vorstellungen von einer vernünftigen Reparationsregelung gezwungen. Auch wollten die USA und Großbritannien nicht hinnehmen, daß Frankreich durch die Beherrschung der Ruhrindustrie eine wirtschaftliche Hegemonie in Mitteleuropa ausüben konnte. Ferner: Aufgrund der Ruhrbesetzung erschien Frankreich nicht länger als ein Land, das als unschuldiges Opfer fremder Aggressionen Sympathie und Unterstützung verdiente, sondern vielmehr als eine militaristische und imperialistische Macht, welche zur Erreichung expansiver Ziele bedenkenlos ihre Machtmittel einsetzte. Dieser Stimmungswandel in der öffentlichen Meinung der Welt konnte negative Konsequenzen für die Stellung Frankreichs zeitigen, vielleicht sogar zu einer außenpolitischen Isolierung führen. Eine derartige Perspektive wiederum ließ in Frankreich allmählich eine gewisse Bereitschaft entstehen, nach einer politischen Lösung für die zwischen Frankreich und Deutschland offenen Fragen zu suchen. Die Kammerwahlen am 11. Mai 1924 schließlich endeten mit einer spektakulären Niederlage des Nationalen Blocks und einem Sieg des Linkskartells: Poincaré mußte abtreten, Ministerpräsident wurde der Linksrepublikaner Edouard Herriot. Geleitet von der Überzeugung, daß Frankreich jetzt Ruhe brauche, bemühte sich das – von den Sozialisten tolerierte – Kabinett Herriot im Zusammenwirken mit der englischen Regierung um einen modus vivendi mit Deutschland; im Oktober 1924 nahm Frankreich dann auch die diplomatischen Beziehungen zur Sowjetunion auf. Die folgenden Jahre standen im Zeichen einer intensiven außenpolitischen Zusammenarbeit zwischen Frankreich und England, die sich – nach dem Urteil des deutschen Geschäftsträgers in London – „auf alle Weltfragen" erstreckte. Diese „Intimität zwischen Foreign Office und Quai d'Orsay" sollte nicht übersehen werden, wenn man nach den Rahmenbedingungen der Stresemannschen Außenpolitik fragt.

In *Italien* brandete die revolutionäre Welle nach Kriegsende wesentlich höher als in Frankreich und England. Das parlamentarische System war in Italien weit weniger stabil, weit weniger von der großen Mehrheit der Bevölkerung akzeptiert als in den westeuropäischen Demokratien, die ökonomischen und sozialen Probleme waren gravierender, die nationalistischen Ressentiments ungebärdiger, weil 1919 nicht alle der extrem weitgesteckten italienischen Kriegsziele erreicht wurden (Fiume, Dalmatien, Albanien, östliches Mittelmeer). Dies alles zusammen ergab ein hochexplosives Gemisch. Die verschiedenen Kabinette der Jahre 1919–1922 (Nitti, Giolitti, Bonomi, Facta) waren trotz ihres Rückhalts im Parlament nicht in der Lage, mit Arbeitslosigkeit, Inflation und zunehmender Gewalttätigkeit im Lande fertigzuwerden. Waren es zunächst die Linkskräfte, welche durch Streiks und Fabrikbesetzungen (Turin und Mailand 1920) die Unruhe forcierten, so ging die Initiative schon bald an die militanten Rechtskreise über. Als Agitator und Organisator trat immer stärker Benito Mussolini in der Vordergrund. Er, der sich nach Kriegsbeginn von den italienischen Sozialisten getrennt und für den Kriegseintritt Italiens auf seiten der Entente agitiert hatte, artikulierte jetzt mit schrillem Pathos die nationalistischen Emotionen und sozialen Ängste und machte sich an die Organisierung des nationalistischen, antisozialistischen und antiliberalen Potentials; 1919 rief er die Kampfbünde „Fasci di combattimento" ins Leben, 1921 gründete er den „Partito Nazionale Fascista". Mit einer „an alle Klassen appellierenden Kombination konservativer und progressiver, antikommunistischer und staatssozialistischer, reaktionärer und revolutionärer Ziele" (KARL DIETRICH BRACHER) bekämpfte Mussolini die liberale Demokratie, zunehmend auch mit der Waffe der „direkten Aktion". Aus Furcht vor dem Kommunismus sympathisierten weite Teile von Heer und Wirtschaft mit der faschistischen Bewegung, und in den Regierungskreisen wuchs die Bereitschaft, diese Bewegung durch eine Einbeziehung in die Regierungsverantwortung zu „zähmen". So war es weniger der spektakuläre Marsch auf Rom, der am 27.10.1922 in Neapel begann, als die defätistische Stimmung innerhalb des politischen Establishments, welche dazu führte, daß der italienische König am 30.10.1922 Mussolini mit dem Amt des Ministerpräsidenten betraute und das italienische Parlament Mussolini am 25.11.1922 diktatorische Vollmachten zur Wiederherstellung der Ordnung und zur Durchführung eines Reformprogramms erteilte.

Die faschistische Diktatur wurde in Italien nicht von einem Tag zum anderen errichtet, die Etablierung der Diktatur vollzog sich vielmehr in einem stufenförmigen Prozeß, dessen formellen Abschluß die Wahlen von 1929 bildeten, bei denen die faschistische Einheitsliste 99% der Stimmen erhielt. Aufbau und Ausbau der faschistischen Diktatur können hier nicht beschrieben werden; in unserem Zusammenhang ist hervorzuheben, daß infolge der Konzentration auf die innere Konsolidierung des Regimes das faschistische Italien zunächst außenpolitische Mäßigung an den Tag legte. Abgesehen vom kurzen Zwischenspiel der Besetzung Korfus 1923, die auf Druck des Völkerbunds und vor allem Englands sofort rückgängig gemacht wurde, verzichtete Mussolini in den zwanziger Jahren auf den Versuch eines expansionistischen Ausgreifens und beteiligte sich an den Bemühungen um die Sicherung des europäischen Friedens nach 1923, so daß die europäischen Staatsmänner während dieser Jahre im faschistischen Italien nicht eine vitale Bedrohung des bestehenden Staatensystems erblickten. Nach einer Serie von Freundschaftsverträgen (1926 mit Spanien, 1927 mit Ungarn, 1928 mit Griechenland, Abessinien und der Türkei) schloß Mussolini dann 1929 mit dem Vatikan die Lateranverträge, durch welche das seit 1870 strittige Verhältnis von Kirche und Staat eine Regelung erfuhr. Der Abschluß dieser Verträge war nicht nur von großer Bedeutung für die innere Stabilisierung des Regimes, unter außenpolitischem Aspekt bedeutete er auch eine erhebliche Aufwertung des faschistischen Italiens.

Ostmitteleuropa Krisenzone Nummer eins im Europa der Zwischenkriegsjahre war der *ostmitteleuropäische Raum*, der am Ende und nach dem Ende des Weltkriegs durch die Zurückdrängung Rußlands und die Auflösung der Habsburgermonarchie eine durchgreifende staatliche Neugestaltung erfahren hatte. Die staatliche Neuformierung vollzog sich unter Berufung auf das Selbstbestimmungsrecht der Völker, aber rasch erwies sich, daß bei der nationalen Gemengelage in diesem Raum und angesichts eines ungestümen Nationalismus der „staatstragenden" Völker das Selbstbestimmungsrecht kein probates Regulativ zu einer stabilen Gestaltung der staatlichen Verhältnisse in Ostmitteleuropa darstellte. Keiner der neuen Staaten vermochte seine Minderheitenprobleme – etwa durch großzügige Gewährung kultureller Autonomie oder föderativen Staatsaufbau – in einer befriedigenden Weise zu lösen. Verschärft wurde die daraus resultierende innere Labilität durch gravierende ökonomische und gesellschaftliche Strukturprobleme. Einen Ausweg aus der früh in Erscheinung tretenden „Krise der Nachkriegsdemokratie" suchte man – in Republiken wie in Monarchien – durch den Übergang zu autoritären oder halbautoritären Regierungssystemen: 1926 in Polen

(Staatsstreich Pilsudskis) und Litauen, 1929 in Jugoslawien, 1934 in Bulgarien, Estland und Lettland, 1936 in Griechenland. In Ungarn etablierte sich schon 1919 – nach der Niederwerfung der kurzlebigen Räterepublik Béla Kuns – ein autoritäres Regime unter Führung des „Reichsverwesers" Admiral Nikolaus Horthy, in Österreich errichtete 1933/34 der christlich-soziale Kanzler Engelbert Dollfuß eine konservative Diktatur. In der Tschechoslowakei blieb zwar das parlamentarische System erhalten, aber der rigorose zentralistische Aufbau mit eindeutiger Dominanz des tschechischen Bevölkerungsteils bewirkte eine permanente innere Konfliktsituation und lieferte schließlich den Nachbarstaaten Deutschland, Ungarn und Polen den Vorwand zum Zugriff auf ihre Minderheitengebiete.

Nachkriegspolen erhielt bzw. erkämpfte sich seine Grenzen, als die naturgegebene geopolitische Abhängigkeit von den beiden großen Nachbarmächten Deutschland und Rußland für einen kurzen historischen Moment ausgeschaltet war und ein expansives Ausgreifen unter der Protektion vor allem Frankreichs möglich wurde. Um einem vermuteten Angriffsplan der Roten Armee zuvorzukommen, überfiel Polen am 25. 4. 1920 die durch Interventions- und Bürgerkriege geschwächte Sowjetrepublik. Nach anfänglichen Rückschlägen (Bedrohung Warschaus durch die Rote Armee) konnten die Polen vor allem dank der strategischen Leistung Pilsudskis einen militärischen Sieg erringen. Die polnisch-russische Grenze wurde über die von den Alliierten vorgeschlagene Demarkationslinie („Curzon-Linie") hinaus nach Osten vorgeschoben, Rußland mußte weite Gebiete abtreten, die größtenteils von Ukrainern und Weißrussen bewohnt waren (Präliminarfrieden vom 12. 10. 1920, Rigaer Frieden vom 18. 3. 1921). Die Sowjetunion fand sich mit dieser Grenzziehung auf die Dauer ebensowenig ab, wie das Deutsche Reich bereit war, die durch den Versailler Vertrag und durch den alliierten Machtspruch in der Oberschlesienfrage dekretierte deutsch-polnische Grenze als endgültig zu akzeptieren. Die daraus erwachsende Gefährdung Polens wurde nicht dadurch gemindert, daß die polnischen Staatsmänner zu einer Überschätzung der Machtstellung Polens neigten.

<small>Polen</small>

Die Führer des bolschewistischen *Rußland* waren nach der Oktoberrevolution der sie umgebenden Staatenwelt gegenübergetreten mit den Vorstellungen einer revolutionären Strategie und Propaganda *ohne* Außenpolitik, d. h. ohne Politik zwischen den Staaten. Nachdem dann der erste Anlauf zur Herbeiführung der Weltrevolution gescheitert war, konnten sich die Führer der Sowjetunion allerdings der Einsicht nicht verschließen, daß Sowjetrußland gezwungen war, sich nun auch als ein Staat unter Staaten einzurichten. Diese Neuorientierung erfolgte 1920, nach dem Ende von Bürgerkrieg, Intervention und polnisch-russischem Krieg. Die Propagierung und Organisierung des revolutionären Internationalismus wurde durch die Komintern betrieben, während für die Sowjetunion selbst unter dem „Primat des Überlebens" (DIETRICH GEYER) die innere Stabilisierung und die wirtschaftliche Entwicklung des rückständigen

<small>Sowjetunion</small>

Landes absoluten Vorrang besaßen. Nach mehreren Jahren Bürgerkrieg und „Kriegs-Kommunismus" forderte schon allein die katastrophale wirtschaftliche Lage gebieterisch, dem Sowjetstaat eine Periode der Ruhe zu verschaffen, das Land für den Handel mit der kapitalistischen Welt zu öffnen und die kapitalistischen Staaten zur Beteiligung am wirtschaftlichen Wiederaufbau in Rußland zu animieren. Ein erster Schritt in dieser Richtung erfolgte mit dem Dekret über die Konzessionen vom 13.11.1920, durch das ausländisches Kapital nach Sowjetrußland geholt werden sollte. Der X. Parteitag im März 1921 proklamierte dann die „Neue ökonomische Politik" (NEP). Sie bestand darin, daß neben dem staatskapitalistischen Sektor auch ein privatkapitalistischer Sektor zugelassen wurde: Privatkapitalistische Eigentätigkeit in Handel und Gewerbe wurde erlaubt, ein Großteil der 1918 verstaatlichten mittleren und kleineren Industriebetriebe reprivatisiert. Parallel dazu liefen intensive Bemühungen um internationale Anerkennung, Herstellung normaler diplomatischer Beziehungen sowie Aufnahme und Ausbau von Handelsbeziehungen. Diese Bemühungen blieben nicht ganz ohne Erfolg: 1921 wurden Handelsverträge mit Großbritannien und Deutschland abgeschlossen, 1922 im Rapallo-Vertrag die Aufnahme diplomatischer Beziehungen mit dem Deutschen Reich vereinbart, 1924 gelang die Wiederherstellung diplomatischer Beziehungen zu Großbritannien, Frankreich und Italien. Trotz dieser Vertragsabschlüsse und trotz der gemeinsamen deutschrussischen Frontstellung gegenüber Polen blieb die Sowjetunion in diesen Jahren außenpolitisch isoliert; es dominierte ein massives gegenseitiges Mißtrauen, das „normale" Beziehungen praktisch nicht zuließ. Die Staaten Mittel- und Westeuropas sahen die eigene innere Ordnung gefährdet durch die Ausstrahlung Sowjetrußlands auf Teile der Arbeiterschaft und durch die von der Komintern gesteuerten revolutionären Aktivitäten. Die sowjetische Führung wiederum glaubte, von einer permanenten „Einkreisungs"-Bedrohung durch die kapitalistischen Mächte ausgehen zu müssen; die von ihr betriebene weitgehend defensive Außenpolitik sollte primär den Aufbau des Sowjetsozialismus im eigenen Land abschirmen.

USA Die *USA*, während des Krieges zur führenden Wirtschaftsmacht der Welt aufgestiegen, waren nach 1919 zwar nicht bereit, vertragliche Bindungen mit den Verbündeten der Kriegsjahre einzugehen, aber trotz dieser bündnispolitischen Abstinenz bestanden starke transatlantische Interessenbindungen und ständige Kontakte. Schon allein aufgrund der Tatsache, daß die USA das Hauptgläubigerland der am Krieg beteiligten Staaten waren, konnten sie bei der Fixierung der endgültigen Reparationssumme und bei der Abwicklung der Reparationszahlungen ein gewichtiges Wort mitsprechen, und sie taten das auch. Die noch immer weitverbreitete Vorstellung von einem amerikanischen Isolationismus in den 20er Jahren ist ein der Korrektur bedürftiges Klischee. Wie die neuere Forschung nachgewiesen hat, war auch in diesen Jahren die Permanenz der amerikanischen ökonomischen Expansion gemäß den Prinzipien der „Offenen

Tür" konstitutiv für die Gesamtpolitik der USA. Eben dieses starke ökonomische Interesse der USA an Europa im allgemeinen und an einer finanzpolitisch „vernünftigen" Regelung der Reparationsfrage im besonderen eröffnete Stresemann die Möglichkeit, aktiv werden zu können, um Deutschland aus der außenpolitischen Isolierung der ersten Nachkriegsjahre hinauszuführen.

In den nur hundert Tagen der Kanzlerschaft Stresemanns (13. 8.–23. 11. 1923) waren in zahlreichen wichtigen Fragen der deutschen Außen- und Innenpolitik die Weichen gestellt worden. Als Stresemann bei der Abstimmung über die von ihm gestellte Vertrauensfrage am 23. 11. 1923 unterlag, trat er zurück, blieb jedoch in allen folgenden Kabinetten Außenminister bis zu seinem Tod am 3. 10. 1929. In diesen Jahren vermochte er der deutschen Politik, nicht nur der Außenpolitik, so sehr den Stempel seiner Persönlichkeit aufzuprägen, daß man von einer „Ära Stresemann" sprechen darf.

Gustav Stresemann: Vernunftrepublikaner und nationaler Machtpolitiker

Wie kaum ein anderer deutscher Staatsmann seit Bismarck hat Stresemann im Rampenlicht einer widerstreitenden Publizistik gestanden, und auch die historische Deutung von Persönlichkeit und Politik Stresemanns blieb lange Zeit beherrscht von sehr konträren Urteilen: Für die einen war Stresemann ein guter Demokrat und Europäer aus Überzeugung, für die anderen ein doktrinärer Nationalist, Verfechter einer hemmungslosen Machtpolitik oder gar Vorläufer Hitlers; die kommunistische Interpretation sah in Stresemann einen Exponenten des imperialistischen Monopolkapitalismus. Erst in der neueren Forschung bahnt sich ein gewisser Konsens bei der Beurteilung Stresemanns, seiner politischen Motivationen, Leitbilder und Zielsetzungen an (vgl. u. S. 250 ff.).

Der Vernunftrepublikaner Stresemann, der seit 1921/22 den Weimarer Staat akzeptierte und sich mit ihm identifizierte, verfolgte eine nationale Außenpolitik wie jeder andere europäische Staatsmann zu dieser Zeit auch – und das hieß unter den inneren Bedingungen der deutschen Außenpolitik nach 1919: Er verfolgte eine revisionistische Politik. Sein Leitbild war die Wiederherstellung der früheren Größe eines zu neuer Geltung zwischen Ost und West emporsteigenden souveränen deutschen Nationalstaats. Stresemann war also durchaus ein nationaler Machtpolitiker. Was ihn allerdings nach 1923 von den meisten deutschen Nationalisten unterschied, war die Einsicht, daß eine nationale Außenpolitik nicht zum Erfolg führen konnte, wenn sie die Regierungen der Siegermächte herausforderte. Mit einem hochentwickelten Sinn für die politische Wirklichkeit legte er seiner Außenpolitik eine realistische Einschätzung der europäischen Kräfteverhältnisse zugrunde und betrieb seine „nationale Revisionspolitik als internationale Versöhnungspolitik" (KARL DIETRICH ERDMANN) mit dem Willen zum Ausgleich im Rahmen des internationalen Systems. Im Frühjahr 1927 erklärte er: „Ich bin in meinem Leben zu der Ansicht gekommen, daß ohne Kompromiß, d. h. ohne einen Ausgleich, noch nie etwas Großes in der Welt geschaffen worden ist, was Bestand hatte." Eben in dieser Frage der Methode, gar nicht so sehr in der eigentlichen Zielsetzung, unterschied sich Stresemann eindeutig von seinen nationalistischen Gegnern, die ihn erbittert bekämpften und bis über den Tod hinaus mit ihrem Haß verfolgten.

Weil Stresemann an seine Aufgabe mit politischem Realismus heranging, war für ihn die Rückgewinnung einer deutschen Machtstellung nur auf dem Wege eines über viele Stufen verlaufenden langfristigen Prozesses möglich, bei dem mit den Mitteln der Verhandlung und Verständigung operiert werden mußte. Dabei gewannen vor allem zwei Gesichtspunkte für Stresemann geradezu axiomatische Bedeutung. Erstens: Da das Deutsche Reich militärisch machtlos war, konnte nach Stresemanns Auffassung der deutsche Wiederaufstieg nur durch gezielten Einsatz des deutschen Wirtschaftspotentials in die Wege geleitet werden. Vor dem Zentralvorstand seiner Partei, der DVP, äußerte er am 22.11.1925: „Ich glaube, die Benutzung weltwirtschaftlicher Zusammenhänge, um mit dem Einzigen, womit wir noch Großmacht sind, mit unserer Wirtschaftsmacht, Außenpolitik zu machen, ist die Aufgabe, die heute jeder Außenminister zu lösen hätte." Die Devise lautete also: „Rückkehr in die Weltpolitik über die Weltwirtschaft" (WERNER LINK). Andererseits resultierte aus dieser Auffassung von der Wirtschaftsmacht als Hauptinstrument der deutschen Außenpolitik auch Stresemanns Bereitschaft, für die Erreichung nationalpolitischer Ziele wirtschaftliche Preise zu bezahlen. Zweitens: Da die deutschen Bemühungen um eine Revision des Friedensvertrags nur dann Aussicht auf Erfolg hatten, wenn das französische Sicherheitsbedürfnis befriedigt wurde, mußte die deutschfranzösische Zusammenarbeit bejaht und intensiviert, Frankreich auf Deutschland hin orientiert werden. Wenn es dann gelang, Frankreich auf eine Lösung des Sicherheitsproblems nur im westeuropäischen Rahmen abzudrängen mit der Konsequenz einer allmählichen Lockerung des polnisch-französischen Bündnisses, konnte eine Revision der deutsch-polnischen Grenze in den Bereich des Möglichen rücken.

Eine derartige Eventualität aber lag – in der Sicht Stresemanns – vorläufig in weiter Ferne; akut hingegen war 1923/24 das Reparationsproblem.

Reparationspolitischer Neubeginn Ende 1923

In den hundert Tagen von Stresemanns Kanzlerschaft im Herbst 1923 war die deutsche Inflation beendet und die deutsche Währung saniert worden. Damit stellten sich sogleich einige entscheidende Voraussetzungen für einen reparationspolitischen Neubeginn ein: Eine realistische Kalkulation der deutschen Leistungsfähigkeit wurde möglich, finanztechnische Mechanismen für die Transferierung der deutschen Reparationszahlungen an die Siegerstaaten ließen sich konstruieren, eine Vertrauensbasis für die Gewährung einer internationalen Anleihe an das Deutsche Reich war geschaffen. Auf der Grundlage dieser Voraussetzungen kam 1924 der Dawes-Plan zustande. Er löste die bis dahin dominierende politische Instrumentalisierung der Reparationsfrage ab durch eine Behandlung des Reparationsproblems unter Gesichtspunkten des wirtschaftlich Möglichen. Zugleich brachte er einen Prozeß sich rasch intensivierender gegenseitiger Bindung zwischen deutschen revisions- und finanzpolitischen und amerikanischen ökonomischen Interessen in Gang, denn das deutsche Kapitalbedürfnis entsprach optimal dem auf massiven Kapitalexport angewiesenen Expansionismus der amerikanischen Wirtschaft.

Der Dawes-Plan ging hervor aus der Arbeit einer unabhängigen Expertenkommission unter Vorsitz des amerikanischen Bankiers Charles G. Dawes (während des Krieges Leiter des Nachschubwesens der amerikanischen Armee). Schon die führende amerikanische Beteiligung machte deutlich, daß die Amerikaner jetzt bereit waren, sich verstärkt in die Bemühungen um eine Lösung der Reparationsfrage einzuschalten und auf diese Weise einen Beitrag zur Herstellung eines europäischen Wirtschaftsfriedens zu leisten. Die Einsetzung der Sachverständigenkommission war gegen starkes französisches Widerstreben erfolgt. Ende Oktober 1923 hatten sich die Regierungen Englands, Italiens und der USA geeinigt, eine auch von deutscher Seite gewünschte Konferenz einzuberufen, auf der Deutschlands Zahlungsfähigkeit innerhalb der Bestimmungen des Versailler Vertrags untersucht werden sollte. Frankreich dagegen wollte lediglich Sachverständigengespräche unter der Regie der (von Frankreich beherrschten) Reparationskommission zulassen, sah sich aber schließlich unter dem Druck der anderen Mächte zu einem Kompromiß genötigt: Am 30. 11. 1923 beschloß die Reparationskommission, zwei unabhängige Sachverständigenausschüsse einzusetzen. Der Dawes-Ausschuß legte am 9. 4. 1923 sein Gutachten vor, das eine *vorläufige* Regelung der Reparationsfrage vorschlug. Der Plan setzte keine endgültige Gesamtsumme für die deutschen Reparationsleistungen fest und umging auch die Frage der Dauer der deutschen Belastung; er regelte lediglich die Höhe, Zusammensetzung und Sicherung der jährlichen Zahlungen Deutschlands für die kommenden Jahre; formell wurden die Londoner Beschlüsse von 1921 nicht außer Kraft gesetzt.

Trotzdem besaß der Dawes-Plan einige entscheidende Vorzüge gegenüber allen vorausgegangenen Reparationsregelungen:

1) Er ersetzte die außerordentlich hohen Annuitäten der früheren Pläne durch Beträge, die wenigstens für die ersten Jahre erträglich schienen, und brachte schon dadurch eine gewisse Beruhigung in die Beziehungen zwischen Deutschland und den Alliierten.

2) Der Plan anerkannte die Notwendigkeit einer Erholungspause für Deutschland. Im ersten Zeitabschnitt bis 31. 8. 1925 mußte Deutschland aus eigenen Mitteln nur eine Barzahlung von 200 Mill. Mark leisten, 800 Mill. Mark dagegen wurden durch den Erlös einer internationalen Anleihe aufgebracht, die gewissermaßen eine „Starthilfe" für Deutschland darstellte. Erst 1928/29 sollten dann die „normalen" Annuitäten von rd. 2,5 Milliarden Mark beginnen, die schon der Londoner Zahlungsplan vorgesehen hatte. Stresemann war jedoch überzeugt, daß nach vier Jahren korrekter Erfüllung der Reparationsverpflichtungen eine Lage entstanden sein würde, die eine einfache Rückkehr zu den Annuitäten des Londoner Zahlungsplans ausschloß.

Schematische Darstellung des »Kreislaufs« der Schuldentransferierung

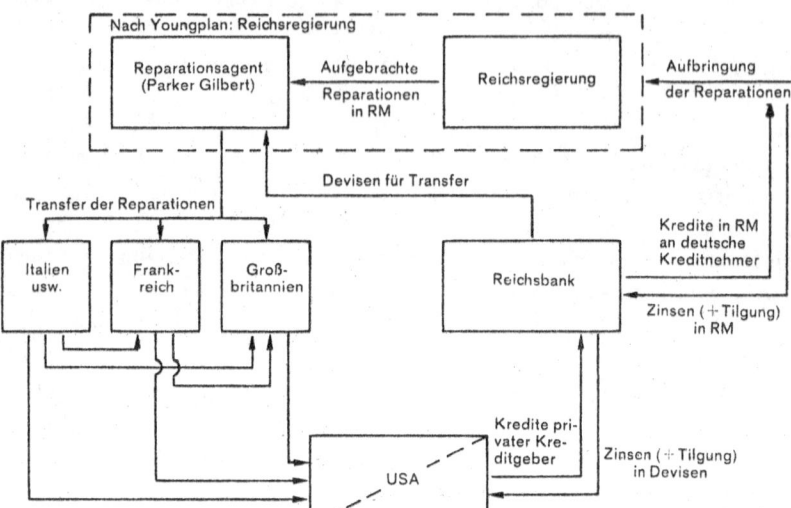

Aus: *J. Bergmann/K. Megerle/P. Steinbach* (Hrsg.), Geschichte als politische Wissenschaft, Stuttgart 1979, S. 120.

3) Der Dawes-Plan sah nicht nur einen Schutz des Transfers vor, um die deutsche Währung durch die vorgesehenen Reichsmarkzahlungen ins Ausland nicht zu gefährden; er schrieb auch aufs genaueste vor, aus welchen Quellen die Reparationszahlungen fließen sollten und welche Beträge aus jeder dieser Quellen zu entnehmen waren (Zolleinnahmen, Steuern, Schuldverschreibungen durch Belastung u. a. der Reichsbahn, deren nach kaufmännischen Gesichtspunkten zu führender Betrieb der „Reichsbahn-Gesellschaft" übertragen wurde, die ein von der Reparationskommission ernannter Treuhänder der Gläubigermächte beaufsichtigte und deren Verwaltungsrat auch einige Ausländer angehörten). Das Amt des „Reparationsagenten" mit Sitz in Berlin (Reparationsagent wurde dann der amerikanische Finanzexperte Parker Gilbert) hatte die deutschen Reparationszahlungen in fremde Währung zu transferieren und dabei auf die Stabilität der deutschen Währung zu achten; außerdem erstattete der Reparationsagent in regelmäßigen Abständen der Reparationskommission Bericht über die wirtschaftliche und finanzielle Lage Deutschlands und im besonderen über die verpfändeten Vermögenswerte.

Londoner Konferenz

Am 14. 4. 1924 beschloß die Reichsregierung, auf der Grundlage des Sachverständigengutachtens in Verhandlungen einzutreten. Auf der Londoner Konferenz (16. 7. – 16. 8. 1924) wurde dann der Dawes-Plan von den beteiligten Regierungen akzeptiert, und die deutsche Delegation erlangte darüber hinaus eine förmliche Zusicherung, daß das Ruhrgebiet binnen Jahresfrist geräumt würde (tatsächlich zogen im Juli 1925 die letzten französischen Truppenkontingente aus dem Ruhrgebiet ab). Es war zunächst allerdings fraglich, ob die Dawes-Gesetze im deutschen Reichstag eine Mehrheit finden würden: Zwar bestand an einer Zustimmung von DDP, Zentrum, DVP und SPD kein Zweifel, aber das Reichsbahngesetz bedurfte – weil verfassungsändernd – einer Zweidrittelmehrheit, die nur mit Hilfe von DNVP-Stimmen erreicht werden konnte; die DNVP jedoch hatte seit dem Frühjahr den Dawes-Plan unter der Parole „Gegen ein neues Versailles!" erbittert bekämpft. Unter dem massiven Druck der industriellen und agrarischen Interessenverbände, die bei Annahme des Plans erhebliche Vorteile für die deutsche Industrie und Landwirtschaft erwarteten, votierte dann überraschenderweise bei der entscheidenden Abstimmung am 29. 8. 1924 etwa die Hälfte der DNVP-Fraktion für die Annahme des Gesetzes (vgl. u. S. 80 f.). Das Dawes-Abkommen konnte in Kraft treten. *Annahme der Dawes-Gesetze durch den Reichstag*

Zum Neuansatz von 1924 gehörte auch, daß jetzt in beiden Lagern die Interessenlage der Gegenseite ernstgenommen wurde: von deutscher Seite die französische Entschädigungs- und Sicherheitsforderung, von alliierter Seite der deutsche Wunsch nach Souveränität und Gleichberechtigung.

Wie sehr sich in relativ kurzer Zeit die Atmosphäre in den internationalen Beziehungen gewandelt hatte, wurde bereits 1925 deutlich, als Stresemann die Initiative in der Sicherheitsfrage ergriff und am 9. Februar in Paris ein entsprechendes deutsches Memorandum überreichen ließ. Es war eine diplomatische Offensive, der aber – neben den von der neueren Forschung akzentuierten handelspolitischen Absichten – vor allem defensive Erwägungen zugrundelagen: Einige Anzeichen sprachen dafür, daß England und Belgien dem allseits anerkannten Sicherheitsbedürfnis Frankreichs durch den Abschluß eines englisch-belgisch-französischen Garantiepakts entsprechen könnten, und einen solchen Pakt hätte Deutschland aufgrund von Artikel 31 des Versailler Vertrags widerspruchslos hinnehmen müssen. Mehr als ein Indiz, nämlich ein hartes Faktum war die Ankündigung der Alliierten von Anfang 1925, die am 10.1.1925 fällige Räumung der ersten Besatzungszone (Köln) nicht durchzuführen, weil Deutschland gegen die Entwaffnungsbestimmungen des Versailler Vertrags verstoßen habe und das Sicherheitsproblem bisher nicht gelöst sei. Die deutsche Initiative erfolgte also, um durch eine im Einvernehmen mit Deutschland ausgehandelte Regelung des Sicherheitsproblems die Stoßkraft der französischen Politik zu brechen und damit indirekt die deutsche Position zu stärken; die Franzosen gingen denn auch nur sehr zögernd auf das deutsche Angebot eines Sicherheitspakts ein. Aber jetzt zeigte sich, daß die Situation in Europa sich seit 1923 erheblich verändert hatte: England drängte die französische Regierung, der deutschen Position entgegenzukommen, auch die Regierung der USA intervenierte zugunsten der deutschen Vorschläge. Nach einem intensiven Notenwechsel versammelten sich im Oktober 1925 die führenden Staatsmänner Europas in Locarno. Die Konferenz von Locarno (5.–16.10.1925) endete mit der *Deutsche Initiative in der Sicherheitsfrage*

Verträge von Locarno — Paraphierung der sog. Locarno-Verträge: des Garantiepakts und mehrerer Schiedsabkommen. Im Garantiepakt verzichteten Deutschland einerseits, Frankreich und Belgien andererseits auf eine gewaltsame Veränderung der bestehenden Grenzen, für die England und Italien eine Garantie übernahmen. Dieser Garantievertrag wurde ergänzt durch Schiedsverträge Deutschlands mit Frankreich, Belgien, Polen und der Tschechoslowakei, sowie durch Abkommen Frankreichs mit Polen und der Tschechoslowakei, wobei allerdings die Schiedsverträge Deutschlands mit Polen und der Tschechoslowakei nicht obligatorisch, von niemand garantiert und damit wenig bedeutsam waren. Das Vertragswerk von Locarno stellte „die wichtigste und bedeutsamste Fortentwicklung der europäischen Ordnung von 1919" dar (THEODOR SCHIEDER).

Eintritt Deutschlands in den Völkerbund — Mit diesen Verträgen durchbrach Deutschland endgültig die moralische und politische Isolierung der ersten Nachkriegsjahre und trat wieder in den Kreis der führenden europäischen Mächte ein. Es lag in der Konsequenz der Locarno-Verträge, daß Deutschland nach Überwindung einiger Schwierigkeiten (Sanktionsverpflichtungen, ständiger Sitz im Völkerbundsrat) am 10. 9. 1926 Mitglied des Völkerbundes wurde.

Das Deutsche Reich anerkannte im Garantiepakt von Locarno die durch den Versailler Vertrag fixierte Westgrenze, es behielt sich aber den Anspruch auf eine Revision der Ostgrenze vor. Es war geradezu das Arcanum von Stresemanns politischer Strategie, erst nach Klärung der anstehenden Probleme im Westen die Lösung der Ostfragen in Angriff zu nehmen. Nach seiner Auffassung mußte in der Zwischenzeit lediglich verhindert werden, daß sich der status quo hinsichtlich der deutschen Ostgrenze verfestigte. Deshalb lehnte er es beharrlich ab, auf Locarno ein „Ostlocarno" folgen zu lassen, d. h. eine freiwillige deutsche Anerkennung der durch den Versailler Vertrag festgelegten deutsch-polnischen Grenze. Wohl aber ergänzte Stresemann die Locarno-Verträge durch den deutsch-

Berliner Vertrag — russischen Freundschaftsvertrag vom 24. 4. 1926 (Berliner Vertrag), damit die Westorientierung keine allzu negativen Auswirkungen auf das Verhältnis zur Sowjetunion haben würde. In diesem „Berliner Vertrag" sicherte das Deutsche Reich der Sowjetunion Neutralität zu für den Fall eines Krieges zwischen Rußland und dritten Mächten; diese Zusicherung bedeutete praktisch auch, daß bei einem Krieg zwischen Polen und der Sowjetunion eine Unterstützung Polens durch Frankreich via Deutschland unmöglich war.

Situation Polens nach Locarno — Durch die Locarno-Verträge hatte sich die Lage Polens ohnehin erheblich verschlechtert. Das bestehende polnisch-französische Bündnis nutzte Polen nur noch dann, wenn Deutschland bei einem Konflikt mit Polen unzweideutig in der Rolle des Angreifers auftrat. Darüber hinaus aber war die Entspannung im deutsch-französischen Verhältnis ganz allgemein geeignet, in Frankreich ein Desinteresse an der Macht- und Bündnispolitik im Osten Europas zu fördern und dadurch indirekt eine deutsche Revisionspolitik gegenüber Polen zu erleichtern. Insofern konnte Stresemann im Reichskabinett mit Recht erklären, "daß Polen diese Verträge als eine vollkommene Niederlage ansehe". Die unter Stresemann vollzogene Westorientierung hatte also auch einen prononciert ostpolitischen Aspekt.

Fraglos war auf deutscher Seite eine entscheidende Triebkraft beim Abschluß der Locarno-Verträge und bei der Einleitung einer Verständigungspolitik mit Frankreich die Erwartung, es würden sehr rasch für Deutschland günstige „Rückwirkungen" eintreten: baldige Räumung der Rheinlande, Möglichkeit zum Rückerwerb von Eupen-Malmedy, evtl. Vorverlegung der Abstimmung im Saargebiet, weitere Reduzierung der Reparationsverpflichtungen, vorfristige Liquidierung der alliierten Militärkontrolle, außenpolitische Isolierung Polens, die in Verbindung mit einer zielstrebig vorangetriebenen wirtschaftlichen Schwächung Polens eine Revision der deutschen Ostgrenze ohne militärischen Konflikt möglich erscheinen lassen würde. Auch für Stresemann war der Verweis auf die „Rückwirkungen von Locarno" nicht lediglich ein Argument, um die innenpolitischen Widerstände gegen seine Politik des Ausgleichs mit dem Westen abzubauen, sondern Stresemann rechnete in der Hochstimmung nach Locarno tatsächlich fest damit, daß sich „Rückwirkungen" relativ schnell einstellen würden. Dies geschah indessen nicht in dem Maße und vor allem nicht mit dem Tempo, wie es Stresemann unter gesamtpolitischen Aspekten erwünscht gewesen wäre. Trotzdem sollten die Bedeutung von Locarno und die Qualität der nun zum Durchbruch gelangenden Verständigungspolitik nicht allein und ausschließlich daran gemessen werden, in welchem Umfang die hochgespannten deutschen Erwartungen auf unverzüglich in Erscheinung tretende „Rückwirkungen" erfüllt worden sind.

<small>Deutsche Erwartungen nach Locarno (u. a. Rheinlandräumung)</small>

Einige Erfolge waren immerhin zu verzeichnen: Die erste Zone des Rheinlands wurde noch im Lauf des Jahres 1925 geräumt; die interalliierte Militärkommission, welche die deutsche Abrüstung überwachte, wurde im Januar 1927 aus Deutschland abgezogen; die wirtschaftliche Annäherung zwischen Deutschland und Frankreich machte bemerkenswerte Fortschritte (1926 deutsch-französisches Kaliabkommen und Aluminiumkartell, Abkommen über eine Internationale Rohstahlgemeinschaft zwischen Vertretern der Schwerindustrie Frankreichs, Deutschlands, Belgiens und Luxemburgs, 17. 8. 1927 Unterzeichnung des deutsch-französischen Handelsvertrags). Bei den Verhandlungen, die dem Abschluß des „Kriegsächtungspaktes" (Briand-Kellogg-Pakt, 27. 8. 1928) vorausgingen, spielte die deutsche Diplomatie selbstbewußt eine wichtige Vermittlerrolle zwischen USA und Frankreich.

<small>Auswirkungen der Locarno-Politik</small>

Viel schwieriger war es hingegen, in der für die deutsche Politik zentralen Frage der vorzeitigen Rheinlandräumung erkennbare Fortschritte zu erzielen. Einen Anlauf zu einer „Gesamtlösung" im deutsch-französischen Verhältnis unternahmen Stresemann und sein französischer Amtskollege Briand bei ihrem Gespräch in Thoiry (17. 9. 1926). Dieses seinerzeit aufsehenerregende tête-à-tête war keineswegs eine anläßlich der Aufnahme Deutschlands in den Völkerbund improvisierte Begegnung, vielmehr war die Unterredung durch monatelange

<small>Versuch einer deutsch-französischen „Gesamtlösung"</small>

Verhandlungen inhaltlich vorbereitet. Die ins Auge gefaßte „Gesamtlösung" zielte auf einen umfassenden deutsch-französischen Interessenausgleich ab, in Gestalt eines Junktims zwischen der deutscherseits gewünschten sofortigen Räumung des Rheinlands und einer französischerseits nicht ungern gesehenen vorzeitigen Abtragung der deutschen Reparationsschuld durch eine „Mobilisierung" der Dawes-Obligationen, d. h. durch den Verkauf der bei den Treuhändern der Reparationskommission hinterlegten deutschen Eisenbahn- und Industrieobligationen ans Publikum, eine Möglichkeit, die im Dawes-Plan selbst vorgesehen war. Den auf Frankreich entfallenden Anteil am Erlös aus der Kommerzialisierung der Dawes-Obligationen wollte die französische Regierung verwenden zur Stabilisierung des Franc, zu einer finanziellen Stützungsaktion für Belgien und zur Zahlung der ersten Annuitäten der französischen Kriegsschulden an die USA und an Großbritannien (am 29. 4. 1926 war das französisch-amerikanische Schuldenabkommen unterzeichnet worden, das dann vom französischen Parlament aber erst im Juli 1929 ratifiziert wurde).

Bei diesem politisch-wirtschaftlichen Koppelgeschäft hätten also beide Seiten profitieren können. Realisiert werden konnte dieses Projekt jedoch nicht. In Frankreich regte sich Widerstand gegen eine vorzeitige Räumung des ganzen Rheinlands, vor allem aber waren die amerikanischen Banken nicht zur Mitwirkung bereit, und ohne deren finanzielles Engagement war eine Kommerzialisierung der Dawes-Obligationen nicht durchführbar. Trotzdem darf man die Tatsache bemerkenswert nennen, daß nur drei Jahre nach dem Höhepunkt der Ruhrkrise zwischen dem deutschen und dem französischen Außenminister über eine großzügige Bereinigung der schwebenden Fragen immerhin ernsthaft verhandelt werden konnte.

Neue Initiativen in der Reparationsfrage

Die Räumungsfrage blieb auch nach Thoiry auf der Tagesordnung der internationalen Politik, und auch das Reparationsproblem wurde erneut akut, denn aufgrund des Dawes-Plans begann 1928/29 für Deutschland die Phase der hohen „Normal"-Annuitäten, die zu einer starken Belastung der deutschen Volkswirtschaft führen mußten. Während die deutsche Delegation auf der Genfer Völkerbundstagung im September 1928 eine vorzeitige Rheinlandräumung ohne deutsche Gegenleistungen forderte, bestanden Frankreich und England auf einem Junktim: Rheinlandräumung *und* endgültige Regelung der Reparationsfrage; auch der Reparationsagent Gilbert hielt jetzt den Zeitpunkt für gekommen, eine endgültige Reparationsregelung auszuarbeiten. So wurde die Einsetzung einer unabhängigen Kommission von Finanzsachverständigen beschlossen, die im Januar 1929 ihre Arbeit aufnahm und nach schwierigen, mehrfach dem Scheitern nahen Verhandlungen im Mai 1929 den Young-Plan vorlegte, der auf der Konferenz in Den Haag (6.–31. 8. 1929) von den beteiligten Regierungen angenommen wurde.

Young-Plan

Der Young-Plan setzte die endgültige Reparationssumme neu fest (112 Milliarden) und bestimmte erstmals eine zeitliche Grenze der deutschen Belastung.

Statt einer Annuität von 2,5 Milliarden hatte Deutschland 59 Jahre lang eine Durchschnittsannuität von rd. 2 Milliarden zu zahlen. Der große Vorteil des Young-Plans lag jedoch in der Entlastung der ersten Jahre: vom 1. 4. 1929 bis 31. 3.1932 hatte Deutschland rd. 1,7 Milliarden weniger zu zahlen, als der Dawes-Plan vorschrieb. Außerdem entfielen künftig die ausländischen Kontrollen, die der Dawes-Plan mit sich gebracht hatte (Reparationsagent, Transferkomitee, Treuhänder und ausländische Verwaltungsratsmitglieder bei der Reichsbahngesellschaft). Vor allem aber: Die Alliierten erklärten sich bereit, bei Annahme des Young-Plans durch Deutschland bis zum 30. 6. 1930 (5 Jahre vor der im Versailler Vertrag vorgesehenen Frist) das ganze Rheinland zu räumen, also auch die dritte Zone (Mainz), wodurch Stresemanns revisionistisches Programm in einem zentralen Punkt erfüllt wurde. Stresemann hat deshalb den Young-Plan (der erst nach seinem Tod vom Reichstag am 12. 3. 1930 endgültig angenommen wurde) als einen objektiven Fortschritt betrachtet, und auch die neuere Forschung kommt zu dem Urteil, daß die Weimarer Republik mit dem Young-Plan außenpolitisch eine weitere Chance erhielt: „Vergleicht man zusammenfassend die auf den Konferenzen in Paris und im Haag vollzogene Revision mit dem Status quo ante, so lagen die direkten, indirekten und potentiellen Vorteile eindeutig auf Seiten Deutschlands" (WERNER LINK).

In Deutschland jedoch wurde damals der Young-Plan nicht allgemein als der Erfolg anerkannt, der er tatsächlich war. Auf die Kampagne der nationalistischen Rechten gegen den Young-Plan ist in anderem Zusammenhang ausführlicher einzugehen (vgl. u. S. 121). Soviel jedenfalls ist deutlich: Bereits gegen Ende der Ära Stresemann und noch vor Ausbruch der Weltwirtschaftskrise zogen drohende innenpolitische Sturmwolken auf; die zügellose nationalistische Agitation der politischen Rechten erzeugte eine aggressiv-revisionistische Welle, durch welche die Fortsetzung einer klar auf Verständigung programmierten Außenpolitik in Frage gestellt wurde. Auch wenn es Stresemann beschieden gewesen wäre, länger die deutsche Außenpolitik zu führen, hätte er seine Politik des Ausgleichs und der „kleinen Schritte" auf dem Weg zu einer Wiederherstellung der deutschen Machtstellung nur gegen verstärkte innenpolitische Widerstände und unter schwersten Kämpfen fortführen können.

Mißt man Stresemanns außenpolitische Leistung nicht am Maßstab eines angeblichen europäischen Idealismus, sondern an dem für ihn selbst und für seine Zeit eher angemessenen Maßstab traditioneller europäischer Diplomatie, dann wird man zugestehen müssen, daß Stresemann in den sechs Jahren seiner Außenministertätigkeit erstaunlich erfolgreich war: Er erreichte die Räumung des Ruhrgebiets und eine vorzeitige Beendigung der Besetzung des Rheinlands, eine weitgehende Regelung der Reparationsfrage in Verbindung mit einer wirtschaftlichen Stabilisierung in Deutschland, die Aufhebung der alliierten Militärkontrolle, die Aufnahme Deutschlands in den Völkerbund. Alles in allem gelang es ihm, das Verhältnis Deutschlands zu den Siegermächten weitgehend

Leistungen und Grenzen des Staatsmannes Gustav Stresemann

zu normalisieren – und dies bei grundsätzlichem Festhalten an revisionistischen Zielen, die aber erklärtermaßen mit friedlichen Mitteln durch eine Verständigungspolitik erreicht werden sollten. Daher vermochte das Deutschland Stresemanns in recht kurzer Zeit ein beachtliches Vertrauenskapital diesseits und jenseits des Atlantik anzusammeln und vor allem in England und den USA eine verstärkte Bereitschaft zu einer Politik des „peaceful change" zu wecken.

Was bedeutete es für die Weimarer Republik, daß mit Stresemann ein „pragmatischer Konservativer" (HENRY A. TURNER) jahrelang den Kurs der Außenpolitik maßgebend bestimmte? Wenn man in Rechnung stellt, daß die Weimarer Republik in der Konsequenz der steckengebliebenen Revolution von 1918/19 das Gepräge einer „konservativen Republik" erhalten hat, dann erscheint es nicht unnatürlich, wenn auch in der Außenpolitik kein rigoroser Bruch mit Denkformen und praktischen Methoden der Vergangenheit erfolgte, etwa in Gestalt eines grundsätzlichen Verzichts auf Bemühungen, den Friedensvertrag unter allen Umständen möglichst rasch zu revidieren. Wenn es also aufgrund der inneren Machtstruktur der Weimarer Republik nahelag, daß ein Repräsentant des alten Deutschland die Außenpolitik führte, dann war Stresemann nach persönlichem Format und außenpolitischer Haltung eine nahezu optimale Führerpersönlichkeit für diese Jahre. Durch seine längerfristige Perspektive bei der Realisierung der Revisionsziele und seine relative Mäßigung bei der Anwendung der zur Verfügung stehenden Mittel wurden die zukünftigen Optionen Deutschlands offengehalten. Zu dem, was 1929 an Optionen denkbar war, zählte aber auch – noch – eine deutsche Politik, die sich künftighin verstärkt auf einen friedlichen Ausgleich zwischen den Staaten hin orientierte.

2. STRUKTURPROBLEME UND INNERE POLITIK

„Relative Stabilisierung" der Republik?

Das Jahrfünft von 1924 bis 1929/30 gilt als Phase einer „relativen Stabilisierung" der Weimarer Republik. Diese Charakterisierung ist durchaus zutreffend, wenn dabei die Betonung auf dem Wort „relativ" liegt. Gewiß: In diesen Jahren waren nicht nur unbestreitbare Erfolge auf dem Feld der Außenpolitik zu verzeichnen (die allerdings von vielen Deutschen nicht als solche gewürdigt wurden), sondern auch Fortschritte bei der inneren Befriedung und Festigung der Republik, verbunden mit einem begrenzten wirtschaftlichen Aufschwung. Aber diese Stabilisierung vollzog sich auf dünnem Boden und war bestenfalls oberflächlich. Je intensiver sich die Forschung mit der Mittelperiode der Weimarer Republik befaßt, desto stärker werden die Zweifel an der Stabilisierungsthese. Vielmehr ist die Rede von einer „Instabilitätsrepublik" (RUDOLF MORSEY), von einer „Geschichte des Versagens" (MICHAEL STÜRMER) gerade im Hinblick auf die Phase der relativen Stabilisierung. Tatsächlich ist es in jenen Jahren, in denen der außenpolitische Druck nachließ und die inneren Auseinandersetzungen ruhiger verliefen als in den stürmischen Anfangsjahren der Republik, nicht gelungen, das politische und das sozialökonomische System so zu konsolidieren, daß die Republik einer ernsthaften Krise gewachsen war. Mochte die parlamentarisch-parteienstaatliche Demokratie einige Jahre lang auch leidlich funktionieren: Ein stabiles parlamentarisches Regierungssystem entwickelte sich in der Phase der „relativen Stabilisierung" nicht; und im Bereich der Wirtschafts- und Sozialpolitik verhärteten sich in eben jenen Jahren die Fronten, wurde ein Konfliktpotential angehäuft, das nach Entladung drängte.

Mit diesem Hinweis soll keineswegs die politische und gesellschaftliche Entwicklung der Jahre ab 1923 nachträglich zu einer historischen Einbahnstraße stilisiert werden, die zwangsläufig in Staatskrise und Scheitern der Demokratie münden mußte. Die unübersehbaren strukturellen Schwächen der Republik determinierten nicht zwingend die seit 1930 betriebene Krisenstrategie und jenen Geschehensablauf, der sich 1932/33 vollzog; bis zuletzt bestand ein – freilich immer enger werdender – Raum für alternative Problemlösungen und Entscheidungen. Wohl aber werden durch eine Analyse der in der Mittelperiode aufweisbaren strukturellen und politischen Defizite jene Voraussetzungen und eben auch Vorbelastungen umrissen, welche den Bedingungsrahmen bildeten für Agieren und Reagieren der Politiker und breiter Bevölkerungsschichten, als die Republik 1929/30 erneut in eine Phase akuter Gefährdung eintrat. Strukturelle Defizite

Fassen wir zunächst die Entwicklung des parlamentarisch-parteienstaatlichen Systems ins Auge, so ist zu konstatieren, daß es auch in den mittleren Jahren der Republik – auf der Ebene des Reiches – nicht zur Praktizierung einer effektiven, den verfassungstheoretischen Axiomen entsprechenden parlamentarischen Regierungsweise kam. Dieses gravierende Manko erwuchs aus dem Zusammentreffen mehrerer Faktoren. Entwicklung des politischen Systems

Erstens: Die Koalitionspolitik befand sich in einem Dauerdilemma. Da eine Regierungskoalition, die sowohl die SPD wie die DNVP einschloß, nicht in Frage kam, beschränkten sich (seit 1920) die koalitionspolitischen Möglichkeiten auf drei Koalitionsmodelle: a) den „Bürgerblock" von Zentrum, DVP und DNVP, dessen Basis eine Reihe von Übereinstimmungen in der Innenpolitik bildete, während in den Grundfragen der Außenpolitik eindeutiger Dissens bestand; b) die „Große Koalition" von der SPD bis zur DVP, die zwar in der Außenpolitik mit einer Stimme sprechen konnte, aber im Bereich der Wirtschafts- und Sozialpolitik ständigen Zerreißproben ausgesetzt war; c) Minderheitskabinette der bürgerlichen Mittelparteien, die auf Unterstützung oder zumindest Tolerierung entweder von rechts oder von links angewiesen waren. Mit anderen Worten: Im Deutschen Reichstag existierte seit 1920 keine parlamentarische Mehrheit, die zu längerfristiger Zusammenarbeit und gemeinsamer politischer Willensbildung *sowohl* im Bereich der Außenpolitik *als auch* im Bereich der Innenpolitik in der Lage war. Das führte dazu, daß die Reichskabinette bei der Behandlung der jeweils anstehenden außen- und Koalitionspolitik

innenpolitischen Probleme meist mit einem System wechselnder Mehrheiten operierten – ein Verfahren, das alles andere als geeignet war, eine dauerhafte Stabilisierung des parlamentarischen Systems zu bewirken.

Verhältnis Regierung – Koalitionsfraktionen

Zweitens: Eine zusätzliche Verschärfung erfuhr das Dilemma der Koalitionspolitik dadurch, daß nicht etwa nur die Oppositionsfraktionen, sondern selbst die Fraktionen der Regierungsparteien ständig in einem prekären Spannungsverhältnis zu der von ihnen getragenen Reichsregierung standen. Ihre Haltung gegenüber der Regierung wurde bestimmt durch komplizierte, sich kurzfristig verändernde innerparteiliche Konstellationen und entbehrte daher der Stetigkeit, Verläßlichkeit und klaren Berechenbarkeit. Im Dezember 1929 diagnostizierte Gustav Stolper, Nationalökonom und DDP-Politiker: „Was wir heute haben, ist eine Koalition von Ministern, nicht eine Koalition von Parteien. Es gibt überhaupt keine Regierungsparteien, es gibt nur Oppositionsparteien. Daß es so weit gekommen ist, bedeutet eine schwerere Gefährung des demokratischen Systems, als Minister und Parlamentarier ahnen." Cum grano salis gilt dieser Befund auch bereits für die vorausgehenden Jahre.

Die dadurch bedingte Labilität des parlamentarisch-parteienstaatlichen Systems ermöglichte, ja provozierte geradezu in wachsendem Maße die Intervention des Reichspräsidenten. Nicht erst in der Endphase der Republik vollzog sich der Abbau der parlamentarischen Macht. Da der Reichstag auch und gerade in der Phase der „relativen Stabilisierung" seine Machtstellung nicht so ausfüllte, wie er es als Kristallisationspunkt der parlamentarischen Demokratie hätte tun müssen,

Machtverlust des Parlaments

trat bereits in diesen Jahren ein empfindlicher Machtverlust des Parlaments ein; in weiten Kreisen wuchs der Verdruß an Parteienstaat und Parlamentarismus, schon jetzt bahnte sich eine Umformung des Parteienstaats zu einem autoritären Präsidialregime an.

Die Unfähigkeit der Parteien, den parlamentarischen Wirkungsraum durch stabile Mehrheitskoalitionen auszufüllen, resultierte bis zu einem gewissen Grade auch aus dem Erbe des Kaiserreiches. Die Parteien, in der konstitutionellen Monarchie von der Regierungsmacht ferngehalten, waren bis 1918 nicht gezwungen gewesen, unter Eingehung von Kompromissen regierungsfähige Mehrheiten zu bilden. An dem in der konstitutionellen Ära entwickelten po-

Rollenverständnis der Parteien im parlamentarischen System

litischen Selbstverständnis und der damals geübten politischen Praxis hielten die Parteien auch nach 1918 in starkem Maße fest, obwohl ihre Funktion sich in der parlamentarischen Demokratie grundlegend gewandelt hatte. Sie waren jetzt selbständige Organe der Herrschaftsmacht und damit unmittelbare Faktoren der Staatlichkeit, „gleichviel ob sie die Staatsmacht gegenwärtig ausübten oder ob sie als Oppositionsparteien um die künftige Übernahme der Staatsmacht kämpften" (ERNST RUDOLF HUBER). Diese neue Rollenverteilung wurde indessen nur zögernd, teilweise widerwillig akzeptiert. Die Scheu, als Partei Regierungsverantwortung zu tragen, Kompromisse einzugehen und dadurch eventuell die eigene Klientel zu enttäuschen, war meist stärker als die Bereitschaft, auch um den Preis erheblicher Abstriche an den eigenen Programmforderungen stabile Mehrheiten zustandezubringen.

Besonders schwer tat sich dabei die SPD, die (abgesehen von wenigen Monaten im Jahr 1924) bis 1932 die stärkste Reichstagsfraktion stellte und der schon deshalb eine herausragende Verantwortung für das Funktionieren des parlamentarischen Systems zufiel. Aber die Rolle, die die SPD auf Reichsebene spielte, entsprach weder der organisatorischen Stärke noch dem parlamentarischen Gewicht der Partei. In den Revolutionsmonaten 1918/19 hatte die Mehrheitssozialdemokratie auf die alleinige Machtausübung verzichtet und sich entschieden, die Republik auf dem Fundament eines Zusammengehens von Arbeiterschaft und Bürgertum aufzubauen und auszugestalten, also eine Kompromißbasis zu akzeptieren. In der Logik dieser Grundsatzentscheidung hätte es gelegen, die Führungsrolle im Regierungsbündnis zu beanspruchen und eine aktive Einflußnahme auf den innen- und außenpolitischen Kurs als vorrangiges Ziel zu betrachten. Aber ebensowenig wie den revolutionär-sozialistischen Weg ging die Sozialdemokratie zwischen 1918 und 1930 den liberal-demokratischen Weg konsequent zu Ende. Bald schon setzten sich retardierende Tendenzen durch. Die Regierungsbeteiligung wurde zunehmend als Last empfunden, man befürchtete, sich durch die Regierungsverantwortung gegenüber der eigenen Anhängerschaft zu kompromittieren, weil die über eine bürgerliche Republik hinauszielenden Programmpunkte in einer Koalition mit den bürgerlichen Parteien nicht realisiert werden konnten. Nach der Wahlniederlage 1920 schied die SPD daher aus der Regierung aus. Als 1922 die Vereinigung mit der Rest-USPD zu einer Stärkung des linken Flügels in Partei und Reichstagsfraktion führte, wuchsen die Vorbehalte gegen eine Regierungskoalition mit bürgerlichen Parteien. Zugleich scheiterte endgültig der von der SPD mit dem reformistischen Görlitzer Programm (1921) unternommene Anlauf, auch programmatisch die Schranken einer „proletarischen Milieupartei" zu durchbrechen und zu einer „linken Volkspartei" (HEINRICH AUGUST WINKLER) zu werden, denn in das Heidelberger Programm von 1925 wurden wieder marxistische Grundsatzpositionen aufgenommen. Damit verschärfte sich der Widerspruch zwischen reformistischer Praxis und programmatisch-theoretischer Selbstdarstellung, Partei und Fraktion fiel es immer schwerer, einen Ausgleich zwischen Grundsatz- und Machtfragen herbeizuführen. So betrieb die SPD in der Mittelperiode der Republik ihre Politik aus der Defensive. Von Fall zu Fall und vor allem bei den wichtigen außenpolitischen Entscheidungen unterstützte sie die bürgerlichen Kabinette, ohne an der Regierung beteiligt zu sein. Die Sozialdemokratie geriet damit in die merkwürdige Zwitterstellung, „eine halbe Regierungspartei und eine halbe Oppositionspartei zu sein" (KLAUS SCHÖNHOVEN). Weder für die Regierung noch für die Opposition besaß die Partei ein klares Konzept.

Dabei exerzierte die von dem sozialdemokratischen Ministerpräsidenten Otto Braun geführte Preußen-Koalition (aus SPD, Zentrum, DDP und zeitweilig DVP) in eben diesen Jahren vor, daß mit einer klar definierten und konsequent durchgehaltenen Koalitionspolitik stabile Regierungsverhältnisse zu erreichen waren und daß die Übernahme und entschlossene Praktizierung der Regierungsverantwortung im Rahmen eines Koalitionskabinetts nicht Wählerverluste zur Folge haben mußte, sondern zu Wahlerfolgen und zur Festigung der demokratischen Institutionen führte. Wenn es in den Jahren nach 1923 in Deutschland zu einer relativen Stabilisierung kam, dann nicht zuletzt deshalb, weil im weitaus größten der Länder, in Preußen (mit etwa drei Fünftel des Territoriums und der Bevölkerung des Reichs), die Regierungskoalition bis 1932 stabil und arbeitsfähig blieb.

DNVP Vor andersgeartete, aber ebenfalls schwierige Probleme sah sich bei ihrer Koalitionspolitik die DNVP gestellt, die andere Flügelpartei, die zeitweise zum Spektrum der koalitionsfähigen Parteien gehörte. Die DNVP verstand sich als antiparlamentarische Integrationspartei, sie mußte aber gleichwohl die Spielregeln des so vehement abgelehnten parlamentarischen Systems akzeptieren, wenn sie nicht von vornherein auf jede Einflußnahme im parlamentarischen Raum verzichten wollte und damit auf die Möglichkeit, zugunsten der ökonomischen Interessen ihrer Anhängerschaft tätig zu werden. Dieser innere Zwiespalt führte zu einem Schwanken zwischen einem Kurs prinzipieller Opposition gegen das „System" von Weimar und einer Bereitschaft zu begrenzter Mitarbeit in Staat und Parlament. Die parteiinternen Auseinandersetzungen um die Frage einer Regierungsbeteiligung entbrannten in voller Schärfe im Jahr 1924 (vgl. u. S. 80 f.). Denn in dem Maße, in dem die Republik sich konsolidierte, wuchs auch der Druck der hinter der Partei stehenden Interessengruppen, vor allem aus der Landwirtschaft, auf die Parteiführung, eine Koalition mit den bürgerlichen Mittelparteien einzugehen, um durch Teilhabe an der Macht stärkeren Einfluß auf den wirtschaftlichen Verteilungskampf nehmen zu können. Tatsächlich beteiligte sich die DNVP in der Konsequenz dieser Strategie zweimal (1925, 1927) an der Regierung. Der Prozeß der Annäherung der Konservativen an die Republik erreichte in diesen Jahren seinen Höhepunkt, fand aber bereits 1928 ein abruptes Ende, als Hugenberg, Exponent des rechten Parteiflügels, zum Parteivorsitzenden gewählt wurde. Hugenberg legte die Partei wieder auf einen Kurs strikter, systemfeindlicher Opposition fest, drängte die Gemäßigten aus der Partei und kooperierte mit der NSDAP. Damit schied die DNVP aus dem Kreis der auf dem Boden der Weimarer Demokratie koalitionsfähigen Parteien aus.

Zentrum In die Rolle einer „Staatspartei" der Republik wuchs das Zentrum hinein, das von 1919 bis 1932 an allen Reichsregierungen beteiligt war und auch in Preußen ununterbrochen zur Regierungskoalition gehörte. In erster Linie Weltanschauungspartei des bekenntnistreuen katholischen Bevölkerungsteils, integrierte das Zentrum Angehörige der verschiedensten sozialen Schichten. Deshalb zeigte sich das Zentrum zwar unnachgiebig bei Fragen der Konfessions-, Schul- und Kulturpolitik, war aber im allgemein-politischen, wirtschafts- und gesellschaftspolitischen Bereich kompromißfähig sowohl gegenüber der Rechten wie gegenüber der gemäßigten Linken. Daraus resultierte ein hohes Maß an koalitionspolitischer Flexibilität; bei allen Regierungsbildungen zwischen 1920 und 1931 fiel dem Zentrum eine Schlüsselrolle zu. Nach dem Tod Erzbergers und der Entmachtung Wirths verschob sich das Gravitationszentrum der Partei jedoch immer mehr nach rechts, eine Entwicklung, die bei der Wahl von Kaas zum Parteiführer (1928) und während der Kanzlerschaft Brünings deutlichen Ausdruck fand und zur Folge hatte, daß die ursprüngliche koalitionspolitische Offenheit des Zentrums auch zur SPD hin nun schrittweise abgebaut wurde.

Die koalitionspolitischen Möglichkeiten der bürgerlich-liberalen Mitte waren beeinträchtigt zum einen durch die starken Vorbehalte besonders innerhalb der DVP gegen eine Koalition mit der SPD, zum anderen durch den rapiden Niedergang des organisierten Liberalismus seit Mitte der zwanziger Jahre. Weder der DDP noch der DVP ist es gelungen, ein stabiles Organisationsgefüge zu errichten und breitere Wählerschichten dauerhaft an sich zu binden. Während DDP und DVP in den Anfangsjahren der Republik zusammen über 20% der Wählerschaft hinter sich hatten, zeichnete sich bereits bei den Reichstagswahlen 1924 ein Schrumpfungsprozeß ab, und im Jahr 1932 brachten es die beiden liberalen Parteien schließlich noch auf ganze 2% der Stimmen. Die Abwanderung breiter mittelständischer Wählerschichten nach rechts führte nicht nur zu einem Machtverlust des politischen Liberalismus, sondern dadurch erfuhr das Weimarer Parteiensystem insgesamt eine einschneidende Modifizierung, seine Funktionsfähigkeit wurde immer stärker in Frage gestellt, die Bildung parlamentarischer Mehrheiten noch zusätzlich erschwert. Zwar blieb trotz schwindenden Anhangs vor allem die DVP bis 1932 politisch einflußreich – nicht so sehr durch die Zahl ihrer Mandate als vermöge der hinter ihr stehenden industriellen Interessen. Aber dieser Einfluß wurde, als nach Stresemanns Tod der ganz auf die rigorose Durchsetzung wirtschaftsliberaler Vorstellungen fixierte rechte Parteiflügel die Oberhand gewann, nicht zugunsten der Aufrechterhaltung einer parlamentarischen Regierungsweise eingesetzt, sondern zugunsten einer autoritären Umformung des Regierungssystems.

<small>Liberale Parteien</small>

Diese knappen Bemerkungen über Entwicklungstendenzen und Strukturprobleme des Weimarer Parlamentarismus sollen durch Angaben über Reichstagswahlen und Regierungsbildungen sowie über Ursachen und Verlauf der Regierungskrisen ergänzt werden.

An der Jahreswende 1923/24 gab es kaum Anzeichen dafür, daß es im Reich relativ rasch zu einer politischen Konsolidierung auf der Grundlage der Weimarer Verfassung kommen würde. Im Gegenteil: In diesen Wochen schien das parlamentarische Regierungssystem „prinzipiell in Frage gestellt" (MICHAEL STÜRMER). Denn das nach dem Sturz des Kabinetts Stresemann (23. 11. 1923) installierte bürgerliche Minderheitskabinett unter Reichskanzler Marx (Zentrum) führte die Amtsgeschäfte mit Hilfe eines befristeten Ermächtigungsgesetzes, und über die

<small>Bildung des Kabinetts Marx I</small>

vollziehende Gewalt verfügte der Chef der Heeresleitung, gedeckt durch das Notverordnungsrecht des Reichspräsidenten aufgrund von Artikel 48 der Reichsverfassung.

Diese „Ausnahme"-Situation endete erst im Frühjahr 1924. Im Februar entschloß sich Seeckt, der Chef der Heeresleitung, zur Aufhebung des Ausnahmezustandes, und im März lehnte die Reichstagsmehrheit die von der Regierung gewünschte Verlängerung des Ermächtigungsgesetzes ab. Daraufhin erteilte der Reichspräsident dem Kanzler die Vollmacht zur Auflösung des Reichstags.

Reichstagswahlen vom 4. 5. 1924

Das Ergebnis der Reichstagswahl vom 4. Mai 1924 (s. Tab. S. 344) demonstrierte in signifikanter Weise, in welchem Maße die schweren politischen und wirtschaftlichen Erschütterungen des Jahres 1923 nachwirkten. Bis auf das Zentrum, das ein Mandat hinzugewinnen konnte, erlitten alle Parteien, die in den zurückliegenden Jahren an der Regierung beteiligt gewesen waren, erhebliche Stimmenverluste und Mandatseinbußen. Die DDP verlor 11 Mandate, die DVP gar 20. Die Mandatszahl der SPD ging von 171 im alten Reichstag auf 100 zurück, wobei allerdings zu berücksichtigen ist, daß nach der Vereinigung von SPD und Rest-USPD Ende 1922 sich 68 USPD-Abgeordnete der SPD-Fraktion angeschlossen hatten; ihre Wähler jedoch, das zeigte sich jetzt, folgten ihnen mehrheitlich nicht auf diesem Weg. Aber auch die zwischen Regierungsbeteiligung und Oppositionshaltung schwankende Politik der SPD fand bei den Wählern offensichtlich keinen Anklang. Eindeutige Wahlsieger waren die Parteien der äußersten Rechten und Linken. Die in der Deutschvölkischen Freiheitspartei zusammengeschlossenen extremen Rechtsgruppen errangen 32 Mandate, die DNVP gewann zusammen mit dem Landbund 105 Mandate und stellte damit im neuen Reichstag die stärkste Fraktion. Auf der entgegengesetzten Seite des parteipolitischen Spektrums steigerte die KPD ihre Mandatszahl von 17 auf 62 Mandate.

Schwierigkeiten der Regierungsbildung

Angesichts einer so gravierenden Schwächung der staatstragenden Mitte zugunsten der extremen Parteien von links und rechts war das Problem, eine regierungsfähige Mehrheit zu formieren, nach den Maiwahlen eher noch schwieriger zu lösen als zuvor. Eine Mehrheitskoalition war ohne die Deutschnationalen kaum zu bilden, und vor allem in der DVP wurden nach der schweren Wahlniederlage diejenigen Kräfte aktiv, die um nahezu jeden Preis eine rechtsbürgerliche Koalition unter Einbeziehung der DNVP zustandezubringen wünschten. Unter diesen Umständen mußte die Haltung der DNVP zum Dawes-Plan den Ausschlag geben. Der Dawes-Plan, dessen parlamentarische Beratung im Sommer 1924 anstand, wurde so zum Angelpunkt nicht nur der Außen-, sondern auch der Innenpolitik des Jahres 1924. Im Wahlkampf hatte die DNVP den Dawes-Plan vehement bekämpft. Nun stellte sich für die Partei die Frage, ob sie bereit war, um den Preis einer Regierungsbeteiligung ihre bisherige prinzipielle Ablehnung der von den bürgerlichen Mittelparteien und insbesondere von Stresemann verfolgten *Haltung der DNVP* Außenpolitik aufzugeben. Dieses Dilemma wuchs sich für die DNVP im Sommer

1924 zu einer innerparteilichen Zerreißprobe aus. Fürs erste taktierte die Parteiführung hinhaltend; sie stellte für einen Regierungsbeitritt weit überzogene Bedingungen, so daß die Verhandlungen schließlich scheiterten. Anfang Juni erfolgte die formelle Neubildung des bisherigen bürgerlichen Minderheitskabinetts. Daß eine Erweiterung dieser Koalition (aus Zentrum, DDP und DVP) nach rechts angestrebt wurde, war kein Geheimnis und wurde offen ausgesprochen. Andererseits rechnete die Minderheitsregierung bei der Lösung der außenpolitischen Hauptaufgabe, der Verabschiedung der Dawes-Gesetze, mit der vorbehaltlosen Unterstützung der SPD. An den Bemühungen, eine neue Regierung zu bilden, hatte sich die SPD überhaupt nicht beteiligt. Unter dem Eindruck der schweren Wahlniederlage zog sie sich in eine Haltung völliger Passivität zurück und überließ damit den bürgerlichen Mittelparteien das Feld der Koalitionsbildung.

Am 29. 8. 1924 fand im Reichstag die Schlußabstimmung über die Gesetze zum Dawes-Plan statt. Da für eines dieser Gesetze, das verfassungsändernde Reichsbahngesetz, eine Zweidrittelmehrheit notwendig war und diese nur erreicht werden konnte, wenn ein Teil der DNVP-Fraktion für das Gesetz votierte, sah sich die Fraktion in den Tagen und Wochen vor der Abstimmung einem massiven Druck ausgesetzt, nicht nur seitens der Regierung, sondern vor allem auch seitens der wirtschaftlichen Interessenverbände (Reichslandbund, Reichsverband der Deutschen Industrie, Industrie- und Handelstag), die aus wirtschaftlichen Erwägungen den Dawes-Plan nicht scheitern lassen wollten. Die Parteikrise in der DNVP kam jetzt offen zum Ausbruch. Nach dramatischen Auseinandersetzungen mußte die Fraktionsführung unmittelbar vor der Entscheidung im Reichstag die Abstimmung freigeben. Bei der Abstimmung über das verfassungsändernde Eisenbahngesetz spaltete sich die Fraktion in zwei etwa gleich große Blöcke, und mit Hilfe der rebellierenden DNVP-Abgeordneten wurde das Gesetz angenommen. Nachdem mit der parlamentarischen Erledigung der Dawes-Gesetze die Probleme der Außenpolitik nunmehr hinter den innenpolitischen Gegensätzen zurückzutreten begannen und der Kampf um die Verteilung der Reparationslasten in den Vordergrund rückte, schien die Bahn frei für die Bildung des „Bürgerblocks". Aber zunächst blieb alles in der Schwebe. Obwohl die DNVP sich wesentlich kompromißbereiter zeigte als im Frühsommer, lehnte jetzt die DDP ein Zusammengehen mit den Deutschnationalen ab, auch starke Kräfte innerhalb der Zentrumsfraktion widerstrebten einem Bündnis mit der DNVP. Die wochenlangen komplizierten Verhandlungen endeten daher nicht mit einer Neubildung der Regierung unter Einbeziehung der DNVP, sondern mit einer erneuten Auflösung des Reichstags.

Die Reichstagswahl vom 7. Dezember 1924 (s. Tab. u. S. 344) zeigte, daß die allmähliche Konsolidierung der politischen und wirtschaftlichen Verhältnisse sich auch politisch auszuwirken begann. Verlierer der Wahl waren die Extremisten auf der Linken und Rechten: Die KPD verlor 17 Mandate, die rechtsextremistischen

Reichstagswahlen vom 7.12.1924

Parteien 18. Die DNVP konnte zwar noch einige Mandate hinzugewinnen, zusammen mit dem Landbund verfügte sie jetzt über 111 Sitze. Dieser Zugewinn war jedoch niedriger als die Verluste der äußersten Rechten; es darf daher angenommen werden, daß zahlreiche Wähler, die im Mai für die DNVP votiert hatten, jetzt ihre Stimme einer der Mittelparteien gaben, die sich alle um einige Mandate verbesserten (Zentrum und DDP je 4, DVP 6). Der große Gewinner der Wahl war die SPD, die ihre Mandatszahl von 100 im Mai auf 131 im Dezember steigern konnte, zweifellos auf Kosten der KPD. Die SPD stellte jetzt wieder die stärkste Fraktion. Den Wahlerfolg in politische Macht umzusetzen, vermochte sie allerdings nicht.

Schlüsselrolle der DVP bei der Regierungsbildung

Rein rechnerisch gab es zwei Möglichkeiten, eine Mehrheit zu bilden: eine „Große Koalition" von der SPD bis zur DVP oder eine „Bürgerblock"-Regierung vom Zentrum bis zu den Deutschnationalen. Ausschlaggebend war in jedem Fall, welche Haltung die DVP einnehmen würde, die eine Schlüsselrolle besaß; und die DVP legte sich gleich nach dem Wahltag eindeutig darauf fest, nur einer rechtsbürgerlichen Koalition beizutreten. Auch Stresemann wünschte jetzt eine Regierungsbeteiligung der Deutschnationalen, um sie auf diese Weise in die Verantwortung für die bevorstehenden innen- und außenpolitischen Entscheidungen einzubinden. Es bedurfte allerdings noch wochenlanger schwieriger Verhandlungen, bis im Januar 1925 das neue Kabinett seine Arbeit aufnehmen konnte: eine vom bisherigen Finanzminister Luther (parteilos, aber der DVP nahestehend) geführte Koalition aus Zentrum, BVP, DVP und DNVP, die erste Reichsregierung in der Geschichte der Weimarer Republik, in der die DNVP vertreten war. (Die DDP beteiligte sich als Partei nicht an dieser Koalition, aber Geßler, der – noch – Mitglied der DDP war, verblieb im Amt des Reichswehrministers.)

„Bürgerblock" – Regierung Luther

Da die Regierungsfraktionen vielfältigen und sich widerstreitenden Einwirkungen seitens der mächtigen wirtschaftlichen Interessenverbände ausgesetzt waren, tat sich das Kabinett Luther schon bei den zentralen innenpolitischen Vorhaben des Jahres 1925 (Aufwertungsfrage, Zollpolitik) recht schwer. Von Anfang an bildete aber die Außenpolitik den entscheidenden Krisenpunkt der Koalition; sie war es auch, die bereits Ende 1925 zum Scheitern des „Bürgerblocks" führte. Die Parteibasis der Deutschnationalen, angeführt von den Exponenten des rechten Parteiflügels, machte mobil gegen die Locarno-Politik Stresemanns; von der Parteiorganisation unter massiven Druck gesetzt, erklärten die der DNVP angehörenden Minister Ende Oktober ihren Rücktritt, noch vor der Verabschiedung der Locarno-Verträge durch den Reichstag. Nachdem am 27.11.1925 der Reichstag mit den Stimmen von SPD, Zentrum, DVP, DDP und BVP (gegen die Stimmen von DNVP, Völkischen, KPD und Wirtschaftspartei) die Locarno-Verträge angenommen hatte und am 1.12.1925 in London die Unterzeichnung der Verträge erfolgt war, trat am 5. Dezember auch das Rumpfkabinett zurück.

Scheitern des „Bürgerblocks"

Erneut stellte sich die Frage, wie eine regierungsfähige Mehrheit formiert werden konnte, erneut kam es zu einer wochenlang sich hinziehenden Regierungskrise. An sich hätte es nahegelegen, die „außenpolitische Reichstagsmehrheit", die die Locarno-Verträge angenommen hatte, jetzt auch als neue Regierungsmehrheit zu etablieren, um so mehr, als mit den wirtschaftlichen Schwierigkeiten und der steigenden Arbeitslosigkeit nur eine Regierung fertig werden konnte, hinter der eine solide Mehrheit stand. Bereitschaft zur Bildung einer „Großen Koalition" bestand nicht nur in den bürgerlichen Mittelparteien, vor allem bei DDP und Zentrum, sondern auch bei Teilen der SPD; der preußische Ministerpräsident Otto Braun etwa beschwor seine Parteifreunde, der Regierungsabstinenz endlich zu entsagen, „Vertrauen zu ihrer eigenen Kraft" zu finden und den „Mut zur Verantwortung" aufzubringen. Neuauflage der „Großen Koalition"?

Wenn es schließlich doch nicht zu einer „Großen Koalition" kam, sondern im Januar 1926 ein bürgerliches Minderheitskabinett aus Zentrum, DDP und DVP unter dem bisherigen Reichskanzler Luther die Regierungsgeschäfte übernahm, so wirkten dabei mehrere Faktoren zusammen. Zum einen bestanden bei der DVP weiterhin denkbar große Widerstände gegen ein Zusammengehen mit den Sozialdemokraten, vor allem wegen der tiefgreifenden Gegensätze in den sozialpolitischen Fragen; diese Grundeinstellung bestimmte das Taktieren der DVP-Führer bei den Sondierungsgesprächen. Zum anderen machten es die Sozialdemokraten ihren Gegnern verhältnismäßig leicht, sie auszumanövrieren, weil hier die Vorbehalte gegen eine Regierungsbeteiligung nach wie vor stärker waren als die Entschlossenheit, auch um den Preis als belastend empfundener Kompromisse an der Regierungsverantwortung zu partizipieren. Darüber hinaus wirkte sich jetzt aber bereits die Tatsache aus, daß im Reichspräsidenten-Palais ein neuer Mann amtierte: Reichspräsident Hindenburg, beraten von seinem Staatssekretär Meißner, ließ von Beginn der Regierungskrise an keinen Zweifel daran, daß ihm eine Regierungsbeteiligung der Sozialdemokraten unerwünscht war; die beste Lösung war in seiner Sicht eine Wiederherstellung des Bürgerblocks, und sofern das nicht zu erreichen war, galt ihm eine bürgerliche Minderheitsregierung unter Luther als zweitbeste Lösung. Geleitet von diesem Kalkül, operierte das Reichspräsidentenbüro in der Regierungskrise; von dieser Seite wurde über die „Große Koalition" nicht mit dem ernsthaften Willen verhandelt, sie auch wirklich zustandezubringen. Allerdings ebnete „praktisch erst die Selbstausschaltung der Sozialdemokratie der neuen Minderheitsregierung den Weg" (MICHAEL STÜRMER). Bildung eines bürgerlichen Minderheitskabinetts

Schon Verlauf und Ausgang der Regierungskrise Ende 1925 lassen erkennen, was es für den Gang der deutschen Politik – und schließlich für das Schicksal der Republik – bedeutete, daß 1925 ein Wechsel im Amt des Reichspräsidenten eingetreten war. Reichspräsident Friedrich Ebert starb im Alter von 54 Jahren am 28. Februar 1925, wenige Monate vor Ablauf seiner Amtszeit. Die letzten Wochen seines Lebens waren überschattet vom Urteil im Magdeburger Belei- Tod Friedrich Eberts digungsprozeß, unter den vielen Fällen einseitiger politischer Justiz in der Weimarer Republik ein besonders unrühmlicher: Ein nationalistischer Redakteur hatte Ebert übel beschimpft und ihn bezichtigt, im Krieg Landesverrat begangen zu haben, weil er sich beim Januarstreik 1918 in den Aktionsausschuß hatte wählen lassen. Das Magdeburger Gericht konstatierte in seinem Urteil, diese Tätigkeit sei „objektiv Landesverrat" gewesen, der Redakteur wurde deshalb lediglich wegen formaler Beleidigung, nicht wegen Verleumdung verurteilt. Wenn dieses Urteil auf Berufung der Generalstaatsanwaltschaft auch aufgehoben wurde, so haben der Prozeß und seine Begleitumstände Ebert doch tief getroffen; er starb an einer infolge des Prozesses verschleppten und dann zu spät operierten Blinddarmentzündung.

Reichspräsidentenwahl 1925

Nach den gesetzlichen Bestimmungen war für die Wahl zum Reichspräsidenten im ersten Wahlgang die absolute Mehrheit notwendig; im zweiten Wahlgang genügte die relative Mehrheit. Erwartungsgemäß fiel die Entscheidung erst im zweiten Wahlgang, denn im ersten Wahlgang am 29. 3. 1925 erreichte keiner der sieben Kandidaten die absolute Mehrheit (s. Tabelle u. S. 347). Die höchste Stimmenzahl (10,4 Mill.) erzielte der Duisburger Oberbürgermeister Jarres, der Gemeinschaftskandidat von DVP und DNVP; ihm folgten Otto Braun von den Sozialdemokraten mit 7,8 Mill. Stimmen und Wilhelm Marx vom Zentrum mit 3,9 Mill. Stimmen. Weit abgeschlagen waren Thälmann (KPD), Hellpach (DDP) Held (BVP) und Ludendorff (Völkische). Für den entscheidenden zweiten Wahlgang einigten sich die Parteien der Weimarer Koalition auf Marx als Kandidaten des „Volksblocks"; sein Sieg schien nahezu sicher zu sein, wenn die Wähler aus dem Lager des politischen Katholizismus, der SPD und DDP einigermaßen geschlossen für ihn votierten. Die politische Rechte war alarmiert und suchte nach einem Kandidaten von höchster Popularität; sie fand ihn in Hindenburg. Der vom Nimbus des Siegers von Tannenberg umstrahlte 78jährige Generalfeldmarschall, der sich in den zurückliegenden Jahren der Politik ferngehalten hatte, kandidierte im zweiten Wahlgang für die im „Reichsblock" zusammengeschlossenen Rechtsparteien. Die BVP unterstützte nicht den rheinischen Katholiken Marx, sondern den norddeutschen Protestanten Hindenburg und trug dadurch maßgeblich dazu bei, daß Hindenburg am 26. April eine knappe Mehrheit erzielte: für ihn wurden 14,6 Mill. Stimmen abgegeben, auf Marx entfielen 13,7 Mill. Stimmen, auf Thälmann 1,9 Mill. „Der Sieg Hindenburgs ist das Ergebnis der Spaltung der Arbeiterbewegung und der Spaltung auch des politischen Katholizismus" (KARL DIETRICH ERDMANN).

Bedeutung der Wahl Hindenburgs zum Reichspräsidenten

Man wird die Wahl des kaiserlichen Generalfeldmarschalls zum Reichspräsidenten – entgegen einer verbreiteten Auffassung – durchaus als eine empfindliche Niederlage der demokratischen Republik bezeichnen müssen. Gewiß: Hindenburg enttäuschte zunächst diejenigen seiner Anhänger, die erwarteten und hofften, er werde sofort nach seiner Wahl offen einen scharfen Rechtskurs steuern – nach den Befugnissen des Amtes und der politischen Gesamtkonstellation wäre er dazu gar nicht in der Lage gewesen. Hindenburg fühlte sich an seinen Eid auf die Verfassung gebunden und bemühte sich, sein Amt loyal im Rahmen der Verfassung zu führen. Aber andererseits begann mit Hindenburgs Präsidentschaft doch ein „stiller Verfassungswandel", durch den die Gewichte im Regierungssystem allmählich – und zunächst noch ziemlich unmerklich – zugunsten der präsidialen Elemente der Verfassung verschoben wurden. Aufgrund der labilen parlamentarischen Mehrheitsverhältnisse konnte der Reichspräsident nämlich in starkem Maße (und in zweifellos stärkerem Maße, als den Verfassungsvätern vorgeschwebt hatte) bei den Regierungsbildungen seine persönlichen und politischen Präferenzen zur Geltung bringen. Diese Präferenzen waren schon 1925 deutlich und lauteten: wenn irgend möglich Beteiligung der DNVP an der Regierung, wenn irgend möglich Fernhaltung der Sozialdemokratie von der Regierungsmacht – sozusagen aus Prinzip, ungeachtet der jeweiligen parlamentarischen Konstellationen und der konkreten politischen Erfordernisse. Daß „mehr nach rechts regiert" werden müsse, war Hindenburgs Auffassung nicht erst 1929/30, sondern seine Grundeinstellung seit der Amtsübernahme, wie sein Agieren bei den Regierungskrisen Ende 1925 und Ende 1926 belegt. Bereits sehr früh wurde auch deutlich, welche zentrale Bedeutung für Hindenburg der Artikel 48 der Reichsverfassung besaß, aus dem er eine im Grunde unbeschränkte Diktaturgewalt ableitete. Als 1926 im Reichsinnenministerium der Referentenentwurf eines Ausführungsgesetzes zum Artikel 48 erarbeitet wurde, äußerte Hindenburg, er halte den gegenwärtigen Zeitpunkt für die Verabschiedung eines solchen Gesetzes nicht für geeignet, machte aber gleichzeitig kein Hehl daraus, daß er ein solches Gesetz überhaupt für überflüssig hielt. Unmißverständlich erklärte er: „Eine starre formalistische Festlegung in der Ausübung oder gar eine Beschränkung" der Rechte des Reichspräsidenten „würde eine Schwächung seiner Autorität und eine bedenkliche Gefährdung der Staatssicherheit bedeuten". Bereits in den ersten Jahren der Präsidentschaft Hindenburgs lassen sich also Dispositionen und Tendenzen erkennen, die dann nach 1929 in einer veränderten politischen Gesamtkonstellation voll zum Durchbruch kamen.

Das im Januar 1926 ernannte zweite Kabinett Luther hatte nur eine Lebensdauer von vier Monaten. Es zerbrach im Streit um die im Mai 1926 erlassene „Flaggen-Verordnung", die es den deutschen Auslandsvertretungen erlaubte, Schwarz-Weiß-Rot, die Farben des kaiserlichen Deutschland, zu flaggen. Nachdem der Reichstag – mit den Stimmen der Linksparteien und denen der Koalitionsfraktion DDP – einen Mißtrauensantrag angenommen hatte, trat das Kabinett zurück. Es kehrte aber in praktisch unveränderter Zusammensetzung schon wenige Tage später wieder, nur stand an der Spitze der Regierung statt Luther jetzt wieder der Zentrumspolitiker Marx.

Flaggen-Streit

Diese Neuauflage der bürgerlichen Minderheitskoalition wurde in allen politischen Lagern von vornherein nur als ein Provisorium betrachtet. Nach einer

Äußerung des DNVP-Fraktionsvorsitzenden Graf Westarp vom 21. 6. 1926 bestand eine dauernde Fühlung zwischen ihm, Hindenburg und dem DVP-Fraktionsvorsitzenden Scholz mit dem Ziel, „sobald als irgend möglich zu einer Rechtsregierung" zu gelangen. Hingegen sollte nach den Intentionen von Zentrum und DDP das Minderheitskabinett zur Großen Koalition weiterentwickelt werden, sobald der Volksentscheid über die entschädigungslose Enteignung der Fürsten, bei dem die SPD in Front gegen die bürgerlichen Parteien stand, über die Bühne gegangen war. (Dieser Volksentscheid fand am 20. 6. 1926 statt. Er schlug zwar fehl, signalisierte aber eine sich anbahnende Umorientierung breiterer Wählerschichten: Die Zahl derjenigen, die der Parole der Linksparteien folgten, überstieg um 3,5 Mill. die Zahl der Stimmen, die bei der letzten Reichstagswahl auf SPD und KPD entfallen waren.)

Volksentscheid zur Fürstenenteignung

Eine Erweiterung der Koalition, sei es nach links, sei es nach rechts, fand jedoch vorläufig nicht statt. Angesichts steigender Arbeitslosigkeit mit prekären wirtschafts- und sozialpolitischen Problemen konfrontiert, lavierte sich das Minderheitskabinett durch den Sommer. Aber gegen Ende des Jahres war klar, daß sich das zweiseitige Taktieren der Mitte nicht länger weiterführen ließ; die bürgerliche Minderheitskoalition war ohne feste Bindung nach links oder rechts nicht lebensfähig. Anfang Dezember 1926 brach die Krise offen aus, als der DVP-Fraktionsvorsitzende Scholz in einer aufsehenerregenden Rede erklärte, seine Partei sehe „das Ideal in dem Zusammenarbeiten aller bürgerlichen Parteien und Kräfte". Die SPD verstand diese Rede als Aufkündigung der bisherigen lockeren Zusammenarbeit zwischen der Minderheitskoalition und der SPD, als klare Absage an den Gedanken einer Großen Koalition. Die Sozialdemokraten reagierten mit scharfen Angriffen auf die Reichswehrpolitik der Regierung (Forderung nach Rücktritt Geßlers, Reichstagsrede Scheidemanns über die Zusammenarbeit zwischen Reichswehr und Roter Armee). Am 17. 12. 1926 stürzte das (dritte) Kabinett Marx über einen von der SPD eingebrachten Mißtrauensantrag.

Scheitern der Minderheitsregierung

Für diesen Mißtrauensantrag hatten auch die Deutschnationalen gestimmt, denn sie wollten das Kabinett unbedingt zu Fall bringen, um sich so den Eintritt in die Regierung zu erzwingen. Dieses Kalkül ging auf: Im Januar 1927 kam es zu einer Neuauflage des Bürgerblocks (aus Zentrum, BVP, DVP und DNVP) in Gestalt des vierten Kabinetts Marx.

Neuauflage des „Bürgerblocks" 1927

Vorausgegangen war ein langes Tauziehen, denn im Zentrum bestand – mit Rücksicht auf die sozialpolitischen Interessen des Arbeitnehmerflügels – nur geringe Bereitschaft zu einem Bündnis mit der DNVP. Es bedurfte sehr nachhaltiger Interventionen des Reichspräsidenten, um diese Widerstände in der Zentrumsfraktion gegen eine Rechtskoalition zu überwinden. Eine Rechtskoalition war das Ziel, auf das der Reichspräsident auch in dieser Regierungskrise von Anfang an zustrebte. In die wochenlangen Auseinandersetzungen um die Regierungsbildung griff erstmals auch Kurt von Schleicher ein, seit Anfang 1926 Chef der neugeschaffenen Wehrmachtsabteilung im Reichswehrministerium und seit dem

Einwirkung des Reichspräsidenten

Rolle Schleichers

Sturz Seeckts (Oktober 1926) „faktisch, wenn auch nicht formal" der „militärpolitische Führer der Reichswehr" (ANDREAS HILLGRUBER), der in wachsendem Maße Hindenburgs Vertrauen genoß und auf dessen Rat Hindenburg immer stärker hörte. Schleicher schlug Hindenburg an der Jahreswende 1926/27 vor, wenn es nicht gelinge, eine Rechtskoalition mit der DNVP zustandezubringen, solle er eine „Regierung seines Vertrauens ohne Befragung der Parteien und ohne Rücksicht auf deren Wünsche" einsetzen und dieser „mit der Auflösungsorder in der Tasche ... alle verfassungsmäßigen Möglichkeiten an die Hand geben, um sich im Parlament eine Mehrheit zu verschaffen". Hier scheint bereits die Konzeption einer autoritären Präsidialregierung auf, die wenige Jahre später Realität werden sollte. „Für die Umgebung Hindenburgs", so konstatiert MICHAEL STÜRMER mit Recht, „bedeutete die neue Regierungskrise die lang gesuchte Gelegenheit, sowohl die Große Koalition als auch die Koalition der Mitte auszuschalten und von neuem die Deutschnationalen ans Ruder zu bringen. Ließ sich ein parlamentarischer Weg zu diesem Ziel finden, so wollte man ihn gehen. Stellte sich aber das Zentrum quer, dann mußte notfalls auch gegen den Reichstag regiert werden."

Schon von seiner Genesis her war der „Zweite Bürgerblock" ein brüchiges Bündnis: Da in der Außenpolitik während des Jahres 1927 Windstille herrschte, waren es vor allem die wirtschafts-, sozial- und kulturpolitischen Probleme, die fortwährend den inneren Zusammenhalt der Koalition gefährdeten. Um ein vorzeitiges Scheitern zu verhindern, sah sich die DNVP gezwungen, verhältnismäßig große Zugeständnisse an die Mitte zu machen (Verlängerung des Republikschutzgesetzes, Einführung der Arbeitslosenversicherung). Aber gegen Ende des Jahres schwanden der Wille und die Fähigkeit zum Ausgleich der divergierenden Interessen in allen Koalitionsfraktionen immer mehr. Dies war der tiefere Grund dafür, daß es wegen der Schulfrage im Februar 1928 zum Bruch der Koalition kam. Der vom Zentrum inaugurierte und von der DNVP mitgetragene Entwurf eines Schulgesetzes sah u. a. vor, daß auch in jenen Ländern, in denen Simultanschulen bestanden (wie z. B. in Baden und Hessen), Bekenntnisschulen zuzulassen waren, was eine Rekonfessionalisierung der Volksschulen bedeutet hätte. Die gesellschaftspolitische Bedeutung dieses Gesetzentwurfs lag vor allem darin, daß er ein zentrales Anliegen der beiden großen christlichen Kirchen aufgriff, die damit in erster Linie die Absicht verfolgten, den kirchlichen Einfluß auf die öffentlichen Angelegenheiten zu verstärken und so den voranschreitenden Säkularisierungsprozeß aufzuhalten. Mit diesem Programm einer gesellschaftlichen Offensive gegen den weltanschaulich neutralen Staat fanden die Kirchen beim Zentrum nachhaltige und bei der DNVP weitgehende Unterstützung, nicht jedoch bei der kulturpolitisch an ihrer liberalen Tradition festhaltenden DVP. Als die DVP den Schulgesetzentwurf zu Fall brachte, erklärte das Zentrum die Koalition für aufgelöst und war nur unter der Bedingung einer alsbaldigen Reichstagsauflösung zur Abwicklung eines begrenzten Notprogramms der Regierung bereit.

Auseinanderbrechen des „Bürgerblocks" im Konflikt um die Schulfrage

88   I. Darstellung

Reichstagswahlen vom 20.5.1928

Die Reichstagswahl am 20. Mai 1928 (s. Tab. S. 345) endete mit einem klaren Erfolg der Linksparteien; darüber hinaus zeigte sich, wie stark das bürgerliche Parteienfeld in Bewegung geraten war. Die SPD gewann 22 Mandate; sie verfügte im neuen Reichstag über 153 Sitze und stellte damit fast ein Drittel der 491 Abgeordneten. Auch die KPD konnte sich um 9 Mandate verbessern (jetzt 54 Sitze). Dagegen waren die bürgerlichen Mittelparteien und die DNVP die großen Verlierer der Wahl. Die DVP verlor 6 Mandate, die DDP 7, und selbst Zentrum und BVP, deren Wählerschaft bisher so stabil gewesen war, büßten 7 bzw. 3 Mandate ein. Einen noch stärkeren Stimmen- und Mandatsverlust mußte die DNVP hinnehmen: Sie ging von 103 auf 73 Sitze zurück. Auch die äußerste Rechte verlor Stimmen, die NSDAP entsandte nur 12 Abgeordnete in den neuen Reichstag. Von den Verlusten der bürgerlichen Mittelparteien und der DNVP profitierte eine Reihe kleiner Splitterparteien, die reine Standes- und Interessenparteien darstellten, wie die Wirtschaftspartei, die Landvolkpartei und die Bauernpartei.

Zersplitterung der bürgerlichen Mitte

Als Sieg der demokratischen und republikanischen Kräfte – weil die politische Rechte geschwächt aus den Wahlen hervorgegangen war – ließ sich das Wahlergebnis vom 20. Mai 1928 aber nur bei sehr vordergründiger Betrachtung interpretieren. Zum einen: Der Trend von den bürgerlichen Parteien der Mitte hin zu interessengebundenen Splitterparteien signalisierte, wie stark die Integrationskraft der Mittelparteien nachgelassen hatte – ein Vorgang, der erhebliche Gefahren für das bestehende Parteiensystem heraufbeschwor. Für viele Wähler, die sich jetzt von den Parteien der Mitte abwandten, bedeutete das Votum für die Splitterparteien 1928 nur eine Durchgangsstation; teilweise schon bei der nächsten Reichstagswahl 1930, dann aber vor allem 1932 stimmten sie für die NSDAP. Zum anderen: Bei DNVP und Zentrum setzte die Wahlniederlage innerparteiliche Prozesse in Gang, deren Resultate einer längerfristigen Stabilisierung der Republik keineswegs förderlich waren. Bei der DNVP trat der rechte Flügel, der die Koalitionspolitik der letzten Jahre ohnehin nur widerwillig mitgemacht hatte, zur Offensive an und konnte den innerparteilichen Machtkampf für sich entscheiden. Im Oktober 1928 wurde mit Alfred Hugenberg der führende Exponent des alldeutsch-nationalistischen Parteiflügels zum Parteivorsitzenden gewählt. Der Prozeß einer Annäherung der DNVP an die Republik, wie begrenzt diese Annäherung auch gewesen sein mochte, war damit definitiv gestoppt. Die Partei verfolgte unter Hugenbergs Führung von jetzt an einen Kurs strikter Oppositions- und Obstruktionspolitik, die antidemokratischen Emotionen gewannen jetzt eine bislang nicht gekannte Dimension der Radikalität. Auch beim Zentrum kam es zu einer Rechtsschwenkung, symbolisiert durch die Wahl des konservativen Prälaten Ludwig Kaas zum neuen Parteivorsitzenden auf dem Kölner Parteitag im Dezember 1928. Kaas, dessen Staatsideal nicht der parlamentarische Parteienstaat, sondern eine autoritäre Führerdemokratie war,

Rechtsorientierung von DNVP und Zentrum

konnte sich mit klarer Mehrheit gegen die Exponenten des Arbeitnehmerflügels, Joos und Stegerwald, durchsetzen.

Nach den Maiwahlen 1928 war eine Regierungsbildung ohne die SPD praktisch unmöglich, und die SPD war jetzt auch bereit, ihre Oppositionsstellung aufzugeben: „Der Sieg verpflichtet", schrieb der „Vorwärts" am 25. Mai 1928. Am 12. Juni wurde der Vorsitzende der SPD-Fraktion Hermann Müller vom Reichspräsidenten mit der Regierungsbildung „auf möglichst breiter Grundlage" beauftragt. Schon rein rechnerisch war die Große Koalition klar vorgezeichnet, da nur diese Kombination parlamentarisch mehrheitsfähig war. Die Verhandlungen gestalteten sich dann aber über Erwarten schwierig, denn in Teilen der DVP- und der Zentrumsfraktion bestanden erhebliche Vorbehalte gegen ein Bündnis mit der SPD; die DVP stellte schwer erfüllbare Forderungen. Wenn die Große Koalition Ende Juni schließlich doch zustandekam, so nur infolge einer massiven Intervention Stresemanns, der vom Sanatorium aus in die stagnierenden Verhandlungen eingriff: Die Regierung wurde zunächst als ein „Kabinett der Persönlichkeiten" konstituiert, dem Politiker aus den Reihen der SPD, DDP, DVP, BVP und des Zentrums sowie der parteilose General Groener als Reichswehrminister angehörten; die Koalitionsfraktionen als solche waren aber nicht förmlich zur Unterstützung des Kabinetts verpflichtet. Erst Anfang 1929 erfolgte die Umbildung zu einer von den Fraktionen getragenen Großen Koalition.

Hermann Müller (SPD) als Kanzler einer „Großen Koalition"

Die Große Koalition stand von Anfang an auf schwachen Füßen. Zwischen den Koalitionspartnern gab es zwar in den außenpolitischen Fragen keine wesentlichen Meinungsverschiedenheiten, aber in der Innenpolitik blieb die Bewegungsfreiheit der Regierung außerordentlich eingeschränkt, weil sich die divergierenden Interessen der Koalitionsfraktionen gegenseitig blockierten, so daß nur vorsichtiges Lavieren möglich war. Bereits der Auftakt der Regierungstätigkeit verlief denkbar ungünstig, der Streit um den Panzerkreuzer A führte zum ersten Zerwürfnis in der Koalition. Der Bau des Schiffes war noch von der Bürgerblockregierung beschlossen, wegen fehlender Finanzmittel aber vorerst nicht begonnen worden. Da die SPD im Reichstagswahlkampf vehement mit der Parole „Kinderspeisung statt Panzerkreuzer" operiert hatte, gab es in der SPD einen Sturm der Entrüstung, als im August bekannt wurde, der Bau des Panzerkreuzers werde nun doch in Angriff genommen; auch die sozialdemokratischen Minister hatten im Kabinett eine entsprechende Vorlage nicht abgelehnt. Im November brachte die SPD-Fraktion im Reichstag dann einen Antrag ein, den Bau des Schiffes einzustellen, und zwang den Kanzler und die sozialdemokratischen Minister, für diesen Antrag und damit gegen den Kabinettsbeschluß zu stimmen. Zwar wurde dieser SPD-Antrag mit den Stimmen der Mitte und der Rechten abgelehnt, aber an Glaubwürdigkeit hatte die Regierung und vor allem die stärkste Regierungspartei durch diesen spektakulären Konflikt gewiß nicht gewonnen.

Innenpolitische Konfliktstoffe

Panzerkreuzerbau

Gegen Ende des Jahres 1928 rückten dann die außenpolitischen Probleme in den Vordergrund; das Jahr 1929 stand ganz im Zeichen des Kampfes um die Regelung der Reparationsfrage (vgl. o. S. 72 f.). Den Young-Plan trotz hemmungsloser Agitation der „nationalen Opposition" und zahlreicher Störmanöver über die parlamentarischen Hürden zu bringen, dies wurde zur eigentlichen Aufgabe der Großen Koalition und stellte ihre Hauptleistung dar. Mit der Verabschiedung der Young-Plan-Gesetze im März 1930 aber war der Vorrat an Gemeinsamkeiten *Sozialpolitik* erschöpft. Bei den Problemen der Wirtschafts- und Sozialpolitik, die jetzt eine Entscheidung verlangten, erwies es sich als zunehmend schwieriger, einen Minimalkonsens vor allem zwischen den Flügelparteien SPD und DVP zu finden, zumal die DVP nach Stresemanns Tod (3.10.1929) immer unverhohlener einen völlig von den schwerindustriellen Interessen bestimmten Rechtskurs steuerte und die wirtschaftlichen und sozialen Probleme sich nach dem Ausbruch der Weltwirtschaftskrise von Tag zu Tag verschärften. Wenn gerade die unüberbrückbaren Gegensätze zwischen SPD und DVP in der Sozialpolitik im März 1930 zum Bruch der Großen Koalition führten, so war dies alles andere als ein Zufall. Der tiefe gesellschaftspolitische Graben zwischen SPD und DVP war ein konstantes innenpolitisches Strukturelement der Zeit von Weimar.

Entwicklung der Beziehungen zwischen den Sozialpartnern Diese Feststellungen verweisen auf einen weiteren Bereich, in dem die sog. Stabilisierungsphase eine Defizitbilanz aufzuweisen hat: den Bereich der Arbeitsbeziehungen, das Mit- und Gegeneinander der organisierten Arbeitgeber- und Arbeitnehmerinteressen. Die ständige Verschärfung der sozialpolitischen Konflikte während jener Jahre wirkte ohne Zweifel destabilisierend auf das soziale wie auf das politische System.

In der Anfangsphase der Republik bildete das Konzept der Sozialpartnerschaft, das der „Arbeitsgemeinschafts"-Politik von Unternehmern und Gewerkschaften zugrundelag (s. o. S. 14), einen zentralen Bestandteil des „Gründungskompromisses" von Weimar. In den folgenden Jahren erwies sich jedoch, daß die Allianz von Unternehmern und Gewerkschaften auf einem brüchigen Fundament aufgebaut war. Für die Unternehmer stellte das Zentralar- *Scheitern der „Zentralarbeitsgemeinschaft"* beitsgemeinschafts-Abkommen vom 15. November 1918 lediglich ein defensives Zweckbündnis dar, um planwirtschaftliche Tendenzen und Sozialisierungsbestrebungen abzuwehren und die freie Unternehmerwirtschaft zu sichern. Als dieses Ziel erreicht war, nahm das Interesse der tonangebenden Industriellenkreise an einer Fortsetzung des Zweckbündnisses rasch ab. Statt dessen trat für die Unternehmer spätestens seit 1923 die Frage in den Vordergrund, ob die „Kosten" für die sozialpolitischen Errungenschaften der Revolutionsmonate, die während der Inflationsjahre von der Wirtschaft relativ leicht aufgebracht werden konnten, auf die Dauer tragbar seien, und die industriellen Interessenvertretungen *Konzepte und Aktivitäten der Unternehmer* gelangten dabei zu einer negativen Antwort. Daher versuchten die Unternehmer jetzt, „die materiellen Ergebnisse der Lohn-, Sozial- und Finanzpolitik der vorhergehenden Phase zu korrigieren, zum Beispiel bei Konstanz der nominalen

Wochenlöhne die Arbeitszeit wieder zu erhöhen oder bei Konstanz der durchschnittlichen Arbeitszeit wenigstens die Lohnbewegung zu dämpfen. Aber dies brachte eben mehr als eine allein wirtschaftliche Frage auf die Tagesordnung. Das Bestreben der Unternehmer, nun vieles ungeschehen zu machen, was man zuvor, im Angesichts des Umsturzes, selbst angeboten hatte, mußte für die Arbeitnehmer, vor allem aber für die Führer der Gewerkschaften, wie Verrat an den politischen Grundlagen Weimars aussehen" (KNUT BORCHARDT).

Damit ist die Konfliktkonstellation tatsächlich sehr präzise bezeichnet. Wie aus neueren wirtschaftshistorischen Arbeiten hervorgeht (vgl. u. S. 209), entbehrte die Kritik der Unternehmer an den hohen Löhnen und Sozialleistungen unter rein ökonomischen Aspekten nicht jeder Grundlage. Die Steigerung der Reallöhne ab 1924, so wurde argumentiert, haben den durch die Produktivitätsentwicklung gezogenen Rahmen gesprengt und die zur Finanzierung von Investitionen notwendigen Einnahmen aus Unternehmertätigkeit und Vermögen wesentlich reduziert. Die Gewerkschaften hingegen bestanden vehement auf dem Vorrang der menschlichen vor den rein wirtschaftlichen Bedürfnissen und betrachteten deshalb die von den Unternehmern seit 1923 vorgetragene sozialpolitische Offensive als einen Angriff auf die sozialstaatlichen Grundlagen der Republik. Daß Initiative und Verantwortung für die Destabilisierung der Arbeitsbeziehungen in der Weimarer Republik primär bei den Arbeitgebern lagen, ist kaum zu bezweifeln. Andererseits deuten zahlreiche Äußerungen aus dem Unternehmerlager darauf hin, daß die Unternehmer in eben jenen Jahren, in denen sie offensiv operierten, sich subjektiv in einer Defensive fühlten (und nicht nur behaupteten, dies zu sein). Derartige Äußerungen enthüllen daher sehr klar die Bewußtseinslage der maßgebenden Exponenten der industriellen Interessen: Ihr Orientierungsrahmen war und blieb die Gestaltung der Arbeitsbeziehungen in der Zeit vor 1914; die sozialen und wirtschaftlichen Realitäten von Weimar maßen sie ständig an den Vorkriegsverhältnissen, zu denen sie zurückstrebten. Das heißt: Die sozialstaatlichen Grundlagen der Republik, 1918/19 auch von Unternehmerseite akzeptiert, wurden letztlich nicht als der auch für die Industrie uneingeschränkt verbindliche und nicht mehr nach rückwärts revidierbare Status quo betrachtet, sondern unter Gesichtspunkten der ökonomischen Effizienz in zunehmendem Maße grundsätzlich in Frage gestellt. Einflußreiche Gruppen der Unternehmerschaft drängten immer massiver auf eine „Gesamtrevision der Sozialpolitik" (HANS MOMMSEN).

Im Mittelpunkt der sozialpolitischen Kämpfe in den Jahren 1923-1929 standen der Achtstundentag und die Tarifhoheit der Gewerkschaften. In der Arbeitszeitfrage erzielten die Unternehmer bereits 1923 einen ersten wichtigen Erfolg: Der gesetzlich verankerte Achtstundentag, für die Arbeiter das Symbol der Errungenschaften von 1918 schlechthin, wurde durch die Arbeitszeitverordnung vom 21. Dezember 1923 durchlöchert. Zwar blieb der Achtstundentag als Normalarbeitstag bestehen, gleichzeitig wurde aber ein Zehnstundentag durch behördliche Ausnahme oder tarifliche Vereinbarung ge-

Streitpunkt Achtstundentag

setzlich erlaubt. Die Arbeitszeitfrage war auch in den folgenden Jahren ein ständiger Streitpunkt, ohne daß die eine oder die andere Seite erhebliche Modifikationen der 1923 fixierten Regelung durchzusetzen vermochte.

Streitpunkt staatliche Zwangsschlichtung

In die Beziehungen zwischen den Arbeitsmarktparteien griff seit 1923 immer stärker der Staat mit dem Instrument der Schlichtung ein – entgegen der ursprünglichen Konzeption der Schlichtungsverordnung vom 30. Oktober 1923, derzufolge die freien Tarifvereinbarungen die Regel, das staatliche Schlichtungsverfahren die Ausnahme sein sollte. Schlichtungsausschüsse, bzw. ein von der Reichsregierung bestellter Schlichter, konnten dann in die Tarifauseinandersetzungen eingreifen, wenn die beiden Tarifparteien zu keiner Einigung kamen. Sofern der Reichsarbeitsminister einen – von einer oder beiden der Tarifparteien – abgelehnten Schiedsspruch des Schlichters für „verbindlich" erklärte (dies war die „Zwangsschlichtung"), hatten sich beide Tarifparteien zu unterwerfen; der Schiedsspruch wurde zum rechtskräftigen Tarifvertrag.

Nichts belegt deutlicher die Verhärtung der Fronten zwischen Arbeitgebern und Arbeitnehmern als die Tatsache, daß bei den Arbeitskämpfen nach 1923 die nur für Ausnahmesituationen konzipierte staatliche Zwangsschlichtung in zunehmendem Maße in Anspruch genommen werden mußte. Zwischen 1924 und 1932 kam es zu über 76 000 Schlichtungsverfahren mit rund 4000 Verbindlichkeitserklärungen. Im Jahr 1928 beispielsweise erstreckten sich Verbindlichkeitserklärungen auf 5,5 Millionen = rd. 46% der durch Tarifverträge betroffenen Arbeitnehmer. Hatten die Schiedssprüche anfänglich eher den Arbeitgeberinteressen entsprochen, so wiesen sie nach 1924 in der Regel insofern eine arbeitnehmerfreundliche Tendenz auf, als sie sich auf einer mittleren Linie bewegten – in einer Phase, in der die Gewerkschaften bereits stark in die Defensive gedrängt und zu großangelegten Kampfaktionen nicht leicht in der Lage waren, konnte nur noch die Einschaltung der staatlichen Autorität eine relative soziale Stabilität garantieren. Die staatliche Zwangsschlichtung wurde daher für die industriellen Spitzenverbände je länger, je mehr zum Stein des Anstoßes.

„Ruhreisenstreit" 1928

Der Kampf der Schwerindustrie gegen die staatliche Schlichtung erreichte seinen Höhepunkt im November/Dezember 1928 beim „Ruhreisenstreit", der zum schwersten Arbeitskonflikt der Weimarer Zeit überhaupt wurde. Die Schwerindustriellen des Ruhrgebiets weigerten sich, den Schiedsspruch und die auf ihn gestützte Verbindlichkeitserklärung anzuerkennen. Um den Abschluß eines neuen Tarifs zu erzwingen, beschlossen sie die Aussperrung für die gesamte Arbeitnehmerschaft der Ruhreisenindustrie; rund 230 000 Arbeiter wurden arbeitslos. Zwar konnte der Konflikt durch eine Lösung beigelegt werden, die für keine der Tarifparteien einen vollen Sieg oder eine volle Niederlage bedeutete, aber dieser Konflikt hatte auf drastische Weise sichtbar gemacht, welches Stadium der Konfrontation zwischen Industrie und Arbeiterschaft inzwischen erreicht war – geraume Zeit vor Ausbruch der Weltwirtschaftskrise mit all ihren wirtschaftlichen und sozialen Folgeerscheinungen.

Die Exponenten der Schwerindustrie forderten jetzt die staatliche Autorität offen heraus und setzten zu einem Frontalangriff auf den sozialstaatlichen Verfassungskompromiß von Weimar an: „Bedeutende Kreise des Unternehmertums, vor allem der Schwerindustrie, glaubten seit 1928 zunehmend, daß eine wirtschaftliche Gesundung der deutschen Wirtschaft von der Zurückdrängung des Einflusses der Arbeiterbewegung abhängig sei und forderten eine autoritäre Rekonstruktion der Verfassung und eine Durchsetzung des Primats der Wirtschaft im Staate" (GERHARD A. RITTER).

Im Jahr 1929 rückte – in Verbindung mit dem Haushaltsausgleich – das Problem der Arbeitslosenversicherung in den Vordergrund des sozialpolitischen Konfliktfeldes. Das bereits stark ausgebaute deutsche Sozialversicherungssystem hatte 1927 eine wichtige Ergänzung und Erweiterung erfahren. Durch das Gesetz vom 16. Juli 1927 wurde die Erwerbslosenfürsorge in eine Arbeitslosenversicherung umgewandelt und als Träger dieses neuen Versicherungszweiges die „Reichsanstalt für Arbeitsvermittlung und Arbeitslosenversicherung" errichtet. Die Pflichtversicherten besaßen von jetzt an einen Rechtsanspruch auf Arbeitslosenunterstützung, der gebunden war an Arbeitsfähigkeit, Arbeitswilligkeit und unfreiwillige Arbeitslosigkeit. Die Beiträge zur Arbeitslosenversicherung durften den Reichshöchstsatz von 3 % des Arbeitsentgelts nicht übersteigen und waren je zur Hälfte von Arbeitgebern und Pflichtversicherten aufzubringen. Die Eigenmittel der Reichsanstalt waren so berechnet, daß durchschnittlich 800 000 Arbeitslose und in besonderen Krisenzeiten aus einem Notstock weitere 600 000 Arbeitslose unterstützt werden konnten. Falls das Gesamtaufkommen an Beiträgen sowie die Rücklagen der Reichsanstalt nicht ausreichen, um den Bedarf für die auszuzahlenden Versicherungsleistungen zu decken, war die Lücke durch Reichsmittel zu schließen (zinslose Reichsdarlehen oder verlorene Reichszuschüsse).

Einführung der Arbeitslosenversicherung 1927

Als dieses Gesetz verabschiedet wurde (übrigens einvernehmlich von rechtsbürgerlicher Regierungskoalition und sozialdemokratischer Opposition), befand sich die Weimarer Republik in der günstigsten Konjunkturphase ihrer Geschichte. Die Arbeitslosenquote war – gemessen an den relativ hohen Quoten auch während der sog. Stabilisierungsphase – ziemlich niedrig (1,3 Mill. = 6,2 %, gegenüber 2 Mill. = 10 % im Jahr 1926); bei länger anhaltender Prosperität schien die Arbeitslosenversicherung finanzierbar. Aber bereits 1928 zeichnete sich ein Rückgang der Konjunktur ab, und im Winter 1928/29 stieg die Zahl der Arbeitslosen auf fast 3 Millionen. Da die Unterstützungsleistungen gesetzlich festgelegt waren, die Reichsanstalt aber nicht über die erforderlichen Mittel für eine so große Zahl von Arbeitslosen verfügte, mußte das Reich mit Darlehen einspringen (im Dezember 1929 war die Reichsanstalt bereits mit 342 Mill. RM beim Reich verschuldet). Angesichts der ohnehin bedrohlichen Lage der Reichsfinanzen nahm das Problem der Arbeitslosenversicherung daher jetzt hochpolitische Dimensionen an.

Auswirkung der wirtschaftlichen Rezession auf die Arbeitslosenversicherung

Vorstellungen der Unternehmerseite

Im Dezember 1929 präsentierte der „Reichsverband der Deutschen Industrie" in seiner Denkschrift „Aufstieg oder Niedergang?" die finanz- und sozialpolitischen Vorstellungen und Vorschläge der Wirtschaft. Verlangt wurde eine Herabsetzung der das Kapital- und Produktivvermögen belastenden Steuern bei gleichzeitiger Erhöhung der Kopf- und Verbrauchssteuern sowie eine Senkung der Sozialabgaben; mit der Forderung, die „Vorteile der Sozialversicherungsgesetze" sollten nur den „wirklichen Bedürftigen" zukommen, wurde der Versicherungscharakter der sozialen Vorsorge massiv angegriffen. Die Denkschrift gipfelte in einer scharfen Verurteilung der bisherigen „verkehrten Richtung der Wirtschafts-, Finanz- und Sozialpolitik".

Nur mit großer Mühe gelang es der Regierung Hermann Müller, im Dezember 1929 das Vertrauensvotum für ein Finanzprogramm zur notdürftigen Überbrückung des Haushaltsdefizits zu erhalten; 14 DVP-Abgeordnete stimmten gegen die Regierung, 24 SPD-Abgeordnete blieben der Abstimmung fern, die BVP-Fraktion enthielt sich der Stimme. In allen politischen Lagern war man sich bewußt, daß der Konflikt innerhalb der Regierungskoalition damit nur vertagt war, daß er aber in voller Schärfe wieder ausbrechen würde, sobald der Reichstag den Young-Plan verabschiedet hatte (am 11./12. März 1930 wurde der Young-Plan mit 270:192 Stimmen angenommen).

Konflikt über die Sanierung der Arbeitslosenversicherung

Eine Sanierung der Arbeitslosenversicherung schien nur möglich entweder durch Beitragserhöhung oder durch Leistungsabbau. Gewerkschaften und Unternehmer bezogen gegenüber dieser Alternative diametral entgegengesetzte Positionen, und die sozialpolitischen Fronten zwischen den Arbeitsmarktparteien verlängerten sich in die Parlamentsfraktionen. Das Sanierungsprogramm der SPD sah eine Aufrechterhaltung der sozialpolitischen Verpflichtungen des Reichs, der Länder und Gemeinden, eine Beitragserhöhung auf 4% und ein Notopfer der Festbesoldeten für die Arbeitslosenversicherung vor. Die DVP hingegen lehnte die Beitragserhöhung ebenso ab wie das Notopfer und verlangte eine „innere Sanierung" der Arbeitslosenversicherung durch Leistungsabbau. In der Sozialdemokratie war man jedoch überzeugt, daß die Industrie und mit ihr die DVP gar nicht so sehr die – zweifellos existierenden – Mißbräuche und Defekte in der Arbeitslosenversicherung bekämpften, sondern diese selbst. Deshalb bestand die SPD-Fraktion unnachgiebig darauf, daß kein Leistungsabbau vorgenommen und der Beitragssatz auf 3,75% festgesetzt würde, und sie lehnte – unter dem Einfluß ihres Gewerkschaftsflügels – auch einen in letzter Stunde gemachten Kompromißvorschlag des Zentrumsfraktionsvorsitzenden Brüning ab, dem die DVP-Fraktion bereits zugestimmt hatte; dieser Kompromißvorschlag bezweckte eine nur provisorische Regelung, durch welche die endgültige Entscheidung über den Weg der Sanierung auf den Herbst vertagt worden wäre. Nach dem Nein der SPD-Fraktion beschloß das Kabinett am 27. März 1930 seine Gesamtdemission.

Die Große Koalition zerbrach nicht am Streit um einen ominösen Prozentbruchteil des Beitrags zur Arbeitslosenversicherung, sondern an einer sozialpolitischen Kernfrage, in der sich 1930 das gesamte innenpolitische Konfliktpotential konzentrierte. Aber wenn die Gegensätze zwischen den Flügelparteien der Großen Koalition in dieser Frage auch kaum überbrückbar erschienen, so operierte die SPD-Reichstagsfraktion in der zweiten Märzhälfte doch nicht nur taktisch höchst ungeschickt, sondern politisch außerordentlich kurzsichtig. Denn hinter der rigorosen Haltung der SPD stand kein strategisches Gesamtkonzept, wie die Partei nach dem Verzicht auf die Regierungsbeteiligung sich einen ihrem Gewicht entsprechenden Einfluß auf die Reichspolitik sichern, wie sie ihre Vorstellungen im Parlament und gegenüber den anderen politischen Kräften durchsetzen wollte und konnte. Mit ihrer Selbstausschaltung erleichterte sie es vielmehr ihren politischen Antipoden, jenen Kurs einzuschlagen, für den die Weichen bereits gestellt worden waren. Seit geraumer Zeit favorisierte der Reichspräsident – und mit ihm die Exponenten des erstarkenden großagrarisch-schwerindustriell-militärischen Kartells außerparlamentarischer Opposition – die Bildung einer bürgerlichen Rechtsregierung um praktisch jeden Preis, ohne und notfalls gegen das Parlament. Die Stunde für die Realisierung dieser Absichten, für den Übergang zum autoritären Präsidialregime war mit der Demission des Kabinetts Hermann Müller gekommen. Insofern stellt der Bruch der Großen Koalition tatsächlich den entscheidenden inneren Wendepunkt in der Entwicklung der Republik dar.

Konsequenzen des Bruchs der „Großen Koalition"

3. Künstlerische Avantgarde und Massenkultur: Zur Physiognomie der „goldenen zwanziger Jahre"

Wenn in zahlreichen Rückblicken auf Weimar emphatisch die „goldenen zwanziger Jahre" beschworen werden, dann ist dabei der Blick nicht auf die politische und wirtschaftliche Dauermisere jener Jahre gerichtet, sondern auf die stürmische Entfaltung eines neuen Lebensgefühls und die eruptive Freisetzung schöpferischer geistiger Kräfte in einem kurzen Jahrzehnt denkbar weitgehender Freiheit und großer Vielfalt des geistig-künstlerischen Schaffens. Zum facettenreichen Bild der „goldenen zwanziger Jahre" gehören Thomas Manns „Zauberberg", Döblins „Berlin Alexanderplatz", Zuckmayers „Fröhlicher Weinberg" und Brechts „Dreigroschenoper" ebenso wie Piscators politisches Theater, die Regieleistungen Max Reinhardts und Leopold Jessners, das „Bauhaus" von Gropius und die Weißenhofsiedlung in Stuttgart; zu diesem Bild gehören die Zyklen von George Grosz und die Skulpturen Ernst Barlachs, aber auch Filme wie „Das Kabinett des Dr. Caligari" oder „Der blaue Engel" und das politische Kabarett mit den spritzig-satirischen Chansons z. B. Otto Reutters und Walter Mehrings – diese Aufzählung ließe sich mit Leichtigkeit noch lange fortsetzen. Gerade die markante Divergenz zwischen den tristen politischen und wirtschaftlichen Verhältnissen einerseits, dem einzigartigen Reichtum an bemerkenswerten künstlerischen Manifestationen und geistigen Leistungen andererseits erscheint charakteristisch für die Weimarer Epoche.

Zum Begriff „Weimarer Kultur"

Das, was wir heute die „Kultur von Weimar" nennen, ist keineswegs das Ergebnis eines posthumen Verklärungsprozesses oder einer selektiven Kulturgeschichte, ist kein Mythos, der etwa erst nach 1933, vor allem in der Emigration, geschaffen wurde. Ohne Zweifel waren die zwanziger Jahre – nicht nur in Deutschland, aber eben gerade auch in Deutschland – ein künstlerisch und geistig ungemein produktives Jahrzehnt, und die dem Begriff „Weimarer Kultur" subsummierten Leistungen wurden zu ihrer Zeit stark beachtet und intensiv diskutiert, sie besaßen durchaus repräsentative Bedeutung und hatten schon damals eine internationale Ausstrahlung. Diese „Weimarer Kultur" hat es wirklich gegeben. Allerdings erfordert der Begriff „Weimarer Kultur" eine Einschränkung und Präzisierung in doppelter Richtung.

Kultur und Republik

Erstens: Die kulturelle Szene und das politische Leben in Weimar-Deutschland stehen in einem seltsamen unvermittelten Verhältnis zueinander und sind kaum aufeinander bezogen. Lebendigkeit und schöpferische Leistungen im kulturellen Sektor haben wenig dazu beigetragen, das Ansehen der Republik als einer politischen Ordnung zu mehren und eine Stabilisierung der Demokratie zu bewirken. Daß die Rahmenbedingungen für eine freie Entfaltung der künstlerischen und geistigen Energien nicht zuletzt durch die spezifische Gestaltung des politischen Systems garantiert wurden, ist damals nicht ausreichend gewürdigt worden. Zahlreiche Exponenten der „Weimarer Kultur" übten ätzende Kritik an der konkreten Erscheinungsform der republikanischen Staatsordnung und waren weit davon entfernt, sich mit der „Weimarer Republik" zu identifizieren. Insofern war die „Weimarer Kultur" nicht so sehr eine Kultur *der* Republik, sondern deutsche Kultur *in der Zeit* der Weimarer Republik.

Zweitens: Der Kultursektor der Weimarer Zeit darf nicht reduziert werden auf die künstlerische Avantgarde und das Aufkommen einer Massenkultur. Jene Namen, Titel, Hervorbringungen, die den Begriffen „Weimarer Kultur" und „goldene zwanziger Jahre" assoziiert werden, sind nicht uneingeschränkt repräsentativ für das damalige kulturelle und geistige Leben in seiner Gesamtheit. Die „Moderne" beherrschte nicht unangefochten die Kulturszene, die neue Kunst war keineswegs populär und allgemein akzeptiert; traditionelle Kunstrichtungen und die hergebrachte Formensprache blieben weiterhin einflußreich, und eine mächtige kulturpessimistische und zivilisationskritische Strömung setzte dem Vordringen der Moderne entschiedenen Widerstand entgegen. Die deutsche Kultur in der Zeit der Weimarer Republik war daher eine tief gespaltene Kultur,

Zwei „Kulturen" in Weimar-Deutschland

zugespitzt gesagt: Es gab in Weimar-Deutschland zwei Kulturen, die sich gegenseitig kaum etwas zu sagen hatten und sich mit tiefer Fremdheit und Feindseligkeit gegenüberstanden, jede der anderen – wenn auch mit sehr unterschiedlicher Berechtigung – die „Kultur"-Qualität absprechend. Diese Feststellung zwingt jedoch nicht zu der Folgerung, bei den als „Weimarer Kultur" apostrophierten Leistungen handle es sich um eine Kultur der Außenseiter oder um eine reine Minderheiten-Kultur. Eine derartige Charakterisierung würde der kulturellen Situation zwischen 1918 und 1933 nicht gerecht. Denn tatsächlich waren es die Vertreter der „Weimarer Kultur", von denen die wesentlichen Impulse ausgingen und die Themen der Diskussion bestimmt wurden; ihre Arbeiten beschäftigten die Öffentlichkeit, dominierten Kunstmarkt und Literaturszene, erlangten weite Verbreitung und genossen internationale Reputation. In diesem Sinne kann die „Weimarer Kultur" durchaus als „herrschende Kultur" der Weimarer Zeit bezeichnet werden. Doch diese Vorherrschaft der modernen Literatur, Malerei, Architektur, Bühnenkunst, aber auch die Manifestationen einer freieren Einstellung im Bereich von Sitte und Lebensgestaltung wurden erbittert bekämpft von starken kulturkonservativen und antimodernistischen Kräften, die in breiten Schichten der Bevölkerung Rückhalt besaßen. Ihre Stunde schlug im Jahr 1933.

Nach diesem Versuch einer genaueren Bestimmung von Begriff und Reichweite der „Kultur von Weimar" ist mit einigen Worten auf die Frage der Periodisierung von Kunst und Kultur in Weimar-Deutschland einzugehen. Es ist nicht strittig, daß die Wurzeln dessen, was als „Weimarer Kultur" in die Geschichte eingegangen ist, im wilhelminischen Deutschland liegen. Im Bereich von Literatur und Theater, Malerei und Design, Musik und Architektur bedeutet das Jahr 1918 keine Wasserscheide. Der große Aufbruch – nicht nur als Suche nach neuen künstlerischen Stilmitteln und Ausdrucksformen, sondern auch als entschiedenes Bekenntnis zu einem neuen Lebensgefühl – erfolgte im ersten Jahrzehnt des Jahrhunderts. Der Expressionismus als wichtigste Kunstrichtung dieses Aufbruchs entstand bald nach der Jahrhundertwende; bedeutende expressionistische Werke in Malerei, Lyrik und Drama lagen bereits vor, als der Weltkrieg ausbrach. In den ersten Jahren der Republik stand dann die Kunst- und Kulturszene ganz im Zeichen dieser expressionistischen Bewegung und weiterer avantgardistischer Stilrichtungen, die sich zwar vom Expressionismus abzusetzen versuchten, aber doch mit ihm die revolutionäre Unruhe, die radikale Verneinung der Bürgerwelt, das utopische Bild von Mensch und Gesellschaft, die Freude am Experimentieren teilten und oft spätexpressionistische Formen annahmen, im Dadaismus gesteigert zur bis dahin provokantesten Herausforderung aller geläufigen „hohen" Kunstkonzepte.

Etwa seit 1922/23 endeten die wesentlichen Avantgarde-Bewegungen, die vor 1918 begonnen hatten; ziemlich abrupt erfolgte eine Abkehr vom utopischen Anspruch des Expressionismus. An die Stelle gärender Unruhe und apokalyptischer Erlösungsvorstellungen trat jetzt die Suche nach Authentizität, das Bemühen um eine sachlichere, nüchternere Auseinandersetzung mit der Wirklichkeit des Alltags. Die Technik wurde nicht mehr – wie beim Expressionismus –

Periodisierung

Wurzeln vor 1914

Expressionismus

Abkehr vom Expressionismus

dämonisiert und zum Sündenbock für sämtliche gesellschaftlichen Mißstände erklärt, sondern als notwendiges geschichtliches Moment akzeptiert. Ein unsentimentaler Pragmatismus begann nun alle Kunstrichtungen zu durchdringen. Bemerkenswerterweise fanden diese Tendenzen bei denselben Künstlern Anklang, die kurz zuvor noch auf den Expressionismus eingeschworen waren. Es war der expressionistische Dramatiker Paul Kornfeld, der 1924 – in seiner Charakterkomödie „Palme oder der Gekränkte" – postulierte: „Nichts mehr von Krieg und Revolutionen und Welterlösung! Laßt uns bescheiden sein und uns anderen, kleineren Dingen zuwenden...".

„Neue Sachlichkeit" Bald war auch der Begriff zur Kennzeichnung der neuen Stilrichtung gefunden: Neue Sachlichkeit. Dieser von dem Kunsthistoriker Georg Friedrich Hartlaub 1923 für die neueste Malerei geprägte Begriff traf die künstlerischen Tendenzen der Zeit so präzis, daß man ihn sofort auf alle anderen Kunstbereiche übertrug. Man verwendete ihn darüber hinaus, um das in jenen Jahren dominierende Lebensgefühl ganz allgemein zu bezeichnen; nicht von ungefähr hieß es in einem beliebten Modeschlager von 1928: „Es liegt in der Luft eine Sachlichkeit." Es spricht vieles dafür, nicht den Expressionismus, sondern die Neue Sachlichkeit als typisch „weimarisch", als den „eigentlichen" Weimarer Stil zu klassifizieren. Insofern sind Vorbehalte angebracht gegenüber dem Urteil PETER GAYS: „Der Weimarer Stil ist vor der Weimarer Republik entstanden... Die Republik hat wenig geschaffen; sie hat lediglich bereits Vorhandenes befreit."

Zunehmende Polarisierung ab 1929/30

Die Entwicklung im kulturellen Sektor ab 1929/30 ist durch einen doppelten Trend gekennzeichnet, durch ein gewisses Erschlaffen der künstlerischen Kreativität und eine zunehmende Polarisierung. Während ein Teil der Künstler sich von der jetzt als bürgerlich und rein affirmativ stigmatisierten Neuen Sachlichkeit abwandte und die äußerste Linke Kunst nur noch als Waffe im politischen Kampf gelten ließ, intensivierten die traditionalistischen Kräfte ihre Angriffe auf die moderne Literatur, Malerei, Architektur und Bühnenkunst. Die Nationalsozialisten und ihre Sympathisanten attackierten die gesamte moderne Kunst als „Kulturbolschewismus" und „Entartung". Am Ende der Republik standen sich – wie auf dem Feld der Politik, so auch auf dem Feld von Kunst und Kultur – die verfeindeten Lager unversöhnlich gegenüber.

Beim Blick auf die Abfolge der jeweils dominierenden Stiltendenzen zwischen 1918 und 1933 ergibt sich der Befund, daß hinsichtlich der Periodisierung von einer weitgehenden Parallelität im Bereich der politischen Entwicklung einerseits, der Kulturentwicklung andererseits gesprochen werden kann. Stehen die unruhigen Anfangsjahre der Republik vor allem im Zeichen des weiterwirkenden Expressionismus, so entfaltet sich in der Phase der relativen Stabilisierung die republikbezogene Neue Sachlichkeit, und auch die extreme politische Polarisierung in der Endphase von Weimar findet ihre Entsprechung in der Radikalisierung der Kunst- und Kulturszene ab 1929/30.

Die mit diesen Bemerkungen entworfene Grobskizze soll durch einige detailliertere Hinweise ergänzt werden. Wohl nicht zufällig wurden die Begriffe Expressionismus und Neue Sachlichkeit zunächst für die Malerei geprägt und dann auf die anderen Künste übertragen, denn in der Malerei kamen die jeweiligen Stiltendenzen wie auch der Stilwandel besonders prägnant zum Ausdruck. Der große Bruch mit der Kunsttradition vollzog sich in Deutschland zwischen 1905 und 1914, wobei im Bereich der Malerei die von Frankreich ausgehenden Einflüsse (Cézanne, Gauguin, van Gogh) erhebliche Bedeutung besaßen und Künstlergemeinschaften wie „Die Brücke" in Dresden (1905) und „Der blaue Reiter" in München (1911) eine wichtige Rolle spielten. Die jungen expressionistischen Künstler – etwa Ernst Ludwig Kirchner, Erich Heckel, Karl Schmidt-Rottluff, Max Pechstein, Oskar Kokoschka, Max Beckmann, August Macke, Franz Marc – verstanden sich als Rebellen gegen die selbstzufriedene, satte Bürgerwelt, die sie schockieren und herausfordern wollten. Zahlreiche Werke der expressionistischen Malerei wurden bereits vor Ausbruch des Weltkriegs geschaffen, und alle charakteristischen Züge des Expressionismus sind schon vor 1914 klar ausgeprägt: Abkehr von den bestehenden ästhetischen Maßstäben und Ablehnung der konventionellen Ausdrucksmittel, Zerstörung der „malerischen" Werte und Verzicht auf alles Dekorative; die Werke der expressionistischen Maler zeichnen sich aus durch aggressive Farbgebung, leidenschaftliche Linienführung, kompakte Stilisierung der Formen – zwischen diesen Werken der künstlerischen Avantgarde und dem damaligen allgemeinen Publikumsgeschmack bestand eine Kluft wie kaum jemals zuvor.

Nach Krieg und Revolution hatte der Expressionismus im Schöpferischen seinen Höhepunkt überschritten, wirkte jetzt aber stärker in die Breite. Die Jahre nach 1918 waren im Bereich der bildenden Kunst eine große Zeit des Experimentierens, sie standen nicht nur im Zeichen des vollentwickelten Expressionismus, sondern auch einer Fülle weiterer avantgardistischer Stilrichtungen: Kubismus und Futurismus, Dadaismus und Purismus, Verismus und Konstruktivismus. Sie alle suchten den Expressionismus in der Ablehnung der bestehenden Gesellschaft und der bisherigen bürgerlichen Kunstpraktiken, im aggressiven Antiästhetizismus und in der Steigerung der Abstraktion noch zu überbieten und betrachteten sich deshalb als antiexpressionistische Bewegungen; aber sie sind dem Expressionismus doch in starkem Maße verwandt, denn sie entstammen derselben geistigen, künstlerischen, teilweise auch politischen Radikalität. Auch in anderen europäischen Ländern ist die Kunst- und Kulturszene während dieser Jahre geprägt durch künstlerische Radikalität, die zahlreichen Avantgarde-Bewegungen haben durchaus einen internationalen Charakter.

Mit der einsetzenden politischen Stabilisierung kam es auch im Bereich der bildenden Kunst zu einem Abflauen der revolutionären Unruhe. Um 1923/24 drängte die „Neue Sachlichkeit" den Expressionismus und die anderen avantgardistischen Stilrichtungen der Jahre nach 1918 in den Hintergrund;

Malerei

"neue Gegenständlichkeit" war jetzt gefragt. Im Unterschied zu den dynamischen und ekstatischen Tendenzen des Expressionismus ist diese neusachliche Kunst gekennzeichnet durch Besinnung auf das Gegebene, durch Objektivität, Kühle und Nüchternheit, aber auch durch eine Neigung zu Abstraktion und Stilisierung bei aller Wirklichkeitsbezogenheit; Stilleben und Porträt sind bevorzugte Genres dieser Neuen Sachlichkeit. Analoge Tendenzen sind auch in der Malerei anderer europäischer Länder feststellbar.

In den zwanziger Jahren gewann die Avantgarde an Terrain und öffentlicher Anerkennung: Die Gemälde moderner Künstler wurden auf Ausstellungen gezeigt und von den Museen angekauft, führende Vertreter der Moderne auf Lehrstühle der Kunsthochschulen berufen. Aber die Kluft zwischen der Moderne und dem Kunstgeschmack breiter Bevölkerungskreise wurde dadurch nicht geschlossen, ja die Feindseligkeit gegen die modernen Richtungen wuchs in dem Maße, in dem diese Richtungen sich partiell durchzusetzen vermochten. Wenn PETER GAY konstatiert, "daß zwar nicht alle Expressionisten Weimar liebten, daß aber Weimars Feinde alle Expressionisten haßten", dann dürfte dieses Diktum nicht nur auf die Expressionisten, sondern auf die gesamte Moderne der Weimarer Zeit anwendbar sein.

<small>Literatur und Theater</small>

Die deutsche Literatur der zwanziger Jahre bietet ein Bild so reicher Fülle und so großer Vielfalt der Stilrichtungen und Sujets, daß eine verallgemeinernde Charakterisierung nahezu unmöglich und kaum vertretbar erscheint. Daher können nur mit erheblichen Vorbehalten dominierende Trends akzentuiert und durch Begriffe wie „Expressionismus" und „Neue Sachlichkeit" gekennzeichnet werden. Der Expressionismus in der Literatur nach 1910 beschränkte sich auf die Lyrik und das Drama, expressionistische Romane gab es praktisch nicht; zahlreiche herausragende Autoren der Jahre 1910–1924 sind nicht zu den Expressionisten zu rechnen, etwa Thomas Mann (dessen „Zauberberg" 1924 erschien), Gerhart Hauptmann, Heinrich Mann, Rainer Maria Rilke, Hermann Hesse – um nur wenige Namen zu nennen. Wenn trotzdem der Expressionismus auch im Bereich der Literatur als die dominierende Richtung der ersten Nachkriegsjahre galt und gilt, dann wohl deshalb, weil in jenen Jahren expressionistische Stücke und neue, unkonventionelle, „revolutionär" anmutende Theatertechniken die deutschen Bühnen beherrschten. Das Theater aber stellte damals so etwas wie eine nationale Institution dar. Mit einer heute kaum mehr vorstellbaren Intensität konzentrierte sich die kulturell interessierte Öffentlichkeit auf die großen Theaterereignisse; die Aufführungen expressionistischer Stücke – von Ernst Toller, Walter Hasenclever, Fritz von Unruh, Georg Kaiser, Reinhard Goering – wurden ebenso leidenschaftlich diskutiert wie die modernen Klassikerinszenierungen Max Reinhardts und Leopold Jessners (etwa Jessners spektakuläre Inszenierung von Schillers „Wilhelm Tell" Ende 1919, in der – vor kargen symbolischen Kulissen – Albert Bassermann als Tell und Fritz Kortner als Geßler agierten). Zumal Berlin entwickelte sich in diesen Jahren zu einer Weltmetropole des

Theaters; hier wirkten die bedeutendsten Regisseure, die begabtesten Schauspieler, die renommiertesten Theaterkritiker, hier gab es ein theaterbegeistertes, sensibles und kritisches Publikum.

Die Vorherrschaft des Expressionismus auf der Bühne endete 1922/23: das idealistische Pathos hatte sich erschöpft, vom Gestus der Weltveränderung ging keine Faszination mehr aus. Dramatiker wie Kaiser und Hasenclever, die zuvor expressionistische Stücke produziert hatten, entsagten jetzt den Visionen und Utopien des Expressionismus und schrieben Komödien. Neben der Komödie war es das derb-realistische Volksstück, das Mitte der zwanziger Jahre den Expressionismus auf der Bühne ablöste: „Der fröhliche Weinberg" von Carl Zuckmayer wurde zu einem sensationellen Publikumserfolg, und wenn Alfred Kerr nach der Premiere (Dezember 1925) trocken konstatierte „Sic transit gloria expressionismi", dann brachte er mit diesem Diktum die veränderte Zeitstimmung exakt zum Ausdruck.

Wie in Malerei und Architektur dominierten Realismus und Nüchternheit der Neuen Sachlichkeit nun auch auf dem Feld der Literatur, in der Prosaliteratur wie im Theaterstück. In der zweiten Hälfte der zwanziger Jahre eroberte das Zeitstück die Bühne, wobei entscheidende Anstöße von dem Regisseur Erwin Piscator ausgingen. Autoren wie Peter Martin Lampel, Friedrich Wolf, Ferdinand Bruckner, Hans José Rehfisch prangerten spezifische gesellschaftliche Mißstände an und machten das Theater noch einmal zum großen Forum, auf dem wichtige Themen der Zeit verhandelt wurden: Justizwillkür und Abtreibung, Krise der Jugend und soziales Elend. Das zugkräftigste und wirkungsmächtigste Zeitstück verfaßte Lampel: Mit seiner „Revolte im Erziehungshaus" (1928) erzwang er eine breite öffentliche Diskussion über die Reform der Fürsorgeerziehung. Diese Zeitstücke wurden nicht mit der Zielsetzung geschrieben, lange gültig zu sein und durch literarische Qualität zu beeindrucken; Bewertungskriterien waren vielmehr „aktueller Sachverhalt, klare soziale Definition, Entschiedenheit im Zugriff, publizistischer Impuls, Gerechtigkeit als Ziel und Durchschlagskraft" (GÜNTHER RÜHLE).

Die große Epoche des Theaters der Weimarer Zeit endete um 1930. Die jetzt einsetzende „Krise des Theaters" wurde verursacht nicht nur durch die Auswirkungen der Wirtschaftskrise (Kürzung der öffentlichen Subventionen), sondern auch durch die immer fühlbarer werdende Konkurrenz des Tonfilms (s. u. S. 109). Schon 1930 mußten zahlreiche Theater schließen, 1931 war dann das Jahr des großen Theatersterbens, auch Opernhäuser und Symphonieorchester wurden von der Krise betroffen. Der wirtschaftliche Niedergang der deutschen Bühnen war begleitet von einer inneren Krise des Theaters. Auf der einen Seite entwickelten sich die mit beachtlichem Erfolg aufgeführten Kriegsstücke, zunächst als aufrüttelnde Zeitstücke verstanden, zu „Kristallisationsformen der Theaterarbeit der Rechten" (JOST HERMAND/FRANK TROMMLER), auf der anderen Seite transformierten Autoren, die der KPD angehörten oder nahestanden, um 1930 das Zeitstück zum parteigebundenen Kampf- und Lehrstück (u. a. Bertolt Brecht); Resonanz beim bürgerlichen Publikum fanden diese Agitationsstücke jedoch nicht, die Theater sperrten sich, nur freie Schauspielergruppen brachten diese Stücke zur Aufführung. Die Polarisierung und Radikalisierung der Kulturszene am Ende der Republik trat hier besonders augenfällig in Erscheinung.

Ungefähr in zeitlicher Parallelität zum Vormarsch des Zeitstücks auf den deutschen Bühnen erfolgte in der Prosaliteratur der Durchbruch des Zeitromans; als Autoren seien hier nur Lion Feuchtwanger, Arnold Zweig, Hans Fallada, Ernst Glaeser, Erik Reger genannt. Der Zeitroman suchte – wie das Zeitstück – den „Hunger nach Unmittelbarkeit" (SIEGFRIED KRACAUER) zu stillen, und er erschloß der Literatur neue Stoffbereiche wie z. B. die Welt der Angestellten oder Arbeitslosigkeit und Großstadtelend während der späten Weimarer Jahre. Nüchterne Sprache, Tendenz zum Authentischen und Faktischen, Bemühen um Gesellschaftsanalyse – neusachliche Stilelemente also – kennzeichnen diesen Romantypus.

Außer den hier apostrophierten dominanten Strömungen gehört zum Bild der Literatur dieser Jahre aber auch die „wachsende Tendenz, Mythen und Mythisches für die geistige Bewältigung der Gegenwart zu aktualisieren" (JOST HERMAND/ FRANK TROMMLER), sei es durch eine rationale Behandlung des Mythos wie bei Thomas Mann, sei es durch die Wendung zum Mythos als Abkehr von einer „rationalistischen" Welthaltung wie bei den völkisch-nationalen Schriftstellern. Zu diesem Bild gehören auch die hohen Auflageziffern von Schriftstellern wie Löns, Flex, Carossa, Frenssen, Hans Grimm u. v. a., die Neubelebung der „Heimatkunst", die Hochkonjunktur der Frontromane – und zwar (nach dem großen Erfolg kritischer Frontromane wie Erich Maria Remarques „Im Westen nichts Neues", 1929, und Ludwig Renns „Krieg", 1928) ab 1930 eine Konjunktur in Gestalt einer Flut kriegsbejahender, antidemokratischer Frontromane völkisch-nationalistischer Autoren wie Franz Schauwecker, Werner Beumelburg, Josef Magnus Wehner, Hans Zöberlein. Daß derartige Literatur massenhaft rezipiert wurde, ist ein Sachverhalt, der bei der Betrachtung und Beurteilung der Literaturszene in Weimar-Deutschland nicht außer acht gelassen werden darf.

Architektur

Ohne Zweifel war es die deutsche Architektur der zwanziger Jahre, die unter allen Manifestationen der „Weimarer Kultur" den stärksten und nachhaltigsten internationalen Einfluß ausgeübt hat. Viele Namen und Leistungen verdienen in diesem Zusammenhang Erwähnung; am eindrucksvollsten jedoch – diese Feststellung dürfte kaum Widerspruch begegnen – verkörperte den Geist der Weimarer Architektur das „Bauhaus". Das Bauhaus war allerdings mehr als ein Zentrum des modernen, vom Wust des Dekorativen befreiten Bauens, die Bauhaus-Künstler widmeten ihre kreativen Energien auch anderen Sparten des künstlerischen und handwerklichen Gestaltens wie etwa Industriedesign, Fotografie, Gebrauchsgraphik. Dabei ging es ihnen darum – und hier konnten sie

Das „Bauhaus"

anknüpfen an Vorstellungen, die schon im Deutschen Werkbund (gegründet 1907) entwickelt worden waren –, die Gegenstände des täglichen Lebens so zu gestalten, daß sich in ihnen Einfachheit, Strenge der Form, Funktionsgerechtigkeit und Schönheit verbanden.

Ruhm und Nachruhm des „Bauhauses" sind eng verbunden mit dem Namen von Walter Gropius. Anfang 1919 nach Weimar berufen mit dem Auftrag, aus Kunstgewerbe- und Kunsthochschule das *eine* Staatliche Bauhaus zu machen, setzte sich Gropius zum Ziel, Künstler und Handwerker gemeinsam unter Leitung eines Architekten in *einer* Schule auszubilden. Angestrebt wurde „die Sammlung alles künstlerischen Schaffens zur Einheit, die Wiedervereinigung aller werkkünstlerischen Disziplinen – Bildhauerei, Malerei, Kunstgewerbe und Handwerk – zu einer neuen Baukunst." Den Kernpunkt seines Programms formulierte Gropius so: „Architekten, Bildhauer, Maler, wir alle müssen zum Handwerk zurück. Denn es gibt keine ‚Kunst von Beruf'. Es gibt keinen Wesensunterschied zwischen dem Künstler und dem Handwerker. Der Künstler ist eine Steigerung des Handwerkers."

Während die ersten Jahre des Bauhauses, an dem bekannte Künstler wie Paul Klee, Wassily Kandinsky und Lyonel Feininger als Lehrer arbeiteten, von den idealistischen Vorstellungen des künstlerischen Gesamtkunstwerks geprägt waren, stellte man sich in der Folgezeit auf industriell-funktionale Belange um. Das Maschinenzeitalter wurde nun endgültig akzeptiert, und das Thema der von Gropius organisierten ersten Bauhaus-Ausstellung von 1923 „Kunst und Technik – eine neue Einheit" bezeichnete klar das Prinzip, das nunmehr die Arbeit des Bauhauses bestimmte, nämlich eine Annäherung an die Erfordernisse von Industrie und Technik. Nachdem das Bauhaus wegen politischer Konflikte mit der thüringischen Regierung 1925 von Weimar nach Dessau verlegt worden war, konzentrierte man sich in der zweiten Hälfte der zwanziger Jahre auf die praktische Versuchsarbeit zur Konstruktion und Einrichtung von Häusern sowie zur Entwicklung von Prototypen für Handwerk und industrielle Serienfertigung. Damit einher ging eine Orientierung an den architektonischen Formen, wie sie die holländische Künstlergruppe de Stijl propagierte: stereometrische, zumeist aus kubischen Grundformen bestehende Baukörper, die durch Elementarfarben akzentuiert wurden. Im Umfeld des Bauhausgebäudes in Dessau wurden die sog. „Meisterhäuser" errichtet; zwar war jedes anders gestaltet, alle aber zeigten das Flachdach, die kubische Grundform und den elegant-schlichten weißen Anstrich.

Die „Neue Sachlichkeit" beherrschte ab 1923 die Reformbewegung in der Architektur: größerer Wirklichkeitssinn, Beachtung der funktionalen Stilelemente, formale Schlichtheit, Verwendung neuer Materialien (Stahl, Glas, Beton). Das moderne Wohnhaus, die moderne Fabrik sollten Ausdruck der Zeit sein: praktisch-funktionell, frei von überflüssiger Ornamentierung, wirkungsvoll nur durch die kubische Komposition – das Motto der Stuttgarter Werkbund-Ausstellung von 1924 „Form ohne Ornament" brachte diese Baugesinnung präzise auf den Begriff. Die Aufgaben des Bauens und moderner Stadtplanung wurden dabei auch als eine große politische Herausforderung aufgefaßt, die es zu bestehen galt: Man hoffte, der deutschen Gesellschaft – rein von der Formgestaltung her – eine humanere, sozialere Struktur geben zu können.

Wohnungsbau In der Tat waren die mittleren Jahre der Republik eine Zeit des sozial bedeutsamen Bauens. Da der Wohnungsbau zwischen 1914 und 1923 fast vollständig zum Erliegen gekommen war, herrschte am Ende der Inflationszeit in Deutschland ein akuter Wohnungsmangel; es fehlte über eine Million Wohnungen. Diese Wohnungsnot ließ sich nur mit Hilfe der öffentlichen Hand beseitigen. Die den Ländern und Gemeinden zufließende „Hauszinssteuer" (1924 eingeführt zur Abschöpfung des durch die Inflation entschuldeten Immobilienvermögens) floß zu einem erheblichen Teil in den Wohnungsbau und diente vornehmlich der Finanzierung von Baugesellschaften, welche die Hauptträger der nun einsetzenden Bauwelle waren; so wurden z. B. in Berlin zwischen 1925 und 1929 rund 64 000 Wohnungen durch Baugesellschaften gebaut, hingegen nur 37 000 Wohnungen durch Privathand. Durch die planmäßige staatliche Förderung des Wohnungsbaus (81 % der zwischen 1919 und 1932 errichteten 2,8 Millionen Wohnungen waren von der öffentlichen Hand mitfinanziert) gelang es, bis Ende der zwanziger Jahre die Wohnungsnot spürbar zu lindern und die Wohnqualität erheblich zu verbessern. Die Neubauwohnungen in Reihenhaussiedlungen und Wohnblocks (häufig mit Grünzonen und teilweise mit Gemeinschaftseinrichtungen) unterschieden sich von traditionellen Arbeiterwohnungen in Altbauten durch eine Vergrößerung des Raumangebots, Helligkeit der Räume und eine wesentlich bessere Ausstattung: Bad mit Badewanne und WC, häufig Balkon und Zentralheizung, dazu eine modern rationalisierte, die Arbeit im Haushalt erleichternde Küche (z. B. die sog. „Frankfurter Küche").

Mit dem Ausbruch der Wirtschaftskrise 1929/30 ging jedoch auch die Periode einer großzügigen Wohnungsbaupolitik zu Ende: Das Baugewerbe erfuhr einen starken Rückgang, zumal die Finanzierung der Baugesellschaften durch die Hauszinssteuer eingestellt wurde. Gleichwohl darf gerade der Wohnungsbau als derjenige Sektor bezeichnet werden, auf dem der Weimarer Sozialinterventionismus bleibende und auch für breitere Bevölkerungskreise relevante, weithin sichtbare und über Deutschlands Grenzen hinaus als vorbildlich betrachtete Ergebnisse gezeigt hat. Wie ein Architekturhistoriker feststellt, wurden damals Wohnen und Wohnungsbau „mit einer nie wieder erreichten Intensität und Bandbreite diskutiert und experimentell erprobt. Was in diesen zehn Jahren in dieser Hinsicht geleistet wurde, ist bis heute nicht nur nicht wieder erreicht worden, sondern das Ergebnis dieser Diskussion ist bis heute nicht einmal völlig aufgearbeitet" (GERT KÄHLER).

In den Jahren des Weimarer Bau-Booms 1924–1929 waren es in erster Linie moderne Architekten und Stadtplaner, die mit dem Bau von Wohnblocks und der

Anlage ganzer Siedlungen und Trabantenstädte beauftragt wurden, vor allem in den großen Neubauzentren Berlin (Bruno Taut, Martin Wagner), Hamburg (Fritz Schumacher) und Frankfurt am Main (Ernst May). Zur großen „Musterschau" des modernen Bauens wurde dann im Jahr 1927 die Stuttgarter Weißenhof-Siedlung: Im Auftrag des Deutschen Werkbunds und unter der künstlerischen Leitung Ludwig Mies van der Rohes errichteten sechzehn führende Architekten Europas (unter ihnen Hans Scharoun, Bruno Taut, Walter Gropius, Le Corbusier) etwa sechzig Gebäude, teils Einfamilienhäuser, teils Wohnblocks, und obwohl sie dabei nicht an bestimmte Richtlinien gebunden waren, ergab sich doch ein hohes Maß an Geschlossenheit. Die Weißenhof-Siedlung fand starke Resonanz innerhalb und außerhalb Deutschlands – sie zog mehr als eine halbe Million Besucher an – und schien eine sieghafte Epoche des Modernismus einzuleiten. Aber sie rief gerade auch diejenigen auf den Plan, die das neue Bauen vehement ablehnten und als „Kulturbolschewismus" diffamierten; die Weißenhof-Siedlung beispielsweise wurde als „Araberdorf" oder „Vorstadt Jerusalems" beschimpft. Wie in anderen Bereichen des kulturellen Lebens verstärkten seit Ende der zwanziger Jahre auch auf dem Feld von Baukunst und Gestaltung die entschiedenen Gegner der Moderne ihre kulturpolitischen Aktivitäten.

Schon der hier gebotene kursorische Überblick über einige wesentliche Aspekte der Kultur von Weimar vermag zu verdeutlichen (und eine detailliertere Darstellung könnte dies noch eindringlicher zeigen), wie aus der – für den Weimarer Stil charakteristischen – Freude am Experimentieren mit neuen Ideen und neuen Formen bedeutende schöpferische Leistungen erwuchsen und innovatorische künstlerische Prozesse in Gang kamen – und dies alles in einem kurzen Zeitraum von nur wenigen Jahren. Es spricht für den Rang der Kultur von Weimar als einer Kultur des Aufbruchs zu neuen Ufern, daß in der Epoche nach 1945 nur wenige künstlerische Ideen und Formelemente aufgetaucht sind, die nicht bereits in den zwanziger Jahren anzutreffen wären.

Wie mit Recht immer wieder betont wird, war in Weimar-Deutschland die ganze Struktur der Künste „auf überwältigende Art und Weise großstädtisch" (JOHN WILLETT), mit Berlin als unbestrittenem und alles beherrschendem Zentrum. In der Tat ist die „Weimarer Kultur" nicht vorstellbar ohne das pulsierende geistige, kulturelle und gesellschaftliche Leben der Reichshauptstadt, die in diesen Jahren zur europäischen Kulturmetropole (und – was die Attraktivität noch zusätzlich erhöhte – zur europäischen Vergnügungsmetropole) aufstieg. Gewiß: Auch in anderen Weltstädten, in London, Paris, New York, Moskau, fand zwischen Weltkriegsende und Beginn der Weltwirtschaftskrise ein großartiger Aufschwung aller künstlerischen und geistigen Kräfte statt. Aber die zwanziger Jahre waren doch „recht eigentlich das Jahrzehnt Berlins": Hier „verschmolzen sich die neuen Ideen und die neuen Kräfte der ganzen Welt zu einer besonderen, charakteristischen Synthese. So schien es nicht nur den Berlinern. Die ganze Welt spürte es. Berlin, die jüngste der Welthauptstädte, hatte den größten Schwung, weil

Berlin als europäische Kulturmetropole

sie den geringsten Ballast trug" (PETER DE MENDELSSOHN). Das Berlin dieser Jahre wirkte wie ein Magnet auf alle Talente; besonders viel verdankte das kulturelle und geistige Leben Berlins dabei dem jüdischen Bevölkerungsteil, „seinen internationalen Beziehungen, seiner sensitiven Unruhe und vor allem seinem todsicheren Instinkt für Qualität" (GOTTFRIED BENN).

Die deutsche Reichshauptstadt, damals der Einwohnerzahl nach die drittgrößte Stadt der Welt hinter London und New York (mit seinen 4,3 Millionen Einwohnern im Jahr 1929 zählte Berlin 1,5 Millionen Einwohner mehr als Paris), war eine Stadt der Superlative in vielerlei Hinsicht: die größte und vielfältigste Zeitungsstadt der Welt, die Stadt der großen Verlagsimperien, der Theater und Konzertsäle, Vorort des politischen Kabaretts, Schlager und Chansons aus diesen Jahren sind bis heute bekannt. Berlin hatte aber auch die schnellste Stadtbahn und war die telefonierfreudigste Stadt der Welt (fast 500 000 Telefonanschlüsse, von denen täglich 1,25 Millionen Telefongespräche geführt wurden). Es verwundert nicht, daß das Leben im Berlin jener Jahre in zahllosen Memoiren geradezu hymnisch gefeiert wird. Hier in der Reichshauptstadt vollzog sich der Akzelerationsprozeß in der Veränderung der Lebens- und Wertvorstellungen am deutlichsten. Aber eben dadurch wurden auch starke Emotionen und Aversionen geweckt. Jenen, die die „alten Werte" erhalten wissen wollten und den Geist der Großstadt perhorreszierten, erschien das sich rasch amerikanisierende Berlin als ein modernes Babylon, das es zu „säubern" galt.

Entfaltung einer „Massenkultur" Die „Kultur von Weimar" erhielt ihre spezifische Prägung nicht nur durch die Vielzahl künstlerischer Avantgardebewegungen, sondern auch durch die rasante Entfaltung einer „Massenkultur". Unter „Massenkultur" ist zu verstehen die „Gesamtheit der kulturellen Kommunikationswerte, die mit Hilfe der Massenkommunikation unter den Bedingungen der technischen Zivilisation einem breiten Publikum zugänglich gemacht werden" (GEORGE FRIEDEMANN). Was für die künstlerische Avantgarde gilt, gilt auch für die Massenkultur: Hier steht die Entwicklung ebenfalls im Zeichen einer von den Vorkriegsjahren in die Zeit der Republik hinüberreichenden Kontinuität; doch erst nach 1918 entstand in Deutschland eine – im eigentlichen Sinne – „moderne Massenkultur". Sicherlich, die Presse stellte schon lange ein einflußreiches Massenkommunikationsmittel dar, und bereits vor 1914 gab es zahlreiche Lichtspielhäuser, in denen Stummfilme vorgeführt wurden. Aber nach 1918 expandierte die Presse gewaltig, kamen neue Typen von Presseerzeugnissen auf den Markt, erlebte der Film einen meteorhaften Aufstieg (zumal seit dem Übergang zum Tonfilm), trat ein ganz neues Medium, der Rundfunk, seinen Vormarsch an, gewannen im Sport die neuen Zuschauersportarten (Fußball, Boxen, Radrennen) jetzt ein Massenpublikum. In den Jahren der Weimarer Republik entstand also eine Populärkultur eigener Art, gekennzeichnet vor allem durch die Ausbildung jener *Massenmedien* modernen Massenmedien, die seit dieser Zeit nachhaltig das politische, das kulturelle und das Alltagsleben in Deutschland – wie in anderen Industriegesellschaften – beeinflussen. Als Begleiterscheinung dieser sich rasch entfaltenden neuen Massenkultur diagnostizierte der Verleger Samuel Fischer eine „Bücherkrise"; im Jahr 1926 beklagte er, „daß das Buch augenblicklich zu den entbehrlichsten Gegenständen des täglichen Lebens gehört. Man treibt Sport, man tanzt, man verbringt die Abendstunden am Radioapparat, im Kino... Der verlorene Krieg und die amerikanische Welle haben unsere Lebensauffassung umgeformt, unseren Geschmack verändert."

Unter den Massenmedien behauptete die Presse nach wie vor den ersten Platz. Hauptcharakteristikum des deutschen Pressewesens blieb auch nach 1918 die dezentrale Struktur: 1928 gab es im Deutschen Reich 3356 Tageszeitungen (allein in Berlin erschienen 147). Aber die meisten von ihnen hatten nur eine recht niedrige Auflagenhöhe, lediglich 26 Zeitungen (= 0,7% des Gesamtbestands) brachten es auf eine Tagesauflage von über 100000 Exemplaren. Spitzenreiter war die im Ullstein-Verlag erscheinende „Berliner Morgenpost"; sie erreichte ihren Höchststand im April 1930 mit einer Auflage von über 400 000 Exemplaren (623 000 am Sonntag). Hingegen blieben renommierte und einflußreiche Blätter wie z. B. die „Vossische Zeitung" und die „Deutsche Allgemeine Zeitung" unter 100 000 Exemplaren Tagesauflage.

Presse

Trotz der dezentralen Struktur hatte sich jedoch auch im deutschen Pressewesen eine Konzentration wirtschaftlicher Macht vollzogen. Schon vor dem Weltkrieg eroberten sich die Berliner Zeitungshäuser Mosse, Ullstein und Scherl eine führende Position. Während die Häuser Mosse und Ullstein nach 1918 der neuen staatlichen Ordnung positiv gegenüberstanden, besaßen die republikgegnerischen Kräfte einen starken publizistischen Rückhalt in den Blättern des Scherl-Verlags. Die Kontrolle über den Scherl-Verlag hatte im Jahr 1916 Alfred Hugenberg (damals noch Krupp-Direktor) übernommen, und er – der rigorose Gegner von Republik und Demokratie – baute diese Pressebastion in den zwanziger Jahren systematisch zu einem großen und einflußreichen Medienkonzern aus. Durch Materndienste und zahlreiche „Korrespondenzen" der Telegraphen-Union wurde die Provinzpresse mit Material und mit Nachrichten „versorgt"; 1926 waren 1600 Zeitungen dem Korrespondenz-Dienst der Telegraphen-Union angeschlossen. Die vom Hugenberg-Konzern teilweise massiv, teilweise in abgestufter Dosierung verbreitete nationalistische und antidemokratische Propaganda erreichte daher – weit über die Leserschaft der Blätter des Scherl-Verlags hinaus – erhebliche Teile der deutschen Bevölkerung.

Nach dem Ende der Inflationszeit kam es auf dem Pressesektor zu einem stürmischen Aufschwung. Die traditionellen Presseerzeugnisse konnten ihre Auflage steigern, Boulevardblätter – wie die BZ am Mittag – wurden nun zunehmend populär, und zahlreiche neue Zeitschriften kamen auf den Markt, z. B. (bei Rowohlt) „Die literarische Welt", eine quicklebendige Literaturzeitung, oder (bei Ullstein) „Die grüne Post", eine Wochenendzeitung für Stadt und Land (Juli 1931 über 1,25 Mill. Auflage), und „Die Koralle", die mit ihrem aus der ganzen

Welt zusammengetragenen und technisch hervorragend reproduzierten Bildmaterial neue Maßstäbe für den populärwissenschaftlichen Anschauungsunterricht aus Natur und Technik aufstellte. Vor allem aber schloß der Pressetypus der Illustrierten im Lauf der zwanziger Jahre mit der Wandlung vom illustrierten Text zur Bildreportage seine inhaltliche Entfaltung ab und entwickelte sich zur „typischen" Publikationsform der Zeit: Wie der Film, so befriedigte auch die Illustrierte das in diesen Jahren immer stärker zum Durchbruch kommende Bedürfnis nach visueller Erfahrung. Ende der zwanziger Jahre erschienen in Deutschland illustrierte Zeitschriften in einer Gesamtauflage von einigen Millionen Exemplaren pro Woche.

Film Der Film hatte zwar schon einige Jahre vor Ausbruch des Weltkrieges auch in Deutschland seinen Vormarsch angetreten, aber die ersten Stummfilme genügten nur den bescheidensten Geschmacksansprüchen. Erst nach 1918 konnte sich der Film als einflußreiches Massenmedium fest etablieren, und auch als Kunstform war er spätestens seit Mitte der zwanziger Jahre allgemein akzeptiert. Mitte der zwanziger Jahre gingen in Deutschland – nach zeitgenössischen Schätzungen – täglich 2 Millionen Menschen ins Kino. 1928 wurden in Deutschland 353 Millionen Eintrittskarten verkauft; jeder Erwachsene ging im statistischen Durchschnitt fast neun Mal im Jahr ins Kino – in Wirklichkeit besuchten weniger Menschen das Kino, diese aber dafür um so öfter, normalerweise einmal in der Woche. Die Zahl der Kinos wuchs von rund 2300 im Jahr 1918 (mit 800 000 Sitzplätzen) auf über 5000 im Jahr 1930 (mit 2 Millionen Sitzplätzen). Am Ende der zwanziger Jahre war Deutschland der europäische Staat mit den meisten Kinos, in den zwanziger und frühen dreißiger Jahren produzierte Deutschland mehr Filme als alle anderen europäischen Staaten zusammen.

Dabei war eine nationale Filmindustrie in Deutschland erst relativ spät entstanden; der Grundstein wurde 1917 mit der Gründung der UFA gelegt. Bis dahin hatten amerikanische, französische und dänische Produktionen den deutschen Markt beherrscht. Doch nach 1918 entwickelte sich die junge deutsche Filmindustrie rasch zu einem blühenden Wirtschaftszweig und wichtigen Devisenbringer. Zwischen 1919 und 1924 wurde eine Reihe künstlerisch hochwertiger Filme gedreht – rein quantitativ machten sie nur einen kleinen Teil der damaligen deutschen Produktion aus –, durch die der deutsche Film schlagartig Weltruhm erlangte. Neben historischen Ausstattungsfilmen und Kammerspielfilmen begründete diesen Ruhm vor allem der phantastisch-expressionistische Film. Den Prototyp des deutschen expressionistischen Films, charakterisiert durch eine Realitätsflucht in phantastische (Alp-)Träume, durch eine mystische Verklärung der Welt als Aktionsraum grausamer Tyrannen und übermenschlicher Wesen, hatte Robert Wiene 1920 mit seinem „Kabinett des Dr. Caligari" geschaffen. Als weitere herausragende Werke dieses Genres verdienen Erwähnung Fritz Langs „Dr. Mabuse der Spieler" (1922) und Friedrich Wilhelm Murnaus „Nosferatu – eine Symphonie des Grauens" (1922).

Nach 1923, als die günstigen Produktionsbedingungen der Inflationsjahre nicht länger bestanden, die Exportchancen sanken und ausländische Filme wieder auf den deutschen Markt drängten, geriet die deutsche Filmindustrie in eine wirtschaftliche Krise; es kam zu zahlreichen Pleiten. Sogar die UFA war bedroht, sie wurde 1926 von amerikanischen Filmkonzernen aufgefangen und 1927 vom Hugenberg-Konzern übernommen. In der zweiten Hälfte der zwanziger Jahre gewannen in Deutschland die Filme Charlie Chaplins (u. a. „Goldrausch" 1926) große Popularität, aber auch die „Russenfilme" erregten Aufsehen und wurden von vielen begeistert gefeiert (Eisensteins „Panzerkreuzer Potemkin" konnte nach Überwindung zahlreicher Schwierigkeiten 1926 in Berlin aufgeführt werden). Der deutsche künstlerische Film dieser Jahre ist – ähnlich der Malerei und Literatur – durch neusachliche Tendenzen gekennzeichnet, einerseits „unsentimentales", rational-sachliches Engagement, andererseits sozialkritisch-realistische Zielsetzung (u. a. „Die freudlose Gasse" von G. W. Pabst, 1925; „Berlin, die Symphonie einer Großstadt" von W. R. Ruttmann, 1927).

Den Ausweg aus der gegen Ende der zwanziger Jahre vielberedeten „Film-Krisis" eröffnete die Einführung des Tonfilms. Nahezu über Nacht wurde durch den Übergang vom Stummfilm zum Tonfilm – in Deutschland im Jahr 1929 – eine ganze Epoche der Filmgeschichte beendet. Das neue Medium ermöglichte sogleich beeindruckende künstlerische Leistungen: Der am 1. 4. 1930 uraufgeführte erste große deutsche Tonfilm „Der blaue Engel" (Regie Josef von Sternberg, in den Hauptrollen Emil Jannings und Marlene Dietrich) nahm mit einem Schlag alle künstlerischen und technischen Mittel des Tonfilms vorweg. Der beispiellose Siegeszug des Tonfilms, der die Theater in Bedrängnis brachte und Tausende von Berufsmusikern (die die Stummfilmvorführungen musikalisch untermalten) arbeitslos machte, erhellt aus folgenden Zahlen: Waren 1929 unter 183 deutschen Spielfilmen nur 8 Tonfilme, so veränderte sich die Relation 1930 auf 101 von 146, 1931 142 von 144; 1932 wurden bereits alle 127 Filme als Tonfilme produziert. Schon im Oktober 1930 waren 900 der rund 5000 deutschen Kinos (mit 600 000 von insgesamt 2 Millionen Kinoplätzen) auf Tonfilm umgestellt. Die kapitalintensive Umstellung auf den Tonfilm (die durchschnittlichen Herstellungskosten für einen abendfüllenden Ton-Spielfilm stiegen um 40%) förderte den Konzentrationsprozeß im Filmgewerbe, so daß 1932/33 in Deutschland nur noch drei Großkonzerne existierten (UFA, Tobis, Terra).

Einen ähnlich raschen Siegeszug als Massenmedium wie der Tonfilm ab 1929 hatte der Rundfunk sofort nach Aufnahme des Sendebetriebs am Ende des Jahres 1923 angetreten. Bereits seit 1918 drängte die Industrie auf einen öffentlichen Rundfunk mit privatem Empfang, 1920 ließ dann die Reichsregierung eine auf Wirtschaftsnachrichten begrenzte Nutzung des Rundfunks zu. Der entscheidende Schritt zur Etablierung des Rundfunks als Massenmedium wurde 1923 mit der Vergabe von Konzessionen zur Errichtung von Sendeanlagen und zum Bau von Empfangsgeräten getan; am 29. 10. 1923 sendete die Radio-Stunde AG in Berlin ihr

Rundfunk

Eröffnungsprogramm. Im Jahre 1924 erfolgte der Aufbau eines Rundfunknetzes: Zwischen März und Oktober entstanden in den verschiedenen Teilen des Reiches neun Rundfunkgesellschaften, die 1926 in einem Dachverband (Reichs-Rundfunk-Gesellschaft) zusammengefaßt wurden. Die Post erhielt 51 % der Anteile an den Sendern, so daß der Rundfunkkommissar des Reichspostministeriums (Hans Bredow) de facto die Leitung des Rundfunks übernehmen konnte; ihm war ein Programmbeirat zugeordnet.

Die Teilnehmerzahl stieg ab 1923 sprunghaft: von knapp 10 000 am 1. 4. 1924 auf 780 000 am 1. 4. 1925, 1,6 Millionen am 1. 4. 1927, 2,8 Millionen am 1. 4. 1929, 3,7 Millionen am 1. 4. 1931. Die vierte Million wurde – trotz der Wirtschaftskrise – im Februar 1932 überschritten; das deutsche Rundfunkpublikum hatte sich damit – rein zahlenmäßig – an die zweite Stelle der europäischen Länder (nach Großbritannien) geschoben. Am 1. 4. 1932 besaß in Deutschland etwa jeder vierte Haushalt ein Radiogerät, in den Großstädten fast jeder zweite, in kleineren Städten und Gemeinden dagegen bloß jeder zehnte Haushalt.

Der dem Rundfunk von der Reichsregierung erteilte politische Auftrag ging dahin, unpolitisch zu sein, lediglich der Unterhaltung und Belehrung zu dienen. In der Programmgestaltung spielten daher – neben Musiksendungen – von Anfang an literarische Texte eine große Rolle (Hörspiele, Autorenlesungen, Rezitationsveranstaltungen). Während also die staatsbejahenden Kräfte nach 1923 davon Abstand nahmen, den Rundfunk als Instrument zur Propagierung demokratischer Ideen zu nutzen und zur Festigung der bestehenden staatlichen Ordnung einzusetzen, machte sich bezeichnenderweise das Präsidialkabinett Papen 1932 an eine Neuordnung des Rundfunks und leitete dessen Anbindung an die Regierung ein, so daß die Nationalsozialisten nach dem 30. 1. 1933 in der Lage waren, sich binnen weniger Tage des wirkungsvollen Massenmediums Rundfunk zu bemächtigen.

Während der zwanziger Jahre veränderte sich – wie andeutungsweise umrissen – die Medienlandschaft in einem vorher nicht gekannten Ausmaß. Das Vordringen neuer Massenmedien wirkte sich auf Bewußtsein und Lebenswirklichkeit breiter Bevölkerungsschichten ebenso nachhaltig und unmittelbar aus wie etwa die Tatsache, daß Freizeit und Urlaub allmählich (wenn auch langsam) aufhörten, Privileg einer schmalen Oberschicht zu sein. Auch jener umfassende Wandel in Lebensgefühl und Lebensstil, der bereits um die Jahrhundertwende eingesetzt hatte, wurde nach 1918 massenwirksam: Durchbrechung zahlreicher althergebrachter Tabus, Gefühl des Ungebundenseins, „Lebensreform" im weitesten Sinne, Wandern, Sport, Baden, Entfaltung des „Körpersinns", Ausdruckstanz und Freikörperkultur, eine neue Einstellung zum Kind und zum Heranwachsenden, zum anderen Geschlecht, zum Geschlechtlichen überhaupt. Aber was den einen Fortschritt und Erweiterung der individuellen Lebenssphäre war, Ausbruch aus überholten Bindungen und Befreiung von lästigen Fesseln, das betrachteten die anderen als Kulturverfall und excessive Libertinage, deren Er-

Veränderung des Lebensgefühls

möglichung dem politischen und gesellschaftlichen System der Weimarer Demokratie angelastet wurde. So erhielten die kulturpessimistischen Stimmungen starken Auftrieb und verliehen der im konservativ-nationalistischen Lager ohnehin tiefverwurzelten Feindschaft gegen den Staat von Weimar zusätzliche Schubkraft.

Eine ähnliche Feststellung läßt sich für den Zusammenhang von „Weimarer Kultur" und politischer Entwicklung der Republik treffen. Die Instabilität, für die Weimarer Republik als politische und soziale Ordnung ein Verhängnis, wurde im Bereich von Kunst und Kultur zur Chance; „ein Überfluß an Begabungen wie auch an Konfliktstoffen" ermöglichte, kombiniert mit der politischen Freiheit, ein „unbeschränktes Experimentieren" (WALTER LAQUEUR). So kam es zu einer – bis in unsere Tage spürbaren – gewaltigen Eruption von Neuem. Aber zwischen dem künstlerischen Schaffen der Avantgarde und dem Kunstgeschmack und allgemeinen Bewußtsein eines großen Teils der bürgerlichen (und nichtbürgerlichen) Kulturkonsumenten bestand eine kaum überbrückbare Diskrepanz. Die hohen Auflagen von Werken der „Heimatkunst"-Literatur sind ein Indiz dafür, daß hier Probleme, Ängste und Sehnsüchte angesprochen wurden, die damals viele Menschen beschäftigten und bewegten. Die großartige – und die Nachwelt mit Recht so stark beeindruckende – Entfaltung von Kunst und Kultur in der Weimarer Zeit hat daher der Republik in ihren aktuellen politischen und sozialen Nöten keine Entlastung gebracht oder ihr gar eine höhere „Legitimität" zuwachsen lassen, sondern im Gegenteil: Durch die Konfrontation im Kultursektor wurde der aus den scharfen politischen Gegensätzen erwachsende Grunddissens unter den Deutschen der Weimarer Zeit noch verstärkt. Als herausragendes Charakteristikum der „goldenen zwanziger Jahre" erweist sich bei näherer Betrachtung daher die Gespaltenheit zwischen Wille zur Modernität und Angst vor der Modernität, zwischen Radikalismus und Resignation, zwischen Ausrichtung auf nüchtern-sachliche Rationalität und Hinwendung zu einem tiefen Irrationalismus mystisch-kontemplativer oder chiliastischer Färbung.

Instabilität als Chance?

Dissens als Grundfigur von Kultur und Politik in Weimar-Deutschland

C. AUFLÖSUNG UND ZERSTÖRUNG DER REPUBLIK 1930–1933

1. Der Aufstieg des Nationalsozialismus im Schatten der Weltwirtschaftskrise

Staats- und Wirtschaftskrise als Voraussetzungen der politischen Radikalisierung

Die kurze Phase einer relativen Stabilisierung der Weimarer Republik endete 1929/30 recht abrupt. Zwei Krisenentwicklungen trafen zeitlich zusammen und verstärkten sich gegenseitig. Zum einen eskalierte der mit der Bildung des ersten Präsidialkabinetts im März 1930 eingeleitete Prozeß der Umformung des politischen Systems rasch zur offenen Staatskrise. Zum anderen begann bald nach dem Ausbruch der Weltwirtschaftskrise auch in Deutschland eine steile wirtschaftliche Talfahrt, in deren Konsequenz sich die ökonomischen Verteilungskämpfe dramatisch verschärften. Zunehmende Labilität des politischen Systems, wachsendes soziales Konfliktpotential – das war ein Nährboden, auf dem die Saat des Radikalismus von links wie von rechts gedeihen konnte. Insbesondere die antidemokratisch-nationalistischen Kräfte der politischen Rechten traten 1929/30 zum Sturm auf die Republik an. Speerspitze in dieser Offensive war die NSDAP, der in eben jenen Monaten, in denen sich Staats- und Wirtschaftskrise in ihren ersten Umrissen abzuzeichnen begannen, der Durchbruch zur Massenbewegung gelang. Damit wurde diese Partei zu einem wesentlichen Faktor im politischen Kräftespiel.

Bedingungen für die Entwicklung der NSDAP zur Massenpartei

Der Aufstieg des Nationalsozialismus läßt sich gewiß nicht monokausal erklären. Vor allem zwei unterschiedliche Bedingungskomplexe sollten akzentuiert werden. Die eine entscheidende Voraussetzung dafür, daß eine Splitterpartei in relativ kurzer Zeit einen Massenanhang gewinnen und sich zur mitglieder- und wählerstarken Partei entwickeln konnte, bildete das Vorhandensein einer brisanten innen- und gesellschaftspolitischen Konstellation. Daß eine solche ge-

Krisensituation um 1930

samtpolitische, sozioökonomische und sozialpsychologische Krisensituation seit Anfang 1930 bestand, dürfte keinem Zweifel unterliegen. Etwas weiteres mußte aber noch hinzukommen. Eine Partei, die sich bis dahin in einer völlig isolierten Außenseiter-Position befunden hatte, war nur dann in der Lage, unter Ausnutzung dieser Krisensituation zum Frontalangriff auf die politischen und gesellschaftlichen Grundlagen der staatlichen Ordnung anzutreten, wenn sie zu diesem Zeitpunkt durch die Schaffung eines ebenso festgefügten wie elastischen Parteirahmens bereits innerparteiliche Organisationsstrukturen ausgebildet hatte,

Entwicklung der Parteiorganisation

die eine rasche Umstellung von der Kaderpartei zur Sammlungsbewegung ermöglichten, so daß die Partei als das große Auffangbecken für alle Gegner des demokratischen Systems, für alle Enttäuschten, Verbitterten und Fanatisierten fungieren konnte. Als eine solche Partei präsentierte sich die NSDAP um die Jahreswende 1929/30.

Die Nationalsozialisten selbst haben immer sehr stark die Kontinuität der Parteientwicklung von den bescheidenen Anfängen im Jahr 1919 bis zum erfolgreichen Durchbruch zur Massenbewegung nach 1929 in den Vordergrund gestellt. Elemente einer solchen Kontinuität sind gewiß aufweisbar. Um nur die wichtigsten zu bezeichnen: Hitler war spätestens seit 1921 die dominierende Figur in dieser Partei und sein engerer persönlicher Mitarbeiterkreis blieb all die Jahre hindurch relativ geschlossen; auch die Schlagworte, mit denen in der Endphase der Weimarer Republik die Agitation bestritten wurde, waren im wesentlichen dieselben wie die, mit denen die NSDAP in ihrer Frühzeit operiert hatte. Trotzdem unterschied sich die NSDAP der Jahre nach 1925 hinsichtlich des Parteiaufbaus und der politischen Strategie so erheblich von der NSDAP der Zeit bis 1923, daß heute überwiegend die Auffassung vertreten wird, 1925 sei sozusagen eine „neue Partei" auf der Bildfläche erschienen – und dies nicht nur in dem oberflächlich-vordergründigen Sinne einer formalen Neugründung der Partei durch Hitler nach seiner Entlassung aus der Festungshaft.

Vor dem Novemberputsch von 1923 war die NSDAP regional weitgehend auf Bayern beschränkt, politisch stellte sie eine unter zahlreichen Organisationen der extrem nationalistischen Rechten dar und arbeitete eng mit völkischen Gruppen und Wehrverbänden zusammen. Propaganda und organisatorische Aktivität basierten in diesen Jahren, vor allem 1923, ganz auf dem Putschgedanken; bezeichnenderweise hat sich die NSDAP bis 1924 an keiner einzigen Wahl beteiligt. Vieles spricht dafür, daß Hitler, so dominierend seine Stellung in der Partei auch schon vor 1923 war, sich doch bis dahin noch nicht in so ausgeprägter Weise als charismatischer „Führer" verstand wie nach 1924, sondern tatsächlich als der „Trommler", als den ihn seine Bundesgenossen in den anderen völkischen und nationalistischen Organisationen betrachteten und zu benutzen gedachten. *Die NSDAP vor dem Hitler-Putsch 1923*

Nach dem Fiasko des Novemberputsches befand sich die NSDAP in einem desolaten Zustand. Die Organisation zerfiel, die Rivalitäten innerhalb des übriggebliebenen Führungskreises machten jede weiter ausgreifende politische Aktivität unmöglich, Hitler selbst praktizierte in seiner Festungshaft schließlich eine sphinxhafte Schweigetaktik gegenüber den Querelen im völkisch-nationalsozialistischen Lager. Dabei hatte der kläglich gescheiterte Putsch seinem persönlichen Prestige in den Rechtskreisen kaum geschadet, im Gegenteil: Da der Hochverratsprozeß vor dem Münchner Volksgericht (26. 2. – 1. 4. 1924) mit einem Höchstmaß an Wohlwollen gegenüber den Putschisten geführt wurde, bot sich Hitler eine einzigartige Propagandaplattform, die er wirkungsvoll zu nutzen verstand, und die Festungshaft, die man ihm aufs angenehmste gestaltete, umgab ihn mit dem Nimbus des nationalen Märtyrers. Angesichts der Zerrüttung und Führungslosigkeit in der völkisch-nationalsozialistischen Bewegung fand Hitler eine für ihn recht günstige Lage vor, als er – nach der vorzeitigen Entlassung aus der *Hitler-Prozeß*

Festungshaft (Dezember 1924) – in den ersten Monaten des Jahres 1925 daranging, die Partei neu zu konstituieren. Mit Recht ist darauf hingewiesen worden (GERHARD SCHULZ), daß eine längere Inhaftierung Hitlers, ja schon die volle Erfüllung des erkannten Strafmaßes von fünf Jahren, wonach er erst im November 1928 aus der Haft entlassen worden wäre, den Regenerationsprozeß einer Hitler-Partei außerordentlich erschwert, vielleicht sogar ganz unmöglich gemacht hätte.

Grundprinzipien beim Neuaufbau der Partei

Aus dem gescheiterten Putsch hatte Hitler eine dreifache Lehre gezogen, die er beim Neuaufbau der Partei rigoros zur Anwendung brachte. Erstens: Die Putschtaktik wurde durch eine Legalitätstaktik ersetzt, die zwar nicht ausschloß, daß auch das Mittel der Gewaltanwendung zum Einsatz kam, die aber zunächst auf eine Massenmobilisierung abzielte. Dies bedingte – zweitens –: Die Partei mußte auf zahlenmäßig breiter und regional weitgefächerter Basis straff organisiert werden, wobei auch eine klare organisatorische Trennung von den übrigen Gruppen des völkischen und nationalistischen Lagers erfolgen sollte; die paramilitärische Parteigliederung der SA hatte sich der politischen Führung der Partei eindeutig unterzuordnen. Schließlich drittens: Die Partei sollte zu einem bedingunglos gehorsamen Instrument des Führerwillens geformt werden. Hitler war daher entschlossen, sich beim Neuaufbau der Partei von vornherein die Stellung eines unangefochtenen Parteidiktators zu sichern, und dies ist ihm ohne allzugroße Schwierigkeiten gelungen.

Hitler als „charismatischer Führer"

Wenn im Hinblick auf Hitlers Stellung als Parteiführer von einem „charismatischen Führertum" gesprochen wird (JOSEPH NYOMARKAY), dann dient dieser Begriff „charismatisch" nicht dazu, die demagogische Persönlichkeit Hitlers in einer mehr allgemeinen Weise zu beschreiben, sondern er bezeichnet – in Anlehnung an Max Webers Herrschaftstypologie – sehr präzis einen speziellen Typ von personaler Autorität, durch den die innere Parteistruktur der NSDAP ihre bestimmende Prägung erfuhr. Durch die uneingeschränkte Ausrichtung auf einen charismatischen „Führer" unterschied sich die NSDAP sowohl von den sozialistischen wie von den bürgerlichen Parteien der Weimarer Zeit, wurde diese Partei von so heterogener Sozialschichtung der Mitgliedschaft und von so diffus-vager Programmatik im Endeffekt zusammengehalten. Innerparteiliche Gruppierungen organisierten sich in der NSDAP nicht gegen Hitler, der als charismatischer Führer Quelle der Autorität war und insofern nicht herausgefordert werden durfte, sie suchten vielmehr seine Unterstützung zu gewinnen. Hitler duldete solche Gruppenbildung nicht nur, sondern ermutigte sie sogar zeitweilig, weil eben dadurch seine Rolle als oberster Schiedsrichter gefestigt wurde. In die innerparteilichen Richtungskämpfe griff Hitler erst ein, wenn seine oberste Autorität in Frage gestellt wurde, und entschied dann durch seine Intervention die Auseinandersetzung. In dem Augenblick, in dem sich Hitler klar gegen eine innerparteiliche Gruppierung wandte, verloren die scheinbar mächtigen Anführer rasch ihren Einfluß. Das lag mit daran, daß Hitler – in den relativ wenigen Konflikten dieser Art – die Auseinandersetzung nicht auf programmatische, sondern auf taktische Fragen konzentrierte, was ihm erlaubte, gegenüber den Anhängern der opponierenden Führer eine versöhnliche Haltung einzunehmen: Da es sich, vermeintlich oder tatsächlich, nicht um grundsätzliche Probleme handelte, da einzelne Führer desavouiert wurden und nicht eine bestimmte programmatische Richtung, waren keine „Säuberungen" unter den Anhängern notwendig. Die Opponenten verschwanden, die Partei blieb substantiell intakt, Hitlers Autorität wurde nicht beeinträchtigt.

Die Rolle eines charismatischen Führers konnte Hitler nur ausfüllen aufgrund außergewöhnlicher rhetorischer und propagandistischer Fähigkeiten. Dieser Fähigkeiten war sich Hitler schon bald nach seinen ersten rednerischen Auftritten bewußt geworden; sein Redetalent formte er zu seiner Hauptwaffe, die er virtuos zu handhaben verstand. MARTIN BROSZAT hat Voraussetzungen, Stil und Wirkung der Hitlerschen Rhetorik eindringlich charakterisiert: „Mit dem Bild der Entschlossenheit, das er darbot, wußte Hitler zu artikulieren und gleichsam zu zelebrieren, was die Zuhörer halb unbewußt wünschten und fühlten. Er sprach aus, was sie insgeheim dachten und wollten, bekräftigte ihre noch unsicheren Sehnsüchte und Vorurteile und verschaffte ihnen dadurch eine tief befriedigende Selbstbestätigung und das Gefühl, einer neuen Wahrheit und Gewißheit teilhaftig zu werden. Solcherart Führer-Rednertum bedurfte nicht einer verfeinerten geistigen Differenzierung oder einer in sich ruhenden reifen Individualität und Persönlichkeit, sondern im Gegenteil ... einer psychisch-geistigen Verfassung, die in so extremer Weise selbst von der Krisen- und Panikstimmung ihrer Zeit gezeichnet war, daß sie den Ton des Krisenbewußtseins instinktiv traf." *Hitlers rhetorische Fähigkeiten*

Wie unter den Zeitgenossen unterschiedliche Auffassungen darüber bestanden, welches wohl die letzten Ziele seien, die Hitler mit seiner Partei zu realisieren suchte, so blieb auch in der Forschung lange umstritten, ob Hitler überhaupt ein „Programm" besessen habe oder ob er lediglich als prinzipienloser, machtbesessener Opportunist agierte. Heute ist nahezu allgemein anerkannt, daß Hitlers Handeln durchaus ein Programm zugrundelag, das spätestens seit 1923/24 festgelegt war und umrißhaft bereits in Hitlers Buch „Mein Kampf" sichtbar wird; dieses „Programm" war allerdings keineswegs identisch mit dem offiziellen Parteiprogramm der 25 Punkte von 1920. Vielmehr erwuchs dieses Programm aus Hitlers „Weltanschauung" (EBERHARD JÄCKEL), in der verschiedene Vorstellungen zu einem Weltbild von systemimmanenter Kohärenz verbunden waren. Zwei Ideensysteme, beide einem vulgarisierten Sozialdarwinismus entstammend, waren konstitutiv für Hitlers Weltanschauung: zum einen die Rassendoktrin, zum anderen die Raumdoktrin; daraus ergaben sich die antisemitische und die expansionistische Zielsetzung. „Im Geschichtsbild eines permanenten, gnadenlosen Kampfes der Völker um einen ihrer wachsenden Größe angemessenen, aber nur bei ‚Rassenreinheit' zu behauptenden 'Lebensraum' fanden diese beiden Grundelemente ihre Synthese" (ANDREAS HILLGRUBER). Konkret bedeutete dies: *Hitlers „Weltanschauung"*

Deutschland mußte neuen Lebensraum erobern, zunächst vor allem im Osten, und es mußte die Juden entfernen; diesen beiden obersten Zwecken hatten alle übrigen Bereiche des öffentlichen Lebens als Mittel zu dienen.

Es ist gewiß von großer Bedeutung, daß die Forschung diesen – der opportunistischen Manipulation nicht zugänglichen – „harten Kern" von Hitlers Weltanschauung herausschälen und den Nachweis führen konnte, daß diese Weltanschauungselemente die eigentliche Triebkraft von Hitlers Aktivismus darstellten, daß sie seinem „Programm" zugrundelagen und seiner politischen Aktion Ziel und Richtung wiesen. Eine überzeugende Erklärung für den Erfolg der nationalsozialistischen Agitation ist damit aber noch nicht gefunden. Denn so wichtig die Kenntnis von Hitlers „Programm" für ein adäquates Verständnis von Hitlers Motivation ist: Der aus Hitlers Schriften und einzelnen Äußerungen eruierbare weltanschauliche Kern bildete nur in begrenztem Maße oder in verschleierter Form den Hauptinhalt der nationalsozialistischen Propaganda vor 1933. Womit also und warum fand Hitler, fand die nationalsozialistische Agitation bei breiten Bevölkerungsschichten seit Ende der zwanziger Jahre so starke Resonanz?

<small>Gründe für die Resonanz nationalsozialistischer Agitation</small>

Bei einer Beantwortung dieser Frage ist vor allem darauf abzuheben, daß Hitler und die anderen nationalsozialistischen Propagandisten mit massenpsychologischem Geschick an ein krudes Gemisch von nationalistischen, völkisch-antisemitischen, antimarxistischen und antiliberalen Ressentiments sowie an eine in den zwanziger Jahren in Deutschland weitverbreitete Stimmung der „Führererwartung" appellierten. Viele Menschen aus allen Kreisen der Bevölkerung, insbesondere aus dem Mittelstand und der Jugend, waren politisch desorientiert, sozial desintegriert und durch wirtschaftliche Not verunsichert. Sie suchten nach Schuldigen und Rettern, die radikale Anklage fand offene Ohren, probate Rezepte waren begehrt. Auf diese Teile der Bevölkerung wirkte Hitlers Agitation am stärksten, zumal Hitler – im Unterschied zu anderen völkischen Führern – eine allzu dogmatische Fixierung völkischer Weltanschauungsinhalte vermied und sich nur auf wenige Kernpunkte eines völkerbiologischen und rassentheoretischen Nationalismus konzentrierte, mit voller Wucht aber die bestehende staatliche und politische Ordnung attackierte und ihr das utopische Bild einer von sozialen Spannungen und politischen Konflikten freien, kriegerisch-heroischen „Volksgemeinschaft" entgegenstellte, womit er einen Nerv der Zeit traf, denn gerade in der fragmentierten politischen Kultur Weimar-Deutschlands war die Sehnsucht nach einer „Volksgemeinschaft" bei vielen Menschen besonders virulent.

Mit diesen Hinweisen auf Voraussetzungen und Ursachen der Massenwirksamkeit nationalsozialistischer Propaganda vor 1933 wurde der Entwicklung vorausgegriffen. Denn bemerkenswerte Erfolge verzeichnete die nationalsozialistische Agitation erst, als sich in Deutschland die innenpolitischen Konflikte verschärften und das Deutsche Reich von der Weltwirtschaftskrise mit all ihren Folgeerscheinungen im wirtschaftlichen und sozialen Bereich erfaßt wurde.

Am 27. 2. 1925 fand die Neugründung der NSDAP statt; die Versammlung im überfüllten Münchener Bürgerbräukeller gedieh zu einer einzigen emotionsgeladenen Huldigung für Hitler. Aber nach diesem Gründungsakt verlief die erste Etappe der Parteientwicklung völlig im Windschatten jener Probleme, die damals die Nation beschäftigten; die Presse nahm von dieser Splitterpartei der extremen Rechten in der ersten Zeit kaum Notiz. Die erste Entwicklungsetappe war gekennzeichnet durch beschränkte Möglichkeiten und einen geringen Aktionsradius. Zunächst konzentrierten sich die Anstrengungen der Parteiführung ganz auf Fragen des inneren Parteiaufbaus. Mit dem, was in diesem Bereich im Verlauf von etwa anderthalb Jahren erreicht wurde, durfte Hitler indessen durchaus zufrieden sein: Es gelang, die NSDAP von den übrigen Organisationen des völkischen Lagers strikt abzugrenzen und wesentliche Teile der völkischen Bewegung zu absorbieren. Es gelang ferner, durch den Aufbau einer zentralen Mitgliederkartei und einer zentralen Finanzverwaltung den Grundstein für eine bürokratisch-zentralistische Parteiorganisation zu legen; „hitlertreue Bürokraten ohne politische Ambitionen" (WOLFGANG HORN) führten die Verwaltungsgeschäfte der Partei. Ende 1925 hatte die NSDAP zwar erst einen Mitgliederstand von 27 000 erreicht, aber das Netz der Ortsgruppen spannte sich jetzt – im Unterschied zu 1923 – bereits über weite Teile Deutschlands (außerhalb Bayerns Ende 1925 262 Ortsgruppen, 1923 dagegen nur 71).

<small>Neugründung der NSDAP 1925</small>

Wenn der Zustand von Organisation und Führung in den meisten Partei-„Gauen" während der Gründungsphase 1925/26 auch noch recht instabil war, so vermochte die in München residierende NSDAP-Führung seit Ende 1925 doch Schritt für Schritt die zentrale Autorität gegenüber zentrifugalen Tendenzen durchzusetzen.

Einen Markstein auf diesem Wege bildete die Bamberger Führertagung am 14. 2. 1926. Diese Tagung war notwendig geworden, weil die – zunächst mit Hitlers Billigung – von Gregor Straßer ins Leben gerufene „Arbeitsgemeinschaft der nord- und westdeutschen Gaue" programmatische Überlegungen entwickelte („deutscher Sozialismus", Ostorientierung) und konkrete politische Forderungen stellte (Beteiligung der NSDAP am Volksentscheid zur Fürstenenteignung), die nicht die Zustimmung der Münchener Parteileitung fanden, denn Hitler war an einer Programmdiskussion keineswegs gelegen. In Bamberg zwang er die nord- und westdeutschen Gauleiter zum Einlenken, wozu diese, auch Gregor Straßer selbst, ohne Gegenwehr bereit waren: Vor die Wahl gestellt, sich Hitlers Standpunkt anzuschließen oder an ihren programmatischen Vorstellungen festzuhalten und dadurch den Konflikt mit Hitler zu riskieren, entschieden sie sich ohne Zögern für die Anerkennung von Hitlers Führungsanspruch. Damit unterwarfen sich auch die bis dahin etwas eigenwilliger operierenden nord- und westdeutschen Parteiorgane der

<small>Bamberger Führertagung 1926</small>

absoluten Autorität Hitlers und akzeptierten die autoritäre Führungsstruktur der neuen Partei.

<small>1. Reichsparteitag 1926</small>

Den Abschluß der Gründungsphase bildeten der erste „Reichsparteitag", der im Juli 1926 in Weimar stattfand, und die Ernennung des einstigen Freikorpsführers Franz Pfeffer von Salomon zum obersten SA-Chef im Spätsommer 1926. Der Parteitag zu Weimar nahm mit dem Vorbeimarsch von einigen tausend Anhängern an Hitler den Charakter einer „Heerschau" an, welche der deutschen Öffentlichkeit die Wiederkehr und Geschlossenheit der NSDAP demonstrieren und den Anhängern das Bewußtsein vermitteln sollte, einer im Aufstieg befindlichen politischen Bewegung anzugehören. Mit der Ernennung Pfeffer von Salomons wurde das Verhältnis zwischen der Partei und ihrer paramilitärischen Organisation neu festgelegt. Bestimmend war dabei Hitlers Auffassung, daß im Zeichen des Legalitätskurses der Primat der politischen Führung gegenüber der paramilitärischen Parteigliederung eindeutig gesichert werden müsse. Die SA wurde der Kontrolle der Partei unterworfen, eine Verbindung zu anderen Wehrorganisationen wurde ihr verboten; die einzige Funktion der SA sollte in der Erziehung und Ausbildung, im Ordner- und Aufklärungsdienst bestehen. Es ist freilich nur in beschränktem Maße gelungen, die SA zum restlos gehorsamen Instrument der Partei zu formen. Immer wieder gab es Konflikte zwischen den selbstbewußten SA-Führern und politischen Unterführern, aber eine ernsthafte Bedrohung der diktatorischen Machtstellung Hitlers in der NSDAP ging davon nicht mehr aus.

<small>Verhältnis zwischen NSDAP und SA</small>

Die weiteren Etappen der Parteientwicklung können hier nicht detailliert dargestellt werden. Einzugehen ist jedoch auf zwei Bereiche der organisatorischen und propagandistischen Aktivitäten, weil hier schon in den Jahren, in denen die NSDAP noch keineswegs im Rampenlicht der öffentlichen Aufmerksamkeit stand, gewisse Voraussetzungen geschaffen wurden, die es der Partei dann ermöglichten, in der Stunde der Krise als das große Auffangbecken für die Unzufriedenen und für die Systemgegner zu fungieren.

Die nationalsozialistische Bewegung war in den Jahren nach der Neugründung der Partei gekennzeichnet durch die Tendenz zur Herstellung eines „sozialmoralischen Milieus" (RAINER M. LEPSIUS). Um die NS-Bewegung zu einem Mikrokosmos der Gesellschaft auszubauen, um die Mitglieder- und Anhängerschaft auch im Bereich ihrer Sonderwünsche, ihrer Berufs- und Altersinteressen zu erfassen, wurde eine große Zahl von Hilfsorganisationen, „Gliederungen" der Partei, ins Leben gerufen. In einigen Fällen gab dazu die Parteiführung den Anstoß, noch häufiger aber ging die Initiative von einzelnen Parteiaktivisten aus, die solche Organisationen gründeten und dann den Segen der Parteiführung erhielten.

<small>„Gliederungen" der Partei</small>

Bereits 1926 entstanden zwei Jugendorganisationen der Partei, der „Nationalsozialistische Deutsche Studentenbund" und die Hitlerjugend. Sozialrevolutionäre Tendenzen der Anfangszeit wurden in beiden Bünden allmählich

<small>Jugendorganisationen</small>

ausgeschaltet. Der 1929 gegründete „Nationalsozialistische Schülerbund", der sich an Oberschulen und Gymnasien betätigte, erfaßte vor allem Schüler aus dem oberen Mittelstand. Weitaus am erfolgreichsten unter den Jugendorganisationen war der Studentenbund, dem schon früh – noch vor den ersten Wahlerfolgen der NSDAP – ein breiter Einbruch in die Studentenschaft gelang: bei den ASTA-Wahlen im Wintersemester 1928/29 erhielt er insgesamt 15 % der Stimmen. An den Universitäten Erlangen und Greifswald erreichten die Nationalsozialisten schon 1929 die absolute Mehrheit; 1930 kamen sieben weitere Universitäten hinzu, an einigen anderen Hochschulen wurde die absolute Mehrheit nur knapp verfehlt. Die in diesen Wahlresultaten zum Ausdruck kommende Abwendung gerade eines großen Teils der akademischen Jugend von der Weimarer Demokratie signalisierte bereits vor 1930 einen bedrohlichen psychologischen Machtschwund des Staates von Weimar.

Neben die Jugendorganisationen traten Gliederungen der Partei für einzelne Berufe. Die erste derartige Organisation konstituierte sich im Oktober 1928: Der „Bund Nationalsozialistischer Juristen" propagierte eine „Rechtserneuerung" im völkisch-nationalsozialistischen Sinn. 1929 entstanden einige weitere Organisationen, z. B. der „Nationalsozialistische Deutsche Ärztebund", der „Nationalsozialistische Lehrerbund" und ein „Kampfbund für deutsche Kultur", der die Aufgabe zugewiesen erhielt, die „Kulturschaffenden" an die NSDAP heranzuführen und „alle Abwehrkräfte gegen die heute herrschenden Mächte der Zersetzung auf kulturellem Gebiet in Deutschland zu sammeln". *Berufsbezogene Parteigliederungen*

Wesentlich größere Bedeutung erlangten jene Organisationen, die zur „Erfassung" der Arbeiter und Bauern gebildet wurden. Der sog. „agrarpolitische Apparat" wurde zwar erst 1930 ins Leben gerufen, aber sofort in großem Maßstab ausgebaut; er trug wesentlich dazu bei, die bäuerlichen Wählermassen für die NSDAP zu gewinnen, und konnte in relativ kurzer Zeit die landwirtschaftlichen Berufsverbände weitgehend unterwandern. Gleichzeitig suchte die NSDAP aber auch in der Arbeiterschaft Fuß zu fassen; nach dem Vorbild vergleichbarer, am Arbeitsplatz orientierter Organisationsmodelle der KPD wurde eine „Nationalsozialistische Betriebszellenorganisation" (NSBO) geschaffen. Die ersten Betriebszellen konstituierten sich 1927/28 in Berlin, im Ruhrgebiet und in Sachsen. Vorwiegend Werkmeister, Facharbeiter und Angestellte, die den Arbeiterparteien und Gewerkschaften ablehnend gegenüberstanden, traten in die Betriebszellen ein. Wenn diese Betriebszellen – im Vergleich zu den Millionenorganisationen der verschiedenen Gewerkschaften – auch nur eine kleine Minderheit der Arbeiterschaft rekrutieren konnten, so stellte die NSBO innerhalb der NS-Bewegung doch eine Formation von beachtlicher zahlenmäßiger Stärke dar: Für 1931 wird eine Zahl von 40 000 Mitgliedern genannt, für Mitte 1932 die Zahl von 100 000; im Oktober 1932 bezifferte Gregor Straßer die Mitgliederzahl sogar – sicher zu hoch – mit nahezu 300 000. Auf den politischen Kurs der Partei vermochte die NSBO allerdings keinen bestimmenden Einfluß auszuüben. *„Agrarpolitischer Apparat"*

NSBO

„Kampfbund für den gewerblichen Mittelstand"

Auch für Gewerbebetreibende und kleine Kaufleute bildete die NSDAP eine eigene Organisation, den „Kampfbund für den gewerblichen Mittelstand", der vor allem eine heftige Agitation gegen die Warenhäuser betrieb. Daß neben den Sonderorganisationen für einzelne Berufe auch Gliederungen für so heterogene wirtschaftliche Interessenrichtungen entstehen konnten – diese Tatsache beleuchtet einmal mehr die bereits charakterisierte eigentümliche Struktur der NS-Bewegung, die bei der Verschwommenheit im Programmatischen ihre Einheit nur in der Person Hitlers besaß.

Organisatorische Querverbindungen zu Angestelltenbewegung und Agrarverbänden

Eine zweite Stoßrichtung der organisatorischen Aktivitäten zielte auf einige der großen wirtschaftlichen Interessenverbände. Die Schaffung von organisatorischen Querverbindungen zu diesen Verbänden sollte es der NSDAP erleichtern, in breitere Wählerschichten einzudringen; zu nennen sind vor allem die Angestelltenbewegung und die Agrarverbände.

In der Angestelltenbewegung vermochte die NSDAP Fuß zu fassen durch Kontakte zu führenden Funktionären des Deutschnationalen Handlungsgehilfenverbandes, eines mitgliederstarken und traditionsreichen, dezidert rechtsgerichteten antisemitischen Angestelltenverbandes, der bis 1929/30 politisch eng mit der DNVP verbunden war. Eine ganze Reihe von Funktionären dieses Verbandes ging seit 1929 den Weg in die NSDAP, verstärkte die nationalsozialistischen Parlamentsfraktionen und erschloß der NSDAP ein Rekrutierungsfeld unter den Angestellten. Auch in die lokalen und regionalen Interessenvertretungen von Handwerk und Kleinhandel vermochten die Nationalsozialisten einzudringen und so die Verbandsspitzen von unten her unter Druck zu setzen.

Noch eklatanter waren die Erfolge der NSDAP bei der Infiltration der berufsständischen Organisationen der deutschen Landwirtschaft. Die NSDAP instrumentalisierte dabei die Unzufriedenheit in der bäuerlichen Bevölkerung, die angesichts einer sich dramatisch verschlechternden ökonomischen Situation rasch wuchs: Parallel zu einem durch weltweite Überproduktion verursachten Preisverfall bei allen Agrarprodukten (Verkaufserlöse der deutschen Landwirtschaft 1932/33 nur noch 62% des Jahres 1928/29) nahmen die Verschuldung der Landwirtschaft und die Zahl der jährlichen Zwangsversteigerungen rapide zu. Mit Hilfe eines engmaschigen Netzes von Vertrauensleuten gelang es der NSDAP unerwartet schnell, die Politik der protestantisch geprägten Bauernverbände wirksam zu beeinflussen. Der Reichslandbund, die größte und einflußreichste landwirtschaftliche Organisation und pressure group, war im Frühjahr 1932 bereits so stark ideologisch und personell von den Nationalsozialisten unterwandert, daß das Präsidium vor dem zweiten Wahlgang der Reichspräsidentenwahl zur Stimmabgabe für Hitler (und damit gegen Hindenburg) aufforderte. Der Reichslandbund stellte sich schließlich an die Spitze der landwirtschaftlichen außerparlamentarischen Opposition, die im Winter 1932/33 Hindenburg zusetzte, Schleicher fallenzulassen und Hitler zum Reichskanzler zu ernennen.

Solche Möglichkeiten lagen im Mai 1928 noch in weiter Ferne, als zum ersten Mal seit der Wiedergründung der Partei ein neuer Reichstag gewählt wurde. Bei dieser Reichstagswahl konnte die NSDAP – trotz der Aufbauarbeit im orga- nisatorischen Bereich und trotz hemmungsloser Agitation gegen die demo- kratischen Parteien und die Institutionen der Republik – nicht über die Rolle einer Splitterpartei hinausgelangen. Sie gewann rd. 800 000 Stimmen = 2,6 % der abgegebenen Stimmen (vgl. Tab. S. 345). Nur in 4 der 35 Reichstagswahlkreise erhielt sie mehr als 5 % der Stimmen (in keinem einzigen über 10 %), hingegen lag in 22 Reichstagswahlkreisen, d. h. in zwei Dritteln des Reichsgebiets, ihr Stim- menanteil sogar noch unter dem Reichsdurchschnitt von 2,6 %. Mit nur 12 der 491 Reichstagsmandate blieb die NSDAP im Reichstag von 1928 parlamentarisch nahezu bedeutungslos. Über der relativ niedrigen Stimmenzahl sollte jedoch nicht übersehen werden, daß diese Splitterpartei bereits über eine vergleichsweise beträchtliche, im Ansteigen begriffene Mitgliederzahl verfügte und ebenso straff wie elastisch organisiert war, eine Kaderpartei, wenn man so will, die auf ihre Chance wartete.

Reichstagswahl- ergebnis der NSDAP 1928

Und schneller, als man 1928 annehmen konnte, entwickelte sich eine politische, ökonomische und massenpsychologische Konstellation, die der nationalsozia- listischen Agitation und Aktion besondere Entfaltungsmöglichkeiten bot. Auf zwei ganz verschiedenen Ebenen ergaben sich für die NSDAP im Lauf des Jahres 1929 Ansatzpunkte, um die bisherige Isolierung zu sprengen und in das scheinbar stabilisierte Gefüge der Republik einzubrechen. Das war zum einen das Volks- begehren gegen den Young-Plan, zum anderen der Ausbruch der Welt- wirtschaftskrise.

Der Young-Plan stand im Mittelpunkt der außen- und innenpolitischen Aus- einandersetzungen des Jahres 1929 in Deutschland. Wie bereits hervorgehoben wurde (vgl. o. S. 73), lagen – nach Auffassung der Reichsregierung und der sie tragenden Parteien, aber auch nach dem Urteil der neueren Forschung – die Vorteile der neuen Reparationsregelung auf seiten des Deutschen Reichs, ganz abgesehen davon, daß nur bei Annahme des Young-Plans durch Deutschland eine vorzeitige Räumung der noch besetzten Teile des Rheinlands erfolgte. Trotzdem flammte aus Anlaß des Young-Plans der innenpolitische Streit um die Repa- rationen in einer bisher ungekannten Heftigkeit auf. Die generationenlange Dauer der Belastung sowie die immer noch hohen Annuitäten bildeten bequeme Angriffspunkte für die Rechtsopposition, die durch Mobilisierung aller nationalen Ressentiments den Schlag gegen die Republik selbst zu führen beabsichtigte. Der Weg, der zwecks Inszenierung einer großangelegten Propagandakampagne ge- wählt wurde, war der von Volksbegehren und Volksentscheid.

Volksbegehren gegen den Young-Plan: Kooperation von NSDAP und DNVP

Bald nach Bekanntwerden des Young-Plans rief die DNVP, die unter Führung Hugenbergs in ein immer radikaleres Fahrwasser steuerte, zusammen mit Führern des „Stahlhelm, Bund deutscher Frontsoldaten" einen „Reichsausschuß für das deutsche Volksbegehren" (nämlich gegen den Young-Plan) ins Leben, und diesem

„Reichsausschuß" schlossen sich sofort auch die Nationalsozialisten an. Durch die Mitarbeit im „Reichsausschuß" konnte Hitler als gleichberechtigter Bundesgenosse des DNVP-Vorsitzenden Hugenberg und des Stahlhelm-Führers Seldte zum ersten Mal wieder seit 1923 einen aktiven Part in einer zentralen Frage der deutschen Politik übernehmen und sich in weiten Kreisen des rechtsstehenden, nationalistischen Bürgertums politische Reputation erwerben; „die Hemmungslosigkeit der nationalsozialistischen Propagandamethoden und die Brutalität ihrer Kampfesweise wurden für die Bürger salonfähig gemacht und gleichsam akkreditiert" (KARL DIETRICH ERDMANN).

Der „Reichsausschuß" präsentierte für das Volksbegehren das sog. „Freiheitsgesetz" („Gesetz gegen die Versklavung des deutschen Volkes"). Die Paragraphen 1 und 2 wandten sich gegen die „Kriegsschuldlüge", forderten die Reichsregierung zur Außerkraftsetzung der diesbezüglichen Artikel des Versailler Vertrags sowie dazu auf, die unverzügliche und bedingungslose Räumung der besetzten Gebiete ohne Junktim mit dem Young-Plan zu erreichen; § 3 verbot, auswärtigen Mächten gegenüber neue Lasten und Verpflichtungen zu übernehmen; den Gipfel der Demagogie stellte der § 4 dar, denn dieser bedrohte Reichskanzler, Reichsminister und Bevollmächtigte des Reichs, die derartige Verträge, wie z. B. den Young-Plan, unterzeichneten, als Landesverräter mit Zuchthausstrafen.

Volksentscheid zum Young-Plan Zwar endete die Anti-Young-Plan-Kampagne in der Sache selbst mit einem völligen Fehlschlag – die für das Volksbegehren erforderliche Mindestzahl von Unterschriften wurde eben erreicht und beim Volksentscheid am 22.12.1929 votierten nur 13,8 % der Wahlberechtigten für das „Freiheitsgesetz".

Aber für die NSDAP trug die Beteiligung an der Kampagne reiche Früchte. Der mit großem Aufwand geführte Propagandafeldzug bewirkte eine hochgradige politische Emotionalisierung, die der NSDAP zugute kam. Die Geldmittel des „Reichsausschusses" ermöglichten ihr eine großzügige Agitation, und durch die zahlreichen Blätter des Hugenbergschen Pressekonzerns erhielt die Partei eine zusätzliche kostenlose Propagandaunterstützung. Zum Nürnberger Parteitag von 1929, dem bis dahin größten in ihrer Geschichte, konnte die NSDAP mit Hilfe der finanziellen Förderung durch den „Reichsausschuß" 200 000 Anhänger aufbieten; 20 000 SA-Männer, einheitlich uniformiert und feldmarschmäßig ausgerüstet, defilierten an Hitler vorbei.

Wahlerfolge der NSDAP 1929 Daß innerhalb der politischen Rechten die NSDAP der einzige Gewinner der Anti-Young-Plan-Kampagne war, trat bereits in den Herbst- und Winterwochen des Jahres 1929 mit bemerkenswerter Deutlichkeit zutage. Denn in eben jenen Wochen, in denen die Propaganda gegen Young-Plan, Reichsregierung und demokratische Republik auf Hochtouren lief, verzeichneten die Nationalsozialisten ihre ersten beachtlichen Erfolge an den Wahlurnen, zum Teil auf Kosten der Deutschnationalen. Bei den Landtagswahlen in Baden am 27.10.1929 kam die NSDAP auf 7 % der Stimmen, in Lübeck am 10.11.1929 auf 8,1 %, in Thüringen am 8.12.1929 gar auf 11,3 % (und aufgrund einer Pattsituation zwischen bürgerlichen und sozialistischen Parteien gelang ihr hier in Thüringen dank der Koalitionsbereitschaft der bürgerlichen Parteien auch erstmals der Sprung in eine Landesregierung). Ebenfalls beachtliche Stimmengewinne verzeichnete die NSDAP bei den Kommunalwahlen im November 1929; in zahlreiche kommunale Parlamente zog sie – zum Teil mit einer größeren Zahl von Mandatsträgern – ein.

Wenn der NSDAP im Rahmen der Anti-Young-Plan-Kampagne der Ausbruch aus der bisherigen politischen Isolierung gelungen war, so ließ sie sich jetzt auch nicht mehr einfach als eine nach Mitglieder- und Wählerzahl bedeutungslose Splitterpartei einstufen. Bis zum September 1930 wuchs die Zahl der Parteimitglieder auf rund 130 000, die der Ortsgruppen auf 1378 (im Januar 1933 hatte die NSDAP dann 849 000 Mitglieder, organisiert in 11 845 Ortsgruppen). Die NSDAP war eine ausgesprochen „junge Partei", nicht nur in dem Sinne, daß sie als „neue" Partei in das Feld der etablierten Parteien einbrach, sondern auch in dem Sinne, daß das Gros der Mitgliedschaft den Geburtsjahrgängen ab 1890 entstammte: 1930 waren fast 70 % der NSDAP-Mitglieder jünger als 40 Jahre (37 % jünger als 30 Jahre), bei den Parteifunktionären betrug die Quote der unter 40 jährigen rd. 65 % (unter 30 rd. 26 %). Eine frühe Politisierung der Jugend war ganz allgemein ein charakteristisches Phänomen jener Jahre, und gerade bei der jüngeren Generation übte der Nationalsozialismus seine Anziehungskraft offensichtlich quer durch die sozialen Schichten aus, während die anderen Parteien – abgesehen von der KPD, die ebenfalls eine „junge Partei" war – bei der Jugend eine deutlich geringere Resonanz fand. Dies trifft vor allem für die SPD zu, deren unpathetische Appelle an Nüchternheit und politische Vernunft den die Jugend begeisternden emotionalen Schwung vermissen ließen und deren Funktionärskorps und Mitgliedschaft – im Vergleich mit so „jungen Parteien" wie NSDAP und KPD – „überaltert" wirkte.

<small>Altersstruktur der NSDAP</small>

Über Berufsgliederung und Sozialschichtung der NSDAP-Mitgliedschaft vor 1933 liefert die offizielle „Parteistatistik" von 1935 gewisse Anhaltspunkte – lediglich Anhaltspunkte, denn die Parteistatistik gibt für den Stand von September 1930 die Berufszugehörigkeit nur derjenigen Mitglieder an, die vor September 1930 der Partei beigetreten waren und ihr zum Zeitpunkt der Zählung 1934 noch angehörten; nicht berücksichtigt sind hingegen diejenigen Mitglieder, die zwischen 1930 und 1934 aus der Partei wieder austraten, angesichts der starken Mitgliederfluktuation zwischen 1930 und Ende 1932 eine nicht unerhebliche Zahl (bis zum 30.1.1933 sollen 40 % der Parteimitglieder die Partei schon wieder verlassen haben). Danach ergibt sich folgende Aufschlüsselung (in Klammern: Anteil der jeweiligen Berufsgruppe an der erwerbstätigen Bevölkerung): Arbeiter 28,0 % (45,9), Angestellte 25,6 % (12,0), Selbständige 20,3 % (9,0), Beamte 8,3 % (5,1), Bauern 14,2 % (10,6), Sonstige 3,6 % (17,4). Daraus lassen sich zwei Folgerungen ableiten: Zum einen waren einige Berufs- bzw.

<small>Sozialstruktur der NSDAP-Mitgliedschaft vor 1933</small>

Sozialgruppen – gemessen am Anteil der jeweiligen Gruppe an der Gesamtbevölkerung – deutlich überrepräsentiert, und zwar die mittelständischen bzw. kleinbürgerlichen Gruppen: Selbständige (freie Berufe, Handwerker, Kaufleute), Angestellte und Beamte. Zum anderen aber bildeten rein zahlenmäßig die Arbeiter die stärkste soziale Gruppe innerhalb der Parteimitgliedschaft, auch wenn der Arbeiteranteil in der NSDAP niedriger lag als im Spiegel der Gesellschaft. Bei der Bestimmung des sozialstrukturellen Charakters den relativ hohen Arbeiteranteil zu bewerten, ist schwierig, denn in der Sozialstatistik wurde als „Arbeiter" gezählt, wer seine Sozialversicherungsbeiträge bei der Invalidenversicherung zu entrichten hatte. Als „Arbeiter" figurierten daher die Landarbeiter ebenso wie die Facharbeiter in großen Industriebetrieben, die gelernten und ungelernten Arbeiter in Handwerks- und kleinen Industriebetrieben ebenso wie die Arbeiter in kommunalen und staatlichen Unternehmen. Entsprechend diesen Kategorien die Arbeitermitglieder der NSDAP genau aufzuschlüsseln, ist nicht möglich.

Wie immer man aber die Gewichtung im einzelnen auch vornehmen mag – soviel ist heute kaum mehr umstritten: Die NSDAP kann nicht als eine Partei des bürgerlichen Mittelstandes bezeichnet werden, wie das lange Usus war. Sie entwickelte sich zu einer modernen „Integrationspartei", die zwar in den Mittelschichten ihre soziologischen Hauptstützen besaß, die aber auch andere soziale Schichten für sich gewinnen konnte, eben auch Teile der Arbeiterschaft, insbesondere solche Arbeiter, die nicht im Milieu großstädtischer Industriebetriebe lebten, sondern in kleineren und mittleren Betrieben beschäftigt waren (vgl. u. S. 270 f.).

Aus diesem Grunde attestiert man neuerdings der NSDAP den Charakter einer „Volkspartei". Das ist vertretbar, wenn der Begriff „Volkspartei" völlig wertneutral (d. h. ohne positive Konnotation) gebraucht wird zur Kennzeichnung einer Partei, die ihre Mitglieder (und Wähler) aus allen sozialen Schichten rekrutiert und die massiv und gezielt um Mitglieder und Wähler aus allen Schichten wirbt. Man muß sich dabei aber bewußt sein, daß die NSDAP eine „Volkspartei" sehr spezifischer Art darstellte: Sie war eine schichtenübergreifende, extrem nationalistische und antimarxistische Mobilisierungspartei.

Weltwirtschaftskrise   Im Winter 1929/30 wurde Deutschland voll von den ökonomischen und psychologischen Auswirkungen der Weltwirtschaftskrise erfaßt, die nach dem New Yorker Börsenkrach von Ende Oktober 1929 einen ersten Höhepunkt erreichte. Die ökonomischen Konsequenzen der Krise trafen Deutschland besonders hart, denn der wirtschaftliche Aufbau beruhte weitgehend auf kurzfristigen Auslandskrediten, die nun zurückgezogen wurden. Das deutsche Volkseinkommen lag 1932 um 39% unter dem Stand von 1929 (USA 40%, Großbritannien 15%, Frankreich 16%), entsprechend waren die industrielle Erzeugung, die privaten Einkommen und die Lebenshaltung des einzelnen abgesunken. Vor allem die wachsende Arbeitslosigkeit war es, die seit 1929 die politische Entwicklung in Deutschland überschattete. Die Arbeitslosigkeit war

Arbeitslosigkeit

ja, wie dargelegt wurde (vgl. o. S. 93), selbst in den wenigen Jahren relativer Stabilisierung ziemlich hoch, was schon auf die strukturelle Schwäche und Labilität der deutschen Wirtschaft hindeutete. Von Ende 1929 an stieg dann die Zahl der Arbeitslosen sprunghaft an, von 1,3 Mill. im September 1929 über 3 Mill. im September 1930, 4,3 Mill. im September 1931 auf 5,1 Mill. im September 1932. Anfang 1933 wurde die Zahl von 6 Mill. überschritten, denen 12 Mill. Beschäftigte gegenüberstanden, d. h. jeder dritte Arbeitnehmer war beschäftigungslos (in den USA jeder vierte, in Großbritannien jeder fünfte, in Frankreich jeder siebte). Dabei ist zu berücksichtigen, daß die Angaben über die Zahl der Arbeitslosen auf der offiziellen Statistik beruhen, die z. B. die – wegen langer Arbeitslosigkeit – „Ausgesteuerten" gar nicht erfaßte. Die Arbeitslosigkeit war also noch höher, als in der offiziellen Statistik zum Ausdruck kommt. Ferner mußten die zahlreichen Kurzarbeiter erhebliche Lohneinbußen hinnehmen. Praktisch war jede zweite deutsche Familie von der Wirtschaftskrise betroffen, das Kleinbürgertum und die Angestellten ebenso wie der Arbeiterschaft.

Nur selten wird auf einen Umstand hingewiesen, der eine zusätzliche Zuspitzung der Arbeitsmarktsituation in den Jahren der Weltwirtschaftskrise herbeiführte. Gerade in dieser Zeit befand sich der deutsche Arbeitmarkt in einer Phase demographischer Überlastung, die aus dem Altersaufbau der deutschen Bevölkerung und der Entwicklung der Geburtlichkeit vor dem Ersten Weltkrieg resultierte: Der Anteil der unter 15jährigen an der Gesamtbevölkerung ging zwischen 1900 und 1933 von über einem Drittel auf ein knappes Viertel zurück, während die im Vergleich dazu recht starken Geburtsjahrgänge der Jahre vor Ausbruch des Weltkriegs (die Geburtsjahrgänge von ca. 1905 bis 1912 waren die zahlenmäßig größte Alterskohorte, die es im Deutschen Reich gegeben hat) in den zwanziger Jahren ins erwerbsfähige Alter eintraten. Trotz der Kriegsverluste und eines Anstiegs der über 65jährigen erhöhte sich deshalb in den zwanziger Jahren die Zahl der hauptberuflich Erwerbstätigen (von 28 Mill. 1907 über 32 Mill. 1925 auf 32,3 Mill. 1933) sowie die Erwerbsquote (= Anteil der hauptberuflich Beschäftigten an der Gesamtbevölkerung), und zwar von 45,5 % im Jahr 1907 auf 51,3 % 1925 und 49,5 % 1933 (s. Tab. S. 349). Der Höhepunkt, aber auch die zeitliche Wende dieser Überlastung fällt in die Jahre 1931/32, weil nunmehr die schwächeren Geburtsjahrgänge der Kriegszeit ins Arbeitsleben eintraten. Gerade in der Zeit der Weltwirtschaftskrise wurden durch diese demographische Überlastung des Arbeitsmarktes die desaströsen Folgen der wirtschaftlichen Talfahrt zusätzlich potenziert.

Waren die direkten wirtschaftlichen Auswirkungen der Weltwirtschaftskrise, wie sie mit den genannten Zahlen nur oberflächlich angedeutet sind, schlechthin niederschmetternd, so waren die psychologischen Folgewirkungen nicht weniger verheerend. Das Gefühl der Unsicherheit erfaßte weit über den Kreis der jeweils unmittelbar wirtschaftlich und damit existentiell Betroffenen hinaus die gesamte Bevölkerung und erzeugte eine allgemeine Katastrophenstimmung. Die Furcht

Sozialpsychologische Auswirkungen der ökonomischen Krise

vor den *möglichen* weiteren Folgen der Krise wurde ein psychologisch ebenso bedeutsamer Faktor wie die *tatsächlichen* ökonomischen Konsequenzen der Krise selbst, und diese Furcht verschaffte den Radikalen Zulauf gerade auch aus dem Lager der wirtschaftlich weniger stark Betroffenen, wie z. B. Teilen des Mittelstandes („Panik im Mittelstand"). Die allgemeine Katastrophenstimmung erlaubte es den Gegnern der Republik von rechts und links, mit Aussicht auf Erfolg eine hemmungslose Agitation gegen Republik und Demokratie zu entfesseln und den – unter den gegebenen Umständen wohl unvermeidlichen – Vertrauensverlust von Institutionen und regierenden Parteien nachhaltig zu forcieren, indem sie die Krise als eine Konsequenz des „Systems" anprangerten und die weitverbreiteten latenten und offenen Ressentiments gegenüber der parlamentarischen Demokratie rücksichtslos mobilisierten. Im Verlauf der Krise wurde schnell sichtbar, auf welch schwachen Fundamenten die Weimarer Demokratie ruhte – im Hinblick auf die Festigkeit ihrer Institutionen ebenso wie im Hinblick auf die Loyalität maßgebender gesellschaftlicher und politischer Gruppen sowie breiter Bevölkerungsschichten gegenüber dem demokratischen Staat. Die Wirtschaftskrise mit den angedeuteten ökonomischen und psychologischen Auswirkungen stürzte daher Deutschland unmittelbar in eine schwere Staatskrise – im Unterschied zu den meisten anderen Ländern, die von der Weltwirtschaftskrise kaum weniger hart getroffen wurden, die aber die Folgen der Krise aufgrund einer soliden Fundierung ihrer politischen und gesellschaftlichen Ordnung besser verkrafteten.

Fortsetzung des Aufwärtstrends der NSDAP

Der deutliche, aber noch begrenzte Aufwärtstrend der NSDAP, der bei den Landtags- und Kommunalwahlen Ende 1929 unübersehbar in Erscheinung getreten war, setzte sich in der ersten Jahreshälfte 1930 fort. Das zeigten sehr klar die sächsischen Landtagswahlen vom 22. 6. 1930, die infolge einer vorzeitigen Landtagsauflösung notwendig wurden. In Sachsen war nämlich erst am 12. 5. 1929 ein neuer Landtag gewählt worden, und bei dieser Wahl – noch vor dem Anlaufen der Anti-Young-Plan-Kampagne – hatte die NSDAP 5 % der Stimmen erhalten (auch dies schon ein wesentlich besseres Ergebnis als das der Reichstagswahl 1928, bei der sie in Sachsen auf 2,7 % der Stimmen gekommen war). Jetzt aber, bei der Neuwahl des sächsischen Landtags im Juni 1930, steigerte die NSDAP ihren Stimmenanteil auf 14,4 %, d. h. sie verdreifachte ihren Stimmenanteil innerhalb eines Jahres und wurde hinter der SPD die zweitstärkste Partei.

Diese Zahlen redeten eine deutliche Sprache, und jede Analyse der regionalen Wahlentwicklung mußte zu der Voraussage führen, daß die NSDAP beträchtliche Stimmengewinne erzielen würde, wenn es infolge einer Auflösung des Reichstags (dessen Legislaturperiode bis Mitte 1932 reichte) zu einer vorzeitigen Neuwahl des Reichstags kam. Es ist bezeichnend für den Stil, in dem nach dem Scheitern der Großen Koalition in Deutschland Politik gemacht wurde – darüber wird ausführlicher zu sprechen sein (s. u. S. 132 f.) –, daß Brüning im Sommer 1930 die Auflösung des Reichstags erwirkte, um sein autoritäres Krisenprogramm ohne

Abstriche durchführen zu können, und daß dabei alle Prognosemöglichkeiten – anhand einer Analyse des allgemeinen Stimmungstrends und der regionalen Wahlentwicklung – mit sträflicher Leichtfertigkeit ignoriert wurden.

Die Reichstagswahlen vom 14. September 1930 brachten einen Erdrutsch, der die Erwartungen der ohnehin optimistisch gestimmten NSDAP-Führung noch übertraf: Die NSDAP steigerte die Zahl ihrer Mandate von 12 auf 107 und wurde mit einem Schlag die zweitstärkste Partei – einen derartigen politischen Erdrutsch hatte es in der Geschichte der parlamentarischen Wahlen in Deutschland bis dahin nicht gegeben. Reichstagswahl vom 14. 9. 1930

Bei der Analyse des Wahlergebnisses sind nicht nur die Prozentanteile der Parteien, sondern die absoluten Stimmenzahlen zu beachten, da im September 1930 ca. 4 Mill. gültige Stimmen mehr abgegeben wurden als bei der Reichstagswahl 1928; die Zahl der Mandate betrug infolgedessen jetzt 577 gegenüber 491 im Reichstag von 1928 (s. Tab. S. 345; die Gesamtzahl der Reichstagsmandate schwankte von einer Legislaturperiode zur anderen, weil sie nach dem Reichswahlgesetz von der Zahl der abgegebenen Stimmen abhängig war und damit von der zahlenmäßigen Stärke des Wahlkörpers und der Höhe der Wahlbeteiligung). Während die NSDAP ihre Stimmenzahl von 800 000 auf rd. 6,4 Mill., ihren Prozentanteil von 2,6 auf 18,2 % steigern konnte und die KPD rd. 4,6 Mill. Stimmen = 13,1 % errang (1928: 3,3 Mill. = 10,6 %), büßte die SPD rund eine halbe Million Stimmen und 10 Mandate gegenüber ihrem Rekordergebnis von 1928 ein (jetzt noch 24,5 % und 143 Mandate). Zentrum und BVP verzeichneten einen geringfügigen Stimmenzuwachs und gewannen einige Mandate hinzu, die Wirtschaftspartei als ausgesprochene Interessenpartei mittelständischer Kreise verlor nur einige tausend Stimmen und behauptete die Zahl ihrer Mandate, DVP und DDP (die nun als „Deutsche Staatspartei" firmierte) verloren zwar einige hunderttausend Stimmen und eine größere Zahl von Mandaten, wurden aber noch nicht aufgerieben. Hingegen verbuchten einige kleinere Parteien (Christlich-Sozialer Volksdienst, Deutsche Landvolkpartei) Mandatsgewinne. Der größte Verlierer dieser Wahl war die DNVP, deren Stimmenzahl von ca. 4,4 Mill. auf 2,46 Mill. zurückging; mit nur noch 7 % der Stimmen (gegenüber 14,2 % 1928) errang sie lediglich 41 Mandate (1928 waren es 73 gewesen, im Dezember 1924 über hundert).

Die Septemberwahl von 1930 ist zweifellos eines der Schicksalsdaten der deutschen Geschichte, denn sie markiert den entscheidenden Durchbruch der NS-Bewegung, die jetzt zu einem Faktor der deutschen Politik wurde, mit dem gerechnet werden mußte. Zwei Fragen verlangen in diesem Zusammenhang eine knappe Erörterung: Woher kamen die rd. 6,4 Mill. Stimmen, die die NSDAP auf sich vereinigte, insbesondere die rd. 5,6 Mill. Stimmen, die sie gegenüber ihrem Ergebnis von 1928 hinzugewann? Trug eine finanzielle Förderung der NSDAP durch industrielle Kreise, insbesondere die Großindustrie, wesentlich zu diesem Wahlerfolg bei?

Wählermigration zur NSDAP

Die Frage, wer die NSDAP-Wähler von 1930 waren und woher sie kamen, ist schwieriger zu beantworten, als häufig angenommen wird. Für die damalige Zeit existieren nämlich keine Umfrageergebnisse, die direkte Aussagen über das Wahlverhalten einzelner sozialer Gruppen oder über das Ausmaß von Wählerwanderungen erlauben würden; zur Verfügung stehen lediglich die Daten der offiziellen Statistik mit den Wahlresultaten auf der Ebene bestimmter Gebietseinheiten. Viele Behauptungen über die Herkunft des Wählerzustroms zur NSDAP beruhen daher auf einer empirisch ungenügend abgesicherten Basis. In der Diskussion dominierten lange Zeit zwei durchaus gegensätzliche Hypothesen: Die eine lautet, der nationalsozialistische Wahlerfolg von 1930 sei auf die Mobilisierung bisheriger Nichtwähler, den Eintritt neuer Wählerschichten in die Politik und die Abwanderung früherer DNVP-Wähler zur NSDAP zurückzuführen (u. a. REINHARD BENDIX); genau entgegengesetzt postulierte SEYMOUR M. LIPSET, der Wahlerfolg der NSDAP von 1930 sei durch den Zulauf radikalisierter Mittelschichtenwähler zu erklären, die früher für die liberalen bürgerlichen Parteien gestimmt hätten. Beide Hypothesen werden durch neuere wahlhistorische Untersuchungen nicht voll bestätigt (vgl. u. S. 270). Nach dem Ergebnis dieser Untersuchungen gelang es der NSDAP, sowohl von der gestiegenen Wahlbeteiligung als auch vom Verlust der bürgerlichen Mittelparteien und vom Rückgang der DNVP zu profitieren. Danach wäre der große Wahlerfolg der NSDAP vom September 1930 tatsächlich nicht ausschließlich der unteren Mittelklasse zuzuschreiben, sondern Wählern aus verschiedenen sozialen Klassen und von unterschiedlicher parteipolitischer Herkunft. Erst nachdem die NSDAP bereits die zweitstärkste Partei geworden war, erfolgte dann 1932 die fast völlige Absorbierung der bisherigen protestantischen Mittelklassenwähler durch die NSDAP.

Industrie und Nationalsozialismus

Das Verhältnis von Industrie und Nationalsozialismus wurde in der Forschung lange Zeit ebenso intensiv wie kontrovers diskutiert. Trotz sehr unterschiedlicher Gesamtbeurteilungen sind aber inzwischen immerhin einige Tatbestände ziemlich allgemein anerkannt (vgl. u. S. 273 ff.). Was die Förderung der NSDAP durch industrielle, insbesondere großindustrielle Kreise angeht, so müssen zwei Perioden unterschieden werden: die Jahre 1925 bis 1930 und die Zeit ab September 1930. Wie quellenmäßig eindeutig nachweisbar ist, suchte seit 1931 eine ganze Reihe wichtiger Industrieführer und Bankiers Kontakt zur NSDAP – allerdings nur ein Teil, und zwar der weitaus kleinere Teil der großindustriellen Prominenz. Diese Industriellen, die aus sehr unterschiedlichen Motiven in Verbindung zur NSDAP traten, haben der Partei auch finanzielle Zuwendungen zukommen lassen; die finanziellen Subsidien seitens der deutschen Großindustrie fielen indessen – aufs ganze gesehen – selbst 1931/32 letztlich nicht entscheidend ins Gewicht. Wichtiger als die Geldzahlungen war die moralische und politische Unterstützung, die diese Industriellen Hitler und seiner Partei gewährten, vor allem die Tatsache, daß sie 1932/33 ihren Einfluß – auch beim Reichspräsidenten – zugunsten einer Ernennung Hitlers zum Reichskanzler geltend machten.

Vor 1930 hielt sich dagegen das Interesse der Industrie an Hitler und seiner Partei in sehr engen Grenzen. Insgesamt wurde der Finanzbedarf der NSDAP in viel höherem Maße, als lange angenommen, durch ein breit ausgebautes System der Selbstfinanzierung (Mitgliedsbeiträge, Eintrittsgelder bei Veranstaltungen, Schriftenverkauf) sowie durch private Spenden gedeckt, wobei Spenden aus dem Ausland eine wichtige Rolle spielten. Letztere stammten sowohl von Auslandsdeutschen wie von einigen Finanzmagnaten (u. a. Ford, Deterding, Kreuger), die – zum Teil aus ideologischen Motiven (Antisemitismus), zum Teil aus politischer Berechnung und wirtschaftlichen Erwägungen – der NSDAP beträchtliche Summen zuleiteten. Bei den finanziellen Zuwendungen aus Kreisen der deutschen Industrie schlugen die Spenden einer großen Zahl kleiner Kapitalisten wesentlich stärker zu Buche als die einer kleinen Zahl großer Kapitalisten. Diejenigen Großindustriellen, die schon früh mit der NSDAP sympathisierten und sie auch finanziell förderten (z. B. Flick, Thyssen) fielen eben deshalb auf, weil sie eine Ausnahme darstellten. Aufs Ganze gesehen kann man den Durchbruch der NSDAP 1929/30 also *nicht* maßgeblich auf eine aktive Förderung durch einflußreiche Wirtschaftsführer und auf finanzielle Zuwendungen der Großindustrie zurückführen – wie andererseits die beträchtlichen Zuwendungen der Industrie an die DNVP nicht zu verhindern vermochten, daß deren Wählerschaft bei der Septemberwahl 1930 fast halbiert wurde. Die Ursachen für den Durchbruch der NSDAP zur Massenbewegung 1929/30 müssen daher anderswo gesucht werden als in einer interessenbestimmten Manipulation dieser Bewegung durch Wirtschaftskreise. Entsprechende Hinweise sind bereits gegeben worden.

Das Thema „Großindustrie und Aufstieg des Nationalsozialismus" ist allerdings mit dem Nachweis relativ geringer finanzieller und direkter Unterstützung Hitlers und der NSDAP nicht erschöpft. Die deutsche Unternehmerschaft stand dem parlamentarischen Regierungssystem und der pluralistischen Weimarer Demokratie von Anfang an teils mit Skepsis, teils mit offener Feindschaft gegenüber; zu einer uneingeschränkten Bejahung der staatlichen Grundlagen der Republik konnte sie sich selbst in den Jahren einer relativen Konsolidierung des Staates von Weimar nicht durchringen, und seit der Jahreswende 1929/30 bildete die Entmachtung des Reichstags und die Etablierung eines autoritären Regierungssystems die vorrangige politische Zielsetzung der maßgebenden deutschen Wirtschaftsführer. Mit dem – oft hemmungslosen – Kampf gegen Parlamentarismus und „Parteienstaat", Sozialdemokratie und Gewerkschaften trug neben anderen sozialen Führungsgruppen gerade auch die Unternehmerschaft im allgemeinen und das großindustrielle Establishment im besonderen entscheidend dazu bei, in den Bau der Republik jene Bresche zu legen, durch welche die Nationalsozialisten ihren Einzug halten konnten.

2. Die Desintegration des politischen Systems in der Ära der Präsidialkabinette

So beachtlich die Erfolge der NSDAP bei der Mobilisierung eines sozial heterogenen Anhänger- und Wählerpotentials seit 1930 auch waren: Hitler ist nicht durch Wahlen zur Macht gekommen; selbst auf dem Höhepunkt ihrer Mobilisierungserfolge blieb die NSDAP weit von einer parlamentarischen Mehrheit entfernt. Die Berufung Hitlers an die Spitze eines Präsidialkabinetts, das keine parlamentarische Mehrheit hinter sich hatte, wurde denkbar und schließlich möglich nur deshalb, weil die Desintegration des politischen Systems der Weimarer Republik bis zur Jahreswende 1932/33 so weit vorangeschritten war, daß der Reichspräsident glaubte, jetzt nur noch die Wahl zu haben: Erklärung des Staatsnotstandes oder Beauftragung Hitlers mit dem Kanzleramt.

Vor allem diesem Desintegrationsprozeß des politischen Systems hat deshalb die Aufmerksamkeit zu gelten, wenn man sich um die Aufhellung von Voraussetzungen und Ermöglichungsfaktoren einer Eroberung der Staatsgewalt durch die Hitler-Partei bemüht. Dabei muß zunächst mit Nachdruck hervorgehoben werden, daß die Desintegration des politischen Systems seit 1930 keineswegs ein schicksalhafter Vorgang war. Vielmehr wurde dieser Prozeß 1929/30 – also noch vor dem Scheitern der Großen Koalition und dem Durchbruch der

Protagonisten der Transformation des politischen Systems

NSDAP zur Massenbewegung – sehr bewußt und zielstrebig in Gang gesetzt und seit 1930 systematisch vorangetrieben mit der erklärten Absicht, durch Entmachtung des Parlaments und Ausschaltung der Sozialdemokratie aus der politischen Mitverantwortung und Mitgestaltung die parlamentarische Demokratie der Weimarer Republik in einen von den politischen Rechtskräften beherrschten autoritären Staat zu transformieren. Eingeleitet und vorangetrieben wurde dieser Prozeß in erster Linie vom Reichspräsidenten Hindenburg selbst mit seiner persönlichen Umgebung und von der Reichswehrführung unter General Schleicher, freudig unterstützt wurde die Entwicklung zum Präsidialregime aber auch von den bürgerlichen Rechtskräften (bis weit in die Mitte hinein) und von einflußreichen Wirtschaftskreisen, industriellen und agrarischen Interessenverbänden. Der Pressekonzern des DNVP-Führers Hugenberg verbreitete in Massenauflagen antirepublikanische und antidemokratische Propaganda. Wirkungsvolle publizistische Schützenhilfe leisteten auch die Ideologen der „konservativen Revolution"; sie verbanden ihre vehementen Attacken auf Liberalismus, Demokratie und Parlamentarismus mit dem emphatischen Ruf nach einer starken Führerfigur und einem autoritären Staat.

Phasen des Desintegrationsprozesses

Als KARL DIETRICH BRACHER in seinem bahnbrechenden Werk über „Die Auflösung der Weimarer Republik" (1955) die Ära der Präsidialkabinette erstmals einer eindringlichen wissenschaftlichen Analyse unterzog, unterschied er mehrere „Stufen der Auflösung": eine „Phase des Machtverlusts" (Ära Brüning), der sich eine „Phase des Machtvakuums" (Ära Papen-Schleicher) anschloß, auf die dann die Phase der nationalsozialistischen Machtergreifung folgte. Von „Machtverlust" und „Machtvakuum" kann dann gesprochen werden, wenn man ausschließlich den raschen Abbau der demokratisch-parlamentarischen Machtmittel im Auge hat. Hingegen blieben in der Ära der Präsidialkabinette die staatlichen Machtinstrumente – Reichswehr, Polizei, Bürokratie – durchaus intakt, und die Machtkompetenzen des Reichspräsidenten, insbesondere das Notverordnungsrecht, wurden immer weiter ausgebaut. Insofern existierte tatsächlich kein eigentliches „Machtvakuum". Was sich in der Verfassungswirklichkeit der Republik während dieser Jahre vollzog, war vielmehr eine *Verlagerung* der Macht und der Handlungskompetenzen, weg vom Parlament und von den Parteien, hin zur Präsidialgewalt, die ständig expandierte, sowie zu außerparlamentarischen Machtträgern, vor allem Reichswehr und Bürokratie.

Zu den Ermöglichungsfaktoren dieser Entwicklung gehörte allerdings auch – und dieser Aspekt darf nicht ausgeblendet werden –, daß der Reichstag zu parlamentarischer Mehrheitsbildung nicht mehr imstande war. Weil sich im Reichstag die politischen Lager gegenseitig blockierten und paralysierten, vermochte der Reichspräsident seine weitreichenden verfassungsrechtlichen Vollmachten (Ernennung und Entlassung des Reichskanzlers, Recht zur Auflösung des Reichstags, Notverordnungsrecht aus Artikel 48) extensiv zu interpretieren und rigoros auszuschöpfen. Im Zusammentreffen dieser beiden Faktoren – zum einen die nicht zuletzt durch das Wählervotum bedingte parlamentarische Konstellation, zum andern der entschiedene Wille des Reichspräsidenten und seiner Umgebung, ein Präsidialregime zu errichten – kam es dazu, daß sich die Staatsgewalt seit 1930 immer ausschließlicher beim Reichspräsidenten und dem von seinem Vertrauen abhängigen Kabinett konzentrierte.

<small>Machtkonzentration beim Reichspräsidenten</small>

In dem Maße, in dem der Reichstag und die Parteien aus dem politischen Willensbildungs- und Entscheidungsprozeß ausgeschaltet wurden, schrumpfte das eigentliche politische Machtzentrum auf einen zahlenmäßig kleinen Kreis von Männern, die Einfluß auf den hochbetagten Reichspräsidenten besaßen und ihm ihre Vorstellungen und Vorschläge zu vermitteln oder aufzudrängen verstanden. In dieser Personengruppe dominierten antiliberale und antidemokratische Emotionen, Konzeptionen und Interessen. So war es schließlich möglich, daß in einem bedenkenlos geführten Intrigenspiel im Januar 1933 die Ernennung Hitlers zum Reichskanzler bewerkstelligt wurde – zu einem Zeitpunkt, zu dem mit einer solchen Ernennung nicht mehr unbedingt gerechnet wurde.

Mit diesen knappen Andeutungen sind Ausgangspunkt, Richtung und Resultat der Desintegration des politischen Systems während der Endphase der Republik in einer recht allgemeinen Weise charakterisiert. Diese Entwicklung soll nun genauer dargestellt werden. Dabei stehen im Blickpunkt die Vorbereitung des ersten Präsidialkabinetts – eine Weichenstellung von kaum zu überschätzender Tragweite –, die Ausformung des Präsidialregimes in der Ära Brüning und schließlich die Phase der nicht mehr vom Reichstag tolerierten Präsidialkabinette Papen und Schleicher.

Aktivitäten zur Bildung eines „Hindenburg-Kabinetts" 1929/30

Aufgrund der Quellenzeugnisse läßt sich heute mit Bestimmtheit die Feststellung treffen, daß der folgenschwere Übergang von der parlamentarischen Regierungsweise zum Präsidialregime von langer Hand geplant und sorgfältig vorbereitet worden ist. Die Protagonisten dieses Kurses, an ihrer Spitze General Schleicher, handelten dabei nicht unter dem Zwang übermächtiger Umstände oder einer politisch ausweglosen Lage; sie handelten mit kühler Überlegung aus dem Willen heraus, jetzt eine einschneidende Veränderung des Verfassungssystems und der gesellschaftlichen Machtverhältnisse zugunsten der alten Eliten in Armee, Bürokratie und Wirtschaft zu bewirken.

Erste Initiativen erfolgten bereits um Ostern 1929: Vertrauensleute des Reichspräsidenten nahmen Kontakt zu Heinrich Brüning auf (damals faktisch, aber noch nicht offiziell Vorsitzender der Zentrumsfraktion im Reichstag) und sondierten seine Bereitschaft, die Führung eines nach rechts verlagerten Kabinetts zu übernehmen, das dem „Marasmus in der Politik" ein Ende machen sollte. Klarere Konturen gewann das Konzept eines „Hindenburg-Kabinetts" im Dezember 1929. Schleicher und Hindenburgs Staatssekretär Meißner erklärten Brüning, der Reichspräsident sei unter keinen Umständen gewillt, nach Verabschiedung des Young-Plans das Kabinett Hermann Müller noch im Amt zu lassen, und er erwarte, daß Brüning sich einem an ihn ergehenden Ruf nicht versagen werde. Im Januar 1930 wurde im Reichspräsidentenpalais das geplante „Hindenburg-Kabinett" mit den Begriffen „antiparlamentarisch" und „antimarxistisch" charakterisiert; die Regierungsbildung sollte ohne Berücksichtigung der Mehrheitsverhältnisse im Reichstag und ohne Verhandlungen mit Fraktionen und Parteien erfolgen, dem neuen Kabinett würde der Reichspräsident die Instrumente des Artikels 48 und der Reichstagsauflösung zur Verfügung stellen. Die Ausschaltung der Sozialdemokratie war bereits beschlossene Sache. Als die Große Koalition im März 1930 in ihrer äußersten Zerreißprobe stand, war die neue Regierungskonstellation also schon weitgehend vorbereitet, und die Gerüchte von einem kommenden „Hindenburg-Kabinett" haben ohne Zweifel erheblich dazu beigetragen, die Bereitschaft der Fraktionen zur Aufrechterhaltung der Koalition zu schwächen und den Durchhaltewillen des Reichskanzlers zu lähmen; resignative Stimmungen griffen um sich.

Einsetzung des Präsidialkabinetts Brüning

Als das Kabinett der Großen Koalition am 27. 3. 1930 seine Demission beschloß, nachdem Hindenburg *diesem* Kabinett den Einsatz des Artikels 48 betont verweigert hatte, wurde der Versuch einer parlamentarischen Regierungsbildung überhaupt nicht mehr unternommen. Auf Vorschlag Schleichers beauftragte Hindenburg am 28. März Brüning mit der Kabinettsbildung; Brüning akzeptierte diesen Auftrag und die mit ihm verbundenen Bedingungen: Orientierung nach rechts und Ausschaltung der SPD, der weitaus stärksten Fraktion im Reichstag und der weitaus größten und stabilsten unter den staatstragenden Parteien.

Bereits am 30. März konnte Brüning die neue Regierung vorstellen. Dieses „Hindenburg-Kabinett" war ein Minderheitskabinett aus Politikern der bürgerlichen Parteien, es bestand aber die Absicht, die Koalitionsregierung möglichst bald noch stärker nach rechts zu erweitern; im Sinne Hindenburgs strebte Brüning deshalb eine parlamentarische Zusammenarbeit mit der DNVP an. Von vornherein ließ Brüning keinen Zweifel darüber aufkommen, daß der Reichstag aufgelöst werde und Gesetze auf dem Weg der Notverordnung ergehen würden, wenn der Reichstag der Regierung das Mißtrauen ausspreche oder ihre Gesetzentwürfe ablehne. Fürs erste wurde die Reichstagsauflösung indessen noch einmal abgewendet. Denn die von SPD und KPD gegen die neue Reichsregierung eingebrachten Mißtrauensanträge fanden keine Mehrheit, und die von der Reichsregierung vorgelegten Steuergesetze und das Agrarprogramm nahm der Reichstag an – mit einer denkbar knappen Mehrheit von vier Stimmen, die dadurch zustandekam, daß ein Teil der DNVP-Fraktion für die Regierungsvorlagen stimmte.

Dieses Wunder wiederholte sich nicht, als es im Juli 1930 zur nächsten Kraftprobe kam. Die Regierung beschritt mit einer neuen Deckungsvorlage zur Sanierung der Staatsfinanzen den Weg einer rigorosen Deflationspolitik: Deflationspolitik Die Staatsausgaben wurden gekürzt, Steuern und Abgaben erhöht, neben einer verschärften Besteuerung der höheren Einkommen sollte u. a. ein sog. „Notopfer" der Festbesoldeten eingeführt werden. Um die Zustimmung der DNVP für diese Deckungsvorlage zu gewinnen, verstieg sich Brüning in einer Unterredung mit Hugenberg sogar zu dem Angebot, die Preußenkoalition zu sprengen und das Zentrum zu bewegen, in Preußen eine Koalition mit der DNVP einzugehen. Obwohl Hugenberg diesen Avancen mit schroffer Ablehnung begegnete, spekulierte Brüning darauf, in der DNVP-Reichstagsfraktion würden sich – wie im April – genügend Abweichler vom Hugenberg-Kurs finden, um der Regierungsvorlage zu einer knappen Mehrheit zu verhelfen. Aus diesem Grunde wurde nicht mit der SPD verhandelt, verzichtete Brüning darauf, die durchaus bestehende Möglichkeit eines Kompromisses mit ihr auszuloten und auszuschöpfen. Im Ergebnis dieses riskanten Taktierens erlitt die Reichsregierung in der Reichstagssitzung am 16.7.1930 eine Niederlage: Trotz Brünings Drohung mit Artikel 48 lehnte der Reichstag einen Teil der Deckungsvorlage mit 256:193 Stimmen ab. Das Kabinett beschloß daraufhin sofort, die gesamte Deckungsvorlage in Form einer Notverordnung in Kraft zu setzen – es war das erste Mal, daß ein vom Reichstag *abgelehnter* Gesetzentwurf in eine Notverordnung umgewandelt wurde, was die herrschende Rechtslehre für unzulässig hielt. Die SPD-Fraktion beantragte umgehend die Aufhebung dieser Notverordnung, und dieser Antrag fand am 18. Juli im Reichstag eine Mehrheit; 236 Abgeordnete (SPD, KPD, NSDAP, der größere Teil der DNVP) votierten für die Aufhebung, 221 dagegen. Daraufhin verkündete Brüning die Auflösung des Reichstags, und die durch Reichs- Reichstagsauflösung tagsbeschluß aufgehobene Notverordnung wurde wenige Tage später in einer Juli 1930 verschärften Form erneut als Notverordnung erlassen. Spätestens diese Entscheidungen vom Juli 1930 machten mit drastischer Deutlichkeit sichtbar, daß mit der Einsetzung des Präsidialkabinetts Brüning tatsächlich der Weg in eine neue Verfassungswirklichkeit beschritten worden war: Weil der Reichstag von seinem verfassungsmäßig garantierten Recht, eine nach Art. 48 (2) getroffene „Maßnahme" „außer Kraft zu setzen", Gebrauch gemacht hatte, wurde er vom Reichspräsidenten aufgelöst, zur Strafe sozusagen. Treffend konstatiert GERHARD SCHULZ: „Mit diesem Akt und an diesem Tag begann die permanente Durchbrechung des Verfassungssystems durch die Diktaturgewalt des Reichspräsidenten, die sich mit ihrer ersten Maßnahme sogleich gegen die ihr von der Verfassung auferlegten Beschränkungen wandte."

Diese Reichstagsauflösung im Juli hatte die Katastrophenwahl vom September im Gefolge; die Ergebnisse dieser Wahl sind an anderer Stelle bereits besprochen worden (s. o. S. 127). Im neuen Reichstag, mit seinen 107 NSDAP- und 77 KPD-Abgeordneten, war eine *positive* Mehrheit nach keiner Seite mehr zu bilden. Die DNVP, die Brüning trotz brüsk erteilter Absagen beharrlich umwarb, lehnte eine Unterstützung der Regierung ab. Versuche Brünings, die NSDAP für eine „konstruktive Opposition" zu gewinnen, führten nicht zum Erfolg, obwohl Brüning sich in einer Unterredung mit Hitler, Straßer und Frick am 6.10.1930 sogar erbot, „dafür zu sorgen, daß überall in den Länderparlamenten ..., wo es zahlenmäßig möglich sei, NSDAP und Zentrum zusammen eine Regierung bilden konnten ..."

Mehrheitsverhältnisse nach der Reichstagswahl vom 14.9.1930

Wenn sich das Kabinett Brüning in diesem Reichstag dennoch nicht einer *negativen* Mehrheit gegenübersah, so war dies auf die Haltung der SPD-Fraktion zurückzuführen. Der Oppositionskurs, den die SPD im Juli gesteuert hatte, war nach den Vorgängen der vorausgehenden Monate gewiß verständlich und berechtigt – aber er hatte der SPD nichts eingebracht: Die Beseitigung des Präsidialkabinetts gelang nicht, statt dessen wurde die Position gerade der republiktreuen, demokratischen Kräfte durch die Septemberwahlen enorm geschwächt. Jetzt, im Herbst, rang sich die SPD – gegen starke Widerstände in den eigenen Reihen – aus Gründen der Staatsräson, aber auch aus einem rationalen politischen Kalkül, dazu durch, das Kabinett Brüning zu „tolerieren", d. h.: Die SPD-Fraktion stimmte gegen Mißtrauensanträge und brachte sie dadurch zu Fall, und sie lehnte auch die von DNVP, NSDAP und KPD gestellten Anträge auf Aufhebung der Notverordnungen ab, so daß die Reichsgesetzgebung auf dem Weg der Notverordnungen erfolgen konnte.

Tolerierungskurs der SPD

Wenn sich die SPD im Herbst 1930 für den Tolerierungskurs als das kleinere Übel entschied, so hatte sie dafür auch handfeste politische Gründe, nämlich die Rücksichtnahme auf die Preußen-Koalition aus SPD, Zentrum und DDP (seit Sommer 1930 Deutsche Staatspartei) unter dem sozialdemokratischen Ministerpräsidenten Otto Braun. Ein Ausscheren des Zentrums aus dieser Koalition – bei einem Sturz des Kabinetts Brüning mit Hilfe der SPD – hätte die wichtigste, der SPD noch verbliebene Machtbastion zum Einsturz gebracht.

Eben dies suchte die politische Rechte mit allen Mitteln zu erreichen. Um die ihr verhaßte Preußen-Regierung möglichst rasch zu beseitigen, griff sie 1931 zu dem (auch in der preußischen Verfassung verankerten) Instrument von Volksbegehren und Volksentscheid. Organisationen und Parteien der politischen Rechten (Stahlhelm, DNVP, NSDAP, DVP, Wirtschaftspartei sowie einige kleinere parlamentarische und außerparlamentarische Organisationen) brachten im Frühjahr 1931 das Volksbegehren auf den Weg, das die sofortige Auflösung des preußischen Landtags bezweckte; die für die Einleitung eines Volksentscheids erforderliche Mindestzahl von Eintragungen wurde allerdings nur knapp überschritten. Nun schloß sich überraschenderweise auch die KPD der Aktion an; die KPD-Führung forderte Mitglieder und Anhänger der Partei auf, am Volksentscheid teilzunehmen und für die sofortige Auflösung des Landtags zu stimmen. Doch trotz der gemeinsamen Frontstellung von politischen Rechtskräften und KPD gegen die Preußen-Regierung schlug das Unternehmen fehl. Für einen Erfolg wären etwa 13,2 Mill. Stimmen notwendig gewesen, aber beim Volksentscheid am 9.8.1931 votierten nur 9,8 Mill. (= 36,9 %) der Stimmberechtigten für die sofortige Landtagsauflösung – das war ein wesentlich geringerer Stimmanteil als der, den die Parteien des Volksentscheids bei der Reichstagswahl 1930 in Preußen verbucht hatten. Die Regierung Otto Braun gewann so eine Atempause bis zur regulären Landtagswahl im April 1932.

Preußen-Volksentscheid 1931

Stellte bereits die Art und Weise, in der das Kabinett Brüning vorbereitet und installiert wurde, eine erste Stufe im „stillen Verfassungswandel" von der parlamentarischen Demokratie zum Präsidialsystem dar, so kann die seit Herbst 1930 parlamentarisch tolerierte Präsidialregierung Brüning als zweite Stufe in diesem Prozeß bezeichnet werden. Zwar ging Brüning selbständiger vor, als den Protagonisten eines „Hindenburg-Kabinetts" Anfang 1930 vorgeschwebt hatte, und das Regieren mit einer „großen Tolerierungskoalition" (WERNER CONZE), welche die SPD miteinbezog, bedeutete eine erhebliche Modifizierung des ursprünglichen Konzepts eines in schroffer Frontstellung zur SPD agierenden rechtsbürgerlichen Regimes. Aber Brüning gelangte von seinem Selbstverständnis her nie über das Bewußtsein hinaus, sein Amt lediglich im Auftrag des Reichspräsidenten und in Verpflichtung der ihm anvertrauten Mission zu führen.

Die Erosion des parlamentarischen Systems schritt in den rund zwei Jahren der Ära Brüning in raschem Tempo voran. Die Zahl der Sitzungstage des Reichstags ging von 94 im Jahr 1930 (davon 67 nach dem Ende der Großen Koalition) über 42 im Jahr 1931 auf nur 13 im Jahr 1932 zurück. Wurden 1930 vom Reichstag noch 98 Gesetze beschlossen, so waren es 1931 lediglich 34 und 1932 gar nur 5. Dagegen stieg die Zahl der vom Reichspräsidenten als Notverordnungen erlassenen Gesetze von fünf im Jahr 1930 über 44 im Jahr 1931 auf 66 im Jahr 1932. In dem Maße, in dem der Reichstag an Macht, Einfluß und Ansehen verlor, verselbständigte sich die Exekutive. Der bürokratische Verwaltungsstaat drang nach allen Richtungen vor, die relative

Funktionsverlust des Reichstags

Autonomie des Staatsapparats verstärkte sich, übrigens auch mit der Konsequenz, daß die Exekutive wichtige politische Entscheidungen sogar gegen den erklärten Willen einflußreicher Industriellenkreise durchsetzen konnte. Man hat daher mit Recht von einer „Abgehobenheit des politischen Entscheidungsprozesses im Präsidialsystem" gesprochen (REINHARD NEEBE).

Brünings Außen- und Wirtschaftspolitik

In Brünings Prioritätenskala rangierte an oberster Stelle die „Befreiung" des Reiches von der Reparationslast. Diesem Ziel wurde die innere Wirtschaftspolitik untergeordnet. Durch pünktliche Erfüllung der Reparationszahlungen sollte Deutschlands Vertragstreue demonstriert, aber gleichzeitig auch der Nachweis geführt werden, daß Deutschland die Reparationsverpflichtungen nicht länger erfüllen könne und die Reparationsschuld deshalb gestrichen werden müsse. Um bei den Siegermächten Verständnis für die Lage des Reichs zu wecken, war Brüning bereit, Massenarbeitslosigkeit und Verelendung breiter deutscher Bevölkerungsschichten im Gefolge der Weltwirtschaftskrise für mehrere Jahre in Kauf zu nehmen. Sobald das Ziel einer Streichung der Reparationsschuld erreicht und das Wirtschaftstief durchschritten sein würde, wollte Brüning dann – wie er in seinen Memoiren (1970) enthüllte – eine tiefgreifende Verfassungsreform durchführen, die Hohenzollernmonarchie restaurieren und die Regierung einem Kabinett aus Vertretern der Rechtsparteien überlassen. Diese „Enthüllung" der Absicht einer Restaurierung der Hohenzollernmonarchie wirkte bei Veröffentlichung der Memoiren als Sensation und war geeignet, jene kritischen Urteile über Politik und Motive Brünings zu untermauern, die sich bei der Behandlung der Ära Brünings während der 1960er Jahre weitgehend durchgesetzt hatten (vgl. u. S. 255 ff.).

In der jüngsten Diskussion wird indessen bezweifelt, ob Brünings gesamter äußerer und innerer Politik wirklich (wie er in seinen Memoiren behauptet) eine umfassende strategische Konzeption zugrundelag, ob er nicht eher ein Krisenmanagement von Tag zu Tag betrieb und mit einem System taktischer Aushilfen auf die – in dieser Form nicht klar voraussehbaren – Auswirkungen der wirtschaftlichen und politischen Krise reagierte, „in mancher Hinsicht mehr Gefangener als Lenker der Ereignisse" (HANS MOMMSEN). Des weiteren wird neuerdings der wirtschaftspolitische Handlungsspielraum des Kabinetts Brüning intensiv diskutiert. KNUT BORCHARDT vertritt mit Nachdruck die Auffassung, Brüning hätte bis zum Frühjahr 1932 für eine Politik reichsbankfinanzierter erhöhter Staatsausgaben nicht die geringste politische Unterstützung irgendeiner der politisch relevanten Gruppen gehabt: Die von Brüning betriebene Deflationspolitik sei diejenige Politik gewesen, „die weder von einer der dieser Regierung nahestehenden oder sie tolerierenden Parteien noch von irgendeinem Unternehmerverband oder von den Gewerkschaften prinzipiell durch eine Alternative in Frage gestellt worden ist. Ausgerechnet in *diesem* Konsens trafen sich damals die im übrigen inzwischen vielfach heftig verfeindeten gesellschaftlichen Kräfte noch. Insbesondere die Führung der SPD ... war gegen jedes Experiment mit der Währung und beschwor ständig die Inflationsgefahr, welche aus zusätzlichen Staatsausgaben notwendig erwachsen würde".

Das letzte Wort über die Brüningsche Wirtschafts- und Sozialpolitik dürfte wohl noch nicht gesprochen sein (vgl. auch u. S. 260 ff.). Aber selbst wenn allzu apodiktisch ausgefallene frühere Urteile zu differenzieren sein sollten, so kann über einen zentralen Sachverhalt kein Zweifel bestehen: Für Brüning besaß oberste Priorität nicht die Bekämpfung von Massenarbeitslosigkeit und Wirtschaftskrise, sondern die Beseitigung der Reparationen. Brüning war entschlossen, die Krise zu benutzen, um das Reparationsproblem ein für allemal zu liquidieren. Deshalb lag ihm nicht primär daran, die Krisenentwicklung so schnell wie irgend möglich mit allen zur Verfügung stehenden Mitteln abzubremsen. Er hat deshalb z. B. darauf verzichtet, auf Angebote einzugehen, mit Hilfe von Auslandskrediten den dringendsten Finanzierungsproblemen abzuhelfen, weil die Regierung durch die Aufnahme solcher Kredite in ihrer außenpolitischen Aktionsfreiheit behindert worden wäre.

Dabei spitzte sich die Krisenentwicklung im Sommer 1931 akut zu. Zwei Vorgänge trafen zusammen. Zum einen begleitete die Regierung ein neues Paket von Notverordnungen mit einem Aufruf, in dem sie die baldige Einstellung der Reparationszahlungen ankündigte und damit eine Massenflucht von ausländischem, aber auch von deutschem Kapital aus Deutschland provozierte. Zum anderen brach nach dem Zusammenbruch der renommierten Österreichischen Creditanstalt auch in Deutschland eine schwere Bankenkrise aus. Die deutschen Banken, die seit der Inflation nur über eine schwache Eigenkapitalbasis verfügten, sahen sich einem Ansturm ihrer Gläubiger und Kunden ausgesetzt, wochenlang mußten sie Tag für Tag Kredite und Einlagen, die ihnen gekündigt wurden, zurückzahlen. Der kritische Punkt war erreicht, als die Danat-Bank, Deutschlands zweitgrößte Bank, durch den Zusammenbruch des „Nordwolle"-Konzerns, mit dem sie in enger Verbindung stand, in so akute Zahlungsschwierigkeiten geriet, daß sie der Reichsregierung und der Reichsbank am 11. Juli mitteilen mußte, sie könne am 13. Juli ihre Schalter nicht mehr öffnen. Die Regierung sah sich gezwungen, durch Notverordnung reichsweit mehrere „Bankfeiertage" zu dekretieren, das heißt: die Schalter aller deutschen Banken blieben für zwei Tage völlig geschlossen, und auch danach konnten die Bankkunden zunächst nur begrenzt über ihre Guthaben verfügen. Der normale Zahlungsverkehr wurde erst am 5. August wieder aufgenommen, die Börsen blieben gar bis 3. September geschlossen. Zur Stützung und Sanierung der Banken mußte das Reich – ohnehin mit einem Haushaltsdefizit von 600 Millionen belastet – fast eine Milliarde RM bereitstellen. [Bankenkrise 1931]

Die dramatische Finanzkrise veranlaßte den amerikanischen Präsidenten zum Eingreifen. Präsident Herbert Hoover mußte, wenn auch widerwillig, die Tatsache anerkennen, daß ein finanzieller und wirtschaftlicher Zusammenbruch Deutschlands verheerende Konsequenzen nicht nur für die unmittelbar be- [Hoover-Moratorium] troffenen amerikanischen Privatgläubiger und Industriezweige haben würde, sondern für die USA insgesamt. Deshalb schlug Hoover am 20.6.1931 ein allgemeines internationales Schuldenfeierjahr vor, d.h. für die Dauer eines Jahres sollten sowohl die deutschen Reparationszahlungen wie der Schuldendienst für die alliierten Kriegsanleihen ausgesetzt werden. Den Widerstand Frankreichs gegen ein solches Moratorium brach Hoover durch die Drohung, die USA würden notfalls ohne Frankreich handeln, und erzwang so die allgemeine Annahme des Stillhalteabkommens.

Das Hoover-Moratorium war der Anfang vom Ende der Reparationen. Nachdem im August 1931 ein Expertengremium Deutschland bescheinigt hatte, daß es zur Zahlung von Reparationen auch fernerhin nicht in der Lage sein werde, beantragte die Reichsregierung den Zusammentritt des im Young-Plan vorgesehenen Sonderausschusses zur Prüfung der deutschen Leistungsfähigkeit. Dieser Ausschuß stellte Ende Dezember 1931 fest, das Deutsche Reich werde auch nach Ablauf des Moratoriums nicht imstande sein, wieder Reparationen zu zahlen. Der Ausschuß schlug deshalb eine Radikallösung vor: Streichung sowohl der deutschen Reparationen wie der interalliierten Schulden.

Eine solche Radikallösung beschloß dann die Konferenz von Lausanne, die von allen am Reparationsproblem beteiligten Staaten beschickt wurde und vom 16.6. bis 9.7.1932 tagte. Die Gläubiger Deutschlands verzichteten auf weitere Repa-

Beendigung der Reparationszahlungen

rationen (außer einer relativ geringfügigen und eher symbolisch gemeinten, überdies nie geleisteten deutschen Abschlußzahlung) und stellten danach ihre eigenen Zahlungen an die USA ein. Die USA sprachen zwar keinen förmlichen Verzicht auf ihre Ansprüche aus, ließen es sich aber gefallen, von den Schuldnerländern kein Geld mehr zu erhalten.

Diesen – teuer bezahlten – Triumph seiner revisionspolitischen Anstrengungen erlebte Brüning nicht mehr im Amt des Reichskanzlers. Am 29. Mai 1932, wenige Wochen vor der Eröffnung der Konferenz von Lausanne, wurde Brüning entlassen. Der Kanzler hatte das Vertrauen des Reichspräsidenten schrittweise in einem sich über mehrere Monate hinziehenden Prozeß verloren.

Etappen auf dem Weg zum Sturze Brünings

Noch unerschüttert war Hindenburgs Vertrauen zu Brüning im Herbst 1931, als das Kabinett eine gefährliche Sturmzone zu durchsteuern hatte. In der Bevölkerung hatte die Regierung infolge der verheerenden wirtschaftlichen Entwicklung seit Sommer 1931 immer stärker an Rückhalt verloren, auch Teile der Wirtschaft begannen sich jetzt von Brüning abzuwenden, und die „nationale

„Harzburger Front"

Opposition" versuchte mit allen Mitteln, das Kabinett zu stürzen. Unmittelbar vor einer kurzen Reichstagssession, der ersten seit Monaten, blies die „nationale Opposition" zum Generalappell. In Bad Harzburg veranstalteten DNVP, Stahlhelm und NSDAP am 11. Oktober eine gemeinsame Großkundgebung, verbunden mit gewaltigen Aufmärschen der paramilitärischen Organisationen („Harzburger Front"). Hinter den Kulissen ging es zwar keineswegs harmonisch zu, es taten sich heftige persönliche Antipathien und taktische Meinungsverschiedenheiten zwischen den Führern der äußersten Rechten auf. Aber

C. Auflösung und Zerstörung der Republik 1930–1933   139

im Willen, die Regierung unter allen Umständen zu stürzen, war man sich einig. Mit Mühe überstand Brüning wenige Tage später den gemeinsamen Angriff von Rechtsopposition und KPD. Um der zunehmenden Kritik an der Regierung zu begegnen, hatte Brüning vor der Reichstagssitzung sein Kabinett umgebildet: Er selbst übernahm zum Kanzleramt das Außenministerium – der bisherige Außenminister Julius Curtius (DVP) mußte gehen, weil das von ihm forcierte Projekt einer deutsch-österreichischen Zollunion (Frühjahr 1931) mit einem völligen Fehlschlag geendet hatte; Reichswehrminister Groener führte jetzt auch die Geschäfte des Innenministers – mit Wirth wurde der Exponent des republikanischen Zentrumsflügels im Kabinett geopfert; nur noch wenige Parteipolitiker gehörten dem neuen Kabinett an: Die Distanz zwischen Regierung und Parlament wurde so noch deutlicher markiert als beim 1. Kabinett Brüning. Die Mißtrauensanträge gegen dieses 2. Kabinett Brüning lehnte der Reichstag am 16. Oktober mit 295:270 Stimmen (bei 3 Enthaltungen) ab; die Ablehnung kam nur dadurch zustande, daß die SPD-Fraktion gegen die Mißtrauensanträge votierte. Kabinettsumbildung

Wenn Kanzler und Kabinett seit Jahresbeginn 1932 allmählich das Vertrauen des Reichspräsidenten zu verlieren begannen, so dürfte der Ausgangspunkt dieser Entwicklung in den Auseinandersetzungen bei der Vorbereitung der Wiederwahl Hindenburgs als Reichspräsident zu suchen sein. Während Hindenburg offenbar eine plebiszitäre Bestätigung im Amt (ohne ernsthaften Gegenkandidaten und ohne Wahlkampf) erstrebte, bemühte sich Brüning zunächst um eine Verlängerung der Amtszeit durch ein vom Reichstag mit Zweidrittelmehrheit zu beschließendes verfassungsänderndes Gesetz, er scheiterte mit diesem Vorhaben aber am Widerstand Hitlers und Hugenbergs. Die Konstellation der Präsidentenwahl – DNVP und Stahlhelm versagten Hindenburg die Unterstützung, hingegen rief die SPD zur Wahl Hindenburgs auf – empfand der greise Reichspräsident als einen Kampf in verkehrter Frontstellung und legte dies Brüning zur Last. Im 1. Wahlgang am 13. 3. 1932 verfehlte Hindenburg nur knapp die erforderliche absolute Mehrheit (Hindenburg 49,6 %, Hitler 30,1 %, Thälmann 13,2 %, Duesterberg 6,8 %). Im 2. Wahlgang am 10. 4. 1932, der die Form eines Plebiszits zwischen Hindenburg und Hitler annahm, erreichte Hindenburg zwar 53 % der Stimmen und war damit für sieben Jahre wiedergewählt, aber Hitler steigerte sich um über 6 % auf 36,8 %, während Thälmann gegenüber dem 1. Wahlgang 3 % einbüßte (s. Tab. u. S. 347). Trotz des beachtlichen Abschneidens des Führers der NSDAP bleibt festzuhalten: Rund zwei Drittel der deutschen Wähler stimmten bei der Reichspräsidentenwahl 1932 gegen Hitler, der sich in der Schlußphase des von ihm mit äußerstem Einsatz geführten Wahlkampfes anscheinend Hoffnungen gemacht hat, eine Mehrheit erringen zu können und für diesen Fall Aktionen von SA und SS vorbereiten ließ.

Dem beachtlichen Abschneiden Hitlers bei der Reichspräsidentenwahl schlossen sich in den folgenden Wochen weitere nationalsozialistische Wahlerfolge bei den Landtagswahlen an. Am 24. April in Preußen, Bayern, Württem-

Reichspräsidentenwahl 1932

Wiederwahl Hindenburgs

Landtagswahlen April/Mai/Juni 1932

berg, Hamburg und Anhalt, am 29. Mai in Oldenburg, am 5. Juni in Mecklenburg-Schwerin und am 19. Juni in Hessen schnitten die Nationalsozialisten sehr gut ab (Preußen 36,3 %, Bayern 32,5 %, Württemberg 26,4 %, Hamburg 31,2 %, Anhalt 40,9 %, Oldenburg 48,4 %, Mecklenburg-Schwerin 49 %, Hessen 44 %); in Anhalt, Oldenburg und Mecklenburg-Schwerin (sowie in Thüringen nach der Landtagswahl vom 31. Juli) stellte die NSDAP jetzt den Ministerpräsidenten, selbst die politische Führung im größten Land des Reiches, in Preußen, rückte für die Nationalsozialisten in Reichweite – kein Wunder, daß in den Sommermonaten des Jahres 1932 immer stärker eine Stimmung des „Hitler ante portas" um sich griff.

Verbot von SA und SS   Nach der Wiederwahl Hindenburgs zum Reichspräsidenten hatte es allerdings zunächst den Anschein, die Reichsregierung werde sich nun endlich zu einem energischen Vorgehen gegen die paramilitärischen Organisationen der NSDAP aufraffen, die – inzwischen auf eine halbe Million Mann angewachsen – vielerorts die „Straße" beherrschten und die staatliche Autorität offen herausforderten: SA und SS wurden durch eine Notverordnung vom 13. April 1932 verboten. Groener hatte mit diesem Verbot lange gezögert und fand sich schließlich nur unter dem Druck der Länderinnenminister dazu bereit. Hindenburg gab seine Zustimmung allerdings nur widerwillig, in seiner Umgebung war man unzufrieden, daß neben SA und SS nicht auch das republiktreue „Reichsbanner" verboten wurde. Zweifellos war das SA-Verbot der wichtigste Markstein auf dem Weg zur Entlassung Brünings. Denn die NSDAP, sekundiert von den übrigen Rechtskräften, forcierte jetzt ihre Agitation gegen die Regierung. Entscheidend war indessen, daß Schleicher nun gegen seinen Minister, väterlichen Freund und langjährigen Förderer Groener zu intrigieren begann: Seit Anfang Mai konspirierte Schleicher, wie noch näher dargelegt wird, mit der NSDAP gegen Groener und Brüning mit dem Ziel, das Kabinett Brüning zu stürzen und durch eine von der NSDAP tolerierte, noch stärker nach rechts orientierte Präsidialregierung zu ersetzen. Das erste Opfer dieses Komplotts war Groener.

Intrigen Schleichers

Als die NSDAP-Fraktion in der Reichstagssitzung vom 10. Mai, in der Groener das SA-Verbot begründete und verteidigte, wüste Tumulte entfesselte und Groener sich in diesem Sturm nur mit äußerster Mühe behaupten konnte, erklärte Schleicher dem Reichswehrminister mit kalter Entschlossenheit, er sei für die Führung der Reichswehr jetzt endgültig untragbar geworden. Groener hatte schon seit geraumer Zeit einen Vertrauensverlust des Offizierskorps ihm gegenüber registriert; am 12. Mai reichte er sein Rücktrittsgesuch ein, das von Hindenburg bezeichnenderweise sofort angenommen wurde. Darüber hinaus lehnte es Hindenburg strikt ab, Groener – der seit Oktober mit der Wahrnehmung der Geschäfte des Innenministers beauftragt war – nunmehr förmlich zum Innenminister zu ernennen.

Ostsiedlungsnotverordnung   Vor dem Hintergrund dieser Konfliktsituation müssen die Meinungsverschiedenheiten zwischen Hindenburg und dem Kabinett in der Frage einer Ostsiedlungsnotverordnung während der zweiten Maihälfte gesehen und bewertet werden. Der Entwurf sah die Zwangsenteignung nicht mehr entschuldungsfähiger großer Güter zum Zweck der bäuerlichen Siedlung vor; unter dem Einfluß seiner großagrarischen Standesgenossen versagte Hindenburg dieser Notverordnung die Zustimmung. Das Gesetzesvorhaben des Kabinetts wurde deshalb in der älteren Literatur häufig zur eigentlichen Ursache von Brünings Sturz hochstilisiert. In Wirklichkeit war dieser Notverordnungsentwurf aber nicht Ursache, sondern lediglich ein geeigneter Anlaß für die von der Kamarilla um den Reichspräsidenten seit Wochen betriebene Entlassung Brünings. Am 29. Mai war es soweit. In einem kurzen Gespräch forderte Hindenburg kühl und brüsk den Reichskanzler zum Rücktritt auf, und dieser erklärte am nächsten Tag die Gesamtdemission des Kabinetts. Außerordentlich treffend charakterisierte Hermann Dietrich, Vizekanzler und Finanzminister im Kabinett Brüning, einige Tage später die Motive der Kanzlerstürzer und die zum Kanzlersturz führende Entwicklung: „Die tieferen Gründe der Beseitigung Brünings liegen darin, daß eine Schicht, die vorher im Staat keinen entscheidenden Einfluß mehr hatte, nämlich das Alt-Preußentum, die Herrschaft wieder an sich zu nehmen gewillt ist... Die ersten Versuche zur Ergreifung der Macht hat diese Bevölkerungsschicht schon zur Zeit der Regierungsbildung unter Brüning gemacht. Brüning sollte das Steuer nach rechts drehen. Diesen Rechtsabmarsch hat Brüning auch versucht, aber nicht fertiggebracht aus der Macht der Tatsachen heraus, und so ist er gefallen, weil er die Erwartungen der Herren enttäuscht hat."

Entlassung Brünings

Brüning selbst ist nicht müde geworden, seinen Sturz „hundert Meter vor dem Ziel" als eine finstere Intrige unberufener Ratgeber des Reichspräsidenten auszudeuten. Aber wenn Brünings Kanzlerschaft nicht aufgrund eines Mißtrauensvotums des Reichstags endete (im Reichstag besaß Brüning bis zuletzt eine Tolerierungsmehrheit), sondern deshalb, weil Hindenburg dem Kabinett sein Vertrauen entzog, dann war Brüning der letzte, der sich darüber zu beklagen ein Recht hatte. Denn erst der von Brüning mitgetragene Übergang zum Präsidialregime versetzte den Reichspräsidenten in die Lage, den Reichskanzler ohne Berücksichtigung der parlamentarischen Konstellation einfach deshalb abzuberufen, weil dieser nicht mehr sein persönliches und politisches Vertrauen besaß, und gerade das Intrigieren beim Reichspräsidenten war in dem von Brüning akzeptierten oligarchisch-autoritären Präsidialsystem ein entscheidungsrelevanter autonomer politischer Faktor. So gesehen, war Brünings Sturz die Konsequenz seiner absoluten Bindung an den Reichspräsidenten.

Bewertung des Präsidialkabinetts Brüning

Gewiß war Brünings gemäßigter Autoritätskurs noch strikt rechtsstaatlich orientiert, aber schon unter Brüning wurde die Machtstellung des Reichspräsidenten gegenüber allen anderen Verfassungsorganen extrem gesteigert, das Parlament weitestgehend aus dem politischen Entscheidungsprozeß ausgeschaltet und auf rein negative Funktionen beschränkt, der Reichswehrführung eine Schlüsselrolle eingeräumt, das Übergewicht bürokratischer Instanzen besiegelt und die Öffentlichkeit immer stärker an den Gedanken diktatorischer Lösungen gewöhnt. Auf dem von Brüning planierten Terrain konnte das autoritäre Präsidialregime nach Brünings Sturz mühelos weiter ausgebaut werden.

Auch wer bei der Analyse weitreichender historischer Entwicklungen und Entscheidungen nicht einer einseitig personalistischen Betrachtungsweise huldigt, wird nicht daran vorbeikommen, bei der Behandlung der Präsidialkabinette Papen und Schleicher und bei der Darstellung der unmittelbaren Vorgeschichte von Hitlers Ernennung zum Reichskanzler die Rolle des persönlichen Faktors im Ablauf der Geschehnisse nachdrücklich herauszustellen. Noch ausgeprägter als in der Ära Brüning wurden während jener Monate die für das Schicksal des deutschen Volkes und Staates so folgenreichen Entscheidungen in einem kleinen Personenkreis um den Reichspräsidenten vorbereitet und getroffen.

Schlüsselstellung Schleichers 1932

An der Schlüsselstellung Schleichers in den Machtkämpfen und beim Intrigenspiel in den Monaten vor dem 30. 1. 1933 kann dabei nach dem Ergebnis der Forschung kein Zweifel bestehen: Seit 1929 Chef des Ministeramts im Reichswehrministerium, seit Juni 1932 Reichswehrminister, konnte Schleicher mit der Reichswehr das ausschlaggebende Machtgewicht in die Waagschale werfen. Protagonist eines Präsidialregimes schon lange vor 1930, Verfechter der autoritären Präsidialdiktatur in der Ära Brüning, Regisseur von Brünings Sturz, spiritus rector des Präsidialkabinetts Papen, war Schleicher der Hauptexponent des Konzepts einer „Zähmung" Hitlers. Was Schleicher vorschwebte, war die Etablierung eines von der Reichswehr getragenen, dauerhaft antiparlamentarisch-autoritären Präsidialregimes, in das auch die NS-Bewegung einbezogen werden sollte, freilich in einer eher passiven, im wesentlichen durch Schleicher selbst definierten Rolle.

Schleicher hat sich dann als Reichskanzler nach dem Scheitern dieses Konzepts – sozusagen in letzter Minute – zwar bemüht, Hitler von der Macht fernzuhalten. Aber der Mangel an politischer Glaubwürdigkeit, der ihm aufgrund seines undurchsichtigen Taktierens während der Krisenmonate anhaftete, schlug nun für ihn negativ zu Buche. Für seine auf eine Proklamierung des Staatsnotstands hinauslaufenden Pläne konnte er nicht mehr die Zustimmung Hindenburgs gewinnen, der im Januar 1933 dem risikoreichen Kurs Schleichers den vermeintlich weniger risikoreichen Kurs der Einsetzung des Kabinetts Hitler-Papen-Hugenberg vorzog. Nach einer pointierten Formulierung VOLKER HENTSCHELS war es so etwas wie eine tragische Ironie der Geschichte, „daß es Schleicher zuletzt verwehrt wurde, eine Gefahr abzuwenden, die es ohne sein wesentliches Zutun mit einiger Wahrscheinlichkeit gar nicht gegeben hätte".

„Zähmungskonzept"

Schleichers Konzept einer politischen Zähmung und Abnutzung der NSDAP durch Einbindung in die Regierungsverantwortung war zweifellos mitinspiriert durch wehr- und heerespolitische Absichten: Er wollte die in der NS-Bewegung (angeblich) vorhandenen „wertvollen Elemente" an den „Staat" heranführen (einen autoritär-nationalen Staat, nicht den liberaldemokratischen Staat der Weimarer Verfassung). Konkret hieß das: Die SA sollte zur Landesverteidigung mit herangezogen werden und bei der geplanten Wiederaufrüstung Kader für die personelle Erweiterung der Reichswehr zur Verfügung stellen. Deshalb mißfiel Schleicher das (anfänglich von ihm halbherzig mitbefürwortete) SA-Verbot. Am 8. Mai 1932 verhandelte er mit Hitler, und dabei kam es zu einer – von Schleicher als „Abmachung" verstandenen – Absprache: Schleicher versprach, dafür zu sorgen, daß die Regierung Brüning entlassen, das SA-Verbot aufgehoben, der Reichstag aufgelöst und neugewählt würde, während Hitler zusagte, eine nationale Präsidialregierung tolerieren zu wollen. Schleicher hat seinen Part dieser Abmachung prompt erfüllt. Schon wenige Wochen später stürzte Brüning, wurde das von Schleicher rekrutierte „Kabinett der Barone" unter Reichskanzler Papen berufen (1. Juni), das SA-Verbot aufgehoben (14. Juni), der Reichstag aufgelöst (4. Juni) und die Neuwahl auf 31. Juli anberaumt.

Bildung des Präsidialkabinetts v. Papen

Schleicher ging sogar noch über seine Zusagen hinaus: Er gewann die Zustimmung des Reichspräsidenten für eine von ihm selbst, Reichskanzler Papen und Reichsinnenminister Frhr. von Gayl gemeinsam vorbereitete „Reichsexekution" gegen Preußen. Am 20. Juli, wenige Tage vor der Reichstagswahl, wurde durch ein staatsstreichartiges Manöver die preußische Regierung Braun-Severing abgesetzt (die seit der preußischen Landtagswahl im April 1932 nur noch als geschäftsführende Regierung fungierte). Der Reichskanzler übernahm das Amt des preußischen Ministerpräsidenten, für den Posten des Innenministers wurde ein Reichskommissar ernannt. Die SPD-Führung konnte sich zu offenem Widerstand gegen diese Aktion, durch die die SPD ihrer letzten Machtbastion (insbesondere der Verfügungsgewalt über die preußische Polizei) beraubt wurde, nicht aufraffen (vgl. u. S. 264 ff.). Die preußische Polizei und das Reichsbanner zu bewaffnetem Widerstand aufzurufen, erschien verantwortungslos, da die Reichswehr zu einem militärischen Einsatz bereit und entschlossen war; und zu einem Generalstreik bestand bei fast 6 Millionen Arbeitslosen keine weitverbreitete Bereitschaft. Außerdem war die Arbeiterschaft durch den Kampf zwischen SPD und KPD tief gespalten, an eine aktionsfähige Einheitsfront von Sozialdemokraten und Kommunisten war daher nicht zu denken. Seit Jahren diffamierten die Kommunisten die Sozialdemokraten als „Sozialfaschisten" und bekämpften die SPD als „Hauptgegner", gegen den der „Hauptschlag" geführt werden müsse (im Sommer 1931 hatte sich die KPD auf Weisung der Komintern unter der Devise „Alle Kräfte der Partei müssen in den Kampf gegen die Sozialdemokratie geworfen werden" sogar an dem von den Rechtsparteien initiierten Volksentscheid gegen die Preußen-Regierung beteiligt, vgl. o. S. 135). Mit dem 20. Juli schied die SPD als mitbestimmende Kraft der deutschen Innenpolitik aus; sie befand sich in den folgenden Monaten in vollständiger politischer Isolierung.

20.7.1932: „Reichsexekution" gegen Preußen

Bei der Reichstagswahl vom 31. 7. 1932 (s. Tab. S. 345) erzielte die NSDAP einen großen Wahlerfolg, sie errang aber nicht die absolute Mehrheit. Bei extrem hoher Wahlbeteiligung (83,4 %) gewann die NSDAP 13,8 Mill. Stimmen und 230 Mandate (von insgesamt 608 Mandaten in diesem Reichstag). Während Zentrum

Reichstagswahl vom 31.7.1932

und BVP einige Mandate hinzugewannen, wurden die übrigen Parteien der bürgerlichen Mitte sowie die Interessenparteien nahezu vollständig aufgerieben. Die SPD konnte sich bei einem Verlust von 10 Mandaten (jetzt noch 133) verhältnismäßig gut behaupten, während sich die KPD von 77 auf 89 Mandate steigerte. NSDAP und KPD verfügten zusammen über mehr als die Hälfte der Mandate und konnten damit diesen Reichstag völlig lahmlegen.

Verhandlungen Hitler – Schleicher/ Hindenburg

Gleich nach der Reichstagswahl suchte Hitler Schleicher auf und erklärte ihm unmißverständlich, angesichts des Wahlergebnisses komme eine Tolerierung der Regierung Papen durch die NSDAP nicht mehr in Frage. Schleichers Vorschlag, er solle selbst in das Papen-Kabinett eintreten oder Männer seines Vertrauens in dieses Kabinett entsenden, lehnte Hitler kategorisch ab und forderte statt dessen eine völlige Neubildung der Regierung unter seiner Führung. Diese Forderung wiederholte Hitler am 13. August in einer Unterredung bei Hindenburg, erlebte hier aber eine glatte Abfuhr. Ein sofort publiziertes regierungsoffizielles Kommuniqué stilisierte die Begegnung zwischen Hindenburg und Hitler zu einer demütigenden Niederlage Hitlers, den der Reichspräsident ein für allemal in die Schranken gewiesen habe. Damit war Hitlers Griff nach der Macht vorläufig ebenso gescheitert wie Schleichers Absicht, die NSDAP in das von ihm dirigierte Kabinett Papen einzubinden. Andererseits war dieses Kabinett nun politisch völlig isoliert, denn die NSDAP begab sich nach dem 13. August auf scharfen Konfrontationskurs zur Papen-Regierung.

Die innenpolitische Szenerie der folgenden Wochen war durch große Unübersichtlichkeit und Unsicherheit gekennzeichnet. Kurzfristig schien es sogar, als könne der Reichstag wieder an Einfluß gewinnen. Durch den Eklat vom 13. August war nämlich das Zentrum zu neuem innenpolitischen Gewicht gelangt, denn Zentrum und NSDAP besaßen im neuen Reichstag zusammen eine Mehrheit. Es kam zu Kontakten zwischen Zentrums- und NSDAP-Führern, Gerüchte über eine mögliche Koalition zwischen beiden Parteien machten die Runde, am 30. August wurde Göring mit den Stimmen des Zentrums zum Reichstagspräsidenten gewählt.

An eben diesem 30. August konferierte auf Hindenburgs ostpreußischem Gut Neudeck der Reichspräsident mit Reichskanzler Papen, Reichswehrminister Schleicher und Innenminister Frhr. von Gayl über die politische Lage. Die illustre Runde war sich darüber im Klaren, daß sich das Kabinett nur dann an der Macht halten konnte, wenn der Reichstag keine Möglichkeit erhielt, der Regierung das Mißtrauen auszusprechen. Weil Hindenburg entschlossen war, unter allen Umständen an Papen festzuhalten, fand er sich bereit, jetzt den Weg der Verfassungsdurchbrechung einzuschlagen: Auflösung des Reichstags *ohne* Ausschreibung von Neuwahlen (die nach zwingender Verfassungsvorschrift in-

Niederlage des Kabinetts v. Papen im Reichstag

nerhalb von 60 Tagen nach Auflösung des Reichstags stattzufinden hatten). Papen machte jedoch in den folgenden Tagen von dieser Ermächtigung keinen Gebrauch, und so erlitt das Präsidialkabinett Papen in der ersten Arbeitssitzung des Reichstags am 12. September eine schmähliche Niederlage. Weil Papen das Auflösungsdekret nicht sofort zur Hand hatte, ließ Göring über den eingebrachten Mißtrauensantrag abstimmen, der mit 512 : 42 Stimmen (bei fünf Enthaltungen) angenommen wurde; nur DNVP und DVP stimmten gegen den Mißtrauensantrag.

Die Auflösung des erst im Juli gewählten Reichstags war die unmittelbare Antwort Hindenburgs und Papens auf dieses Mißtrauensvotum. Aber die Stellung des „Kabinetts der Barone" war nun doch politisch so kompromittiert, daß es den meisten Kabinettsmitgliedern nicht opportun erschien, nach vollzogener Reichstagsauflösung auf die Abhaltung von Neuwahlen zu verzichten; auch Besorgnisse, NSDAP und Zentrum könnten versuchen, gegen den Reichspräsidenten beim Staatsgerichtshof ein Verfahren wegen Verfassungsbruch (Artikel 59 der Reichsverfassung) in Gang zu setzen, spielten eine Rolle. Immerhin – und das ist bemerkenswert – blieb noch mehrere Tage in der Schwebe, ob und wann gewählt würde. Erst nach kontroversen Diskussionen rang sich die Mehrheit der Minister am 17. September zu dem Entschluß durch, den 6. November als Wahltermin festzusetzen.

Bei der Reichstagswahl vom 6. November 1932 (s. Tab. S. 345) büßte die NSDAP rund 2 Millionen Stimmen (= 4 %) ein. Der Mythos von der Unaufhaltsamkeit des nationalsozialistischen Vormarsches erlitt damit einen schweren Schlag, aber mit 196 Abgeordneten stellte die NSDAP immer noch die weitaus stärkste Fraktion. Auch die SPD büßte Stimmen und Mandate ein, ebenso Zentrum, BVP und DStP. Um einige Mandate verbesserten sich DNVP und DVP sowie die Kommunisten. Die Zusammensetzung dieses Reichstags, der spätestens Anfang Dezember seine konstituierende Sitzung abhalten mußte, bot keine neuen Koalitionsmöglichkeiten, die restlichen Novemberwochen standen im Zeichen fieberhafter, aber ergebnisloser Bemühungen um die Bildung einer arbeitsfähigen Regierung.

Reichstagswahl vom 6. 11. 1932

Papen, der nach wie vor das Vertrauen Hindenburgs besaß, hielt um jeden Preis an einer Präsidiallösung fest, und die DNVP war bereit, den Papen-Kurs zu unterstützen. Hitler dagegen forderte erneut die Kanzlerschaft für sich, und eine Gruppe von Wirtschaftsführern, an ihrer Spitze der ehemalige Reichsbankpräsident Schacht, richtete eine Eingabe an Hindenburg, in der die Betrauung Hitlers mit dem Kanzleramt gefordert wurde. Dazu war Hindenburg jedoch nur unter der Voraussetzung bereit, daß es Hitler gelingen würde, eine parlamentarische Mehrheitsregierung zu bilden, und diese Basis wiederum lehnte Hitler ab; er wollte Kanzler eines Präsidialkabinetts werden.

Situation nach der Novemberwahl

Mit seinem „Alles-oder-nichts"-Kurs, der auch in Teilen der Partei zunehmendem Unbehagen begegnete (Gregor Straßer etwa hielt nach den Novemberwahlen eine Regierungsbeteiligung der NSDAP auch ohne Kanzlerschaft Hitlers für angezeigt), begab sich Hitler in ein gefährliches Dilemma. Denn er stand unter Zeitdruck. Der Rückgang der Wählerzahlen (nach den Stimmenverlusten bei der Novemberwahl mußte die NSDAP in den folgenden Wochen

Positionen Hitlers und Hindenburgs

bei Bürgerschaftswahlen in Lübeck und Kommunalwahlen in Sachsen und Thüringen erhebliche, zum Teil drastische Stimmeneinbußen hinnehmen) sowie die Zersetzungserscheinungen in Partei und SA Ende 1932 waren unübersehbare Warnsignale: Offensichtlich war die sozial so heterogene Mitgliedschaft und Wählerschaft der NSDAP nicht bereit, unbegrenzt lange auf die „Machtergreifung" der Partei zu warten. So unrealistisch war im Dezember 1932 die Prognose nicht, welche der sozialdemokratische „Vorwärts" am 6. 12. 1932 artikulierte: „Es wird für alle Zeit das geschichtliche Verdienst der Sozialdemokratie bleiben, den deutschen Faschismus so lange von der Macht ferngehalten zu haben, bis sein Abstieg in der Volksgunst begann. Dieser Abstieg wird kaum weniger schnell erfolgen, als sich der Aufstieg vollzogen hat." Tatsächlich hielt nur die Aussicht auf einen baldigen umfassenden Erfolg die NS-Bewegung als Massenbewegung zusammen. Hitler war deshalb dazu verurteilt, mit seiner Strategie in absehbarer Frist erfolgreich zu sein.

Seine Hoffnung, doch noch ans Ziel zu gelangen, konnte er nur darauf gründen, daß auch Hindenburg sich in einem schwierigen Dilemma befand. Er sah sich seit Juli 1932 mit der Tatsache konfrontiert, daß NSDAP und KPD im Reichstag zusammen über eine Sperrmajorität verfügten, also einem Präsidialkabinett jederzeit das Mißtrauen aussprechen oder Notverordnungen aufheben konnten. Um eine ordnungsgemäße Sitzung des Reichstags zu verhindern, blieb somit nur der Ausweg des Staatsnotstands, d. h. Auflösung des Reichstags ohne Ausschreibung von Neuwahlen. Verzicht auf Neuwahlen bzw. ihre Verschiebung auf unbestimmte Frist bedeuteten jedoch klaren Verfassungsbruch.

Hindenburgs Dilemma trat in den letzten Novembertagen überdeutlich in Erscheinung. Papen, der von Hindenburg Ende November erneut mit der Regierungsbildung beauftragt worden war, wollte notfalls mit Gewalt und unter Inkaufnahme einer Bürgerkriegssituation sein „Kampfprogramm" durchsetzen: Ausschaltung des widerstrebenden Reichstags, Unterdrückung aller Parteien und halbpolitischen Organisationen durch Reichswehr und Polizei, einschneidende Verfassungsreform mit nachträglicher „Billigung" durch Volksabstimmung oder eine neu zu berufende Nationalversammlung. Für diesen Plan gewann Papen zwar die Zustimmung Hindenburgs, aber nicht die Unterstützung des Reichswehrministers Schleicher, der sich schon in den vorausgehenden Wochen allmählich von Papen abgesetzt hatte und neue Kombinationen ins Auge faßte (Heranziehung der Gewerkschaften und von Teilen der NSDAP um Gregor Straßer an die Regierung: „Querfront"). Schleicher erklärte sich jetzt nachdrücklich gegen die Verhängung des militärischen Ausnahmezustandes, weil die Reichswehr den zu erwartenden bürgerkriegsähnlichen Auseinandersetzungen bei gleichzeitiger Gefahrensituation an der deutschen Ostgrenze nicht gewachsen sein würde. Daraufhin entschloß sich Hindenburg – höchst ungern –, Papen zu entlassen; am 3. 12. 1932 ernannte er Schleicher zum Reichskanzler. Dieser bot schon am nächsten Tag Gregor Straßer, dem „zweiten Mann" der

Entlassung Papens; Ernennung Schleichers zum Reichskanzler

NSDAP, das Amt des Vizekanzlers an, und Straßer neigte zunächst durchaus dazu, das Angebot anzunehmen. Aber nach heftigen Diskussionen innerhalb der nationalsozialistischen Führungsgruppe, in denen Hitler unnachgiebig auf seinem „Alles-oder-nichts"-Kurs beharrte, resignierte Straßer, legte alle Parteiämter nieder und fuhr in Urlaub. Damit war am 8. Dezember auch die letzte Variante in Schleichers Zähmungskonzept gescheitert.

Zwar überstand Schleicher die ersten Sitzungen des Reichstags am 6. bis 9. Dezember und erreichte eine Vertagung des Reichstags bis Januar – aber im Januar 1933 mußte unweigerlich die Stunde der Wahrheit kommen. Auch Schleicher sah nun in der Proklamierung des Staatsnotstands den einzigen noch verbliebenen Weg zur Rettung des Präsidialregimes. Deshalb forcierte er die Vorbereitungen für den Staatsnotstand. Bei einer Reichstagsauflösung ohne Anberaumung von Neuwahlen rechnete die Reichswehrführung mit einem großangelegten politischen Generalstreik, und die geplanten Maßnahmen zielten vor allem darauf ab, einen solchen Generalstreik schon im Keime zu ersticken. Es wurden Notverordnungen entworfen, die die zu erwartenden militanten Widerstandsformen nahezu vollständig abdeckten. Für alle lebenswichtigen Betriebe sollte ein allgemeines Streikverbot gelten, wobei die Definition „lebenswichtig" sehr weit gefaßt war. Den Gewerkschaften wurde schon bei der bloßen Unterstützung von Arbeitseinstellungen die Einziehung ihres Vermögens angedroht, indem sie zivilrechtlich für durch Streiks verursachte Schäden zur Rechenschaft gezogen werden sollten. Streikende Arbeitnehmer hatten den Verlust des Anspruchs auf Erwerbslosen- und Wohlfahrtsunterstützung zu gewärtigen, streikenden Beamten drohte der Entzug ihrer Beamtenrechte. Außerdem wurde die bewährte Streikbrecherorganisation „Technische Nothilfe" materiell und personell massiv aufgerüstet, um sie in den Stand zu versetzen, die Funktionsfähigkeit lebenswichtiger Betriebe aufrechtzuerhalten, falls es doch zum Streik kommen sollte. Im Januar 1933 konnte Reichskanzler Schleicher davon ausgehen, daß die zuständigen militärischen und zivilen Stellen bestens für den Ausnahmezustand präpariert waren.

Option „Proklamierung des Staatsnotstands"

Die Proklamierung des Staatsnotstands ist seit Herbst 1932 viel ernsthafter erwogen und sehr viel zielstrebiger vorbereitet worden, als die Zeitgenossen damals wissen konnten und als in der historischen Forschung erkannt wurde. Wäre dies ein verantwortbarer Ausweg aus einer fast ausweglos erscheinenden Systemkrise gewesen, aus einem Zustand, den zeitgenössische Staatsrechtler zutreffend als „Verfassungslähmung" bezeichneten? Der Zeitpunkt für eine erfolgreiche Durchführung des Notstandsplans war im Januar 1933 eher günstiger als Ende August und Ende November 1932: Erste Anzeichen einer wirtschaftlichen Erholung waren ebenso zu registrieren wie ein Abflauen des politischen Extremismus. Daß es bei einer befristeten Ausschaltung des Reichstags, wie Schleicher sie plante, tatsächlich zu groß angelegten Gegenaktionen gekommen wäre, die zur Verhängung des Ausnahmezustands geführt hätten, kann keineswegs als sicher gelten. Wohl aber wird man mutmaßen dürfen, daß eine von der Reichswehr gestützte Militärdiktatur lediglich eine transitorische Lösung der Staatskrise dargestellt hätte – nicht allein deshalb, weil Schleicher selbst und mit ihm die anderen Reichswehrführer keine dauerhafte Militärdiktatur erstrebten, sondern weil es in Deutschland keine gesellschaftlichen Voraussetzungen für eine Militärdiktatur von unbegrenzter Dauer gab. Die Möglichkeit einer *späteren* Wiederherstellung parlamentarischer Regierungsweise, nach dem Abflauen der Wirtschaftskrise und dem damit einhergehenden Einflußverlust der extremistischen Parteien, wäre nicht verschüttet worden, wie das bei Übertragung der Staatsmacht an Hitler der Fall war. In der desolaten Situation um die Jahreswende 1932/33 aber war eben dies die einzige noch verbliebene Überlebenschance „Weimars": Das Offenhalten des schmalen Pfades zu *späterer* Retablierung demokratisch-parlamentarischer Verfassungsverhältnisse. Dergleichen Überlegungen sind gewiß spekulativ, aber angesichts dessen, was sich dann seit Ende Januar in Deutschland ereignete, wohl nicht müßig.

Die Vorbereitungen für die Proklamierung des Staatsnotstands und die Verhängung des Ausnahmezustands wurden unter striktester Geheimhaltung getroffen. In der öffentlichen Selbstdarstellung war Schleicher hingegen bestrebt, seinem Kabinett durch Initiativen zur Bekämpfung der Arbeitslosigkeit und zur Ankurbelung der Wirtschaft Respektabilität zu verschaffen und den radikalen Strömungen Wind aus den Segeln zu nehmen. In seiner Regierungserklärung verkündete er ein Programm des Ausgleichs und übte Kritik am Kapitalismus wie am Sozialismus. Damit erweckte er Argwohn bei einflußreichen Interessengruppen. Seine Arbeitsbeschaffungspläne und die Annäherung an die Gewerkschaften waren Steine des Anstoßes für die Industrie, Zollpolitik und Siedlungsprogramm Steine des Anstoßes für den Großgrundbesitz. Das Schreckgespenst eines Bündnisses zwischen Militär und Arbeiterschaft gegen die kapitalistische Führungsschicht erschien am Horizont, und führende Exponenten von Industrie und Großlandwirtschaft fürchteten, Schleicher könne sich als Sozialist in Generalsuniform entpuppen. Die Reichstagsfraktion der DNVP forderte Mitte Januar 1933 in einer Entschließung eine „vollständige Neubildung des Kabinetts", sah in der Wirtschaftspolitik „ein neues Abgleiten in sozialistisch-internationale Gedankengänge" und malte „die Gefahr eines Bolschewismus auf dem flachen Lande" an die Wand; Schleicher wurde vorgeworfen, er liquidiere den autoritären Gedanken und wolle die deutsche Politik in das Fahrwasser zurückführen, „das dank dem Erstarken der nationalen Bewegung verlassen schien".

Für diejenigen, die unnachgiebig am Konzept des autoritären Staates festhielten, die Schleicher aber mißtrauten, war es in dieser Situation naheliegend, ein Arrangement mit Hitler und seiner Partei zu suchen. Der Wille zur Durchsetzung eines autoritären Programms in Staat und Gesellschaft mußte die re-

Widerstände gegen Schleichers Regierungsprogramm

staurativen Kräfte schon deshalb mit innerer Logik an die Seite der Hitler-Partei führen, weil nach dem Fiasko der Regierung Papen und angesichts der von Schleicher eingeleiteten Politik der „Versöhnung" klar war, daß die antidemokratischen und „antimarxistischen" Zielsetzungen nicht zu verwirklichen sein würden ohne eine plebiszitäre Basis. Eine solche aber konnte nur die NSDAP bieten. Unter diesen Voraussetzungen mußte der Versuch einer Neuauflage der „Harzburger Front" zwangsläufig dazu führen, daß Hitler und seiner Partei diesmal eine eindeutige Vorrangstellung zufiel.

Die Kontakte, Sondierungen und schließlich Verhandlungen der Januarwochen können hier nicht im einzelnen dargelegt werden. Bekanntlich war es Papen, von dem die erste Initiative ausging. Man hat mit Recht betont, daß verletzter Ehrgeiz und starke Rachegefühle wesentliche Motivationsfaktoren der sich seit Mitte Dezember steigernden Aktivität Papens gewesen sind; er konnte es dem einstigen Freund Schleicher nicht verzeihen, daß dieser das Ende seiner eigenen Kanzlerschaft herbeigeführt hatte. Aber man darf nicht übersehen, daß hinter Papens Aktivität, die auf den Sturz Schleichers und die Heranziehung der NSDAP abzielte, ungeachtet aller persönlichen Momente doch auch – wie angedeutet – sehr kompakte Interessen standen.

Kontakte Papen – Hitler

Die entscheidende Runde in Hitlers Kampf um die Macht wurde am 4. Januar 1933 eingeläutet, als sich Papen und Hitler im Haus des Kölner Bankiers von Schröder zu einem ersten, von Papen angeregten Kontaktgespräch trafen. Papen schwebte zunächst eine Koalition von DNVP und NSDAP unter gleichberechtigter Führung von ihm selbst und Hitler vor, aber schrittweise akzeptierte er den Führungsanspruch Hitlers, an dem dieser zäh und unnachgiebig festhielt. Papen entfaltete in diesen Tagen eine fieberhafte Aktivität; er fungierte als zentraler Vermittler zwischen der Hitlergruppe, der DNVP-Führung und dem Reichspräsidentenpalais, in welchem jetzt auch der Sohn Hindenburgs eine wichtige Mittlerrolle zu spielen begann und zugunsten einer Hitler-Papen-Lösung tätig wurde. Mitte Januar erhielt Papen vom Reichspräsidenten „persönlich und streng vertraulich" den Auftrag, die Möglichkeiten der Bildung einer neuen Regierung zu sondieren. Damit war ein Wendepunkt erreicht: Das Reichspräsidentenpalais begann zu Papen (und damit Hitler) überzuschwenken, zwischen Hindenburg und Schleicher trat eine rasch wachsende Entfremdung ein.

Vorbereitung der Kanzlerschaft Hitlers

Zur gleichen Zeit setzten die Interessenten ihren Ansturm auf Hindenburg – und gegen Schleicher – fort. Das Präsidium des bereits stark von den Nationalsozialisten unterwanderten „Reichslandbundes" führte bei Hindenburg massiv Klage über Schleichers Politik und sprach sich für eine Regierungsneubildung unter Einschluß der Nationalsozialisten aus. In dieser Unterredung wurde deutlich, daß Hindenburg den Vorstellungen und Vorschlägen der Großagrarier viel Verständnis entgegenbrachte.

Die endgültige Entscheidung fiel in den letzten Januartagen, als Schleichers Notstandsplan am Veto des Reichspräsidenten scheiterte. Hindenburg, der nach-

Sturz Schleichers

weislich zwei Mal (Ende August und Ende November 1932) bereit war, das Kabinett Papen mit Hilfe einer verfassungsdurchbrechenden unbefristeten Vertagung von Reichstagsneuwahlen an der Macht zu halten, lehnte Schleichers Antrag ab, den Reichstag aufzulösen, ohne Neuwahlen anzuberaumen, und er konzedierte dem Kanzler schließlich nicht einmal mehr die Reichstagsauflösung *mit* Abhaltung einer Neuwahl innerhalb der verfassungsmäßigen 60 Tage-Frist. Schleicher sah sich daher gezwungen, am 28. Januar seinen Rücktritt einzureichen, um einer Niederlage in der Reichstagssitzung zu entgehen, die auf den 31. Januar einberufen war. In der Kabinettsitzung am 28. Januar berichtete Schleicher über die kurze Unterredung mit dem Reichspräsidenten: Auf die Bitte um die Auflösungsordre habe Hindenburg erwidert, „daß es dem jetzigen Kabinett nicht gelungen sei, eine parlamentarische Mehrheit für sich zu gewinnen. Er hoffe, nun ein Kabinett zu bekommen, das in der Lage sein werde, seine Gedanken durchzuführen".

<small>Ernennung Hitlers zum Reichskanzler</small>

Nun war der Weg frei für Papen, und schon am 30. Januar vereidigte Hindenburg das Hitler-Kabinett, in dem drei Nationalsozialisten von neun Konservativen „eingerahmt" wurden (u. a. Papen als Vizekanzler, Hugenberg als Wirtschafts- und Landwirtschaftsminister). Da Gerüchte über Putschpläne der Reichswehrführung ausgestreut worden waren, erfolgte die Vereidigung in einer hektischen Atmosphäre, in der letzte Bedenken gegen eine Beauftragung Hitlers schnell weggeschwemmt wurden.

Die Einsetzung des Kabinetts Hitler vollzog sich nicht als Staatsstreich, aber auch nicht als Übernahme der Regierungsverantwortung durch eine Koalitionsregierung, die über eine Mehrheit im Parlament verfügte. Das Kabinett Hitler war ein Präsidialkabinett wie alle seine Vorgänger seit 1930. Und doch trat diese Regierung von vornherein unter einem wesentlich anderen Vorzeichen an als die vorhergehenden Kabinette. Denn an die Schalthebel der Macht war ein Mann gelangt, der eine ihm bedingungslos ergebene dynamische Massenpartei sowie eine nach Hunderttausenden zählende paramilitärische Organisation hinter sich hatte und der in all den Jahren eines skrupellos geführten Kampfes gegen den Staat von Weimar nie ein Hehl daraus gemacht hatte, daß sein Ziel die Zerstörung der Republik, die Abschaffung der Demokratie, die brutale Unterdrückung und Verfolgung aller politischen Gegner war. Bereits die ersten Stunden des neuen Regimes signalisierten deutlich, wohin die Reise gehen würde. Das ist indessen nicht mehr Gegenstand dieser Darstellung.

<small>Mußte die Weimarer Demokratie scheitern?</small>

Angesichts des Unheils, das die Herrschaft des Nationalsozialismus über Deutschland und die Welt gebracht hat, steht die Beschäftigung mit der Weimarer Republik notwendigerweise immer unter der Frage, ob das Scheitern der Demokratie – und ein Scheitern mit gerade jener Konsequenz einer Machtergreifung der Hitler-Partei – unvermeidlich war, ob und welche Alternativen zu diesem Ausgang es gegeben hat (und vielleicht bis zuletzt gegeben hat), in welchem Maße strukturelle Gegebenheiten, interessengeleitete Aktivitäten sozialer Gruppen und individuelle Entscheidungen einzelner Funktionsträger für die Zerstörung des Staates von Weimar und die Etablierung des NS-Regimes verantwortlich waren. Eine Antwort auf diese Fragen ist nicht einfach, und es kann daher nicht überraschen, daß sehr unterschiedliche Antworten gegeben wurden und gegeben werden.

Gewiß war die erste deutsche Republik im Ergebnis der Gründungsphase mit einer fundamentalen Schwäche behaftet. In ihrer 1919 konstituierten konkreten Gestalt wurde die parlamentarische Demokratie nur von einer Minderheit der Bevölkerung wirklich akzeptiert und mit kämpferischem Elan verteidigt, breite Bevölkerungsschichten verharrten in Distanz, Skepsis und offener Ablehnung, bereits im Verlauf der Gründungsphase organisierten sich auf der politischen Rechten und der äußersten politischen Linken die antidemokratischen Kräfte zum Kampf gegen die Republik. Unter diesen Umständen muß es als ein kleines Wunder – und als eine beachtliche Leistung – gelten, daß es den republikanischen Politikern gelang, die Weimarer Demokratie durch die von komplexen innen- und außenpolitischen Gefährdungen erfüllten Anfangsjahre hindurchzuretten und schließlich einen bemerkenswerten Grad von politischer und wirtschaftlicher „Normalisierung" zu erreichen. Aber schon in diesen Jahren einer relativen Stabilisierung setzte auch jene Entwicklung ein, die dann seit 1929 in eine rasch voranschreitende Desintegration des politischen Systems überging: die Abkehr großer Teile des Bürgertums und insbesondere der alten Führungseliten vom pluralistischen Sozialstaat Weimarer Prägung und damit vom „Gründungskompromiß" der Jahre 1918/19, durch den der Staat von Weimar auf einem politischen Zusammengehen von sozialdemokratischer Arbeiterschaft und demokratischem Bürgertum aufgebaut wurde. Zu diesem „Gründungskompromiß" gehörte auch und vor allem der partnerschaftliche Interessenausgleich von Kapital und Arbeit, der von den Unternehmern seit dem Ruhreisenstreit von Ende 1928 schrittweise aufgekündigt wurde. In dieser Perspektive gewinnen die Vorgänge und Entscheidungen der Jahre 1929/30 ihre signifikante Bedeutung als eigentliche Weichenstellung auf dem Weg in die Katastrophe. Mit dem Übergang zum Präsidialsystem wurde nämlich eine Abwendung von der parlamentarischen Regierungsweise vollzogen und die Position gerade der republiktreuen und staatsbejahenden Kräfte empfindlich geschwächt, noch ehe die Auswirkungen der Weltwirtschaftskrise die sozialen Ängste ins Unermeßliche steigerten und die Loyalität breiter Bevölkerungsschichten gegenüber der bestehenden Staatsordnung immer mehr schwinden ließen, so daß die extrem nationalistische und demokratiefeindliche NSDAP jenen Auftrieb erhielt, der sie zur Massenbewegung machte. Aber trotz aller Erfolge bei der Massenmobilisierung und an den Wahlurnen war die NSDAP nur deshalb schließlich siegreich, weil die alten Eliten in Großlandwirtschaft und Industrie, Militäraristokratie und Großbürgertum zur autoritären Abkehr von Weimar entschlossen waren und glaubten, die nationalsozialistische Massenbewegung für sich benutzen zu können. Zwar erstrebten sie nicht eine totalitäre Diktatur, wie sie seit dem 30. Januar 1933 Wirklichkeit wurde, aber im Kampf gegen Demokratie, Parlamentarismus und organisierte Arbeiterschaft war die NSDAP für sie ein akzeptabler Bundesgenosse.

Wohl wird man behaupten dürfen, daß die nationalsozialistische Machtergreifung auch seit Sommer 1932 nicht objektiv unvermeidbar war. Aber unter den Voraussetzungen der bestehenden politischen Frontstellungen, Zielsetzungen und Kräfteverhältnisse sowie des inzwischen erreichten Grades der Aushöhlung des Verfassungssystems bestand seit 1932 zweifellos ein außerordentlich starker Trend in Richtung einer Hitler-Lösung. Um diesen vermeintlichen Ausweg aus der Systemkrise zu blockieren, hätte es eines hohen Maßes an politischer Phantasie und an politischem Verantwortungsbewußtsein bedurft, vor allem bei jener Gruppe eigentlicher Entscheidungsträger, die seit der Errichtung des Präsidialregimes das parlamentarische Machtvakuum ausfüllten. Aber gerade in diesem Kreis war der Wille zur Erhaltung einer demokratischen Ordnung in Deutschland nur schwach entwickelt. Es dominierte der Wille zur autoritären Umgestaltung von Staat und Gesellschaft, und damit reduzierte sich das Spektrum möglicher politischer Kombinationen so sehr, daß an einem Arrangement mit der Hitler-Partei kaum vorbeizukommen war, sofern man nicht entschlossen war, sich auf den Weg des Staatsnotstands zu begeben. Bezeichnenderweise kam dieses Arrangement in dem Moment zustande, als die NSDAP beträchtliche Rückschläge hinnehmen mußte, sich andererseits aber unter Schleicher – nach der Auffassung einflußreicher republikfeindlicher Kreise – eine Bündniskonstellation anbahnte, die der Arbeiterbewegung die Rückkehr auf die politische Bühne hätte ermöglichen können. Um dies zu verhindern, ging man den Pakt mit dem Nationalsozialismus ein, dessen ideologisches Fundament die gemeinsame Frontstellung gegen die organisierten Arbeiterinteressen und die republikanische Ordnung war.

„Selbstpreisgabe" oder Zerstörung der Demokratie?

Allerdings darf aber auch nicht übersehen werden, daß sich die demokratischen Parteien den Schwierigkeiten der Krisensituation keineswegs gewachsen zeigten. Immobilismus und Konzeptionslosigkeit von SPD- und Gewerkschaftsführung sowie die schwächliche Haltung beim Papenschen Staatsstreich gegen Preußen sind hier ebenso zu erwähnen wie die Rechtsentwicklung im Zentrum, das eine Koalition mit der NSDAP nicht prinzipiell ausschloß. Bei allen Gruppen der demokratischen Mitte und Linken gab es politische Illusionen und verharmlosende Fehleinschätzungen des Nationalsozialismus, schließlich flüchteten sie in eine Haltung fatalistischen Abwartens. Die Kritik an der Schwäche derer, die aufgrund ihres historischen Auftrags und ihres eigenen politischen Selbstverständnisses berufen und verpflichtet waren, den demokratischen Rechtsstaat und den parlamentarischen Verfassungsstaat zu verteidigen, sollte jedoch nicht auf derselben Ebene angesiedelt werden wie die Kritik an denjenigen, die Republik wie Demokratie in Deutschland zerstören wollten und denen bei diesem Vorhaben – durch ein Zusammentreffen sehr verschiedenartiger Umstände – Erfolg beschieden war. Man wird schwerlich behaupten können, die Weimarer Demokratie sei „nicht an ihren Gegnern, sondern an sich selbst zugrunde gegangen" (KARL DIETRICH ERDMANN). Nicht in erster Linie der sozialdemokratischen Arbeiterschaft und ihren Organisationen, der immer stärker schrumpfenden Gruppe republiktreuer bürgerlicher Demokraten und dem Lager des politischen Katholizismus ist der Untergang der Republik anzulasten, sondern den nationalistischen und autoritären Gegnern der Weimarer Demokratie, die – skrupellos in der Wahl der Mittel – den Staat von Weimar in einer großangelegten Offensive zertrümmerten.

II. Grundprobleme und Tendenzen der Forschung

1. Die Weimarer Republik als Gegenstand wissenschaftlicher Forschung

Wenige Perioden der deutschen Geschichte stellen den Historiker vor so schwierige Interpretations- und Wertungsprobleme wie gerade die Weimarer Republik. Kein Versuch, die Geschichte dieser vierzehn Jahre aufzuhellen und den „historischen Ort" der Weimarer Republik im Zusammenhang der deutschen Geschichte zu bestimmen, kann abstrahieren von dem, was *nach* Weimar kam: Die auf den Trümmern der ersten deutschen Demokratie errichtete nationalsozialistische Diktatur hat Zerstörung und Terror eines vordem unvorstellbaren Ausmaßes über Deutschland und Europa gebracht und das moralische Ansehen der Deutschen in aller Welt langfristig schwer beschädigt; der Untergang des „Dritten Reiches" bedeutete zugleich das Ende des deutschen Nationalstaats, wie er 1871 entstanden war. Aus diesen unmittelbaren und mittelbaren Folgen des Scheiterns der Weimarer Demokratie erwächst zwangsläufig die Blickrichtung bei der wissenschaftlichen Beschäftigung mit der Weimarer Republik. Nach wie vor gilt grundsätzlich die Feststellung Karl Dietrich Erdmanns aus dem Jahr 1955: „Alle Forschung zur Geschichte der Weimarer Republik steht mit Notwendigkeit – ausgesprochen oder unausgesprochen – unter der Frage nach den Ursachen ihres Zusammenbruchs" [116: Die Geschichte der Weimarer Republik als Problem der Wissenschaft, 5].

<small>Dominanz der Frage nach den Ursachen des Scheiterns der Republik</small>

Die zentrale Frage nach den Ursachen des Scheiterns der Weimarer Republik ist von der Forschung in sehr unterschiedlicher Weise beantwortet worden. Aber bei aller Unterschiedlichkeit der Antworten ist doch zumindest *eine* Tendenz eindeutig: abzugehen von monokausalen Erklärungsversuchen, wie sie anfänglich häufig anzutreffen waren (z. B. das Verhältniswahlrecht, der deutsche Volkscharakter, die Weltwirtschaftskrise, die Rolle der Reichswehr), und statt dessen zu multikausalen Erklärungen zu gelangen. Insofern in diesen multikausalen Erklärungsversuchen die einzelnen Faktoren (z. B. strukturelle Gegebenheiten, Potential und Zielsetzung der antidemokratischen Kräfte, Überlebenschancen der parteienstaatlich-parlamentarischen Demokratie, Rolle der Persönlichkeiten in der Endphase der Weimarer Republik) sehr verschieden akzentuiert und gewichtet werden, ergibt sich ein breites Spektrum von Befunden und Urteilen über den Staat von Weimar und sein Scheitern. Darüber wird in den folgenden Abschnitten Näheres zu sagen sein.

Ausgangslage der wissenschaftlichen Weimar-Forschung

Zunächst gilt es einen Blick auf Ausgangsbedingungen und Anfänge der wissenschaftlichen Beschäftigung mit der Weimarer Republik zu werfen. Diese Ausgangslage ist durch zwei Umstände gekennzeichnet: Zum Gegenstand wissenschaftlicher Forschung konnte die Weimarer Republik erst relativ *spät* werden, im Grunde erst nach 1945; dann jedoch bestanden ungewöhnlich *günstige* Voraussetzungen für eine intensive, auf breiter Quellenbasis betriebene Erforschung der ersten deutschen Demokratie.

Deutsche Historikerzunft in der Weimarer Zeit

Daß die Forschung erst relativ spät einsetzen konnte, hat einen einfachen Grund. In den Jahren vor 1933 war die Zeit der Republik noch nicht zum Objekt wissenschaftlicher Zeitgeschichtsschreibung geworden. Viele Historiker äußerten sich zwar engagiert zu politischen Tagesfragen und allgemeinen Gegenwartsproblemen, aber sie taten dies nicht aufgrund eingehender wissenschaftlicher Beschäftigung mit Entstehung und Entwicklung der Republik, sondern als „politisierende Gelehrte". In ihrer übergroßen Mehrheit machten sie dabei aus ihren dezidierten Vorbehalten gegenüber Republik und parteienstaatlich-parlamentarischer Demokratie kein Hehl; innerhalb der Historikerzunft waren es nur wenige Außenseiter, die entschieden für die Weimarer Demokratie eintraten. So unterließen es die etablierten Historiker sogar – und dies ist sicherlich eines der schwerwiegenden Versäumnisse der Weimarer Historiographie –, die „Dolchstoßlegende" wissenschaftlich zu widerlegen, obwohl das bereits damals zur Verfügung stehende Quellenmaterial dies erlaubt hätte [607: FAULENBACH, Ideologie des deutschen Weges, bes. 248 ff., 309 ff.; über die Forschung zur Geschichtswissenschaft in der Weimarer Republik s. u. S. 229].

Weimar-Bild im „Dritten Reich"

In den zwölf Jahren der nationalsozialistischen Herrschaft war dann in Deutschland eine wissenschaftliche Behandlung der Weimarer Zeit ganz unmöglich, und tatsächlich haben die professionellen Historiker dieses Thema gemieden. Das regimeoffizielle und damit sakrosankte Bild der jüngsten Vergangenheit beruhte im wesentlichen auf den nationalsozialistischen Agitationsparolen der „Kampfzeit". Entsprechend der vom „Führer" selbst ausgegebenen Sprachregelung entwarf die Propaganda des Regimes ein wahres Horrorgemälde der „Systemzeit": die Republik als Werk der „Novemberverbrecher" und Produkt des „Dolchstoßes" ein Sumpf von Korruption, Entartung, nationaler Würdelosigkeit, Jahre einer gnadenlosen Verfolgung der aufrechten „nationalen Opposition", eine vierzehnjährige Herrschaft von Juden, Marxisten, Kulturbolschewisten, der erst durch den Aufstieg der nationalsozialistischen Bewegung unter Adolf Hitler und den Sieg der „nationalen Revolution" 1933 ein Ende bereitet worden sei. In abgemilderter Form sind einzelne Elemente dieser Stereotype – das sollte nicht übersehen werden – über das Jahr 1945 hinaus lebendig geblieben, denn im nationalsozialistischen Bild der Weimarer Republik waren Ressentiments, Traumata und Phobien kumuliert, die –

etwas moderater – in Kreisen des rechtsorientierten nationalistischen Bürgertums vor und nach 1933 gang und gäbe waren. Deshalb hatte die Geschichtsschreibung über die Weimarer Republik nach 1945 noch lange Zeit ein beträchtliches Maß an allgemeiner Aufklärungsarbeit zu leisten und tiefverwurzelte Vorurteile abzubauen.

Die zur Emigration gezwungenen Historiker, vor 1933 überwiegend liberal-demokratische Befürworter der Weimarer Republik, beschäftigte verständlicherweise die Frage, wie es zum Aufstieg der faschistischen Bewegungen und zur nationalsozialistischen Machtergreifung hatte kommen können. Aber diese Frage bildete eher den allgemeinen Bezugsrahmen für ihre stärker ideengeschichtlich orientierten Arbeiten. Materialgesättigte Untersuchungen über die Zeit der Weimarer Republik, eingehende Analysen von Politik, Wirtschaft und Gesellschaft im Nachkriegsdeutschland blieben eine Seltenheit. Einen großen Wurf stellte A. ROSENBERGS „Geschichte der Deutschen Republik" [Karlsbad 1935; s. Nr. 146] dar, aber dieses Buch konnte in Deutschland nach seinem Erscheinen ebensowenig rezipiert werden wie F. STAMPFERS umfängliche Geschichte der Weimarer Republik [Karlsbad 1936, s. Nr. 155]. *Arbeiten emigrierter Wissenschaftler*

Wie es nach dem Ende des „Dritten Reiches" in Deutschland um die Kenntnis der Zeit von Weimar bestellt war, wird aus den Bemerkungen von F. FRIEDENSBURG deutlich, die dieser im Juli 1945 niederschrieb (im Vorwort zu seiner Darstellung der Weimarer Republik, die 1934 im Manuskript abgeschlossen war, die aber erst 1946 publiziert werden konnte): „Das Bild der Weimarer Republik ist der jüngeren Generation fast unbekannt und auch der älteren verzerrt durch die unablässige Propaganda der Hitler-Zeit, die für die verlogene Darstellung der eigenen Leistung den Hintergrund ständiger Fehler und Verbrechen bei den Vorgängern benötigte ... Auch der Geschichtsschreibung mangelt bisher jede sachliche Berichterstattung über die schicksalsschweren Jahre zwischen 1918 und 1933" [122: Die Weimarer Republik, 7]. *Erste Beiträge nach 1945*

Daran änderte sich in den ersten Jahren nach 1945 nicht viel. Zwar veröffentlichten jetzt zahlreiche politische Akteure der Weimarer Zeit ihre Memoiren [NOSKE 1947, BRÜNING, Ein Brief 1947, KEIL 1948, CURTIUS 1948, LÖBE 1949, O. BRAUN ²1949, SEVERING 1950 – s. Nr. 89, 78, 69, 82, 64, 103]. Aber zwei in englischer Sprache geschriebene Überblicksdarstellungen wurden kaum zur Kenntnis genommen. [S. W. HALPERIN, Germany tried Democracy, New York 1946; G. SCHEELE, The Weimar Republic, London 1946], die Werke der emigrierten deutschen Historiker und Politikwissenschaftler nur zögernd rezipiert: Eine Neuauflage von STAMPFERS „Die ersten vierzehn Jahre der deutschen Republik" kam 1947 heraus, eine deutsche Übersetzung von A. BRECHTS 1944 publiziertem „Prelude to Silence" im Jahr 1948; hingegen erlebte A. ROSENBERGS Geschichte der Weimarer Republik erst 1955 eine Neuauflage. Bemerkenswerterweise erschienen zunächst auch keine wissenschaftlichen Untersuchungen zur Geschichte der Weimarer Republik aus der Feder von Histo- *Memoiren* rikern, die nach 1933 in Deutschland lehrten – eindeutiges Indiz dafür, daß sich keine entsprechenden Manuskripte in den Schubladen befanden und auf die Möglichkeit einer Veröffentlichung nach dem Zusammenbruch des Dritten Reiches warteten. Die beiden einzigen Werke dieser Art stammen aus der Feder von Autoren, die nicht der Historikerzunft angehörten: F. FRIEDENSBURG, der 1946 seine Darstellung „Die Weimarer Republik" [122] publizierte, war, von Hause aus Jurist, in der Zeit der Weimarer Republik als liberaler Politiker und höherer Verwaltungsbeamter tätig gewesen; L. PRELLER, der 1949 seine während des „Dritten Reiches" geschriebene „Sozialpolitik in der Weimarer Republik" [779] herausbrachte, hatte in der Weimarer Zeit praktisch und theoretisch die Sozialpolitik mitgestaltet.

F. Friedensburg

L. Preller

In den Beratungen des Parlamentarischen Rats über das Grundgesetz während der Jahre 1948/49 spielten die „Lehren von Weimar" eine herausragende Rolle [s. dazu: F. K. FROMME, Von der Weimarer Verfassung zum Bonner Grundgesetz, Tübingen 1960, Berlin ³1999]. Zumindest kurzfristig ging von diesen Erörterungen jedoch keine stimulierende Wirkung auf die Geschichtswissenschaft aus; erstaunlicherweise wurden nicht einmal die Verfassungsberatungen der Weimarer Nationalversammlung zum Gegenstand eingehender historischer Analyse, obwohl für eine solche Untersuchung kein Mangel an Quellen bestand.

Parlamentarischer Rat

Zum Gegenstand intensiver wissenschaftlicher Forschung wurde die Weimarer Republik dann im Laufe der fünfziger Jahre. Anstöße unterschiedlicher Art wirkten zusammen, um jetzt ein lebhaftes, weit über den Kreis der Fachhistoriker hinausreichendes Interesse an Entwicklung und Scheitern der ersten deutschen Demokratie wachzurufen; gleichzeitig verbesserte sich von Jahr zu Jahr die Quellenlage für die wissenschaftliche Erforschung der Zeit von Weimar.

Einsetzen quellennaher Forschung in den fünfziger Jahren

Die Verluste an amtlichen Akten durch Kriegseinwirkung waren zwar erheblich, aber insgesamt doch geringer, als in den ersten Nachkriegsjahren angenommen wurde; der größte Teil der amtlichen Aktenbestände fiel den Siegermächten in die Hände [s. dazu J. HENKE, Das Schicksal deutscher zeitgeschichtlicher Quellen in Kriegs- und Nachkriegszeit, in: VfZ 30 (1982), 557–620]. Seit den fünfziger Jahren gaben die westlichen Alliierten die erbeuteten Akten sukzessive an die Archive der Bundesrepublik zurück, so daß beispielsweise die Akten der Reichskanzlei und des Auswärtigen Amtes – um zwei zentrale Archivbestände zu nennen – der Forschung zugänglich wurden. Die Sowjetunion überführte ihre „Beuteakten" großenteils in die Zentralarchive der DDR, wo sie von DDR-Historikern, aber auch von einzelnen Historikern aus westlichen Staaten benutzt werden konnten. Auch wichtige nichtamtliche Quellen, insbesondere zahlreiche Nachlässe führender Politiker der Weimarer Zeit, hatten NS-Herrschaft und Kriegswirren überdauert, gelangten jetzt in die Archive und standen der Forschung zur Verfügung. Nicht schlagartig, aber schrittweise erweiterte sich so seit Ende der fünfziger Jahre die Quellengrundlage für die wissenschaftliche Beschäftigung mit der Weimarer Republik. Früher, als unter

Quellenlage

normalen Umständen üblich, bestand daher die Möglichkeit, für Untersuchungen zur Geschichte der Weimarer Republik die erhalten gebliebenen einschlägigen Archivbestände (und nicht nur selektiv freigegebene Archivmaterialien) auszuwerten.

Das Feld der Forschung wurde dabei von Anfang an nicht nur von deutschen Historikern in West und Ost bestellt. Die Geschichte der Weimarer Republik ist ein bevorzugtes Thema der internationalen Geschichtswissenschaft, vor allem amerikanische und englische Gelehrte haben wichtige Arbeiten vorgelegt und sich mit fundierten Beiträgen an der Forschungsdiskussion beteiligt.

Wenn sich die in den fünfziger Jahren auf breiter Front einsetzende Forschung zur Geschichte der Weimarer Republik zunächst auf deren Endphase konzentrierte, so hatte das einen naheliegenden Grund: Die Geschichtswissenschaft konnte sich nicht länger der Aufgabe entziehen, einen substantiellen Beitrag zur „Vergangenheitsbewältigung" zu leisten, und in diesem Zusammenhang galt es u. a., schlüssige Antworten auf die Frage nach den entscheidenden Voraussetzungen und Ermöglichungsfaktoren der nationalsozialistischen Machtergreifung zu finden. Diese Fragestellung erforderte eine umfassende Analyse der verhängnisvollen Entwicklungen und Entscheidungen insbesondere der Jahre nach 1929. Insofern ist es schwerlich ein Zufall, daß genau diesem Thema die erste große wissenschaftliche Monographie zur Geschichte der Weimarer Republik gewidmet ist: 1955 veröffentlichte K. D. BRACHER sein – als Forschungsleistung bis heute unübertroffenes – Werk „Die Auflösung der Weimarer Republik" [109]. Mit einem strukturanalytischen Ansatz untersuchte BRACHER die vielfältigen Belastungsfaktoren der Weimarer Demokratie, um dann die Phasen der „Auflösung" seit 1930 präzise zu beschreiben sowie die Verantwortlichkeit einzelner Persönlichkeiten und gesellschaftlicher Gruppen genauer zu bestimmen. Dabei wandte er sich mit Verve gegen die Deutung, das Ende der Republik sei durch den plötzlichen Einbruch unberechenbarer Gewalten und schicksalhafter Geschehnisse herbeigeführt worden; vielmehr sah er die nationalsozialistische Machtergreifung als letztes Glied einer Entwicklung, die von greifbaren Machtgruppierungen und Machttendenzen gesteuert, von inneren und äußeren Ereignissen begünstigt und durch schwerwiegende Fehlhandlungen und Unterlassungen ermöglicht wurde. In dieser Perspektive gewannen die Bestrebungen zur Errichtung eines Präsidialregimes, die schon vor dem Scheitern der „Großen Koalition" (März 1930) manifest wurden, zentrale Bedeutung, trugen sie doch dazu bei, daß 1930 der Versuch, die Regierungsneubildung auf parlamentarischer Basis zustandezubringen, erst gar nicht mehr unternommen wurde. Die Protagonisten und Träger des Systems der Präsidialkabinette erfuhren daher eine höchst kritische Beurteilung.

BRACHERS Deutung von Ursachen und Verlauf des Auflösungsprozesses der Weimarer Republik fand viel Zustimmung, begegnete aber auch kritischen Vorbehalten. Diese betrafen zum einen BRACHERS strukturanalytische Methode (die

Schwerpunkt Endphase der Republik

K. D. Bracher (1955)

Kritik an Bracher

der deutschen Geschichtswissenschaft zu diesem Zeitpunkt noch einigermaßen fremd war), zum anderen die Beurteilung einzelner Sachverhalte; so wandte sich z. B. A. BRECHT entschieden gegen BRACHERS Kritik am passiven Verhalten der preußischen Regierung und der deutschen Sozialdemokratie beim Papenschen Staatsstreich gegen Preußen am 20. 7. 1932 [A. BRECHT, Die Auflösung der Weimarer Republik und die politische Wissenschaft, in: Zs. für Politik 2 (1955), 300 ff.; vgl. auch u. S. 264]. Den Hauptstreitpunkt bildete jedoch die Frage des Übergangs zum Präsidialsystem und die Bewertung von Persönlichkeit und Politik des Reichskanzlers Brüning. Vor allem W. CONZE machte gegen BRACHERS Beurteilung des Präsidialkabinetts Brüning Front. Schon vor dem Erscheinen des Bracherschen Werkes hatte W. CONZE die Auffassung vertreten, Parteienstaat und parlamentarische Demokratie seien 1929/30 bereits am Ende gewesen, mit der Einsetzung eines Präsidialkabinetts habe der Reichspräsident den einzigen damals noch gangbaren Ausweg beschritten [400: CONZE, Die Krise des Parteienstaates in Deutschland 1929/30]. Diese These baute CONZE gegenüber BRACHERS Kritik an Brüning und am Brüning-Kurs weiter aus und interpretierte das Kabinett Brüning als letzten Versuch einer Rettung der Demokratie in Deutschland. Auf diese Kontroverse um die Einschätzung des Präsidialkabinetts Brüning wie auf die weiteren in diesen Jahren publizierten Forschungsarbeiten zur Endphase der Weimarer Republik ist in anderem Zusammenhang zurückzukommen (s. u. S. 255 ff.).

Brüning-Kontroverse

Galt bei der Beschäftigung mit der Weimarer Republik während der fünfziger Jahre das Interesse vorrangig der Endphase von Weimar, so verlagerte sich seit Beginn der sechziger Jahre der Schwerpunkt von Forschungsaktivitäten und Forschungsdiskussion auf die Anfangsphase der Republik. Diese Schwerpunktverlagerung resultierte mit einer gewissen inneren Logik aus Einsichten, die im Verlauf der intensiven Erörterungen über Ursachen und Stadien des Scheiterns der Republik nachdrücklich ins Bewußtsein gehoben worden waren. Wenn die Weimarer Demokratie sich nach 1929/30 den schweren Belastungen der Staats- und Wirtschaftskrise nicht gewachsen zeigte und in einem rasch voranschreitenden Auflösungsprozeß aufgerieben wurde, so war diese Entwicklung nur möglich aufgrund jener gravierenden strukturellen Defizite, welche von der Republikgründung an Verfassungswirklichkeit und gesellschaftliche Machtverhältnisse in Weimar-Deutschland entscheidend prägten: Parteien, die nur zeitweilig zur Bildung arbeits- und regierungsfähiger parlamentarischer Mehrheiten imstande waren; eine Reichswehr, die sich lediglich einem abstrakten Staatsgedanken, nicht der Republik in ihrer konkreten Gestalt einer parlamentarischen Demokratie verpflichtet fühlte und den nationalistischen Wehrverbänden nicht ohne Sympathien gegenüberstand; eine Justiz, die sich bei den politisch relevanten Materien an Leitbildern und Wertvorstellungen einer vordemokratischen konservativen Staats- und Gesellschaftsordnung orientierte; einflußreiche Wirtschaftsverbände, die nach der Aufkündigung des mit den Ge-

Schwerpunkt Anfangsphase der Republik

Gründe der Schwerpunktverlagerung

1. Die Weimarer Republik als Gegenstand wissenschaftlicher Forschung 161

werkschaften im November 1918 abgeschlossenen Sozialpakts rigoros ihre überlegenen Machtressourcen zum Einsatz brachten; Bildungsinstitutionen, die weithin von antidemokratischem Gedankengut und vom Geist eines unduldsamen Nationalismus beherrscht wurden – um nur einiges zu nennen. Nicht zuletzt BRACHERS eindrucksvolle Analyse hatte den Blick erneut auf diese strukturellen Belastungsfaktoren gelenkt. Daher lag die Frage nahe, ob derartige Belastungsmomente bei der Republikgründung unvermeidlich in Kauf genommen werden mußten – oder ob 1918/19 eine Chance bestanden hätte, die Republik auf einem soliden Fundament zu errichten, als es dann tatsächlich geschah. In den Vordergrund des Blickfeldes rückte deshalb jetzt die – bis dahin wissenschaftlich kaum erforschte – revolutionäre Entstehungsphase der Republik.

Wie sehr dieses Problemfeld nach 1945 zunächst „ausgeklammert" war, dokumentieren in anschaulicher Weise die in den fünfziger Jahren veröffentlichten Gesamtdarstellungen über die Weimarer Republik. Die Autoren behandeln durchweg die Revolutionsmonate 1918/19 äußerst knapp und als nicht kontroversen Gegenstand; dies gilt für die Handbuchdarstellung von A. SCHWARZ [154] wie für diejenige von W. CONZE [Die Weimarer Republik, in: P. RASSOW (Hrsg.), Deutsche Geschichte im Überblick, Stuttgart 1953]. E. EYCK widmet in seiner aus liberaldemokratischer Perspektive geschriebenen und auch heute noch mit Gewinn zu lesenden zweibändigen Geschichte der Weimarer Republik [119] den Vorgängen zwischen dem 9. November 1918 und dem Zusammentritt der Nationalversammlung im Februar 1919 ganze 20 Seiten. Auch in K. D. ERDMANNS 1959 erschienenem Beitrag zum Gebhardtschen Handbuch der deutschen Geschichte (8. Auflage) fiel die Darstellung der Revolutionsperiode vergleichsweise knapp aus. ERDMANN war es auch, der die in den fünfziger Jahren nicht nur dominierende, sondern nahezu allgemein akzeptierte Revolutionsinterpretation scharf auf den Begriff brachte, wenn er dem entsprechenden Kapitel die Überschrift gab: „Rätestaat oder parlamentarische Demokratie?". Schon 1955 hatte er in einem Forschungsbericht dezidiert festgestellt, die Freiheit der Handelnden habe sich damals beschränkt auf die „Wahl zwischen einem konkreten Entweder-Oder: die soziale Revolution im Bund mit den auf eine proletarische Diktatur hindrängenden Kräften oder die parlamentarische Republik im Bund mit konservativen Elementen wie dem alten Offizierskorps" [116: Die Geschichte der Weimarer Republik als Problem der Wissenschaft, 7].

K. D. Erdmanns Deutung der Entscheidungsalternativen von 1918/19

ERDMANNS Deutung der Entscheidungsalternativen von 1918/19 – sie kann als repräsentativ für die Beurteilung der Revolution durch die westdeutsche Geschichtswissenschaft in den fünfziger Jahren gelten –, stimulierte zu eingehender Untersuchung der Entscheidungssituation von 1918/19, bildete sie doch einen klaren Kontrapunkt zu A. ROSENBERGS Revolutionsinterpretation, die dieser bereits 1935 vorgelegt hatte [146], die aber erst jetzt stärker zur Kenntnis genommen wurde. In ROSENBERGS Sicht erscheint die revolutionäre Situation der Jahre 1918/19 weit offener als bei ERDMANN, nach ROSENBERGS Auffassung besaß

Revolutionsinterpretation A. Rosenbergs

die breite Mitte der gemäßigt sozialistisch-demokratischen deutschen Arbeiterschaft damals durchaus die Chance, zum eigentlichen sozialen Träger der Republik zu werden. Seine Erörterungen kreisen daher um die Frage, weshalb es nicht gelang, die große Mehrheit der Arbeiterbewegung zu gemeinsamem Handeln zusammenzuhalten; verantwortlich macht er dafür gleichermaßen die von der MSPD-Führung betriebene Politik wie die vom äußersten linken Flügel der Arbeiterbewegung praktizierte Revolutionsstrategie.

Revolutionsforschung der sechziger und siebziger Jahre

Von diesen deutlich markierten kontroversen Positionen nahm die intensive, auf breiter Quellenbasis durchgeführte Revolutionsforschung der sechziger und siebziger Jahre ihren Ausgang; für gut ein Jahrzehnt bildete nun die Anfangsphase der Republik ein Schwerpunktthema der zeitgeschichtlichen Forschung. Dabei wurde in zahlreichen Studien die bis dahin gängige Auffassung in Frage gestellt, die einzige Entscheidungsalternative von 1918/19 habe gelautet: Bolschewisierung Deutschlands *oder* Zusammenwirken von Mehrheitssozialdemokraten mit den traditionellen Machteliten zur Sicherung der inneren Ordnung und zur Errichtung einer parlamentarischen Republik. Wie die Mehrzahl dieser Arbeiten hervorhob, bestand zumindest in den ersten Revolutionswochen ein wesentlich breiteres Spektrum von Handlungs- und Gestaltungsmöglichkeiten und damit eine reale, allerdings nicht genutzte Chance, der Weimarer Demokratie eine solide Fundierung zu geben. Diese Untersuchungen und das in den sechziger und siebziger Jahren erarbeitete „neue Bild" der Revolution von 1918/19 sind im nächsten Abschnitt ausführlicher zu besprechen.

Beschäftigung mit der *Mittelphase* der Republik

Wenn sich das Interesse der Forschung in den fünfziger Jahren vor allem auf die Endphase der Republik, in den sechziger und beginnenden siebziger Jahren auf die Anfangsphase konzentrierte, so läßt sich bei der wissenschaftlichen Beschäftigung mit der Mittelperiode ein vergleichbarer zeitlicher Schwerpunkt der Forschungsaktivitäten nicht ausmachen. Nachdem den mittleren Jahren der Republik – an spektakulären Ereignissen und Entscheidungen etwas ärmer als die dramatischen Jahre zu Beginn und am Ende der Weimarer Demokratie – lange Zeit nur geringe Aufmerksamkeit geschenkt worden war, kam in den sechziger Jahren schließlich auch in diesem Bereich auf breiter Front die Spezialforschung in Gang, und sie verläuft seitdem kontinuierlich. Neben der Parteien- und Parlamentsgeschichte ist verständlicherweise die deutsche Außenpolitik in der „Ära Stresemann" Gegenstand zahlreicher Untersuchungen. Das Interesse galt und gilt aber seit Jahren vornehmlich den komplizierten Problemen der Wirtschaftspolitik und der Gesellschaftsentwicklung in den zwanziger Jahren; eine eindrucksvolle Bilanz des auf diesem Sektor bis Mitte der siebziger Jahre Geleisteten präsentierte das Bochumer Symposium „Industrielles System und politische Entwicklung in der Weimarer Republik" [765]. Von dieser Konferenz gingen dann vielfältige Impulse für die weitere Erforschung der wirtschaftlichen und gesellschaftlichen Entwicklung in Weimar-Deutschland aus.

1. Die Weimarer Republik als Gegenstand wissenschaftlicher Forschung 163

So tiefgreifende und grundsätzliche, engagiert ausgetragene Kontroversen, wie sie bei der Behandlung von Anfangs- und Endphase der Republik ausgefochten wurden und werden, waren bei den Auseinandersetzungen über die Probleme der Mittelperiode zunächst nicht zu verzeichnen. Das änderte sich seit Beginn der achtziger Jahre. Im Verlauf der sog. „Borchardt-Kontroverse" (s. u. S. 209) entwickelte sich ein heftiger, bis heute andauernder Disput über den Zustand der deutschen Wirtschaft vor Ausbruch der Weltwirtschaftskrise und die gesamtwirtschaftlichen Implikationen des forcierten Ausbaus der Weimarer Republik zum „Wohlfahrtsstaat". Auch die Auswirkungen des Inflationsprozesses und der Währungsstabilisierung auf wirtschaftliche Lage und psychische Befindlichkeit breiter Bevölkerungskreise werden kontrovers diskutiert (s. u. S. 204 ff.).

Die in der wissenschaftlichen Auseinandersetzung und in zahlreichen Studien – ausgesprochen oder unausgesprochen – anvisierte übergreifende Fragestellung für die mittleren Jahre der Republik geht dahin, welche Möglichkeiten bestanden und wie sie genutzt wurden, um gerade in den „ruhigeren" Jahren der Stabilisierungsphase die Republik einigermaßen krisenfest zu machen, eine wirkliche Konsolidierung der Weimarer Demokratie zu erreichen. Weshalb eben dies nicht gelang – auf diese Frage geben die fundierten Untersuchungen, insbesondere über Parteien und Parteiensystem, über die sozialen Konfliktfelder, über die Rolle der Reichswehr, ebenso nuancierte wie eindringliche Antworten. In der Summe laufen diese Antworten auf den Befund hinaus, die zeitweilige Stabilisierung der Republik nach 1923 als eine sehr „relative" Stabilisierung zu charakterisieren. Jene Entwicklungen, die sich nach Ausbruch der Staats- und Wirtschaftskrise als nicht mehr beherrschbar erwiesen, lassen sich in ihren Anfängen und in ihrer Entfaltung in die Jahre der relativen Stabilisierung zurückverfolgen. Die Einschnitte zwischen Anfangs-, Mittel- und Endphase der Republik sollten deshalb nicht als tiefe Zäsuren verstanden werden, welche qualitativ unterschiedliche Phasen in der Entwicklung von Staat und Gesellschaft in Weimar-Deutschland gegeneinander abheben.

„Relative" Stabilisierung

Die „Weimarer Kultur", obwohl in einer Gesamtbilanz von Weimar zweifellos einer der eindeutigen Aktivposten, ist von der Geschichtswissenschaft lange recht stiefmütterlich behandelt worden. Erst seit den siebziger Jahren vollzog sich darin ein Wandel, und es spricht vieles dafür, daß der Höhepunkt dieses Interesses an der „Kultur von Weimar" noch nicht erreicht ist, eines Interesses, das sich nicht auf die künstlerischen und wissenschaftlichen Spitzenleistungen beschränkt, sondern sich auch auf die Probleme einer „Massenkultur" im demokratischen Zeitalter erstreckt; in diesen Umkreis gehören Themen wie z. B. Freizeitverhalten und Alltagsleben, Wandel im Verhältnis der Geschlechter, Aufkommen und rascher Siegeszug der neuen Massenmedien Rundfunk und Film. Gerade derartige Problemfelder rücken seit mehr als einem Jahrzehnt – im Zeichen des Vordringens der „neuen Kulturgeschichte" mit ihrer Fokussierung auf mentalitäts-, wahrnehmungs- und sozialgeschichtliche Phänomene – stark in den Vordergrund. Da

„Weimarer Kultur"

dieser Zugriff „Kultur" nicht als Gegenstandsbereich, sondern als Untersuchungsperspektive begreift, werden sich mit seiner Hilfe weitere Themenfelder erschließen und neue Perspektiven auf vertraute Themen gewinnen lassen.

Überblickt man die bisherige Forschung zur Geschichte der Weimarer Republik, dann dürfte die Feststellung erlaubt sein: Aufs Ganze gesehen sind die vierzehn Jahre der ersten deutschen Demokratie einer der am besten erforschten Abschnitte der deutschen Geschichte. Die Fülle der einschlägigen Arbeiten ist auch für den Spezialisten kaum mehr überschaubar, und ständig kommen weitere Studien hinzu, die laufend in der „Bibliographie zur Zeitgeschichte" [163] verzeichnet werden. Die Titel der dort (bis 1995) erfaßten Arbeiten sind inzwischen auch, übersichtlich gegliedert, zusammengefaßt in der „Bibliographie zur Zeitgeschichte 1953–1980" sowie in den beiden Supplement-Bänden 1981–1989 und 1990–1995 [164]. Eine Vielzahl von Titeln auch zur Geschichte der Weimarer Republik enthält ferner die 2000 erschienene 2. Auflage von M. RUCKS „Bibliographie zum Nationalsozialismus" [171]. Knappe Abstracts von 1035 (bis Anfang der 1980er Jahre erschienenen) Zeitschriftenaufsätzen bietet die Bibliographie von ABC-Clio Information Services [161].

Erschließung der Forschungserträge

Bibliographien

Forschungsberichte

Unter den zahlreichen Forschungsberichten ist besonders der unlängst in der Reihe „Enzyklopädie deutscher Geschichte" erschienene Band von A. WIRSCHING „Die Weimarer Republik. Politik und Gesellschaft" [160] hervorzuheben. Über die neueren Arbeiten zur deutschen Außenpolitik informieren die Forschungsberichte von W. ELZ [296] und G. NIEDHART [348]. Neuerscheinungen zur Weimarer Republik werden laufend auch in den Literaturberichten der GWU ausführlich besprochen [E. KOLB in: GWU 43 (1992), 311–321, 636–651, 699–721; 45 (1994), 49–64, 523–545; W. PYTA in: GWU 53 (2002), 473–481; 54 (2003), 688–702; D. SCHUMANN in: GWU 70 (2019), 91–108, 219–228, 342–362].

Quelleneditionen

Wichtige Quellenkomplexe sind inzwischen in Gestalt sorgfältiger Editionen erschlossen. An erster Stelle zu nennen sind zwei Editionsreihen, die den gesamten Zeitraum der Weimarer Republik umspannen: In der Reihe „Akten der Reichskanzlei" [15] sind nicht nur die Protokolle der Kabinettssitzungen abgedruckt, sondern viele sonstige wichtige Aktenstücke: Aufzeichnungen über Besprechungen, Denkschriften, Ausarbeitungen von Spitzenbeamten, Eingaben an den Reichskanzler, einzelne Schriftwechsel. Anhand der abgedruckten Dokumente lassen sich daher die Willensbildungs- und Entscheidungsprozesse auf der Regierungsebene und innerhalb des Kabinetts nachvollziehen. Die Außenpolitik wird in ihrer ganzen Breite und Komplexität in den „Akten zur deutschen auswärtigen Politik" [1] dokumentiert. Die Serie A mit 13 Bänden deckt den Zeitraum November 1918 bis November 1925 ab, die Serie B mit 21 Bänden den Zeitraum Dezember 1925 bis Januar 1933. Neben diesen Editionsreihen liegen zahlreiche weitere akkurate Editionen vor, die reichhaltiges Quellenmaterial insbesondere zu zentralen Problembereichen der Anfangs- und der Endphase von Weimar bequem zugänglich machen [s. vor allem 17, 18, 19, 32].

1. Die Weimarer Republik als Gegenstand wissenschaftlicher Forschung 165

Auch an neueren Gesamtdarstellungen besteht inzwischen kein Mangel mehr. Lange Zeit besaß K. D. ERDMANNS Weimar-Band in Gebhardts Handbuch der deutschen Geschichte [115] eine Art Monopolstellung. Nun aber liegen mit den umfänglichen Werken von H. SCHULZE [152], H. MOMMSEN [140], H. A. WINKLER [158], U. BÜTTNER [111a] und E. WEITZ [157b] sowie den handlichen Büchern von D. PEUKERT [144], G. NIEDHART [141], P. LONGERICH [134], D. LEHNERT [133] und U. KLUGE [132a.] eindringliche Gesamtdarstellungen vor, in denen – mit durchaus unterschiedlicher Schwerpunktsetzung und Urteilsperspektive – ein breit angelegtes Panorama Weimar-Deutschlands entworfen wird. Eine Fülle von Informationen über Politik und politisches System, Verfassung und Institutionengefüge bieten die voluminösen Bände 5, 6 und 7 in E. R. HUBERS „Deutscher Verfassungsgeschichte", in denen der Zeitraum vom Beginn des Weltkriegs bis zum Ende der Weimarer Republik behandelt wird [127, 193]. Das dreibändige Werk von G. SCHULZ „Zwischen Demokratie und Diktatur" [454], in dessen Mittelpunkt das Verhältnis von Reich und Ländern sowie das Problem der Reichsreform stehen, weitet sich vor allem in den Bänden 2 und 3 zu einer detailreichen politischen Geschichte der Republik aus.

<small>Gesamtdarstellungen</small>

Als ein gewisses Manko der regen Weimar-Forschung galt lange Zeit das Fehlen von Synthesen mittlerer Reichweite, in denen für einzelne Themenbereiche der Ertrag der Spezialforschung in kompetenter Weise gesichtet und zusammengefaßt ist. Gerade aus diesem Felde sind inzwischen erfreuliche Fortschritte zu verzeichnen. Hervorhebung verdienen drei derartige, zwischen Spezialmonographie einerseits und großflächiger Überblicksdarstellung andererseits angesiedelte Synthesen von herausragender wissenschaftlicher Qualität. Für die Außenpolitik der Weimarer Republik liegt seit 1985 die vorzügliche Darstellung von P. KRÜGER vor [332]. „Arbeiter und Arbeiterbewegung in der Weimarer Republik" sind Gegenstand des dreibändigen opus magnum von H. A. WINKLER [584–586]; da WINKLER ständig alle wichtigen gesellschaftlichen, politischen und wirtschaftlichen Entwicklungen im Blick hat, bietet seine mit souveräner Stoffbeherrschung geschriebene Darstellung weit mehr als eine präzise Untersuchung der Arbeiterschaft, der Arbeiterbewegung und ihrer Organisationen – sie ist auf weite Strecken eine kompakte Gesamtgeschichte der Weimarer Republik. Den reichen Ertrag der in den achtziger Jahren intensiv vorangetriebenen Inflationsforschung bilanzierend, präsentiert G. D. FELDMAN eine facettenreiche Geschichte von Politik, Wirtschaft und Gesellschaft in Deutschland vom Beginn des Weltkriegs bis zur Währungsstabilisierung 1924 [708]. Summa summarum läßt sich somit feststellen: Wer sich über die Geschichte Weimar-Deutschlands im allgemeinen und über wichtige Themenkomplexe im besonderen informieren will, dem stehen heute zahlreiche zuverlässige wissenschaftliche Publikationen zur Verfügung.

<small>Synthesen für einzelne Themenbereiche</small>

Nachdem sich in den 1980er und 1990er Jahren das Interesse an der Weimarer Republik im Zeichen globaler wirtschaftlicher Schwierigkeiten und eines sich

<small>Jüngste Entwicklungen in der Forschung</small>

vehement verschärfenden allgemeinen Krisenbewußtseins wieder verstärkt auf deren Endphase konzentriert hatte, lässt die jüngste Forschung keine Konzentration auf eine ihrer Teilphasen erkennen. Dies hat seinen Grund vornehmlich in der erheblich gewachsenen Zahl kulturgeschichtlicher Arbeiten, die vielfach Fragestellungen nachgehen, bei denen sich ein solcher Schwerpunkt nicht anbietet oder die überhaupt nur in einer längerfristigen, häufig noch vor der Jahrhundertwende ansetzenden Perspektive verfolgt werden können. Damit ist die Konfrontation der gescheiterten ersten deutschen Demokratie mit den Entwicklungstendenzen und Problemkonstellationen der Bundesrepublik nicht mehr in demselben Maß wie früher das konstituierende Merkmal der Weimar-Forschung. Ob sich diese Tendenz verstärken wird, ist derzeit noch nicht zu erkennen. Doch es erscheint angesichts einer zunehmenden Unübersichtlichkeit der politischen Landschaft, neuer wirtschaftlicher Krisenerscheinungen und der Bedrohung durch terroristische Gewalt weder wahrscheinlich noch wünschenswert, daß die Frage nach den Gründen für das Scheitern der Weimarer Republik aus dem Blickfeld gerät, zumal wenn kulturgeschichtliche Ansätze für ihre Beantwortung fruchtbar gemacht werden.

2. Die revolutionäre Entstehungsphase der Republik

Wie bei der Skizzierung von Entwicklung und Schwerpunkten der bisherigen Weimar-Forschung bereits herausgestellt wurde, hat sich das Interesse zumal der westdeutschen Geschichtswissenschaft erst relativ spät der revolutionären Entstehungsphase der Republik zugewandt. Seit Beginn der sechziger Jahre jedoch kam die Beschäftigung mit diesem Problemfeld zügig in Gang, und mehr als ein Jahrzehnt lang bildete die deutsche Revolution 1918/19 ein bevorzugtes Thema der zeitgeschichtlichen Forschung. Dabei wurde durch zahlreiche Untersuchungen die bis dahin vorherrschende Beurteilung der Revolution prinzipiell in Frage gestellt.

Revolutionsinterpretationen nach 1945

Revolutionsdeutung der „bürgerlichen" Geschichtswissenschaft

Die nach 1945 – außerhalb des Einflußbereichs der marxistisch-leninistischen Historiographie – nahezu allgemein akzeptierte Auffassung ging dahin: nur das Zusammengehen der Mehrheitssozialdemokratie unter Ebert mit dem kaiserlichen Offizierskorps und der alten Bürokratie und die dadurch mögliche militärische Niederwerfung der revolutionären Kräfte habe den Boden für die Errichtung einer parlamentarischen Republik bereitet und Deutschland vor dem Schicksal bewahrt, dem Bolschewismus anheimzufallen. Diese Interpretation – wohl am klarsten hat sie K. D. ERDMANN artikuliert (s. o. S. 161) – basierte im Kern auf der bereits in den Jahren der Weimarer Republik entwickelten liberal-demokratischen Revolutionsdeutung, die sich vor 1933 auch die Sozialdemokraten weitgehend zu eigen gemacht hatten: Die Vorgänge zwischen dem November 1918 und dem Frühjahr 1919 stellten sich in dieser Perspektive dar als ein von den

Trägern der Weimarer Demokratie gemeinsam und erfolgreich durchgefochtener Abwehrkampf gegen den Bolschewismus. Nach dem Ende der nationalsozialistischen Diktatur war ein derartiges Interpretationsschema der politischen und gesellschaftlichen Auseinandersetzungen von 1918/19 aus verschiedenen Gründen höchst attraktiv. Zum einen akzentuierte es die Traditionslinie, welche die staatstragenden Kräfte der Bundesrepublik mit den Weimarer Demokraten verband. Zum anderen erfuhren die Leistungen der Sozialdemokratie im Winter 1918/19 und insbesondere die Rolle Friedrich Eberts eine dezidiert positive Bewertung – nachdem die Sozialdemokraten jahrelang durch die Nationalsozialisten hemmungslos diffamiert worden waren, kam einer solchen Würdigung sozialdemokratischer Politik zweifellos erhebliche Bedeutung zu. Darüber hinaus entbehrte diese Interpretation der Entscheidungssituation von 1918/19 allerdings auch nicht gewisser aktuell-politischer Implikationen, bot das historische Exempel doch eine – in der Zeit des beginnenden „Kalten Krieges" – durchaus willkommene Gelegenheit, eindringlich auf den Zusammenhang zwischen Sicherung der Demokratie und Abwehr des Kommunismus hinzuweisen.

Tragendes Element dieser nach 1945 in der westlichen Forschung nahezu unangefochten dominierenden Revolutionsinterpretation bildete die (bis dahin jedoch noch nie an den Quellen überprüfte) Annahme, die äußerste Linke der deutschen Arbeiterbewegung habe aufgrund ihres Kräftepotentials und der labilen Gesamtsituation in den Revolutionswochen eine ernsthafte Chance besessen, die auf die Errichtung einer parlamentarischen Republik zulaufende Entwicklung aufzuhalten oder gar umzukehren, die Einberufung der Nationalversammlung zu verhindern und eine völlige soziale Umwälzung nach bolschewistischem Vorbild durchzusetzen; Potential und Aktionsmöglichkeiten der „auf eine proletarische Diktatur hindrängenden Kräfte" wurden also relativ hoch veranschlagt. Hinsichtlich dieser Einschätzung befand sich die „bürgerliche" Revolutionsdeutung der fünfziger Jahre paradoxerweise in einer gewissen Übereinstimmung mit der in eben diesen Jahren dogmatisch fixierten marxistisch-leninistischen Interpretation der Novemberrevolution, denn in ihr fungierte der linksradikale Spartakusbund ebenfalls als eine erstrangige Potenz.

Beurteilung des Potentials der extremen Linken

Die marxistisch-leninistische Historiographie zur Revolution 1918/19 muß heute wohl im Präteritum vorgestellt werden, ganz zweifellos die der DDR. Für die marxistisch-leninistischen Historiker insbesondere der DDR bildeten die Revolutionsmonate 1918/19 den Gegenstand einer umfassenden gegenwartsbezogenen Analyse, aus der grundsätzliche „Lehren" für die Führung des Kampfes gegen den „Imperialismus" abgeleitet wurden, in der sich gleichzeitig aber auch aktuelle politische Strategieüberlegungen spiegelten. Insofern war es wohl kein Zufall, daß die SED-Führung schon in den fünfziger Jahren gerade die Einschätzung der Novemberrevolution zum Musterfall erkor, um den DDR-Historikern die führende Rolle der Partei bei der Interpretation geschichtlicher

Revolutionsinterpretation der marxistisch-leninistischen Historiographie

Vorgänge recht augenfällig zu demonstrieren. Im Jahre 1958 nämlich beschloß das Zentralkomitee der SED „Thesen" über die Novemberrevolution [abgedruckt in Zeitschrift für Geschichtswissenschaft 6, 1958, Sonderheft S. 1-27; auszugsweise in 199: KOLB, Vom Kaiserreich zur Weimarer Republik, 369-385]. Während ursprünglich manche kommunistischen Historiker die Auffassung vertreten hatten, bei der Novemberrevolution handle es sich um eine gescheiterte proletarische Revolution, wurde in diesen Thesen von 1958 der Charakter der Novemberrevolution folgendermaßen definiert: Die Novemberrevolution 1918 blieb „ihrem Charakter nach eine bürgerlich-demokratische Revolution, die in gewissem Umfange mit proletarischen Mitteln und Methoden durchgeführt wurde". Daß in Deutschland 1918/19 nicht eine „proletarische Revolution" stattgefunden hatte, obwohl die objektiven Voraussetzungen dafür gegeben waren, wurde auf den ungenügenden Reifegrad des „subjektiven Faktors" zurückgeführt: Die Massen waren nicht so organisiert, daß sie den Kampf um die ganze Macht mit Aussicht auf Erfolg aufnehmen konnten; das heißt: Was damals in Deutschland (noch) fehlte, war eine „marxistisch-leninistische Kampfpartei". Die Existenz einer aktionsfähigen „marxistisch-leninistischen Kampfpartei" bildete damit das entscheidende Kriterium für die Bestimmung des Charakters der Revolution, die wichtigste Bedingung für den Sieg der proletarischen Revolution; die Gründung der KPD erklärte man – folgerichtig im Kontext dieser Theorie – zum entscheidenden Wendepunkt in der Geschichte der deutschen Arbeiterbewegung.

Entscheidendes Kriterium: Existenz einer „marxistisch-leninistischen Kampfpartei"

Damit war für die marxistisch-leninistischen Historiker der Rahmen bei der Bewertung von Politik und Zielsetzung der einzelnen politischen Gruppierungen klar vorgegeben: Während die SPD-Führer des „Verrats" geziehen und die USPD-Führer der Unfähigkeit und Unklarheit beschuldigt wurden, fand nur der politische Kampf der Spartakisten-Kommunisten eine positive Beurteilung, wobei die Stärke des Spartakusbundes und sein Einfluß auf den Gang der Ereignisse stark übertrieben dargestellt und seine verfehlte Taktik beschönigt wurden. So erschienen in der marxistisch-leninistischen Historiographie die Spartakisten-Kommunisten als die einzigen wirklichen Revolutionäre, als revolutionäre Vorhut, welche dem Kampf des Proletariats Ziel und Richtung wies – und damit war zugleich eine positive Kontinuitätslinie prinzipiell „richtiger" Politik der deutschen Kommunisten von ihren Anfängen an herausgestellt [zum Problem Novemberrevolution und DDR-Historiographie insgesamt s. A. DECKER: Die Novemberrevolution und die Geschichtswissenschaft in der DDR, in: IWK 10, Juni 1974, 269-299; ferner 197: KLUGE, Die deutsche Revolution 1918/19, 33-38; A. DORPALEN, German History in Marxist Perspective. The East German Approach, London 1985, 308 ff.; R. SCHÜTZ, Proletarischer Klassenkampf und bürgerliche Revolution. Zur Beurteilung der deutschen Novemberrevolution in der marxistisch-leninistischen Geschichtswissenschaft, in: A. FISCHER/G. HEYDEMANN (Hrsg.), Geschichtswissenschaft in der DDR, Bd. 2, Berlin 1990, 759-795;

Zur Beurteilung der einschlägigen Beiträge der DDR-Geschichtswissenschaft

einige Informationen zu den parteiinternen Auseinandersetzungen um den Charakter der Novemberrevolution, die durch das Machtwort Ulbrichts und des ZK der SED von 1958 beendet wurden, bei J. PETZOLD, Parteinahme wofür? DDR-Historiker im Spannungsfeld von Politik und Wissenschaft, Potsdam 2000, 115 ff.].

Wenn sich die DDR-Historiker bei ihren Forschungen zur Revolution 1918/19 auch strikt innerhalb der durch die Thesen von 1958 festgelegten Bandbreite bewegten, so waren ihre Arbeiten – bei aller dogmatischen Fixierung im Grundsätzlichen – doch nicht durchweg unergiebig, zumal häufig Quellenmaterial herangezogen ist, zu dem westliche Forscher nicht uneingeschränkt Zugang hatten. Zu einigen Komplexen wurden brauchbare Untersuchungen vorgelegt, etwa über die Volkswehren [216] und über die Einwohnerwehren [836]; ein besonderes Interesse galt – vor allem während der sechziger Jahre – der Aufhellung regionaler und lokaler Ereignisabläufe [s. dazu u. a.: H. DÄHN, Die lokale und regionale Revolutions- und Rätebewegung 1918/19 in der DDR-Geschichtsschreibung, in: AfS 15 (1975), 452–470].

Als die westdeutsche Forschung um 1960 daranging, die gängigen Vorstellungen über Revolutionsverlauf, Kräftepotentiale und Entscheidungsalternativen während der Wintermonate 1918/19 auf der Grundlage der inzwischen zur Verfügung stehenden Quellen kritisch zu überprüfen, setzte sie bei der zentralen Prämisse der damals dominierenden Revolutionsinterpretation an: Nur eine genaue Untersuchung der Kräfteverhältnisse und Zielsetzungen innerhalb der revolutionären Bewegung konnte Aufschluß darüber geben, wie es um Potential und Aktionsradius der äußersten Linken stand, ob die Bolschewisierung Deutschlands in diesen Monaten tatsächlich, wie behauptet wurde, eine reale Möglichkeit und eine drohende Eventualität dargestellt hat. Westdeutsche Forschung ab 1960: neue Fragestellungen, Ergebnisse, Bewertungen

Im Zusammenhang mit dieser Frage nach Triebkräften, Struktur, Aktionsformen und Zielsetzungen der revolutionären Bewegung rückten die Arbeiter- und Soldatenräte in den Brennpunkt des Interesses, denn sie waren in den November- und Dezemberwochen 1918 und noch bis ins Jahr 1919 hinein die eigentlichen Repräsentanten der Revolutionsbewegung. Auf das Bild der Arbeiter- und Soldatenräte hatte sich in besonderem Maße der Umstand ausgewirkt, der für die „Nachgeschichte" dieser deutschen Revolution von 1918/19 generell kennzeichnend ist: Die Zeitgenossen haben die Revolutionsereignisse schon sehr früh aus dem Bewußtsein verdrängt oder sie unter Gesichtspunkten politischer Opportunität und Apologetik massiv umgedeutet. Das auslösende Moment für diesen bereits im Jahr 1919 auf breiter Front einsetzenden Verdrängungs- und Umdeutungsprozeß war zweifellos die Tatsache, daß sich mit der Revolution von 1918/19, so wie sie verlief und endete, keines der großen politischen Lager zu identifizieren vermochte; für alle politischen Gruppierungen war diese Revolution, in unterschiedlicher Weise, ein „Ärgernis". Dies wirkte zurück auf die Bewertung der Arbeiter- und Soldatenräte; sie gerieten nachträglich unter einen allgemeinen Bolschewismusverdacht und wurden als Herrschaftsinstrumente einer linksradikalen Minderheit abgestempelt; ihre Tätigkeit während der Revolutionsmonate bedachte man fast durchweg mit abfälligen Urteilen. Dieses handfeste Negativ-Bild erwies sich über die Jahre des Dritten Reiches hinaus als außerordentlich zählebig [dazu E. KOLB, Revolutionsbilder: 1918/19 im zeitgenössischen Bewußtsein und in der historischen Forschung, Heidelberg 1993, 9–19]. Mit seiner positiven Charakterisierung der Arbeiter- und Soldatenräte stand A. ROSENBERG (vgl. o. S. 161 f.) lange Zeit völlig allein. Er vertrat die Auffassung, die Räte hätten die Möglichkeit geboten, „im Anschluß an die Revolution eine volkstümliche aktive Demokratie zu begründen" [146: Geschichte der Weimarer Republik, 64]. ROSENBERGS Beurteilungsperspektive fand erst seit Ende der fünfziger Jahre stärkere Resonanz und befruchtete die nun einsetzende wissenschaftliche Diskussion.

Diese Diskussion kam in Gang, weil die neuen, erstmals auf breiter Quellenbasis durchgeführten Untersuchungen zur Revolutionsgeschichte [insbes. 181, 187, 189, 196, 198, 199, 208, 211, 217, 224, 225, ferner zahlreiche Lokal- und Regionalstudien] bemerkenswerte Ergebnisse erbrachten, durch die nicht nur das herkömmliche Bild der Rätebewegung in umfassender Weise revidiert, sondern auch die bis dahin dominierende Gesamtinterpretation der Revolution 1918/19 grundsätzlich in Frage gestellt wurde. Hervorhebung verdienen in diesem Zusammenhang vor allem zwei Befunde der einschlägigen Studien.

Bild der Rätebewegung aufgrund quellennaher neuerer Forschung

A.- und S.-Räte: Keine linksextremistische Bewegung

1. Durch Eruierung genauer Angaben über die Zusammensetzung sowohl der Arbeiterräte wie der Soldatenräte konnte eindeutig nachgewiesen werden, daß weitaus die meisten Arbeiterräte von Mehrheitssozialdemokraten und gemäßigten Unabhängigen beherrscht wurden und in den Soldatenräten neben Sozialdemokraten auch bürgerliche Elemente einen nicht geringen Einfluß ausübten. Hingegen verfügte die äußerste Linke (Spartakusbund, Bremer Linksradikale) – entgegen weitverbreiteter Annahme – nur in wenigen Arbeiterräten über einige Vertreter, über größeren Einfluß lediglich in zwei, drei Großstädten. Insgesamt wurden in rund drei Viertel aller deutschen Großstädte die Räteorgane von Mehrheitssozialdemokraten allein oder gemeinsam mit den kooperationsbereiten Kräften der gemäßigten USPD geleitet. Diese Dominanz von SPD und gemäßigter USPD in den Rätegremien kam dadurch zustande, daß bei der Improvisierung der Arbeiterräte in den Novembertagen die örtlichen Räte im allgemeinen entsprechend der politischen Orientierung der Arbeiterschaft in der jeweiligen Stadt bzw. Gegend durch Wahl oder Delegierung konstituiert wurden. Ein erdrückendes Übergewicht von SPD und USPD in den Arbeiterräten (und Soldatenräten), die äußerste Linke innerhalb der revolutionären Massenbewegung der November- und Dezemberwochen weitgehend isoliert und nach Zahl der Anhänger und Grad der Organisierung relativ schwach – diese „Entdeckung" bedeutete den eigentlichen Wendepunkt in der Beschäftigung mit der Räte- und Revolutionsbewegung von 1918/19. Denn zum einen war damit die bis in die fünfziger Jahre hinein immer wieder offen geäußerte oder unterschwellig sug-

gerierte Auffassung, die Arbeiter- und Soldatenräte seien im November und Dezember 1918 Instrumente in der Hand linksradikaler Minderheiten oder Vorreiter einer bolschewistischen Revolution gewesen, klar widerlegt. Zum anderen bot der Befund über die Mehrheitsverhältnisse in den Rätegremien den Schlüssel zu einem adäquaten Verständnis der „Rätewirklichkeit", der praktischen Tätigkeit der Räte im lokalen Bereich sowie der programmatischen Zielsetzungen für die gesamtstaatliche und gesellschaftliche Neuordnung nach dem Zusammenbruch des Kaiserreichs: In ihrer überwältigenden Mehrheit verstanden sich die Mitglieder der Räte nicht als Kontrahenten der sozialdemokratischen Koalitionsregierungen aus SPD und USPD im Reich und in den Ländern, sondern als die lokalen und regionalen Sachwalter dieser Regierungskoalition. In der zentralen Streitfrage der ersten Revolutionswochen „Nationalversammlung oder Rätesystem" bezogen sie eine eindeutige Position: Sie traten für die rasche Wahl einer Nationalversammlung und damit für die parlamentarische Demokratie ein; in diesem Sinne entschied mit überwältigender Mehrheit der von allen deutschen Arbeiter- und Soldatenräten beschickte Rätekongreß, der vom 16. bis 20. Dezember 1918 in Berlin tagte. Zugleich aber erhoben die Rätedelegierten auf der Linie sozialdemokratischer Programmatik eine ganze Reihe von Forderungen, die eine durchgreifende Reform der bestehenden staatlichen und gesellschaftlichen Ordnung zum Ziele hatten („Demokratisierung" der Verwaltung, substantielle Umgestaltung der Heeresverfassung, Sozialisierung der „hierzu reifen Industrien"). Das waren deutliche Signale, die anzeigten, welcher Erwartungsstau hinsichtlich konkreter politischer und gesellschaftlicher Reformmaßnahmen sich auch in den Reihen der Mehrheitssozialdemokratie aufgebaut hatte, bei Mitgliedern und Anhängern, die prinzipiell für die parlamentarische Demokratie eintraten.

2. Die genauere Analyse des Revolutionsverlaufs ergab, daß die Räte- und Revolutionsbewegung der Jahre 1918/19 mehrere Phasen durchlaufen hat, die klar voneinander unterschieden werden müssen. Die erste Phase reichte von den Tagen des Staatsumsturzes bis zum Bruch der Regierungskoalition aus SPD und USPD Ende Dezember oder längstens bis zu den Januarunruhen und der Wahl zur Nationalversammlung am 19. Januar 1919. In dieser Phase waren die Arbeiter- und Soldatenräte Repräsentanten einer breiten, vorwiegend von Arbeitern und Soldaten getragenen Volksbewegung. Die in den Räten tätigen Politiker erstrebten in ihrer überwiegenden Mehrheit kein „Rätesystem", sondern betrachteten die Räte als zeitlich befristete Institutionen und setzten sich mit Nachdruck für die baldige Wahl der Nationalversammlung ein. In diesen Wochen arbeiteten weitaus die meisten Räte mit den Revolutionsregierungen im Reich und in den Ländern loyal zusammen.

Die im Januar 1919 einsetzende und im Frühjahr kulminierende zweite Phase der Revolution war gekennzeichnet durch eine rasch voranschreitende Radikalisierung großer Teile der Arbeiterschaft, die – enttäuscht über das Ausbleiben

Zwei Phasen der Revolutionsbewegung

der geforderten und erwarteten Veränderungen im Militärwesen, in Bürokratie und Großindustrie – jetzt entschieden gegen den Regierungskurs Front machten. Diese Phase stand zunehmend im Zeichen einer scharfen Konfrontation zwischen der radikalen Massenbewegung und der Reichsregierung, die durch Einsatz militärischer Machtmittel ihre Autorität durchzusetzen vermochte. In diesen Monaten waren die Räte nicht mehr in gleichem Maße wie im November und Dezember Repräsentanten der Massenbewegung, die sich weitgehend außerhalb der vorläufig noch weiterbestehenden, aber rasch an politischem Einfluß verlierenden Räteorganisationen entwickelte. Erst in dieser zweiten Phase bildete sich eine eigentliche „Räte-Ideologie" aus. Die innerhalb und noch stärker außerhalb der etablierten Räteorganisation angesiedelte, im wesentlichen von der USPD dominierte „Rätebewegung" der Frühjahrsmonate 1919 betrachtete die Räte als Organe des Klassenkampfes und erstrebte die Sozialisierung in Verbindung mit einer Institutionalisierung der Räte. Nach überwiegender Auffassung der neueren Forschung ist das Potential für die – im Vergleich mit der Novemberbewegung – entschieden radikalere Massenbewegung der Frühjahrsmonate erst *im* Verlauf der Revolution und *aufgrund* der Ereignisse in den ersten Wochen nach dem Staatsumsturz entstanden [vgl. dazu 189: FELDMAN/KOLB/RÜRUP, Die Massenbewegungen der Arbeiterschaft in Deutschland am Ende des Ersten Weltkrieges (1917–1920); wenig ergiebig 201: KONRAD/SCHMIDLECHNER (Hrsg.), Revolutionäres Potential in Europa am Ende des Ersten Weltkrieges].

Neuinterpretation der Entscheidungsalternativen von 1918/19

Auf der Grundlage dieser Befunde, die als solche innerhalb der Forschung inzwischen kaum mehr umstritten sind, tat die Revolutionsforschung der sechziger und beginnenden siebziger Jahre einen weiteren Schritt und suchte die Entscheidungsalternativen von 1918/19 und den Handlungsspielraum der Revolutionsregierung neu zu bestimmen. In komprimierter Form lautet die Argumentation – etwa in den Arbeiten von CARSTEN [181], KLUGE [196], KOLB [198], LEHNERT [205], MATTHIAS [208], MILLER [211], OERTZEN [217], RÜRUP [224] – folgendermaßen: Wenn einerseits die soziale Basis für eine Neuordnung in den ersten Wochen nach dem 9. November relativ breit war und dieses Faktum nur durch die dramatisch zunehmende Polarisierung innerhalb der Arbeiterschaft seit Januar 1919 verdeckt wird; wenn andererseits das Kräftepotential der äußersten Linken in den entscheidenden ersten Revolutionswochen *objektiv* wesentlich geringer gewesen ist, als es *subjektiv* vielen Zeitgenossen, einer aufgeregten Publizistik und einem erheblichen Teil der handelnden Politiker erschien oder von interessierter Seite suggeriert wurde – dann kann die ältere Auffassung nicht aufrechterhalten werden, die Machtergreifung des Bolschewismus oder eine „proletarische Diktatur" habe im Deutschland der Wintermonate 1918/19 eine unmittelbar drohende Eventualität dargestellt. Diese Feststellung hat aber Konsequenzen für die Einschätzung des Handlungsspielraums der politischen Entscheidungsträger: Sie besaßen bei der inneren Neuordnung nach dem Zusammenbruch des Kaiserreichs einen zwar näher zu bestimmenden, aber insgesamt doch zweifellos größeren Handlungsspielraum, als jene Deutung unterstellt, welche nur *eine* Entscheidungsalternative der Wintermonate 1918/19 anerkennen will: Bolschewisierung Deutschlands oder intensives Zusammenwirken der Mehrheitssozialdemokratie mit den traditionellen Machteliten zur Sicherung der inneren Ordnung und zur Errichtung einer parlamentarischen Republik. Dieser Handlungsspielraum hätte es der Revolutionsregierung u. a. erlaubt, gegenüber der Führung der alten kaiserlichen Armee mit Selbstbewußtsein und Entschiedenheit aufzutreten, vorbereitende Schritte zu einer Sozialisierung wenigstens des Bergbaus zu unternehmen, das Potential der Arbeiter- und Soldatenräte zugunsten einer sozialdemokratischen Reformpolitik einzusetzen. Aber insbesondere die SPD-Führung versagte sich strikt einem solchen politischen Kurs, nicht ausschließlich unter dem Diktat übermächtiger Sachzwänge, sondern einerseits im Vertrauen auf eine dauerhafte Loyalität der alten Machteliten gegenüber den neuen Machthabern, andererseits aus grundsätzlichem Mißtrauen gegenüber einer spontanen Massenbewegung, die zwar teilweise gewiß ein amorphes Gepräge aufwies, die aber im November und Dezember weitestgehend von den Mitgliedern und Anhängern der Sozialdemokratie getragen wurde und sich in ihren politischen Forderungen innerhalb des Spektrums sozialdemokratischer Programmatik bewegte. Nicht zuletzt aufgrund der von der SPD-Führung verfolgten politischen Linie endete so, was im November 1918 als demokratische Volksbewegung begonnen hatte, im Frühjahr 1919 in Radikalisierung bei den einen und Resignation bei den anderen.

<small>Handlungsspielraum der neuen Machthaber</small>

In dieser Revolutionsinterpretation gerieten vor allem die Führer der Mehrheitssozialdemokratie (und an ihrer Spitze Friedrich Ebert) ins Schußfeld der Kritik. Aber diese Kritik – das muß mit Nachdruck betont werden – unterscheidet sich grundsätzlich von der kommunistischen Polemik gegen die Sozialdemokratie. Sie wirft den mehrheitssozialdemokratischen Führern keineswegs vor, daß sie nicht auf die Etablierung einer proletarischen Diktatur hinarbeiteten, die sie ja entschieden ablehnten, oder daß sie der revolutionären Perspektive eines Lenin ermangelten. Die kritischen Vorbehalte gegenüber der von der mehrheitssozialdemokratischen Führung in den Wochen nach dem Staatsumsturz betriebenen Politik orientieren sich an nichts anderem als dem Maßstab einer optimalen Durchsetzung sozialdemokratischer Positionen in einer einmaligen historischen Konstellation. Dieser Kritik liegt somit die methodisch angemessene Frage zugrunde, „warum es dieser Partei nicht gelang, mit den ihr zur Verfügung stehenden Mitteln die von ihr erstrebten Resultate zu erreichen" [211: MILLER, Die Bürde der Macht, 101].

<small>Kritik an der SPD-Führung</small>

Wie wurden die Ergebnisse der neueren Revolutionsforschung [beste konzeptionelle Umrißskizze: 224: RÜRUP, Probleme der Revolution in Deutschland 1918/19] aufgenommen, durch die das tradierte Bild der Revolution von 1918/19 eine umfassende Modifikation und Revision erfuhr? Bedenkt man, daß das

<small>Rezeption der neuen Revolutionsdeutung</small>

Negativ-Image der Revolutionsbewegung über Jahrzehnte hin kaum angefochten war, wird man es als bemerkenswert bezeichnen dürfen, daß das „neue Bild" der Revolution innerhalb der Forschung und darüber hinaus erstaunlich rasch rezipiert und zumindest in wesentlichen Teilen auch akzeptiert wurde. Dazu haben sicherlich zwei Umstände beigetragen. Zum einen bestand in den sechziger und siebziger Jahren sowohl in der Fachwissenschaft als auch in breiteren Kreisen eine Bereitschaft, das traditionelle Bild der deutschen Geschichte im allgemeinen zu überprüfen und damit im besonderen auch die neue Revolutionsinterpretation ernst zu nehmen. Zum anderen war kaum zu bestreiten, daß sich diese Interpretation aus den quellenmäßig breit abgesicherten Befunden über Charakter, Ziele und Phasen der Revolutionsbewegung mit einem hohen Maß an Stringenz ableiten ließ. Bis gegen Ende der siebziger Jahre ist die neue Deutung des Revolutionsgeschehens von deren Kritikern nur selten frontal attackiert, sondern ohne eigentliche Sachargumentation eher beiläufig mit einem Fragezeichen versehen worden. Erst seit Ende der siebziger Jahre wird die Kritik grundsätzlicher und entschiedener vorgebracht, allerdings nur in Rezensionen und Zeitschriftenartikeln, nicht in einer monographisch entwickelten Gesamtdeutung. Die Kritiker der von ihnen als „herrschende Lehre" titulierten neuen Revolutionsinterpretation schöpften nicht aus neuerschlossenen Quellen, sie akzeptierten auch zumindest teilweise die Ergebnisse der neueren Revolutionsforschung, sie artikulierten aber entschiedene Vorbehalte vor allem hinsichtlich der Einschätzung der Arbeiter- und Soldatenräte als eines „demokratischen Potentials" und charakterisierten die Rätebewegung als eine amorphe soziale Protestbewegung [W. J. MOMMSEN, Die deutsche Revolution 1918–1920, in: GG 4 (1978), 362–391; E. JESSE/H. KÖHLER, Die deutsche Revolution im Wandel der historischen Forschung, in: Aus Politik und Zeitgeschichte B 45/78 v. 11.11.1978, 3–23; zur Kritik dieser Vorstöße s. R. RÜRUP, Demokratische Revolution und „dritter Weg", in: GG 9 (1983), 278–301; vgl. insgesamt den gutinformierten, aber teilweise etwas verworrenen Forschungsbericht bei 197: KLUGE, Die deutsche Revolution 1918/19, 14–32].

Trotz eines hohen Maßes an Übereinstimmung unter den Spezialforschern wäre es somit verfehlt zu behaupten, es existiere heute ein Bild der Revolution von 1918/19, über das ein weitgehender Konsens bestehe. Verfestigte Klischeevorstellungen leben vielfach fort, in manchen Handbüchern und Schulbüchern behauptet sich die ältere Auffassung, teils unverändert, teils in leicht modifizierter Form. Kontroverse Antworten gibt es weiterhin auf die zentrale Streitfrage, ob in den November-, Dezember- und Januarwochen die Einleitung einschneidender Strukturreformen zur stärkeren politischen und sozialen Fundierung der neuen Staatsordnung (bei grundsätzlicher Bejahung der parlamentarischen Demokratie) wünschbar, ob sie unter den gegebenen Umständen überhaupt möglich gewesen wäre, ohne daß die innenpolitische Situation außer Kontrolle geriet [vgl. dazu die Akzentuierung der kontroversen Positionen in den Beiträgen von R. RÜRUP und

E. JESSE, in: 936: KÖNIG/SOELL/WEBER (Hrsg.), Friedrich Ebert und seine Zeit, 69–87, 89–110].

Bei der weiteren Diskussion sollte jedoch davon abgesehen werden, die in der neueren Revolutionsinterpretation vorgenommene Deutung der Entscheidungsalternativen von 1918/19 als Plädoyer für eine Politik des „Dritten Weges" abzustempeln, wie das immer wieder geschieht. Der plakative, aber inhaltlich verschwommene Begriff des „Dritten Weges" ist nämlich zur Kennzeichnung der neuen Revolutionsdeutung denkbar ungeeignet. Zum einen wird durch diesen Begriff – vom Semantischen her – der „proletarischen Diktatur" der Charakter einer in der Situation von 1918/19 realisierbaren Alternative (oder einer drohenden Eventualität) zugesprochen, die sie nach den Ergebnissen der Forschung ja gerade *nicht* war. Zum anderen suggeriert der Begriff „Dritter Weg", Ziel der alternativen Entscheidungen hätte primär die Schaffung eines staatlichen Organismus jenseits der parlamentarischen Demokratie (oder eines Wirtschaftssystems, das weder dem „kapitalistischen" noch dem „sozialistischen" Typ entsprach) sein müssen. Aber nicht darum ging es, sondern um eine breite Skala von Maßnahmen zur demokratischen Fundierung der Republik, die mit der Entscheidung zugunsten der Verfassungsform einer parlamentarischen Demokratie durchaus vereinbar waren. Nicht einen „Dritten Weg" – etwa in Gestalt einer dauerhaften Institutionalisierung der Räte –, sondern einen *anderen* Weg der Revolution bezeichnet die neuere Revolutionsforschung als möglich und wünschenswert, nämlich ein Ausschöpfen der Handlungsspielräume zur Sicherung einer demokratischen Entwicklung der Republik. Da es schwerlich angehen kann, das ganze Spektrum innenpolitischer Gestaltungsmöglichkeiten zwischen einer „proletarischen Diktatur" einerseits und dem Zweckbündnis der SPD-Führung mit den alten Machteliten andererseits als „Dritten Weg" zu qualifizieren, sollte dieser mißverständliche Begriff aus der Forschungsdiskussion verschwinden.

Kritik am Begriff „Dritter Weg"

Daß die deutsche Revolution von 1918/19 ein Feld der Kontroversen ist und aller Voraussicht nach auch bleiben wird, ungeachtet möglicher weiterer Fortschritte der Forschung, hat einen leicht einsehbaren Grund: Bei der Erörterung so diffiziler Probleme wie derjenigen von Handlungsspielräumen und Entscheidungsalternativen 1918/19 muß immer in Grenzen auch hypothetisch argumentiert werden. Der Disput ist hier – anders als etwa bei der Frage, wie die Arbeiter- und Soldatenräte gebildet wurden und wie sie zusammengesetzt waren – nicht allein durch Rückgriff auf die quellenmäßige Evidenz zu entscheiden. Der Historiker ist nicht in der Lage, eine durch unwiderlegliche „Beweise" abgesicherte Aussage darüber zu machen, wie die weitere geschichtliche Entwicklung verlaufen wäre, wenn in einer bestimmten historischen Situation die verantwortlich Handelnden einen anderen Weg als den tatsächlich beschrittenen eingeschlagen hätten. Der Historiker ist aber sehr wohl in der Lage, eine Entscheidungssituation als solche nach allen Seiten hin auf der Grundlage der Quellen präzise zu analysieren. Dazu gehört z. B. eine möglichst genaue Erfassung der im Entscheidungszeitraum verfochtenen Konzeptionen und der zu ihrer Realisierung verfügbaren Kräftepotentiale; eine sorgfältige Prüfung der divergenten Lagebeurteilungen sowie der aus diesen abgeleiteten Prognosen über die voraussichtliche weitere Entwicklung – unter dem Gesichtspunkt, ob sich diese Prognosen später als richtig oder falsch erwiesen haben –; Feststellungen über die Zweck-Mittel-Relation bei den verschiedenen, am politischen Ringen beteiligten Gruppierungen, d. h. die Frage, inwieweit sie die ihnen jeweils zu Gebote stehenden Ressourcen effektiv eingesetzt haben, um das erstrebte Ziel zu erreichen.

Gegenwärtiger Diskussionsstand — Bei umfassender Quellenauswertung unter Einsatz derartiger Analyseinstrumente kann die neuere Revolutionsforschung für ihre Einschätzung von Handlungsspielräumen und Entscheidungsalternativen stichhaltige Argumente ins Feld führen, um darzutun, daß die SPD-Führung in den November-, Dezember- und Januarwochen den ihr zur Verfügung stehenden Handlungsspielraum nicht ausreichend genutzt hat, um den Abbau obrigkeitsstaatlicher Strukturen voranzutreiben und unübersehbare Zeichen zu setzen, die nicht zuletzt der eigenen Anhängerschaft deutlich signalisiert hätten, in der neuen staatlichen Ordnung werde eine merkliche Verschiebung der politischen und gesellschaftlichen Machtverhältnisse zugunsten der Arbeiterschaft erfolgen. Hinsichtlich des unterschiedlich beurteilten Handlungsspielraums der Revolutionsregierung hat H. A. WINKLER eine Formulierung gefunden, die für einen Großteil der an der Forschungsdiskussion Beteiligten konsensfähig sein dürfte: „Erstens: Die regierenden Sozialdemokraten kamen, wenn sie kein Chaos heraufbeschwören wollten, an einer begrenzten Zusammenarbeit mit Trägern des alten Regimes nicht vorbei. Zweitens: Das Ausmaß dieser Zusammenarbeit und damit der politischen und sozialen Kontinuität zwischen Monarchie und Republik war erheblich größer, als es die Situation erforderte. Anders gewendet: Die Sozialdemokraten hätten bei stärkerem politischen Gestaltungswillen mehr verändern können und weniger bewahren müssen" [GG 8 (1982), 5]. Diese Einschätzung hat H. A. WINKLER dezidiert auch im Fazit seines monumentalen dreibändigen Werkes „Arbeiter und Arbeiterbewegung in der Weimarer Republik" formuliert: „Die Sozialdemokraten erstrebten 1918 die parlamentarische Demokratie und damit eine Staatsform, die der deutschen Gesellschaft ein ihrem kulturellen und materiellen Entwicklungsstand entsprechendes Maß an politischer Freiheit zu geben verhieß. Sie verkannten, daß Parlamentarismus nirgendwo nur mit parlamentarischen Mitteln durchgesetzt worden ist. Die Chance, durch Reformen Strukturen zu verändern, die einer Demokratie entgegenstanden, war unmittelbar nach dem 9. November 1918 am größten. Sie wurde nicht genutzt. Die Folge, ein Übermaß an gesellschaftlicher Kontinuität zwischen kaiserlichem Obrigkeitsstaat und demokratischer Republik, hinderte viele Sozialdemokraten daran, sich mit dem neuen Staat zu identifizieren. Die sozialdemokratische Machtscheu schwächte die parlamentarische Demokratie und gab so den ohnehin starken antiparlamentarischen Kräften im Bürgertum zusätzlichen Auftrieb" [586: Der Weg in die Katastrophe, 952].

Nimmt man heute die Revolutionsforschung der sechziger und siebziger Jahre in den Blick, dann könnte man den Eindruck gewinnen, sie habe sich in zu einseitiger Weise auf die Bewegung der Arbeiter- und Soldatenräte konzentriert und andere wichtige Aspekte der „Übergangszeit" zwischen Staatsumsturz und Konstituierung der Nationalversammlung demgegenüber ungebührlich vernachlässigt. Dieser Eindruck ist indessen nur teilweise richtig. Zweierlei darf nicht übersehen werden.

Zu einseitige Konzentration der Forschung auf die Rätebewegung?

Erstens: Zweifellos bildete die Räte- und Revolutionsbewegung einen ausgeprägten Forschungsschwerpunkt, und es ist nicht zu leugnen, daß dadurch eine gewisse Gefahr entstand, die Rätebewegung zur eigentlichen Kernfrage der Revolution zu erheben, was sie doch höchstens mittelbar war, wie S. MILLER zutreffend feststellt [211: Die Bürde der Macht, 120]. Unter forschungsstrategischen Gesichtspunkten war es jedoch richtig und notwendig, bei der wissenschaftlichen Erforschung der Revolutionszeit zunächst die Arbeiter- und Soldatenräte als wichtigste Träger der Revolutionsbewegung einer eingehenden Analyse zu unterziehen und verfestigte Klischees aufzubrechen. Nachdem inzwischen das seinerzeit bestehende Informationsdefizit beseitigt ist, wäre es sicherlich verfehlt, wollte man weiterhin einen Vorrang der Räteforschung postulieren oder der Rätebewegung gar die Rolle eines alles entscheidenden Faktors im Geschehen der Revolutionsmonate zuzusprechen. Im übrigen ist auch darauf hinzuweisen, daß die Beschäftigung mit der Räte- und Revolutionsbewegung von 1918/19 aus einem genuin historischen, nicht einem aktuell-politischen Interesse resultierte. Alle wichtigen Befunde lagen bereits vor, als das Räteproblem nach 1968 – unerwartet – politische Aktualität gewann und in Teilen der Studentenbewegung rätetheoretische Modelle mit gegenwartsbezogener Stoßrichtung diskutiert wurden. Die dadurch bewirkte „Politisierung" des Themas Räte und Revolution hat die ruhige, sachbezogene Erörterung der Revolutionsprobleme von 1918/19 eher erschwert als gefördert.

Zweitens: Wenn sich in den sechziger und siebziger Jahren das Interesse auch stark auf die Räte- und Revolutionsbewegung konzentrierte (und auf die Perspektiven, die sich aus den Untersuchungsergebnissen für die Gesamtinterpretation der Revolution ergaben), so galt gerade in diesen Jahren die Forschungsaktivität doch einem viel breiteren Spektrum von Aspekten und Fragestellungen der Anfangsphase von Weimar. Zahlreiche Arbeiten befassen sich mit der Frage der bewaffneten Macht und der Politik der OHL während der Revolutionsmonate [196, 220, 822, 829, 847, 848, 964], mit den wirtschaftlichen Problemen und den Alternativen im Kampf um die Wirtschaftsverfassung nach dem Staatsumsturz und beim Übergang von der Kriegs- zur Friedenswirtschaft [u. a. 186, 231, 234] sowie mit dem Problemkomplex der Demobilisierung [u. a. 177], schließlich mit der Vorbereitung der Friedensverhandlungen in den

Breites Themenspektrum der neueren Revolutionsforschung

Wintermonaten 1918/19 [240, 247, 251, 268, 279, 930]. Einen weiteren Schwerpunkt bildet die Untersuchung der Parteien und des Parteiwesens in der Phase der Neuformierung nach dem Zusammenbruch des Kaiserreiches, die Entwicklung der einzelnen Parteien wie der Problemkreis „Kontinuität und Umformung des Parteiensystems" (s. u. S. 186). Eingehend behandelt wurde aber auch der Umorientierungsprozeß in den Gewerkschaften [z. B. 178, 473, 520, 541, 558] sowie die Haltung der industriellen und agrarischen Interessenverbände in der Revolutionszeit [u. a. 567, 705, 706, 710, 717, 811]. Mehrere Studien befassen sich mit der Reaktion der evangelischen Kirchen auf die Revolutionsereignisse und die Beendigung des landesherrlichen Summepiskopats [u. a. 210, 474, 478, 502, 537, 588], während die Haltung der katholischen Kirche in den Revolutionsmonaten noch einer ausführlichen Behandlung harrt [knappe Analyse bei 194: HÜRTEN, Die Kirchen in der Novemberrevolution; vgl. 501: DERS., Deutsche Katholiken 1918–1945, 49–85]. Auch die intellektuelle Deutung und die mediale Repräsentation der Revolution sowie die geschlechterspezifischen Handlungsräume bedürfen noch genauerer Untersuchungen [Hinweise dazu bei 189a: GALLUS, Vergessene Revolution]. Aber aufs Ganze gesehen ist die Feststellung berechtigt, daß durch die intensive Forschungsarbeit der vergangenen fünf Jahrzehnte das Feld der politischen, wirtschaftlichen und sozialen Auseinandersetzungen und Neuorientierungsversuche während der Revolutionsmonate vergleichsweise gut ausgeleuchtet ist. Insofern wäre es durchaus möglich, aus den vielen einzelnen Mosaiksteinen ein facettenreiches Gesamtbild zusammenzufügen: Eine auf der Grundlage der Ergebnisse zahlreicher Spezialstudien geschriebene umfängliche Gesamtdarstellung der deutschen Revolution 1918/19 ist ein dringendes Desiderat. Im ersten Band seines Werkes „Arbeiter und Arbeiterbewegung in der Weimarer Republik" [584] stellt H. A. WINKLER das Revolutionsgeschehen auf dem neuesten Stand der Forschung breit dar, doch nach Anlage und Ausrichtung des Gesamtwerks können (und wollen) diese Partien eine alle wesentlichen Aspekte berücksichtigende umfassende Geschichte der deutschen Revolution 1918/19 ebenso wenig ersetzen wie U. KLUGES kenntnisreicher Problemaufriß [197: Die deutsche Revolution 1918/19].

Wissenschaftliche Gesamtdarstellung der deutschen Revolution 1918/19 als Desiderat

Wenn auch seit geraumer Zeit wieder stärker die Endphase als die Anfangsphase im Zentrum des fachwissenschaftlichen, aber auch des öffentlichen Interesses an der Weimarer Republik steht – die Frage nach möglicherweise verpaßten Chancen bei der Demokratiegründung also zurücktritt hinter die Frage nach der Regierbarkeit einer parlamentarischen Demokratie in Zeiten wirtschaftlicher Krise und politischer Verunsicherung –, so bleibt die Revolution 1918/19 als eine der bedeutsamen Weichenstellungen der jüngeren deutschen Geschichte doch ein zentrales Thema historischer Forschung und historischer Reflexion.

3. Reichsverfassung, Parteiensystem, Reichswehr

Dem Prozeß der Verfassungsschöpfung 1918/19 hat die historische Forschung lange Zeit nur ein vergleichsweise mäßiges Interesse entgegengebracht – ein erstaunliches Faktum, wenn man bedenkt, welche kaum zu überschätzende Bedeutung die Weimarer Verfassungskonstruktion im allgemeinen und einzelne Verfassungsbestimmungen im besonderen für die weitere Entwicklung der Republik und schließlich für deren Niedergang erlangten. Über die Gründe dieses geringen Forschungsinteresses lassen sich nur Mutmaßungen anstellen. Dabei dürfte ein Umstand besonders hervorzuheben sein: Bei den Verfassungsberatungen der Nationalversammlung kam es zu keinen spektakulären, leidenschaftlich und kontrovers geführten, Zeitgenossen wie Historiker gleichermaßen faszinierenden Grundsatzdebatten, vergleichbar den großen Debatten der Deutschen Nationalversammlung 1848/49. Denn als die Weimarer Nationalversammlung im Februar 1919 zusammentrat, waren die wichtigsten Entscheidungen in der Verfassungsfrage bereits gefallen: zugunsten von Republik und parlamentarischer Demokratie, zugunsten eines bundesstaatlichen Reichsaufbaus gegen eine einheitsstaatliche Lösung, schließlich zugunsten eines „starken" Reichspräsidenten gegen eine reine Parlamentsherrschaft. Seit Mai 1919 stand die Verfassungsarbeit dann ganz im Schatten der erregten Auseinandersetzungen um die Unterzeichnung des Friedensvertrags (s. o. S. 33 ff.).

<small>Relativ geringes Forschungsinteresse an der Genesis der Weimarer Verfassung</small>

<small>Fundamentalentscheidungen in der Verfassungsfrage von Februar 1919</small>

Die zwischen November 1918 und Februar 1919 getroffenen Fundamentalentscheidungen hat die Nationalversammlung sanktioniert, indem sie wenige Tage nach ihrem Zusammentreten das zwischen der Reichsregierung und dem „Staatenausschuß" der Länderregierungen ausgehandelte „Gesetz über die vorläufige Reichsgewalt" verabschiedete. Auf dem darin vorgezeichneten Grundriß der neuen Verfassungsordnung hat die Nationalversammlung dann den Bau der Weimarer Verfassung errichtet; das Kernstück des zentralen Regierungssystems, das Beziehungsgeflecht von Reichspräsident, Reichskabinett und Reichstag wurde dabei in den parlamentarischen Debatten grundsätzlich fast gar nicht und auch in den Details nicht sehr ausführlich diskutiert [413: HAUNGS, Reichspräsident und parlamentarische Kabinettsregierung, 22].

<small>„Gesetz über die vorläufige Reichsgewalt" vom 10. 2. 1919</small>

Der Verfassungsgebungsprozeß umfaßt daher *sowohl* die Vorbereitungsarbeiten und Entscheidungen während der „Übergangszeit" vom November 1918 bis Februar 1919 *als auch* die eigentlichen Verfassungsberatungen nach dem Zusammentritt der Nationalversammlung, beide Komplexe müssen bei der Untersuchung von Genesis und Gestalt des Weimarer Verfassungswerks angemessen berücksichtigt werden. Eine entsprechende breitangelegte Monographie läßt bisher noch auf sich warten. In der älteren Darstellung von W. APELT, der selbst an der Ausarbeitung des Verfassungsentwurfs beteiligt war, wird die Entstehung der Weimarer Verfassung auf relativ schmaler Quellengrundlage nachgezeichnet [176]; E. R. HUBER [193: Deutsche Verfas-

<small>Studien zum Prozeß der Verfassungsschöpfung</small>

sungsgeschichte Bd. 5] behandelt gerade die eigentlichen Verfassungsberatungen relativ knapp [ebd., 1178–1243], und auch C. Gusy widmet in seinem instruktiven Werk über die Weimarer Reichsverfassung [190] der Entwicklung vom Ende der Monarchie bis zum Inkrafttreten der Reichsverfassung nur rund 80 Seiten. Unter den Problemaufrissen verdient nach wie vor die Analyse von R. Rürup Hervorhebung [Entstehung und Grundlagen der Weimarer Verfassung, in 199: Kolb, Hrsg., Vom Kaiserreich zur Weimarer Republik, 218–243].

Die wichtigsten Beiträge zum Prozeß der Verfassungsschöpfung gelten einzelnen Aspekten des Problemfeldes. So untersucht L. Richter [222] die Entstehung der Kirchen- und Schulartikel, R. Schiffers [448] die Aufnahme von „plebiszitären Elementen" in die Reichsverfassung, G. A. Ritter [223] sowie F. Völtzer [230] das Zustandekommen der Artikel zur Wirtschaftsordnung. Die Genesis von Artikel 48 der Reichsverfassung analysiert L. Richter [in: Der Staat 37 (1998), 1–26, 221–247; zur Genesis dieses Artikels hingegen wenig ergiebig 429: Kurz, Demokratische Diktatur?, 24 ff.]. Auf das Reich-Länder-Verhältnis während der Revolutionsmonate und auf den Anteil der Länder an der Verfassungsgebung gehen G. Schulz [454, Bd. 1], E. Eimers [403] und W. Benz [388] ein. E. Portner [218] und L. Albertin [464] behandeln die Verfassungspolitik der Liberalen, R. Morsey [531] die des Zentrums, H. Potthoff [219] und S. Vestring [228] die Haltung der Linken bei den Verfassungsberatungen. W. J. Mommsen [988] erörtert den Anteil Max Webers an der Ausarbeitung des Verfassungsentwurfs, H. Fenske die nichtamtlichen Verfassungsentwürfe [in: Archiv des öffentlichen Rechts 121 (1996), 24–58].

Andere wichtige Themen hingegen harren noch der Untersuchung, etwa die Verfassungsdiskussion außerhalb der Nationalversammlung, die Verfassungserörterungen innerhalb der Parteien und Parlamentsfraktionen, das Zustandekommen einzelner wichtiger Verfassungsartikel. Dringend erwünscht wäre eine systematische Untersuchung des Verfassungsdenkens von Hugo Preuß, der unter den „Verfassungsvätern" an erster Stelle zu nennen ist [unbefriedigend 209: Mauersberg, Ideen und Konzeption; lediglich eine Skizze bietet die 1955 vorgelegte, erst 2000 in Buchform publizierte Dissertation von G. Gillessen, Hugo Preuß. Studien zur Ideen- und Verfassungsgeschichte der Weimarer Republik, Berlin 2000; zu einigen Aspekten des Verfassungsdenkens von Preuß vgl. D. Lehnert, Verfassungsdemokratie als Bürgergenossenschaft, Baden-Baden 1998].

Kompetenzen des Reichspräsidenten

Wenn somit der derzeitige Forschungsstand kaum als voll befriedigend bezeichnet werden kann, so sind doch wichtige Einzelfragen durch die vorliegenden Spezialstudien geklärt, z. B. die Auseinandersetzungen zwischen Reichsregierung und Länderregierungen Ende Januar/Anfang Februar 1919 um die Gestaltung des Verfassungsentwurfs oder die Motive und Erwägungen, die zur Konzipierung des plebiszitären Reichspräsidenten führten: Wie wir jetzt eindeutig wissen, haben die Liberalen diese Konzeption entwickelt und durchgesetzt, weil sie von tiefem Mißtrauen gegen die reine Parlamentsherrschaft erfüllt waren und statt dieser eine auf Gewaltenteilung und Balancedenken fußende Verfassungsordnung schaffen wollten; an die Stelle der konstitutionellen Monarchie sollte eine „konstitutionelle Demokratie" treten. Gegen die folgenschwere Vermischung des präsidentiellen mit dem parlamentarischen System hat die Mehrheitssozialdemokratie nicht entschlossen Front gemacht. Trotz mancher kritischer Stimmen aus den eigenen Reihen akzeptierte sie die – von H. Preuß wie von M. Weber resolut verfochtene – Konzeption des plebiszitären Reichspräsidenten und damit die Begründung eines dualistischen Regierungssystems, das durch eine „fundamentale Zweideutigkeit" (D. STERNBERGER) gekennzeichnet war.

Bei der Diskussion um die Konstruktionsfehler der Weimarer Verfassung stehen vor allem zwei Problemkreise im Mittelpunkt, zum einen der Dualismus von Parlamentsdemokratie und Präsidentenmacht, zum andern der ominöse Artikel 48. Konstruktionsfehler der Verfassung?

1) Weil zwei Wege der Macht- und Regierungsbildung existierten, verringerte sich der Zwang zu parlamentarischer Mehrheitsbildung – die Parteien vermochten sich ihrer Verantwortung zu entziehen, der Raum für präsidiale Herrschaft ließ sich erweitern, jedenfalls wurde die normale parlamentarische Mehrheitsregierung nicht zur Regel. „Diese möglichen Konsequenzen sind dem Eifer der Verfassungsschöpfer entgangen. Sie glaubten Grundelemente aus mehreren politischen Systemen (und Traditionen) zusammenfügen zu müssen, ohne hinreichend die miteinander divergierenden *rationes constitutionis* zu bedenken, die zur Schwächung oder auch zum Konflikt zumal der beiden volksgewählten Gewalten, Parlament und Präsident, führen konnten" [K.D. BRACHER, in: HZ 225 (1977), 645]. Macht des Reichspräsidenten

Gewiß kann man argumentieren, die Errichtung des Präsidialregimes sei nur deshalb möglich gewesen, weil die Parteien bzw. die Reichstagsfraktionen nicht mehr die Kraft zu parlamentarischer Mehrheitsbildung und effektiver Koalitionspolitik aufbrachten, so daß Einfluß, Manövrierraum und Macht des Reichspräsidenten zunahmen. Einer solchen Argumentation läßt sich jedoch entgegenhalten, daß der Parteienstaat von vornherein geschwächt wurde, weil die Verfassung dem Reichstag den Präsidenten als „Aufpasser und Nothelfer" zur Seite stellte, dem die Volkswahl die gleiche demokratische Legitimation verlieh, wie sie die Volksvertretung besaß: „Dadurch war den Parteien der Zwang zu parlamentarischer Kompromißbereitschaft genommen" [438: OBERREUTER, Die Norm als Ausnahme, 314]. Auf diesem Boden konnte das deutsche Parteiensystem nahezu unverändert fortexistieren (vgl. u. S. 186). Wenn das parlamentarische System nicht funktionierte, sprang der Präsident ein. „Dadurch wurde den Parteien die Flucht aus der Verantwortung erleichtert. Die Funktionsschwäche des parlamentarischen Systems war zugleich Ursache und Folge der präsidentiellen Machtfülle" [584: WINKLER, Von der Revolution zur Stabilisierung, 235]. Man hat dieses Charakteristikum der Verfassungskonstruktion durch den Begriff der „präsidialen Reserveverfassung" gekennzeichnet [152: SCHULZE, Weimar, 423].

Artikel 48 2) Als die Nationalversammlungsmehrheit den Artikel 48 konzipierte, standen den Verfassungsvätern die vom radikalen Flügel der Arbeiterschaft ausgelösten Unruhen des Frühjahrs 1919 vor Augen sowie die Möglichkeit, daß Regierung und Parlament eines Landes auf Gegenkurs zur Reichsregierung gehen könnten. Deshalb regelte Art. 48 sowohl die Reichsexekution gegen Länder als auch den Ausnahmezustand. Tatsächlich wurde Art. 48 in den ersten drei Jahren der Republik vorwiegend zur Niederschlagung von Unruhen und Aufständen benutzt. Im Zeichen der Wirtschaftskrise 1922–1924 vollzog sich in der Anwendung der präsidialen Ausnahmebefugnis dann jedoch ein fundamentaler Wandel: Art. 48 Abs. 2 fungierte nun – neben den Ermächtigungsgesetzen [dazu 409: FREHSE, Ermächtigungsgesetzgebung im Deutschen Reich 1914–1933] – als verfassungsrechtliche Grundlage einer vereinfachten und beschleunigten Notgesetzgebung [429: KURZ, Demokratische Diktatur?, 152, 157, 193]. Für den Zeitraum vom 1.1.1920 bis 31.12.1924 zählt man über 400 gesetzesvertretende Verordnungen, denen 700 formelle, im Wege der ordentlichen Gesetzgebung beschlossene Reichsgesetze gegenüberstanden, und die meisten Notverordnungen dienten keineswegs der Überwindung einer plötzlich eingetretenen Notsituation, sondern sie betrafen wirtschaftslenkende Maßnahmen, waren auf Dauer angelegte Reformverordnungen [ebd., 146]. Schon unter Eberts Präsidentschaft erlebte also der extensive Gebrauch der präsidialen Diktaturgewalt einen Höhepunkt. Daß dieser häufige Rückgriff auf das Notverordnungsrecht ein höchst bedenkliches Procedere darstellte, wird in der neueren Forschung nachdrücklich akzentuiert, und ebenso wird betont, Eberts grundsätzliche Verfassungstreue ändere nichts an der Tatsache, „daß ein Teil der Verordnungen bereits die Grenzen des Artikels 48 hinausschob und daß die deutliche Tendenz zur Notverordnung die später unter Brüning einsetzende Entwicklung vorwegnahm" [438: OBERREUTER, Die Norm als Ausnahme, 309; ferner 429: KURZ, Demokratische Diktatur?; H. BOLDT, Der Artikel 48 der Weimarer Reichsverfassung, in 156: STÜRMER (Hrsg.), Die Weimarer Republik, 288–309].

Andererseits jedoch wird die von Ebert praktizierte Anwendung des Artikels 48 scharf abgehoben vom Notverordnungsregime unter Hindenburg. Denn unter Ebert beruhten die Maßnahmen aufgrund von Artikel 48 – wie L. RICHTER zeigt – auf einem weitgehenden Einverständnis von Reichsregierung, Reichspräsident und Reichstagsmehrheit; in nahezu allen Fällen erfolgte die Anwendung von Artikel 48 bei versammeltem und grundsätzlich handlungsfähigem Reichstag – ganz im Gegensatz zu den Jahren ab 1930. Unter Ebert diente der Artikel 48 weniger der direkten Stärkung der Stellung des Reichspräsidenten als vielmehr der beschleunigten Durchsetzung von gesetzgeberischen Absichten der Reichsregierung, von der die Initiative zur Nutzung der Ausnahmebefugnisse ausging; Ebert beschränkte sich auf eine Billigung der vorgeschlagenen Maßnahmen. Außerdem lehnte Ebert eine Inkraftsetzung im Reichstag gescheiterter Gesetzesvorlagen mittels Artikel 48 kategorisch ab und blieb sich immer der verfassungsimmanenten Schranken des Ausnahmezustandsrechts bewußt [L. RICHTER, Das präsidiale Notverordnungsrecht in den ersten Jahren der Weimarer Republik, in 426: KOLB (Hrsg.), Friedrich Ebert als Reichspräsident, 207– 257]. Zugespitzt wurde dieser Sachverhalt so formuliert: „Mit demselben Instrumentarium, mit welchem unter Ebert die Republik gerettet wurde, wurde sie unter Hindenburg zerstört. Es kam demnach darauf an, welcher Gebrauch von der Notstandskompetenz gemacht wurde. Gerade weil sie so effektiv sein sollte und deshalb so wenig begrenzt war, war sie zugleich so mißbrauchsanfällig. Hier lagen Stärke und tödliche Schwäche der Republik nahe beieinander" [190: GUSY, Die Weimarer Reichsverfassung, 113].

Zu jenen Verfassungselementen, über die beim Zusammentritt der Nationalversammlung faktisch bereits entschieden war, zählt auch das Wahlsystem. Das Verhältniswahlrecht wurde von der Revolutionsregierung im November dekretiert, und die Wahl zur Nationalversammlung fand auf der Grundlage des Proporzsystems statt. Ohne in eine grundsätzliche Wahlrechtsdiskussion einzutreten, hat die Nationalversammlung dann das Verhältniswahlrecht in der Verfassung festgeschrieben. Die Einführung der Verhältniswahl entsprach den allgemeinen Erwartungen und wurde keineswegs als „revolutionär" empfunden. Für die SPD bildete die Einführung der Verhältniswahl eine conditio sine qua non, nachdem die Partei jahrzehntelang für die Ersetzung der Mehrheitswahl durch die Verhältniswahl gekämpft hatte. Aber auch die bürgerlichen Parteien und Gruppen waren für die Verhältniswahl, denn unter den gegebenen Bedingungen schien diese besser als das bisherige Mehrheitswahlsystem geeignet, eine überragende Vormachtstellung der SPD zu verhindern. Nicht nur in Deutschland galt das Proporzsystem damals als „modernstes Wahlrecht", auch die meisten anderen europäischen Staaten führten es im Laufe der zwanziger Jahre ein.

Verhältniswahlrecht

Zwar nahm die Intensität der Wahlrechtsdiskussion in den letzten Jahren der Weimarer Republik zu – mit der Tendenz, das bestehende Proporzsystem zu verbessern –, aber eine vehemente Kritik am Weimarer Wahlsystem setzte erst nach 1945 ein. Sowohl Politiker und Politikwissenschaftler wie einzelne Historiker machten jetzt das Verhältniswahlrecht für die Funktionsdefizite des Weimarer parlamentarischen Systems und für das Scheitern der Demokratie verantwortlich. Die Verhältniswahl, so wurde argumentiert, habe einen Anreiz zu Parteineugründungen und Absplitterungen geschaffen, und durch die Vielzahl der Parteien sei die Regierungsbildung erschwert und schließlich der Zusammenbruch der parlamentarischen Regierungsform herbeigeführt worden. Vor allem F. A. HERMENS, der entschiedenste und ausdauerndste Kritiker der Verhältniswahl, vertrat in zahlreichen Veröffentlichungen die Auffassung, daß das Proportionalwahlverfahren die eigentliche Ursache für das Scheitern der Weimarer Republik gewesen sei [u. a. Demokratie oder Anarchie?, Frankfurt/M. 1951, mit zustimmenden Vorworten von A. WEBER und C. J. FRIEDRICH]. Bei einem Mehrheitswahlsystem, so HERMENS, wäre die NSDAP „im Jahre 1932 sicher kein

Kritik am Weimarer Wahlsystem nach 1945

F. A. Hermens

Faktor von nationaler Bedeutung gewesen und vermutlich schon längst vorher an politischer Blutarmut zugrundegegangen" [ebd., 229]. Die Argumente von HERMENS und der „Hermens-Schule" stießen in den fünfziger Jahren kaum auf Widerspruch und wurden – teilweise in abgeschwächter Form – auch von Historikern aufgenommen (z. B. E. EYCK, A. SCHWARZ); 1964 konnte K. D. BRACHER von der „weitverbreiteten These" sprechen, ein relatives Mehrheitswahlrecht hätte die Weimarer Republik retten und schließlich auch den Sieg des Nationalsozialismus verhindern können [Probleme der Wahlentwicklung in der Weimarer Republik, in 396: BÜSCH/WÖLK/WÖLK (Hrsg.), Wählerbewegungen in der deutsche Geschichte, 629].

Inzwischen ist es um diese These ruhig geworden. Offensichtlich verlor die Wahlrechtsthematik in dem Maße an politischer Brisanz, in dem die innere Entwicklung der Bundesrepublik den Beweis lieferte, daß sich Proporzwahl und stabiles parlamentarisches Regierungssystem keineswegs gegenseitig ausschließen. Im Rückblick auf die engagierten Erörterungen über den Zusammenhang von Wahlsystem und Scheitern der Weimarer Demokratie wird man folgendes festhalten dürfen:

<small>Zusammenhang Wahlsystem – Scheitern Weimars: Ergebnisse der Diskussion</small>

1) Es ist nicht nur schwierig, sondern methodisch höchst problematisch, die aufgrund des Verhältniswahlsystems zustandegekommenen Wahlergebnisse der Weimarer Zeit einfach auf die Mehrheitswahl umzurechnen; denn das wahltaktische Verhalten der Parteien wie der Wähler beim Proporz unterscheidet sich unbestreitbar von dem bei der Mehrheitswahl. Wie H. FENSKE in seiner Kritik an HERMENS mit Recht hervorhebt, müßte man daher den Mut aufbringen, die Geschichte Weimars vom ersten Tag an entsprechend den veränderten wahlpolitischen Bedingungen umzudenken – „man wäre völlig auf Fiktionen angewiesen" [408: Wahlrecht und Parteiensystem, 34].

2) Auch ein relatives Mehrheitswahlrecht hätte die Republik nicht vor Gefahren schützen können, die aus radikalen Sinnesänderungen der Wählerschaft erwuchsen. E. R. HUBER ist darin beizupflichten, daß „das Weimarer Verhältniswahlrecht mit Sicherheit nicht die Ursache des rapiden Wachstums der radikalen Parteien" war [127: Deutsche Verfassungsgeschichte Bd. 6, 133]. Daher sind erhebliche Zweifel angebracht gegenüber der von E. SCHANBACHER – in Wiederaufnahme der HERMENS-These – geäußerten Ansicht, die Verhältniswahl sei eine „Hauptursache des Siegeszugs der Nationalsozialisten in den parlamentarischen Wahlen seit 1929 und in der Konsequenz der Ernennung Hitlers zum Reichskanzler am 30. Januar 1933" [447: Parlamentarische Wahlen und Wahlsystem, 231]. Differenzierter äußert sich J. W. FALTER, der die „bedingte Prognose" für statthaft hält, „daß ein anderes Wahlsystem den Aufstieg des Nationalsozialismus bis zu einem gewissen Zeitpunkt vielleicht nicht unbedingt verhindern, aber doch abbremsen geholfen hätte", aber auch nicht ausschließen will, daß bei einem Mehrheitswahlsystem „die NSDAP bereits im Jahre 1932 zusammen mit ihren potentiellen Verbündeten eine absolute Mandatsmehrheit

errungen hätte, wodurch der Weimarer Republik noch früher der Todesstoß versetzt worden wäre" [864: Hitlers Wähler, 135].

3) Die Rolle der Splitterparteien der Weimarer Zeit wird häufig stark überschätzt. Die Funktionsfähigkeit des parlamentarischen Systems von Weimar wurde weniger durch das Vorhandensein einiger kleiner Fraktionen beeinträchtigt, als vielmehr durch die Koalitionsprobleme zwischen den größeren Parteien. Und diese Schwierigkeiten waren zu einem erheblichen Grad darauf zurückzuführen, daß bei den bürgerlichen Parteien zunehmend die Bereitschaft abnahm, mit der Sozialdemokratie auf der Basis des *do ut des* und des Bemühens um faire Kompromisse politisch zusammenzuarbeiten. Der „Antimarxismus" gewann in den bürgerlichen Parteien stetig an Gewicht, und diese betont antimarxistischen Positionen sind – wie H. FENSKE zutreffend hervorhebt – als der eigentliche Krankheitskeim im deutschen Parteiensystem der Weimarer Zeit zu sehen, und besonders schwerwiegend wurde es, daß sie nicht auf die Konservativen beschränkt blieben, sondern den nationalen Liberalismus miterfaßten. Sie sind ungleich bedeutender als die Aufsplitterung infolge des Wahlverfahrens oder das formale Erbe des Konstitutionalismus in der Verfassungskonstruktion [408: Wahlrecht und Parteiensystem, 345; vgl. ebd. 281, 349].

Parteien und Parteiensystem in der Weimarer Zeit: Dieses weite Feld wird von der Forschung seit über vier Jahrzehnten besonders intensiv bearbeitet. Die Beschäftigung mit der Entwicklung des deutschen Parteiwesens nach 1918 hatte bereits vor 1933 eingesetzt. So ging L. BERGSTRÄSSER in der 5. und 6. Auflage (1928, 1932) seiner „Geschichte der politischen Parteien in Deutschland" [469] auch auf die Entwicklung der Parteien seit der Entstehung der Republik ein, und S. NEUMANN legte 1932 eine Untersuchung über Geschichte und Struktur der Weimarer Parteien vor [535], die als Pionierleistung bezeichnet werden darf und bis heute zum Besten gehört, was über die Parteien dieser Jahre, ihren Aufbau, ihre Programmatik, ihren politisch-soziologischen Hintergrund und ihre allgemeine Stellung im politischen Leben geschrieben worden ist; K. D. BRACHER, der NEUMANNS Studie 1965 neu herausgegeben hat, erkennt dieser Untersuchung mit Recht denselben Rang zu wie A. ROSENBERGS „Geschichte der Weimarer Republik". Als historisch orientierter Sozialwissenschaftler entwickelt NEUMANN in Weiterbildung der Typenlehre Max Webers eine Parteientypologie, die eine präzise strukturelle Analyse und vergleichende Beschreibung der deutschen Parteien zumindest der Weimarer Jahre erlaubt und die sich inzwischen weitgehend durchgesetzt hat. Der liberalen „Repräsentationspartei", die in den Traditionen des 19. Jahrhunderts wurzelt und deren Mitglieder und Anhänger fast nur bei Wahlen in Aktion treten, stellt er die moderne „Integrationspartei" gegenüber, die durch ständige Aktivität der Mitglieder, ein hohes Maß an Bürokratisierung, Einbeziehung der ganzen Person in die Organisation und Eingreifen in alle Lebensbezirke charakterisiert ist. NEUMANN unterscheidet dabei zwei Varianten

Die Parteien in der Zeit der Weimarer Republik

Arbeiten vor 1933 L. Bergsträsser

S. Neumann

der Integrationspartei: die „demokratische" (SPD, Zentrum) und die „absolutistische" (NSDAP, KPD).

NEUMANNS wichtiger Beitrag zur deutschen Parteienforschung konnte zunächst allerdings keine große Wirkung entfalten, denn in der Zeit des „Dritten Reiches" waren die Weimarer Parteien – als Gegenstand wissenschaftlicher Forschung – Anathema. Auch nach 1945 kam die Erforschung des deutschen Parteiwesens der Weimarer Zeit nicht sofort in Gang, noch 1956 mußte S. NEUMANN konstatieren, die Weimarer Parteienlandschaft sei eine terra incognita [Modern Political Parties, Chicago 1956, 354]. Dies änderte sich jedoch in den folgenden Jahren sehr rasch. Seit Beginn der sechziger Jahre erschien eine Fülle von Untersuchungen zur Parteiengeschichte der Weimarer Zeit, so daß von einer terra incognita schon lange nicht mehr gesprochen werden kann.

<small>Parteienforschung nach 1945</small>

Bereits 1960 legten E. MATTHIAS und R. MORSEY mit dem umfänglichen Sammelband „Das Ende der Parteien 1933" [528] ein bedeutendes Werk vor. Die unter Auswertung der zu diesem Zeitpunkt verfügbaren Quellen exakt gearbeiteten Beiträge über Struktur und Politik der wichtigsten Parteien in der „Krise des Parteienstaats" ergeben in ihrer Summe ein nuanciertes Bild der deutschen Parteienlandschaft am Ende der Republik und in den ersten Wochen des „Dritten Reiches". Akzentuiert werden nicht nur die schier unlösbaren Probleme, denen sich gerade die staatstragenden Parteien konfrontiert sahen, sondern auch das hohe Maß an Irritation und Konzeptionslosigkeit, mit dem die republiktreuen Kräfte auf die neue verfassungspolitische Konstellation nach Errichtung des Präsidialregimes und auf die Herausforderung durch die NS-Bewegung reagierten. Wenn inzwischen auch die eine oder andere Bewertung eine Modifizierung erfährt, handelt es sich beim „Ende der Parteien 1933" doch um eine Forschungsleistung, die Maßstäbe für die weitere Parteiengeschichtsschreibung setzte. Dieser Sammelband entstand im Zusammenhang mit weit ausgreifenden Forschungsaktivitäten der „Kommission für Geschichte des Parlamentarismus und der politischen Parteien". Die 1951 gegründete Kommission entwickelte sich zu einem Zentrum der Parteienforschung in der Bundesrepublik, seit Ende der fünfziger Jahre veröffentlichte sie eine Reihe grundlegender Quelleneditionen und zahlreiche Monographien zur Parlaments-, Parteien- und Verbandsgeschichte.

<small>E. Matthias/R. Morsey (1960)</small>

<small>Kommission für Geschichte des Parlamentarismus und der politischen Parteien</small>

Die weitaus überwiegende Zahl von Untersuchungen zur Parteiengeschichte der Weimarer Zeit gilt einzelnen Parteien, ihrer Organisation und Politik, ansatzweise auch der innerparteilichen Willensbildung und den Auswirkungen der sozialen Prozesse auf die Zusammensetzung von Mitgliedschaft und Wählerschaft sowie auf die programmatische Orientierung. Hingegen befassen sich nur relativ wenige Arbeiten explizit mit der Gesamtentwicklung des deutschen Parteiensystems zwischen 1918 und 1933. Vor allem zwei Sachverhalte von kaum zu überschätzender Bedeutung sind es, die dabei eingehend untersucht und erklärt werden müssen: die weitgehende Kontinuität des deutschen Parteiensystems über

<small>Entwicklung des Parteiensystems</small>

den politischen Umbruch von 1918/19 hinweg und die rasche Auflösung des bestehenden Parteiensystems ab 1928.

In den Revolutionsmonaten 1918/19 blieb das Parteiensystem des Kaiserreichs im wesentlichen erhalten. Es kam zwar zu einigen Namensänderungen, und die politische Linke hatte sich in zwei miteinander konkurrierende Parteien aufgespalten; aber die vier großen politischen Strömungen – Konservative, Zentrum, Liberale und Sozialdemokratie – waren 1919 in der Nationalversammlung etwa im selben Kräfteverhältnis vertreten wie im 1912 gewählten Reichstag. Daß das Gesamtgefüge des deutschen Parteiensystems beim Übergang von der Monarchie zur Republik kaum verändert und deshalb von einer Kontinuität des Parteiensystems gesprochen werden kann, ist heute communis opinio. G. A. RITTER spricht – diesen Befund etwas differenzierend – von „Kontinuität und Umformung des deutschen Parteiensystems 1918–1920" [549]. Er verweist auf einige Wandlungen in der inneren Struktur und im Auftreten der Parteien, die in erster Linie aus dem geänderten Wahlsystem resultierten. Dieses zwang zur Mobilisierung verstreuter Stimmen und verlangte daher eine flächendeckende Parteienorganisation; das hatte Auswirkungen auf die Aktivierung des Wählerreservoirs. Aber auch G. A. RITTER betrachtet die Kontinuität als den dominierenden Grundzug des deutschen Parteiensystems im Übergang vom Kaiserreich zur Republik. G. A. Ritter

R. M. LEPSIUS hat das Verdienst, in seiner erstmals 1966 veröffentlichten Studie „Parteiensystem und Sozialstruktur" [521] nicht nur das Faktum einer bemerkenswerten Stabilität des deutschen Parteiensystems zwischen 1871 und 1928 besonders nachdrücklich ins Bewußtsein gehoben, sondern dafür auch eine schlüssige Erklärung geliefert zu haben. Die Stabilität des Parteiensystems führt LEPSIUS auf die unmittelbare Verbindung der Parteiformationen mit je relativ geschlossenen „Sozialmilieus" zurück: Die politische Integration und Organisation der deutschen Gesellschaft erfolgte nicht nur nach Klasseninteressen, sondern wurde durch eine komplexe Konfiguration religiöser, regionaler, sozialer und wirtschaftlicher Faktoren bestimmt [ebd., 37f.]; keine der großen Parteigruppierungen war in einem strengen Sinn klassenhomogen, die Parteien blieben auf ihr jeweiliges „sozialmoralisches Milieu" angewiesen; auf dessen Konsistenz und Treue basierte ihre Stabilität. R. M. Lepsius

Das von LEPSIUS entworfene Modell der vier „sozialmoralischen Milieus" (Sozialisten, Katholiken, Liberale und Konservative) hat K. ROHE abgewandelt, indem er drei politische „Lager" identifizierte: das sozialistische, das katholische und das – Konservative und Liberale umfassende – „nationale" Lager [443: ROHE, Wahlen und Wählertraditionen in Deutschland]. K. Rohe

Die Verklammerung der großen Parteien mit ihrem jeweiligen Sozialmilieu dauerte – in welcher Intensität auch immer – über die Zäsur von 1918/19 hinweg fort. Als ein wesentlicher Belastungsfaktor der Weimarer Demokratie gilt daher manchen Forschern die Fragmentierung der deutschen Gesellschaft wäh-

rend der Weimarer Republik in verschiedene soziopolitische, auch konfessionelle
„Teilkulturen" und regionale „Teilkulturen" [s. dazu vor allem zwei von D. LEHNERT und K.
MEGERLE herausgegebene Sammelbände 634: Politische Identität und nationale
Gedenktage; 635: Politische Teilkulturen zwischen Integration und Polarisierung;
zu weiteren Aspekten der Politischen Kultur s. u. S. 234–237].

„Milieus" Vom Paradigma „Milieu" – verstanden als lebensweltliches Ensemble von
verbindlichen weltanschaulichen Grundaxiomen, organisatorischen Vernetzungen und gemeinschaftsstiftenden Alltagsritualen – gingen auf die Forschung
starke Impulse aus. Seit den frühen achtziger Jahren sind Gestalt, Stabilität und die
in die Weimarer Republik hineinreichende Konsistenz der Milieus Gegenstand
vielfältiger Forschungsbemühungen, aber auch intensiver und teilweise kontroverser Diskussion. Im Zentrum steht dabei das sozialistische Arbeitermilieu,
das mit Abstand am besten erforscht ist, weil es einen günstigen Forschungszugang bietet: Ausprägung und Dichte dieses Milieus lassen sich anhand
von Gewerkschafts- und Parteistrukturen, Wahlergebnissen sowie Untersuchungen über die zahlreichen „Vorfeld"-Organisationen erfassen. Was die Entwicklung des Arbeitermilieus und der „Arbeiterkultur" in den zwanziger Jahren
angeht, besteht jedoch ein deutlicher Dissens.

Nach Meinung einer Reihe von Forschern befand sich das „sozialmoralische
Milieu" der Arbeiterbewegung nach 1918 in einem Zerfallsprozeß, weil die sich
nachhaltig etablierende Massenkultur (Kino, Rundfunk, Sport, Konsum- und
Freizeitorientierung) die im Kaiserreich ausgebildeten arbeiterkulturellen Milieustrukturen unterspülte und nach dem Systemwechsel von 1918 der gegenkulturelle Impetus an Bedeutung zu verlieren begann [so insbesondere
630: LANGEWIESCHE, Politik-Gesellschaft-Kultur; zusammenfassend 907:
SCHMIECHEN-ACKERMANN, Nationalsozialismus und Arbeitermilieus, 453 f.; zur
neueren Relativierung dieser Erosionsthese in Bezug auf die Mediennutzung s. u.
S. 219 f.].

Die Gegenposition artikulieren mit Nachdruck P. LÖSCHE und F. WALTER: der
Höhepunkt der sozialdemokratischen Solidargemeinschaft mit ihren organisatorischen Netzwerken sei nicht im Kaiserreich, sondern in der Weimarer
Republik zu verorten [P. LÖSCHE/F. WALTER, Zur Organisationskultur der sozialdemokratischen Arbeiterbewegung in der Weimarer Republik, in: GG 15
(1989), 511–536; DIES., Auf dem Weg zur Volkspartei? Die Weimarer Sozialdemokratie, in: AfS 29 (1989), 75–136; F. WALTER, Milieus und Parteien in der
deutschen Gesellschaft, in: GWU 46 (1995), 479–493]. Sie betonen, die These einer
in der Weimarer Republik rasch voranschreitenden Erosion des sozialdemokratischen Milieus könne sich nicht auf die Befunde empirischer Forschungen stützen, weder bei der Annahme im Kaiserreich besonders solider
Milieustrukturen, noch bei der Behauptung, nach 1918 sei eine „innere Auflösung", ja „Dekomposition" des sozialdemokratischen Milieus erfolgt. Um zu
empirisch abgesicherten Ergebnissen zu kommen, haben LÖSCHE und WALTER ein

Forschungsprojekt initiiert, das seinen wissenschaftlichen Niederschlag in vier stattlichen Bänden gefunden hat [Solidargemeinschaft und Milieu: Sozialistische Kultur- und Freizeitorganisationen in der Weimarer Republik. Bd. 1: F. WALTER, Sozialistische Akademiker- und Intellektuellenorganisationen in der Weimarer Republik, Bonn 1990; Bd. 2: F. WALTER u. a., Sozialistische Gesundheits- und Lebensreformverbände, Bonn 1991; Bd. 3: D. KLENKE u. a., Arbeitersänger und Volksbühnen in der Weimarer Republik, Bonn 1992; Bd. 4: S. HEIMANN/ F. WALTER, Religiöse Sozialisten und Freidenker in der Weimarer Republik, Bonn 1993]. Diese materialreichen Studien belegen, daß die sozialdemokratischen „Vorfeld"-Organisationen (darunter etliche Neugründungen, u. a. Arbeiterwohlfahrt, Kinderfreunde, Arbeitsgemeinschaft sozialdemokratischer Lehrer) in den zwanziger Jahren zumindest quantitativ stark expandierten. So wuchsen z. B. die sozialdemokratischen Freidenkerorganisationen von 6500 Mitgliedern vor 1914 in den zwanziger Jahren zu einer Massenbewegung von rund 600 000 Mitgliedern heran; der Arbeiterturn- und Sportbund steigerte seine Mitgliederzahl von 120 000 vor dem Weltkrieg auf 570 000 am Ende der zwanziger Jahre. Auch die „gegenkulturelle" Qualität sei – so WALTER – am Ende der Weimarer Republik im sozialdemokratischen Milieu weitaus höher gewesen als im Kaiserreich; gerade in den letzten Jahren der Republik habe sich dieses Milieu unter dem Außendruck befestigt.

Nun erlauben die Feststellungen über hohe Mitgliederzahlen der „Vorfeld"-Organisationen sicherlich noch kein definitives Urteil über Prägekraft, Konsistenz und Einfluß des sozialdemokratischen Milieus in der Weimarer Zeit. Auch haben die empirischen Studien manche Risse im Netzwerk der Solidargemeinschaft, Dissonanzen und regionale Disparitäten zutage gefördert. Deshalb ist die Diskussion über die Frage „Stabilität oder Erosion?" wohl noch nicht abgeschlossen. Die Ergebnisse der neueren Arbeiten sind jedoch ernst zu nehmen und bei den weiteren Erörterungen zu berücksichtigen. Offensichtlich – darin dürfte LÖSCHE und WALTER zuzustimmen sein – waren die Kohäsionskräfte im sozialdemokratischen Umfeld immer noch stärker als die Fragmentierungstendenzen.

Auch zum konservativen Milieu haben LÖSCHE und WALTER ein Forschungsprojekt auf den Weg gebracht; siehe dazu: P. LÖSCHE/F. WALTER, Katholiken, Konservative und Liberale: Milieus und Lebenswelten bürgerlicher Parteien in Deutschland während des 20. Jahrhunderts, in GG 26 (2000), 471– 492. Die ersten Erträge in Gestalt gehaltvoller empirischer Fallstudien liegen vor [H. MATTHIESEN, Greifswald in Vorpommern. Konservatives Milieu im Kaiserreich, in Demokratie und Diktatur 1900–1990, Düsseldorf 2000; ferner 692a.].

Welch bemerkenswerte neue Einsichten durch einen umsichtigen Einsatz des Milieu-Paradigmas zu gewinnen sind, hat W. PYTA in seiner subtilen Untersuchung über die Verschränkung von Milieu und Parteien im protestantischen ländlichen Deutschland demonstriert [545: Dorfgemeinschaft und Parteipolitik

1918–1993]. Die Fruchtbarkeit dieses Ansatzes belegt auch die Regionalstudie von S. WEICHLEIN [Sozialmilieus und politische Kultur in der Weimarer Republik. Lebenswelt, Vereinskultur, Politik in Hessen, Göttingen 1996]. Erwähnung verdienen ferner zwei lokale Fallstudien zum katholischen Milieu in Münster und Ettlingen [D. KAUFMANN, Katholisches Milieu in Münster 1928–1933. Politische Aktionsräume und geschlechtsspezifische Verhaltensräume, Düsseldorf 1984; C. RAUH-KÜHNE, Katholisches Milieu und Kleinstadtgesellschaft. Ettlingen 1918–1939, Sigmaringen 1991]. Zweifellos bleiben die „sozialmoralischen Milieus" auch künftig ein wichtiges Forschungsfeld, zumal die Beschäftigung mit Milieus und Mentalitäten voll im Trend der neuen kulturalistisch ausgerichteten Forschungstendenzen liegt.

Auflösung des Parteiensystems seit 1928

Wie immer man Fortdauer oder Schwinden von Bindekraft und Konsistenz der verschiedenen Sozialmilieus nach 1918 im einzelnen beurteilen mag, unbestreitbar ist jedenfalls, daß das über Jahrzehnte hin relativ stabile deutsche Parteiensystem seit Ende der zwanziger Jahre in heftige Turbulenzen geriet, und dies vor allem durch das Ausbluten, ja den Zusammenbruch der politischen Mitte.

Dieser Zusammenbruch erfolgte nicht über Nacht. Schon 1920 trat bei der bürgerlichen Mitte eine Tendenz nach rechts in Erscheinung, die sich 1924 verstärkte; 1928 verbuchten dann mittelständische und bäuerliche Interessenparteien beachtliche Wahlerfolge. Man wird sagen dürfen, daß große Teile der deutschen Mittelschichten inzwischen aufgehört hatten, „liberal" zu sein, und sich auf der Suche nach einer neuen politischen und parteipolitischen Heimat befanden [dazu u. a. die Fallstudie 870: FRITZSCHE, Rehearsals for Fascism]. Die Auflösung des hergebrachten Parteiensystems begann also, *bevor* die Weltwirtschaftskrise ausbrach, die Staatskrise einsetzte und die NSDAP zu einem politischen Faktor wurde; der rapide Aufstieg der NSDAP zur Massenpartei hat dann jedoch den Auflösungsprozeß außerordentlich beschleunigt. 1928/29 allerdings war – wie H. A. WINKLER in seiner grundlegenden Untersuchung „Mittelstand, Demokratie und Nationalsozialismus" [806] gezeigt hat – noch nicht klar erkennbar, daß für das Gros des Mittelstandes die Alternative zur parlamentarischen Demokratie der Nationalsozialismus sein würde [ebd., 159], dessen politische Werbung ja zunächst auch andere Hauptadressaten hatte. Dies änderte sich in der ökonomischen Krise. Daher verloren 1930/32 – abgesehen vom Zentrum – die Mittelparteien den weitaus größten Teil ihrer Wählerschaft und verschwanden 1932 nahezu vollständig von der politischen Bildfläche.

Gerade angesichts der Tatsache, daß das deutsche Parteiensystem über sechzig Jahre hin relativ stabil geblieben war, ist die Auflösung des Parteiensystems binnen weniger Jahre ein unerhört dramatischer Vorgang. Er ist in manchen Aspekten inzwischen zwar aufgehellt, bedarf aber doch noch einer umfassenden Gesamtanalyse. Weitere Forschungen über den Zusammenhang von Parteiensystem und Veränderungen der politischen Mentalitäten in der Konsequenz gesellschaftlicher Umschichtungsprozesse während der Mittelphase der Republik (die auch unter diesem Gesichtspunkt besonderes Forschungsinteresse verdient) könnten dazu beitragen.

Über Geschichte, Struktur und Politik der einzelnen Parteien in der Zeit der Weimarer Republik liegt eine Fülle von Arbeiten vor – ihren Ertrag zu charakterisieren oder auch bloß Titel und Schwerpunkt zu bezeichnen, müßte den Rahmen sprengen. Schon relativ früh wurden für die USPD und einige kleinere Parteien monographische Darstellungen vorgelegt, welche die gesamte – oft recht kurze – Lebensdauer dieser Parteien umspannen [zur USPD: 517, 530, 582; zu den kleineren Parteien: 470, 477, 503, 538, 566, 575]. Bei den großen Parteien konzentrierten sich die zahlreichen Untersuchungen anfänglich auf einzelne Abschnitte der Parteientwicklung zwischen 1918 und 1933, bzw. auf einzelne Aspekte des politischen Wirkens der jeweiligen Partei. Dabei wurden innere Entwicklung und politisches Agieren in der Anfangsphase wie in der Endphase der Republik zunächst wesentlich intensiver erforscht als die Parteigeschichte in der Mittelphase. Seit einer Reihe von Jahren begegnet jedoch auch die Entwicklung der größeren Parteien in der Mittelphase der Republik verstärktem Interesse, so daß inzwischen ein recht dichter Informationsstand zu verzeichnen ist. Dies gilt für Zentrum und BVP [498, 505, 531, 532, 554, 560, 561] wie für die DNVP [495a, 496, 500, 508a., 523, 556, 571, 574, 576, 955] und die liberalen Parteien [464, 475, 484, 494, 497, 504, 547, 559, 569; vgl. auch die prägnante Skizze bei D. LANGEWIESCHE, Liberalismus in Deutschland, Frankfurt 1988, 233–286]. Auch die Weimarer Sozialdemokratie ist Gegenstand zahlreicher Studien [211, 468, 471, 493, 495, 508, 511, 513, 514, 526, 544, 555, 568, 573]. In seinem dreibändigen Werk „Arbeiter und Arbeiterbewegung in der Weimarer Republik" [584–586] präsentiert H. A. WINKLER – neben vielem anderen – eine außerordentlich materialreiche und konzise Geschichte der SPD in der Weimarer Zeit. Einzelne sozialdemokratische „Vorfeld"-Organisationen werden in sorgfältigen Fallstudien im Rahmen des bereits erwähnten, von P. LÖSCHE und F. WALTER betreuten Forschungsprojekts behandelt. Einen gerafften, ganz auf das Wesentliche konzentrierten und vorzüglich geschriebenen Überblick über die Entwicklung von SPD und KPD in der Weimarer Republik (mit instruktiven Angaben zu Quellen, Literatur und Forschungsstand) gibt K. SCHÖNHOVEN [563: Reformismus und Radikalismus]. Für den gesamten Zeitraum der Republik gut erforscht ist die Geschichte der KPD [465, 467, 482, 483, 512, 527, 551, 577–580a., 581].

Monographien über einzelne Parteien

Trotz der großen Zahl fundierter und ertragreicher Arbeiten über Organisation, innere Entwicklung und Politik der einzelnen Parteien bleiben noch manche Forschungslücken zu schließen. So wissen wir z. B. bisher zu wenig über die organisatorische Struktur der Parteien auf regionaler und kommunaler Ebene, über die Sozialprofile von Mitglieds- und Wählerschaft der einzelnen Parteien (und deren Wandel zwischen 1918 und 1932) sowie über das Führungspersonal der Parteien (insbesondere auch auf mittlerer und unterer Ebene), sieht man von

Desiderata der Parteienforschung

H. WEBERS präziser Prosopographie des Funktionärskörpers der KPD ab [578]. Insgesamt scheint die klassische Parteienforschung, wie sie mit großer Intensität und – nach Quantität und Qualität – beachtlichen Ergebnissen in den sechziger und siebziger Jahren betrieben wurde, an ein Ende gelangt zu sein. Seit den achtziger Jahren dominiert eine stärker sozialgeschichtlich orientierte Beschäftigung mit dem Parteiwesen der Weimarer Zeit, wobei vor allem Fragen der Wählerstruktur und des Wahlverhaltens stark in den Vordergrund treten. Zukünftig sollte auch stärker das „Verhaftetsein der politischen Akteure in ihre jeweiligen überindividuellen Milieus, Mentalitäten und kulturellen Deutungsmuster" herausgearbeitet werden [160: WIRSCHING, Die Weimarer Republik, 95].

Biographien   Wissenschaftliche Monographien über profilierte Politikerpersönlichkeiten der Weimarer Republik hatten lange Zeit Seltenheitswert. Darin ist seit zwei Jahrzehnten ein signifikanter Wandel eingetreten. In rascher Folge erscheinen nunmehr biographische Darstellungen über führende Parlamentarier und hohe Beamte der Weimarer Zeit – von allerdings recht unterschiedlicher Qualität [siehe u. S. 337 ff.]. Allein seit 1997 wurden Biographien u.a. über folgende Persönlichkeiten veröffentlicht: Brüning [932, 933, 933a.], Brockdorff-Rantzau [930], Ebert [936a.], Eisner [937], Geßler [939], Grzesinski [942], Hilferding [946], Hindenburg [949, 949a.], Keil [958], Legien [960a], Rathenau [970a.], Scheidemann [975], Stinnes [982], Stresemann [987a., 987b.], Wirth [990, 991].

Die Reichswehr als Forschungsgegenstand   In charakteristischer Weise hat sich seit den siebziger Jahren auch die Perspektive bei der Behandlung von Problemen der bewaffneten Macht und der Militärpolitik gewandelt. Die lange Zeit im Mittelpunkt der Forschung, aber auch der historisch-politischen Diskussion stehende Frage nach dem Verhältnis der Reichswehr zur Republik, nach dem extra-konstitutionellen Einfluß militärischer Kreise in der Politik und dem Anteil der Reichswehr und ihrer Führung am Scheitern der Weimarer Demokratie, ist seit Mitte der siebziger Jahre allmählich in den Hintergrund getreten. Statt dessen konzentriert sich das Interesse nunmehr – im Rahmen einer umfassenden Konzeptionalisierung des Verhältnisses von Militär, Gesellschaft und Politik im modernen Industriestaat – stärker auf die Aufrüstungsproblematik und die Ansätze zur Herausbildung eines „Militärisch-Industriellen Komplexes" in der Weimarer Republik [zur Forschungsentwicklung und zu den neuen Fragestellungen s. die instruktiven Bemerkungen von K.-J. MÜLLER, Armee, Politik und Gesellschaft in Deutschland 1933–1945, Paderborn 1975, ³1981, 11 ff.].

Eines ausgeprägten Gegenwartsbezugs hat die Beschäftigung mit der Reichswehr zu keinem Zeitpunkt entbehrt. In den fünfziger Jahren gingen entscheidende Impulse von der Auseinandersetzung um die deutsche Wiederaufrüstung und die Einbeziehung der Bundesrepublik in das westliche Militärbündnis aus. Die Stellung der bewaffneten Macht in einer parlamentarischen Demokratie stand zur Debatte, und zwangsläufig richtete sich dabei der Blick auf das problematische Verhältnis von Reichswehr und Republik in der Zeit von

Weimar. Schon in dieser ersten Phase der Reichswehr-Historiographie bildeten sich zwei Positionen in der Beurteilung der Reichswehr und der Reichswehrpolitik heraus, die – in der Folgezeit ausgebaut – einander nach wie vor gegenüberstehen.

Positionen in der älteren Forschung

Die reichswehrkritische Interpretation der fünfziger und sechziger Jahre – zu nennen sind vor allem die Arbeiten von W. SAUER [845] und F. L. CARSTEN [822] – akzentuiert als entscheidende Grundkomponente der Reichswehrpolitik den entschlossenen Willen der militärischen Führung zur Durchsetzung und Erhaltung einer autonomen Machtstellung der Reichswehr im republikanischen Staat: Das aus der kaiserlichen Armee hervorgegangene Offizierskorps vermochte die parlamentarische Demokratie innerlich nicht zu akzeptieren und organisierte die Reichswehr als „Staat im Staate", unabhängig von Gesellschaft und Politik der Republik. Die nahezu autonome Stellung der Reichswehr schwächte die demokratische Ordnung selbst in jenen Jahren, in denen das parlamentarische System noch leidlich funktionierte, und in der Ära der Präsidialkabinette wurde die Reichswehr dann zum entscheidenden Machtfaktor auch in der inneren Politik. Selbstbewußt äußerte Reichswehrminister Groener schon 1930, im politischen Geschehen Deutschlands dürfe kein Baustein bewegt werden, „ohne daß das Wort der Reichswehr ausschlaggebend in die Waagschale geworfen wird" [822: CARSTEN, Reichswehr und Politik, 364]. Schritt für Schritt sicherte sich die Reichswehrführung maßgeblichen Einfluß auf die Bildung der Reichskabinette und die Führung der Gesamtpolitik, nicht zuletzt dank der Zugehörigkeit Schleichers, Chef des Ministeramts, zum engsten Beraterkreis des Reichspräsidenten. Zur inneren Aushöhlung und damit zum Scheitern der Republik hat die Reichswehr in dieser Sicht erheblich beigetragen.

Die Position, die durch eine positivere Bewertung der bewaffneten Macht im Staat von Weimar geprägt ist, artikulierten vor allem H. J. GORDON [829] und H. MEIER-WELCKER [977]: von einer ungestümen Einflußnahme auf die Politik könne bei Seeckt keine Rede sein, vielmehr habe Seeckt in staatstreuer Haltung einen wesentlichen Beitrag zur Konsolidierung der Republik geleistet; zumindest unter Seeckt habe sich die Reichswehr sehr wohl in die Republik eingeordnet und sei sozusagen zu einer vernunftrepublikanischen Institution geworden, die sie geblieben wäre, wenn die politischen Träger der Republik der bewaffneten Macht mehr Sympathie und den deutschen Sicherheitsbedürfnissen mehr Verständnis entgegengebracht hätten.

Um eine Vermittlung zwischen diesen divergierenden Standpunkten bemühte sich R. WOHLFEIL in seinem Beitrag für das „Handbuch zur deutschen Militärgeschichte" [852]. Auf der Linie eines „vorsichtigen Revisionismus", mit Verständnis für eine konservative Interpretation wie die MEIER-WELCKERS und unter modifizierender Berücksichtigung der liberalen Kritik an der Reichswehr durch CARSTEN, bietet dieser Handbuchbeitrag eine Synthese des bis Ende der sechziger Jahre erreichten Forschungsstandes. Aufgrund der regen Forschungsaktivitäten war man zu diesem Zeitpunkt bereits recht gut unterrichtet über die Beziehungen der Reichswehr zu den paramilitärischen Verbänden, über das Spannungsverhältnis, in dem die Reichswehr zu Parteien, Parlament und Regierungen der Republik stand, über die Zusammenarbeit zwischen Reichswehr und Roter Armee [dazu jetzt detailliert 853: ZEIDLER, Reichswehr und Rote Armee 1920–1933] sowie über die außenpolitischen Vorstellungen und Bemühungen der Reichswehrführung mit dem Ziel einer Revision der militärischen Bestimmungen des Versailler Vertrags [vgl. insgesamt den seinerzeitigen ausführlichen Forschungsbericht von M. GEYER, Die Wehrmacht der Deutschen Republik ist die Reichswehr, in: MGM 1973/2, 152–199].

Neue Fragestellungen und Perspektiven

A. Hillgruber
M. Geyer

Mit seiner 1974 veröffentlichten Studie „Militarismus am Ende der Weimarer Republik und im ‚Dritten Reich'" gab A. HILLGRUBER der Forschungsdiskussion eine veränderte Richtung [in 320: DERS., Großmachtpolitik und Militarismus im 20. Jahrhundert, 37–51]. Unter Verweis auf die damals noch nicht publizierten Forschungen M. GEYERS machte HILLGRUBER darauf aufmerksam, daß sich seit Mitte der zwanziger Jahre unter den führenden Offizieren der Reichswehr neue gesamtgesellschaftliche Konzeptionen militaristischer Prägung entwickelten und verbreiteten, die auf eine Verschmelzung von militärischem und zivilem Sektor

Ziel der Reichswehrführung: „Wehrstaat"

und in letzter Konsequenz auf die Begründung eines totalen „Wehrstaates" hinausliefen. Diese neue Perspektive wurde in den folgenden Jahren breit entfaltet, auf einem internationalen Symposium im Jahr 1977 [841] und in den Arbeiten vor allem von M. GEYER [828], E. W. HANSEN [832] und W. DEIST [Die Reichswehr und der Krieg der Zukunft, in: MGM 1989/1, 81–92]. In den Mittelpunkt des Interesses rückte damit die Phase *nach* dem Ende der (bis dahin mit Vorrang diskutierten) „Ära Seeckt". Es ist heute nicht mehr umstritten, daß das Ende der „Ära Seeckt" (Anfang Oktober 1926) einen tiefen Einschnitt in der Geschichte der Reichswehr bedeutet. „Von nun an vollzog sich die Militärpolitik der Republik auf anderen Ebenen und in anderen Bahnen" [DEIST, Die Aufrüstung der Wehrmacht, in 824: Das Deutsche Reich und der Zweite Weltkrieg, Bd. 1, 377]. Die nun den Ton angebenden „modernen" Offiziere um Schleicher wollten auf der Basis der von Seeckt erreichten inneren Stabilität und Leistungsfähigkeit der Reichswehr und unter möglichst rascher Abstreifung der Demilitarisierungsbestimmungen des Versailler Vertrags eine schlagkräftige und gut ausgerüstete Armee schaffen. Im Zusammenhang mit der Neukonzipierung der „Landesverteidigung", dem Programm der „Wehrhaftmachung des deutschen Volkes" und einem seit 1926 entwickelten umfangreichen Rüstungsprogramm leitete die Reichswehrführung eine „Militarisierung nach innen" ein, eine „Expansion des Militärischen" unter Verwischung der organisatorischen Grenzen zwischen Militärapparat und ziviler Gesellschaft mit dem Ziel einer totalen Kriegsvorbereitung für den totalen Krieg. Wie vor allem M. GEYER herausarbeitete, setzte diese neue Rüstungspolitik die gesellschaftliche und politische Stabilisierung der Weimarer Republik voraus und zwang zu einem Kompromiß zwischen Reichswehr und ziviler Exekutive. Deshalb gab die Reichswehrführung jetzt die unter Seeckt geübte Distanz gegenüber der Republik und ihren Institutionen auf [wichtig in diesem Zusammenhang die Denkschrift Schleichers vom Dezember 1926, abgedruckt bei 850: Vogelsang, Reichswehr, Staat und NSDAP, 409–413]. Die im Zeichen einer „Industrialisierung des Krieges" betriebene Militär- und Rüstungspolitik wurde zunehmend nicht mehr neben der Regierung, sondern mit ihr gemacht. Aber gerade aus diesem Grunde legte die Reichswehrführung großen Wert darauf, daß eine Reichsregierung ans Ruder kam, von der ein denkbar weitgehendes Entgegenkommen gegenüber den ehrgeizigen Plänen, auch den weitreichenden finanziellen Forderungen der Militärs zu erwarten war. Die militär- und gesellschaftspolitischen Intentionen der Reichswehrspitze bildeten somit einen wichtigen Faktor im komplexen Entscheidungsprozeß, der in die Einsetzung des Präsidialkabinetts Brüning ausmündete.

Wenn durch die pointierte Neuinterpretation der Reichswehr- und Militärpolitik seit dem Ende der „Ära Seeckt" die herkömmliche Vorstellung von der Reichswehr als „Staat im Staat" in Frage gestellt wird, so sind doch auch die Grenzen der neuen Bewertung des Verhältnisses von Militär, Gesellschaft und Politik in den Blick zu nehmen. Zum einen sollte die Entwicklung nicht zu einlinig – als ein seit Mitte der zwanziger Jahre konsequent und unaufhaltsam ablaufender Prozeß – gesehen werden. Groener (Reichswehrminister seit Januar 1928) suchte anfänglich durch eine Politik des Ausgleichs die republikanischen Kräfte für die Reichswehr und die konservativen Kräfte für die Anerkennung des überparteilichen Charakters der Reichswehr zu gewinnen, blieb mit seinem Integrationskurs jedoch erfolglos [s. dazu 834: Hürter, Wilhelm Groener, mit einer vergleichsweise positiven Beurteilung von Groeners Ministertätigkeit]. Zum andern darf die neue Perspektive einer „Expansion des Militärischen" im Interesse der Landesverteidigungskonzeption nicht dazu führen, daß die Militär- und Rüstungspolitik lediglich als ein primär durch funktionale Sachzwänge in Gang gesetzter und vorangetriebener gesamtgesellschaftlicher Prozeß erscheint, der nicht zur Disposition der militärischen und politischen Entscheidungsinstanzen stand. Wichtige Ergebnisse der älteren Forschung bleiben weiterhin relevant, z. B. Nachweis einer dezidiert negativen Einstellung führender Militärs zur bestehenden Verfassungsform der parlamentarischen Demokratie. Die politischen Zielvorstellungen und Ambitionen der militärischen Führung und die daraus (und nicht aus übermächtigen Sachzwängen) resultierenden politischen Manöver der Reichswehrspitze in den Jahren 1929–32 sind erstrangige Faktoren im Auflösungsprozeß der Weimarer Republik, die nicht aus dem Blickfeld geraten dürfen.

<small>Beurteilung des derzeitigen Forschungsstandes</small>

4. Probleme der wirtschaftlichen und gesellschaftlichen Entwicklung

Ausgangsbedingungen für die Beschäftigung mit sozial- und wirtschaftsgeschichtlichen Themen

Nur zögernd wandte sich die Geschichtswissenschaft nach 1945 der Untersuchung von Problemen der wirtschaftlichen und vor allem der gesellschaftlichen Entwicklung in Weimar-Deutschland zu. Bis in die sechziger Jahre hinein konzentrierte sich das Interesse vorrangig auf die politische Geschichte der Weimarer Republik, auf Parteien, staatliche Institutionen, politische Krisenverläufe; sozialgeschichtliche Themen wurden nur selten behandelt, ein Werk wie L. Prellers 1949 publizierte Darstellung der Sozialpolitik in der Weimarer Republik [779] blieb eine Ausnahme. Wenn die Sozialgeschichte der Weimarer Zeit lange im Schatten etwa der Parteienforschung oder der Krisenanalyse stand, so wird man dies wohl auch mit auf die Tatsache zurückführen dürfen, daß mit dem Ende von Weimar und der Machtergreifung des Nationalsozialismus in Deutschland eine Forschungsrichtung jäh abgebrochen war, nämlich eine historisch orientierte Sozialwissenschaft, die in der Tradition Lujo Brentanos und Max Webers unter Einbeziehung der „jungen" Disziplinen Soziologie und Politikwissenschaft ein methodisches Instrumentarium zur Behandlung gesellschaftsgeschichtlicher Fragestellungen zu entwickeln begonnen hatte. In Deutschland gab es daher nach 1945 gerade im Bereich der sozialgeschichtlichen Forschung sehr viel weniger unmittelbare Anknüpfungspunkte, auch ungünstigere institutionelle Voraussetzungen und ein wesentlich geringeres Maß an methodischer Schulung als auf dem Feld der politischen Geschichtsschreibung. Insofern war es sicherlich kein Zufall, daß entscheidende Anregungen und Anstöße zur Beschäftigung mit Themen der Sozialgeschichte Weimars zunächst aus dem westlichen Ausland, vor allem von amerikanischen Historikern kamen. Im Laufe der sechziger Jahre erfolgte dann auf breiter Front eine stärkere Hinwendung auch der deutschen Historiker zur Untersuchung wirtschafts- und sozialgeschichtlicher Probleme der Weimarer Republik; seit mehr als drei Jahrzehnten machen Untersuchungen zur Gesellschaft und Wirtschaft den Löwenanteil unter den wissenschaftlichen Neuerscheinungen zur Geschichte der Weimarer Republik aus.

Bochumer Symposion 1973

Einen „vorläufigen Rechenschaftsbericht" über die sich intensivierenden sozialhistorischen Bemühungen vorzulegen – diese Aufgabe stellte sich das Symposion „Industrielles System und politische Entwicklung in der Weimarer Republik", das im Juni 1973 in Bochum abgehalten wurde und das Historiker, Nationalökonomen und Politikwissenschaftler zusammenführte; komplementär zu den inzwischen relativ gut dokumentierten politischen Abläufen sollte deren sozio-ökonomischer Bedingungsrahmen zur Debatte gestellt werden. In der Tat wurden auf diesem Symposion eine neue Schwerpunktbildung und eine Blickveränderung in der wissenschaftlichen Beschäftigung mit der Weimarer Republik sichtbar. Der 1000 Seiten starke Tagungsbericht [765] präsentiert zahlreiche Beiträge sowie Berichte über die Diskussion in den einzelnen Arbeitssitzungen, denen die Referate zugeordnet waren: Wirtschaftliches Wachstum, wirtschaftlicher Strukturwandel und Veränderungen des industriellen Systems; Sozialpolitik und sozialer Konflikt in der Weimarer Republik; die Finanzpolitik und ihre Auswirkungen auf die sozialen Gegensätze; internationale Rahmenbedingungen und die Rolle der Reparationspolitik; die Einflußnahme wirtschaftlicher Interessengruppen (industrielle Interessenvertretung, agrarische und mittelständische Interessen); staatlicher Interventionismus und Interessenpolitik in der Krise. Schon diese Aufzählung macht deutlich, daß zentrale Aspekte der wirtschaftlichen und gesellschaftlichen Entwicklung thematisiert wurden, und bei aller Meinungsverschiedenheit in vielen Einzelfragen ergab sich doch in einem wichtigen Punkt ein bemerkenswerter Konsens: Eine Hauptschwäche des politischen Systems der Weimarer Republik resultierte aus dem Dualismus zwischen „weitgehender sozialpolitischer Intervention des Staates und fast unbeschränkter industrieller Autonomie in Fragen der Preisbildung und der Marktpolitik" [H. MOMMSEN, ebd., 614]; Wirtschafts- und Sozialpolitik standen relativ unverbunden nebeneinander. Schon in der Demobilisierungsphase 1918/19 gelang es den großen Interessenvertretungen der Industrie (in denen die Schwerindustrie eine führende Position behauptete), sich den beherrschenden Einfluß auf die Wirtschaftspolitik zu sichern. Die Industrie machte den Gewerkschaften und Parteien, insbesondere der Sozialdemokratie, dafür Konzessionen im Bereich der Sozialpolitik, die sie indessen nicht als unwiderruflich betrachtete. Insofern beruhte das Arrangement zwischen politischem und industriellem System auf einer sehr „ungleichen Geschäftsgrundlage" [L. ALBERTIN, ebd., 673]. Als dann infolge von Wirtschaftskrisen und Massenarbeitslosigkeit die Verteilungskämpfe härter wurden und die Stellung der Gewerkschaften eine nachhaltige Schwächung erfuhr, scherten maßgebende Teile der Wirtschaft aus dem „Arrangement" aus, betrieben eine Politik des „Klassenkampfes von oben" und erstrebten eine autoritäre Staatsverfassung jenseits des parlamentarischen Systems. Welche Sprengkraft gerade vom Konfliktfeld Sozialpolitik ausging, und dies nicht erst seit 1929/30, wurde auf dem Bochumer Symposion mit aller Deutlichkeit ins Bewußtsein gehoben.

Dualismus Sozialpolitik – Wirtschaftspolitik

Über eine ganze Reihe von Themen, die in Bochum umrißhaft behandelt oder als Forschungsdesiderata markiert wurden, sind in den folgenden Jahren fundierte Monographien vorgelegt worden. So sind wir beispielsweise über die agrarischen Interessenverbände und deren Einfluß auf Parteien, Bürokratie und wirtschaftspolitischen Entscheidungsprozeß einigermaßen gut informiert, vor allem durch die Arbeiten von M. SCHUMACHER [567], J. FLEMMING [717] und D. GESSNER [486], jetzt auch S. MERKENICH [763]. Wie SCHUMACHER herausarbeitet, trug nach 1918 der agrarische Block, ungeachtet einer spürbaren Lockerung der agrarisch-industriellen „Doppelfront", weit stärker als gelegentlich angenommen zur Stabilisierung und Konsolidierung vorrevolutionärer Strukturen in Deutschland bei. Geschlossenheit und Handlungsfähigkeit des

Agrarische Interessenverbände

agrarischen Lagers gerieten während der Revolutionsmonate 1918/19 nicht ernstlich in Gefahr, „die Geschäftsgrundlage der Beziehungen zwischen Agrarverbänden und Parteien" wurde durch Revolution und Republik nicht revidiert [567: Land und Politik, 503]; mit Ausnahme der unbedeutenderen Bauernverbände bildeten die im Reichslandbund zusammengeschlossenen Agrarverbände eine der Hauptstützen des rechtskonservativen Antiparlamentarismus der Weimarer Republik. Zu den politischen Inhalten des Reichslandbundes „gehörte neben einem aggressiv vertretenen Vulgär-Nationalismus eine Volksgemeinschaftsideologie, die der Gesellschaft Zugeständnisse zugunsten der für das Allgemeinwohl unentbehrlichen Landwirtschaft abverlangte. Dazu gehörten nicht nur wirtschaftspolitische Forderungen nach hohen Schutzzöllen und Subventionen, sondern auch die ideologische Überhöhung des Landstandes in der gesellschaftlichen Hierarchie. In diesem vormodernen, ruralistischen Gesellschaftsmodell nahm der Antisemitismus als Integrationsideologie einen zentralen Stellenwert ein" [763: MERKENICH, Grüne Front gegen Weimar, 354]. Nach einem Diktum des bis Ende 1929 in der DNVP aktiven Agrarpolitikers Schlange-Schöningen wurde die Landwirtschaft „in ihrer übergroßen Masse zum absoluten Verneiner des Staates" [ebd., 356]. Ein maßgeblicher Landbundführer schrieb im Januar 1932 an den DNVP-Vorsitzenden Hugenberg: „Es wird höchste Zeit, daß diesem System das Genick gebrochen wird" [ebd., 359].

In seiner auf die Endphase der Republik konzentrierten Untersuchung des agrarischen Verbandswesens und der agrarischen Interessenpolitik verwies GESSNER auf eine pragmatisch bedingte Kooperationsbereitschaft mit dem Weimarer Staat bei einzelnen agrarisch-konservativen Gruppen und wollte deshalb das Spektrum agrarischer Interessenpolitik „in Richtung eines konservativen Gouvernementalismus" erweitern [486: Agrarverbände in der Weimarer Republik, 265]. Dabei ist allerdings zu berücksichtigen, daß auch die meisten konservativen Gouvernementalisten innerhalb der Agrarverbände von einer Bejahung der parlamentarischen Republik weit entfernt blieben. Wenn sie sich vor allem seit dem Ausbruch der deutschen Agrarkrise 1927/28 – im Zeichen der 1929 formierten „Grünen Front" – stärker um ein Arrangement mit Regierung und Regierungsapparat bemühten, dann deshalb, weil sie staatliche Hilfen benötigten und agrarprotektionistische Maßnahmen durchzusetzen wünschten, und diesen Kurs verfolgten sie forciert (und nicht ohne Erfolg) unter Brüning mit dem eindeutigen Ziel der Indienstnahme des autoritären Staates zugunsten einer agrarprotektionistischen Interessenpolitik.

Nachdem mit der Arbeit von MERKENICH [763] nunmehr eine solide Studie über den Reichslandbund vorliegt und auch die kurzlebige „Christlich-Nationale Bauern- und Landvolkpartei" monographisch behandelt ist [533], bedürfen jetzt noch die zum Landbund in Konkurrenz stehenden Agrarverbände der genaueren Untersuchung: die dem Zentrum nahestehende „Vereinigung der deutschen

4. Probleme der wirtschaftlichen und gesellschaftlichen Entwicklung 199

Bauernverbände" und die eher kleinbäuerliche Interessenvertretung „Deutscher Bauernbund" (ab 1927: „Deutsche Bauernschaft"). Systematisch untersucht werden sollten ferner die zum Teil schon 1924 aufflammenden und in den folgenden Jahren um sich greifenden bäuerlichen Protestbewegungen [hierzu 686: BERGMANN/MEGERLE, Protest und Aufruhr der Landwirtschaft in der Weimarer Republik; zur Landvolkbewegung 1928/29 763: MERKENICH, Grüne Front gegen Weimar, 247 ff. sowie 755: LE BARS, Le mouvement paysan dans le Schleswig-Holstein 1928–1932, und 570: STOLTENBERG, Politische Strömungen im schleswig-holsteinischen Landvolk 1918–1933].

Schließlich mangelt es auch an Studien, die die ökonomische Interessenlage der regional so unterschiedlich situierten deutschen Landwirtschaft insbesondere seit Beginn der Währungsstabilisierung detailliert nachzeichnen. Der instruktive Überblick von H. BECKER über „Handlungsspielräume der Agrarpolitik in der Weimarer Republik zwischen 1923 und 1929" [685] müßte durch quellengesättigte Einzeluntersuchungen wie die solide Arbeit von B. THEINE über die westfälische Landwirtschaft [797] noch unterfüttert werden, damit man ein klares Bild gewinnt, weshalb die deutsche Landwirtschaft nach der inflationsbedingten Bereinigung ihrer Verschuldung binnen weniger Jahre den alten Schuldenstand wieder erreichte. In diesem Zusammenhang hat MERKENICH auf die borniert Halsstarrigkeit vieler ostelbischer Landwirte bei ihrer Wirtschaftsplanung hingewiesen: „Anstatt die immer weniger Ertrag abwerfenden Getreide- und Zuckerrüben-Monokulturen aufzugeben und auf erfolgversprechendere Konzepte wie die Veredelungswirtschaft umzusteigen, intensivierten sie ihren Anbau. Sie mißverstanden dabei völlig den Marktmechanismus, der ihnen bei steigenden Erträgen sinkende Einnahmen bescherte. In dieser ökonomischen Kurzsichtigkeit liegt ein wesentlicher Grund für den relativ früh und schnell steigenden Kreditbedarf der ostelbischen Landwirtschaft" [763: Grüne Front gegen Weimar, 358]. Daß landwirtschaftliche Betriebe durch flexible Anpassung an veränderte Produktions- und Absatzbedingungen der Agrarkrise trotzen konnten, hat THEINE für die westfälische Landwirtschaft schlüssig nachgewiesen. Nach seinem Befund war die Wirtschaftslage der westfälischen Landwirtschaft in den Jahren 1924–1932 nicht schlechter als vor 1914 [797: Westfälische Landwirtschaft in der Weimarer Republik, 70].

Seit dem Bochumer Symposion sind auch bei der Erforschung der Gewerkschaftsgeschichte einerseits, der industriellen Interessenvertretung und Interessenpolitik andererseits erhebliche Fortschritte erzielt worden. In den Studien zur Gewerkschaftsgeschichte 1918–1933 werden die wesentlichen Aspekte eingehend behandelt: organisatorische Entwicklung und gewerkschaftliche Politik der Freien Gewerkschaften und der Christlichen Gewerkschaften, der schwierige Prozeß der Anpassung gewerkschaftlicher Arbeit an die neuen Bedingungen in der parlamentarischen Demokratie, Handlungsspielräume und Prioritätensetzung in der Gewerkschaftspolitik, Konfliktpotentiale und Kon-

Gewerkschaften

fliktverläufe bei den Auseinandersetzungen zwischen Kapital und Arbeit. Zu nennen sind für die Christlichen Gewerkschaften die umfänglichen Monographien von M. SCHNEIDER [558] und H. RODER [550], für die Freien Gewerkschaften vor allem die materialgesättigten Arbeiten von H.-J. BIEBER [178], D. BRUNNER [473], G. LAUBSCHER [520], H. POTTHOFF [541, 542], M. RUCK [552] und M. SCHNEIDER [788]; einen mit exzellenter Sachkenntnis geschriebenen Überblick findet man bei K. SCHÖNHOVEN [562]: Die deutschen Gewerkschaften, 116–176]; den neuesten Forschungsstand beleuchten die gehaltvollen Einleitungen zu den Bänden 1–4 der „Quellen zur Geschichte der deutschen Gewerkschaftsbewegung im 20. Jahrhundert" [18].

<small>Industrielle Interessenvertretung und Unternehmerpolitik</small> Im Mittelpunkt der Untersuchungen über industrielle Interessenvertretung und Unternehmerpolitik steht die Schwerindustrie. Vor allem B. WEISBROD hat – im Anschluß an C. MAIER – schlüssig dargelegt, daß die Macht der Schwerindustrie in jenen Jahren auf ihrer „Veto-Position" beruhte. Trotz teilweise schwerwiegender Rückschläge und durchaus ungenügendem Durchsetzungsvermögen im einzelnen konnte die Schwerindustrie mit Hilfe dieser Veto-Position dem politischen System „restriktive Bedingungen" auferlegen, „die dessen Integrationskraft und Steuerungsfähigkeit ernsthaft bedrohten und zur Aushöhlung seiner sozialstaatlichen Inhalte sowie seiner demokratischen Struktur entscheidend beitrugen" [804: WEISBROD, Schwerindustrie in der Weimarer Republik, 17 f.]. Die industrielle Interessenpolitik ist für den gesamten Zeitraum der Weimarer Republik durch eine Reihe solider Arbeiten [691, 705, 706, 710, 727, 769, 777, 789, 800, 810, 914, 916, 981, 982] inzwischen weitgehend aufgehellt. Hingegen mangelt es bisher noch an umfassenden Darstellungen über die großen Spitzenverbände der Wirtschaft (wie es sie für die Zeit des Kaiserreichs gibt). Zwar liegt jetzt die gründliche Studie von S. WOLFF-ROHÉ über Gründung und Anfangsjahre des Reichsverbands der Deutschen Industrie vor [811; zum RDI in den späteren Jahren der Weimarer Republik vgl. 769: NEEBE, Großindustrie, Staat und NSDAP 1930–1933], aber es fehlen noch präzise Untersuchungen über andere Spitzenverbände der Wirtschaft wie die Vereinigung der Deutschen Arbeitgeberverbände, den Deutschen Industrie- und Handelstag, den Langnam-Verein, um nur die wichtigsten zu nennen. Auch Aktivitäten, Interessenartikulation und Wirkungsweise der nicht dem schwerindustriellen Sektor zuzurechnenden Wirtschaftsbranchen bedürfen noch der genaueren Erforschung. Derartige Untersuchungen könnten dazu beitragen, daß die Spannungen zwischen exportorientierten und binnenmarktorientierten industriellen Verbänden deutlichere Konturen gewinnen.

Die hauptsächlichen Konfliktfelder in der Auseinandersetzung zwischen den Arbeitsmarktparteien sind in einigen soliden Studien genauer vermessen worden: der Kampf um die Arbeitszeit [689, 711, 786, 795], die staatliche Schlichtung [682], Einführung und Praktizierung einer Arbeitslosenversicherung [687, 720, 743, 758], die Tarifpolitik im Bergbau [800], die betriebliche Mitbestimmung [778]. Mit großer Sachkompetenz beleuchtet jetzt die Studie von P. WEBER zu Deutschland und Frankreich umfassend und in vergleichender Perspektive die Beziehungen zwischen den Arbeitsmarktparteien [803b].

Alles in allem ist inzwischen ein Forschungsstand erreicht, der es erlaubt, über Verlauf, Hauptstreitpunkte, Strategien und Dimensionen der sozialpolitischen Kämpfe in der Weimarer Zeit wesentlich präzisere Aussagen zu treffen, als das noch vor einigen Jahrzehnten möglich war. Als die beiden entscheidenden Knotenpunkte in der Entwicklung der Beziehungen zwischen den Arbeitsmarktparteien gelten der neueren Forschung die Begründung der Zentralarbeitsgemeinschaft 1918/19 und der Ruhreisenstreit von 1928 (vgl. o. S. 92). Deshalb werden gerade diese Problemkomplexe in den einschlägigen Studien ausführlich analysiert.

Beziehungen zwischen den Arbeitsmarktparteien

Unternehmer und Gewerkschaften – so der Befund – entschieden sich im Herbst 1918 – noch vor dem Sturz der Monarchie – für eine Kooperation im Zeichen der Sozialpartnerschaft. So unterschiedlich die Beweggründe und die Zielsetzungen auf beiden Seiten auch waren, Industrieführer und Gewerkschaftsvorstände einte die Entschlossenheit, „zu Kriegsende die deutsche Wirtschaft vor der staatlichen Bürokratie, dem Reichstag und besonders auch vor der Revolution [zu] schützen" [712: FELDMAN/STEINISCH, Industrie und Gewerkschaften 1918–1924, 22]. Die Gründung der Zentralarbeitsgemeinschaft im November 1918 wurde möglich durch die Bereitschaft der Gewerkschaften, eine Sozialpolitik der kleinen Schritte einschneidenden Veränderungen der gesellschaftlichen Machtverhältnisse vorzuziehen, während die Großindustrie sich nun zu sozialpolitischen Konzessionen an die Arbeiterschaft bereitfand, um die Sozialisierungsforderung zu unterlaufen und die eigene Position zu stabilisieren. Die Arbeitsgemeinschaft zwischen Unternehmern und Gewerkschaften – „gegründet auf den reformerischen Optimismus der Gewerkschaftsführer und den realpolitischen Pragmatismus der Arbeitgeber" [562: SCHÖNHOVEN, Die deutschen Gewerkschaften, 125] – verlor rasch an integrativer Kraft und zerbrach schließlich zu Beginn des Jahres 1924. Schon in der Phase des konjunkturellen Aufschwungs eskalierte der sozialpolitische Konflikt, vor allem die Schwerindustrie vollzog nun immer deutlicher eine Abkehr von den Novemberkonzessionen, agierte systematisch gegen gewerkschaftliche Paritätsforderungen und soziale Reformen, insbesondere den Achtstundentag, und förderte alle politischen Gruppen, die versprachen, die Republik in autoritäre Bahnen zu lenken.

„Zentralarbeitsgemeinschaft" 1918/19

Nach einhelliger Auffassung der neueren Forschung bildete der Ruhreisenstreit von 1928 die eigentliche Wendemarke in den sozialpolitischen Auseinandersetzungen der Weimarer Zeit. Mit der Aussperrung von 230 000 Arbeitern im Tarifkonflikt an der Ruhr ging die Schwerindustrie zur Offensive gegen die sozialstaatliche Komponente der Weimarer Verfassung über. Dem Vorgehen der Ruhrindustriellen lag die Absicht zugrunde, die Gewerkschaften dauerhaft zu schwächen, das System der staatlichen Zwangsschlichtung zu sprengen und damit

Ruhreisenstreit 1928

die Staatsintervention in der Tarif- und Sozialpolitik auszuschalten. Dabei scheuten die Exponenten der Schwerindustrie nicht davor zurück, den Reichsverband der Deutschen Industrie und die Vereinigung der Deutschen Arbeitgeberverbände, die einen kompromißbereiteren Kurs zu steuern gewillt waren, vor ein fait accompli zu stellen. Der Ruhreisenstreit – in der älteren Weimar-Literatur bestenfalls am Rande erwähnt, sieht man von PRELLERS „Sozialpolitik in der Weimarer Republik" ab [779] – ist von der neueren Forschung allmählich als zentraler sozialpolitischer Konflikt entdeckt worden, beginnend mit E. FRAENKELS stimulierender Analyse von 1967 [718]. Dieser „Entdeckung" kam deshalb besondere Bedeutung zu, weil sie – zusammen mit anderen Befunden – dazu beitrug, das gängige Bild der sog. Stabilisierungsphase erheblich zu modifizieren: Der Ruhreisenstreit machte sichtbar, welches Konfliktpotential sich schon vor dem Ausbruch der großen Krise aufstaute, in welchem Maße der soziale Konsens bereits erschüttert war [ausführliche Analysen des Ruhreisenstreits bei 804: WEISBROD, Schwerindustrie in der Weimarer Republik, 415 ff.; 585: WINKLER, Der Schein der Normalität, 557 ff.].

Forschungsschwerpunkt Inflation 1914/18–1923

Zu einem besonderen Schwerpunkt der wirtschafts- und sozialgeschichtlichen Forschung entwickelte sich seit den späten 1970er Jahren die Beschäftigung mit Voraussetzungen, Verlauf und Auswirkungen der Inflation in Deutschland. Auf einer Tagung im Jahr 1976 charakterisierte G. D. FELDMAN den bis dahin erreichten Forschungsstand mit der Formulierung, die Untersuchung der 1914 beginnenden und fast ein Jahrzehnt andauernden Inflation ähnle der „Durchkreuzung einer historiographischen Wüste mit einigen wenigen Oasen" [699: BÜSCH/FELDMAN (Hrsg.), Historische Prozesse der deutschen Inflation 1914–1924, 3]. Dreizehn Jahre später konnte FELDMAN konstatieren, die Zeit, in der man die Geschichte der Inflation als „historiographische Wüste" bezeichnen mußte, sei nun vorbei [715: FELDMAN/HOLTFRERICH/RITTER/WITT (Hrsg.), Konsequenzen der Inflation, VII] – dies nicht zuletzt dank eines großen internationalen Forschungsprojekts, in dessen Rahmen eine beachtliche Zahl instruktiver Studien erarbeitet wurde. Unter den Themenkomplexen, die im Vordergrund der Diskussion standen und stehen, sollen hier vier akzentuiert werden.

Inflation als Prozeß

1) Einigkeit besteht heute darüber, daß die Inflation als ein Prozeß verstanden werden muß, der bereits 1914, unmittelbar nach Ausbruch des Krieges, einsetzte, zahlreiche Phasen durchlief – solche relativer Währungsstabilität und solche beschleunigten Währungsverfalls – und schließlich in der „Hyperinflation" ab Ende 1922 kulminierte. Der Terminus „Hyperinflation" für die Schlußphase des Inflationsprozesses hat sich in der Forschung inzwischen allgemein durchgesetzt. Den entscheidenden Anstoß erhielt die Inflation – dies ist mittlerweile unumstritten – im Jahr 1916, als die Regierungsausgaben die Einnahmen aus den Inlandsanleihen deutlich überschritten. Des weiteren sind sich die Spezialisten einig, daß die Hyperinflation in den letzten Monaten des Jahres 1922 einsetzte, also vor der Besetzung des Ruhrgebiets und dem Beginn des passiven Widerstands. Im

Erfahrungshorizont der Zeitgenossen wurden die früheren Phasen des Inflationsprozesses unbestrittenermaßen dann allerdings völlig überlagert durch das prägende Erlebnis der Hyperinflation, es kam zur Gleichsetzung der chaotischen Schlußphase totaler Geldentwertung mit der Gesamtentwicklung seit dem Ende des Weltkriegs. Während sich die Historiographie früher ganz auf die Monate der Hyperinflation konzentrierte (und deren politisch und sozial destabilisierende Wirkung herausstellte), erscheint diese Phase der neueren Forschung nicht länger als der interessanteste Abschnitt der Inflation; mit Nachdruck wird betont, die Hyperinflation dürfe nicht den alleinigen Maßstab zur Bewertung des Inflationsprozesses bilden.

2) In der Literatur wurde die Inflation lange als eine politisch-wirtschaftliche Fehlleistung ersten Ranges beurteilt. Demgegenüber dominiert vor allem bei einigen Wirtschaftshistorikern neuerdings eine positivere Sicht der Inflation (zumindest bis zum Einsetzen der Hyperinflation). Am nachdrücklichsten wurde sie von C.-L. HOLTFRERICH artikuliert, der unterstreicht, daß die deutsche Wirtschaft in den prekären Nachkriegsjahren mit dem „Schmiermittel der Inflation" in Gang gehalten wurde [738: Die deutsche Inflation 1914–1924, 194]. Indem die möglichen Folgen einer anderen Strategie, etwa einer frühzeitiger eingeleiteten Stabilisierung, reflektiert werden, erscheint die deutsche Inflation bei Vollbeschäftigung und Wirtschaftswachstum bis Ende 1922 als „kleineres Übel", denn sie ersparte es Deutschland, in die „Weltwirtschaftskrise" von 1920/21 hineingezogen zu werden: Während im Jahr 1921 in England die Arbeitslosenquote über 20% betrug, herrschte in Deutschland zu dieser Zeit praktisch Vollbeschäftigung bei steigenden Löhnen, die an den immer kurzfristiger aufeinander folgenden Zahltagen den Preiserhöhungen angepaßt wurden (ob der mit der Inflation verbundene Wirtschaftsaufschwung dem deutschen Wirtschaftswachstum längerfristig förderlich war oder nicht, wird von den Wirtschaftshistorikern allerdings sehr unterschiedlich beurteilt). Darüber hinaus leistete die deutsche Wirtschaft nach Auffassung von HOLTFRERICH damals einen bedeutenden Beitrag zur relativ raschen Überwindung der Wirtschaftskrise in den USA, in England und anderen Ländern [ebd., 206 ff., 217, 329]. Noch aus einem anderen Grund beurteilt HOLTFRERICH die inflationäre Politik bis 1922 als eine durchaus „rationale wirtschaftspolitische Strategie", die dem „nationalen Interesse" diente: Bis Sommer 1922 wurden große Summen kurzfristiger ausländischer Gelder, insbesondere aus den USA, in Deutschland investiert; insofern wurde ein Teil der Gläubigerverluste aus der Geldentwertung von Ausländern getragen, die sich in Mark engagiert hatten [ebd., 296, 330 f.; diesen Sachverhalt betont eindringlich auch S. A. SCHUKER, American „Reparations" to Germany, 1919–1933, Princeton N.J. 1988].

Schließlich eröffnete die Inflation die – politisch allerdings recht fragwürdige – Möglichkeit, den Verteilungskonflikt gleichsam nach außen abzulenken, weil in Deutschland von vielen die Inflation in erster Linie den Reparationsforderungen

Modifizierung der früheren Beurteilung

der Siegermächte angelastet wurde. Daß dies eine allzu vereinfachende Sicht der Zusammenhänge war und ist, hat die wirtschaftshistorische Forschung eindeutig klargestellt: „So bedeutsam die Reparationsfrage für die Innen- und Außenpolitik geworden ist, die Wirtschaftspolitik und die wirtschaftliche Entwicklung Deutschlands hat sie insgesamt weniger berührt, als es in den ersten Nachkriegsjahren zu befürchten war... Die von allen deutschen Parteien behauptete Verbindung von wirtschaftlicher Labilität und den Zahlungen an das Ausland entlarvt sich bei genauerer Analyse als Legende. Diese ökonomische Relativierung mindert jedoch nichts an dem politischen Gewicht der Reparationen. Sie bildeten einen permanenten Hebel rechtsradikaler Agitation bis in die dreißiger Jahre und haben insoweit politisch-psychologisch erhebliche Bedeutung erlangt" (PETZINA in 131: JESERICH/POHL/V. UNRUH (Hrsg.), Deutsche Verwaltungsgeschichte Bd. 4, 53].

Aus den Befunden und Bewertungen der neueren Inflationsforschung wird von HOLTFRERICH und anderen Wirtschaftshistorikern die Feststellung abgeleitet, die Inflation sei wegen innen- und außenpolitischer Zwänge nicht zu vermeiden gewesen; dagegen hätte eine Stabilisierungspolitik in Deutschland nach 1918 aufgrund der damit zwangsläufig verbundenen ökonomischen und sozialen Konsequenzen zum Scheitern des demokratisch-parlamentarischen Regierungssystems schon vor 1923 geführt. Durch eine solche Akzentuierung werden die gängigen Vorstellungen über die deutsche Währungs- und Reparationspolitik in den Jahren 1919–1923 grundsätzlich in Frage gestellt.

Es bleibt jedoch zu bedenken, ob bei der Beurteilung des Inflationsprozesses eine so deutliche Unterscheidung getroffen werden darf zwischen der Inflationsentwicklung bis Ende 1922 (mit eher positiv zu bewertenden Ergebnissen) und der Hyperinflation mit ihren schwerwiegenden ökonomischen, sozialen, sozialpsychologischen und politischen Implikationen. Neuerdings mehren sich die Stimmen, man dürfe bei der Abwägung von Kosten und Nutzen der deutschen Inflation nicht schon im Jahr 1922 Bilanz ziehen. So verficht beispielsweise J. FRHR. V. KRUEDENER die Auffassung, die Wirkungen der Hyperinflation auf die Gesellschaft hätten den bis Mitte 1922 erzielten politischen Nutzen des inflationären Prozesses kompensiert, wenn nicht überkompensiert: „Nicht so sehr das objektive Ergebnis der Geldentwertung bis 1922, ihre Verteilungsfolgen zumal, als vielmehr ihr subjektives Erlebnis, und zwar in erster Linie ihr Alltagserlebnis im wilden Jahr 1923, ließ jenes Trauma entstehen, das fortan den Entscheidungsspielraum der deutschen Wirtschafts- und Finanzpolitik für lange Zeit einengte." [in 715: FELDMAN/HOLTFRERICH/RITTER/WITT (Hrsg.), Konsequenzen der Inflation, 213–286, hier: 216]. Der Schlüssel zu einem umfassenden Verständnis der Inflationsfolgen, so v. KRUEDENER, finde sich nicht nur und nicht einmal vorwiegend in deren ökonomischer Analyse, vielmehr müsse vor allem die Frage beantwortet werden, was im Jahr 1923 psychisch mit den Deutschen geschehen sei. Unter dem bestimmenden Einfluß der Hyperinflation hätten sich deren spezifische, kurzfristige Effekte mit den Wirkungen längerfristiger Bedrohungserlebnisse zu einer soziopolitisch hochbrisanten Katastrophenerfahrung verbunden. Die Erfahrung der Krise führte zu Fluchtreaktionen (Auswanderung, Selbstmord, Drogensucht, Zulauf zu religiösen Sekten), forcierte aber auch die Neigung zur Anwendung politischer und sozialer Gewalt. Das entscheidende Ergebnis der Inflation war in dieser Sicht nicht eine wiedergesundete Wirtschaft, sondern eine entnervte Bevölkerung. Daher gelangt v. KRUEDENER zu der Schlußfolgerung: „Wer also zugunsten der großen deutschen Inflation argumentiert, sie habe durch ihre anregenden ökonomischen Wirkungen die Umstellung von der Kriegs- auf die Friedenswirtschaft erleichtert, die Eingliederung des erschöpften und enttäuschten Millionenheeres in den Arbeitsprozeß beschleunigt, dadurch die Gefahr eines Bürgerkrieges erstickt und der neuen demokratischen Ordnung überhaupt erst zum Leben verholfen, der darf nicht vergessen hinzuzufügen, daß diese unbestreitbare historische ‚Leistung' wegen des traumatischen Endes sozusagen mit einem Wechsel bezahlt worden ist, dessen Einlösung in der Folgezeit nicht gelang, dessen Obligo vielmehr die deutsche Wirtschafts- und Finanzpolitik in einer spezifischen, verhängnisvollen Weise belastete, bis er nur wenige Jahre später in der Katastrophe der Weltwirtschaftskrise, von der entnervten Bevölkerung präsentiert, zu Protest ging" [Ebd. 286].

Das sind zweifellos gewichtige Argumente und Gesichtspunkte, und insgesamt gewinnt man den Eindruck, daß im Zuge der Durchführung des Inflationsprojekts die anfängliche Tendenz, im Inflationsprozeß überwiegend positive Elemente zu entdecken – insbesondere eine dämpfende Wirkung auf akute politische und gesellschaftliche Konflikte in den Anfangsjahren der Republik –, allmählich etwas an Boden verloren hat zugunsten einer Akzentuierung der negativen Momente des Inflationsgeschehens. Gleichwohl wird man beim gegenwärtigen Stand der Diskussion die deutsche Inflation nicht mehr nur als Belastung der jungen deutschen Demokratie bewerten können. Angesichts der im Nachkriegsdeutschland zu bewältigenden wirtschaftlichen, politischen und gesellschaftlichen Probleme wirkte der Inflationsprozeß in Grenzen auch als Stabilisierungsfaktor, war Teil eines Regelungsmechanismus für soziale Konflikte.

3) Die Annahme, der Inflationsprozeß sei von einzelnen Großindustriellen (z. B. Stinnes) oder von bestimmten Gruppen in der Gesellschaft konsequent manipuliert worden, spielt in der älteren Literatur über die Inflation eine große Rolle. Die neuere Forschung hält die pauschale These einer vorsätzlichen Manipulation nicht länger aufrecht und betont demgegenüber, selbst Inflationsgewinnler wie die Schwerindustriellen seien offensichtlich erst allmählich zu einer bewußten Instrumentalisierung der Inflation übergegangen: „Sie zeigten sehr unterschiedliche und keineswegs immer konsistente Verhaltensweisen, wobei sich deutlich die je spezifische Inflationsphase in ihren Entscheidungen auswirkte" [713: FELDMAN/HOLTFRERICH/RITTER/WITT (Hrsg.), Die deutsche Inflation, 8].

Inflationsprozeß eine Manipulation?

Deshalb gelte es, die unterschiedlichen Lern- und Anpassungsprozesse an die Inflation genauer zu untersuchen: „Erst spät im Jahre 1922 haben praktisch alle Gruppen der deutschen Gesellschaft in Goldmark oder ausländischen Währungen zu rechnen begonnen und damit in der Praxis, wenn auch nicht in der Theorie, das Prinzip Mark = Mark aufgegeben. Dadurch wurden die deutschen Inlandspreise auf das Weltmarktniveau angehoben und der Anreiz für ein weiteres Laufenlassen der Inflation beseitigt. Ausnutzung der Inflation zum eigenen Vorteil hing also von einem differenzierten Lernprozeß der verschiedenen Gruppen der deutschen Gesellschaft ab, bei dem der Zeitfaktor eine wesentliche Rolle spielte. Anders ausgedrückt: Es muß genau bezeichnet werden, wann wer von wem die Wirkungen und Chancen der Inflation gelernt hat" [ebd. sowie 714: DIES. (Hrsg.), Die Anpassung an die Inflation].

Gewinner und Verlierer der Inflation

4) Damit ist bereits ein weiterer zentraler Problemkreis angesprochen: Die Frage nach Gewinnern und Verlierern des Inflationsprozesses wird in der jüngsten Forschung intensiv diskutiert. Sie ist schon deshalb von großer Bedeutung, weil nach Auffassung vieler Historiker ein unmittelbarer oder mittelbarer Zusammenhang zwischen der traumatischen Erfahrung und den sozialen Folgen der Hyperinflation einerseits und dem Aufstieg der NS-Bewegung und dem Sieg Hitlers andererseits besteht; ein *unmittelbarer* Zusammenhang, insofern die Inflation weite Teile des Mittelstandes proletarisierte, politisch haltlos und für den Nationalsozialismus anfällig machte; ein *mittelbarer* Zusammenhang, weil während der Weltwirtschaftskrise die deutsche Regierung aus Inflationsfurcht davon abgehalten wurde, die zur Linderung der Arbeitslosigkeit geeigneten Maßnahmen zu ergreifen [693: BORCHARDT, Wachstum, Krisen, Handlungsspielräume der Wirtschaftspolitik, 151 f.). Präzise Aussagen über die Auswirkungen der Inflation auf Einkommensentwicklung und Vermögenssituation der verschiedenen sozialen Gruppen zu treffen, ist deshalb schwierig, weil die statistischen Materialien lückenhaft, die offiziellen Statistiken teilweise methodisch unzulänglich oder gar direkt gefälscht sind. Doch bei sorgfältiger Erschließung und Auswertung des vorhandenen Datenmaterials (etwa nach Berufsgruppen differenzierte Lohnreihen, wie sie für einzelne Regionen – z. B. Hamburg und Thüringen – zur Verfügung stehen) lassen sich – wie neuere Arbeiten beweisen – durchaus Erkenntnisse gewinnen, durch die das gängige, vor allem durch zeitgenössische Meinungen geprägte Bild der sozialen Folgen des Inflationsprozesses modifiziert wird.

Vernichtung des Mittelstandes?

Die weitverbreitete Vorstellung von der „Vernichtung des Mittelstandes" durch die Inflation ist in dieser grobschlächtigen Form nach einhelliger Auffassung der Wirtschafts- und Sozialhistoriker falsch. Der „Mittelstand" bestand aus sehr verschiedenen Gruppen, die in sehr unterschiedlicher Weise die Auswirkungen der Inflation – die nahezu totale Entwertung aller Geldvermögen und die damit einhergehende totale Entschuldung aller Schuldner (einschließlich der öffentlichen Hände) – zu spüren bekamen. Während Sparer, Hypothekengläubiger und Inhaber öffentlicher Anleihen ihr Vermögen verloren und die Schicht der Kapitalrentner ganz verschwand, litten Kleingewerbetreibende, Kleinhändler und Handwerker unter der Inflation kaum in nennenswertem Maße und machten gute Geschäfte, auch die Landwirtschaft wahrte insgesamt ihren sozialen Besitzstand [699: BÜSCH/FELDMAN (Hrsg.), Historische Prozesse der deutschen Inflation 1914–1924, 54 f., 61, 79, 217].

Allerdings läßt sich nicht bestreiten, daß der Umverteilungsprozeß innerhalb der deutschen Mittelschicht die Auflösung des deutschen „Bürgertums" als eines sozialen und politischen Machtfaktors beschleunigte, die Interessengegensätze innerhalb der bürgerlichen Parteien erheblich verstärkte und nachhaltig auf die Konfiguration des deutschen Parteiensystems zurückwirkte [ebd., 264 f., 288 ff.)].

Umstritten ist vorläufig noch, wie die Entwicklung der Realeinkommen von Lohn- und Gehaltsempfängern während der Inflationszeit zu beurteilen ist. Die lange Zeit dominierende Auffassung, der Verelendungsprozeß der Arbeiterschaft, der nach dem Kriegsausbruch begann, habe sich in den Jahren 1919–1923 kontinuierlich fortgesetzt, wurde von HOLTFRERICH [738: Die deutsche Inflation 1914–1924, 218 ff.] und vor allem von W. ABELSHAUSER in Zweifel gezogen [Verelendung der Handarbeiter?, in: H. MOMMSEN/W. SCHULZE (Hrsg.), Vom Elend der Handarbeit, Stuttgart 1981, 445–476]. Sie glauben nachweisen zu können, daß die Reallöhne der Arbeiter im Verlauf der Inflation nicht fortlaufend sanken, sondern die Versorgung der Arbeiterbevölkerung sich vielmehr auf wichtigen Teilgebieten der Lebenshaltung meßbar verbesserte, die Arbeiterschaft einen sozialen Positionsgewinn erzielte. Diese Einschätzung blieb allerdings nicht unwidersprochen. Gewiß profitierte die Arbeiterschaft von der Einführung des Achtstundentags, der relativen Vollbeschäftigung aufgrund des Inflationsbooms sowie der staatlichen Preisbindung für Grundnahrungsmittel und Wohnungsmieten (der Anteil der Wohnungsmiete im Budget eines Arbeiterhaushalts ging auf dem Höhepunkt der Inflation gegen Null); ferner erleichterte das Tarifvertragssystem die Anpassung der Löhne an die Geldentwertung. Aber – so wird argumentiert – durch diese Feststellungen werde das herkömmliche Bild von der schlechten materiellen Lage der breiten Masse der Arbeiterschaft kaum revidiert: Durch die langsam eintretende Verbesserung der Güterbedarfsdeckung wurde der Arbeiterschaft lediglich die notwendige physische Erholung von der Kriegsverelendung und Kriegserschöpfung gewährt, der Lebensstandard der Vorkriegszeit wurde nicht einmal annähernd wiederhergestellt [795: STEINISCH, Arbeitszeitverkürzung und sozialer Wandel, 456 f.; 770: NIEHUSS, Arbeiterschaft in Krieg und Inflation, 153 ff.; zur bedrängten Lage von Invaliden und Kleinrentnern siehe K. C. FÜHRER, in: AfS 30 (1990), 144–180].

Bei den Gehältern der Beamten (deren Zahl stieg von einer Million im Jahr 1914 auf knapp 1,5 Millionen im Jahr 1923) scheint nach neuesten Forschungen eine Verschlechterung mit fortlaufender Inflation nicht stattgefunden zu haben, son-

Einkommensentwicklung bei Arbeitern, Angestellten und Beamten

dern nach dem Tiefpunkt im März 1920 führte die inflationäre Entwicklung der frühen zwanziger Jahre über weite Strecken zur zeitweiligen Erholung der realen Einkommensverhältnisse, zumal bis Mitte 1923 die Gehälter am Anfang eines Quartals ausbezahlt wurden, so daß zeitweise ein größerer Geldbetrag zur Verfügung stand, ehe die fortschreitende Inflation das Geld weiter entwertete. Allerdings verstärkte sich die schon vor 1914 signifikante Tendenz einer Annäherung der verschiedenen Besoldungsgruppen in der Kriegs- und Inflationszeit beträchtlich. Während im einfachen Dienst (ihm gehörten die weitaus meisten Beamten an) die Realeinkommen mit der Währungsstabilisierung wieder auf Vorkriegsniveau lagen, blieben die höheren Gehaltsgruppen dahinter zurück; mittlere und höhere Beamte erreichten nur 92 % bzw. 82 % ihres Vorkriegseinkommens. Auf diese Weise entstand ein Verteilungskonflikt innerhalb der Beamtenschaft; die verringerte Distanz zwischen den Besoldungsgruppen wurde vom höheren Beamtentum als sozialer Statusverlust empfunden [A. KUNZ, in 713: FELDMAN/ HOLTFRERICH/RITTER/WITT (Hrsg.), Die deutsche Inflation, 347–384 sowie 754: DERS., Civil Servants and the Politics of Inflation in Germany, 1914–1924]. Eine Nivellierungstendenz läßt sich übrigens nicht nur bei den Beamtengehältern nachweisen; auch die Lohndifferenzierungen zwischen jugendlichen und erwachsenen, zwischen weiblichen und männlichen, zwischen gelernten und ungelernten Arbeitern wurden in den Inflationsjahren stark eingeebnet.

Wenn die Forschungsdiskussion über die Verteilungswirkungen der Inflation derzeit auch noch im Gange ist, so läßt sich doch so viel klipp und klar konstatieren: Auf der Gewinnerseite stand eindeutig die öffentliche Hand, und ebenso eindeutig waren Verlierer die Sparer, Hypothekengläubiger und Inhaber öffentlicher Anleihen, vor allem die Kapitalrentner, die überwiegend oder gar ausschließlich von Zinseinkünften lebten. Ihr Vermögen wurde in der Inflation zerstört. Schon vor dem Ende der Inflation organisierten sie sich in Schutzvereinigungen und erreichten am 28.11.1923 ein für ihr Anliegen der Entschä-

Aufwertungsfrage digung günstiges Reichsgerichtsurteil. Politiker und Reichsregierung konnten daher nicht umhin, nach der Währungsstabilisierung eine „Aufwertung" vorzunehmen. Bis zur Verabschiedung des Aufwertungsgesetzes Mitte 1925 bildete die Aufwertungsfrage ein zentrales Thema der innenpolitischen Auseinandersetzung. Mit diesem wichtigen Kapitel der Inflationsfolgen beschäftigt sich M. L. HUGHES [744: Paying for the German Inflation].

Wie er zeigt, standen in der Aufwertungsfrage die Interessen der Inflationsgeschädigten in unüberbrückbarem Gegensatz zu den Interessen der Wirtschaft (überwiegend auf der Schuldnerseite) und der Staatsführung. Da den Politikern klar war, daß eine volle oder großzügige Aufwertung die stabilisierte Währung ruinieren würde und desaströse wirtschaftliche Folgen haben mußte, fiel die Aufwertung (25 %, mit gewissen Ausnahmen) niedriger aus, als die Inflationsgeschädigten erwartet und erhofft hatten. Viele waren deshalb der Meinung, ihr gerechtes Anliegen sei von skrupellosen Politikern den schnöden

Interessen des Großkapitals geopfert worden. HUGHES verficht mit Nachdruck die gängige Auffassung, aufgrund des frustrierenden Ausgangs des Aufwertungskampfes hätten sich große Teile des Mittelstandes von den bürgerlichen Parteien abgewandt und seien zu Gegnern der Weimarer Demokratie, schließlich zu Wählern Hitlers geworden. Gewiß spricht manches für eine derartige Deutung, aber einen handfesten empirischen Nachweis für diese These kann HUGHES nicht liefern. Bisher ist keine gesicherte Aussage möglich, in welchem Ausmaß gerade das Motiv der Enttäuschung über die Aufwertung den Übergang ins Lager der Hitleranhänger bewirkt hat. So viel jedoch steht fest: Die Volksrechtspartei, die sich ganz den Interessen der Inflationsgeschädigten verschrieben hatte, brachte es bei der Reichstagswahl 1928 auf nur 1,8 % der Stimmen (zwei Reichstagssitze), danach verschwand sie in die Bedeutungslosigkeit.

Die Hinweise auf wichtige Ergebnisse der Studien zum Inflationsprozeß und seinen Auswirkungen machen deutlich, in welchem Maße die Forschung über die wirtschaftliche und soziale Entwicklung nach 1918 in Fluß gekommen ist und manches ältere Urteil als revisionsbedürftig erscheinen läßt. Eine Summe der vielfältigen Forschungsbemühungen hat G.D. FELDMAN, einer der maßgeblichen Pioniere der Inflationsforschung, gezogen. Sein opus magnum „The Great Disorder" [708] bietet eine faszinierende Synthese, in der Politik, Wirtschaft und Gesellschaft im Deutschland der Inflationszeit umfassend beschrieben und scharfsinnig analysiert werden.

Kontrovers beurteilt wird seit einiger Zeit die Gesamtentwicklung von Konjunktur und Wirtschaft in den Jahren der „relativen Stabilisierung". Die lange vorherrschende Auffassung, in diesen Jahren habe es in Deutschland einen beachtlichen wirtschaftlichen Aufschwung gegeben, der erst nach Ausbruch und aufgrund der Weltwirtschaftskrise jäh abbrach, ist vor allem von K. BORCHARDT grundsätzlich und mit guten Gründen in Frage gestellt worden. Zwar ging es BORCHARDT in seiner Aufsehen erregenden Abhandlung „Zwangslagen und Handlungsspielräume in der großen Weltwirtschaftskrise der frühen dreißiger Jahre" [in 693: DERS., Wachstum, Krisen, Handlungsspielräume, 165–182] in erster Linie um eine Zurückweisung der weitverbreiteten Kritik an der Brüningschen Deflationspolitik (darauf ist in anderem Zusammenhang zurückzukommen, s. u. S. 260), aber dieser Revisionsversuch ist eingebettet in eine umfassende Neubewertung der konjunkturellen und allgemeinen wirtschaftlichen Entwicklung in Deutschland während der Jahre 1925–1929.

Die deutsche Wirtschaft nach 1923

K. Borchardt

In komprimierter Zusammenfassung lautet BORCHARDTS Argumentation: Der Staat lebte nach dem Ersten Weltkrieg über seine wirtschaftlichen Verhältnisse, er war „weit mehr als je zuvor ein deutscher Staat" zum Subventions- und Umverteilungsstaat geworden, und zwar insbesondere dadurch, daß die Lohnentwicklung in den Jahren 1925–1929 keine Rücksicht auf die Produktivitätsentwicklung nahm, den durch die Produktivitätsentwicklung gezogenen Rahmen sprengte und daher direkt verteilungswirksam wurde. Weil die Lohnerhöhungen – durchgesetzt aufgrund der gestärkten Position der Gewerkschaften und mit Hilfe der staatlichen Zwangsschlichtung – nach dem Ende der großen Inflation von 1923 nicht mehr voll in den Preisen weitergegeben werden konnten, ergab sich eine „Kompression jener Einkommensarten, aus denen üblicherweise die Investitionen wesentlich finanziert werden" [ebd., 178]. So blieb die Investitionsquote niedrig, das wirtschaftliche Wachstum in Deutschland war bis 1929 relativ schwach, d. h. es fiel geringer aus, als man nach den erheblichen Wachstumsverlusten der Kriegs- und Nachkriegszeit (theoretisch) hätte erwarten können („relative Stagnation"); die Arbeitslosenquote war schon ab 1925 und nicht erst nach 1929 so hoch wie nie zuvor in Deutschland; der Konjunkturabschwung setzte in Deutschland in den einzelnen Wirtschaftsbereichen unterschiedlich, aber durchweg geraume Zeit vor dem New Yorker Börsenkrach von Ende Oktober 1929 ein. Alles in allem, so konstatiert BORCHARDT, müsse man die deutsche Wirtschaft der Jahre 1925–1929 als eine „unnormale, ja ‚kranke' Wirtschaft" bezeichnen; es sei unvorstellbar, daß sich ein derartiger Prozeß – auch ohne Ausbruch der Weltwirtschaftskrise – so hätte länger fortsetzen lassen [ebd., 179].

Reaktionen auf Borchardts Interpretation

Diese Interpretation hat über den Kreis der Wirtschaftshistoriker hinaus rasch starke Beachtung und vielfach lebhafte Zustimmung gefunden. Doch bald meldeten sich auch Kritiker zu Wort: Blieb die gesamtwirtschaftliche Arbeitsproduktivität in der Weimarer Zeit wirklich oder vorrangig nur der „überhöhten" Löhne wegen niedrig oder spielten auch andere Produktivitätshemmnisse eine wichtige Rolle, beispielsweise volkswirtschaftlich verfehlte Subventionen und die Durchkartellierung der deutschen Industrie, die „längst zu einer Negativprämie auf elastisches Unternehmerverhalten" geworden war? [H. A. WINKLER in: GG 8 (1982), 8]. Ist es zulässig, die Löhne der Arbeiterschaft unter dem Paradigma „verteilungsneutraler Lohnentwicklung" nur an der Entwicklung der jeweiligen wirtschaftlichen Produktionsraten zu messen, was ja bedeutet, daß „die komplexen sozialen und politischen Interessengegensätze im Deutschland der Zwischenkriegszeit nur von der Perspektive des wirtschaftlichen Wachstums und damit vornehmlich der Interessen *der* Wirtschaft her gesehen und bewertet werden, soziale und politische Entwicklungen dabei aber zunehmend als zweitrangig in den Hintergrund treten"? [A. KUNZ, in 713: FELDMAN/HOLTFRERICH/RITTER/WITT (Hrsg.), Die deutsche Inflation, 365].

Die entschiedenste Kritik an Borchardts These von den überhöhten Löhnen wird von C.-L. HOLTFRERICH geübt [740: Zu hohe Löhne in der Weimarer Republik?]. Seine beiden Hauptargumente, gestützt auf eingehende Berechnungen, sind folgende: 1) Die Lohnentwicklung sprengte nicht den durch die Produktivitätsentwicklung gezogenen Rahmen; die Ursachen der (unbestrittenen) Investitionsschwäche der deutschen Wirtschaft vor 1929 (und der relativ hohen Arbeitslosenquote 1924–1929) sind in anderen Bereichen als dem Arbeitsmarkt zu suchen, insbesondere beim hohen Zinsniveau und bei den ausländischen Handelsschranken, die das Wachstum der deutschen Exporte behinderten. 2) Wenn der Anteil der Sparte „Löhne und Gehälter" in der amtlichen Reichsstatistik ab 1925 wesentlich höher lag als vor 1914 (1913 45,3% des Volkseinkommens, ab 1925 um 55%), so ist dies nicht auf (zu) hohe Arbeiterlöhne zurückzuführen, sondern auf die starke absolute und relative Zunahme von Gehaltsempfängern (Angestellte und Beamte), die in der Regel besser verdienten als die Arbeiter. Wichtig sind die Hinweise von H. POTTHOFF auf statistische Erhebungsmängel und globale Berechnungsarten bei der Aufgliederung des Volkseinkommens in der Reichsstatistik [542: Freie Gewerkschaften 1918 – 1933, 133 ff.]. Zu einem ähnlichen Urteil wie HOLTFRERICH und POTTHOFF gelangt auch H. A. WINKLER [585: Der Schein der Normalität, 729 ff.].

Die Debatte darüber, ob die wirtschaftliche Vernunft in den Jahren nach 1924 so ausschließlich bei den Unternehmern lag und der Lohndruck in so ausgeprägtem Maße als destabilisierender Faktor der wirtschaftlichen und sozialen Entwicklung wirkte, wie in BORCHARDTS Argumentation unterstellt wird – diese Debatte wurde und wird sehr intensiv geführt [s. u. a. die einschlägigen Beiträge in GG 11 (1985), 273 ff. und GG 16 (1990), 375 – 402 sowie in dem von J. FRHR. VON KRUEDENER hrsg. Sammelband 753: Economic Crisis and Political Collapse; ferner einige Aufsätze in der Borchardt-Festschrift 698: Zerrissene Zwischenkriegszeit; zuletzt der Überblick von A. RITSCHL 781a.: Knut Bochardts Interpretation . . .]. Ein Ende der Debatte ist vorläufig ebenso wenig in Sicht wie eine Annäherung der Standpunkte. Das wird wohl auf absehbare Zeit so bleiben, denn es geht hier (und dies gilt gleichermaßen für die „zweite Borchardt-These", s. u. S. 260 ff.) nicht nur um die Eruierung von Sachverhalten (schon dies ist oft schwierig genug), sondern um subtile Gewichtungen und um Perspektiven der Bewertung, die in grundsätzlichen Vorstellungen vom Wesen des historischen Prozesses wurzeln und nicht durch einzelne Detailinformationen zu widerlegen sind. Daß kein konkludentes Ergebnis der Auseinandersetzung mitgeteilt werden kann, mag den enttäuschen, der vom Historiker gesicherte, zweifelsfreie Aussagen erwartet. Unbestreitbar jedoch ist die wissenschaftlich außerordentlich produktive Wirkung dieser Kontroverse: Angeregt durch die Auseinandersetzung entstanden zahlreiche Spezialstudien, die unser Wissen und unseren Kenntnisstand bereichern; wichtige Aspekte der wirtschaftlichen und sozialen Entwicklung der Weimarer Republik rückten in neue schärfere Beleuchtung und werden intensiver als früher untersucht. Und immerhin läßt sich konstatieren, daß sich die Kontrahenten wenigstens in einem wesentlichen Punkt einig sind: Sie bewerten – bei unterschiedlicher Einschätzung der Ursachen – die gesamtwirtschaftliche Situation in Deutschland als höchst prekär schon vor Ausbruch der Weltwirtschaftskrise. Zwar bleibt die „Epochenbedeutung der Weltwirtschaftskrise" auch für Deutschland unbestritten, aber andererseits steht fest: Der Konjunkturabschwung war Ende 1929 bereits in vollem Gang, er wurde durch den New Yorker Börsenkrach verstärkt, aber nicht ausgelöst; insofern kann von einer „Krise vor der Krise" gesprochen werden. Korreliert man diese Beobachtungen hinsichtlich der konjunkturellen

_{Zum Stand der Diskussion}

und wirtschaftlichen Entwicklung in den Jahren 1924–1929 mit Befunden wie etwa dem über die Auflösung des tradierten Parteiensystems oder jenem über die sich verschärfenden Auseinandersetzungen zwischen den Arbeitsmarktparteien, dann läßt sich resümierend feststellen: Die neuere Forschung macht Schritt für Schritt die Entdeckung, daß es auch in den wenigen „guten" Jahren der Weimarer Republik, nämlich in den Jahren der sog. relativen Stabilisierung, zu einer wirklichen Stabilisierung des politischen Systems, der wirtschaftlichen Verhältnisse und des sozialen Gefüges nicht gekommen ist.

5. „Kultur" in den Jahren der Weimarer Republik

Was ist „Kultur"? Seit geraumer Zeit beschäftigt sich auch die historische Forschung zum 20. Jahrhundert intensiv mit dem facettenreichen Thema „Kultur". Das Spektrum der Gegenstände, auf die sich das Forschungsinteresse richtet, reicht dabei weit über Literatur, Musik und Kunst hinaus, die im traditionellen Verständnis den Kern von „Kultur" bilden. Daß sich Nachbardisziplinen der Geschichtswissenschaft wie die Literaturwissenschaft, die Kunstgeschichte oder die Soziologie mit historischen Phänomenen der Kultur beschäftigen, trägt zur Vielfalt der theoretisch-methodischen Herangehensweisen bei. Prinzipielle Einigkeit besteht mittlerweile darin, daß „Kultur" nicht mehr als abgegrenzter Gegenstandsbereich, sondern als grundlegende Perspektive verstanden werden muß. Sie richtet sich, wie dies der US-amerikanische Kulturanthropologe Clifford Geertz bezeichnet hat, auf die „Bedeutungsgewebe", in denen sich Menschen bewegen und aus denen sie für ihr Leben Sinn schöpfen. Zum Teil sind diese „Bedeutungsgewebe" tradiert, in ausformulierten Deutungssystemen festgehalten und durch symbolische Praktiken religiöser und säkularer Natur sowie in Bildungseinrichtungen vermittelt. Zum Teil werden sie in der Auseinandersetzung mit der Tradition auch neu geschaffen. Sie sind somit nicht als starr und für die gesamte Gesellschaft gleichartig anzusehen, sondern können zum Gegenstand von Kontroversen werden. In den Objekten der materiellen Kultur werden sie sinnlich erfaßbar. „Kultur" in diesem weiten Sinn ist deshalb überall vorfindbar, in Theater und Universität, Kirche und meinungsbildender Presse ebenso wie in der Familie, am Arbeitsplatz, im Kino und im Sportverein.

Themenschwerpunkte Ungeachtet einer solchen grundsätzlich sehr weiten Perspektive lassen sich Themen identifizieren, auf die sich schon seit längerem das kulturgeschichtliche Interesse am 20. Jahrhundert konzentriert hat oder die erst in jüngerer Zeit besondere Aufmerksamkeit der Forschung gefunden haben. Dazu gehört weiterhin „Kultur" im engeren traditionellen Sinn als Ensemble von Formen ästhetischer Gestaltung und damit verbundener Deutung der Welt, wie sie sich unter anderem in Literatur und Theater, Musik, bildender Kunst und Architektur manifestiert. Die häufig zu findende Unterscheidung von Hoch- und

Populär- oder Massenkultur ist dabei freilich nur bedingt tragfähig, da es durchaus Überschneidungen des Publikums gibt und sich manche Genres wie die Operette oder der Film einer eindeutigen Zuordnung entziehen. Film und Rundfunk werden neben der Presse inzwischen umfassend als Medien untersucht, bei denen über die Inhalte hinaus Kontrollformen und Nutzungsweisen von Interesse sind. Als neuer Teil der Freizeitkultur des 20. Jahrhunderts ist der Sport zum Thema der Forschung geworden, als Zuschauerspektakel, als breitenwirksame Vereinsaktivität, partiell aber auch als spezifische Gewaltkultur. Kultur als intellektuelle Weltdeutung meint daneben weiterhin die Philosophie und die Wissenschaften, vor allem die Geistes- und Sozialwissenschaften, sowie die Religion. Jenseits dieser Gegenstandsbereiche sind in jüngerer Zeit besonders zwei Themen in den Fokus kulturhistorischer Forschung gerückt. Zum einen sind das die Geschlechterbeziehungen: Geschlechterrollen und -eigenschaften werden nicht mehr als biologisch determiniert verstanden, sondern als wesentlich auf Zuschreibung und Sozialisation beruhend, die es samt ihrem Wandel zu untersuchen gilt. Zum anderen hat die politische Kultur als wichtiger Teil von Politik jenseits von Organisationen, Gremien und Entscheidungen die Aufmerksamkeit der Forschung gefunden. Hier richtet sich das Interesse auf Deutungen, die sich zu Ideologien verfestigen können, sowie auf öffentliche Feiern, Rituale und Symbole, mit denen Sinnzuschreibungen vermittelt und auch emotional aufgeladen werden können.

Ein gedrängter Forschungsüberblick kann die genannten Themen nicht in ihrer Gesamtheit behandeln, sondern muss sich auf wesentliche Aspekte beschränken, zumal die Forschung zum großen Teil in geistes- und sozialwissenschaftlichen Nachbardisziplinen unternommen wird und umfassend allein für die jeweiligen Spezialisten überschaubar ist. Daher kann es hier nur darum gehen, Haupttendenzen und Schlüsselwerke, insbesondere aus jüngerer Zeit, unter dem Aspekt ihrer Bedeutung für die allgemeine Geschichte der Weimarer Republik darzustellen.

Erst in den siebziger Jahren nahm die Erforschung der Weimarer Kultur Fahrt auf und hat seitdem stetig an Breite und Umfang gewonnen. Wichtige Anstöße erhielt sie von den um 1970 erschienenen, vor allem auf Erinnerungsliteratur und zeitgenössische Schriften gestützten Gesamtdarstellungen der Emigranten PETER GAY und WALTER LAQUEUR [611; 633], die, vom NS-Regime als Juden ins US-amerikanische Exil getrieben, das Ende der Weimarer Republik noch in ihrer Jugend miterlebt hatten. GAYS als Essay angelegte Studie beschrieb die Kultur der Weimarer Republik (ohne Populärkultur, Wissenschaft und Religion) als von zwei diametral entgegengesetzten Lagern gekennzeichnet. Auf der einen Seite standen jene „Außenseiter", die dank der Revolution von 1918/19 neue Entfaltungsmöglichkeiten erhielten und mit ihrer künstlerischen Kreativität und ihrem analytisch-kritischen Ansatz den eigentlichen „Geist von Weimar" verkörperten. Sie trugen das Theater der Hauptstadt und das Bauhaus, aber auch

Erste Gesamtdarstellungen

P. Gay

neue Einrichtungen wie die Kulturwissenschaftliche Bibliothek Warburg in Hamburg oder die Deutsche Hochschule für Politik in Berlin. Überhaupt erschien Berlin als Zentrum des kulturellen Aufbruchs. Auf der anderen Seite standen die Vertreter einer irrationalen, mystischen Weltdeutung, deren „Hunger nach Ganzheit" die Ablehnung der Moderne grundierte. Heidegger war einer ihrer Hauptrepräsentanten, die Jugendbewegung von ihr geprägt. Wenig Sympathie fand GAY für die lauen, aktives politisches Engagement vermissen lassenden „Vernunftrepublikaner"; deutliche Kritik äußerte er aber auch an der von Realitätsverlust gekennzeichneten Republikdistanz der radikaldemokratischen „Weltbühne". Auch LAQUEUR, der weniger pointiert argumentierte, hob die besondere Kreativität der künstlerischen Avantgarde hervor und betonte die herausragende Bedeutung Berlins und seines Theaters, unterstrich aber auch die relative Autonomie der Hoch- wie der (knapper behandelten) Populärkultur gegenüber eindeutigen politischen Zuschreibungen. Ausführlicher als GAY, aber nicht weniger kritisch, widmete er sich den Links- und auch den Rechtsintellektuellen, denen er aber letztlich nur begrenzten politischen Einfluß zuschrieb. Eingehend setzte er sich mit den Universitäten auseinander, die er als Bastionen der Republikgegner beschrieb, auch wenn er gerade unter den geistes- und sozialwissenschaftlichen Fächern unterschiedliche, politisch nicht immer eindeutig zuzuordnende Haltungen konstatierte. Wie GAY teilte LAQUEUR die Entwicklung der Weimarer Kultur in drei Phasen ein: eine vom Expressionismus mit seinen Wurzeln in der Vorkriegszeit gekennzeichnete erste Phase zwischen Revolution und Stabilisierung nach der Inflation, eine zweite bis zum Jahr 1930, deren Vielfalt mit dem Begriff der „Neuen Sachlichkeit" allerdings nur unzureichend beschrieben war, und die Phase der letzten Weimarer Jahre, die von einer Erschöpfung der kreativen Energien in einer Atmosphäre von Angst und Unsicherheit geprägt waren. Beide sahen damit eine enge Verbindung von Politik und Kultur gegeben und verstanden die „Weimarer Kultur" normativ als Ensemble jener – vornehmlich avantgardistischen und tendenziell republikfreundlichen – Formen von ästhetischer und intellektueller Kreativität, die nach 1933 im Exil, nicht zuletzt in den Vereinigten Staaten, in vieler Hinsicht fruchtbar fortwirkten. Das macht sich in der großen Zahl von Arbeiten aus den USA zu diesem Thema bis heute bemerkbar.

Damit waren lange gültige Grundlinien der Argumentation festgelegt. GAYS und LAQUEURS Konzept der „Weimarer Kultur" wurde aufgenommen und in spezifischer Weise modifiziert in der 1978 erschienenen Gesamtdarstellung von J. HERMAND und F. TROMMLER [617], die aus einer dezidiert kapitalismuskritischen, auf die Wiederaneignung undogmatisch ‚linker' Ansätze gerichteten Perspektive Weimarer Kultur anders als ihre Vorgänger als nicht-elitäre, auf „kulturelle Demokratisierung" ausgerichtete Formen kultureller Produktion definierten. Eine klare Unterscheidung von Hoch- und Massenkultur wurde damit hinfällig. HERMAND und TROMMLER sichteten die verschiedenen künstlerischen Genres auf demokratisierende Impulse und entfalteten ein breites Panorama von Tendenzen und Praktiken, das über die Kunst im weiteren Umfeld der – von ihnen unkritisch beurteilten – KPD deutlich hinausging und sehr anregende Überlegungen etwa zur Multifunktionalität des Massensports enthielt, Philosophie und Wissenschaft allerdings völlig ausblendete. Die in der Folgezeit immer breiter werdende Forschung hat lange Zeit keine Synthese mehr hervorgebracht. Eine im Kern kulturgeschichtliche Perspektive durchzog aber DETLEV PEUKERTS 1987 erschienene, als Essay angelegte Gesamtdarstellung der Weimarer Republik, die bis heute großen Einfluß ausübt. Darin charakterisierte PEUKERT die Zeit zwischen dem Ende des Ersten Weltkriegs und der Weltwirtschaftskrise mit einem aus der Kunstgeschichte entlehnten Begriff als „Krisenjahre der Klassischen Moderne", in denen „die faszinierenden und die fatalen Möglichkeiten" der auch noch die Gegenwart bestimmenden Lebenswelt durchgespielt wurden [144: PEUKERT, Weimarer Republik, 12]. Akzentuiert wurden von ihm deshalb weniger die sozioökonomischen Entwicklungsbedingungen und politischen Entscheidungen der Weimarer Jahre, sondern vor allem die ambivalenten Erfahrungen und Sichtweisen, die die Herausbildung der modernen Lebenswelt bei den Zeitgenossen nach sich zog. Diese profunde Ambivalenz der Moderne ist ein zentraler Aspekt auch in der vor wenigen Jahren vorgelegten Gesamtdarstellung der Weimarer Republik des US-amerikanischen Historiker E. WEITZ [157b], in der die Kultur daher großen Raum erhält. Mit der ausführlichen Thematisierung der Körperkultur und des Geschlechterverhältnisses geht WEITZ über den Kulturbegriff GAYS und LAQUEURS hinaus, schließt zugleich aber an beide an, indem er die künstlerische Kreativität und das emanzipatorische Potential der Weimarer Kultur unterstreicht. Eine große Rolle spielt für ihn dabei Berlin, was allerdings – mehrere Jahrzehnte nach den Werken von GAY und LAQUEUR – die Frage nach der Resonanz, die das Berlin der Avantgarde und seiner liberalen Lebensformen außerhalb der Hauptstadt fand, einer genaueren Antwort bedürftig erscheinen läßt. Eine kürzlich von P. HOERES verfaßte überblickhafte Synthese der Forschungen zur Weimarer Kultur [620b] zeigt, wie schwierig ein solches Unterfangen angesichts eines nicht mehr auf Hoch- und Populärkultur einzugrenzenden Kulturbegriffs mittlerweile geworden ist. HOERES, der auf eine These zum Verhältnis von Kultur und Politik verzichtet und statt dessen „Erfahrungsräume" in ihrer Breite und Ambivalenz darstellen will, widmet den Intellektuellendiskursen (allzu) breiten Raum, geht auf Populär- und Alltagskultur ein und behandelt auch die politische Kultur, während die Künste relativ kurz erörtert werden [mit ähnlicher Betonung der Ideengeschichte einführend 629b: KROLL, Kultur, 11–20, 64–76].

Damit ist ein grundlegendes Problem der Forschungen zur Weimarer Kultur angesprochen. War die frühe Forschung am Beitrag einer primär als Ensemble von Avantgarde und Intellektuellen verstandenen Weimarer Kultur zur politischen Entwicklung der Republik interessiert, hat sich dieser Zusammenhang vor allem

Zusammenhang der verschiedenen Aspekte von Kultur

im Kontext größeren Interesses für die Populär- und die Alltagskultur gelockert. Es wird letztlich darauf ankommen, den Zusammenhang von Kultur und Politik wieder erkennbar zu machen, ohne verengend nach dem jeweiligen politischen Gehalt kultureller Angebote zu fragen. Vielmehr wäre davon auszugehen, daß mit Kriegsende und Revolution, deutlich erweiterter Freizeit und – jedenfalls in den ersten Jahren der Nachkriegsinflation – weitgehender Vollbeschäftigung die deutsche Bevölkerung sich neuen politischen Herausforderungen ebenso wie neuen kulturellen Angeboten gegenübersah und in einer ungekannten Weise mental in Bewegung geriet [anregend dazu weiterhin der Aufsatz von P. FRITZSCHE, Did Weimar Fail?, in: Journal of Modern History 68 (1996), 629–656, und die Hinweise in 724: GEYER, Verkehrte Welt, 269–273 zur Herausbildung neuer massenkultureller Leitbilder schon in der Zeit der Inflation]. Es käme dann darauf an, herauszuarbeiten, wie sich diese Mobilisierung je nach sozialer Position, städtischer und ländlicher, regionaler und konfessioneller Zugehörigkeit unterschied und dann (partei)politisch überformt werden konnte, aber nicht musste. Versteht man die Gesamtentwicklung der Weimarer Republik nicht als durch die Belastungen der Niederlage und den Verlauf der Revolution schon prädeterminiert, wie das in der neueren Forschung vornehmlich der Fall ist, dann wird man zunächst nach der Reichweite und dem jeweiligen Charakter des kulturellen Wandels fragen und erst in einem zweiten Schritt nach seinen politischen Wirkungen.

Film
Einen Schwerpunkt der Forschung bilden gerade in jüngerer Zeit die weitgehend oder gänzlich neuen und zweifellos massenwirksamen Medien des Films und des Rundfunks. Die Visualisierung der Kultur der Weimarer Republik, angebahnt schon vor 1914 und vorangetrieben durch die Kriegspropaganda, manifestierte sich am eindringlichsten im Film [als knappe Einführung in die Weimarer Filmgeschichte der Beitrag von H. KORTE in 607a: FAULSTICH, Kultur, 199–215; ausführlicher ist der Beitrag von KAES in W. JACOBSEN/A. KAES/H. H. PRINZLER (Hrsg.), Geschichte des deutschen Films, Stuttgart 2004, 39–98]. Zwar lagen seine Anfänge in der Vorkriegszeit, doch erst jetzt wurde er zu einem Medium, das sich an ein breites, sozial heterogenes Publikum wandte und mit den unterschiedlich ausgestatteten Kinobauten, darunter den großstädtischen Kinopalästen, einen besonderen Erfahrungsraum bot. Es überrascht daher nicht, daß der Film, der sich sowohl an ein Massenpublikum wandte als auch der Avantgarde neue Ausdrucksmöglichkeiten eröffnete, in der Forschung große Aufmerksamkeit gefunden hat. Ihr Ausgangspunkt war die bereits 1947 erschienene Studie „From Caligari to Hitler. A Psychological History of the German Film" des emigrierten Soziologen und Weimarer Filmkritikers SIEGFRIED KRACAUER
S. Kracauer [deutsche Übersetzung Frankfurt 1979]. Darin versuchte KRACAUER, im Film der Weimarer Zeit die kollektiven psychischen Dispositionen herauszuarbeiten, die die Deutschen in die Arme der Nationalsozialisten getrieben hätten, an erster Stelle ihre Autoritätsfixiertheit. Dieser Ansatz erschien der sich in den 1970er

Jahren intensivierenden Forschung eher problematisch, denn er deutete das Scheitern Weimars als schon in den frühen Avantgardefilmen angelegt und damit als zwangsläufig, während er zugleich die Breitenwirkung der Filme ebenso vernachlässigte wie die Produktionsbedingungen der Filmindustrie [633: LAQUEUR, Weimar, 291f.; 617: HERMAND/TROMMLER, Die Kultur, 271]. KRACAUERS Studie gab jedoch den Anstoß, sowohl die Bedeutungsvielfalt einzelner als herausragend verstandener Werke auszuloten [diese Vielfalt betont mit Kritik an KRACAUER T. ELSAESSER, Weimar Cinema and After. Germany's historical imaginary, London 2000; aus feministischer Perspektive zu den Deutungsangeboten für das weibliche Publikum 650: PETRO, Joyless; zu ihren literarischen Pendants 589a: BARNDT, Sentiment] als auch die Breite des filmischen Schaffens zu untersuchen und seine ökonomischen wie sozialen Rahmenbedingungen einer eingehenden Analyse zu unterziehen.

Die mittlerweile vorliegende Forschung konzentrierte sich lange auf die wegen ihrer ästhetischen Qualitäten als repräsentativ verstandenen Filme und einzelne herausragende Künstler [gute einführende Hinweise zur Forschungsentwicklung nach KRACAUER bei S. HAKE, German National Cinema, London 2003, 26–28; zur älteren Forschung die Hinweise in 655: SAUNDERS, Hollywood in Berlin, 68]. Stärker als die deutsche orientiert sich die angelsächsische Forschung weiterhin am Kanon klassischer Werke der Weimarer Filmgeschichte, mit der Gefahr, an diese Werke allzu weitreichende Interpretationen zu knüpfen [vgl. N. W. ISENBERG (Hrsg.), Weimar Cinema. An Essential Guide to Classic Films of the Era, New York 2009]. Jüngere deutsche Arbeiten erschließen dagegen die große Breite des Weimarer Filmschaffens, gerade des künstlerisch weniger bedeutsamen, wohl aber kommerziell orientierten und massenwirksamen, auch wenn viele Filme nur indirekt über beschreibende Quellen erfaßbar sind [wichtig sind hier die bei der edition text + kritik im Boorberg-Verlag erscheinenden Forschungen zu Film- und Medienwissenschaft, zuletzt die Arbeit von P. STIASNY, Das Kino und der Krieg. Deutschland 1914-1929, München 2009]. Neben dem Spielfilm ist hier auch der dokumentarische Film mit seinen vielen Teilgenres einbezogen worden [629a].

Avantgardefilm und massenwirksamer Film

Eine umfassende Bewertung steht noch aus, doch es zeichnet sich ab, daß der Weimarer Film insgesamt traditionelleren Mustern folgte und konservativere Botschaften vermittelte, als es bei der Fokussierung auf die Avantgarde erschienen ist. Jedoch bleibt die Frage nach einem spezifisch politischen Gehalt des größten Teils der Filmproduktion schwierig zu beantworten, da sich dies nicht allein werkimmanent bestimmen läßt, sondern auch die Rezeption bei der Kritik und – was auf erhebliche Quellenprobleme stößt – beim Publikum zu erfassen ist [erster Versuch der Kategorisierung in 627: KORTE, Spielfilm]. Die grundlegende Konzerngeschichte der „Universum Film AG" (Ufa) von K. KREIMEIER [629] hat zudem gezeigt, daß trotz einer von Beginn an national-konservativen Grundhaltung der Geschäftsleitung deren Kurs nicht auf politische Manipulation, sondern auf ökonomischen Erfolg zielte, für den sie künstlerische Qualität mit

Die Ufa

marktgängiger Massenware zu verbinden suchte, und daß es nach der Übernahme des Konzerns durch den deutschnationalen Medienzar und Politiker Alfred Hugenberg zu einer Verschiebung der Akzente, aber nicht zu einer grundlegenden Kursänderung kam. Unbestritten ist auch, daß Hollywood handwerkliche Standards setzte, auch wenn US-amerikanische Filme an den in Deutschland gezeigten einen geringeren Anteil ausmachten als in anderen europäischen Ländern und sie häufig als oberflächlich und sentimental kritisiert wurden [655]. Die Filmproduktion diente zuallererst dazu, Unterhaltungsbedürfnisse eines breiten Publikums zu befriedigen.

Rundfunk   Genuin neu unter den Massenmedien der Weimarer Republik war der seit 1923 verfügbare Rundfunk [einführend der Beitrag von HICKETHIER in 607a]. Die im Vergleich zur Geschichte des Films weniger umfangreiche Forschung hat sich zunächst auf die komplexe Organisationsgeschichte des Mediums konzentriert. Herausgearbeitet wurde das hohe Maß staatlicher Kontrolle, das, anders als in den USA, die Entwicklung des deutschen Rundfunks von seinen Anfängen an begleitete: Die regionalen Sendeanstalten waren Aufsichtsgremien mit maßgeblichem und nach der Rundfunkreform durch das Kabinett Papen ausschließlichem Einfluß der jeweiligen Landes- und der Reichsregierung unterstellt [637]. Die Annahme, damit sei – insbesondere mit der sich bald durchsetzenden Vorzensur der Beiträge – eine weitgehende Einschränkung der journalistischen Gestaltungsfreiheit einhergegangen, hat sich allerdings bei genauerer Untersuchung des Rundfunkprogramms nur bedingt bestätigt. Welchen Zuschnitt das jeweilige Programm erhielt, hing vornehmlich von den selbstbewussten leitenden Mitarbeitern der Rundfunkanstalten ab, während die Zensur weniger durch direkte Verbote oder Eingriffe wirkte, sondern eher indirekt, indem sie zu einer gewissen Vorsicht anhielt. Der Einfluß der Hörer mochte begrenzt sein, er beförderte aber die dem Medium inhärente Tendenz zu wachsender Programmvielfalt [J. LEONHARD, Programmgeschichte des Hörfunks in der Weimarer Republik, Bd. 12, München 1997; K. DUSSEL, Hörfunk in Deutschland. Politik – Programm – Publikum (1923–1963), Potsdam 2002, 49–51]. Dominierend in der Hauptsendezeit am Abend blieb allerdings die Bildung, nicht die Unterhaltung, was die politisch beabsichtigte „paternalistische Position" [DUSSEL, Hörfunk, 139] des Mediums offensichtlich machte und bei den Hörern auf Kritik stieß. Genauerer Untersuchung bedarf noch der Einfluß des Rundfunks auf die Geschlechterrollen [die Verfestigung der traditionalen Frauenrolle durch spezifische Frauenprogramme im Rundfunk betont die zu wenig beachtete Pionierstudie von K. LACEY, Feminine Frequencies. Gender, German Radio, and the Public Sphere 1923–1945, Ann Arbor 1996]. Die Erforschung der tatsächlichen Programmwiedergabe wird dabei durch grundlegende Quellenprobleme erschwert, da verwendbare Tondokumente und Texte von Beiträgen kaum existieren, so daß auf die Angaben in Programmzeitschriften zurückgegriffen werden muss.

Seit einigen Jahren wird auch die Nutzung von Kino und Rundfunk durch Zuschauer und Hörer analysiert. Dabei stellt sich die – letztlich nicht wirklich klärbare – Frage, wie frei Nutzer sich Medieninhalte aneignen konnten. Gegen ältere Manipulationsthesen hat der Ansatz der „cultural studies" den ‚Eigensinn' der Nutzer betont, dagegen ist aber wiederum auf die Bedeutung von Besitzverhältnissen und Zugangsmöglichkeiten hingewiesen worden [DUSSEL, Hörfunk, 1925]. Grundlegende Arbeiten zur Mediennutzung in der Weimarer Republik haben K.-C. FÜHRER [609; zu Hamburg 610a] und C. ROSS vorgelegt [654a]. Sehr deutlich geht daraus hervor, wie stark – zumindest in der Stummfilmzeit – die Erfahrung des Kinogangs regional und sozial differierte. Kinos befanden sich vorwiegend in Städten, konzentriert in den Großstädten, so daß sich nach der Wanderkinozeit der frühen Jahre der Unterschied zwischen Stadt und Land wieder vergrößerte. In den Städten zielten die Kinopaläste auf ein gehobenes, die Vorstadtkinos auf ein eher proletarisches Publikum, das der Stummfilm zu aktiver, aber wiederum unterschiedlich ausfallender Beteiligung herausforderte. Schicht- und auch regionalspezifisch fiel das Filmprogramm selbst aus, bei dem sich nur punktuelle Gemeinsamkeiten herausbildeten wie die Begeisterung für deutsche Lustspiele oder für Charlie Chaplin. Mit dem Übergang zum Tonfilm schliffen sich die schichtspezifischen Unterschiede zwar ab, doch machten ihn die technischen Probleme der Tonwiedergabe zu einem längeren Prozess [C. MÜLLER, Vom Stummfilm zum Tonfilm, München 2003]. Auch der Rundfunk blieb, in erster Linie wegen der begrenzten Reichweite seiner Sender, bis in die 1930er Jahre hinein ein vornehmlich in den Städten und besonders den Großstädten genutztes Medium und war außerdem, angesichts der hohen Kosten für die Radiogeräte und des bildungsbürgerlich geprägten Programms, vorrangig ein „Medium der Mittelschichten" [610a: FÜHRER, Hamburg, 39]. Welchen Charakter der Unterschied zwischen Stadt und Land tatsächlich besaß, bedarf freilich genauerer Prüfung, wie die Befunde der Pionierstudie von F. CEBULLA [604a] andeuten. Danach dominierte einerseits auch auf dem Land bald das Individualisierung befördernde und insofern modernisierend wirkende Hören im häuslich-familiären Rahmen. Andererseits aber hatte die städtische Avantgardekultur keinen Platz in seinem Kulturangebot und orientierte sich das umfangreiche Fachinformationsangebot des Programms an dem von den Interessenverbänden vorgegebenen, auf Ertragssteigerung, aber nicht umfassende Modernisierung der Landwirtschaft zielenden agrarpolitischen Kurs.

Mediennutzung

Insgesamt beginnt sich eine umfassende Geschichte der „Medialisierung" abzuzeichnen, die der Veränderung von Alltagsgewohnheiten und der für politische Diskussionen relevanten „Öffentlichkeiten" nachgeht und dabei neben Kino und Rundfunk auch die populäre Presse einschließt, insbesondere die nicht mehr im Abonnement verkauften und auf visuelle Effekte setzenden neuen Boulevardzeitungen [allgemein: K.-C. FÜHRER/C. ROSS (Hrsg.), Mass Media, Culture and Society in Twentieth-Century Germany, Houndmills ²2008;

„Medialisierung" als umfassender Ansatz

F. BÖSCH/N. FREI, Medialisierung und Demokratie im 20. Jahrhundert, Göttingen 2006]. Von einer generell nivellierenden, eine standardisierte Massenkultur erzeugenden Wirkung der modernen Medien in der Weimarer Republik wird man angesichts der jüngsten Befunde zur Mediennutzung nicht mehr sprechen können. Die ältere These, wonach sich ein „innerer Auflösungsprozess" [639: LANGEWIESCHE, Politik – Gesellschaft – Kultur, 402] der Arbeiterkultur vollzog, weil sie über Rundfunk und Film keine Kontrolle ausüben konnte, ist deshalb zu modifizieren. Genauer und insbesondere in Bezug auf generationelle Unterschiede zu prüfen bleibt aber die Frage, welche Veränderungen von Lebensgewohnheiten und Wahrnehmungsweisen sich in kleinerem Rahmen ergeben haben [vgl. dazu den Hinweis in 654a: ROSS, Media, 186 zum Verschwinden älterer Formen von Freizeitvergnügen] und welche homogenisierenden oder aber segmentierenden Effekte dies innerhalb politisch-sozialer Milieus und über sie hinaus entfaltete. Zu fragen ist aber auch, welche dezidiert konservativen Wirkungen von den Medien ausgingen, etwa durch die Präsenz der agrarromantischen Heimatbewegung auch im städtischen Rundfunkprogramm [610a: FÜHRER, Hamburg, 52]. Für weitere Forschungen empfiehlt es sich, Medienensembles auf lokaler und regionaler Ebene zu untersuchen und dabei gerade auch die kleineren Städte und die agrarischen Gebiete mit differierenden Besitzverhältnissen und Konfessionzusammensetzungen in den Blick zu nehmen. Einzubeziehen wären dann auch Medien, die bisher noch nicht eingehend untersucht worden sind, wie das Grammophon [erster Versuch einer breit angelegten Darstellung: S. GAUSS, Nadel, Rille, Trichter. Kulturgeschichte des Phonographen und des Grammophons in Deutschland (1900–1940), Köln 2009].

Körperkultur Die Nutzung neuer Medien war nur ein Element einer sich umgestaltenden Alltags- und Freizeitkultur. Besondere Aufmerksamkeit haben in jüngerer Zeit mit Körperkultur und Sport zwei Felder der Lebens- und Freizeitgestaltung gefunden, die zwar nicht erst in der Weimarer Republik entstanden, aber doch jetzt erst breite Wirkung entfalteten, sich organisatorisch verfestigten und professionalisierten. Herausgearbeitet worden ist für die Körperkultur die große Vielfalt der Gruppen und Schulen, die in bewusstem Gegensatz zum wettbewerbsorientierten Sport durch rhythmische Gymnastik und Tanz, Freikörperkultur und Körperbildung lebensreformerisch wirksam sein wollten. Dabei ist nicht nur deutlich geworden, daß ihre Konzepte sich mit ganz unterschiedlichen politischen Entwürfen verbinden ließen, deren Spektrum von völkischen bis hin zu zionistischen und sozialistischen reichte, sondern auch, daß sie sich insgesamt dynamisierten, die Beweglichkeit und Leistungsfähigkeit des Körpers und damit seine Maschinenähnlichkeit in den Vordergrund rückten [672b; vgl. den Beitrag von MÖHRING in 604d]. Inwieweit das als Reflex auf den Krieg oder auf die moderne Arbeitswelt zu verstehen war, ist eine offene Frage. Jedenfalls kann damit die Körperkulturbewegung nicht als prinzipiell modernisierungskritisch oder gar anti-modern angesehen werden, zumal einzelne

Strömungen dezidiert die Optimierung des Selbst in der modernen Arbeitswelt propagierten [615c: HAU, Cult, 176–187]. Neuere Befunde zur Adaption des Ausdruckstanzes und der Freikörperkultur durch die Arbeiterkulturbewegung [Y. HARDT, Politische Körper. Ausdruckstanz, Choreographien des Protests und die Arbeiterkulturbewegung in der Weimarer Republik. Münster 2004; J. WILLIAMS, Turning to Nature in Germany. Hiking, Nudism, and Conservation, 1900–1940. Stanford 2007, 29–53] bestätigen die These einer eigenständigen, erst in Weimar zur vollen Entfaltung kommenden Arbeiterkultur und sind, wie die vorgestellten Befunde zu den Medien, ein weiteres Indiz gegen die Annahme einer nivellierenden Massenkultur.

Die Forschungslage zum Sport bestätigt diese Befunde allerdings nur zum Teil. Schon seit langem ist unbestritten und neuerdings wieder bestätigt, daß zahlreiche Arbeiter sich, zumindest in den ersten Jahren der Weimarer Republik, bürgerlichen Sportvereinen anschlossen, weil diese moderne Sportarten, in erster Linie den Fußball, mit zeitlichem Vorsprung anboten und in volksgemeinschaftlicher Rhetorik jetzt ein klassenübergreifendes Selbstverständnis bekundeten [615: GUTTSMAN, Workers' Culture, 134–153; jüngst dazu 647b: OSWALD, Fußball-Volksgemeinschaft]. Freilich zog die Arbeitersportbewegung bald nach und erlebte, wie auch katholische, evangelische und jüdische Sportvereine, einen deutlichen Mitgliederzuwachs. Der sich bisweilen auch gewaltsam äußernde „Vereinsfanatismus" im Fußball als Zuschauersport wiederum wurzelte in stadtteilbezogenen Bindungen, die somit auch klassen- und milieuübergreifend ausfallen konnten [647b: OSWALD, Fußball-Volksgemeinschaft, 211ff.]. Insofern wirkte der Sport nicht nivellierend, aber auch nicht nur milieubefestigend. Hier bedarf es ebenso wie hinsichtlich der Mediennutzung weiterer Forschungen, die sich an zwei Gesichtspunkten orientieren könnten: Erstens erscheint die Entgegensetzung von Massenkultur und Arbeiter- bzw. Milieukultur zu grob und müsste durch weitere Kategorien ergänzt werden, wie etwa die der lokalräumlichen Bindung. Zweitens ist genauer darauf zu achten, ob nicht unterhalb der Schwelle der Milieugrenzen sich die individuellen Möglichkeiten der Lebensgestaltung so vergrößerten und in ihrem Spektrum gleichzeitig quer durch die Lager anglichen, daß sich hier längerfristig neue, sozusagen latente Möglichkeiten der Vergemeinschaftung herausbildeten.

Welchen Einfluß die veränderte Alltags- und Freizeitkultur mit ihren erweiterten Möglichkeiten der Lebensgestaltung und gesteigerter Medialisierung auf die Definition der Geschlechterrollen ausübte, ist besonders intensiv in den letzten Jahren Gegenstand der Forschung geworden. Es hat sich gezeigt, daß das in den Medien vermittelte, Sportlichkeit und Eigenständigkeit hervorhebende Leitbild der „neuen Frau" kein gänzlich neues Rollenmodell repräsentierte, sondern mit prinzipiellem Bezug auf Ehe und Mutterschaft einerseits im traditionalen Rahmen blieb, andererseits aber weibliche Handlungsräume subtil ausweitete. Dabei ist für den Diskurs über die Frauenmode herausgearbeitet worden, wie ab Mitte der 1920er Jahre eine partielle Vermännlichung des weiblichen Erscheinungsbildes allgemein akzeptiert wurde [G. KESSEMEIER, Sportlich, sachlich, männlich. Das Bild der „Neuen Frau" in den Zwanziger Jahren. Zur Konstruktion geschlechtsspezifischer Körperbilder in der Mode der Jahre 1920 bis 1929, Dortmund 2000]. Für mehrere Sportarten – Tennis, Boxen, Leichtathletik – hat jüngst eine Untersuchung dargelegt, wie sich in ihnen das Leitbild der „neuen Frau" paradigmatisch ausbildete und zugleich veränderte männliche Rollenmodelle entstanden, die hedonistisch und erotisch aufgeladen waren [622a: JENSEN, Body; die Grenzen der emanzipativen Wirkung neuer Idole betont E. ZEGENHAGEN, „Schneidige deutsche Mädel". Fliegerinnen zwischen 1918 und 1945, Göttingen 2007]. In jüngster Zeit sind mehrere Untersuchungen zu homosexuellen Männern vorgelegt worden. Sie haben gezeigt, daß die Homosexuellenbewegung über die Forderung nach „Anständigkeit" und männlichem Auftreten einen Verhaltenskodex entwickelte, der gesellschaftliche Ausgrenzung mildern und homosexuellen Männern Nischen für ein selbstbestimmtes Leben sichern half [637a: LÜCKE, Männlichkeit; S. MICHELER, Selbstbilder und Fremdbilder der „Anderen". Eine Geschichte Männer begehrender Männer in der Weimarer Republik und der NS-Zeit, Konstanz 2005]. Eine umfassende Geschichte weiblicher wie männlicher Rollenkonstruktionen in der Weimarer Republik und besonders ihrer Bezüge zueinander ist aber noch zu schreiben.

Männlichkeit

Mit den traditionellen Formen ästhetischer Gestaltung und Deutung der Welt in Literatur und Theater, Musik und bildender Kunst hat sich die Forschung seit langem intensiv beschäftigt, weshalb hier auf diese Themenfelder nur mit knappen Hinweisen eingegangen werden soll. Dabei kann die Entwicklung der literaturwissenschaftlichen Forschung als paradigmatisch auch für die zu den anderen Genres gelten. Während sich die Studien der 1950er und 1960er Jahre in einer an klar abgrenzbaren Stilen orientierten Perspektive auf den Expressionismus konzentriert hatten, entdeckte man erst im folgenden Jahrzehnt die Weimarer Republik als eigenständige Epoche der Literaturgeschichte, als deren Signum der Gebrauchswert und die politische Funktion des literarischen Schaffens erschienen. Neben dem Gegenwartsroman stießen die proletarisch-revolutionäre Literatur und das politische Theater auf das besondere Interesse einer primär sozialgeschichtlichen Interpretationsmustern folgenden Disziplin [als weiterhin wichtige Synthese B. WEYERGRAF (Hrsg.), Literatur in der Weimarer Republik 1918–1933, München 1995]. Während in dieser Sichtweise die „Neue Sachlichkeit", die nun im Mittelpunkt der Forschung stand, zunächst als Ausdruck einer kapitalismusaffinen Grundhaltung bestimmt wurde, galt sie in den 1980er und 1990er Jahren als Form des Umgangs mit den Verunsicherungen der Moderne, die sich nur in einer breiteren kulturgeschichtlichen Perspektive erschloss [grundlegend, dabei für einen engeren Ansatz plädierend, 592: BECKER, Neue Sachlichkeit; zur Ausdifferenzierung des Begriffs der literarischen Moderne H. KIESEL, Geschichte der literarischen Moderne, München 2004]. Überhaupt läßt

Traditonelle kulturelle Genres

Literatur und Theater

sich in den letzten zwanzig Jahren eine Erweiterung des literaturwissenschaftlichen Zugriffs feststellen, der nun Diskurse in Populärkultur und Wissenschaft miteinbezieht und nach Verbindungen zu den neuen Medien fragt [konziser Überblick über die Forschungsentwicklung in 667a: STREIM, Einführung, 12–19; nach thematischen Feldern gegliederte Einführung 604d: DELABAR, Klassische Moderne; vgl. auch W. FÄHNDERS, Avantgarde und Moderne. 1890–1933, Stuttgart 1998; wichtige Quellensammlung: 34: KAES (Hrsg.), Weimarer Republik]. Auch die Musikwissenschaft hat sich von einer auf die Abfolge von Stilen gerichteten Perspektive zugunsten eines Zugriffs gelöst, der die Pluralität und wechselseitige Beeinflussung von Stilen ebenso betont wie die aus neuartigen Reproduktionstechniken resultierenden intermedialen Zusammenhänge. Die sich schon seit der Jahrhundertwende ausbildende Avantgarde erscheint damit nicht so sehr als auf einen radikalen Bruch mit der Tradition abzielend, sondern eher als Versuch, gegen die Akzentuierung der Harmonik im 19. Jahrhundert wieder die der Melodie zu setzen und eine Klangwelt zu schaffen, die hochindividualisierten Ausdruck mit pragmatischem Eingehen auf die Bedürfnisse der Hörer verband [639a; 652a; W. RATHERT/G. SCHUBERT (Hrsg.), Musikkultur in der Weimarer Republik, Mainz 2001]. Während dies als grundsätzlich gemeineuropäische Entwicklung verstanden werden kann, ist unterstrichen worden, wie stark politisiert die Auseinandersetzung um zeitgenössische Musik in der Weimarer Republik verlief. Dies betraf sowohl den Jazz (auch wenn dessen Ablehnung, wie bei Theodor W. Adorno, nicht immer einer konservativen politischen Einstellung entsprang) als auch die Avantgarde, die schon seit 1919 dem Verdikt des „Musikbolschewismus" verfiel [C. PARTSCH, Schräge Töne. Jazz und Unterhaltungsmusik in der Kultur der Weimarer Republik, Stuttgart 2000; 623: JOHN, Musikbolschewismus].

Musik

Bei der bildenden Kunst hat sich das Interesse der Forschung nach dem Expressionismus auf den Dadaismus und die Neue Sachlichkeit gerichtet und besonders auf kritische Künstler wie George Grosz konzentriert. Dabei wird die seit den 1990er Jahren intensiv diskutierte Neue Sachlichkeit inzwischen nicht als einheitliche Stilrichtung, sondern als Ensemble durchaus verschiedener gegenständlicher Darstellungsweisen verstanden, ihre emotionale Aufladung gegen frühere Interpretationen betont und auf Verbindungslinien zum Nationalsozialismus hingewiesen [O. PETERS, Malerei der Neuen Sachlichkeit. Die Wiedergewinnung und Neubewertung eines Epochenstils, in: Kunstchronik 53 (2000), 379–391]. Mittlerweile legt aber auch die kunsthistorische Forschung zur Weimarer Republik den Fokus nicht mehr auf die Abfolge von Stilrichtungen, sondern geht von der Gleichzeitigkeit unterschiedlicher künstlerischer Ansätze aus und fragt nach deren intermedialer Verwobenheit sowie ihren Bezügen zur Politik [mit ausführlichem Verzeichnis der zahlreichen Spezialstudien und Ausstellungskataloge 629e: LANGE (Hrsg.), Vom Expressionismus; als knapper

Bildende Kunst

Überblick: U. SCHNEEDE, Die Geschichte der Kunst im 20. Jahrhundert, München 2001].

Bauhaus

Große Aufmerksamkeit hat seit den 1970er Jahren das Bauhaus mit seiner neuartigen Synthese von Kunst, Handwerk und industrieller Fertigung gefunden. Während die grundlegende Studie von B. LANE seine radikale Modernität und seine Affinität zur Republik hervorhob, die zu zahlreichen öffentlichen Bauaufträgen, aber auch heftigen Angriffen seitens republikfeindlicher Kreise führte [632; vgl. 621], ist andererseits darauf hingewiesen worden, daß sich das Profil des Bauhauses im Lauf der 1920er Jahre veränderte, daß es seinen ganzheitlichen Ansatz verlor und in einen „neuen Akademismus" mündete, in dem Handwerk und bildende Kunst hinter Architektur und Design zurücktraten [R. WICK, Bauhaus. Kunstschule der Moderne, Ostfildern 2000, 71].

Bauen und Wohnen

Arbeiten der 1980er und 1990er Jahre insbesondere zu Frankfurt und Hannover haben den Einfluß des Bauhauses auf den Wandel der Wohnverhältnisse relativiert. Im Anschluss an DETLEV PEUKERTS Interpretation der Weimarer Republik [144] verstanden sie das mit dem Bauhaus verbundene architektonische Konzept als auf eine doppelgesichtige Rationalisierung zielend, die einerseits neue Entfaltungsmöglichkeiten bot, andererseits aber auch das Alltagsverhalten in neuer Weise lenken sollte. Sie haben dargelegt, daß der Anteil des „neuen Bauens" am gesamten Wohnungsbau doch begrenzt ausfiel und ihm gegenüber eine gemäßigte Moderne mit lokalen und historischen Akzenten dominierte. Besondere Aufmerksamkeit galt einem Kernstück des „neuen Bauens", der kleinen Arbeitsküche (modellhaft repräsentiert von der „Frankfurter Küche"), die an die Stelle der vergleichsweise geräumigen proletarischen Wohnküche treten sollte. Dem beabsichtigten Rationalitätsgewinn stand jedoch der Eigensinn der Nutzerinnen und Nutzer entgegen, die an vorherigen Gewohnheiten festhielten. Während in diesem Punkt die lenkende Wirkung des neuen Wohnungszuschnitts gering blieb, erhielt die Hygiene offenbar einen höheren Stellenwert, so wie die „Privatisierung des Wohnalltags" insgesamt voranschritt [grundlegend zur Architektur in der Weimarer Republik 648a: PEHNT, Deutsche Architektur; gute Überblicksaufsätze mit reichhaltigem Bildmaterial in 748: KÄHLER, Geschichte des Wohnens; wichtige Einzelstudien: A. v. SALDERN, Neues Wohnen. Wohnungspolitik und Wohnkultur im Hannover der Zwanziger Jahre, Hannover 1993, das Zitat S. 171; G. KUHN, Wohnkultur und kommunale Wohnungspolitik in Frankfurt am Main 1880 bis 1930, Bonn 1998, 101–201]. Mittlerweile scheint das Interesse der architektur- und stadtgeschichtlichen Forschung an Fragen des Wohnens abgeflaut zu sein und die Stadt insgesamt als „Wahrnehmungs- und Aneignungsraum" zunehmend in ihr Blickfeld zu rücken [als ein jüngere Beispiel S. SCHÜRMANN, Dornröschen und König Bergbau. Kulturelle Urbanisierung und bürgerliche Repräsentationen am Beispiel der Stadt Recklinghausen (1930–1960), Paderborn 2005, das Zitat S. 2; anregend auch J. WARD, Weimar Surfaces. Urban Visual Culture in 1920s Germany, Berkeley 2001].

Wie sich die Intellektuellen mit den neuen politischen, sozialen und kulturellen Verhältnissen nach 1918 auseinandersetzten und sie vor dem Hintergrund einer seit dem ausgehenden 19. Jahrhundert durch Hochindustrialisierung und Verstädterung geprägten modernen Lebenswelt interpretierten, hat schon seit den 1950er Jahren das Interesse der Forschung gefunden. Angesichts der Tatsache, daß die „Auflösung der Weimarer Republik" in eine Diktatur der radikalen Rechten mündete und die intellektuellen Debatten zwischen 1918 und 1933 von einer Vielzahl von Zirkeln und Personen im politischen Spektrum der Rechten maßgeblich beeinflußt wurden, standen deren Weltdeutungen und Entwürfe politischer Ordnung sehr lange Zeit im Mittelpunkt des Interesses. 1950 veröffentlichte A. MOHLER, Ernst Jüngers damaliger Privatsekretär, seine stark rezipierte Studie über die „Konservative Revolution" 1918–1932 [642], die wegen ihrer Kategorienbildung und ihrer voluminösen Bibliographie der einschlägigen Publizistik einen wichtigen Anstoß zur Untersuchung dieses Themenfeldes bildete, sich angesichts ihrer unverstellt apologetischen Tendenz aber auch als problematisch erwies. Mohler faßte unter dem Begriff der „Konservativen Revolution", den der österreichische Dichter Hugo von Hofmannsthal 1927 in die Debatte eingeführt hatte, fünf Typen politisch-intellektueller Strömungen zusammen: Völkische, Jungkonservative, Nationalrevolutionäre, Bündische, Landvolk. Einheitsstiftend war für MOHLER eine in der Romantik und in der Rezeption Nietzsches wurzelnde Wendung gegen die demokratischen Leitgedanken der Französischen Revolution und damit auch der Weimarer Republik, gegen die aber keine Restauration der 1918 gestürzten Monarchien angestrebt wurde, sondern der Aufbau einer neuen Ordnung, die sich auf eine – inhaltlich noch vage – nationale Gemeinschaftsbindung stützen sollte [zu S. BREUERS die Distanz zum traditionellen Konservativismus unterstreichenden Alternativvorschlag des „Neuen Nationalismus" aus den 1990er Jahren, der sich als zu unspezifisch jedoch nicht durchgesetzt hat, 602; vgl. 602a und DERS., Ordnungen der Ungleichheit. Die deutsche Rechte im Widerstreit ihrer Ideen 1871–1945, Darmstadt 2001]. Problematisch an MOHLERS Ansatz war vor allem, daß er – in seinem als „Hilfe für die rechte Intelligenz in Deutschland" (Ergänzungsband zur Ausgabe von 1989, 7) beschriebenen Bemühen, die Unterschiede zwischen der „Konservativen Revolution" und dem Nationalsozialismus hervorzuheben –, der Frage auswich, welchen Beitrag sie denn zum Aufstieg und zur Machtübernahme des Nationalsozialismus tatsächlich geleistet hatte [mit ähnlicher Stoßrichtung 662: SCHWIERSKOTT, Moeller].

Genau darum ging es dann aber in zwei grundlegenden Werken, die Anfang der 1960er Jahre erschienen. K. SONTHEIMER arbeitete heraus, in welcher Weise das von ihm als Gegnerschaft gegen Liberalismus und Parlamentarismus definierte „antidemokratische Denken ein maßgeblicher Faktor im Zersetzungsprozeß der Weimarer Republik gewesen ist" [664: SONTHEIMER, Antidemokratisches Denken, 14]. Im Gegensatz zu MOHLER erkannte SONTHEIMER, der auch die deutsche

Intellektuelle und politisches Denken

Konservative Revolution

„antidemokratisches Denken"

Staatsrechtslehre als zentrales Feld der Wissenschaft in seine Analyse miteinbezog, keinen grundsätzlichen Unterschied zwischen den Nationalsozialisten und den Vertretern der „Konservativen Revolution". Einen über die reine Ideengeschichte hinausgehenden Ansatz zur Erklärung des von tiefgreifendem „Kulturpessimismus" gekennzeichneten rechten politischen Denkens legte F. STERN vor, der in seiner Jugend wie P. GAY und W. LAQUEUR ins Exil getrieben worden war. STERN, der sich auf drei herausragende Intellektuelle der Rechten konzentrierte, unter ihnen Moeller van den Bruck, einen der Vordenker der „Konservativen Revolution", setzte schon im Kaiserreich an. Den wesentlichen Grund für die große Resonanz, die antidemokratisch aufgeladene Zivilisationskritik in Deutschland nach 1918 fand, sah er in der tiefgreifenden Verunsicherung, die eine späte, aber rasche Industrialisierung, der keine Demokratisierung der politischen Verhältnisse gefolgt war, in einem der Ausübung politischer Macht fernen, von der idealistischen Philosophie geprägten deutschen Bildungsbürgertum ausgelöst hatte [666]. STERN und SONTHEIMER betonten den Irrationalismus der rechtsintellektuellen Angriffe auf die Republik und ihre hohe emotionale Aufladung, die SONTHEIMER allerdings auch auf der Linken erkannte und als Problem der intellektuellen Atmosphäre Weimars überhaupt beschrieb.

Mit diesen beiden Studien war eine lange Zeit gültige und im Kern auch heute nicht überholte Argumentationslinie gezogen. Weitere Arbeiten widmeten sich einzelnen Aspekten der antirepublikanischen rechten Ideenwelt [594; 638; 657a; 606: DUPEUX, „Nationalbolschewismus", mit dessen eindeutiger Zuordnung zur extremen Rechten], andere konzentrierten sich auf einzelne herausragende Intellektuelle. Während bei Martin Heidegger und Carl Schmitt ihr Engagement unter dem NS-Regime im Mittelpunkt des Interesses an den politischen Aspekten ihrer Biographie stand [642a: MORAT, Von der Tat; an die nur noch für Spezialisten überschaubare Literatur zu Carl Schmitt führt heran R. MEHRING, Carl Schmitt. Aufstieg und Fall. Eine Biographie, München 2009], hat sich bei Ernst Jünger das Interesse auf seine in den 1920er Jahren entstandene politische Publizistik konzentriert [grundlegend 661: SCHWARZ, konservativer Anarchist]. Deren Wirkung stößt weiterhin auf unterschiedliche Bewertungen: Einerseits wird sie relativiert unter Hinweis auf die lange recht geringe Auflagenhöhe von Jüngers Schriften und die ähnliche Radikalität anderer Autoren [S. BERGGÖTZ, Ernst Jünger und die Politik, in 33a: JÜNGER, Publizistik, 834–869; noch deutlicher bei H. KIESEL, Ernst Jünger. Die Biographie. Berlin 2007, 305–317, 397–399], andererseits wird betont, daß sie angesichts der Verstärkereffekte solcher Parallelen und wegen des unveränderten Kerns von Jüngers Argumentation doch als hoch zu veranschlagen sei [642a: MORAT, Von der Tat, 75–102; ähnlich schon 652: PRÜMM, Literatur].

Martin Heidegger und Carl Schmitt

Ernst Jünger

Neue Impulse erhielt die Forschung in den 1980er und 1990er Jahren. Hatte Zum Charakter der
F. STERN im Kulturpessimismus der Jahrhundertwende und der an ihn an- „Moderne"
schließenden „Konservativen Revolution" noch einen Generalangriff auf die
Moderne gesehen, wurde dies jetzt differenzierter bewertet. Mit seiner be-
griffsprägenden Studie zum „reactionary modernism" machte J. HERF 1984
darauf aufmerksam [616], daß die dezidierte Gegnerschaft gegen Liberalismus
und parlamentarische Demokratie auf der Rechten durchaus verbunden sein
konnte mit der positiven Wertung der modernen, als erstrangige nationale Res-
source begriffenen Technik. Der Begriff der „Moderne" selbst erschien nunmehr,
im Zeichen einer wachsenden Fortschrittsskepsis und der sich formierenden
Umweltbewegung, als weniger eindeutig faßbar, wie dies 1987 D. PEUKERT in
seiner einflußreichen Deutung der Weimarer Republik unterstrich (s. o. S. 215). So
konnte T. ROHKRÄMER 1999 zeigen, daß eher Technikkritik als Technikablehnung
einen konstitutiven Bestandteil der deutschen Zivilisationskritik seit dem Kaiserreich bildete und daß diese Kritik in der Weimarer Republik in den Ruf nach
Perfektionierung der Technik umschlug, die in einem autoritären Zukunftsstaat
den als unheilvoll verstandenen Pluralismus der modernen Gesellschaft überwinden helfen sollte [654]. Eine wichtige Facette der Diskussion um die „Moderne" in der Weimarer Republik war die in Deutschland besonders intensiv
geführte Debatte über die Modellhaftigkeit der Vereinigten Staaten und den auf
sie verweisenden „Amerikanismus". Dazu hat die Forschung herausgearbeitet, „Amerikanismus"
daß die mit den Schlagworten des „Taylorismus" und „Fordismus" gekennzeichneten wirtschaftlich-technischen Errungenschaften auf weitgehend
positive Resonanz stießen, während die amerikanische Massenkultur mehrheitlich negativ beurteilt wurde [knappe Zusammenfassung des Diskussi-
onstandes bei T. RAITHEL, „Amerika" als Herausforderung in Deutschland und
Frankreich in den 1920er Jahren, in: C. METZGER/H. KAELBLE (Hrsg.),
Deutschland – Frankreich – Nordamerika. Transfers, Imaginationen, Beziehungen, Stuttgart 2006, 82–97; materialreich 624b: KLAUTKE, Unbegrenzte Mög-
lichkeiten].

Jene Intellektuellen, deren politischer Standpunkt links von der SPD angesiedelt Linksintellektuelle
war, haben in der Forschung ein seit den 1970er Jahren verstärktes Interesse
gefunden. Vor allem die „Weltbühne" und ihre Protagonisten Kurt Tucholsky
und Carl von Ossietzky sind Gegenstand einer Reihe von Untersuchungen geworden. Ungeachtet aller individuellen Nuancen ihrer Position scheint klar, daß
die Linksintellektuellen der Republik in ihren Anfangsjahren grundsätzlich positiv gegenüberstanden und die Weimarer Verfassung als Möglichkeitsraum gesellschaftlicher Veränderungen verstanden [D. MAYER, Linksbürgerliches Denken. Untersuchungen zur Kunsttheorie, Gesellschaftsauffassung und Kulturpolitik in der Weimarer Republik (1919–1924), München 1981]. Unbestritten
ist zwar die von einem rousseauistischen, auf Einheitlichkeit des politischen
Willens setzenden Demokratiemodell grundierte Schärfe ihrer Kritik am par-

lamentarischen, auf Kompromisse abzielenden Regierungssystem. Kontrovers bleibt jedoch, wie diese Kritik insbesondere in der zweiten Hälfte der 1920er Jahre einzuordnen ist: als geleitet von der Utopie einer besseren, egalitären und wahrhaft demokratischen Republik und dem Drängen auf eine große Abwehrfront gegen den aufsteigenden Nationalsozialismus [I. Deák, Weimar Germany's Left-Wing Intellectuals. A Political History of the Weltbühne and its Circle, Berkeley 1968; ähnlich 660: Schürgers, Politische Philosophie] oder als Überschreiten der Schwelle zum „prinzipiellen Antiparlamentarismus" und Beitrag zum Niedergang der Republik, wie dies neuerdings behauptet worden ist, mit der abwegigen Schlußthese, es sei „äußerst zweifelhaft, ja unwahrscheinlich, daß Hitler auch ohne die nicht intendierte Schützenhilfe der extremen Linken an die Macht gelangt wäre" [590a: Bavaj, Von links, 489 und 497].

„Demokratisches Denken"
Die Zahl der Intellektuellen, die sich wie Siegfried Kracauer, Karl Mannheim und Helmut Plessner durch „offenes, pragmatisches und experimentelles Denken" [Krohn in 610c: Gallus/Schildt, Rückblickend in die Zukunft, 57] auszeichneten oder wie Thomas Mann in der Öffentlichkeit nachdrücklich für die Republik eintraten [die Eindeutigkeit seiner Wendung zum Republikaner nach der Revolution betont die grundlegende Biographie von H. Kurzke, Thomas Mann. Das Leben als Kunstwerk, München 1999, 272–275, 348–350], ist überschaubar. Nicht leicht ist aber die Frage zu beantworten, was sich überhaupt als ein die Republik tragendes „demokratisches Denken" definieren läßt, zumal wenn man über den Kreis der Intellektuellen hinausgeht und andere gesellschaftliche Eliten miteinbezieht. So war die unzweideutige Anerkennung einer pluralistischen Gesellschaft keineswegs durchgängig kennzeichnend für die Unterstützer der Republik. Überhaupt reichten die Skepsis gegenüber dem Parlamentarismus und die Neigung, zur Lösung politischer Probleme auf einen „Führer" zu setzen, bis hinein in liberale und sozialdemokratische Kreise [614; Schildt in 610c: Gallus/Schildt, Rückblickend in die Zukunft, 17f.]. Sucht man als Konsequenz die Trägerschaft der Republik durch einen weit gefassten Begriff des „Vernunftrepublikaners" zu bestimmen, der auf den pragmatischen Umgang mit den gegebenen Einflußmöglichkeiten abhebt, ist das eine überzeugende Flexibilisierung dieses Begriffs, die ihn jedoch auch der Gefahr mangelnder Trennschärfe aussetzt [675a]. Zumindest in Bezug auf die Intellektuellen selbst ist allerdings die klare Unterscheidung zwischen Rechten und Linken und überhaupt zwischen klar umrissenen Lagern seit den 1990er Jahren fraglich geworden, als, vorangetrieben von der deutsch-französischen groupe de recherche sur la culture de Weimar, die Forschung Intellektuellendiskurse in ihrer gesamten Breite und ihren Überschneidungen in den Blick genommen hat. Dabei hat sich nicht nur ergeben, daß die radikalen Denkmuster deutliche Parallelen aufwiesen, da sie sich durch das Streben nach „Kontingenzaufhebung" anstatt von „Kontingenztoleranz" gegenüber den Zumutungen der Moderne auszeichneten [so Makropoulos in 610d: Gangl/Raulet, Intellektuellendiskurse, 281]. Außer-

dem zeigte sich auch, wie vieldeutig Schlüsselbegriffe dieser Diskurse im ganzen aufgeladen waren, so daß sich eine unübersichtliche „Gemengelage" ergab [610d]. Methodisch erscheint es angeraten, auf eine erweiterte Ideengeschichte zu setzen, die mit Hilfe eines interdisziplinären Zugriffs die unterschiedlichen Bedeutungsebenen der Diskurstexte herausarbeitet [610d; vgl. W. BIALAS/G. IGGERS (Hrsg.), Intellektuelle in der Weimarer Republik, Frankfurt 1996]. Welche neuen Kategorien zur Einordnung der Intellektuellen sich daraus ergeben könnten, ist gegenwärtig freilich noch offen.

Die sich mit der Geschichte der Intellektuellen teilweise überschneidende Wissenschaftsgeschichte ist den konzeptionellen wie den politischen Kontinuitäten zwischen Kaiserreich, Weimarer Republik und „Drittem Reich" nachgegangen und hat ein insgesamt noch skeptischeres Urteil über den Rückhalt gefällt, auf den die neue Demokratie traf. Im Zentrum der Aufmerksamkeit standen zum einen die Geisteswissenschaften, die im Kaiserreich die Hauptkompetenz zur Weltdeutung beansprucht hatten, vor allem die Geschichtswissenschaft, und zum anderen die Sozialwissenschaften, die sich teilweise erst jetzt eigenständig konstituierten und ihrerseits Anspruch auf Deutungsmacht erhoben. Als interpretationsleitend und in ihren Grundzügen nicht überholt hat sich F. RINGERS 1969 erstmals auf Englisch publizierte Studie erwiesen [653: RINGER, Die Gelehrten], die das Verhalten der deutschen Professorenschaft seit dem späten Kaiserreich bestimmt sah von der Angst vor dem Verlust ihrer gesellschaftlichen Führungsrolle und nach 1918 von einer darin wurzelnden und bis zu scharfer Ablehnung reichenden Distanz zur Weimarer Republik. Auch wenn RINGERS Unterscheidung zwischen kompromisslosen „Orthodoxen" und einer Minderheit von vernunftrepublikanischen „Modernisten" heute zu grobschlächtig erscheint [zum Meinungsspektrum bei letzteren, die überwiegend allerdings eine „Führerdemokratie" anvisierten und an ihrem intellektuellen Führungsanspruch festhielten, vgl. 605: DÖRING, Weimarer Kreis], haben doch nachfolgende Arbeiten die mehrheitliche Distanz der Hochschullehrer zur Republik bestätigt. Die von diesen artikulierte Krisenrhetorik fand sich demnach besonders ausgeprägt in den Geisteswissenschaften, denen mit den Volkshochschulen und der historischen Belletristik neue Bedrohungen ihrer Deutungskompetenz erwuchsen, während sich in den Universitäten selbst die Gewichte zugunsten der Naturwissenschaften verschoben. Von einer materiellen Krise der Wissenschaft insgesamt konnte aber angesichts der Gründung zahlreicher neuer Kaiser-Wilhelm-Institute und der Vorläuferorganisationen von DFG und DAAD keineswegs die Rede sein [623a: JOHN, „Not deutscher Wissenschaft"; J. ECKEL, Geist der Zeit. Deutsche Geisteswissenschaften seit 1870, Göttingen 2008, 34f.; 671; 622: JANSEN, Professoren].

Während die Mehrzahl der deutschen Historiker in der Weimarer Republik an Geschichtseinem politikgeschichtlichen, von der Individualitätsidee des Historismus ge- wissenschaft prägten Zugriff festhielt [als frühe materialreiche Gesamtdarstellung 656:

SCHLEIER, Bürgerliche deutsche Geschichtsschreibung], etablierte sich daneben ein Ansatz, der das „Volk" ins Zentrum stellte. Er legte eine Zusammenarbeit mit Fächern wie der Geographie und der Volkskunde nahe und führte deshalb zu keinem Konflikt in der Zunft, da er die politisch weitgehend konsensualen Revisionspläne in Ostmitteleuropa wissenschaftlich zu flankieren versprach [W. OBERKROME, Volksgeschichte. Methodische Innovation und völkische Ideologisierung in der deutschen Geschichtswissenschaft, Göttingen 1993]. Insofern ist das ältere Urteil B. FAULENBACHS [607] zu modifizieren, die Denkfigur vom positiv gewerteten, die revolutionären Irrtümer des Westens vermeidenden deutschen „Sonderweg" in der Geschichte repräsentiere nicht nur die politische, sondern auch die methodische Enge des Fachs in der Weimarer Republik. Schwierig zu bestimmen bleibt allerdings im einzelnen Fall, wie sich die Grundpositionen der Gegnerschaft zur Republik und des Vernunftrepublikanismus ausdifferenzierten, welche Zwischenzonen es gab und welche Rolle methodische Akzente dabei spielten. Noch schwerer fällt eine genaue Bestimmung ihres politischen Standortes bei jüngeren, erst während der Weimarer Republik auf Lehrstühle berufenen Historikern. In seiner grundlegenden Biographie des in Königsberg wirkenden, 1939 dann vom NS-Regime wegen seiner jüdischen Herkunft ins Exil getriebenen Hans Rothfels hat J. ECKEL gezeigt, wie dieser staats- und volksgeschichtliche Ansätze zu einer Synthese verband, die Ordnungsstiftung als primäre politische Aufgabe betonte und Ideen der „Konservativen Revolution" aufnahm. Wie sich die daraus resultierende Präferenz für einen starken Staat als konkrete politische Position manifestierte, war damit jedoch noch nicht vorgegeben, sondern ergab sich, so ECKELS These, unter dem Eindruck der aktuellen politischen Verhältnisse, mit einer Tendenz zur Radikalisierung in der sich zuspitzenden Krise seit 1930 [J. ECKEL, Hans Rothfels. Eine intellektuelle Biographie im 20. Jahrhundert, Göttingen 2005; vgl. auch C. CORNELISSEN, Gerhard Ritter. Geschichtswissenschaft und Politik im 20. Jahrhundert, Düsseldorf 2001].

Staatsrechtslehre und Politikwissenschaft — Auf das intensive Interesse der Forschung sind jene Disziplinen gestoßen, die sich unmittelbar mit der politischen und gesellschaftlichen Ordnung beschäftigten. Die Frage, in welchem Verhältnis methodischer Ansatz und politische Position hier standen, ist mit besonderer Schärfe für die Staatsrechtslehre erörtert worden. Schien es zunächst so, als seien die Fronten in deren Methodenstreit recht eindeutig verlaufen zwischen Rechtspositivisten einerseits, die Befürworter der Republik waren, und Antipositivisten andererseits, die ihr als Gegner gegenüberstanden [590: BAUER, Wertrelativismus; 640: MEINCK, Weimarer Staatslehre], ist mittlerweile herausgearbeitet worden, daß beide Ansätze, vor allem der Positivismus, durchaus unterschiedliche politische Einfärbungen zuließen und auch dezidierte Republikaner wie Hans Kelsen und Hermann Heller gegensätzliche methodische Standpunkte einnehmen konnten [grundlegend 667: STOLLEIS, Geschichte des öffentlichen Rechts; mit weiteren Details 614: GUSY, Demokratisches Denken]. Die wichtige Studie von K. GROH [409b] hat darüber hinaus jüngst gezeigt, daß Kelsen und Heller als Teil einer klar identifizierbaren Gruppe demokratischer Staatsrechtslehrer zu verstehen sind, die, bei allen Unterschieden in Einzelfragen wie dem Stellenwert der Grundrechte, eine Theorie der Demokratie auf parlamentarischer Grundlage formulierten, dabei Rechtsstaatlichkeit erweitert als Verfassungsbindung definierten und auf Meinungsvielfalt beruhende Modelle politischer Partizipation entwarfen. Damit treten auch die Anfänge politikwissenschaftlichen Denkens in der Weimarer Republik deutlicher hervor, die nicht auf neue Institutionen wie die liberal ausgerichtete Deutsche Hochschule für Politik beschränkt waren, sondern sich eben auch in der Staatsrechtslehre fanden [647a: NICKEL, Politik und Politikwissenschaft; 610e: GANGL, Das Politische].

Für die Entwicklung der Soziologie, die in den 1920er Jahren als Fach institutionelle Eigenständigkeit gewann, hat die Forschung die Pluralität ihrer Ansätze hervorgehoben, unter denen die empirischen allerdings hinter geisteswissenschaftlich geprägten zurücktraten. P. NOLTE hat in letzteren, vor allem in der „formalen Soziologie", das Grundproblem einer „mangelnden soziologischen Begleitung der Weimarer Gesellschaft als einer modernen Gesellschaft" ausgemacht [P. NOLTE, Die Ordnung der deutschen Gesellschaft, München 2000, 133; ähnliche Kritik bei F. LENGER, Werner Sombart, 1863–1941, München 1994, 309–321] und Versuchen wie etwa von F. TENBRUCK, H. M. BOCK und V. KRUSE [in ihren Beiträgen in K.W. NÖRR/B. SCHEFOLD/F. TENBRUCK (Hrsg), Geisteswissenschaften zwischen Kaiserreich und Republik, Stuttgart 1994] in ihnen unausgeschöpftes Potential zu entdecken, eine Absage erteilt [zu den Anfängen des bis 1933 allerdings nur begrenzte Wirkungen entfaltenden Frankfurter Institut für Sozialforschung R. WIGGERSHAUS, Die Frankfurter Schule. Geschichte, Theoretische Entwicklung, Politische Bedeutung, München 1997]. Einen Pluralismus der Ansätze als Zeichen einer tiefen Krise hat jüngst R. KÖSTER [627a] der Nationalökonomie in der Weimarer Republik zugeschrieben, die mit dem Ende des Kaiserreichs ihr auf eine optimistische Geschichtsdeutung und staatliche Stabilität gegründetes konzeptionelles Fundament verloren hatte und jetzt nach umfassenden Modellen von Wirtschaft und Gesellschaft mit Relevanz zugleich für konkrete wirtschaftspolitische Maßnahmen suchte. Gerade diese Arbeit weist darauf hin, daß im Zentrum der Forschung mittlerweile weniger die politischen Positionierungen der Wissenschaften in der Weimarer Republik stehen, auf deren Analyse in allgemeinhistorischer Perspektive freilich nicht verzichtet werden kann, sondern die konzeptionellen Suchbewegungen, die mit dem Heraufziehen der industriellen und urbanisierten Gesellschaft schon vor 1914 in Gang gekommen waren und jetzt durch Kriegsniederlage und Revolution einen weiteren Schub erhielten. Damit geht es um die Anschlußfähigkeit der jeweiligen Ansätze für den Nationalsozialismus erst in einem zweiten Schritt und zunächst darum, sie als Ausdruck besonderer

Soziologie und Nationalökonomie

Problemwahrnehmungen und Erfahrungsverarbeitungen zu interpretieren, nicht zuletzt auch generationsspezifischer [dazu anregende Hinweise bei 667: STOLLEIS, Geschichte des öffentlichen Rechts, 153; J. ECKEL, Geist der Zeit. Deutsche Geisteswissenschaften seit 1870, Göttingen 2008, 43f.].

Theologie und Religion   Auch die beiden christlichen Konfessionen sahen sich nach 1918 herausgefordert, ihre Rolle in Staat und Gesellschaft zu reflektieren und partiell neu zu bestimmen. Das galt besonders für den Protestantismus, dessen Landeskirchen nach dem Ende der Verbindung von „Thron und Altar" in der Revolution ihre
Protestantismus gleichsam staatstragende Funktion verloren hatten. Einhellig betont die Forschung die bleibende innere Distanz des Protestantismus zur Weimarer Republik, ungeachtet der pragmatischen Position, die die Kirchenführungen zu ihr einnahmen, nachdem die Weimarer Verfassung den rechtlichen Status der Landeskirchen gesichert hatte [einführend G. BESIER, Kirche, Politik und Gesellschaft im 20. Jahrhundert, München 2000, 121, 59ff.; außerdem 502; 588]. Für die protestantische Theologie ersetzte jetzt, ähnlich wie in der antipositivistischen Staatsrechtslehre, die Bindung der Gläubigen an die vorgegebene nationale Gemeinschaft des „Volks" die vormalige Bindung an den monarchischen Staat [669: TANNER, Fromme Verstaatlichung]. Mehr Aufmerksamkeit als den wenigen liberalen Theologen, die sich unzweideutig zur Republik bekannten, und der neuen Strömung des „religiösen Sozialismus" hat die Forschung gerade in jüngster Zeit dem konservativen Nationalprotestantismus gewidmet. Er gilt jetzt aber nicht mehr vornehmlich als eine den Aufstieg des Nationalsozialismus erleichternde „politische Theologie", wie in der glänzend geschriebenen, argumentativ aber auf den Gegensatz zwischen der politischen und der zum Widerstand gegen den Nationalsozialismus hinführenden dialektischen Theologie verengten Darstellung K. SCHOLDERS vom Ende der 1970er Jahre [564; ausgewogener 537: NOWAK, Evangelische Kirche]. Vielmehr erscheint er jetzt zunächst als der sich zu Beginn der 1930er Jahre freilich radikalisierende, verschiedene theologische Traditionen aufnehmende Versuch, Selbstverständnis und Aufgaben der protestantischen Kirche neu zu bestimmen, wobei sowohl Berührungspunkte mit als auch deutliche Differenzen zu völkischen und anderen Gruppen der republikfeindlichen Rechten herausgearbeitet worden sind [dazu der Beitrag von KAUFMANN in M. GAILUS/H. LEHMANN (Hrsg.), Nationalprotestantische Mentalitäten in Deutschland (1870–1970), Göttingen 2005; C. WEILING, Die „Christlich-deutsche Bewegung", Göttingen 1998; zuletzt R. KURZ, Nationalprotestantistisches Denken in der Weimarer Republik, Gütersloh 2007; grundlegend und mit instruktiven Bemerkungen zur Forschung
Katholizismus jetzt: 612a: GRAF, Der heilige Zeitgeist, bes. 111, 100–109]. Übereinstimmung besteht in der Forschung darüber, daß der Katholizismus der Weimarer Republik im ganzen positiver gegenüberstand und daß er sich bis 1933 zum Nationalsozialismus deutlich abgrenzte, auch wenn sich, wie jüngst gezeigt worden ist, der Aufstieg der NSDAP bis 1923 auch der Förderung durch Kreise des

Münchener Katholizismus verdankte [877a: HASTINGS, Catholicism]. Schon seit langem ist die lebendige Diskussion, die sich im intellektuellen Milieu des Katholizismus über gesamtgesellschaftliche Ordnungsentwürfe entwickelte, auf das Interesse der Forschung gestoßen, die ihnen insgesamt eine gewisse Ferne zur konkreten politisch-gesellschaftlichen Realität bescheinigt hat [grundlegend 591: HÜRTEN, Katholiken, 144–159]. Umstritten bleibt jedoch, wie stark die antipluralistischen und autoritären, die spätere Akzeptanz der nationalsozialistischen Diktatur möglicherweise erleichternden Züge dieser Entwürfe zu gewichten sind [ihre Bedeutung betonen 603: BREUNING, Vision des Reiches; 591: BAUMGARTNER, Sehnsucht nach Gemeinschaft]. Während sich diese Debatte in den 1990er Jahren zu einer regelrechten Kontroverse darüber zugespitzt hatte, wie der intellektuelle Kreis um die Zeitschrift „Abendland" zu bewerten sei, wird mittlerweile das breite Meinungsspektrum betont, das sich auch innerhalb einzelner Zeitschriften der verschiedenen Strömungen des Katholizismus fand [dazu vor allem die Beiträge von MARMETSCHKE und BOCK in 613a: GRUNEWALD/ PUSCHNER, Katholisches Intellektuellenmilieu]. Weitere Erkenntnisse werden hier vornehmlich dadurch zu gewinnen sein, daß die Verbindungen zwischen den intellektuellen Teilen des katholischen Gesamtmilieus und seinem Organisationsnetzwerk genauer herausgearbeitet und auch lokal spezifiziert werden.

Die Geschichte der jüdischen Religion und Kultur und der deutschen Juden überhaupt zwischen 1918 und 1933 kann noch weniger als die allgemeine Geschichte der Weimarer Republik vom Bezug auf die nationalsozialistische Diktatur und ihre Vernichtungspolitik gelöst werden. Bis in die 1990er Jahre dominierte eine Perspektive, die den nach 1918 grundsätzlich fortdauernden Assimilationsprozess in den Vordergrund stellte und die damit zusammenhängenden innerjüdischen, sich vor allem zum Zionismus ergebenden Spannungen sowie die daraus resultierende Schwäche in der Abwehr des wachsenden Antisemitismus betonte [als wichtige einführende Darstellung M. ZIMMERMANN, Die deutschen Juden 1914–1945, München 1997; 643: MOSSE/PAUCKER, Entscheidungsjahr 1932, darin vor allem der Beitrag von WELTSCH, 212]. Seit einiger Zeit aber sind die vielfältigen, nur partiell zionistisch ausgerichteten Versuche, ein jüdisches Eigenbewußtsein zu stärken, ins Zentrum der Forschung gerückt [als Anstoß schon der Aufsatz von REICHMANN in 212]. Zur umfassenden kulturellen Erneuerungsbewegung, die wichtige Impulse aus der Begegnung mit den Ostjuden bezog, religiöse Traditionen wiederentdeckte, neue Bildungsinstitutionen schuf und verschiedene künstlerische Ausdrucksformen fand, hat M. BRENNER eine prägnante Gesamtdarstellung vorgelegt [601]. Derselben Interpretationslinie folgen Studien zur wichtigsten jüdischen Organisation, dem Centralverein deutscher Staatsbürger jüdischen Glaubens (C. V.), und zum jüdischen Wohlfahrtswesen [467a: BARKAI, „Wehr Dich"; 724b: GILLERMAN, Germans into Jews]. Dieses neue jüdische Eigenbewusstsein erhält noch schärfere Konturen, wenn der zeitgenössische Antisemitismus berücksichtigt wird. Im Verhältnis zu

Jüdische Religion und Kultur

Antisemitismus

den Anfängen des organisierten Antisemitismus im Kaiserreich und der Verfolgungs- und Vernichtungspolitik des nationalsozialistischen Regimes wurde der Antisemitismus in der Weimarer Republik lange Zeit weniger intensiv erforscht. Im Zentrum stand und steht die Frage nach den Kontinuitäten, die die Jahre zwischen 1918 und 1933 mit den beiden anderen Epochen verbinden. Während sich die Forschung bis in die 1990er Jahre auf den von politischen Organisationen artikulierten Antisemitismus konzentrierte [524; 602a] und im Abschwächen antisemitischer Parolen in der Wahlpropaganda der NSDAP nach 1930 ein Indiz für dessen begrenzte Bedeutung sah, haben seitdem mehrere Studien, die sich insbesondere der neu erschlossenen Akten des „Centralvereins" (C. V.) im Moskauer „Sonderarchiv" bedienen, dieses Bild modifiziert. Danach zeigt die Vielzahl von kleineren Gewalttakten, vor allem Friedhofsschändungen, von Beleidigungen und „stillen" und offenen Boykottaktionen in den mittleren Weimarer Jahren und ihre deutliche Steigerung in den letzten Jahren der Republik, wie verbreitet antisemitische Denkmuster in der Bevölkerung waren, die nicht erst der Krise und nicht der Anleitung „von oben" bedurften, um Ausdruck in konkretem Handeln zu finden [672; 615d; 588a]. Für die Großstadt Köln ist wiederum gezeigt worden, daß die dortigen Juden (mit Ausnahme der Ostjuden), auch dank aktiver Unterstützung durch die städtischen Eliten, bis zur zweiten Hälfte der 1920er Jahre weitgehend in die städtische Gesellschaft integriert waren, zugleich jedoch, etwa im Wirtschaftsleben, situativ ausgegrenzt werden konnten. Entscheidend war dann, daß die städtischen Eliten der wachsenden Ausgrenzungstendenz in den letzten Jahren der Weimarer Republik keinen offenen Widerstand mehr entgegensetzten [804a: WENGE, Integration; vgl. T v. RAHDEN, Juden und andere Breslauer. Die Beziehungen zwischen Juden, Protestanten und Katholiken in einer deutschen Großstadt von 1860 bis 1925, Göttingen 2000]. Weitere Lokal- und Regionalstudien werden das Verhältnis von Integration, Eliteverhalten und Ausgrenzungstendenzen klären und herausarbeiten müssen, wie sich jüdisches Eigenbewußtsein demgegenüber neu akzentuierte.

Politische Kultur   Mit dem Hinweis auf Macht- und Deutungskämpfe im lokalen Raum und darüber hinaus ist das Forschungsfeld der „politischen Kultur" angesprochen, das seit den 1980er Jahren einige und in jüngerer Zeit weiter gesteigerte Aufmerksamkeit gefunden hat. Richtete sich das Interesse zunächst vorrangig auf die jeweilige Deutungskultur der verschiedenen politischen Milieus (s. oben S. 188), die vornehmlich anhand der meinungsbildenden Presse untersucht wurde [634; 635; 589; 593; 598; 663; zur Politisierung und Emotionalisierung der gesamten Presse, die politische Gegensätze weiter vertiefte, jetzt 610b: FULDA, Press and Politics; allgemein zur Presse: 628], sind inzwischen weitere thematische wie theoretisch-methodische Perspektiven hinzugekommen. Insgesamt ist der Interpretationsrahmen einer weitgehend fragmentierten und deshalb als Belastungsfaktor wirkenden politischen Kultur teils gefestigt, teils aber auch modi-

fiziert worden. Als besonders intensiv bearbeitetes Feld hat sich in jüngerer Zeit
die Erinnerungskultur des Ersten Weltkriegs erwiesen. Die Forschung beschränkt Kriegserinnerung
sich hier nicht mehr auf die öffentliche Debatte über die Ursachen der Niederlage
und die von republikfeindlichen Kreisen emsig propagierte „Dolchstoß"-Legende
[191; 651a; materialreich: B. BARTH, Dolchstoßlegenden und politische Desintegration. Das Trauma der deutschen Niederlage im Ersten Weltkrieg 1914–1933,
Düsseldorf 2003]. Im Einklang mit R. BESSELS Diktum, die deutsche Gesellschaft
habe sich nach 1918 vom Krieg nicht wirklich lösen können und sei insofern eine
„postwar society" geblieben [177: BESSEL, Germany, 283], hat sich die Perspektive
seit den 1990er Jahren deutlich ausgeweitet. Sie versteht Kriegserinnerung als
geleitet zum einen vom Bedürfnis nach individueller Trauer und der Verarbeitung verstörender Erfahrungen und zum anderen vom Bemühen, dem mas-
senhaften Sterben Sinn zu verleihen, nicht zuletzt in öffentlich prominenter Weise.
Besonderes Interesse hat die Denkmalskultur gefunden, in der beide Intentionen
zusammenflossen. Das Scheitern der scharfe Konflikte auslösenden Pläne für ein
nationales Ehrenmal für die Gefallenen einerseits und die Entstehung einer
Vielzahl solcher Ehrenmale mit engem lokalen und Gruppenbezug andererseits
sind als Belege für die tiefe Fragmentierung der Weimarer Gesellschaft gedeutet
worden [B. ZIEMANN, Die deutsche Nation und ihr zentraler Erinnerungsort. Das
‚Nationaldenkmal für die Gefallenen des Weltkrieges' und die Idee des Unbe-
kannten Soldaten 1914–1935, in: H. BERDING/K. HELLER/W. SPEITKAMP (Hrsg.),
Krieg und Erinnerung, Göttingen 2000, 67–91; 654b: SAEHRENDT, Stellungskrieg;
E. JULIEN, Paris, Berlin. La mémoire de la guerre (1914–1933), Rennes 2009; zur
Distanz der Republikaner zu dem vom Volksbund Deutsche Kriegsgräberfürsorge
veranstalteten neuen Volkstrauertag jetzt: 623c: KAISER, Von Helden]. Betont
worden ist aber auch, daß die traditionelle christliche Symbolik zahlreicher
Denkmäler an erster Stelle darauf abzielte, Trauer zuzulassen und Trost zu
spenden, nicht aber eine spezifische politische Botschaft zu vermitteln, und daß
auch die sakrale Überhöhung des Opfers der Gefallenen in solchen und in
säkularen Denkmälern unterschiedliche Interpretationsmöglichkeiten eröffnete
[BEHRENBECK in 185; BRANDT in 605a]. B. ZIEMANN hat darauf hingewiesen, daß
selbst die Verbandskultur der politischen Kampfbünde, soweit sie sich als Vete-
ranenorganisationen definierten, auch als Raum für die Bewältigung persönlicher
Kriegserfahrungen zu verstehen ist [Republikanische Kriegserinnerung in einer
polarisierten Öffentlichkeit. Das Reichsbanner Schwarz-Rot-Gold als Vete-
ranenverband der sozialistischen Arbeiterschaft, in HZ 267 (1998), 357–398, und
sein Beitrag in 605a; zum tendenziell ausgrenzenden Umgang der Gesellschaft mit
den Kriegsversehrten: 624a: KIENITZ, Beschädigte Helden]. In welcher Hinsicht „Brutalisierung"
kann man von einer „Brutalisierung" der deutschen Gesellschaft im Gefolge des durch den Krieg?
Krieges sprechen? Diese Frage erfordert nicht nur eine genauere Analyse der
öffentlichen Deutungskämpfe um die Sinnstiftung des Krieges nach 1918, sondern auch ihrer Bezüge zu den Formen und Orten privater Trauer [abwägend zur

These von einer „Brutalisierung" durch die Kriegserfahrung KRUMEICH in 605a; gestützt wird sie wiederum neuerdings von 108a: BEAUPRÉ, Trauma; zum Kriegsroman: 612; 644; 652; jetzt grundlegend 658a: SCHÖNING, Versprengte Gemeinschaft, der insbesondere die in diesen Romanen erkennbare Spannung zwischen der Beschwörung soldatischer Gemeinschaft und der Schilderung von Vereinzelungserfahrungen thematisiert; zur Trauma-Bewältigung im Film 623b: KAES, Shell Shock Cinema].

"Militarisierung" und politische Gewalt

Die Kampfbünde der gegnerischen politischen Lager gelten seit langem als Kernelement einer „Militarisierung" der politischen Kultur der Weimarer Republik [825; H. MOMMSEN, Militär und zivile Militarisierung in Deutschland 1914 bis 1938, in: U. FREVERT (Hrsg.), Militär und Gesellschaft im 19. und 20. Jahrhundert, Stuttgart 1997, 265–276]. Mehrere Studien sind in jüngerer Zeit über eine organisationsgeschichtliche Perspektive hinausgegangen und haben sich der Gewaltpraxis dieser Verbände zugewandt. Sie heben hervor, daß sie von einer wechselseitigen Radikalisierung der extremen Rechten und Linken vorangetrieben wurde und dem Leitbild einer harten, soldatischen Männlichkeit folgte [904a; 454a; 587]. Deutlich geworden ist auch, daß die Kampfbünde einen wesentlichen Beitrag zur expandierenden Festkultur der politischen Milieus und Lager lieferten und sie damit partiell militarisierten [870; 692a; BÖSCH in 615a; zur Theatralität dieser Festkultur als wesentlichem Aspekt ihrer „Performativität": 672a]. Während die damit verbundene Repolarisierung der Geschlechterrollen insbesondere auf kommunistischer Seite in einem gewissen Spannungsverhältnis zur propagierten Emanzipation der Frau stand [581], zielte bei den Parteien und Organisationen der politischen Rechten das lange von der Forschung übersehene öffentliche Engagement von Frauen gerade darauf, die Komplementarität der Geschlechter mit Bezug auf ihre jeweiligen Funktionen im nachmonarchischen Ordnungsrahmen der „Volksgemeinschaft" nachdrücklich zu befestigen [grundlegend jetzt 495a: HEINSOHN, Konservative Parteien].

Frauen der Rechten

Republikanische Repräsentation und Kulturpolitik

Verleihen diese Befunde der Fragmentierung der politischen Kultur schärfere Konturen, relativieren sie damit nicht die Bedeutung der republikanischen Kräfte. Studien aus jüngster Zeit haben nicht nur dargelegt, daß sich die Feiern zum Verfassungstag in der Hauptstadt Berlin am Ende der 1920er Jahre zu eindrucksvollen Massenkundgebungen entwickelt hatten, in denen das Reichsbanner eine tragende Rolle spielte und neueste Inszenierungs- und Visualisierungstechniken zum Einsatz kamen [N. ROSSOL, Performing the Nation in Interwar Germany. Sports, Spectacle and Political Symbolism, 1926–1936, Basingstoke 2010]. Sie haben auch herausgearbeitet, daß die republikanischen Landes- und Stadtregierungen, zuallererst in Preußen, bis zur Verengung der finanziellen Spielräume in der Weltwirtschaftskrise mit Nachdruck eine Kunst- und Kulturpolitik betrieben, welche die Avantgarde förderte und breiteren Schichten der Bevölkerung den Zugang zur Hochkultur ermöglichen wollte [628a; 620a; zu den umfangreichen, aber aus einer Reihe von Gründen nur sehr partiell umgesetzten Plänen für eine „Staatsarchitektur": 673b: WELZBACHER]. Zudem ist die aktive Rolle des „Reichskunstwarts" Redslob dabei hervorgehoben worden [673c].

Ähnlich uneindeutig fallen jüngere Befunde zur politischen Kommunikation aus. So hat R. GRAF gezeigt, daß die auf allen Seiten des politischen und intellektuellen Spektrums zu findende Beschwörung der „Krise" nicht als Ausdruck der Angst vor verengten Handlungsoptionen zu verstehen ist, sondern im Gegenteil als Artikulation der Hoffnung auf weitreichende Chancen der Zukunftsgestaltung, die sich auf republikanischer Seite im Lauf der 1920er Jahre freilich abschwächte [123a: GRAF, Krise; vgl. 121a]. Obwohl noch genauer zu klären bleibt, in welchem Ausmaß sich doch auch genuine Ängste im politischen Diskurs manifestierten, erscheint damit die Entwicklung der Weimarer Republik etwas offener, zumindest bis zur Weltwirtschaftskrise. In dieselbe Richtung gehen Teilbefunde der Studie T. MERGELS zum Reichstag in der Weimarer Republik, die diesen aus einer dezidiert kulturgeschichtlichen Perspektive nicht als Produzenten politischer Entscheidungen, sondern als „Ort der Interaktion und Sozialisation" [433a: MERGEL, Parlamentarische Kultur, 13] untersucht. MERGEL konstatiert einerseits, daß ein noch aus dem Kaiserreich stammendes, vom Primat der „Sachlichkeit" geleitetes Verständnis von Politik vor allem über die Ausschußberatungen lagerübergreifende Regeln angemessenen Umgangs der Abgeordneten miteinander etablierte und daß sich die DNVP in diesem Rahmen zu einer die Republik grundsätzlich akzeptierenden konservativen Partei zu wandeln begann [zum letzten Punkt auch 528b: MERGEL, Scheitern; zu den verschiedenen Zeitschichten der politischen Sprache: 656a: SCHLOSSER (Hrsg.), Das Deutsche Reich]. Andererseits hemmte die Überlast der in der Öffentlichkeit artikulierten, zum Teil einander widersprechenden Erwartungen an den Reichstag – so sollte er etwa ein möglichst genaues Abbild des Volks sein und zugleich „Führer" hervorbringen – seine Wirkung in die Gesellschaft hinein, was mit dazu beitrug, daß ihn der Aufstieg der extremen Parteien im Gefolge der Weltwirtschaftskrise und unter dem Präsidialregime funktionsunfähig machte.

Auch wenn sich das Bild der fragmentierten politischen Kultur der Weimarer Republik damit nicht grundsätzlich verändert hat, erscheint ihre Entwicklung bis zum Ende der 1920er Jahre doch in einem etwas helleren, die Einflußchancen der republikanischen Kräfte stärker hervorhebenden Licht. Weitere Erkenntnisse zur politischen Kultur wie zum Zusammenhang von Politik und Kultur überhaupt in der Weimarer Republik werden nur aus einer breit ansetzenden Perspektive zu gewinnen sein, die fundamentale menschliche Ordnungskategorien und Alltagspraktiken in den Blick nimmt und so nach dem Umgang insbesondere mit Zeit und Raum, Körper und Geschlecht, Wissen und Emotionen fragt und nach dessen jeweiliger politischer Relevanz [wichtige Anstöße dazu geben die von W. HARDTWIG herausgegebenen Sammelbände 615a und 615b; zum osteuropäischen Raum als Projektionsfläche für deutsche Ängste und Sehnsüchte

G. Thum (Hrsg.), Traumland Osten. Deutsche Bilder vom östlichen Europa im 20. Jahrhundert, Göttingen 2006]. Es wird dann darauf ankommen, die jeweiligen Formen von Deutung und Verhalten zunächst als Antworten auf die Herausforderungen der „klassischen Moderne" zu interpretieren. Ohne den klaren Bezug zur Politik mangelt es einer Geschichte der Kultur der Weimarer Republik an Aussagekraft, doch die neuere Forschung läßt diesen Bezug mittlerweile weitaus komplexer und weniger eindeutig erscheinen als noch in den 1970er Jahren.

6. Vom Friedensschluss zum Young-Plan: Aspekte der internationalen Beziehungen und der deutschen Aussenpolitik 1919–1930

Das Mächtesystem der Zwischenkriegszeit erhielt seine maßgebliche Prägung durch Verlauf, Ergebnisse und Folgewirkungen der Pariser Friedenskonferenz. Die zwischenstaatlichen Beziehungen nach 1919 wurden beherrscht durch die Auseinandersetzung um Festigung, Modifizierung oder Zerstörung des in Paris etablierten status quo.

Das Urteil über „Versailles" im Wandel der Zeit bei den Deutschen

Bei der Bewertung wohl keines anderen Friedenskongresses und keines anderen Friedensvertrages haben sich im Laufe einiger Jahrzehnte die Akzente so stark verschoben wie bei der Beurteilung der Pariser Friedenskonferenz und des Versailler Vertrags – nicht zuletzt auch in Deutschland selbst. Im Deutschland der Zwischenkriegszeit bildete der Friedensvertrag, das „Diktat" von Versailles, *das* große Trauma. Sowohl die Modalitäten des Zustandekommens wie die konkreten Bestimmungen des Vertragswerks waren Gegenstand einer leidenschaftlichen, oft mit äußerster Maßlosigkeit artikulierten Kritik. In keiner politischen Frage waren sich die zerstrittenen Parteien und Gruppen so einig wie in der Verurteilung des Friedensvertrags, wobei vor allem der sog. „Kriegsschuld"-Artikel die Gemüter erregte und nahezu einmütig abgelehnt wurde. Auch die politische Linke und Mitte war stark auf den „Versailles-Komplex" fixiert und sah im Friedensvertrag mit seinen Auswirkungen eine Hauptursache für die Misere der deutschen Republik. Die politische Rechte hingegen suchte mit ihrer zügellosen Agitation gegen den „Diktatfrieden" und die „Erfüllungspolitik" ganz gezielt die demokratische Republik zu erschüttern und deren Existenz zu untergraben. Im nationalsozialistischen Propagandafeldzug gegen die Weimarer Republik spielte – neben „Dolchstoß" und „Novemberverbrechen" – der „Schmachfrieden" eine Hauptrolle.

Es bedurfte der umstürzenden Erfahrungen des Zweiten Weltkrieges und der Katastrophe von 1945, um in Deutschland den Weg zu einer weniger emotionsgeladenen Bewertung des Friedensschlusses von 1919 freizumachen. Vor dem Hintergrund der Situation von 1945 nahm sich der Versailler Vertrag nunmehr relativ „gemäßigt" aus, ließ er doch das Deutsche Reich als nationalen Einheitsstaat – und auf längere Sicht auch als europäische Großmacht – weiterbestehen. Die Preisgabe der geistigen Positionen der zwanziger Jahre, die Revision der früheren drastischen Beurteilung des Versailler Vertrags vollzog sich jedoch mehr oder weniger stillschweigend, in eher beiläufig geäußerten Urteilen (vgl. etwa GERHARD RITTERS Diktum aus dem Jahr 1951, o. S. 37), ohne daß spektakuläre Kontroversen oder großangelegte Forschungsarbeiten dieses Thema stärker in den Mittelpunkt rückten. Der Friede von Versailles war für die Deutschen offensichtlich „uninteressant" geworden. Zu der nach 1945 sehr intensiven internationalen Forschung über die Pariser Friedenskonferenz leisteten deutsche Forscher zunächst nur wenige Beiträge [277: VIEFHAUS, Die Minderheitenfrage und die Entstehung der Minderheitenschutzverträge auf der Pariser Friedenskonferenz 1919; 240: DICKMANN, Die Kriegsschuldfrage auf der Friedenskonferenz von Paris 1919]. In den siebziger Jahren haben dann einige westdeutsche Historiker auf breiter Quellenbasis erarbeitete Monographien vorgelegt, in denen vor allem die deutsche und amerikanische Friedensstrategie eingehend und mit wichtigen neuen Ergebnissen analysiert wird [268: SCHWABE, Deutsche Revolution und Wilson-Frieden; 251: KRÜGER, Deutschland und die Reparationen 1918/19; 247: HAUPTS, Deutsche Friedenspolitik 1918–1919]. Bei Divergenzen in der Bewertung einzelner Sachverhalte und im Gesamturteil stimmen die Autoren doch darin überein, daß die Friedensstrategie der deutschen Regierung vorrangig darauf abzielte, das deutsche Wirtschaftspotential möglichst ungeschmälert zu erhalten, um es als Machtfaktor zur Wiedergewinnung der deutschen Großmachtstellung einsetzen zu können (vgl. o. S. 33).

Heftige Kritik am Werk der Friedenskonferenz übten in der Zwischenkriegszeit indessen nicht nur die Besiegten von 1918, sondern auch in den Siegerstaaten wurden die „Friedensmacher" scharf attackiert, wenn auch in unterschiedlicher Akzentuierung und mit unterschiedlicher Stoßrichtung. Während man in Frankreich den Versailler Vertrag damals weithin als zu mild betrachtete, weil er dem französischen Sicherheitsbedürfnis gegenüber dem östlichen Nachbar nur ungenügend Rechnung trage, stellte bereits um die Jahreswende 1919/20 der englische Nationalökonom J. M. KEYNES, der als Mitglied der britischen Delegation an der Friedenskonferenz teilgenommen hatte, mit seinem Buch „The Economic Consequences of the Peace" [London 1919, dt. Übersetz. 1920] allen Kritikern des Versailler Vertrags ein Arsenal wirkungsvoller Argumente zur Verfügung. Wenn LLOYD GEORGE in seinem Erinnerungswerk diesen Kritikern entgegenhielt, sie berücksichtigten nicht gebührend die einzigartigen Umstände und Vorbedingungen eines Friedensschlusses nach einem weltumspannenden Krieg [The Truth about the Peace Treaties, 2 Bde., London 1938], so fand er mit dieser Auffassung damals wenig Anklang. Das „schlechte Gewissen" der Siegermächte hat dann nicht wenig dazu beigetragen, in diesen Ländern die psychologischen Voraussetzungen für jene Appeasement-Politik zu schaffen, die nach der Errichtung der nationalsozialistischen Diktatur in Deutschland praktisch der expansionistischen Politik Hitlers in die Hände arbeitete.

in den Siegerstaaten

Seit dem Ende des Zweiten Weltkriegs steht die Beschäftigung mit Versailles jedoch auch außerhalb Deutschlands nicht mehr im Zeichen von Angriff und Verteidigung, sondern im Zeichen einer Relativierung der Kritik und einer Zunahme des Verständnisses für die beispiellose Aufgabe, welche die in Paris versammelten Staatsmänner zu bewältigen hatten. Das ist nicht allein auf die wachsende zeitliche Distanz und die Abkühlung der Leidenschaften zurückzuführen, sondern auch auf die Erschließung eines umfassenden Quellenmaterials [als Quellenpublikationen siehe u. a.: 8: Paris Peace Conference; 38: MANTOUX, Les Délibérations du Conseil des quatre]. Auf dieser erweiterten Quellengrundlage hat die neuere Forschung zum Problemkreis Friedenskonferenz und Friedensverträge eine Fülle wichtiger Ergebnisse zutage gefördert, so daß viele Zusammenhänge in eine neue Beleuchtung rücken und insgesamt deutlich wird, wie beschränkt die Handlungsfreiheit der „Friedensmacher" war, mit welcher Vielzahl schwieriger Probleme sie sich konfrontiert sahen, als sie versuchten, einen globalen Krieg in eine universale Friedensordnung zu überführen [s. dazu als Forschungsberichte 235: BAUMGART, Vom europäischen Konzert zum Völkerbund, 56ff., K. SCHWABE, Versailles – nach sechzig Jahren, in: NPL 24 (1979), 446–475; 270: SHARP, The Versailles Settlement; über den Stand der Forschung orientieren die gehaltvollen Beiträge im Sammelband 236: BOEMEKE/FELDMAN/GLASER (Hrsg.), The Treaty of Versailles; dort auch eine umfangreiche Bibliographie, die die bis 1969 reichende Spezialbibliographie 166: GUNZENHÄUSER, Die Pariser Friedenskonferenz 1919 und die Friedensverträge 1919–1920, fortschreibt; einige Aspekte auch beleuchtet im Sammelband 253: KRUMEICH (Hrsg.), Versailles 1919].

Vier Befunde verdienen mit besonderem Nachdruck herausgestellt zu werden.

1. Die endgültigen Friedensbedingungen entsprangen weniger den Intentionen und Wünschen der beteiligten Staatsmänner, als vielmehr den „irreparablen Umständen, die der Krieg geschaffen hatte" [267: SCHULZ, Revolutionen und Friedensschlüsse 1917–1920, 165 f.]. Beim Zusammenprall der ideologischen Postulate Wilsons mit massiven Forderungen der Machtpolitik traditioneller Art waren bestenfalls Kompromisse zu erreichen, und diese wurden nach dem Urteil der neueren Forschung tatsächlich auch erreicht. Als Quintessenz zahlreicher Studien läßt sich eine recht weitgehende historische Rehabilitierung der „Friedensmacher" von 1919 konstatieren. Das gilt insbesondere auch für die Beurteilung Wilsons, dessen Bild nach 1919 dunkel überschattet wurde durch den unübersehbaren Widerspruch zwischen dem ideellen Gehalt seines „Programms" und einigen konkreten Friedensbestimmungen. Schon P. BIRDSALL hatte in seinem 1941 veröffentlichten Buch über die Pariser Friedenskonferenz [Versailles Twenty Years After, New York 1941] eindringlich betont, Wilson habe mit äußerstem Einsatz für die Realisierung der Kernpunkte seines Friedensprogramms gekämpft und trotz übergroßer Schwierigkeiten sei er keineswegs erfolglos gewesen beim Versuch, die abstrakten Prinzipien in kon-

krete Vertragsinhalte umzusetzen. Diese Linie der Deutung von Wilsons politischer Haltung und Leistung auf der Friedenskonferenz hat sich inzwischen weitgehend durchgesetzt. So gelangt beispielsweise K. SCHWABE in seiner minutiösen Untersuchung der amerikanischen Friedensstrategie zu der Feststellung, Wilson habe in Paris zu einer „Politik praktischer Verantwortung" gefunden und sich immer weniger als der „radikale Ideologe, als den er sich selbst in seinen Kriegsreden dargestellt hatte, sondern als pragmatischer Idealist" erwiesen [268: Deutsche Revolution und Wilson-Frieden, 653, 659]. Gewiß mußte Wilson Teile seines Friedensprogramms aufgeben oder modifizieren, aber deshalb darf der Einfluß der von Wilson vertretenen Ideen auf die später abgeschlossenen Friedensverträge nicht unterschätzt werden [267: SCHULZ, Revolutionen und Friedensschlüsse 1917–1920, 178]; auf jeden Fall bildeten sie ein wichtiges Gegengewicht zu den weitreichenden Forderungen einzelner Siegerstaaten und zwangen so zu Kompromissen, zu denen es sonst schwerlich gekommen wäre.

2. Entschiedener als früher wird heute anerkannt, daß in Paris tatsächlich ein „Weltkrieg" zu liquidieren war: Deutschland bildete gewiß das zentrale Thema der Verhandlungen, aber bei weitem nicht das einzige – der Themenkatalog erstreckte sich von den Fragen des europäischen Südostens und des Mittelmeerraumes bis hin zu den Problemen des Fernen Ostens. Daher wurde die Behandlung der Deutschlandfrage überlagert von den verschiedensten weltpolitischen Interessenkonstellationen und Frontstellungen – aber auch beeinflußt durch horizontale, quer durch die Nationen verlaufende Trennungslinien. Den letzteren Aspekt hat A. J. MAYER in seinem Werk über die Friedenskonferenz [257: Politics and Diplomacy of Peacemaking] ins Blickfeld gerückt und von diesem Ansatzpunkt aus bislang übersehene oder vernachlässigte Zusammenhänge scharf akzentuiert und manche neue Einsichten gewonnen. Für MAYER stellt die Polarisierung zwischen linken und rechten Kräften in den Völkern das entscheidende Element der Nachkriegssituation dar, deshalb müsse die Verflechtung von innenpolitischer Konstellation und Verhalten zum Friedenswerk im Zentrum der Analyse stehen; das Agieren der europäischen und amerikanischen Politiker könne nur dann richtig verstanden werden, wenn man es als Antwort und Reaktion auf die Vorgänge in Rußland begreife und in Rechnung stelle, daß die „Eindämmung" des bolschewistischen Rußlands für die Staatsmänner der Siegermächte oberste Priorität besaß. Aufgrund dieser Prämisse einer unbedingten Priorität der russischen Frage neigt MAYER dazu, die Deutschlandpolitik der Siegermächte nur noch als eine Funktion der alliierten Rußlandpolitik zu bewerten. Wurde früher das Deutschlandproblem häufig allzu einseitig als wichtigster oder gar einziger Bezugspunkt der Friedensberatungen betrachtet, so schlägt bei MAYER das Pendel extrem weit in die Gegenrichtung aus – sicherlich zu weit, denn in seiner Interpretation wird zweifellos das Eigengewicht der deutschen Frage auf der Friedenskonferenz zu stark relativiert, die Bedeutung

Vielzahl zu lösender Probleme

Bedeutung des Faktors Sowjet-Rußland

der russischen Frage für den Entscheidungsprozeß der Friedensmacher hingegen überschätzt, auch wenn MAYER darin zuzustimmen ist, daß die Strategie der „Eindämmung" des bolschewistischen Rußland einen wichtigen Faktor im gesamtpolitischen Spektrum dieser Monate darstellte [gegen die Überschätzung der russischen Frage auf der Friedenskonferenz u. a. 274: THOMPSON, Russia, Bolshevism, and the Versailles Peace; 255: LUNDGREEN-NIELSEN, The Polish Problem at the Paris Peace Conference; 235: BAUMGART, Vom europäischen Konzert zum Völkerbund, 106 ff.].

Kompromiß-
charakter des
Versailler Vertrags

3. Deutlicher als im Deutschland der Weimarer Zeit erkennt man heute (und erkennt man heute an), daß der Friedensvertrag mit Deutschland einen Kompromißcharakter besaß – er war kein „Wilson-Frieden", aber er war auch kein „karthagischer Frieden" (vgl. o. S. 36). Trotz der schweren Lasten, die der Vertrag Deutschland auferlegte, kamen die Deutschen insgesamt doch „glimpflicher" davon, als es in einigen Phasen der Friedensberatungen den Anschein hatte; die aus einem extremen Sicherheitsbedürfnis resultierenden weitreichenden Forderungen Frankreichs fanden infolge des hartnäckigen Widerstands von Wilson und Lloyd George im Vertragswerk nur zum Teil Berücksichtigung. Nach inzwischen überwiegend akzeptierter Auffassung besaß das Deutsche Reich trotz des Versailler Vertrags auf längere Sicht die Chance, wieder eine einflußreiche Stellung im Kreis der Mächte zurückzugewinnen, ja, es bestanden nach 1919 günstigere Möglichkeiten der außenpolitischen Option als zuvor im Wilhelminischen Reich und in der Bismarck-Ära [320: HILLGRUBER, Großmachtpolitik und Militarismus, 24].

Versailler Vertrag als
Belastungsfaktor für
die Republik

4. Auch hinsichtlich der Frage, wie der Versailler Vertrag generell als Belastungsfaktor für die Republik zu bewerten ist und in welchem Maße der „Versailles-Komplex" zum Aufstieg des Nationalsozialismus und zum Untergang der Republik beigetragen hat, gelangt die neuere Forschung zu einem anderen Urteil als das Gros der Zeitgenossen. Symptomatisch für die zeitgenössische Einschätzung des Faktors „Versailles" ist eine Bemerkung OTTO BRAUNS, des langjährigen preußischen Ministerpräsidenten; in seinen Memoiren beantwortete er die Frage, wie es in Deutschland zur Hitler-Diktatur kommen konnte, mit dem ebenso lapidaren wie eingängigen Diktum: „Versailles und Moskau" [64: Von Weimar zu Hitler, 5] – exogenen Faktoren, und in erster Linie dem Versailler Vertrag war damit die Hauptschuld am Scheitern der demokratischen Republik zugewiesen. Eine ähnliche Auffassung findet sich bei L. ZIMMERMANN, der seine Darstellung der deutschen Außenpolitik in der Ära der Weimarer Republik [384] mit dem Satz schließt: „Die rechtzeitige Revision der Friedensverträge würde wahrscheinlich die Weimarer Republik und den Frieden gerettet haben" [ebd., 474]. Zum Zeitpunkt der Veröffentlichung dieser Darstellung (1958) war eine solche Akzentuierung der Zusammenhänge bereits etwas anachronistisch (aber charakteristisch insofern, als dieses Buch ganz aus dem Geist der Zwischenkriegszeit heraus geschrieben

ist). Denn bei der Erforschung der Endphase von Weimar wurde ein so verzweigtes Ursachengeflecht des Niedergangs der Republik aufgedeckt, daß es nicht mehr möglich ist, das Scheitern der Weimarer Demokratie primär auf den Faktor „Versailles" – in seiner doppelten Gestalt als reale Belastung für die Republik und als „psychologische, propagandafähige Potenz" [109: BRACHER, Die Auflösung der Weimarer Republik, 17] – zurückzuführen. Zwar wird der Anteil des Versailler Vertrags und seiner Folgen am Aufkommen der Hitler-Diktatur nie ganz exakt zu bestimmen sein, er wird heute aber allgemein nicht mehr als schlechthin entscheidend angesehen [235: BAUMGART, Vom europäischen Konzert zum Völkerbund, 134; in diesem Sinne auch A. HILLGRUBER, Unter dem Schatten von Versailles, in: 117: ERDMANN/SCHULZE, Weimar, 51–67, hier: 66].

Gerade weil der Versailler Vertrag kein „karthagischer Frieden" war, weil das Deutsche Reich zwar fürs erste seine Großmachtstellung eingebüßt hatte, diese aber wenigstens potentiell erhalten blieb, ging von diesem Friedensvertrag „kein Zwang für die Deutschen und ihre sozialen und politischen Führungsschichten aus, sich mit der entstandenen Situation ein für alle Mal abzufinden" [ebd., 57] – in dieser Hinsicht unterschied sich die deutsche Situation nach 1918 grundlegend von derjenigen nach 1945.

Revision des Versailler Vertrags – das war in der Weimarer Zeit das Hauptziel deutscher Außenpolitik. In dieser Zielsetzung waren sich alle relevanten politischen und gesellschaftlichen Kräfte einig, und diese Zielsetzung wurde von der gesamten Bevölkerung unterstützt [s. dazu u. a. M. SALEWSKI, Das Weimarer Revisionssyndrom, in: Aus Politik und Zeitgeschichte B 2/80 v. 12. 1. 1980, 14–25]. Hingegen bestanden tiefgreifende, zu erbittertem Konflikt eskalierende Meinungsverschiedenheiten über Tempo, Prioritäten und Methoden der deutschen Revisionspolitik.

Hauptziel deutscher Außenpolitik ab 1919: Revision des Versailler Vertrages

Wenn die Gebietsabtretungen vor allem im Osten auch als besonders schmerzlich empfunden wurden und der Gebietsverlust nicht als ein endgültiger akzeptiert wurde, so konnte die Rückgewinnung der abgetretenen Gebiete unter den gegebenen Umständen doch nicht das vorrangige Ziel deutscher Revisionspolitik sein. Im Mittelpunkt der zwischenstaatlichen Auseinandersetzungen um die Ausführung des Versailler Vertrags stand in den ersten Nachkriegsjahren vielmehr die Reparationsfrage. Die wirtschaftlichen und politischen Reorganisierungsversuche in Europa nach 1919 hingen aufs engste zusammen mit der Regelung der Reparationen, von hier gingen darüber hinaus – schon wegen der unumgänglichen Beteiligung der USA als stärkster Wirtschaftsmacht der Welt – entscheidende Impulse auf die Entwicklung des internationalen Systems der Nachkriegszeit aus. Seit vielen Jahren konzentriert sich die Forschung deshalb gerade auf diesen Problemkreis.

Vorrang der Reparationsfrage

Zum Reparationsproblem existiert inzwischen eine kaum mehr überschaubare Zahl von Publikationen; wohl jeder überhaupt nur denkbare Standpunkt in dieser

Frage findet sich vertreten. Angesichts weitgehender und tiefreichender Meinungsdivergenzen zwischen den an der wissenschaftlichen Diskussion beteiligten Wirtschaftshistorikern, Finanzwissenschaftlern und Historikern hat es derjenige, der mit finanztheoretischen und währungstechnischen Problemen weniger vertraut ist, besonders schwer, sich im Dickicht der Argumentationen zurechtzufinden und zu einem fundierten eigenen Urteil zu gelangen. Da sich die Experten nicht einmal darüber einig sind, wieviel Reparationen Deutschland tatsächlich gezahlt hat, kann es nicht überraschen, wenn höchst konträre Auffassungen bestehen, wieviel Deutschland hätte zahlen können, wenn eine extreme Leistungswilligkeit vorhanden gewesen wäre. In der Debatte, welche Leistungen Deutschland hätte aufbringen können – und unter welchen außenwirtschaftlichen Bedingungen, unter welchen konkreten Modalitäten der Aufbringung und Transferierung –, muß mit theoretischen Modellen und zahlreichen Hypothesen operiert werden; dabei ergeben sich verständlicherweise recht unterschiedliche Resultate und Bewertungen.

Angesichts dieser Sachlage ist von großem Nutzen ein von P. KRÜGER vorgelegter Forschungsbericht, in dem u. a. die Zahlen und Zahlenvergleiche bei den Reparationen, die Transfertheorie, die Auswirkungen der Reparationen auf Außenwirtschaft und Staatensystem einer sachkundigen Analyse unterzogen werden [Das Reparationsproblem der Weimarer Republik in fragwürdiger Sicht, in: VfZ 29 (1981), 21–47]. In diesem Forschungsbericht setzt sich KRÜGER zugleich kritisch mit neueren Forschungen zur französischen und deutschen Reparationspolitik der Jahre 1919–1924 auseinander.

Forschungsschwerpunkt Reparationspolitik und deutschfranzösisches Verhältnis 1919–1924

Diese Forschungen – es handelt sich vor allem um die Werke von J. BARIÉTY [281], W. McDOUGALL [340], S. A. SCHUKER [369] und M. TRACHTENBERG [376] – beruhen auf intensiver Auswertung der seit 1972 freigegebenen französischen Akten aus den Nachkriegsjahren. Die Autoren können schon deshalb ein um zahllose Details bereichertes, aber auch in manchen grundsätzlichen Aspekten neues Bild vom „Kampf um die Reparationen" zwischen 1919 und 1924 zeichnen. Gemeinsam ist ihnen dabei die Tendenz, die bisher gängige negative Beurteilung der französischen Reparations- und Deutschlandpolitik sowie die generelle Einschätzung des deutsch-französischen Kräfteverhältnisses nach dem Ersten Weltkrieg umfassend zu revidieren. Der bislang dominierenden Vorstellung, Frankreich habe – im Gegensatz zu der vergleichsweise moderaten Haltung Englands und der USA – gegenüber dem besiegten Deutschland außerordentlich rigide operiert, wird die Auffassung entgegengestellt, die französische Regierung habe nach 1919 eine im Grunde maßvolle Reparations- und Deutschlandpolitik verfolgt; ein wesentlicher Teil der Verantwortung für die Fehlentwicklungen auf der Friedenskonferenz und danach sei den Amerikanern und vor allem den Engländern anzulasten (TRACHTENBERG). Ein Schlüsselpunkt in diesem Argumentationszusammenhang ist die Einschätzung der machtpolitischen Gewichtsverteilung zwischen Frankreich und Deutschland nach dem Ersten

Weltkrieg: der französischen Politik sei es nicht um eine Verewigung der französischen Hegemonie auf dem Kontinent gegangen, sondern um die Aufrechterhaltung eines deutsch-französischen „Gleichgewichts", das durch die deutsche Niederlage vorübergehend hergestellt gewesen sei, das aber gefährdet blieb, weil das Deutsche Reich aufgrund seines demographischen und wirtschaftlichen Potentials – trotz Versailles – Frankreich überlegen gewesen sei. Vor allem BARIÉTY interpretiert die französische Politik der Jahre 1919 bis 1923 als einen in immer neuen Anläufen unternommenen Versuch, durch eine Kombination von Rheinlandpolitik, Reparationspolitik und Ausnutzung der allgemeinen wirtschaftlichen Bestimmungen des Versailler Vertrages ein Gleichgewicht der „structures économiques profondes" herzustellen und so ein Ziel zu realisieren, das der Versailler Vertrag verfehlt habe. Insbesondere Poincaré, durchdrungen von der Furcht vor einer langfristigen Überlegenheit des deutschen Machtpotentials, habe alles daran gesetzt, das Machtgefälle zugunsten Frankreichs zu verändern. Er wollte mit der Ruhrbesetzung, zu der er erst nach langem Zögern und nach dem Scheitern aller Bemühungen um eine Verhandlungslösung geschritten sei, die Zahlung der Reparationen sicherstellen und Druck auf die Engländer und Amerikaner ausüben, um sie zur Zusammenarbeit mit Frankreich bei der Lösung des deutschen Problems – nach Möglichkeit unter Abtrennung des Rheinlands – zu bewegen (BARIÉTY, MCDOUGALL). Dieses Ziel wurde verfehlt. Der Versuch, Deutschland völlig in die Knie zu zwingen, habe zwar den „technischen" Sieg in der Kraftprobe an der Ruhr gebracht, im Endergebnis aber zu einem Fiasko für die französische Revisionspolitik geführt. Nach dem Abbruch des passiven Widerstands an der Ruhr und mit der französischen Finanzkrise seit Anfang 1924 (hierzu insbesondere SCHUKER) geriet die französische Politik in immer stärkere Abhängigkeit von den angelsächsischen Mächten, zugleich verbesserte sich die deutsche Verhandlungsposition. Die Londoner Konferenz zog dann einen Schlußstrich unter die französischen Bestrebungen, mit Einsatz aller Mittel eine Revision des Friedensvertrags zugunsten Frankreichs zu erzwingen.

Scheitern der französischen Revisionsbemühungen 1923/24

Die Kritik an dieser Neubewertung der französischen Nachkriegspolitik wird bei der These vom angeblichen machtpolitischen Gleichgewicht nach 1918 ansetzen müssen, das hypostasiert wird, indem man der tatsächlichen kontinentalen Hegemonialstellung Frankreichs eine potentielle Machtstellung Deutschlands gegenüberstellt, eine Betrachtungsweise, die der realen Nachkriegssituation schwerlich gerecht wird. Die Diskussion über die neue Sicht von Kräftekonstellation und Mächtekonflikt im Nachkriegseuropa [vgl. dazu auch die Beiträge in: Journal of Modern History 51 (1979), 56–85] ist noch im Gange. Man kann aber schon jetzt als wesentlichen Ertrag der neuen Forschungsarbeiten verbuchen, daß durch sie der tatsächliche Ablauf des Kampfs um die Reparationen, insbesondere in der Phase zwischen Herbst 1923 und der Londoner Konferenz, bis ins Detail aufgehellt ist (BARIÉTY, SCHUKER) und daß die Ernsthaftigkeit der französischen Rheinambitionen zwischen 1919 und 1923 hinfort nicht mehr bezweifelt werden kann (BARIÉTY, McDOUGALL). Noch entschiedener, als das bisher schon möglich war, läßt sich nun konstatieren: Die Londoner Konferenz (und der Weg, der auf sie hinführte) bedeutet den eigentlichen Wendepunkt in der europäischen Politik der Nachkriegszeit. Ob sich hingegen das außerordentlich positiv getönte Bild der französischen Nachkriegspolitik als eine Politik relativer Mäßigung und angemessener Behandlung des besiegten Gegners wird dauerhaft durchsetzen können, darf bezweifelt werden.

Gesamtdarstellung der Reparationspolitik

Zu einem Scherbengericht über die Reparationspolitik *aller* beteiligten Regierungen gerät die 1989 erschienene Gesamtdarstellung von B. KENT [326: The Spoils of War]. Einen dichten narrativen Bericht mit einer dezidierten Deutung verbindend, hebt Kent darauf ab, es habe keine kohärente und konsequente Reparationspolitik der Siegermächte gegenüber Deutschland gegeben mit dem Ziel, das besiegte Deutschland systematisch auszuplündern, zu bestrafen und auf Dauer zu schwächen; vielmehr habe die alliierte Reparationspolitik ein großangelegtes populistisches Ablenkungsmanöver dargestellt, durch das die herrschenden konservativen Eliten der Siegerstaaten die finanziellen Folgen des Krieges auch für ihre Länder vor der eigenen Bevölkerung zu verschleiern suchten, um Forderungen nach sozialradikalen Lösungen erst gar nicht aufkommen zu lassen. Kurzfristige Interessen seien wie auf deutscher Seite, so auch bei den Siegermächten bestimmend gewesen, nicht eine längerfristige Strategie der wirtschaftlichen Rekonstruktion nach dem Ende des Weltkrieges. Ausgehend von diesen Prämissen kritisierte KENT massiv die britischen Kabinette und die deutschen Politiker, aber auch die amerikanischen Administrationen wegen des hartnäckigen Insistierens auf Rückzahlung der interalliierten Kriegsschulen; eine etwas mildere Beurteilung erfährt die französische Politik. Ob man KENTS Gesamtinterpretation überzeugend findet oder nicht – Beachtung verdient dieses Werk auf alle Fälle wegen der minutiösen Darstellung der einzelnen Etappen im Streit um die Reparationen.

Rapallo-Vertrag und Rapallo-Politik

Zu den umstrittenen Problemen deutscher Außenpolitik in den Jahren der Weimarer Republik gehört seit jeher der Rapallo-Vertrag, seine Vorgeschichte, Zeitpunkt und Modalitäten des Abschlusses, Bedeutung und Auswirkungen im Kontext der europäischen Nachkriegspolitik. Nach wie vor ist der „Rapallo-Komplex" lebendig: Im Westen sah man und sieht man bei geeigneter Gelegenheit bis heute im Rapallo-Vertrag häufig das Gespenst einer deutsch-russischen Verschwörung gegen die Westmächte [286: BOURNAZEL, Rapallo], im Osten galt der Rapallo-Vertrag hingegen als Muster für die Begründung außenpolitischer Beziehungen zwischen der Sowjetunion und kapitalistischen Staaten [u. a. A. ANDERLE (Hrsg.), Rapallo und die friedliche Koexistenz, Berlin 1963]. Kaum ein Vertrag unseres Jahrhunderts wurde wissenschaftlich so gründlich untersucht wie gerade der Rapallo-Vertrag. Aber wenn die Genese des Vertrags – zumindest auf deutscher Seite – inzwischen auch weitgehend aufgehellt ist [siehe u. a. 353: POGGE, Rapallo – Strategy in Preventive Diplomacy; 300: FINK, The Genoa Conference; 332: KRÜGER, Die Außenpolitik der Republik von Weimar, 151 ff. sowie mehrere Beiträge in 301: FINK (Hrsg.), Genoa, Rapallo, and European Reconstruction in 1922], so dauert die kontroverse Beurteilung der Rapallo-Politik doch fort, denn aufgrund des vorhandenen Quellenmaterials können die Motive der auf deutscher Seite maßgeblich Beteiligten und der Stellenwert des Vertrags unterschiedlich interpretiert werden.

Wenn sich die Forschung nach dem Ende des Zweiten Weltkriegs besonders intensiv mit dem Rapallo-Komplex befaßte und dieses Thema über den Kreis der Wissenschaftler hinaus in einer breiteren Öffentlichkeit Resonanz fand, so ist dies sicherlich entscheidend darauf zurückzuführen, daß auch in der seit 1945 tiefgreifend veränderten internationalen Konstellation das Verhältnis zu Sowjetrußland für die deutsche Politik ein erstrangiges Problem von höchster Aktualität blieb. Die westdeutsche Forschung der fünfziger und sechziger Jahre konzentrierte sich dabei vor allem auf die Widerlegung der „Rapallo-Legende" einer gegen die anderen europäischen Staaten gerichteten deutsch-sowjetischen Verschwörung. Unter Heranziehung neuen Quellenmaterials gelangten SCHIEDER [365], HELBIG [315], ERDMANN [298], LAUBACH [430], LINKE [338] – im wesentlichen übereinstimmend – zu dem Urteil, von einer revisionistischen deutsch-russischen Verschwörung gegen den Westen könne keine Rede sein: eine aktive deutsche Ostpolitik sei nach 1919 – schon aufgrund der deutschen Wirtschaftsinteressen – eine unabdingbare Notwendigkeit gewesen, der Rapallopolitik habe ein der Zeit und Lage angepaßtes „gleichgewichtspolitisches Denken" zugrundegelegen; der Vertrag habe kein deutsch-sowjetisches Bündnis „zur gewaltsamen Sprengung der Fessel von Versailles" begründet [315: HELBIG, Die Träger der Rapallo-Politik, 5 ff.], er sei kein „Streich gegen den Westen" gewesen [298: ERDMANN, Deutschland, Rapallo und der Westen, 164], vielmehr habe es sich um eine „Defensivmaßnahme der deutschen Politiker gegen eine nach ihrer Ansicht von den Westmächten drohende Gefahr" gehandelt [430: LAUBACH, Die Politik der Kabinette Wirth 1921/22, 209]. TH. SCHIEDER brachte diese Deutung der deutschen Rapallo-Politik auf die griffige Formel, der Rapallovertrag sei ein „aus unmittelbaren wirtschaftlichen und politischen Bedürfnissen herausgewachsener Normalisierungs- und Liquidationsvertrag" gewesen [365: SCHIEDER, Die Entstehungsgeschichte des Rapallo-Vertrags, 551].

Westdeutsche Forschung nach 1945: Widerlegung der „Rapallo-Legende"

Gegen diese Interpretation der deutschen Rapallo-Politik und eine solche Bewertung des Rapallo-Vertrags hat vor allem H. GRAML Einspruch erhoben [306: Die Rapallo-Politik im Urteil der westdeutschen Forschung; vgl. DERS. 305: Europa zwischen den Kriegen, 137 ff.]. Vehement wendet sich GRAML gegen eine nach seiner Auffassung allzu verharmlosende Deutung von Intentionen und Methoden der deutschen Außenpolitik auch und gerade bei Vorbereitung und Abschluß des Rapallo-Vertrags. Er sieht in der deutschen Rapallo-Politik, als

Rapallo – ein Sieg aggressiver deutscher Revisionspolitik?

deren Einpeitscher und Chefarchitekten er Ago von Maltzan betrachtet, eine kühl kalkulierte und zielstrebig durchgesetzte Störstrategie, die gegen die „Erfüllungspolitik" und ihre ersten positiven Auswirkungen auf das Verhältnis des Reiches zu den Westmächten gerichtet war und Deutschlands Handlungsfreiheit zur Realisierung revisions- und restaurationspolitischer Ambitionen insbesondere gegen Polen retten sollte. Den Abschluß des Rapallo-Vertrags bewertet er daher als „einen entscheidenden Sieg der Revisions- und Restaurationspolitik, und von diesem Sieg sollten sich Deutschland wie Europa nie mehr erholen" [305: GRAML, Europa zwischen den Kriegen, 151].

Mit dieser aufsehenerregenden Neuinterpretation, die auf eine Wiederaufnahme der These von einer deutsch-russischen „revisionistischen" Verschwörung hinausläuft, hat GRAML lebhaften Widerspruch provoziert. Mit Recht wurde eingewandt, durch die isolierende Überbetonung eines Motivs der deutschen Rapallo-Politik, nämlich des antipolnisch-revisionistischen, werde „letzten Endes der monokausalen Erklärung eines überaus komplizierten außenpolitischen Vorgangs Vorschub" geleistet, und es würden dadurch andere Motive verdeckt, „die in der Entstehungsgeschichte des Vertrags ebenfalls eine nicht zu übersehende Rolle spielten", etwa das Interesse breiter deutscher Wirtschaftskreise am Ausbau der Handelsbeziehungen zu Sowjetrußland oder die mit dem Artikel 116 des Versailler Vertrags zusammenhängenden Probleme [P. ALTER, Rapallo – Gleichgewichtspolitik und Revisionismus, in: NPL 19 (1974), 509 ff.]. Ferner ist darauf zu verweisen, daß eine schroffe Gegenüberstellung von „Erfüllungspolitik" und Maltzanscher Revisionspolitik sachlich nicht gerechtfertigt ist, weil auch die „Erfüllungspolitik" auf eine Revision des Versailler Vertrags abzielte, also ebenfalls Revisionspolitik war [352: POGGE, Großindustrie und Rapallopolitik, 297; zur Kritik an GRAMLS Position s. auch W. BAUMGART, Deutsche Ostpolitik 1918–1926, in: A. FISCHER/G. MOLTMANN/K. SCHWABE (Hrsg.), Rußland – Deutschland – Amerika (Festschrift für F. T. Epstein), Wiesbaden 1978, 239–256, hier: 252 f.]. Darüber hinaus wurde dem immer wieder – auch von GRAML – erhobenen Vorwurf, Maltzan habe seinen Minister absichtlich ungenau informiert und schließlich düpiert, widersprochen mit dem Hinweis, Rathenau (dessen AEG stark am Rußlandgeschäft interessiert war) sei zur Unterzeichnung des Rapallo-Vertrags von sich aus durchaus bereit gewesen, nachdem er seit 1919 auf ein Abkommen mit Sowjetrußland hingearbeitet hatte; möglicherweise habe Maltzan den frühen Tod Rathenaus ausgebeutet, um sich selbst zum „Vater von Rapallo" zu stilisieren [353: POGGE, Rapallo-Strategy in Preventive Diplomacy, 143]. Demgegenüber hält P. KRÜGER an der Auffassung fest, Maltzan habe – von Reichskanzler Wirth gedeckt – „geschickt und kaltblütig" die Regie in die Hand genommen und den zögernden Rathenau „nach allen Regeln der Kunst, von der Nachrichtendosierung über psychologische Beeinflussung bis hin zu Rücktrittsdrohungen, unter Druck gesetzt" [332: Die Außenpolitik der Republik von Weimar, 174].

Alle Argumente berücksichtigend, gelangte K. HILDEBRAND 1977 zu der Feststellung, aktueller Anlaß und eines der gravierendsten Motive, die die deutsche Delegation in Rapallo zur Unterzeichnung des Vertrags veranlaßten, sei die „Furcht vor einer machtpolitischen Isolierung" gewesen; durch den Rapallo-Vertrag sei es gelungen, im Zuge einer von Deutschland und Sowjetrußland beabsichtigten Gleichgewichtspolitik zusammen mit dem jeweiligen Vertragspartner ein Gegengewicht zur Entente in Europa zu bilden: „Denn der gerade durch den Vertragsabschluß beiden Mächten zufallende Bewegungsspielraum und das nun *im Rahmen* der Pariser Friedensordnung etablierte machtpolitische Gegengewicht halfen rebus sic stantibus in der ersten Hälfte der zwanziger Jahre, ein von Deutschland und der Sowjetunion gegenüber dem französischen Hegemonialanspruch dringend benötigtes Gleichgewicht zu schaffen" [318: HILDEBRAND, Das Deutsche Reich und die Sowjetunion, 25 ff.]. Hingegen sieht P. KRÜGER alle Vorteile des Vertragsabschlusses auf seiten der Russen, die ihre internationale Isolierung durchbrechen konnten, während der Regierung Wirth aus dem Vertragsabschluß keine Vorteile erwuchsen, die Rückwirkungen vielmehr als nachteilig für Deutschland zu beurteilen seien [333: Versailles, 113; 332: Die Außenpolitik der Weimarer Republik, 175 ff.]. Auf neue russische Quellen gestützt und die bisherige Forschung resümierend wird von H. G. LINKE [339] „Der Weg nach Rapallo" untersucht. Auch K. HÖRSTER-PHILIPPS geht in ihrer Wirth-Biographie unter intensiver Quellenauswertung ausführlich auf die Verhandlungen in Genua und den Abschluß des Rapallovertrags ein [991: Joseph Wirth 1879–1956, 171 ff.].

Derzeitiger Stand der Diskussion

Mag über Tragweite und Auswirkungen des Rapallovertrags in der Forschung auch keine völlige Einhelligkeit bestehen, so wird man – mit Blick auf die deutsche Außenpolitik in den Jahren nach 1922 – doch konstatieren dürfen: GRAML mißt dem Rapallovertrag einen zu hohen Stellenwert als grundlegende Weichenstellung deutscher und europäischer Politik nach 1919 bei und bewertet auch Intentionen und Stil der vom Deutschen Reich betriebenen Außenpolitik recht einseitig. Denn er bezweifelt im Grunde die Legitimität jeder, wie immer gearteten, deutschen Revisionspolitik, wenn er erklärt, allen besiegten Staaten und selbst den unzufriedenen Siegerstaaten sei eine revisionistische Politik erlaubt gewesen, nur Deutschland nicht, weil eine deutsche Revisionspolitik a priori den Anspruch auf Erringung einer deutschen Hegemonialstellung eingeschlossen habe und deshalb identisch gewesen sei mit einer den europäischen Frieden ernstlich gefährdenden Politik: „Mit anderen Worten, eine Wendung Deutschlands zur Revisionspolitik hieß Rückkehr zum internationalen Faustrecht, und der Erfolg dieser Politik hieß Zerstörung des europäischen Gleichgewichts" [305: GRAML, Europa zwischen den Kriegen, 57]. Das eigentliche Telos deutscher Außenpolitik nach 1919 hätte deshalb darin bestehen müssen, unter Verzicht auf die Korrektur des Kriegsergebnisses eine ausschließlich an den Prinzipien der kollektiven Sicherheit orientierte Außenpolitik zu betreiben, weil nur so der europäische

Zur Frage der Legitimität deutscher Revisionspolitik

Frieden bewahrt werden konnte. Aus heutiger Perspektive erscheint eine solche Konzeption sicherlich diskussionswürdig und bedenkenswert. In der Zeit der Weimarer Republik jedoch gab es für derartige Vorstellungen in Deutschland keine Basis. Weder die politische Mitte noch die politische Linke war bereit, auf eine Revision des Friedensvertrags definitiv zu verzichten, von der Rechten ganz zu schweigen. Nicht um die Frage: Revision – ja oder nein, ging der Streit, sondern um Tempo, Prioritäten und Methoden deutscher Revisionspolitik. Dieser komplexe Zusammenhang steht im Mittelpunkt aller Forschungen über die deutsche Außenpolitik in der „Ära Stresemann".

Deutsche Außenpolitik in der „Ära Stresemann"

Persönlichkeit und Politik Gustav Stresemanns bilden einen bevorzugten Schwerpunkt der Weimar-Forschung von ihren Anfängen an. Zunächst – vor 1933, aber auch noch nach 1945 – beherrschten Publikationen das Feld, die überwiegend aus der Feder von Anhängern und Verehrern Stresemanns stammten. Die 1953 erfolgte Freigabe des Stresemann-Nachlasses leitete dann die erste Phase der wissenschaftlichen Beschäftigung mit Stresemanns Außenpolitik ein, wobei sich die Quellengrundlage im Laufe der fünfziger Jahre rasch dadurch erweiterte, daß jetzt auch die Aktenbestände des Auswärtigen Amtes der Forschung zugänglich wurden [zu den einschlägigen Arbeiten der fünfziger und frühen sechziger Jahre s. H. W. GATZKE, Gustav Stresemann: A Bibliographical Article, in: Journal of Modern History 36 (1964), 1–13]. Eine zweite Phase intensiver Beschäftigung mit der deutschen Außenpolitik in der Ära Stresemann begann um 1970. Neben LINKS grundlegendem Werk über die amerikanische Stabilisierungspolitik in Deutschland 1921–1925 [336], TURNERS auf den Innenpolitiker Stresemann konzentrierten Untersuchung [984] und KRÜGERS eindringlicher Gesamtdarstellung über die Außenpolitik der Weimarer Republik [332] sind zahlreiche gehaltvolle Spezialstudien zu nennen, u. a. M. WALSDORFF [378], W. WEIDENFELD [380], M.-O. MAXELON [341], J. JACOBSON [323], K. MEGERLE [343], K.-H. POHL [354], M. BERG [285], neuerdings C. BAECHLER [987]. Von verschiedenen Ansatzpunkten aus und auf unterschiedliche Aspekte konzentriert, ist das ganze Problemfeld ausgeleuchtet worden. Angesichts einer lange Zeit höchst kontroversen Beurteilung Stresemanns und seiner Politik wird man es erstaunlich nennen dürfen, daß sich als Summe der Ergebnisse dieser neueren Arbeiten ein recht weitgehender Konsens insbesondere bei zwei früher besonders heftig umstrittenen Fragen konstatieren läßt: nämlich hinsichtlich der Wandlung Stresemanns vom Nationalisten zum Europäer sowie hinsichtlich der außenpolitischen Konzeption Stresemanns.

Etappen der Forschung

Stresemann als realistischer nationaler Machtpolitiker

1. Zu den Standard-Topoi der Stresemann-Literatur gehört der Hinweis auf die konträren Urteile über Stresemanns Entwicklung als Politiker und Staatsmann: War er Nationalist oder Europäer, Opportunist oder Idealist, aufrichtiger Verständigungspolitiker oder doppelzüngiger Machtpolitiker? Während sich die Stresemann-Kritik vor allem auf den 1932 bekanntgewordenen „Kronprinzen-Brief" vom 7. 9. 1925 stützte [dazu R. GRATHWOL, in 344: MICHALKA/LEE (Hrsg.),

Gustav Stresemann, 224ff.], schied die ältere stresemannfreundliche Literatur streng zwischen dem Nationalisten der Weltkriegszeit und dem europäischen Staatsmann der zwanziger Jahre und sprach fast ausnahmslos von einer großen „Wandlung" zu Beginn der zwanziger Jahre („Damaskus"). Ausgehend von dieser Interpretation erfolgte dann nach 1945 die Stilisierung Stresemanns zum „großen Europäer" – nicht aufgrund wissenschaftlicher Befunde, sondern im Bemühen um die Herstellung einer positiven Traditionslinie deutscher Außenpolitik. Auf die Widerlegung dieser „Legende" vom überzeugten Europäer konzentrierten sich die Stresemann-Studien der fünfziger Jahre [H. W. GATZKE, Stresemann and the Rearmament of Germany, New York 1954; 983: THIMME, Gustav Stresemann], und inzwischen ist diese Legende gründlich zerstört. Nach nahezu einhelliger Auffassung der neueren Forschung war Stresemann ein kühl kalkulierender Realpolitiker und ein nationaler Machtpolitiker, er unterschied sich darin jedoch nicht von den anderen europäischen Staatsmännern der Zeit (dies muß gegenüber einzelnen überspitzten Urteilen im Zuge der Entmythologisierung des Stresemann-Bildes betont werden); auch sie betrieben nationale Machtpolitik und nicht europäische Integrationspolitik.

2. Kernpunkt der außenpolitischen Konzeption Stresemanns war der Wiederaufstieg des Deutschen Reichs zur souveränen und im internationalen System gleichberechtigten Großmacht: „Stresemanns Gesamtkonzeption orientierte sich inhaltlich am Machtanspruch des Deutschen Reiches vor 1914, seine Strategie *methodisch* an den Machtverhältnissen nach 1918" [341: MAXELON, Stresemann und Frankreich, 297]. Dies haben die seit den siebziger Jahren erschienenen Studien zur deutschen Außenpolitik der Jahre 1923–29 in überzeugender Weise herausgearbeitet und zugleich durch detaillierte Analysen belegt, wie nach Stresemanns Vorstellungen der Wiederaufstieg Deutschlands möglich war und erfolgen sollte. Schon allein aufgrund des Fehlens militärischer Macht schloß Stresemann den Krieg als Mittel zur Erreichung seiner außenpolitischen Ziele eindeutig aus und betrachtete den Weg der Verhandlung und Verständigung als den einzig gangbaren. Dabei kam nach Stresemanns Auffassung dem Einsatz des deutschen Wirtschaftspotentials – nicht zuletzt im Rahmen einer engen wirtschaftlichen Kooperation mit den USA – die Schlüsselrolle zu; schon frühzeitig erkannte Stresemann, daß ein amerikanisches Engagement in Deutschland das Interesse der führenden Weltmacht an einer friedlichen Veränderung der europäischen Verhältnisse wachsen lassen würde. Die zweite Grundkomponente in Stresemanns Konzeption resultierte aus der Einsicht, daß nur durch eine Befriedigung des französischen Sicherheitsbedürfnisses der Weg zu kooperativen Problemlösungen freigemacht werden konnte. Deshalb suchte er zum einen durch eine deutsch-französische Ausgleichspolitik auf der Basis von Grenzgarantie und Wirtschaftsvereinbarungen, zum anderen durch die Zusammenarbeit mit England und den USA das Verhältnis zu den Westmächten zu normalisieren und ein Klima in den internationalen Beziehungen zu schaffen,

Stresemanns außenpolitische Konzeption

das eine friedliche Regelung der offenen Fragen erlauben würde; eine eindeutige Option für den Westen und gegen den Osten bemühte er sich dabei zu vermeiden.

Stufen der Verwirklichung Die Ergebnisse der neueren Forschungen zusammenfassend, charakterisiert W. MICHALKA Stresemanns Prioritätenskala folgendermaßen: „Auf der Grundlage der Lösung der Reparationsfrage strebte er zielbewußt die Beendigung der Besatzung an, zunächst die des Ruhrgebietes und anschließend die der gemäß dem Versailler Vertrag besetzten Gebiete. In enger Verbindung damit stand die Rückgabe des Saarlandes und Aufhebung der Militärkontrolle. Als nächstes Ziel wollte er die Revision der deutschen Ostgrenzen angehen." Der Locarno-Vertrag und Deutschlands Eintritt in den Völkerbund „besaßen in diesem Zusammenhang instrumentalen Charakter" [344: MICHALKA/LEE (Hrsg.), Gustav Stresemann, XIV]. Diese Feststellung läßt sich erweitern: im Grunde betrachtete Stresemann alle „Stationen" in der Außenpolitik der Jahre 1923–1929 (Dawes-Plan, Locarno-Verträge, Berliner Vertrag, Eintritt in den Völkerbund, Young-Plan) als Etappen auf dem Weg zur Wiedergewinnung der deutschen Machtstellung. Aber Stresemann verfuhr bei seiner Revisionspolitik vorsichtig, vermied Konflikte und betrachtete die Ziele der Revision und des europäischen Friedens als einander bedingende Größen, die er im Rahmen internationaler Kooperation zur Deckungsgleichheit zu bringen suchte: Die Legierung von internationaler Verständigung und nationalem Revisionismus war das Spezifikum von Stresemanns Außenpolitik – darüber besteht in der neueren Forschung ein weitgehender Konsens.

Unterschiedlich beurteilt werden hingegen zwei Fragen, die sich aus diesen heute kaum mehr umstrittenen Befunden für eine generelle Bewertung der Stresemannschen Außen- und Revisionspolitik ergeben: Kann die deutsche Außenpolitik der Jahre 1923–1929 – auch wenn man als Maßstab die konzeptionellen Vorstellungen und Perspektiven von Stresemann selbst anlegt – als erfolgreich bewertet werden? Konnte eine langfristig angelegte deutsche Revisionspolitik, *Gesamtbilanz der* wie sie Stresemann verfolgte, auch im weiteren Verlauf ihre Ziele ohne die *Stresemannschen* Anwendung von Gewalt realisieren?
Außenpolitik
Einige Forscher (WALSDORFF, MEGERLE, KNIPPING, z. T. auch WEIDENFELD und JACOBSON) neigen zu einer eher skeptischen Einschätzung des Gesamtertrags der Locarnopolitik: Stresemann habe das revisionistische Potential der Locarnoverträge überschätzt, 1928/29 habe er sich eingestehen müssen, daß seiner Politik letztlich der Erfolg versagt geblieben sei. Dieser Interpretation läßt sich zweierlei entgegenhalten. Gewiß waren nach 1925 auf dem Weg der Revision nicht so rasche und spektakuläre Erfolge zu verzeichnen, wie sie sich mancher, auch Stresemann selbst, in der Hochstimmung der Locarno-Phase erhofft hatte. Aber trotzdem wird das Urteil, die Locarno-Politik habe sich als Fehlspekulation erwiesen, weder den Motivationen noch den realen Ergebnissen deutscher Außenpolitik in der Ära Stresemann gerecht. Berücksichtigt man die Ausgangslage von 1923, den relativ kurzen Zeitraum von nur sechs Jahren und die für Deutschland

keineswegs besonders günstigen internationalen Rahmenbedingungen, dann wird man konstatieren dürfen, daß Stresemann in den Jahren seiner Tätigkeit als Außenminister nicht wenig für Deutschland erreicht hat. Des weiteren ist darauf hinzuweisen, daß der Locarno-Politik zunächst auch eine defensive Absicht zugrundelag, nämlich das Bestreben, eine französisch-englische Entente und eine Isolierung Deutschlands zu verhindern, und hinsichtlich dieser defensiven Zielsetzung war die Locarno-Politik ohne Zweifel höchst erfolgreich.

Wäre eine Realisierung der weiterreichenden, auch von Stresemann prinzipiell bejahten deutschen Revisionsziele, insbesondere die Revision der deutschen Ostgrenze, ohne Einsatz kriegerischer Mittel überhaupt möglich gewesen und hätte Stresemann das Mittel des Krieges gegebenenfalls akzeptiert? Auf diese hypothetische Frage lassen sich nur spekulative Antworten geben. Mit einleuchtenden Argumenten wird in der neueren Forschung ganz überwiegend die Auffassung vertreten, Stresemann sei sich bewußt gewesen „daß selbst ein militärisch starkes Deutschland eine Konfrontation mit den Westmächten, – d. h. den Siegerstaaten – nicht bestehen konnte. Daher war für ihn die Politik der Verständigung ohne realistische Alternative" [341: MAXELON, Stresemann und Frankreich, 184]. Dem Realpolitiker Stresemann war zudem klar: „Was Deutschland auf politischem und wirtschaftlichem Gebiet mit friedlichen Mitteln gewinnen konnte – bis zu einem möglichen Anschluß Österreichs hin –, mußte Deutschland in jedem Falle eine Vormachtstellung im Rahmen des europäischen Gleichgewichts verleihen. Warum sollte man den Verlust so verheißungsvoller Aussichten für ein militärisches Abenteuer riskieren?" [K. EPSTEIN, Vom Kaiserreich zum Dritten Reich, Frankfurt/Berlin/Wien 1973, 198]. In einer interessanten „counterfactual analysis" gelangt H. A. TURNER zu dem Schluß, Stresemann hätte selbst in der Krisenphase einer Revisionspolitik gegenüber Polen auf einen Kompromiß gezielt: „Zu einem solchen Kompromißversuch wäre Stresemann aller Wahrscheinlichkeit nach sowieso gezwungen gewesen, wenn er die Unterstützung oder wenigstens die Duldung der Westmächte hätte behalten wollen, was von Anfang an ein Eckstein seiner Außenpolitik war" [Stresemann und die Kontinuität in der deutschen Außenpolitik, in: G. ZIEBURA (Hrsg.), Grundfragen der deutschen Außenpolitik seit 1871, Darmstadt 1975, 284–304, hier: 302]. Wenn auch über die Zäsur von 1918 hinweg eine Kontinuität deutscher Machtpolitik und deutschen Großmachtstrebens aufweisbar ist, so unterscheidet sich doch die von Stresemann im Rahmen des internationalen Systems mit Augenmaß betriebene Revisionspolitik qualitativ und fundamental von Hitlers expansionistischer, rassenideologisch motivierter Raumpolitik.

Allerdings muß aber auch registriert werden, daß in den gut drei Jahren zwischen dem Tod Stresemanns und dem Machtantritt Hitlers die Nachfolger Stresemanns den Revisionskurs der deutschen Außenpolitik erheblich forcierten und von Stresemanns Linie abgingen, „die Revisionspolitik in eine umfassende Verständigung mit den anderen Großmächten und ein allseits anerkanntes völ-

Territoriale Revision ohne Krieg?

Wendung zu offensiver Revisionspolitik 1930

kerrechtliches Verfahren überzuleiten" [331: KRÜGER, Friedenssicherung und deutsche Revisionspolitik, 257]. Daß mit dem Übergang zum Präsidialregime auch eine Neubestimmung der außenpolitischen Prioritäten und Methoden erfolgte, ist evident. Im Frühjahr 1930 kamen die Skeptiker und Gegner der Locarno-Politik an die Macht. Im Juni 1930 wurde der langjährige Staatssekretär im Auswärtigen Amt, v. Schubert, maßgeblicher Mitgestalter der Stresemannschen Außenpolitik, seines Postens enthoben. An seine Stelle trat der bisherige Leiter des Völkerbundsreferats, Bernhard Wilhelm v. Bülow, entschiedener Gegner von Stresemanns Vorstellungen und Verfechter einer ausgeprägt nationalen Machtpolitik; seine außenpolitische Konzeption stimmte im wesentlichen überein mit derjenigen Brünings und des neuen Außenministers Curtius [dazu 358: A. RÖDDER, Stresemanns Erbe sowie – sehr kritisch gegenüber Curtius – 307: GRAML, Zwischen Stresemann und Hitler, 42 f. u. ö.].

Die neuen Männer nahmen eine außenpolitische Kursänderung vor – „und dies ganz bewußt, um endlich Revisionspolitik statt Erfüllungspolitik zu machen, wie ein hoher Beamter des Auswärtigen Amtes es ausdrückte... Die Kombination von Revisionspolitik und Friedenssicherung löste sich auf; es war nur noch und immer drängender von Revision und Deutschlands berechtigten Ansprüchen die Rede" [333: KRÜGER, Versailles, 160]. P. KRÜGER ist uneingeschränkt zuzustimmen, wenn er – wie jetzt auch eindringlich H. GRAML [307: Zwischen Stresemann und Hitler] – den Zäsurcharakter des Übergangs zum Präsidialregime auch für die deutsche Außenpolitik akzentuiert.

Deutliche Vorbehalte sind dagegen am Platze gegenüber dem Versuch F. KNIPPINGS [328: Deutschland, Frankreich und das Ende der Locarno-Ära 1928–1931], den Beginn einer aggressiven Offensivaktivität der deutschen Revisionspolitik bereits auf „Mitte 1928", also in die Zeit der „Großen Koalition", zu datieren, als die Reichsregierung eine vorzeitige Rheinlandräumung auf die internationale Tagesordnung brachte. Unter Hermann Müller und Stresemann blieben, was KNIPPING viel zu gering veranschlagt, die Prämissen der Verständigungs- und Kompromißbereitschaft maßgebend, und sie wurden noch einmal befestigt durch die Regelung der Reparationsfrage und die Zusage einer vorzeitigen Rheinlandräumung – erst im Laufe des Jahres 1930 wurde die Basis der Verständigungspolitik von der deutschen Seite bewußt aufgegeben. Schon allein der Begriff „Verständigungspolitik" verfiel nunmehr im Auswärtigen Amt der Ächtung [307: GRAML, Zwischen Stresemann und Hitler, 60].

In Prioritätensetzung und Methoden hob sich die Außenpolitik der Präsidialkabinette deutlich von der Stresemanns ab. Sie zielte vorrangig auf eine rasche und offensiv durchgesetzte Lösung der Reparations- und Rüstungsfrage sowie auf den Gewinn einer unabhängigen Machtstellung Deutschlands in Mitteleuropa und im Donauraum. Nachdem das geheim vorbereitete und im Frühjahr 1931 als Überraschungscoup angekündigte Projekt einer deutsch-österreichischen Zollunion vor allem am französischen Widerstand gescheitert war [dazu aus der neueren Literatur neben 358: RÖDDER, Stresemanns Erbe, 186 ff., eingehend auch 307: GRAML, Zwischen Stresemann und Hitler, 89 ff.], konzentrierte sich die Reichsregierung auf den Abschluß von bilateralen Handelsverträgen mit den südosteuropäischen Staaten (deren vom Agrarexport abhängige Volkswirtschaften schwer unter dem katastrophalen Verfall der Weltmarktpreise für Agrarprodukte litten), um auf diese Weise dem Deutschen Reich einen stärkeren politischen Einfluß im Donau- und Balkanraum zu verschaffen [s. dazu vor allem: 322: HÖPFNER, Deutsche Südosteuropapolitik, bes. 250 ff. mit weiterer Literatur].

Man wird wohl nicht so weit gehen dürfen, die Forcierung der deutschen Revisionspolitik in der Ära der Präsidialkabinette als unwiderrufliche Absage an eine Politik friedlicher Weiterentwicklung der internationalen Beziehungen zu interpretieren. Aber daß seit 1930 die deutsche Außenpolitik im Zeichen verstärkter nationaler Abgrenzung und intensivierter Revisionsansprüche betrieben wurde, steht außer Zweifel. Nicht zuletzt auch angesichts einer „Radikalisierung der internationalen Konstellation" seit 1930/31 wurden in Deutschland die Klagen über den Versailler Vertrag und die Forderung nach seiner Revision lauter und schriller auf dem Weg von Stresemann über Brüning bis hin zu den Kabinetten von Papen und von Schleicher [HILDEBRAND in 283: BECKER/HILDEBRAND (Hrsg.), Internationale Beziehungen in der Weltwirtschaftskrise 1929–1933, 434, 436].

7. DIE AUFLÖSUNGSPHASE DER REPUBLIK

Wie bereits hervorgehoben wurde (s. o. S. 159), konzentrierte sich die Weimar-Forschung zunächst vorrangig auf die Endphase der Republik – und dies mit guten Gründen: galt es doch, Ursachen und Stufen des Scheiterns der Weimarer Demokratie umfassend aufzuhellen und jene verhängnisvolle Entwicklung plausibel zu analysieren, die im Januar 1933 schließlich zur Übertragung der Staatsmacht an Hitler und seine Partei führte. Im Zentrum des wissenschaftlichen Interesses standen und stehen dabei zum einen der Bruch der Großen Koalition und der Übergang zum System der Präsidialkabinette im März 1930, zum anderen der Aufstieg des Nationalsozialismus zur Massenbewegung.

Bedingungsfaktoren, Tragweite und Folgewirkungen der im Frühjahr 1930 getroffenen Entscheidungen zur Lösung der Regierungskrise werden in der Forschung zwar unterschiedlich beurteilt, niemand bestreitet jedoch, daß mit der Einsetzung des „Hindenburg-Kabinetts" Brüning eine tiefgreifende und risikoreiche Umformung des Regierungssystems eingeleitet wurde. Die einander entgegenstehenden Positionen in der Bewertung des Präsidialkabinetts Brüning sind schon früh sehr klar artikuliert worden. A. ROSENBERG datierte in seinem Weimar-Buch von 1935 das Ende der Republik auf das Jahr 1930: nach der Septemberwahl habe die Reichstagsmehrheit den Kampf gegen die „verfassungswidrige Diktatur" eingestellt. „Es war die Todesstunde der Weimarer

Der Übergang zum System der Präsidialkabinette

Kontroverse Bewertung der Ära Brüning in den Anfängen der Forschung

Republik. Seitdem hat in Deutschland eine Diktaturregierung die andere abgelöst" [146: Geschichte der Weimarer Republik, 211]. Demgegenüber vertrat F. MEINECKE 1946 die Auffassung, erst mit der Entlassung Brünings sei die „Bahn zum Abgrunde" beschritten worden, denn unter Führung Brünings wäre das deutsche Volk sehr wohl imstande gewesen, „die schwere wirtschaftliche und geistige Krisis zu überstehen und dem verderblichen Experiment des Dritten Reiches zu entgehen" [Die deutsche Katastrophe, Wiesbaden 1946, 104f.]. Diese divergenten Einschätzungen der Ära Brüning basierten allerdings nicht auf eingehenden Quellenstudien, sie erwuchsen aus dem – unterschiedlich erfahrenen und bewerteten – Erleben der Zeit. Wissenschaftlich ausgearbeitet und begründet wurden die konträren Positionen erst in den fünfziger Jahren.

Stufen der Brüning-Diskussion seit den fünfziger Jahren

Auf der einen Seite entwickelte W. CONZE die These von der Unausweichlichkeit des Übergangs zum Präsidialsystem aufgrund einer akuten „Krise des Parteienstaats", die im wesentlichen von dessen Trägern selbst verschuldet worden sei. Auf der anderen Seite betonte K. D. BRACHER nachdrücklich, das von Hindenburg und Brüning geschaffene autoritäre System könne nicht als Folge einer ausweglosen Strukturkrise der Parteiendemokratie gerechtfertigt werden; ein Versuch zur parlamentarischen Lösung der Regierungskrise von 1930 sei nur deshalb nicht unternommen worden, weil man sich im Kreis um den Reichspräsidenten und die Reichswehrführung schon lange vor dem Ausbruch der Regierungskrise auf den Übergang zum Präsidialregime eingestellt und ihn zielstrebig vorbereitet habe. Infolgedessen wird Brünings Amtszeit von BRACHER als erste „Stufe" im Auflösungsprozeß der Weimarer Republik interpretiert, während CONZE das Brüning-Experiment eines „Staats über den Parteien" positiv beurteilt und Brünings Entlassung „hundert Meter vor dem Ziel" als den eigentlichen „Dammbruch" bewertet (vgl. o. S. 159 f.).

Mit der Kontroverse zwischen BRACHER und CONZE kam eine Brüning-Diskussion in Gang, die inzwischen mehrere Phasen durchlaufen hat, die zeitweilig etwas abflaute, aber nie abbrach und bis heute nicht zum Abschluß gekommen ist. Dabei lassen sich drei Wellen gesteigerter Diskussionsintensität ausmachen. In der durch BRACHERS brüningkritische Analyse ausgelösten ersten Diskussionsphase der Jahre nach 1955 ging es vor allem um Unausweichlichkeit oder Vermeidbarkeit des Übergangs zum Präsidialsystem, um Motive und Zielsetzungen der Protagonisten des autoritären Kurses sowie um die genauere Bestimmung des Stellenwerts der Brüning-Ära im Auflösungsprozeß der Weimar Republik. Eine Neuauflage unter veränderter Akzentuierung erfuhren diese Auseinandersetzungen nach dem Erscheinen der Brüning-Memoiren [67] im Jahr 1970. Eine dritte Diskussionsrunde wurde dann Ende der siebziger Jahre durch K. BORCHARDT eingeläutet [Zwangslagen und Handlungsspielräume in der großen Weltwirtschaftskrise der frühen dreißiger Jahre (1979), in 693: DERS., Wachstum, Krisen, Handlungsspielräume der Wirtschaftspolitik, 165–182]: Indem BORCHARDT die bis dahin nahezu allgemein akzeptierte, selbst bei den Verteidigern Brünings anzutreffende negative Beurteilung der deflatorischen Wirtschafts- und Finanzpolitik Brünings einer engagiert-kritischen Revision unterzog, rückten nun die Inhalte der Brüningschen Politik, die Frage nach Handlungsspielraum und realisierbaren Alternativkonzepten im Bereich der Wirtschafts- und Finanzpolitik des Deutschen Reichs in den Jahren der Weltwirtschaftskrise in den Vordergrund des Interesses.

In der Brüning-Diskussion der späten fünfziger und der sechziger Jahre kam es zu keiner Annäherung zwischen den beiden Hauptkontrahenten BRACHER und CONZE. CONZE hielt an seiner These von einer ausweglosen „Krise des Parteienstaates" im Jahre 1929/30 fest und stilisierte die Brüningsche Politik zum letzten Versuch einer „Rettung der Demokratie" [Brünings Politik unter dem Druck der großen Krise, in: HZ 199 (1964), 529–550; Die Regierung Brüning, in 125: HERMENS/SCHIEDER (Hrsg.), Staat, Wirtschaft und Politik in der Weimarer Republik, 223–248; Die politischen Entscheidungen in Deutschland 1929–1933, in 113: CONZE/RAUPACH (Hrsg.), Die Staats- und Wirtschaftskrise des Deutschen Reichs 1929/33, 176–252]. Kontroverse um K. D. Brachers Charakterisierung der Ära Brüning

In weitgehender Übereinstimmung mit CONZE erblickte W. BESSON das Telos der Brüningschen Politik in der „Stärkung der Staatsautorität zur Exekution der Sachlichkeit", räumte allerdings auch ein, es spreche manches dafür, „daß erst der Obrigkeitsstaat im Gewande des bürokratischen Notverordnungsregimes die Massen Adolf Hitler opferte, indem er sie sich selbst überließ" [390: Württemberg und die deutsche Staatskrise 1928–1933, 358, 362]. BRACHER hingegen wandte sich entschieden gegen die „zunehmend gepflegte Rehabilitierung der Präsidiallösung" und erklärte dezidiert: „Die Geschichte der Notverordnungsregime Brüning-Papen-Schleicher ist eben seit 1930 schon in einem durchaus präzisen Sinne Vorgeschichte des ‚Dritten Reiches', Ausgangspunkt und Ermöglichung der Diktatur Hitlers" [Parteienstaat, Präsidialsystem, Notstand, in 129: JASPER (Hrsg.), Von Weimar zu Hitler 1930–1933, 69f.].

Trotz einer zweifellos vorhandenen und von BRACHER beklagten Tendenz zu „konservativen und allzu wohlwollenden Deutungen des Präsidialregimes" [109: Die Auflösung der Weimarer Republik, Vorwort zur 5. Auflage 1971], wird man für die Entwicklung der Forschungsdiskussion in den sechziger Jahren aber doch feststellen dürfen, daß die Verbreiterung der Quellengrundlage wichtige Argumente für eine kritische Akzentuierung der Vorgeschichte des ersten Präsidialkabinetts lieferte. Denn es wurde nun deutlich erkennbar, „daß die sinkende Kompromißbereitschaft der Flügelparteien der Großen Koalition und der hinter ihnen stehenden Interessengruppen dadurch gefördert wurde, daß bereits seit Anfang Januar 1930 hinter den Kulissen laut und vernehmlich von einer kommenden ‚Hindenburg-Regierung' gesprochen wurde und es für viele nur eine Frage der Zeit erschien, bis die SPD aus der Regierung gedrängt würde ... Die Große Koalition ist nicht zuletzt daran gescheitert, daß durch die reale Mög- Trend der Forschungsdiskussion in den sechziger Jahren lichkeit einer Präsidialregierung nach Art. 48 eine Alternative zur Verfügung stand. So ist der Übergang zum Präsidialregime im März 1930 nicht nur eine Folge des Scheiterns der Großen Koalition, sondern zugleich auch eine ihrer Ursachen" [U. WENGST, Heinrich Brüning und die „Konservative Alternative", in: Aus Politik und Zeitgeschichte B50/80 v. 13. 12. 1980, 20].

Angesichts sich widerstreitender Urteile über die Inaugurierung des Präsidialsystems und über den Stellenwert des Präsidialkabinetts Brüning im Auflösungsprozeß der Weimarer Republik bedeutete das Erscheinen der Brüning-Memoiren (Ende 1970) eine Sensation, denn in diesen Memoiren [67] legt BRÜNING mit großer Offenheit seine politische Grundeinstellung und seine politischen Absichten und Ziele dar, so daß Persönlichkeit und Politik Brünings nun in einem neuen Lichte erschienen. Das Bild, das Brüning in den Memoiren von sich selbst, von seinen Überzeugungen und den Zielperspektiven seines politischen Handelns entwirft, hat E. HAMBURGER treffend so umrissen: „Außenpolitisch war er ‚Revisionist', zur Zerschlagung der Friedensordnung von 1919 entschlossen. Verfassungspolitisch war er ein Gegner der demokratischen Republik und Monarchist. Parteipolitisch war er ein Konservativer in der Zentrumspartei. Seine Deflationspolitik stellte er in den Dienst der Außenpolitik; ihr sollte auch der Kampf für die Rüstungsgleichheit dienen. Demgemäß zielten seine außenpolitischen Bemühungen auf die Zertrümmerung des Systems von Versailles hin, wofür die Beseitigung der Reparationslasten der erste Schritt sein sollte. Verfassungspolitisch arbeitete er auf dem Gebiet der Legislative seit 1930 daran, die starke Minderung der Funktionsfähigkeit des Parlaments auszunutzen, um durch Mißbrauch des Notverordnungsrechts zum Konstitutionalismus Bismarckscher Prägung zurückzukommen. Auf dem Gebiet der Exekutive sollte Hindenburgs Wiederwahl den Weg zur Reichsregentschaft und anschließend zur Restauration der Monarchie bahnen. Parteipolitisch erstrebte Brüning eine dauernde Verbindung seiner Partei mit den antirepublikanischen Kräften im Reich und in Preußen" [Betrachtungen über Heinrich Brünings Memoiren, in: IWK 15, April 1972, 18–39; Zitat S. 31].

Nach dem Erscheinen von Brünings „Memoiren" hatten es Brünings Freunde und Verteidiger schwerer als vorher, die Politik des Reichskanzlers zu erklären und zu rechtfertigen. Zwar hielt W. CONZE weiterhin mit geringfügigen Abstrichen an der Grundlinie einer positiven Bewertung Brünings und seiner Politik fest [Brüning als Reichskanzler, in: HZ 214 (1972), 310–334; Die Reichsverfassungsreform als Ziel der Politik Brünings, in: Der Staat 11 (1972), 209–217]. Aber ohne Zweifel wurde durch die „Memoiren" die Position derjenigen erheblich gestärkt, die den März 1930 als den entscheidenden Einschnitt ansehen. So konnte sich BRACHER in seiner Auffassung bestätigt fühlen, beim Einsatz der Präsidialgewalt sei es „nicht mehr um die Rettung der Demokratie, sondern um die bewußte Planung eines parteien- und parlamentsunabhängigen Rechtsregimes und um die Ausschaltung des Einflusses der Sozialdemokraten" gegangen. Brünings Politik „schwankte zwischen der Verteidigung einer bürokratischen Version des Rechtsstaats und der Vorbereitung der Diktatur... Brüning war nicht... der letzte Kanzler *vor* der Auflösung der Weimarer Republik, er war der erste Kanzler im Prozeß dieser Auflösung der deutschen Demokratie" [Brünings unpolitische Politik und die Auflösung der Weimarer Republik, in: VfZ 19 (1972), 113–123, Zitate S. 119, 122 f.].

In der Auseinandersetzung um den Quellenwert der Brüning-Memoiren wurden allerdings zunehmend Zweifel laut, ob Brünings nachträgliche Aussagen über seine „eigentlichen" Absichten und Ziele tatsächlich zum Nennwert genommen werden dürfen. In einer subtilen quellenkritischen Analyse äußerte R. Morsey schon früh erhebliche Vorbehalte hinsichtlich der vielfach unreflektiert unterstellten Zuverlässigkeit der Memoiren sowie hinsichtlich von Brünings Bestreben, sein politisches Handeln als planvoll und ganz von langfristigen Zielen geleitet darzustellen [Zur Entstehung, Authentizität und Kritik von Brünings „Memoiren 1918–1934", Opladen 1975]. Eine solche kritische Bewertung der retrospektiven Bekenntnisse Brünings über seine letzten Ziele, aber auch seiner Mitteilungen über faktische Abläufe hat sich in der weiteren Diskussion nahezu allgemein durchgesetzt. Man ist sich heute weitgehend darin einig, Brünings Pläne zu einer Restauration „wohl eher als eine sekundäre Konstruktion zu werten denn als tatsächlich verfolgtes verfassungspolitisches Programm" [160: Wirsching, Die Weimarer Republik, 113]. Auch darüber besteht Einigkeit, daß in Brünings Memoiren zahllose Irrtümer, Ungenauigkeiten, ja sogar Unwahrheiten anzutreffen sind [in diesem Sinne sehr entschieden vor allem A. Rödder, Dichtung und Wahrheit. Der Quellenwert von Heinrich Brünings Memoiren und seine Kanzlerschaft, in: HZ 265 (1997), 77–116; vgl. auch ders., Reflexionen über das Ende der Weimarer Republik. Die Präsidialkabinette 1930–1932/33. Krisenmanagement oder Restaurationsstrategie?, in: VfZ 47 (1999), 87–101, sowie 931: Müller, Die „Brüning Papers", und 932: Patch, Heinrich Brüning and the Dissolution of the Weimar Republic]. Gleichwohl: Die Brüning-Memoiren bleiben ein bedeutendes Quellenwerk, sie dürfen aber nur mit großer Vorsicht und unter sorgfältigem Vergleich mit zeitgenössischen Parallelüberlieferungen zur Rekonstruktion des Regierungshandelns in den Jahren von Brünings Kanzlerschaft herangezogen werden.

So viel indessen steht fest: Es kann nicht mehr bezweifelt werden, daß Brüning die im Kreis um Hindenburg und die Reichswehrführung geschmiedeten Pläne für eine autoritäre Umformung des Regierungssystems seit 1929 genau kannte. Zwar hielt Brüning Anfang 1930 ein Fortbestehen der Großen Koalition bis zum Herbst dieses Jahres für wünschenswert und bemühte sich im März 1930 um einen Ausgleich zwischen den beiden Flügelparteien [zumindest bis zum 18. März, s. T. P. Koops, Heinrich Brünings „Politische Erfahrungen", in: GWU 24 (1973), 197–221], aber als die Koalition dann auseinanderbrach, stellte er sich sofort und uneingeschränkt Hindenburg zur Verfügung und akzeptierte willig (allzu willig, wie auch CONZE einräumt) dessen Auflagen für die Regierungsbildung und den einzuschlagenden politischen Kurs. Die historische Tragweite der politischen Entscheidungen dieser Märztage 1930 kann kaum überschätzt werden.

Während es lange umstritten blieb, ob die Brüning-Ära als erste Stufe im Auflösungsprozeß der Republik oder als letzter Versuch einer Rettung der Demokratie zu qualifizieren sei, hatte sich hinsichtlich der Beurteilung von Brünings Wirtschafts- und Finanzpolitik seit den fünfziger Jahren ein recht weitgehender Konsens herausgebildet: Die von Brüning bis zu seiner Entlassung mit rücksichtsloser Konsequenz durchgehaltene Deflationspolitik, welche krisenverschärfend wirkte, wurde von Nationalökonomen und Historikern nahezu allgemein als falsch und verhängnisvoll bewertet. Die sachliche Berechtigung und die Angemessenheit der Beurteilungsmaßstäbe dieser Kritik an Brünings Wirtschafts- und Finanzpolitik hat K. BORCHARDT 1979 in seiner Studie über „Zwangslagen und Handlungsspielräume" [693: Wachstum, Krisen, Handlungsspielräume, 165–182] grundsätzlich in Zweifel gezogen und damit der Brüning-Diskussion eine neue Richtung gegeben.

Warum, so lautet die Ausgangsfrage BORCHARDTS, wurde nicht schon unter Brüning eine antizyklische, expansive Konjunkturpolitik betrieben – ist dies auf einen „Mangel an Einsicht und Fähigkeit der Regierungen" zurückzuführen oder waren die politischen und wirtschaftspolitischen Handlungsspielräume in den Jahren 1930–32 so stark eingeschränkt, daß Brüning eine realisierbare Alternative nicht offenstand? Um eine Antwort auf diese Frage zu finden, sucht BORCHARDT zu klären, (1) *wann* eine solche Politik der Gegensteuerung gegen die Krise hätte einsetzen sollen und können und (2) ob *geeignete Mittel* zur Verfügung standen. Nach BORCHARDTS Auffassung konnte eine Änderung der konjunkturpolitischen Strategie, d. h. der Übergang zu einer aktiven staatlichen Antikrisenpolitik frühestens im Sommer 1931 erfolgen; eine „rechtzeitige" Gegensteuerung gegen den Abschwung war also nicht möglich, allenfalls hätte der Tiefpunkt der Krise, der im Sommer 1932 erreicht wurde, um einige Monate vorverlegt werden können. Was die Mittel einer Gegensteuerung (Defizitfinanzierung von Arbeitsbeschaffungsmaßnahmen) angeht, kommt BORCHARDT zu dem Ergebnis, daß Auslandskredite aus der Sicht der Regierung deshalb nicht in Frage kamen, weil sie wohl mit politischen Auflagen verbunden gewesen wären, und daß einer internen Geldschöpfung über die Reichsbank mannigfache Hindernisse technischer und politischer Art entgegenstanden, z. B. die Bestimmungen des Reichsbankgesetzes, die Unmöglichkeit einer Mark-Abwertung aufgrund des Young-Plans, auch die Inflationsfurcht: „Die konjunkturpolitischen Handlungsspielräume waren wegen der außen- und innenpolitischen Zwangslage mindestens während der Regierungszeit Brüning ... viel enger, als das eine spätere, allein auf die konjunkturtheoretische Frage konzentrierte Kritik gesehen hat" [ebd., 173]. Aus dem Befund einer bereits vor Ausbruch der Weltwirtschaftskrise unnormalen, ja „kranken" deutschen Wirtschaft (vgl. o. S. 210) gewinnt BORCHARDT ein weiteres Argument zur Erklärung des Krisenverhaltens der Regierung Brüning und der sie tragenden gesellschaftlichen Gruppen: Da eine frühzeitige Stabilisierungspolitik eine „kranke" Wirtschaft konserviert hätte, entsprach eine derartige Konjunkturpolitik nicht den Absichten derjenigen, die die Krise als „Chance zur Bereinigung der Situation" begriffen [ebd., 182]. Nach Ansicht BORCHARDTS sah sich Brüning mit Zwangslagen konfrontiert, „die so ungeheuerlich gewesen sind, daß wir auch heute für sie keine wirkliche Lösung angeben können"; so werde es verständlich, „daß seinerzeit von den Verantwortlichen in Deutschland keine Politik getrieben worden ist, die man später von ihnen verlangt hat" [ebd., 181 f.].

BORCHARDTS Studie erregte deshalb so großes Aufsehen, löste auch Irritation aus, weil hier vieles in Frage gestellt wurde, was lange Zeit als gesicherte wissenschaftliche Erkenntnis gegolten hatte. Es konnte daher nicht überraschen, daß sich gegen BORCHARDTS Sicht und Bewertung der Zusammenhänge Widerspruch erhob. Besonders nachdrücklich artikulierte ihn C.-L. HOLTFRERICH; wie er BORCHARDTS These von den überhöhten Löhnen vor 1929 entschieden zurückwies (s. o. S. 210), so bestritt er energisch, daß Brüning sich bei seiner Wirtschafts- und Finanzpolitik in einer ausweglosen „Zwangslage" befunden habe [739: Alternativen zu Brünings Wirtschaftspolitik in der Weltwirtschaftskrise?]. HOLTFRERICH vermag zu zeigen, daß gerade in Brünings eigenen Reihen der Druck in Richtung auf eine Revision der Deflationspolitik nach der Bankenkrise vom Juli 1931 immer stärker wurde, und er wirft die Frage auf, warum Brüning trotz wachsender innenpolitischer Widerstände am Deflationskurs bis zum Ende seiner Amtszeit unbeirrt festgehalten hat. Die Antwort – so HOLTFRERICH – liege in den politischen Zielsetzungen, die Brüning und über weite Strecken auch die ihn tragenden Kräfte anstrebten: innenpolitisch die Konsolidierung der öffentlichen Finanzen, vor allem der Abbau der Sozialausgaben, außenpolitisch die Streichung der Reparationen. Zur Durchsetzung dieser Ziele brauchte Brüning die Krise. „Wenn Brüning seinen eigenen Handlungsspielraum eingeschränkt sah, dann aufgrund der von ihm selbst vertretenen Prioritätenskala: 1. Revision von Versailles, vor allem Abbau der Reparationen mit Zustimmung der Alliierten; 2. um den entscheidenden Durchbruch in dieser Frage nicht zu blockieren, möglichst strikte Einhaltung internationaler Verpflichtungen (auch die im Young-Plan bekräftigte Bindung der deutschen Währung an eine Gold- und Devisendeckung und das dort vorgesehene Verbot einer Markabwertung); 3. Vermeidung der Inflation und 4. weit hinten das Ziel der Vollbeschäftigung oder gar des Wirtschaftswachstums" [ebd., 629]. Bei einer Umkehrung der Prioritätenskala, meint HOLTFRERICH, hätte eine aktive Konjunkturpolitik schon im Sommer 1931, noch vor der endgültigen Streichung der Reparationen, eingeleitet werden können, und möglicherweise hätte eine ein Jahr früher einsetzende Arbeitsbeschaffungspolitik das politische Schicksal Deutschlands in andere Bahnen gelenkt, die Demokratie

Reaktionen auf K. Borchardts Interpretation

C.-L. Holtfrerich

Prioritätenskala Brünings

überleben lassen. Eine Zwangslage, die Alternativen grundsätzlich ausschloß, hat es daher nach Auffassung HOLTFRERICHS „wohl nicht gegeben" [ebd., 631].

Diese Auffassung vertritt auch U. BÜTTNER in einer scharfsinnigen Studie [700: Politische Alternativen zum Brüningschen Deflationskurs], in der sie herausarbeitet, daß spätestens seit Sommer 1931 nicht nur die ökonomischen, technischen und theoretischen Bedingungen für eine Neuorientierung der Wirtschaftspolitik gegeben waren, sondern auch und vor allem in breiten Bevölkerungskreisen der Wunsch nach aktiver Bekämpfung der Wirtschaftskrise bestand, es somit nicht an gesellschaftlicher Unterstützung für eine antizyklische Wirtschaftspolitik gefehlt hätte. BORCHARDTS Warnung vor der Nachtragsweisheit der Historiker kontert sie mit dem Argument, alle Einwände, die Historiker später gegen Brünings Politik geltend machten, seien auch schon von Zeitgenossen erhoben worden [ebd., 238; in diese Richtung zielt auch die Argumentation bei 762: MEISTER, Die große Depression; entsprechende Äußerungen von Industriellen, Verbandsvertretern, Regierungsmitgliedern und Beamten verzeichnet bei 749: KIM, Industrie, Staat und Wirtschaftspolitik].

Die von HOLTFRERICH, BÜTTNER und mehreren anderen Forschern vorgebrachte Kritik an seiner Deutung der Wirtschafts- und Finanzpolitik Brünings hat BORCHARDT nicht überzeugen können. Unterstützung erhielt er in jüngerer Zeit von A. RITSCHL, der insbesondere auf die hohe deutsche Auslandsverschuldung verwies und auf die Notwendigkeit, sich das Wohlwollen ausländischer Kreditgeber durch den Verzicht auf eine inflationäre Haushaltspolitik zu bewahren [vgl. BORCHARDTS Beitrag in 753: v. KRUEDENER (Hrsg.), Economic Crisis and Political Collapse, 99–151; RITSCHLS Argumente in 781a: RITSCHL, Deutschlands Krise, und, in prägnanter Fassung in: 781b: DERS., Knut Borchardts Interpretation; vgl. auch 684a; HOLTFRERICHS Position: Zur Debatte über die deutsche Wirtschaftspolitik von Weimar zu Hitler, in: VfZ 44 (1996), 119–132].

Streichung der Reparationen als vorrangiges Ziel Brünings

Daß die Streichung der Reparationen für Brüning tatsächlich eine sehr hohe und mindestens zeitweise oberste Priorität besaß, kann inzwischen nicht mehr bezweifelt werden. Ging es ihm nach der Übernahme des Kanzleramtes zunächst vorrangig um die Sanierung der Reichsfinanzen, so erkannte er doch bald, daß die Weltwirtschaftskrise im allgemeinen und die desaströse finanzielle und wirtschaftliche Lage des Reiches sich instrumentalisieren ließen, um die Reparationen vollständig abzuschütteln, zumal bei diesem Kurs auf britisches und amerikanisches Verständnis gerechnet werden durfte, wie sich während des Hoover-Moratoriums allmählich herauskristallisierte. Man wird zwar nicht so weit gehen dürfen, wie es gelegentlich geschehen ist, der Regierung Brüning zu unterstellen, sie habe die Krise *vorsätzlich* verschärft, um auf diese Weise eine Lösung des Reparationsproblems zu erzwingen. Aber die *eingetretene* (wenn auch nicht als Ziel angestrebte) finanz- und wirtschaftspolitische Notlage des Reichs wurde von Brüning als Mittel der Reparationsrevision politisch genutzt. Um es mit seinen eigenen Worten zu sagen: „Aus der Krankheit konnten wir unsere Waffen machen" [67: Memoiren 1918–1934, 309; zur Brüningschen Reparationspolitik siehe neben der älteren Arbeit 734: HELBICH, Die Reparationen in der Ära Brüning, und der eindringlichen Untersuchung 725: GLASHAGEN, Die Reparationspolitik Heinrich Brünings 1930–1931, jetzt die detaillierten, Brünings Prioritätenskala etwas differenzierenden Darlegungen bei 316: HEYDE, Das Ende der Reparationen, und 307: GRAML, Zwischen Stresemann und Hitler].

Bei seiner forcierten Reparationsrevisionspolitik, der er alle anderen Lebensfragen der Nation nachordnete, war Brüning nicht zuletzt von der Absicht geleitet, durch die Beseitigung der Reparationen möglichst rasch den Weg für eine zukünftige Kooperation mit der politischen Rechten zu ebnen und damit den Wünschen Hindenburgs und der Reichswehrführung zu entsprechen. Insofern besteht ein Zusammenhang zwischen Reparationsrevision, hartnäckig fortgesetzter Deflationspolitik und Zielprojektion bei der Etablierung des Präsidialregimes. Dieser Hinweis mag verdeutlichen, daß mit der Weichenstellung vom März 1930 nicht nur eine gravierende Umformung des Regierungssystems eingeleitet worden ist, sondern auch entscheidende Voraussetzungen für die Gestaltung der deutschen Wirtschafts- und Finanzpolitik in der großen Krise geschaffen wurden.

Unter dem Gesichtspunkt der „Ermöglichung Hitlers" kommt den politischen Entscheidungen und Vorgängen zwischen September 1930 und Januar 1933 besonders hohe Bedeutung zu. Sie werden deshalb in der Forschungsliteratur begründeterweise sehr ausführlich behandelt und gerade auch unter diesem Gesichtspunkt gewürdigt. Dabei konnte über einzelne Probleme, die lange Zeit kontrovers beurteilt wurden, inzwischen Klarheit geschaffen und weitgehende Übereinstimmung des Urteils erzielt werden, z. B. über Motive, Etappen und Verantwortlichkeiten beim Sturz Brünings [dazu sehr ausführlich 454: SCHULZ, Zwischen Demokratie und Diktatur Bd. 3, 768 ff., bes. 819 ff., sowie 586: WINKLER, Der Weg in die Katastrophe, 560 ff. (ebd. 577 ff. vortreffliche Gesamtbeurteilung); vgl. auch die Darstellung o. S. 138 ff.] oder bei der Bewertung der sozialdemokratischen Tolerierungspolitik gegenüber dem Kabinett Brüning: Während lange eine negative Einschätzung der sozialdemokratischen Tolerierungsstrategie dominierte, hat sich inzwischen eine behutsamere, die Machtkonstellation stärker berücksichtigende Beurteilungsperspektive durchgesetzt. Indem man Motivation und Zielsetzung von SPD- und Gewerkschaftsführung klar herausarbeitet – Verhinderung einer nationalsozialistischen Regierungsbeteiligung oder gar Machtübernahme, Aufrechterhaltung der sozialdemokratischen Regierungsmacht in Preußen, Zeitgewinn bis zur Abschwächung der Wirtschaftskrise (vgl. o. S. 134) –, wird deutlich, daß es für die Sozialdemokratie in der gegebenen Situation kaum eine realistische, politisch verantwortbare Alternative zur Tolerierungsstrategie gegeben hat [514: KOLB, Die sozialdemokratische Strategie in der Ära des Präsidialkabinetts Brüning;

Entlassung Brünings

Tolerierungspolitik der SPD

586: WINKLER, Der Weg in die Katastrophe, 207 ff.; 544: PYTA: Gegen Hitler und für die Republik, 203 ff.; 555: SCHAEFER, SPD in der Ära Brüning, 65 ff.; K. SCHÖNHOVEN, Strategie des Nichtstuns?, in 462: WINKLER (Hrsg.), Die deutsche Staatskrise 1930–1933, 59–75].

Kontroversen um die Reaktion von SPD und Gewerkschaften auf Papens „Preußenschlag"

Umstritten war in der Forschung lange Zeit die Haltung von Preußen-Regierung, SPD- und Gewerkschaftsführung beim „Staatsstreich" Papens gegen Preußen am 20. Juli 1932 [zum terminologischen Problem s. G. SCHULZ, „Preußenschlag" oder Staatsstreich?, in: Der Staat 17 (1978), 553–581, bes. 569 ff.]. Die Kontroverse um Möglichkeiten und denkbare Formen des Widerstands gegen die Absetzung der Preußen-Regierung begleitet die Weimar-Historiographie seit ihren Anfängen, denn in der Retrospektive ließ sich die Gleichschaltungsmaßnahme Papens als Auftakt der nationalsozialistischen Machtübernahme deuten. Während unmittelbar Beteiligte wie O. BRAUN, C. SEVERING und A. GRZESINSKI in ihren Memoiren begründeten, daß Widerstand aussichtslos erscheinen mußte und deshalb ein Aufruf zu Massenaktionen unverantwortlich gewesen wäre, vertraten Mitte der fünfziger Jahre K. D. BRACHER und E. EYCK mit Nachdruck die Auffassung, der Verzicht auf Widerstand sei ein schwerer Fehler gewesen. BRACHER räumte zwar ein, daß ein gewaltsamer Widerstand aller Wahrscheinlichkeit nach niedergeschlagen worden wäre – aber: „Es blieb doch die Möglichkeit einer nachhaltigen Demonstration, einer Bekundung des ungebrochenen Selbstbehauptungswillens der Demokratie auch gegen zeitweilig überlegene Gewaltaktionen. Dies hätte über alle berechtigten sachlichen Erwägungen hinweg aus dem psychologisch-moralischen Zusammenbruch der republikanischen Kräfte doch noch ein demokratisches Selbstbewußtsein retten, den neuen Machthabern ihren Weg erschweren, die künftigen Entwicklungen verzögern und einschränken können" [109: Die Auflösung der Weimarer Republik, 599]. Diese Auffassung setzte sich zunächst durch – trotz des sofort erhobenen Widerspruchs von A. BRECHT, man müsse bei Urteilen über die Verantwortung von der Lage ausgehen, wie sie zur Zeit der Handlung oder Unterlassung aussah, „nicht wie sie sich wegen unvorhersehbarer Umstände nachher entwickelte" (s. o. S. 160). E. MATTHIAS hielt den Entschluß von Preußen-Regierung und SPD-Führung, auf Widerstand zu verzichten, selbst dann für verhängnisvoll, wenn die republikanische „Festung" Preußen nicht zu halten war: „Mit dem 20. Juli war die letzte Chance einer Ausweitung der republikanischen Widerstandsbasis nach rechts und links verscherzt; und die Auswirkungen eines vollen Mißerfolgs hätten nicht verheerender sein können als die politischen und psychologischen Folgen der Untätigkeit" [528: Das Ende der Parteien, 127, 144]. H.-P. EHNI ging sogar so weit, die Kräfteverhältnisse als „gar nicht so aussichtslos" zu bezeichnen, und sprach von „verhängnisvollem Legalitätsglauben" und „legalistischer Unbeweglichkeit" bei der SPD-Führung [402: Bollwerk Preußen?, 207 f.]. Aus diesem weitgehenden Konsens während der sechziger Jahre scherte nur K. ROHE in seinem Buch über das Reichsbanner aus; er erklärte, die

Argumente der Kritiker

Wider die Kritik an der Haltung von SPD- und Gewerkschaftsführung

Gründe, die einen Verzicht auf Widerstand nahelegten, seien politisch zwingend und überzeugend gewesen: „Die konkreten Machtverhältnisse sprachen bei dem Vorgehen Papens, das zudem formal-juristisch gedeckt war, so eindeutig zugunsten der Reichsregierung, daß die Linke in einem gewaltsamen Widerstand nur politischen Selbstmord sehen konnte. Alle Opfer mußten von vornherein vergeblich erscheinen" – am 20. Juli habe es keine Alternative gegeben, „sofern man es für ein Gebot vernünftigen politischen Handelns erachtet, daß jedes Risiko in einer angemessenen Relation zu den mutmaßlichen Folgen der Tat zu stehen hat" [843: Das Reichsbanner Schwarz Rot Gold, 437]. Ganz ähnlich und mit zusätzlichen Gesichtspunkten argumentierte dann H. SCHULZE in seiner Otto Braun-Biographie von 1977 [927: Otto Braun, 745 ff.].

Zwar wird in Teilen der Forschungsliteratur weiterhin Kritik am Verhalten von Preußen-Regierung und SPD-Führung geübt, auch durch Zeitzeugen erfährt die Passivität der Parteispitze überwiegend eine herbe Beurteilung. Aber inzwischen hat in der wissenschaftlichen Diskussion doch jene Auflassung deutlich die Oberhand gewonnen, die dem Verhalten von SPD- und Gewerkschaftsführung mit Verständnis begegnet und den Verzicht auf einen Kampfappell an die Massen als eine – unter den gegebenen Umständen – realistische und verantwortungsvolle Entscheidung bewertet. Es wird kaum mehr bezweifelt, daß die Fundamente des „Bollwerks Preußen" im Sommer 1932 bereits aufs stärkste unterspült waren und ein Versuch gewaltsamen Widerstands nicht nur zu raschem Scheitern verurteilt gewesen wäre, sondern auch mit an Sicherheit grenzender Wahrscheinlichkeit zu einer autoritären Militärdiktatur (mindestens auf Zeit) geführt hätte, was die Sozialdemokraten nicht wollen konnten. Darüber hinaus werden jetzt aber diejenigen Momente stärker als früher betont, die den Verzicht der SPD-Führung auf die Einleitung von Kampfmaßnahmen, beginnend mit der Ausrufung eines politischen Generalstreiks, als plausibel und politisch berechtigt erscheinen lassen: Destabilisierung des Milieus der Arbeiterbewegung u. a. aufgrund der hohen Arbeitslosigkeit; Zermürbung der SPD im „Zweifrontenkrieg" gegen Rechtsradikalismus und KPD; Unsicherheit, ob die Mehrheit der organisierten, noch in einem Arbeitsverhältnis stehenden Arbeiter wirklich den offenen Kampf gegen Reichspräsident und Reichswehr aufnehmen würde, da infolge der Verhängung des Ausnahmezustands jede militante Gegenwehr zu einer Auseinandersetzung mit unabsehbaren Konsequenzen führen mußte; Unklarheit, wie sich die Kommunisten in den Kampf einschalten würden, um möglichst viel Wasser auf die eigenen Mühlen zu lenken; schließlich die Befürchtung, mit der Ausrufung des Generalstreiks würde der NSDAP-Führung in die Hände gearbeitet, die hoffte, „sich zum Nutznießer des Zusammenstoßes zwischen der Staatsgewalt und den Kräften der Linken zu machen und als Hilfsformation zur Sicherung der Ordnung und als Retter Deutschlands vor dem Bolschewismus aufzuspielen" [140: H. MOMMSEN, Die verspielte Freiheit, 456].

Derzeitiger Stand der Diskussion

Der früher gelegentlich herangezogene Vergleich des Verhaltens von SPD- und Gewerkschaftsführung am 20. Juli 1932 mit demjenigen beim Kapp-Lüttwitz-Putsch 1920 ist abwegig. 1920 putschten Truppeneinheiten gegen die rechtmäßige Regierung. Dagegen trug die Aktion vom 20. Juli 1932 das Gepräge einer von den verfassungsmäßigen Instanzen Reichspräsident und Reichsregierung getroffenen Maßnahme, wie dürftig die rechtliche Begründung auch sein mochte. 1920 war die Kampfparole klar: Abwehr eines Militärputsches gegen die verfassungsmäßige Regierung. Was hätte im Juli 1932 die „Parole" sein können? Rücknahme der Absetzung einer nur noch geschäftsführenden Landesregierung, die über keine Mehrheit im Landtag verfügte und deren Mitglieder amtsmüde waren, seit Wochen bemüht, sich einen honorigen Abgang zu verschaffen? Durfte man mit der Parole einer Wiedereinsetzung der geschäftsführenden Regierung die Arbeiterschaft in den Kampf und womöglich in ein Blutbad führen? Denn es kann kein Zweifel bestehen, daß die Reichswehr willens und in der Lage war, Widerstandsaktionen niederzuwerfen. Es ist zudem höchst fraglich, ob man den Zeitpunkt für ein „letztes Aufbäumen" im Juli 1932, anderthalb Wochen vor der Reichstagswahl, bereits für gekommen erachten mußte. Schließlich noch eine weitere Überlegung: Eine Mobilisierung der Arbeiterschaft, schon der Versuch dazu, hätte durchaus auf der Gegenseite zum Zusammenrücken von Reaktion und NSDAP führen können, wie bereits angedeutet wurde. Damit wäre die Bündniskonstellation vom Januar 1933 vorweggenommen worden – und die Historiker würden sich dann heute die Frage stellen, „ob die deutsche Arbeiterbewegung im Sommer 1932 ihren eigenen Untergang und den Sieg des Nationalsozialismus durch einen sinnlosen Aufstand provoziert hat" [563: SCHÖNHOVEN, Reformismus und Radikalismus, 164].

Aufgrund dieser Argumente, Beobachtungen und Überlegungen erfährt das passive Verhalten der Spitzen von Sozialdemokratie und Freien Gewerkschaften am 20. Juli 1932 heute eine weniger harsche – und man darf sagen: gerechtere – Beurteilung, als sie zeitweilig im Schwange war [die hier vorgetragenen Argumente und Gesichtspunkte finden sich u. a. bei H. GREBING, Flucht vor Hitler?, in: Aus Politik und Zeitgeschichte B4–5/83 v. 29. 1. 1983, 26–42; 130: JASPER, Die gescheiterte Zähmung, 95 ff.; 586: WINKLER, Der Weg in die Katastrophe, 646 ff.; 544: PYTA, Gegen Hitler und für die Republik, 386 ff.; 555: SCHAEFER, SPD in der Ära Brüning, 414 ff.; 838: LESSMANN, Die preußische Schutzpolizei, 363 ff.; KOLB, Rettung der Republik: Die Politik der SPD in den Jahren 1930 bis 1933, in 159: WINKLER (Hrsg.), Weimar im Widerstreit, 85–104, hier S. 95 ff. sowie Nr. 426a.].

Proklamierung des Staatsnotstands als Ausweg?

Gerade in jüngster Zeit wird in der Forschung die Frage lebhaft erörtert, ob nicht auch noch unter den autoritären Kabinetten Papen und Schleicher politische Alternativen zu einer Auslieferung der Regierungsmacht an die Nationalsozialisten verfügbar waren. Dabei rückt eine bislang zu wenig beachtete Möglichkeit zur Verhinderung einer Kanzlerschaft Hitler in den Vordergrund des

Interesses, nämlich die Ausrufung des Staatsnotstands (vgl. o. S. 147). Wäre angesichts des 1932 eingetretenen Zustands einer veritablen „Verfassungslähmung", der mit intrakonstitutionellen Aushilfen nicht mehr beizukommen war, nicht der Zugriff auf ein überpositives Notstandsrecht geeignet und gerechtfertigt gewesen, um die „legalistisch" operierenden Nationalsozialisten von der Macht fernzuhalten? Eine mit der Verfassung nicht in Einklang stehende befristete Ausschaltung des Reichstags, gedeckt durch die Autorität des Reichspräsidenten und die bewaffnete Macht der Reichswehr, hätte zwar keinen Ausweg aus der Staatskrise der Weimarer Republik eröffnet, aber die wohl einzige noch erfolgversprechende Alternative zur Beauftragung Hitlers mit dem Kanzleramt dargestellt. Unzweifelhaft ist, daß ab Ende August 1932 bis Ende Januar 1933 die Proklamierung des Staatsnotstands erwogen wurde [E. KOLB/ W. PYTA, Die Staatsnotstandsplanung unter den Regierungen Papen und Schleicher, in 462: WINKLER (Hrsg.), Die Deutsche Staatskrise 1930–1933, 155– 181; W. PYTA, Verfassungsumbau, Staatsnotstand und Querfront: Schleichers Versuche zur Fernhaltung Hitlers von der Reichskanzlerschaft August 1932 bis Januar 1933, in: DERS./L. RICHTER (Hrsg.), Gestaltungskraft des Politischen, Festschrift für Eberhard Kolb, Berlin 1998, 173–197; zu Schleichers verfassungspolitischer Konzeption auch DERS., Konstitutionelle Demokratie statt monarchischer Restauration, in: VfZ 47 (1999), 417–441]. Neue Quellenfunde lassen deutlicher, als bisher angenommen wurde, erkennen, daß die Reichswehrführung sich im Einvernehmen mit Schleicher für die Übernahme der Exekutivgewalt bestens präpariert hatte [s. die Dokumentation von W. PYTA, Vorbereitungen für den militärischen Ausnahmezustand unter Papen/Schleicher, in: MGM 51 (1992), 385–428; zum Problem des Staatsnotstands in „Weimars letzten Monaten" vgl. auch 394: BLOMEYER, Der Notstand in den letzten Jahren der Weimarer Republik; 389: BERTHOLD, Carl Schmitt und der Staatsnotstandsplan am Ende der Weimarer Republik].

Die Endphase der Weimarer Republik stand ganz im Zeichen von Aufstieg und Vormarsch der nationalsozialistischen Bewegung seit 1929/30. Voraussetzungen und Etappen dieses Durchbruchs der NSDAP von der völkischen Kaderpartei zur populistischen Massenbewegung und damit zu einem gewichtigen Faktor im innenpolitischen Kräftefeld überzeugend zu analysieren – dies ist zweifellos eine der wichtigsten Aufgaben der Weimar-Forschung. Die NS-Forschung im engeren Sinn hat sich während der beiden ersten Dezennien nach 1945 allerdings vorrangig auf die „Frühgeschichte" der Partei in Bayern 1919–1923 und auf die Person Hitlers konzentriert [zu den Problemen der Hitler-Biographie und der Hitler-Forschung s. die Forschungsberichte von K. HILDEBRAND, Das Dritte Reich, München ⁷2009, 185 ff. sowie bei 909: SCHREIBER, Hitler]. Die NSDAP der „Bewegungsphase" nach der Wiedergründung der Partei 1925 rückte erst seit Ende der sechziger Jahre stärker in den Vordergrund: Die in kurzem zeitlichen Abstand erschienenen Mono-

Aufstieg des Nationalsozialismus als Forschungsschwerpunkt

graphien von J. NYOMARKAY [902], D. ORLOW [903], W. HORN [881], A. TYRELL [918, vgl. 52] und neuerdings HERBST [879a] befassen sich eingehend und in fundierter Weise mit der innerparteilichen Entwicklung und Struktur der NSDAP und der Herausbildung eines neuen Parteitypus, geprägt durch Führerideologie und Führerprinzip (vgl. o. S. 114), die Arbeit von P. HÜTTENBERGER [882] mit dem wichtigsten Führungskader der NSDAP in der sog. „Kampfzeit", den Gauleitern.

Ursachen des Massenzustroms zur NSDAP

Andere Studien suchen zu ergründen, worauf die Anziehungskraft der NSDAP beruhte, welches die wesentlichen Ursachen des Massenzulaufs waren. M. BROSZAT lenkte in diesem Zusammenhang den Blick auf die sozial-, generations- und erfahrungsspezifischen Mentalitätsstrukturen, denen – gegenüber der methodisch leichter möglichen, aber oft viel weniger aussagekräftigen Ermittlung „objektiver" sozioökonomischer Daten wie Herkunft, Zivilberuf u. ä. (s. dazu o. S. 123) – lange Zeit zu wenig Aufmerksamkeit geschenkt wurde. Der Massenerfolg der NSDAP erscheint ihm „wenig ,dramatisch'" und „nur scheinbar plötzlich", weil die neue antimarxistische und antiliberale Sammelpartei großenteils lediglich übernahm und zusammenfaßte, „was – zersplittert, aber in großer Breite – als ideologisch-politisches und interessenpolitisches Potential schon längst vorgeformt war", wobei die Volksgemeinschafts-Parole sich als wirksamstes Element der NS-Propaganda erwies und die Partei durch die weitverbreitete soziale Proteststimmung vor allem bei der jungen Generation gewaltigen Auftrieb erhielt [859: Zur Struktur der NS-Massenbewegung, 59 ff.; vgl. DERS., 858: Soziale Motivation und Führerbindung des Nationalsozialismus; 860: Die Machtergreifung, dort 207–219 auch Bericht über Quellenlage und Forschungsstand].

In der Sicht J. KOCKAS erwuchs die Anziehungskraft, die der Nationalsozialismus auf sehr unterschiedliche soziale Gruppen ausübte, primär aus der „Janusköpfigkeit der NS-Bewegung": „Der Nationalsozialismus bot die Möglichkeit, zugleich *einerseits* radikal und anti-elitär, gegen Kapitalisten und"Bonzen„zu sein und *andererseits* scharf anti-sozialistisch, national und sogar standesgemäß aufzutreten." Daß der Nationalsozialismus gerade durch seinen „Zwittercharakter" – „zugleich antimodern und dynamisch, antikapitalistisch und antisozialistisch, reaktionär und revolutionär zu sein" – für große Teile der deutschen Gesellschaft solche Attraktivität gewinnen konnte, führt KOCKA auf die in Deutschland nach wie vor wirkungsmächtigen vorindustriellen, vorkapitalistischen und vorbürgerlichen Traditionen zurück [Ursachen des Nationalsozialismus, in: Aus Politik und Zeitgeschichte B 25/80 v. 21. 6. 1980, 3–15; Zitat S. 10 f.]. Ein weiteres Erklärungsmodell zur Deutung von Wesen, Selbstverständnis und Kohäsionskraft der NS-Bewegung hat der amerikanische Historiker J. M. RHODES vorgelegt, der den Nationalsozialismus als säkulare chiliastische Bewegung interpretiert [905: The Hitler Movement].

Die allgemeineren Untersuchungen werden durch speziellere Studien flankiert: zum einen Fallstudien für einzelne Städte und Regionen [z. B. 854, 856, 876, 880, 901, 906, 906a., 908, 918a., 919], zum anderen Arbeiten zur organisatorischen „Infrastruktur" der NSDAP, z. B. die SA [855, 866, 884, 893, 899, 904a.], die SS [889], den agrarpolitischen Apparat [871], die Jugendorganisationen und den NS-Studentenbund [910, 865], die Nationalsozialistische Betriebszellenorganisation [890]. Gerade dieses Untersuchungsfeld bedarf einer weiteren intensiven Bearbeitung, denn der Aufbau einer organisatorischen Infrastruktur erleichterte den Nationalsozialisten das Eindringen in die verschiedensten gesellschaftlichen Bereiche – bis hin zur Unterwanderung einzelner Organisationen und Institutionen des bürgerlichen Lagers (vgl. o. S. 120) – und ermöglichte so zu einem guten Teil die bemerkenswerten nationalsozialistischen Mobilisierungserfolge seit 1930.

<small>Spezialstudien für einzelne Regionen und zur organisatorischen „Infrastruktur" der NS-Bewegung</small>

Bei der Untersuchung des nationalsozialistischen „Vormarsches" ab 1929/30 galt das Interesse der Forschung in den siebziger und achtziger Jahren vor allem zwei Problemkreisen: den Wählerbewegungen zur NSDAP sowie dem Verhältnis von Industrie, insbesondere Großindustrie, und Nationalsozialismus.

Gewiß: Hitler kam nicht durch Wahlen an die Macht. Aber diese zutreffende Aussage ist zu ergänzen durch die ebenso zutreffende Feststellung: Ohne Wahlen, d. h. ohne die nationalsozialistischen Wahlerfolge vor allem im Jahr 1932, wäre Hitler mit Sicherheit nicht an die Macht gekommen. Angesichts dieses unbestreitbaren Sachverhalts ist es erstaunlich, daß die Wählerbewegungen zur NSDAP erst relativ spät zum Gegenstand wahlhistorischer Analysen auf wissenschaftlicher Grundlage geworden sind; statt dessen beherrschten Behauptungen einer „wahlhistorischen Folklore" (J. W. FALTER) das Feld, eine Mischung aus richtigen, halbwahren und ganz falschen Aussagen. Die lange Zeit dominierende, teilweise auf zeitgenössischen Wahlanalysen beruhende Auffassung ging dahin, beim Nationalsozialismus handle es sich um ein Mittelklassephänomen: die NSDAP sei in erster Linie von Angehörigen des alten und neuen Mittelstandes gewählt worden, von Handwerkern, kleinen Geschäftsleuten, mittelständischen Bauern, Angestellten und Beamten (soweit diese Mittelständler nicht katholische Wähler von Zentrum und BVP waren); hingegen seien der obere Mittelstand und die Oberschicht gegenüber dem Nationalsozialismus weitgehend resistent gewesen, auf der anderen Seite auch die Arbeiterschaft (nur bei arbeitslosen Arbeitern habe der Nationalsozialismus einigen Erfolg gehabt). Diese Interpretation verdichtete der amerikanische Soziologe S. M. LIPSET zur These vom Faschismus als „Extremismus der Mitte" [die deutsche Fassung auszugsweise in 129: JASPER (Hrsg.), Von Weimar zu Hitler, 101–123; vgl. dazu schon früh die Kritik von H. A. WINKLER, Extremismus der Mitte?, in: VfZ 20 (1972), 175–191].

<small>Wählerbewegungen zur NSDAP</small>

<small>Erklärungsmodelle der älteren Forschung</small>

Die Erforschung von politischer Herkunft und sozialstrukturellem Hintergrund der NSDAP-Wähler mit Hilfe moderner wahlhistorischer Methoden kam erst im Laufe der siebziger Jahre in Gang. In den achtziger Jahren bildete sie dann einen ausgesprochenen Schwerpunkt in der wissenschaftlichen Beschäftigung mit der NS-Bewegung vor 1933. Im Rahmen eines von J. W. FALTER betreuten großen Forschungsprojekts entstanden rund 30 Einzelstudien; den Ertrag dieser aufwendigen Forschungsarbeit bündelte FALTER in seinem Buch „Hitlers Wähler" [864]. Als Ergebnis dieser Monographie und zahlreicher Untersuchungen anderer Autoren sind gegenwärtig folgende Aussagen möglich:

Befunde neuerer wahlhistorischer Studien

1) Die Wählerbewegungen zur NSDAP, vor allem bei den Septemberwahlen 1930, können weder mit dem klassentheoretischen Erklärungsmodell von LIPSET u. a. noch mit dem massentheoretischen Erklärungsmodell von BENDIX u. a. (vgl. o. S. 128) zureichend erfaßt und gedeutet werden [Präsentation und Kritik der beiden Positionen s. J. W. FALTER, Radikalisierung des Mittelstandes oder Mobilisierung der Unpolitischen?, in: P. STEINBACH (Hrsg.), Probleme politischer Partizipation im Modernisierungsprozeß, Stuttgart 1982, 438–469]. Die Wählerbewegungen zur NSDAP stellen sich heute erheblich komplexer dar, als beide Positionen voraussetzen.

Parteipolitische Herkunft der NSDAP-Wähler

Bei den Reichstagswahlen 1930, 1932 I und 1933 konnte die NSDAP zwar stärker als jede andere Partei Wähler gewinnen, die bei der jeweils vorausgehenden Wahl nicht abgestimmt hatten. Aber die weitaus meisten Zuwanderer waren ehemalige Wähler der DNVP, der bürgerlichen Mittelparteien und der Interessen- und Regionalparteien, nicht wenige hatten früher sogar für die SPD gestimmt; lediglich die Wähler von Zentrum und BVP sowie der KPD zeigten sich nahezu völlig resistent gegenüber der NSDAP. Es wird angenommen, daß 1930 jeder dritte DNVP-Wähler, jeder vierte DVP- oder DDP-Wähler, jeder siebte Nichtwähler und jeder zehnte SPD-Wähler von 1928 zur NSDAP wechselte; damit stellten ehemalige Nichtwähler und DNVP-Wähler das stärkste Kontingent. Bei der Juliwahl 1932 stieß jeder zweite Wähler der Splitterparteien (großenteils waren dies einstige DNVP-Wähler), jeder dritte Wähler der Liberalen und der Deutschnationalen, jeder fünfte Nichtwähler und jeder siebte SPD-Wähler von 1930 zur NSDAP [864: FALTER, Hitlers Wähler, 110].

Sozialstrukturelles Profil der NSDAP-Wählerschaft

2) Was das sozialstrukturelle Profil der NSDAP-Wählerschaft anbetrifft (das ja mit dem der Parteimitgliedschaft – vgl. o. S. 123 – nicht identisch ist oder zu sein braucht), so kann die landläufige Auffassung, das Kleinbürgertum habe mit seinen Stimmen Hitler zur Macht verholfen, in dieser Form nicht aufrecht erhalten werden. Die soziale Basis des nationalsozialistischen Wählerverhaltens war weder so statisch noch so eng, wie lange vermutet und behauptet wurde [dazu vor allem 861: CHILDERS, The Nazi Voter; 864: FALTER, Hitlers Wähler, sowie zusammenfassend DERS., Wähler und Mitglieder der NSDAP. Neue Forschungsergebnisse zur Soziographie der Nationalsozialisten 1925–1933, in: GG 19 (1993), 155–177]. Die bis in die jüngste Zeit dominierende „Mittelstandsthese" ist nach zwei Richtungen hin zu revidieren – nach „oben" und nach „unten" in der sozialen Schichtungspyramide.

Wie R. F. HAMILTON anhand einer sorgfältigen Analyse der Wahlergebnisse in den einzelnen Stimmbezirken von 15 deutschen Großstädten nachzuweisen vermag, hat die NSDAP gerade in den Wohnvierteln der Oberschicht und der oberen Mittelklasse überdurchschnittlich gut abgeschnitten, ja teilweise sogar ihre Spitzenergebnisse der jeweiligen Stadt erzielt, z. B. in Berlin, Hamburg, Essen und Dortmund [877: Who voted for Hitler; DERS., Braunschweig 1932, in: Central European History 17 (1984), 3–36]. Von Interesse ist ferner HAMILTONS Befund, daß bei der Juliwahl 1932 die NSDAP weit überdurchschnittliche Ergebnisse bei den mit Stimmschein wählenden Sommerurlaubern erzielte (in der Weimarer Republik gab es keine Briefwahl; mit „Stimmschein" konnte an einem anderen als dem Heimatort gewählt werden). Man darf davon ausgehen, daß diejenigen, die sich im Krisensommer 1932 einen Sommerurlaub in den Nordsee- und Ostseebädern, im Voralpenland oder im Schwarzwald leisten konnten, zu den besser situierten Bevölkerungskreisen zählten [877: HAMILTON, Who voted for Hitler, 220ff.]. Hinzuweisen ist auch auf HAMILTONS Beobachtung, daß der großbürgerliche NSDAP-Stimmenanteil dort besonders deutlich ausfiel, wo die maßgebende bürgerliche Lokalzeitung der NSDAP wohlwollend begegnete, wobei sich die Frage stellt, ob das Wählerverhalten durch die Tendenz der Zeitungen beeinflußt wurde oder ob die Zeitungen sich den Stimmungen ihrer Leserschaft anpaßten. Hier eröffnet sich ein Feld für lokalhistorische Studien.

Da die Ober- und obere Mittelschicht nur einen bescheidenen Teil der gesamten Wählerschaft ausmachte, war das Abstimmungsverhalten der Angehörigen dieser sozialen Schicht nicht wahlentscheidend – mit den Stimmen der Villenviertel konnte die NSDAP keine Massenbewegung werden und keine Wahlen gewinnen. Gleichwohl ist die Feststellung, daß sich beim besitzenden und gebildeten (nichtjüdischen) Bürgertum zumindest bei Wahlen eine erstaunlich starke Affinität zum Nationalsozialismus zeigte, von großer Bedeutung, liegt hier doch ein Schlüssel zum Verständnis des Verhaltens, das die meisten Angehörigen der Ober- und oberen Mittelschicht nach dem 30. Januar 1933 an den Tag legten.

Auch aus der Arbeiterschaft erhielt die NSDAP wesentlich mehr Stimmen, als früher angenommen wurde; man schätzt den Arbeiteranteil unter den NSDAP-Wählern auf 30–40%. Wenn bis zu den jüngsten Forschungen die „Arbeiterschaft" als weitgehend resistent gegenüber dem Nationalsozialismus galt, dann stand dabei – allerdings mehr unausgesprochen als ausgesprochen – das Bild des „typischen", der Arbeiterbewegung verbundenen Industriearbeiters aus städtischen Ballungsgebieten vor Augen. Diese Arbeiterkategorie machte aber nur einen Teil der Arbeiterschaft aus (die in der Sozialstatistik rein versicherungsrechtlich definiert war: Versicherungspflicht bei der Reichsinvalidenversicherung). Bei der Berufszählung 1925 entfielen von 16 Mill. Arbeitern aller Wirtschaftsbereiche auf den Sektor Industrie und Handwerk 10,2 Mill.; zieht man davon die Arbeiter in Handwerk und Kleinbetrieben mit weniger als 10 Beschäftigten ab, verbleiben 7,8 Mill. „Industriearbeiter im engeren Sinn". Rund 4 Millionen von ihnen waren in Großbetrieben mit über 200 Beschäftigten tätig. Insofern ist bei Bewertung der „Anfälligkeit" von Arbeitern gegenüber dem Nationalsozialismus [864: FALTER, Hitlers Wähler, 198 ff.; DERS./D. HÄNISCH, Die Anfälligkeit von Arbeitern gegenüber der NSDAP bei den Reichstagswahlen 1928–1933, in: AfS 26 (1986), 179–216] zweierlei zu berücksichtigen. Erstens: Auch vor 1930 hat ein nicht unerheblicher Teil der Arbeiterschaft keine der beiden „Arbeiterparteien" SPD und KPD gewählt. So schätzt man z. B., daß die DNVP bei den Dezemberwahlen 1924 rd. 2,2 Mill. Arbeiterstimmen erhielt (572: STUPPERICH, Volksgemeinschaft oder Arbeitersolidarität, 35]. Es ist zu vermuten, daß die NSDAP besonders solche vor dem konservativ oder „bürgerlich" wählenden Arbeiter für sich gewinnen konnte. Zweitens: Einbrüche in die Arbeiterschaft konnte die NSDAP vor allem dort erzielen, wo freie Gewerkschaften und Arbeiterparteien bis dahin wenig Erfolg gehabt hatten, bei Landarbeitern, Heimarbeitern, unselbständigen Handwerkern und Arbeitern kleinerer Betriebe sowie bei den Arbeitern einiger Zweige des öffentlichen Dienstes (Post, Eisenbahn, kommunale Betriebe). Dagegen blieb die Industriearbeiterschaft, insbesondere der Großbetriebe, gegenüber der NSDAP nach wie vor weitgehend resistent.

In zwei weiteren Punkten sind ältere Annahmen über die in Wahlen zutage tretende Affinität sozialer Gruppen zum Nationalsozialismus zu revidieren. Die Angestellten wählten – entgegen den Behauptungen der „Mittelstandsthese" – höchstwahrscheinlich unterdurchschnittlich, bestenfalls jedoch durchschnittlich die NSDAP; hingegen läßt sich eine überdurchschnittliche Anfälligkeit der Beamten gegenüber dem Nationalsozialismus konstatieren [864: FALTER, Hitlers Wähler, 230 ff., 242 ff.].

Wahlverhalten der Arbeitslosen

3) Als weiteres wichtiges Ergebnis der neueren Untersuchungen ist festzuhalten, daß es der NSDAP entgegen landläufiger Meinung nicht gelang, auf breiter Front in das Arbeitslosenheer einzubrechen. Die arbeitslosen Arbeiter (1932/33 etwa ein Drittel aller Arbeiter) stimmten eher für die KPD und (in geringerem Maße) für die SPD als für die NSDAP; lediglich bei den arbeitslosen Angestellten erzielte die NSDAP nennenswerte Stimmengewinne. Die gängige Behauptung, die Arbeitslosen hätten maßgebend zu den Wahlerfolgen der Hitler-Partei beigetragen, wird durch die Befunde der wahlhistorischen Forschung also nicht bestätigt, sondern widerlegt [s. u. a. 864: FALTER, Hitlers Wähler, 292 ff. sowie DERS., Politische Konsequenzen von Massenarbeitslosigkeit, in: PVS 25 (1984), 275–295]. Von der Massenarbeitslosigkeit profitierte die NSDAP in eher indirektem Sinn (s. o. S. 125 f.).

Bilanz der neueren Forschungen

In resümierender Würdigung dieser Befunde gelangt J. W. FALTER zu der Feststellung, bei der NS-Bewegung handle es sich um eine „sozial gemischte, sowohl für Arbeiter als auch für Mittel- und Oberschichtangehörige – wenn auch in unterschiedlichem Maße – attraktive Partei: Von der Sozialstruktur ihrer

Mitglieder und Wähler her gesehen – wenn auch nicht von ihrem Programm oder ihrer Politik –, ist sie wohl am ehesten als moderne Integrationspartei zu charakterisieren, die sich unter dem Vorzeichen der Volkspartei bemühte, in ihrer Propaganda mit Hilfe jeweils gruppenspezifisch formulierter Angebote und Versprechungen Angehörige aller Sozialschichten anzusprechen, was ihr auch stärker als den anderen politischen Parteien gelungen zu sein scheint. Ihr Versuch, sich damit gewissermaßen quer zu den existierenden Konfliktlinien der Weimarer Gesellschaft zu stellen, war zumindest partiell erfolgreich" [Wahlen und Wählerverhalten unter besonderer Berücksichtigung des Aufstiegs der NSDAP nach 1928, in: 111: BRACHER/FUNKE/JACOBSEN (Hrsg.), Die Weimarer Republik 1918–1933, 484–504; Zitat S. 496].

Der Problembereich „Industrie und Nationalsozialismus vor 1933" wurde von der westdeutschen Forschung (und der westlichen Forschung insgesamt) lange Zeit außerordentlich stark vernachlässigt. Dieser Umstand bedeutete ein erhebliches Handicap, als gegen Ende der sechziger Jahre die faschismustheoretische Deutung des Nationalsozialismus populär wurde, denn damit rückte zwangsläufig das Verhältnis Kapitalismus – Faschismus in den Brennpunkt des Interesses. Da quellennahe nichtmarxistische Studien über die Beziehungen zwischen Großindustrie und NSDAP während der Endphase der Republik zunächst nicht vorlagen, vermochten zeitweilig die Wissenschaftler der DDR mit einer Reihe von Veröffentlichungen die Diskussion auch in der Bundesrepublik zu beherrschen. Ihre offensiv vorgetragene Argumentation bewegte sich auf der Linie der sowjetmarxistischen „Agententheorie", wonach die nationalsozialistische „Machtergreifung" durch die deutsche Großindustrie manipuliert wurde. Hitler geriet in dieser Perspektive zum „mühselig hochgespielten und teuer bezahlten politischen Kandidaten" einer „Nazi-Gruppe" von Industriellen, Bankiers und Großagrariern, die Hitlers Kanzlerschaft wollten und organisierten [E. CZICHON, Wer verhalf Hitler zur Macht?, Köln 1967, 32]. Zwar räumten die DDR-Historiker ein, die deutsche Großindustrie habe vor 1933 nicht als ein geschlossener monopolkapitalistischer „Block" agiert (wie die Agententheorie der Komintern seinerzeit behauptete), sondern sie sei in rivalisierende Flügel und Gruppen gespalten gewesen (die unterschiedlich definiert und charakterisiert wurden), aber schließlich habe eine Mehrheitsgruppe als „Vertreter" der Industrie Hitler an die Macht gebracht. Der Faschismus erscheint in dieser Sicht als ein „ganz und gar monokausaler Kaufakt" [E. HENNIG, Industrie und Faschismus, in: NPL 15 (1970), 433–449; Zitat S. 439].

In Reaktion auf diese Publikationen hat sich auch die nichtkommunistische Forschung seit Ende der sechziger Jahre des Themas „Industrie und Nationalsozialismus" angenommen. Es ist das Verdienst des amerikanischen Historikers H. A. TURNER, durch eine Reihe quellenkritischer Studien auf empirischer Basis größere Klarheit über die finanziellen Zuwendungen industrieller Kreise an die NSDAP geschaffen zu haben [diese Studien zusammengefaßt 914: Fa-

Marginalien: Industrie und NS-Bewegung; Offensive der DDR-Historiographie; Sowjetmarxistische „Agententheorie"; Nichtmarxistische Forschung seit Ende der sechziger Jahre H. A. Turner

schismus und Kapitalismus in Deutschland; umfassend dann später TURNERS Monographie 916: Die Großunternehmer und der Aufstieg Hitlers]. Schon in seinen ersten Studien gelang es Turner, verschiedene Behauptungen, die durch ständige Wiederholung den Rang gesicherter Fakten erhalten hatten, als Legenden zu entlarven und den Quellenwert einiger bis dahin als „Schlüsseldokumente" eingestufter Beweisstücke in Frage zu stellen. Nach TURNERS Befund erhielt die NSDAP selbst im Jahr 1932 (von früheren Jahren ganz zu schweigen) nur einen höchst bescheidenen Teil des von der Großindustrie verausgabten „politischen Geldes"; diese Subsidien nehmen sich geringfügig aus im Vergleich mit den Zuwendungen von anderer Seite (u. a. von mittel- und kleinindustriellen Unternehmern sowie aus dem Ausland) und vor allem mit den Beträgen, welche die Partei durch Selbstfinanzierung aufbrachte (Aufnahme- und Mitgliedsbeiträge, Verkauf von Schriften, Eintrittsgelder zu Veranstaltungen, insbesondere zu Kundgebungen mit Hitler als Redner u. a. m. [dazu 896: MATZERATH/TURNER, Die Selbstfinanzierung der NSDAP 1930–32; 916: TURNER, Die Großunternehmer und der Aufstieg Hitlers, 144 ff.]).

Kontroverse Stegmann – Turner

TURNERS Forschungsergebnisse lösten eine heftige Kontroverse aus, die sich zu einer regelrechten „Dokumentenschlacht" (G. D. FELDMAN) entwickelte. D. STEGMANN warf TURNER vor, er arbeite strukturelle, sozialgeschichtlich relevante Aspekte nicht genügend heraus; nach STEGMANNS Auffassung hat der Hitler-Flügel innerhalb der Großindustrie zielstrebig und letztlich entscheidend an der Vorbereitung von Hitlers Kanzlerschaft mitgewirkt [u. a. 912: Zum Verhältnis von Großindustrie und Nationalsozialismus 1930–33]. Im Gegenzug erkannte TURNER bei STEGMANN einen mitunter eigenartigen Umgang mit Quellen, Mißdeutung von Archivalien und eine oft nicht stichhaltige Interpretation [915: Großunternehmertum und Nationalsozialismus 1930–1933]. Die Vehemenz dieser Auseinandersetzung und die Diskrepanz der Antworten sind nicht allein in unterschiedlichen methodischen Ansätzen und Beurteilungsmaßstäben begründet, sondern auch darauf zurückzuführen, daß man teilweise aneinander vorbeiredete, weil Fragestellung und Forschungsziel nicht klar genug bezeichnet wurden. Es ist nämlich notwendig, zwei Aspekte des gesamten Problemkomplexes sorgfältig zu unterscheiden: 1) Die Finanzierung der NSDAP – in diesem Zusammenhang interessiert, welchen absoluten und relativen Anteil die Industrie und speziell die Großindustrie zur Finanzierung der NSDAP geleistet hat. 2) Die Rolle der Großindustrie und der industriellen Spitzenverbände in der Endphase der Weimarer Republik – dieser Aspekt erfordert, über eine Aufhellung finanzieller Subsidienzahlungen hinaus, eine umfassende Analyse der großindustriellen Interessenpolitik und ihres Anteils an der Zerstörung des parlamentarischen Verfassungsstaates, am Scheitern der Republik und damit an der Ermöglichung der nationalsozialistischen „Machtergreifung". (Während TURNER sich ganz auf die erste Frage konzentrierte, ging es STEGMANN vor allem um die zweite Frage, ohne daß diese Divergenz in der Akzentsetzung von den beiden Kontrahenten mit der erforderlichen Deutlichkeit artikuliert wurde.)

Was den ersten Aspekt angeht, so ist beim gegenwärtigen Stand der Dinge die Diskussion als abgeschlossen zu betrachten. Sofern nicht bisher unbekannte Quellenbestände auftauchen und zu neuen Schlußfolgerungen zwingen, darf als erwiesen gelten, daß die Großindustrie keinen letztlich entscheidenden *materiellen* Beitrag zum Aufstieg des Nationalsozialismus und zu den nationalsozialistischen Wahlerfolgen geleistet hat. Hingegen ist TURNERS Resümee, die finanziellen Zuwendungen aus der Wirtschaft seien „ganz überwiegend *gegen* die Nationalsozialisten gerichtet" gewesen [914: Faschismus und Kapitalismus in Deutschland, 25], dahingehend zu korrigieren, daß die großindustriellen Subsidien an die DNVP, die DVP und andere kleinere Rechtsparteien nicht so sehr „gegen die Nationalsozialisten" gerichtet waren als vielmehr gegen die Linksparteien und in einem weiteren Sinne auch gegen die parlamentarische Demokratie. Trotz der finanziellen Zuwendungen der Großindustrie vermochten die bürgerlichen Rechtsparteien bei den Wahlen des Jahres 1932 jedoch nicht zu reüssieren. Mit Recht konstatiert daher G. D. FELDMAN, daß sich Geld hier nicht in politische Macht umsetzte: „Weder gelang es den Industriellen, eine politische Partei mit breiter bürgerlicher Basis auf die Beine zu stellen, die ... der Industrie ein solideres Fundament gegeben hätte, ... noch gewannen sie durch ihre Bemühungen, die Presse zu kaufen, die Gunst der Mehrheit der deutschen Bevölkerung" [Aspekte deutscher Industriepolitik am Ende der Weimarer Republik 1930–1932, in 737: K. HOLL (Hrsg.), Wirtschaftskrise und liberale Demokratie, 103–125; Zitat S. 118].

Über das relativ geringe Maß direkter finanzieller Unterstützung der NSDAP durch die Großindustrie kann heute also kaum mehr ein Zweifel bestehen. Sehr viel komplexer – und daher schwieriger zu beantworten – ist hingegen die Frage, inwieweit die Industrie und vor allem die Großindustrie durch politische Aktivitäten sowie durch direkte und indirekte Einflußnahme auf die politischen Entscheidungsträger in der Ära der Präsidialkabinette dazu beigetragen hat, den Boden für die Kanzlerschaft Hitlers zu bereiten. Insbesondere wird darüber gestritten, wie repräsentativ für die Großindustrie deren Hitler-Flügel 1932 gewesen ist und wie effektiv dieser in den letzten Monaten und Wochen vor dem 30. Januar 1933 operierte (völlig gegensätzlich werden von TURNER und STEGMANN vor allem die Bedeutung des Keppler-Kreises und der Arbeitsstelle Schacht sowie Genesis und Signifikanz der Industrielleneingabe an Hindenburg vom November 1932 beurteilt). Trotz weiter fortbestehender Meinungsverschiedenheiten läßt sich doch folgendes konstatieren:

Erstens: Offensichtlich sprach und handelte in den letzten Monaten vor der Machtergreifung „weniger denn je *ein* Schwerindustrieller repräsentativ für *die* Schwerindustrie" [417: HENTSCHEL, Weimars letzte Monate, 133]. Daß „die Schwerindustrie" an der Vermittlung des Gesprächs Papen – Hitler am 4. Januar

1933 *nicht* wesentlich beteiligt war, kann heute kaum mehr bezweifelt werden [ebd., 136 in Einklang mit TURNER und anderen gegen STEGMANN; vgl. insgesamt auch 769: NEEBE, Großindustrie, Staat und NSDAP 1930–1933, 140 ff.].

Zweitens: Beachtung verdient der Hinweis G. D. FELDMANS, die lange und auch in den zwanziger Jahren noch ungebrochene Vorherrschaft der Schwerindustrie habe wesentliche Teile der Industrie, vor allem mittlere und kleinere Firmen, zu einer Radikalisierung nach rechts gedrängt, wodurch potentielle Reserven für eine liberale demokratische Politik vernichtet wurden: „In diesem Sinne trägt die Schwerindustrie für die Unterstützung Hitlers durch die deutsche Industrie mehr Verantwortung, als man ihr aufgrund ihrer direkten Einflußnahme anlasten kann" [Aspekte deutscher Industriepolitik am Ende der Weimarer Republik 1930–1932, in 737: K. HOLL (Hrsg.), Wirtschaftskrise und liberale Demokratie, 115].

Drittens: Nach Schleichers Regierungserklärung und der Modifizierung der Notverordnungen vom 4. und 5. September 1932 (die tief und grundsätzlich zuungunsten der Arbeiterschaft ins Arbeitsrecht eingriffen) versteifte sich die Schwerindustriellengruppe um Paul Reusch (Generaldirektor der Gutehoffnungshütte und einer der einflußreichsten „Wirtschaftsführer" in der Weimarer Republik) auf die Ablehnung von Schleichers Plänen und betrieb die Rückkehr zum autoritären Papen-Regime, arbeitete also – ohne über die Bestrebungen Papens seit Ende Dezember voll im Bilde zu sein – auf eine rasche Beendigung der Kanzlerschaft Schleichers hin. Während lange Zeit die Auffassung dominierte, die Industrie sei relativ geschlossen auf Gegenkurs zu Schleicher gegangen, hat R. NEEBE nachgewiesen, daß der Reichsverband der Deutschen Industrie und der Deutsche Industrie- und Handelstag auch im Januar 1933 noch an Schleicher festhielten; die Ernennung Hitlers zum Reichskanzler erfolgte also bei „gespaltener Industriefront" [769: Großindustrie, Staat und NSDAP 1930–1933, 201; zur Vorbereitung von Schleichers Sturz und der Berufung Hitlers zum Reichskanzler siehe jetzt auch die minutiöse Analyse bei 917: TURNER, Hitlers Weg zur Macht]. Wenn die Großindustrie insofern auch weniger dazu beigetragen hat, Hitler an die Macht zu bringen, als häufig angenommen wird, so haben ihre maßgebenden Vertreter doch auch kaum Gründe gesehen, einer möglichen Regierungsübernahme Hitlers „irgendwie entgegenzuwirken" [417: HENTSCHEL, Weimars letzte Monate, 138]. Die Industrie war nicht Urheber der Regierung Hitler, und der weitaus überwiegende Teil der Großindustriellen erstrebte im Januar 1933 nicht die Errichtung einer nationalsozialistischen Herrschaft. Aber das Unternehmerlager hat durch die Ablehnung der parlamentarischen Demokratie und die Hinneigung zu einem autoritären System die Auflösung der Weimarer Republik vorangetrieben und der Diktatur vorgearbeitet. Daher trägt die Industrie im allgemeinen und die Großindustrie im besonderen ein hohes Maß an Mitverantwortung für die Ermöglichung Hitlers und der NS-Herrschaft.

Wie wurde Hitler möglich? War die „Machtergreifung" der Nationalsozialisten unter den gegebenen Bedingungen unvermeidlich? Diese Frage, um die alle Erörterungen über das Scheitern Weimars kreisen, werden von der bisherigen Forschung auf recht unterschiedliche Weise beantwortet. Allerdings sind die in der wissenschaftlichen Diskussion zunächst dominierenden monokausalen Erklärungsversuche, in denen der Aufstieg des Nationalsozialismus und die Machtübertragung an Hitler auf eine einzige oder eine allein ausschlaggebende Ursache zurückgeführt wurden, inzwischen ad acta gelegt worden, denn alle derartigen einlinigen Deutungen haben sich als untauglich erwiesen. Die Historiker sind sich heute zumindest darin einig, daß das Scheitern der Republik und die nationalsozialistische „Machtergreifung" nur durch die Aufhellung eines sehr komplexen Ursachengeflechts plausibel erklärt werden können. Dabei sind vor allem folgende Determinanten zu berücksichtigen: *institutionelle Rahmenbedingungen*, etwa die verfassungsmäßigen Rechte und Möglichkeiten des Reichspräsidenten, zumal beim Fehlen klarer parlamentarischer Mehrheiten; die *ökonomische Entwicklung* mit ihren Auswirkungen auf die politischen und gesellschaftlichen Machtverhältnisse; Besonderheiten der *politischen Kultur* in Deutschland (mitverantwortlich z. B. für die Republikferne der Eliten, die überwiegend der pluralistisch-parteienstaatlichen Demokratie ablehnend gegenüberstanden); Veränderungen im *sozialen Gefüge*, beispielsweise Umschichtungen im „Mittelstand" mit Konsequenzen u. a. für politische Orientierung und Wahlverhalten mittelständischer Kreise; *ideologische Faktoren* (autoritäre Traditionen in Deutschland; extremer Nationalismus, verstärkt durch Kriegsniederlage, Dolchstoß-Legende und Kriegsunschuldspropaganda; „Führererwartung" und Hoffnung auf den „starken Mann", wodurch einem charismatischen Führertum wie dem Hitlers der Boden bereitet wurde); *massenpsychologische Momente*, z. B. Erfolgschancen einer massensuggestiven Propaganda infolge kollektiver Entwurzelung und politischer Labilität breiter Bevölkerungssegmente; schließlich die *Rolle einzelner Persönlichkeiten* an verantwortlicher Stelle, in erster Linie zu nennen sind hier Hindenburg, Schleicher, Papen.

Scheitern Weimars und „Machtergreifung" der Nationalsozialisten: Komponenten multikausaler Erklärungsmodelle

Die Antwort, die auf die Frage nach dem Scheitern der Weimarer Demokratie und der Ermöglichung Hitlers gegeben wird, hängt in ihrer Nuancierung wesentlich davon ab, *wie* die verschiedenen Komponenten gewichtet und dann zu einem konsistenten Gesamtbild zusammengefügt werden, denn Gewichtung und Verknüpfung sind nicht durch das Quellenmaterial in einer schlechthin zwingenden Weise vorgegeben, sie bilden die eigentliche Interpretationsleistung des Historikers. Diese wird beeinflußt durch das – sich wandelnde – Erkenntnisinteresse und durch die – aus Erfahrungshorizont, Wertvorstellungen und Beurteilungsmaßstäben erwachsende – Perspektive des einzelnen Forschers oder einer ganzen Forschergeneration. Weil dies so ist, differieren die Urteile über einzelne Zusammenhänge und Sachverhalte, konzentrierte sich im Verlauf von nunmehr rund sechzig Jahren wissenschaftlicher Weimar-Forschung das Interesse jeweils auf bestimmte Schwerpunkte, wie der vorliegende Bericht an vielen Stellen sichtbar gemacht hat.

Mit diesen Bemerkungen soll keineswegs einer weitgehenden Relativierung historischer Erkenntnis über Weimar und sein Ende das Wort geredet, sondern lediglich einsichtig gemacht werden, weshalb es dazu kommen kann und notwendigerweise dazu kommen muß, daß auf eine Frage wie diejenige nach Voraussetzungen, Ursachen und Ermöglichung der nationalsozialistischen „Machtergreifung" unterschiedlich akzentuierende Antworten wissenschaftlich vertretbar sind. Die Betonung hat dabei auf dem Adjektiv „akzentuierend" zu liegen, denn von einer Beliebigkeit oder gar Willkürlichkeit des Urteils kann keine Rede sein: Die Weimar-Forschung hat – auch dies belegt unser Bericht anhand zahlreicher Beispiele – in den vergangenen Jahrzehnten beachtliche Ergebnisse erzielt, hat eine Fülle von Sachverhalten definitiv geklärt und eine ganze Reihe lange Zeit gängiger Annahmen und Behauptungen wissenschaftlich widerlegt. Die Grenzen des interpretatorischen Spielraums werden durch diesen inzwischen erreichten Forschungsstand abgesteckt.

8. ERGÄNZENDER BERICHT ÜBER WICHTIGE FORSCHUNGSLITERATUR
ZUR WEIMARER REPUBLIK SEIT 2011/12

Die Weimarer Republik stößt weiterhin auf großes, in den letzten Jahren eher noch gestiegenes Interesse der Wissenschaft wie der breiten Öffentlichkeit. Dies hat unterschiedliche Ursachen, zu denen die hundertjährige Wiederkehr von Kriegsende und Revolution 1918/19 ebenso gehören wie unsicher gewordene Zukunftserwartungen beim Eintritt in die gegenwärtigen Zwanziger Jahre und der Aufstieg einer neuen Kraft auf der politischen Rechten, aber auch die bleibende Faszination der Weimarer Kultur. Im vergangenen Jahrzehnt sind zahlreiche Werke zu unterschiedlichen Facetten der Weimarer Geschichte erschienen, die hier nur in enger Auswahl vorgestellt werden können. Diese Auswahl bemisst sich daran, ob das jeweilige Werk zu genuin neuen Erkenntnissen auf Basis einer nicht zu engen Fragestellung gelangt oder jüngere Forschungen konzise zusammenfasst [eingehender zur jüngeren Forschungsentwicklung: D. SCHUMANN in GWU 70 (2019), S. 91-108, 219-228, 342-362]. Aufgeführt im Abschnitt III A sind auch einige neuere Quelleneditionen.

Eine neue Gesamtdarstellung der Geschichte der Weimarer Republik ist in den vergangenen Jahren nicht publiziert worden. Gerade erschienen ist aber ein von N. ROSSOL und B. ZIEMANN [144a] herausgegebenes, interdisziplinär angelegtes Handbuch, dessen kein Vorwissen voraussetzende 32 Beiträge von Wissenschaftlerinnen und Wissenschaftlern verschiedener Alterskohorten aus den angelsächsischen und deutschsprachigen Ländern eine gründliche, den gegenwärtigen Forschungsstand repräsentierende Einführung in nahezu alle wesentlichen Themenfelder der Weimarer Geschichte bieten. ROSSOL und ZIEMANN setzen sich ab vom veralteten, gleichwohl medial weiterhin präsenten Kontrastbild einer kreativen Kultur einerseits und katastrophischen Politik andererseits; sie plädieren nachdrücklich für eine konsequente Historisierung der Geschichte der Weimarer Republik, die primär von den unterschiedlichen zeitgenössischen Gestaltungshoffnungen und damit verbundenen Zukunftserwartungen her zu verstehen ist und nicht als bloße Vorgeschichte der NS-Machtübernahme 1933. So steht die politische Geschichte im Mittelpunkt des Bandes, freilich „im weitesten Sinn" (S. 28), weshalb Fragen der Organisationsgeschichte und des Entscheidungshandelns zugunsten solcher der politischen Kulturgeschichte an den Rand rücken. Zudem aufgegeben wird die –medial gleichfalls weiterhin manifeste – räumliche Fixierung auf Berlin. Ein eigener Beitrag widmet sich deshalb den Kompetenzen der Länder und Ausprägungen des regionalen Selbstverständnisses, ein anderer der lebensweltlichen Bedeutung von Religion und Konfession und daraus resultierenden Konflikten, auch im Verhältnis zum Säkularismus. Die sonst eher in den Hintergrund rückenden ökonomischen und sozialen Verhältnisse auf dem Land werden ebenfalls in einem Beitrag behandelt. Weitere Beiträge geben Überblicke über die einzelnen Phasen der Weimarer Geschich-

Marginalia: Gesamtdarstellung – Handbuch

te, befassen sich mit Parteien, ihren Milieus und Wahlen, städtischen sozialen Gruppen und Lebenswelten, der Hoch- und Populärkultur, der Kriegserinnerung, dem Geschlechterverhältnis und den Geistes- und Sozialwissenschaften. Ausgespart bleiben die Themenfelder Schule und Bildung, Adel und Film, für die aber, wie ROSSOL und ZIEMANN hervorheben, einführende Literatur anderer Art vorliegt. Darüber hinaus wäre anzumerken, dass die in der Einleitung erwähnten internationalen Bezüge jenseits der bekannten der klassischen Außenpolitik in den Beiträgen eingehender hätten behandelt werden können. Das gilt etwa für deutsch-französische Begegnungsforen wie das Deutsch-Französische Studienkomitee, für die Paneuropa-Bewegung oder die internationale Frauenbewegung. Dass ein derart weit ausgreifendes Unterfangen einzelne Defizite aufweist, ist freilich unvermeidlich, beeinträchtigt aber nicht den überaus positiven Gesamteindruck. Das Handbuch wird sich als unverzichtbare Einstiegslektüre für eine Beschäftigung mit der Geschichte der Weimarer Republik erweisen.

Revolution   Die Anfangsphase der Republik mit der Revolution, der aus ihr hervorgehenden Verfassung und dem Versailler Friedensvertrag stellt, was angesichts der erwartbaren medialen Aufmerksamkeit in den Jahren 2018 und 2019 nicht überrascht, eines der Felder mit zahlreichen Neuerscheinungen dar. Eine prägnante Darstellung der Revolutionsdeutungen in Geschichtswissenschaft und Öffentlichkeit bis zum ersten Jahrzehnt des 21. Jahrhunderts hatte vor einigen Jahren bereits W. NIESS vorgelegt [215a].

Anlassbezogen sind in jüngster Zeit eine Reihe von Darstellungen der Revolution publiziert worden, die zumeist auf eine größere Leserschaft zielen und keine genuin wissenschaftlichen Impulse geben wollen. Eine gewisse Ausnahme bildet die Synthese R. GERWARTHS [189b]. Im Einklang mit der mittlerweile vorherrschenden Forschungsmeinung bewertet er die Revolution grundsätzlich positiv, als „wahrhaftige Revolution" (S. 15). Dies macht er vor allem an den durch sie errungenen, in der Verfassung kodifizierten Freiheitsrechten und ihrer Ausstrahlung in die Gesellschaft hinein fest, nicht zuletzt im Verhältnis der Geschlechter. GERWARTH verweist außerdem auf die im Vergleich mit den neuen Nationalstaaten Ostmitteleuropas relativ geringe Gewaltsamkeit des Revolutionsprozesses in Deutschland. Diese transnational vergleichende Perspektive ist von besonderem Erkenntniswert, da sie für den „postimperialen Nationalstaat" (S. 23) Deutschland und die Entwicklung seiner neuen Demokratie mehr Sinn ergibt als ein Vergleich mit den siegreich aus dem Krieg hervorgegangenen Imperialmächten Frankreich und Großbritannien. Insgesamt erhebt GERWARTH nicht den Anspruch, eine alle relevanten Aspekte einbeziehende Gesamtgeschichte der Revolution in Deutschland vorzulegen. Vielmehr geht es ihm darum, die relative Offenheit der Situation, wie sie sich für die Zeitgenossinnen und Zeitgenossen darstellte, vor allem anhand ihrer Selbstzeugnisse und der sich darin manifestierenden „Stimmungslage" (S. 27) genauer zu fassen. Dabei lässt er neben Hoffnungen auch Befürchtungen zum Ausdruck kommen, deren Hauptursache er in der Enttäuschung über das Scheitern eines Friedensschlusses nach den ursprünglich von US-Präsident Wilson verkündeten Prinzipien verortet. Fragen der wirtschaftlichen Umgestaltung spielen in seinen Ausführungen dagegen nur eine marginale Rolle. Insgesamt liefert seine anschauliche Darstellung einen wertvollen Beitrag zum Verständnis zeitgenössischer Wahrnehmungen und der daraus hervorgehenden Handlungsdispositionen.

Lange Zeit hatte sich die Forschung zur Revolution in Deutschland auf die zentralen politischen Weichenstellungen konzentriert und nach möglichen Alternativen gefragt, welche die Existenz der neuen Demokratie hätten gewährleisten können. Dies ist mittlerweile an den Rand gerückt zugunsten eines Ansatzes, der möglichst genau herauszuarbeiten sucht, von welchen Erwartungen und Wahrnehmungen sich die Akteurinnen und Akteuren leiten ließen, und die Revolution somit in erster Linie als Nachgeschichte des Krieges und vorhergehender Entwicklungen begreift, nicht als Vorgeschichte der NS-Machtübernahme 1933. Dazu bedarf es einer thematischen Erweiterung der Forschung, wie sie V. STALMANN unter Betonung von vier Aspekten skizziert hat [V. STALMANN, Die Wiederentdeckung der Revolution von 1918/19. Forschungsstand und Forschungsperspektiven, in: ZFG 64 (2016), S. 521-541]: Erstens ist die räumliche Dimension stärker zu berücksichtigen, also vor allem die regionale Vielfalt ernst zu nehmen, womit auch die vielerorts unspektakulären Revolutionsverläufe zu berücksichtigen sind. Zweitens sollte die bislang auf einzelne prominente Figuren beschränkte Aufmerksamkeit für die Beteiligung von Frauen ausgeweitet und überhaupt nach dem Verhältnis der Geschlechter und seiner Wahrnehmung gefragt werden. Genauer zu untersuchen ist drittens die Rolle der verschiedenen Medien und der Einfluss von Gerüchten. Schließlich bedarf viertens die politische Kultur der Revolution intensiver Befassung, etwa hinsichtlich der präsentierten Symbole oder öffentlicher Veranstaltungen. STALMANN ergänzend lässt sich überdies der transnationale Kontext der Revolution hervorheben, der, wie bereits angedeutet, weitaus mehr umfasste als den hoffnungs- oder sorgenvollen Bezug auf das revolutionäre Russland. Die Forschung der vergangenen Jahre hat zu diesen Aspekten eine Reihe von Beiträgen geliefert [ausführlicher Forschungsüberblick: N. ROSSOL, Historisierung oder Popularisierung? Die Revolution 1918/19 zwischen öffentlichem Jubiläum und geschichtswissenschaftlichen Impulsen, in: AfS 59 (2019), S. 347-368]. Wertvolle Anstöße enthält ein von K. WEINHAUER, A. MCELLIGOTT und K. HEINSOHN herausgegebener Sammelband [231a]. Zu ihnen zählen insbesondere verschiedenartige Thematisierungen des Raums: als Stadtraum, der das Verhalten von „Mengen" und daraus entstehende Bilder von ihr beeinflusste, als umstrittener Grenzraum zwischen Polen und Deutschland und als transnationaler Kommunikationsraum, in dem bolschewistische Akteure in der russischen Provinz Interesse für die Ereignisse in Deutschland zeigten oder die Bolschewismusfurcht in der US- amerikanischen Öffentlichkeit verstärkt wurde durch Berichte über das Auftreten Karl Liebknechts. Die Revolution, dies wird hier überdeutlich, lässt sich angemessen nur als transnationaler Ereigniskomplex mit wechselseitigen Beobachtungen und Einflüssen verstehen. Damit gewinnt eine erweiterte Definition des Revolutionszeitraums von 1916 bis 1923, wie sie der Band vornimmt, an Plausibilität; der Zäsurcharakter der Revolution in der Wahrnehmung der Zeitgenossen tritt dann freilich wieder in den Hintergrund.

Auf Deutschland fokussiert ist ein von A. BRAUNE und M. DREYER herausgegebener Sammelband [180a], erschienen in der Publikationsreihe der vor einigen Jahren in Jena eingerichteten Forschungsstelle Weimarer Republik. Auch BRAUNE und DREYER verstehen die Revolution als einen längeren, kontingenten Prozess mit grundsätzlich positiv zu wertendem Ergebnis, für den neue Erkenntnisse nur mit einem im weiten Sinn kulturgeschichtlichen Zugriff zu gewinnen sind. Neuland betreten im Band etwa Beiträge zu den Reaktionen von Schülern auf die Ereignisse des November 1918, die zwar emotional, aber keineswegs extrem ausfielen, oder zur Revolution als „ästhetische Mobilisierung", die im November/Dezember 1918 im Bürgertum zu neuen, freieren Formen der Rede und des Austauschs führte. Das Potential eines interdisziplinären Ansatzes zeigt sich beim Blick auf die Rechtswissenschaft, die einem „Anti-Chaos-Reflex" wie die Politik folgend die Anerkennung neuer Regierungsverhältnisse mit der möglichst großen Bewahrung geltenden Rechts verband.

D. LEHNERT präsentiert in der Publikation von BRAUNE und DREYER wie in einem von ihm selbst herausgegebenen Sammelband [205a] erste Ergebnisse eines Projekts zur Revolution in Städten jenseits der bereits intensiv untersuchten Brennpunkte Berlin und München. Auch er unterstreicht als wesentliches Ergebnis den Gewinn demokratischer Freiheiten durch ein nun auch auf der kommunalen Ebene geltendes allgemeines Wahlrecht. In den genauer untersuchten norddeutschen Großstädten zeigten sich unterschiedliche und teils recht gemäßigte Verläufe der Revolution. In einem besonders innovativen Beitrag zu Rostock weist A. WEIPERT darauf hin, dass solcher Mäßigung in der Revolutionsperipherie, die sich als Kooperation einer starken MSPD mit einem durchaus selbstbewusst auftretenden Bürgertum manifestierte, deutliche Militanz gegen die radikale Linke vor dem Hintergrund eines begrenzten Meinungsspektrums in der lokalen Presse gegenüberstand; die Revolution sei insofern als „stark medial vermitteltes Ereignis" (S. 343) zu verstehen.

Es überrascht kaum, dass die im Revolutionsverlauf, vor allem ihrer zweiten Phase seit den Weihnachtskämpfen 1918 angewandte Gewalt weiterhin kontrovers diskutiert wird. M. JONES [195a] widmet sich ihren Ursachen und ihrem Verlauf in Berlin und München und kann den vielen dazu bereits vorliegenden Befunden neue hinzufügen. Anhand einer „dichten Beschreibung" weist er nach, wie nicht nur die häufig angeführte Angst vor Chaos und einer zweiten Revolution nach russischem Vorbild die Wahrnehmung der tatsächlich von der radikalen Linken angewandten Gewalt bei Regierung und Öffentlichkeit bestimmte, sondern auch situationsbezogene Gerüchte und Autosuggestionen hier eine große Rolle spielten. Wenn er dann allerdings eine Kontinuitätslinie der von Regierungsseite unter der Ägide Noskes ausgeübten exzessiven Gewalt zu den Verbrechen der NS-Zeit zieht, verleiht er seiner Argumentation eine nicht mehr überzeugende Zuspitzung.

Eine andere, gleichfalls produktive Perspektive auf die ersten militärischen Formationen nach dem Ende von Krieg und Kaiserreich nimmt P. KELLER ein [195b]. Er arbeitet heraus, dass die pauschale Verwendung des Freikorps-Begriff nachträglich konstruierte Mythen reproduziert und damit übersieht, dass sich diese Verbände durch soziale Heterogenität auszeichneten und der Beitritt zu ihnen zumeist vom Motiv der Versorgungssicherheit, nicht einem spezifisch politischen angeleitet war. Deshalb und angesichts der Steuerung ihres Bildungsprozesses durch verbliebene militärische Kommandostellen und deren Kooperation mit der Bevölkerung gerade in Grenzregionen sieht er zunächst klare Chancen für eine „pragmatische Integration" (S. 175) dieses Militärs in den neuen demokratischen Staat. Sie sei dann allerdings durch das zögerliche Vorgehen gegen den Kapp-Putsch stark beeinträchtigt worden.

Der in jüngerer Zeit nicht mehr ausschließlich negativ, sondern abgewogener bewertete Versailler Vertrag ist in den letzten Jahren gleichfalls erneut thematisiert worden, ohne dass daraus eine wesentlich modifizierte Interpretation hervorgegangen wäre. In seiner großangelegten, das Kriegsende und die Friedensregelung global behandelnden Gesamtdarstellung beschäftigt sich J. LEONHARD [253a] in einem eigenen Kapitel mit dem Deutschland betreffenden, im Spiegelsaal des Versailler Schlosses unterzeichneten Vertrag. Sein kulturhistorisch grundierter, Wahrnehmungen und Emotionen stark gewichtender Ansatz lässt ihn zu einem sehr gemischten Urteil gelangen: Auf der einen Seite hebt er vor dem Hintergrund der zahlreichen Problemfelder und Spannungen zwischen den Alliierten das Gelingen einer Friedensregelegung überhaupt als positiv hervor und unterstreicht in Bezug auf Deutschland die grundsätzliche Tragbarkeit der sich aus dem Vertrag ergebenden Reparationsregelung. Dem stellt er auf der anderen Seite jedoch die demütigende Behandlung des besiegten Gegners gegenüber und wertet den Umgang mit der deutschen Delegation und ihr Verhalten in Paris als „Versagen politischer Kommunikation" (S. 1045), im Kern vergleichbar der des Juli 1914.

Eine produktive neue Perspektive auf die Pariser Friedensregelung entfaltet M. PAYK in seiner umfänglichen Monographie, in deren Fokus ihr detaillierter, auf die Schaffung einer internationalen Ordnung zielender Rechtscharakter steht [262a]. PAYK, dessen besondere Aufmerksamkeit den bislang kaum behandelten juristischen Beratern hinter den Verhandlungsdelegationen gilt, versteht ihn zwar einerseits als unauflöslich mit den politischen Zielen der alliierten Siegermächte verbunden. Auf der anderen Seite aber hebt er dessen eigene Wirkmächtigkeit hervor, die sich aus dem Aufstieg der Idee einer internationalen Rechtsordnung am Ende des 19. Jahrhunderts und ihrem Einfluss auf die Eliten ergab, Argumentationslogiken auf beiden Seiten vorprägte und im Versailler Vertrag Deutschland grundsätzlich als gleichartiges Element einer solchen internationalen Ordnung anerkannte. In der Konzentration des Vertragswerks auf detaillierte Rechtsförmigkeit sieht er zugleich dessen Hauptfehler, da so jegliche symbolische Anerkennung des unterlegenen Gegners unterblieb. PAYKS Bewertung des Vertrags fällt ähnlich gemischt aus wie die LEONHARDS, mit dem er den kulturhistorischen Ansatz teilt; zugleich wirft seine Studie neues Licht auf den Verhandlungsprozess, seine spezifische Rahmung und die sich daraus ergebenden Strategien.

Weimarer Reichsverfassung   Die zweite große Weichenstellung der Revolutionszeit, die siezugleich in gewisser Weise abschloss, war die von der demokratisch gewählten Nationalversammlung beschlossene Weimarer Reichsverfassung. Unter den nicht wenigen Werken, die zu ihrem hundertjährigen Jubiläum erschienen, ragt die Darstellung C. GUSYS heraus, der seine langjährigen Forschungen zum Thema darin prägnant bündelt [190a]. Den Entstehungsprozess der Verfassung, ihre wesentlichen Teile und ihre Aushöhlung untersucht er vornehmlich unter Bezug auf die staatsrechtliche Diskussion der Zeit, eingebettet aber auch anhand einschlägiger geschichtswissenschaftlicher Literatur in den größeren historischen Kontext. Sehr deutlich und überzeugend bringt GUSY die mittlerweile weithin akzeptierte Bewertung der Verfassung als in ihrer Zeit „zukunftsoffene und zukunftsweisende" (S. 2) auf den Punkt. Deren gestaltungsoffener Charakter, vor allem hinsichtlich der Grundrechte, sei nicht retrospektiv als Geburtsfehler der Republik misszuverstehen, sondern müsse vielmehr als Konsequenz der Revolution und ihrem klaren Bruch mit der vergangenen Staatsform gesehen werden. Politische Konstellationen im Reichstag und an der Reichsspitze waren es dann, wie GUSY unterstreicht, die zur Entleerung und Umdeutung des Verfassungstextes führten, nicht vermeintliche Mängel des Textes selbst.

Maßgeblicher Akteur bei der Entstehung der Verfassung war der linksliberale Staatsrechtler Hugo Preuß, von dem ihr erster Entwurf stammte. Eine umfassende Würdigung seiner Person fehlte bisher; sie hat nun M. DREYER als „politische Biographie" (S. XI) vorgelegt [184a]. Ihr Hauptverdienst besteht in der ausführlichen Darstellung von Preuß' wissenschaftlicher und politischer Sozialisation im Kaiserreich. Als Schüler Leopold von Gierkes führte er dessen sich vom vorherrschenden Rechtspositivismus absetzende Überlegungen eines genossenschaftlichen Staatsaufbaus im Sinn eines „demokratischen Pluralismus" (S. 150) weiter, mit besonderem Akzent auf gemeindlicher Selbstverwaltung und verbunden mit entschiedener Kritik an den als „Erzübel" (S. 191) in der Geschichte ihres Staates verstandenen preußischen Junkern. Preuß' Verbindung von wissenschaftlicher Tätigkeit, politischer Publizistik und eigenen politischen Erfahrungen auf kommunaler Ebene prädestinierten ihn, zusammen mit seiner schon im Kaiserreich gezeigten Kooperationsbereitschaft gegenüber der Sozialdemokratie, für seine Schlüsselrolle im Prozess der Verfassunggebung.

Ein von GUSY mitherausgegebener, interdisziplinär angelegter Sammelband [226a] führt die Überlegungen zum Umgang mit der Verfassung in den Jahren nach 1919 weiter, ausgehend von einem Verständnis der Verfassung als Element der politischen Kultur. Vergleiche mit der politischen Lage in Frankreich nach Kriegsende sowie mit den Verfassunggebungen in den neuen Nationalstaaten Ostmitteleuropas verleihen dem Entstehungsprozess der Weimarer Verfassung schärfere Konturen. Weitere Beiträge widmen sich den neuen Länderverfassungen und dem Profil des Föderalismus, der sich im Zusammenspiel beider Ebenen ergab. Sie und andere, die sich etwa mit der symbolischen (Nicht-)Anerkennung der Verfassung durch einen Landrat in der preußischen Provinz oder den längeren Entwicklungslinien des Arbeitsrechts und der wichtigen Rolle der neuen Verfassung beschäftigen, thematisieren weniger beachtete Aspekte der Geschichte der Weimarer Reichsverfassung.

Insgesamt zeigen die neueren Arbeiten zur Revolution, ihren Begleitumständen und ihren Ergebnissen ein differenziertes Bild, das die lange relativierten Aufbruchspotentiale angemessen erhellt, ohne die belastenden Faktoren zu vernachlässigen, und so die notwendige Historisierung der Revolution voranbringt.

Die weitere politische Entwicklung der Weimarer Republik bleibt ein zentrales Thema der Forschung. Dabei wird tendenziell ein weiter ausgreifender Ansatz als früher gewählt, der, ähnlich der Revolutionsforschung, die untersuchten Ereigniskomplexe, Personen und Organisationen in den Kontext der politischen Kultur einbettet.

Größere Aufmerksamkeit findet seit einer Reihe von Jahren die Entwicklung des Konservatismus, dessen politischer Hauptvertreter die Deutschnationale Volkspartei (DNVP) war. Im Kern geht es um die Frage, ob sie eine andere Richtung hätte nehmen und die DNVP sich zu einer im Prinzip die Republik mittragenden Partei hätte entwickeln können [vgl. dazu MERGEL, Scheitern, 528b]. In einer auf beeindruckendem Quellenmaterial fußenden Studie, die sich als Summe seiner zahlreichen vorherigen Beiträge zum Gegenstand verstehen lässt, hat sich L. E. JONES dieser Frage gewidmet [504b]. Seine Herangehensweise führt konzeptionell weniger weit auf das Feld der Kulturgeschichte als andere Studien, ist aber insofern innovativ, als L. E. JONES die Geschichte der DNVP als Teil der Geschichte eines größeren konservativen politisch-sozialen Milieus versteht. Deshalb bezieht er die Positionierungen und Einflussnahmen rechtsnationaler Verbände wie des neuen „Stahlhelm" und des älteren Alldeutschen Verbandes sowie der Interessenverbände von Industrie und Landwirtschaft und auch intellektueller Gruppierungen wie der Jungkonservativen in seine vom Kriegsende bis zur Septemberwahl 1930 führende Analyse mit ein. Insgesamt beurteilt L. E. JONES das republikaffine Potential der DNVP als gering. Er betont die großen Gegensätze innerhalb des Konservatismus zwischen Radikalnationalisten und moderateren Kräften schon im Kaiserreich, die sich in der Weimarer Republik fortsetzten und in deren Anfangszeit nur überdeckt wurden vom Erfolg der neuen

Konservatismus

DNVP als Sammlungspartei der antirepublikanischen Rechten bis 1924. Im Gefolge ihrer Regierungsbeteiligung und des zunehmenden Einflusses der Interessenverbände in den mittleren 1920er Jahren, insbesondere vor dem Hintergrund der Agrarkrise, brachen sie wieder in voller Schärfe auf und mündeten, erleichtert durch die dezentrale Struktur der DNVP, in organisatorische Zersplitterung und die Radikalisierung der Partei unter ihrem neuen Vorsitzenden Hugenberg. Wie L. E. Jones in einer früheren Studie gezeigt hat [504a], erlebte die DNVP und damit die gesamte radikale Rechte jenseits der NSDAP ihr endgültiges Fiasko in der Reichspräsidentenwahl 1932. Deren eigentlicher Gewinner war Hitler, wie L. E. Jones betont, denn er setzte sich gegen den vom Hugenberg-Lager ins Rennen geschickten, im Vergleich zu Hitler und auch Hindenburg jedoch wenig charismatischen Stahlhelm-Führer Duesterberg als Führungsfigur der radikalen Rechten eindeutig durch. Die Charisma- Fixierung dieses Wahlkampfs fügte, so L. E. Jones, der politischen Kultur der Weimarer Republik zudem weiteren Schaden zu. Seine Einsichten sind insgesamt nicht völlig neu, aber er vermag wie noch niemand zuvor die Entwicklung der DNVP und des konservativen Milieus systematisch und umfassend darzustellen.

Dass auch die Republiknähe der moderaten Parteiführung vor Hugenberg nicht sehr hoch gewichtet werden sollte, zeigt D. Gasteiger in ihrer Biographie Kuno von Westarps, des Parteivorsitzenden in den mittleren Weimarer Jahren [989b]. Geleitet sieht sie ihn von der über einfache Restaurationspläne hinausgehenden Utopie eines autoritär geführten Staates in Form einer Monarchie, die ihm in der seit 1924 stabilisierten Republik aber zunächst nicht umsetzbar erschien. Eine Regierungsbeteiligung zur Befriedigung der der Partei nahestehenden Interessenverbände bot sich deshalb an, verbunden mit einer rein prozeduralen Akzeptanz der Rolle des Parlaments, und rief zugleich Widerstand beim rechten Parteiflügel hervor. Ihm suchte Westarp mit einer um den Pflichtbegriff kreisenden Neudefinition von Konservatismus zu begegnen, letztlich jedoch ohne Erfolg und auch ohne Aufgabe seiner Utopie, die er während der Regierung Brüning in Gesprächen mit Reichspräsident Hindenburg einer Verwirklichung näher zu bringen trachtete.

Auch die von L. E. Jones behandelten Jungkonservativen, die sich als intellektuelle Vorhut der „Konservativen Revolution" verstanden und zugleich in den politischen Raum hineinwirken wollten, sind Gegenstand neuerer Forschungen geworden, die nun deutlich über den vormals angelegten ideengeschichtlichen Zugriff hinausgreifen. So arbeitet C. Kemper heraus [508a], wie die stark von Vorkriegserfahrungen bildungsbürgerlicher Nonkonformität und beruflicher Prekarität und von der Tätigkeit im deutschen Propagandaapparat während des Ersten Weltkriegs geprägten Jungkonservativen angesichts enger Verbindungen mit den finanziellen Förderern ihrer Zeitschrift „Gewissen" ein elitäres Selbstverständnis mit einer unternehmerfreundlichen Positionierung verbanden. In ihrer Publizistik remythisierten sie politische Schlüsselbegriffe wie den der „Revolution" und luden, ernüchtert durch die vorläufige Stabilisierung der Weimarer Republik nach 1923, ihre Konzepte staatlicher und europäischer Ordnung zunehmend rassistisch auf. Eine neue Form des Konservatismus stellte dies nicht dar, so KEMPER, sondern „die Synthese radikaler Anteile des Vorkriegskonservatismus und seines Elitismus" (S. 433). Anhand unter anderem des Jungakademischen Klubs in München und der Hamburger Fichte-Gesellschaft, die beide in der Forschung bisher unbeachtet blieben, zeigt A. POSTERT auf [540a], wie die jungkonservativen Netzwerke mit gewissem Erfolg Verbindungen zu den politischen und ökonomischen Eliten aufbauten. Dies ging freilich einher mit einer nur zögerlichen Hinwendung zum politischen Massenmarkt und begrenzte so die eigene Wirksamkeit. Wenn POSTERT die Gesellungsformen der Jungkonservativen als „im Wesen und Ursprung liberal" (S. 496) bezeichnet, erfasst das jedoch nicht mehr als deren formale Strukturen.

Elitär war auch das Selbstverständnis jener Verbände, die als „Bündische Jugend" nach 1918 aus der Jugendbewegung der Wilhelminischen Zeit hervorgingen. Ihr im weiteren Sinn politisches Profil zu bestimmen, ist schon aufgrund ihrer angesichts von Spaltungen und Neugründungen nicht geringen Zahl, schwierig, doch ist dies R. AHRENS mit einer Studie gelungen, die sich auf fünf größere Bünde konzentriert [463a]. In ihrem Zentrum standen danach ein von „Gefühl und Glauben" (S. 184) getragener, mit einem mindestens impliziten Antisemitismus verbundener Nationalismus und die sich daraus ergebende Ausbildung von „Wehrhaftigkeit" sowie „Grenzlandarbeit" (beide S. 378), die die Jugend auf künftige Aufgaben im Dienst einer nicht an den Nachkriegsgrenzen endenden Nation vorbereiten sollte. Mit ihrer Gegnerschaft gegen die parlamentarische Demokratie, den Liberalismus und die Linken leistete die Bündische Jugend ihren Beitrag zur Zerstörung der Republik, womit sie, wie AHRENS gegen vereinfachende frühere Wertungen festhält, zwar nicht einfach zur Wegbereiterin des Aufstiegs der NSDAP erklärt werden kann, aber noch weniger zu deren Opfer.

Dass eine klare Grenzziehung zwischen Unterstützung und Ablehnung der Republik jenseits des harten Kerns ihrer Träger schwierig ist, sich der Blick über diesen Kern hinaus aber lohnt, um weiteres Unterstützungspotential ebenso zu identifizieren wie intellektuelle Bemühungen, hergebrachte Positionierungen entsprechend zu modifizieren, weisen Studien zum politischen Katholizismus und Liberalismus nach.

S. GERBER zeigt für den politischen Katholizismus bis zur Mitte der 1920er Jahre [485a], wie die Zentrumspartei und ihr intellektuelles Umfeld über Integrationsformeln dessen Geschlossenheit und Handlungsfähigkeit wahren konnten. Dem diente zunächst die von Bischof Ketteler in der Bismarckzeit geprägte Formel vom „Boden der Tatsachen", die zudem religiöse Vertiefung unter Hinweis auf die von Gott gestellten Aufgaben in der Welt erfuhr; danach war es die gleichfalls religiös unterfütterte Formel von der „(schöpferischen) Mitte". Auf

Politischer
Katholizismus

diese Weise wurde „Providenzvertrauen" (S. 347) erzeugt, zu politischer Gestaltung motiviert und Nostalgie für das Kaiserreich unterbunden, was, so GERBER, insgesamt zur Stabilisierung der Republik beitrug.

Liberalismus

J. HACKE konzipiert seine Ideengeschichte des Liberalismus in den Weimarer Jahren [490a] nicht als Geschichte abstrakter Ordnungsvorstellungen, sondern als von „Common Sense und Pragmatismus" (S. 29) geleitete Auseinandersetzung mit zeitgenössischen Problemfeldern, die hergebrachte liberale Vorstellungen von individueller Freiheit und staatlichen Aufgaben in Frage stellten. Paradigmatisch für die nicht geringe Zahl der von ihm untersuchten und nur zum Teil schon besser bekannten liberalen Intellektuellen ist für ihn der anwendungsbezogen denkende Publizist, Politikberater und Ökonom Moritz Julius Bonn, der die noch bei Max Weber und Friedrich Naumann zu findende Fixierung auf den machtvollen Nationalstaat überwunden hatte. Deutlich wird, wie sich der Liberalismus mit seinen verschiedenen Strömungen der Idee der Massendemokratie ebenso öffnete wie der einer staatlichen Rahmung des Kapitalismus, das Konzept einer ‚wehrhaften Demokratie' allerdings nur in Ansätzen verfolgte, auch wenn die Gefährdungen durch den Faschismus wie durch den Bolschewismus auch von liberalen Intellektuellen klar erfasst wurden.

Fruchtbare konzeptionelle Anregungen enthält auch die Studie von D. MEIER zu dem aus Baden stammenden DDP-Politiker Hermann Dietrich [934a], dessen lange Karriere mit dem Posten des Reichsfinanzministers und Vizekanzlers in der Regierung Brüning ihren Endpunkt erreichte. Ausgangspunkt der Analyse ist Dietrichs Aufstieg vom Klein- ins Großbürgertum, der neben Verhaltensunsicherheiten im gesellschaftlichen Verkehr ebenso erfolgreiche wie riskante persönliche Finanzstrategien hervorbrachte. MEIER betont zudem die Fortwirkung von Dietrichs politischer Sozialisation im Kaiserreich, die ihn an älteren Vorstellungen eines übergeordneten Staatsinteresses und einheitlichen Volkswillens festhalten und zugleich die parlamentarische Demokratie als historischen Fortschritt sehen ließ, deren Stabilisierung einen neuerlichen Aufschwung des Liberalismus hervorbringen werde (wie auch weiteren Zuwachs von Dietrichs Vermögen). Angesichts seines ausgeprägten Pragmatismus und seiner Verankerung im auch ländlichen Baden ist Dietrich, so MEIERS These, als „typischer DDP-Politiker" (S. 484) zu sehen, der eben gerade nicht eindeutig linksliberal verortet werden kann. MEIER schließt sich damit ausdrücklich der These HACKES vom vielgestaltigen Profil des Liberalismus an.

Veteranenverbände

Eindeutige Unterstützung erhielt die Weimarer Republik vom „Reichsbanner Schwarz-Rot-Gold", dem von DDP, Zentrum und vor allem der SPD getragenen Verband von Veteranen des Ersten Weltkriegs. Zwei jüngere Studien befassen sich mit Aspekten seiner Geschichte, die bislang weniger eingehend untersucht worden sind.

S. ELSBACH widmet sich der Frage, wie sich der Beitrag des Reichsbanners zur Wehrhaftigkeit der Weimarer Demokratie bewerten lässt [826a], zumal in der

Vorbereitung und tatsächlichen Ausübung von Gewalt gegen politische Gegner. Grundlegend neue Erkenntnisse ergeben sich dabei zwar nicht, das Profil des Reichsbanners gewinnt aber schärfere Konturen vor allem für die frühen 1920er Jahre und für 1932. So werden die Kontinuitäten deutlicher, die von republikanischen Militärverbänden Anfang 1919 über den Republikanischen Führerbund und den bislang unterschätzten Republikanischen Reichsbund zum Reichsbanner führten; gleiches gilt für das Angebot des Verbandes an Reichskanzler Schleicher, ihn bei einem Vorgehen gegen die NS-Bewegung zu unterstützen. ELSBACH misst dem Reichsbanner zwar eine größere Bereitschaft zur Anwendung von Gewalt zu als die bisherige Forschung, im Einklang mit ihr jedoch keine zentrale Rolle bei den gewaltsamen Auseinandersetzungen zwischen den Kampfverbänden der politischen Lager im öffentlichenRaum.

In seiner Studie zum Reichsbanner sowie dem ihm nahestehenden „Reichsbund der Kriegsbeschädigten" beschäftigt sich B. ZIEMANN mit dem bislang vernachlässigten Aspekt derdort gepflegten Kriegserinnerung [853a]. Die darin betonten Schrecken des Krieges und Leidenserfahrungen der Soldaten trugen, wie ZIEMANN hervorhebt, zur kulturellen Demobilisierung in der Gesellschaft bei. Den Jüngeren, denen solche soldatischen Erfahrungen fehlten, waren sie allerdings am Ende der 1920er Jahre nur noch schwer vermittelbar, so dass nun die von der politischen Rechten propagierte primär heroische Kriegserinnerung in der politischen Kultur dominant wurde. Dem an militärischen Formen orientierten Auftreten des Reichsbanners in der Öffentlichkeit schreibt ZIEMANN dabei keine Relevanz zu, sondern sieht es als rein taktisch motiviert an. Gegen eine solche, die pazifistische Grundierung der Kriegserinnerung des Reichsbanners in den Vordergrund stellende Interpretation hat A. WEINRICH auf die nicht gegebene Eindeutigkeit dieser Erinnerung hingewiesen [673a], zu der auch die Würdigung der soldatischen Einsatzbereitschaft gehörte, woran wiederum eine heroisierende Kriegserinnerung anknüpfen konnte.

Der schon im Kaiserreich gegründete und damals eine zentrale Position bei der Organisation von Veteranen einnehmende Kyffhäuserbund versuchte auch in der Weimarer Republik, die Deutungshoheit über die Kriegserinnerung zu behalten, scheiterte damit jedoch, wie B. SCHULTE darlegt [565a]. Der sich zunächst pragmatisch zur neuen Republik positionierende Verband setzte sich für eine verklärende Erinnerung an die soldatischen Kriegserfahrungen ein und tat sich zugleich schwer mit dem neuen Medium des Films. Eine klare politische Position bezog er nicht, reagierte und lavierte und geriet mit seiner Wahlempfehlung für Hindenburg 1932 in eine defensive Position. Die Propagierung einer „Volkskameradschaft" als Modell künftiger Ordnung im Versuch, sich politisch etwas klarer und weiter rechts zu verorten, verfing gegenüber den Parolen der radikaleren Kräfte auf der Rechten nicht. So ist der Kyffhäuserbund nach SCHULTE als „Überbleibsel des kaiserlichen Deutschland" (S. 237) zu charakterisieren.

Literatur Mit der politischen Kultur der Weimarer Jahre war die fiktionale Literatur als Reflexion wie als Antriebskraft verwoben. Der insbesondere mit Arbeiten zu Ernst Jünger ausgewiesene Literaturwissenschaftler H. KIESEL hat dazu eine sehr umfassende, handbuchartige und gleichwohl eigenständig argumentierende Gesamtdarstellung vorgelegt [624b]. Sie verfolgt insbesondere das Ziel, die „politischen und sozialen Dimensionen" (S. 21) der zeitgenössischen Literatur herauszuarbeiten und damit gerade auch solche Werke zu erfassen, die in der an ästhetischen Kriterien orientierten literaturwissenschaftlichen Kanonbildung ausgeblendet worden sind. Somit ist seine Darstellung auch für die Geschichtswissenschaft von großem Wert. Dazu trägt insbesondere bei, dass der Hauptteil des Werks sich an der hergebrachten Dreiphasengliederung orientiert und teils unmittelbar auf historische Ereignisse bezogene Unterkapitel enthält, etwa zum Friedensvertrag und der Verfassunggebung oder zur politischen Gewalt der frühen Jahre. Das schon vielfach behandelte Thema der literarischen Verarbeitung des Ersten Weltkriegs erfährt eine besonders differenzierte Behandlung, jenseits der schematischen Entgegensetzung von kriegsbejahender und kriegskritischer Literatur. Aus einer grundsätzlich die relative Offenheit der Entwicklung betonenden Perspektive auf die Weimarer Republik gelangt KIESEL gleichfalls zu differenzierten Einsichten bei Werken, die nach 1945 wegen ihrer Nähe zu nationalsozialistischem Gedankengut kritisiert wurden. Insgesamt zeigt sich hier der Ertrag einer interdisziplinär angelegten Darstellung, zumal KIESEL neben der behandelten Literatur selbst auch auf die zeitgenössische Rezeption und die spätere Forschung eingeht.

Jüdische Organisationen und Antisemitismus Eine bisher wenig beachtete Facette der Auseinandersetzung jüdischer Organisationen mit dem Antisemitismus in der Gesellschaft, ihre Kommunikation mit Mitgliedern und anderen Betroffenen und die darin unternommenen Versuche, Enttäuschung zu dämpfen und Mut zuzusprechen, hat A. ULLRICH behandelt [670a]. Dabei konzentriert sie sich in einer zeitlich weiter ausgreifenden, den Ersten Weltkrieg ebenso wie die NS-Zeit bis 1938 einbeziehenden Perspektive auf den Centralverein deutscher Staatsbürger jüdischen Glaubens (C.V.). Für die Jahre der Weimarer Republik konstatiert sie, wie schon seit dem Aufschwung des Antisemitismus im Gefolge der sogenannten „Judenzählung" von 1916, eine „Strategie der Erwartungsrelativierung" (S. 111). Mit ihr erklärte der C.V. ein gewisses Maß an Antisemitismus für unausweichlich und charakterisierte zugleich die deutsche Mehrheitsgesellschaft als diesen nicht grundsätzlich vertretend, aber auch nicht aktiv bekämpfend. Leitend blieb die Annahme der „problemlosen Vereinbarkeit von Judentum und Deutschtum" (S. 240), auch in der Koppelung von Alarmismus und Appellen zum Optimismus in der Wahrnehmung der Wahlerfolge der NSDAP.

Ausprägungen des Antisemitismus in Wirtschaft, Gesellschaft und Politik und Reaktionen darauf untersucht M. H. GEYER in seiner großen Studie zum Skandal um den jüdischen Geschäftsmann Julius Barmat und zu den mit ihm verbundenen Debatten über das Verhältnis von Kapitalismus und Demokratie [724a]. Die unternehmerischen Aktivitäten Barmats, dessen auch mit Unterstützung der Preußischen Staatsbank während der Inflationszeit erworbenes Firmenkonglomerat danach zahlungsunfähig wurde, stießen auf heftige Kritik auf der politischen Rechten, aber auch bei den Kommunisten und unter Beteiligung auch der gemäßigten bürgerlichen Presse. In den Vorwürfen gegen Barmat (wie auch gegen mehrere andere vergleichbar agierende Geschäftsleute), die vor allem bei seiner durch Geschenke beförderten Nähe zu sozialdemokratischen Amtsträgern ansetzten, artikulierte sich, wie GEYER aufzeigt, die antisemitisch grundierte Erwartung einer Verhinderung unternehmerischer Grenzüberschreitungen durch den Staat, worin die neue Republik aus Sicht ihrer Kritiker versagte und deshalb von ihnen scharf angegriffen wurde. Diese weitere Perspektive auf den Skandal ergibt neue Einsichten insbesondere in das Agieren antirepublikanischer Kreise in der Justiz sowie zusätzliche Erkenntnisse zu der 1925 von der DVP angestoßenen Regierungskrise in Preußen mit dem Ziel der Bildung einer Bürgerblockkoalition ebenso wie zur Relevanz des den Charakter als Klassenpartei betonenden Heidelberger Programms der SPD im gleichen Jahr. Insgesamt erhellt GEYERS Studie eine längerfristig wirksame, den Radikalantisemitismus der NS-Herrschaft mit befeuernde Traditionslinie der politischen Kultur.

In transnationalen Kontexten ist die Weimarer Republik bislang vor allem hinsichtlich ihrer Beziehungen zu anderen Staaten untersucht worden, wobei der Reparationsproblematik besondere Aufmerksamkeit galt. Mittlerweile haben andere Formen transnationaler Verbindungen jenseits der zwischenstaatlichen Ebene vermehrt Aufmerksamkeit gefunden. Ein kürzlich von C. CORNELISSEN und D. VAN LAAK herausgegebener Sammelband interdisziplinären Zuschnitts führt eine Reihe dieser teils noch laufenden Forschungen zusammen [290b]. Neben verschiedenen Aspekten des Umgangs mit dem Verlust der Kolonien befassen sich die Beiträge mit der medialen Vermittlung neuer geopolitischer Ideen deutscher Machterweiterung, Formen der medialen Wahrnehmung und Aneignung globaler Ereignisse und kultureller Produkte sowie dem Agieren deutscher Akteurinnen und Akteure in vom Völkerbund neu geschaffenen oder mit ihm in Verbindung stehenden Organisationen und Netzwerken sowie Deutschlands globalen Wirtschaftsbeziehungen. Im Ergebnis zeigt sich, dass Deutschland während der Jahre der Weimarer Republik in vielfältiger Weise mit der Welt verbunden blieb, auch auf dem Feld der Wirtschaft, die lange Zeit eindeutig de-globalisiert schien. Eindeutige Wirkungen gingen daraus freilich nicht hervor: Dichotomische, den Kampf gegen Gegner betonende und in diesem Sinn etwa mit der neuen Türkei Vorbilder identifizierende Wahrnehmungen globaler Zusammenhänge konnten ebenso die Folge sein wie die über ästhetische Weltaneignungen vermittelte Anerkennung von Andersartigkeit und Vielgestaltigkeit von Lebensweisen.

Transnationale Aspekte

Zwei jüngere Studien beschäftigen sich mit unterschiedlichen Facetten der nicht zuletzt medial vermittelten Wahrnehmung des nahen und fernen Auslands. Sie gelangen dabei zwar nicht wesentlich über die bisherigen Forschungsergebnisse hinaus, fassen deren Erträge aber bündig zusammen. A. Laba geht dem Diskurs über die deutsche Ostgrenze in der Weimarer Republik nach [629c] und zeigt auf, wie klar er von einer relativ kleinen Gruppe von Geowissenschaftlern und jungkonservativen Intellektuellen bestimmt wurde und von Forderungen nach einer Revision der Versailler Gebietsabtretungen zu solchen nach einer generellen Verschiebung der Grenze in Richtung eines als bedrohlich empfundenen „Ostens" überging. D. Franz untersucht anhand einschlägiger Themenkomplexe wie der Rationalisierung, der Rolle der Frau, der Jugenderziehung und der Wertigkeit des Sports, wie die USA und die Sowjetunion als konkurrierende Entwürfe gesellschaftlicher Modernität in führenden deutschen Presseorganen dargestellt und zur Schärfung eigener Modernitätsvorstellungen eingesetzt wurden [607c]. Dominierend war die Kontrastierung der deutschen Verhältnisse mit den als deutlich anders empfundenen der beiden großen Länder, wobei im Blick auf die USA „seit langem tradierte Deutungsmuster" die Grundlage bildeten, während in der Wahrnehmung der Sowjetunion die „revolutionären Brüche" (beide S. 285) im Vordergrund standen.

Einem bislang marginalisierten Aspekt deutscher Außenpolitik in der Weimarer Republik, der auswärtigen Kulturpolitik gegenüber den USA, ist E. Piller nachgegangen [350a]. Deren Entwicklung verfolgt sie über die drei Phasen der Weimarer Geschichte und sieht vor allem in ihrer vollen Entfaltung während der mittleren Jahre einen wichtigen Beitrag zu einer genuin republikanischen, freilich weiterhin von einem revisionistischen Grundimpuls geleiteten Außenpolitik. Die deutschen Botschafter agierten in ihrer Hinwendung zu den für deutsche Anliegen primär empfänglichen Deutsch-Amerikanern zurückhaltend und wandten sich schließlich vor allem den jüngeren, sich primär als Amerikaner verstehenden zu, was, so Pillers These, die allgemeine De-Ethnisierung der deutschen auswärtigen Kulturpolitik in den USA zum Ausdruck brachte. Besondere Mühe, nicht zuletzt durch entsprechende neue Einrichtungen an den deutschen Universitäten, wurde auf die Betreuung US-amerikanischer Gaststudierender verwendet und die transatlantischen akademischen Beziehungen insgesamt waren wieder von gegenseitiger Wertschätzung geprägt, ohne dass Deutschland seine vor 1914 zentrale Position zurückgewann. Auch die Werbung um US-amerikanische Touristen erwies sich als erfolgreich. Deutschland wurde in ihr allerdings nicht als neue demokratische Republik beworben. Dies fehlte, wie Piller festhält, als systematisches Element überhaupt in der auswärtigen Kulturpolitik, ungeachtet ihres grundsätzlich republikanischen Charakters.

Fazit   Insgesamt legen die jüngeren Forschungen weder ein neues Gesamtnarrativ für die Geschichte der Weimarer Republik nahe noch stoßen sie eine größere neue Kontroverse an, ungeachtet bleibender Interpretationsunterschiede der Revolutionsgeschichte. Zu erwarten sind vielmehr weitere Detailuntersuchungen, die insbesondere der Kategorie des Raums Aufmerksamkeit widmen, also der Relevanz des Lokalen, Regionalen und Transnationalen nachgehen. Dies dürfte gerade für die Erforschung der Verbindungen von Lebenswelten, politischen Milieus und Wahlverhalten neue Befunde erbringen.

III. Quellen und Literatur

VORBEMERKUNG

1. Bei der Aufnahme von Titeln der Forschungsliteratur, die vor 1980 erschienen sind, wurde ein strengerer Maßstab angelegt, da die ältere Literatur über die Bibliographien der neueren Arbeiten leicht zu ermitteln ist. Zeitschriftenaufsätze und Beiträge zu Sammelbänden sind nur in begrenzter Zahl aufgenommen.
2. Untertitel sind nur dann mit aufgeführt, wenn dadurch der Obertitel inhaltlich präzisiert wird.
3. Im allgemeinen wird die neueste Auflage angegeben; zum besseren Verständnis der Forschungsentwicklung wird in einzelnen Fällen zusätzlich die Erstauflage genannt.

A. QUELLEN

1. Aktenpublikationen zur Aussenpolitik und Vertragstexte

1. Akten zur Deutschen Auswärtigen Politik (ADAP) 1918–1945; Serie A: 1918–1925; Serie B: 1925–1933, Göttingen 1966–1995
1a. Außenpolitische Dokumente der Republik Österreich 1918–1938, hrsg. v. A. Suppan, bes. Bd. 7: Das österreichisch-deutsche Zollunionsprojekt, 12. Februar 1930 bis 11. September 1931, hrsg. v. K. Koch, W. Rauscher und A. Suppan, Wien/München 2006.
2. Documents on British Foreign Policy 1919–1939; Serie I: 1919–1925; Serie IA: 1925–1929; Serie II: 1929–1938, London 1947–1986
3. Documents Diplomatiques Français 1920–1932, (bisher) Bd. 1–9 (10.1.1920–30.6.1923), Paris, Bruxelles, usw. 1997 ff.
4. Documents Diplomatiques Français 1932–1935, Bd. 1–2 (9.7.1932–17.3.1933), Paris 1964/2006

5. Documents Diplomatiques Français sur l'Allemagne 1920. Französische Diplomatenberichte aus Deutschland 1920. Hrsg. von S. MARTENS unter Mitarbeit von M. KESSEL, 2 Bde., Bonn/Berlin 1992/93
6. Dokumenty vnešn'ej politiki SSSR 1917–1938, Moskau 1958–1977
7. Papers relating to the Foreign Relations of the United States 1918 ff., Washington D.C. 1930 ff.
8. Papers relating to the Foreign Relations of the United States, Supplement: The Paris Peace Conference 1919, 13 Bde., Washington D.C., 1942 ff.
9. I Documenti Diplomatici Italiani; Serie 6: 1918–1922; Serie 7: 1922–1935, Rom 1953 ff.
10. Documents Diplomatiques Belges 1920–1940, Brüssel 1964–1966
11. Deutsch-sowjetische Beziehungen von den Verhandlungen in Brest-Litovsk bis zum Abschluß des Rapallo-Vertrages, 2 Bde., Berlin (Ost) 1967–1971
12. Locarno-Konferenz 1925. Eine Dokumentensammlung, Berlin (Ost) 1962
13. Der Friedensvertrag zwischen Deutschland und den Alliierten und Assoziierten Mächten nebst dem Schlußprotokoll und der Vereinbarung betr. die militärische Besetzung der Rheinlande. Amtlicher Text der Entente und amtliche deutsche Übertragung. Im Auftrage des Auswärtigen Amtes, Charlottenburg 1919
14. Konferenzen und Verträge. Vertrags-Ploetz Teil II; 4. Bd.: Neueste Zeit 1914–1959, Würzburg ²1959

2. EDITIONEN, DOKUMENTENSAMMLUNGEN, JAHRBÜCHER

15. Akten der Reichskanzlei, Weimarer Republik, Boppard 1968 ff.
Das Kabinett Scheidemann. Bearb. v. H. SCHULZE (1971)
Das Kabinett Bauer. Bearb. v. A. GOLECKI (1980)
Das Kabinett Müller I. Bearb. v. M. VOGT (1971)
Das Kabinett Fehrenbach. Bearb. v. P. WULF (1972)
Die Kabinette Wirth I und II. Bearb. v. I. SCHULZE-BIDLINGMAIER, 2 Bde. (1973)
Das Kabinett Cuno. Bearb. v. K.-H. HARBECK (1968)
Die Kabinette Stresemann I und II. Bearb. v. K. D. ERDMANN und M. VOGT, 2 Bde. (1978)
Die Kabinette Marx I und II. Bearb. v. G. ABRAMOWSKI, 2 Bde. (1973)
Die Kabinette Luther I und II. Bearb. v. K.-H. MINUTH, 2 Bde. (1977)
Die Kabinette Marx III und IV. Bearb. v. G. ABRAMOWSKI, 2 Bde. (1988)
Das Kabinett Müller II. Bearb. v. M. VOGT, 2 Bde. (1970)

Die Kabinette Brüning I und II. Bearb. v. T. Koops, 3 Bde. (1982/1990)
Das Kabinett von Papen. Bearb. v. K.-H. Minuth, 2 Bde. (1989)
Das Kabinett von Schleicher. Bearb. v. A. Golecki (1986)
15a. Akten deutscher Bischöfe über die Lage der Kirche 1918–1933. Bearb. v. H. Hürten, 2 Bde., Paderborn 2007
16. Dokumente und Materialien zur Geschichte der deutschen Arbeiterbewegung. Hrsg. v. Institut für Marxismus-Leninismus beim Zentralkomitee der SED. Reihe 2, 1914–1945, 1957 ff.
17. Quellen zur Geschichte des Parlamentarismus und der politischen Parteien, Düsseldorf 1959 ff.
Erste Reihe. Von der konstitutionellen Monarchie zur parlamentarischen Republik.
Bd. 2, Die Regierung des Prinzen Max von Baden. Bearb. v. E. Matthias und R. Morsey (1962); Bd. 6, Die Regierung der Volksbeauftragten 1918/19. Eingel. v. E. Matthias, bearb. v. S. Miller unter Mitarb. v. H. Potthoff (1969); Bd. 10, Die Regierung Eisner 1918/19. Ministerratsprotokolle und Dokumente. Bearb. v. F. J. Bauer (1987)
Zweite Reihe. Militär und Politik.
Bd. 2, Zwischen Revolution und Kapp-Putsch. Militär und Innenpolitik 1918–1920. Bearb. v. H. Hürten (1977); Bd. 3, Die Anfänge der Ära Seeckt. Militär und Innenpolitik 1920–1922. Bearb. v. H. Hürten (1979); Bd. 4, Das Krisenjahr 1923. Militär und Innenpolitik 1922–1924. Bearb. v. H. Hürten (1980)
Dritte Reihe. Die Weimarer Republik.
Bd. 1, Erinnerungen und Dokumente von Johann Victor Bredt 1914 bis 1933. Bearb. v. M. Schumacher (1970); Bd. 2, Parlamentspraxis in der Weimarer Republik. Die Tagungsberichte der Vereinigung der deutschen Parlamentsdirektoren 1925 bis 1933. Bearb. v. M. Schumacher (1974); Bd. 3, Staat und NSDAP 1930–1932. Quellen zur Ära Brüning. Eingel. v. G. Schulz, bearb. v. I. Maurer und U. Wengst (1977); Bd. 4, Politik und Wirtschaft in der Krise 1930–32. Quellen zur Ära Brüning. Eingel. von G. Schulz, bearb. v. I. Maurer und U. Wengst, 2 Bde. (1980); Bd. 5, Linksliberalismus in der Weimarer Republik. Die Führungsgremien der Deutschen Demokratischen Partei und der Deutschen Staatspartei 1918–1933. Eingel. v. L. Albertin, bearb. v. K. Wegner (1980); Bd. 6, Die Generallinie. Rundschreiben des Zentralkomitees der KPD an die Bezirke 1929–1933. Bearb. v. H. Weber (1981); Bd. 7, Die SPD-Fraktion in der Nationalversammlung 1919–1920. Eingel. v. H. Potthoff, bearb. v. H. Potthoff und H. Weber (1986); Bd. 8, Die Zentrumsfraktion in der verfassunggebenden

Preußischen Landesversammlung 1919–1921. Eingel. und bearb. v. A. H. LEUGERS-SCHERZBERG und W. LOTH (1994); Bd. 9, Nationalliberalismus in der Weimarer Republik. Die Führungsgremien der Deutschen Volkspartei 1918–1933. Bearb. v. E. KOLB und L. RICHTER (1999); Bd. 10, K. GRAF v. WESTARP, Konservative Politik im Übergang vom Kaiserreich zur Weimarer Republik. Bearb. v. F. FRHR. HILLER VON GAERTRINGEN u. a. (2001); Bd. 11: Linksliberalismus in Preußen. Die Sitzungsprotokolle der preußischen Landtagsfraktion der DDP und der DStP 1919–1932. Eingel. u. bearb. v. V. STALMANN (2009)

18. Quellen zur Geschichte der deutschen Gewerkschaftsbewegung im 20. Jahrhundert, Köln 1985 ff.; Bd. 1, Die Gewerkschaften in Weltkrieg und Revolution 1914–1919. Bearb. v. K. SCHÖNHOVEN (1985); Bd. 2, Die Gewerkschaften in den Anfangsjahren der Republik 1919–1923. Bearb. v. M. RUCK (1985); Bd. 3, Die Gewerkschaften von der Stabilisierung bis zur Weltwirtschaftskrise 1924–1930. Bearb. v. H.-A. KUKUCK und D. SCHIFFMANN (1986); Bd. 4, Die Gewerkschaften in der Endphase der Republik 1930–1933. Bearb. v. P. JAHN (1988)

19. Quellen zur Geschichte der Rätebewegung in Deutschland 1918/19, 1968 ff.; Bd. 1, Der Zentralrat der deutschen sozialistischen Republik. Vom ersten zum zweiten Rätekongreß. Bearb. v. E. KOLB unter Mitwirkung von R. RÜRUP, Leiden 1968; Bd. 2, Regionale und lokale Räteorganisationen in Württemberg 1918/19. Bearb. v. E. KOLB und K. SCHÖNHOVEN, Düsseldorf 1976; Bd. 3, Arbeiter-, Soldaten- und Volksräte in Baden 1918/19. Bearb. v. P. BRANDT und R. RÜRUP, Düsseldorf 1980

20. Groß-Berliner Arbeiter- und Soldatenräte in der Revolution 1918/19. Hrsg. v. G. ENGEL, B. HOLTZ und I. MATERNA, 3 Bde., Berlin 1993/1997/2002

21. Ursachen und Folgen. Vom deutschen Zusammenbruch 1918 und 1945 bis zur staatlichen Neuordnung Deutschlands in der Gegenwart. Hrsg. u. bearb. v. H. MICHAELIS und E. SCHRAEPLER unter Mitwirkung von G. SCHEEL, Bd. 1–9, Berlin 1958 ff.

21a. B. H. BAYERLEIN/L. G. BABIČENKO/F. I. FIRSOV/A. J. VATLIN (Hrsg.), Deutscher Oktober 1923. Ein Revolutionsplan und sein Scheitern, Berlin 2003

22. W. BENZ (Hrsg.), Politik in Bayern 1919–1933. Berichte des württembergischen Gesandten Carl Moser von Filseck, Stuttgart 1971

22a. Berlin-Brandenburgische Akademie der Wissenschaften (Hrsg.), Die Protokolle des Preußischen Staatsministeriums 1817–1934/38, Bd. 11, I und II (14. November 1918 bis 31. März 1925), bearb. v. G. SCHULZE, Hildesheim/Zürich/New York 2002, Bd. 12, I und II (4. April 1925 bis 10. Mai 1938), bearb. v. R. ZILCH unter Mitarb. von B. HOLTZ, Hildesheim 2004

23. L. BERTHOLD/H. NEEF, Militarismus und Opportunismus gegen die Novemberrevolution. Das Bündnis der rechten SPD-Führung mit der Obersten Heeresleitung November und Dezember 1918. Eine Dokumentation, Berlin (Ost) 1958, 2. erw. u. überarb. Aufl. Berlin (Ost) 1978

24. K. BORCHARDT/H.-O. SCHÖTZ (Hrsg.), Wirtschaftspolitik in der Krise. Die (Geheim-)Konferenz der Friedrich List-Gesellschaft im September 1931 über Möglichkeiten und Folgen einer Kreditausweitung, Baden-Baden 1991

25. E. DEUERLEIN (Hrsg.), Der Hitler-Putsch. Bayerische Dokumente zum 8./9. November 1923, Stuttgart 1962

25a. W. ELZ (Hrsg.), Quellen zur Außenpolitik der Weimarer Republik 1918–1933, Darmstadt 2007

26. J. FLEMMING/C.-D. KROHN/D. STEGMANN/P.-C. WITT (Hrsg.), Die Republik von Weimar, 2 Bde., Königstein i. T./Düsseldorf 1979

27. J. FLEMMING/K. SAUL/P.-C. WITT, Familienleben im Schatten der Krise. Dokumente und Analysen zur Sozialgeschichte der Weimarer Republik, Düsseldorf 1988

27a. N. FREYTAG (Hrsg.), Quellen zur Innenpolitik der Weimarer Republik 1918–1933, Darmstadt 2010

27b. K. HAMPE, Kriegstagebuch 1914–1919, hrsg. v. F. REICHERT und E. WOLGAST, München 2004 [S. 733–922]

28. K. HOLL/A. WILD (Hrsg.), Ein Demokrat kommentiert Weimar. Die Berichte Hellmut v. Gerlachs an die Carnegie-Friedensstiftung in New York 1922–1930, Bremen 1973

29. W. HUBATSCH, Hindenburg und der Staat. Aus den Papieren des Generalfeldmarschalls und Reichspräsidenten von 1878 bis 1934, Göttingen 1966

30. E. R. HUBER (Hrsg.), Deutsche Verfassungsdokumente 1918–1933 (Dokumente zur deutschen Verfassungsgeschichte Bd. 4), Stuttgart 1992

31. E. R. HUBER/W. HUBER (Hrsg.), Staat und Kirche in der Zeit der Weimarer Republik (Staat und Kirche im 19. und 20. Jahrhundert Bd. 4), Berlin 1988

32. Institut für Zeitgeschichte (Hrsg.), Hitler. Reden, Schriften, Anordnungen. Februar 1925 bis Januar 1933, München 1992 ff.; Bd. 1: Februar 1925 – Juni 1926. Bearb. von C. VOLLNHALS; Bd. 2: Teil 1 und 2: Juli 1926 – Mai 1928. Bearb. v. B. DUSIK; Bd. 2A: Außenpolitische Standortbestimmung nach der Reichstagswahl Juni – Juli 1928. Bearb. von G. L. WEINBERG, C. HARTMANN und K. A. LANKHEIT; Bd. 3, Teil 1–3: Juli 1928 – September 1930. Bearb. v. B. DUSIK, K. A. LANKHEIT und C. HARTMANN; Bd. 4,

Teil 1–3: Oktober 1930 – März 1932. Bearb. von C. GOSCHLER und C. HARTMANN; Bd. 5, Teil 1 und 2: April 1932 – Januar 1933. Bearb. v. K. A. LANKHEIT und C. HARTMANN; Bd. 6: Register. Ergänzungsband (Teil 1–4): Der Hitler-Prozeß 1924. Wortlaut der Hauptverhandlung vor dem Volksgericht München I. Hrsg. von L. GRUCHMANN und R. WEBER unter Mitwirkung von O. GRITSCHNEDER

33. E. JÄCKEL/A. KUHN (Hrsg.), Hitler. Sämtliche Aufzeichnungen 1905–1924, Stuttgart 1980
33a. E. JÜNGER, Politische Publizistik 1919 bis 1933, hrsg. v. S. O. BERGGÖTZ, Stuttgart 2001
34. A. KAES (Hrsg.), Weimarer Republik. Manifeste und Dokumente zur deutschen Literatur 1918–1933, Stuttgart 1983
35. F. P. KAHLENBERG (Bearb.), Die Berichte Eduard Davids als Reichsvertreter in Hessen 1921–1927, Wiesbaden 1970
36. E. KÖNNEMANN/G. SCHULZ (Hrsg.), Der Kapp-Lüttwitz-Ludendorff-Putsch. Dokumente, München 2002
36a. K.-E. LÖNNE, Die Weimarer Republik 1918–1933, Darmstadt 2002
37. P. LONGERICH (Hrsg.), Die Erste Republik. Dokumente zur Geschichte des Weimarer Staates, München 1992
38. P. MANTOUX (Hrsg.), Les Délibérations du Conseil des Quatre (24 mars–28 juin 1919), 2 Bde., Paris 1955
39. W. MICHALKA/G. NIEDHART (Hrsg.), Die ungeliebte Republik. Dokumentation zur Innen- und Außenpolitik Weimars 1918–1933, München 1980, ⁴1986; neue Ausgabe u. d. T.: Deutsche Geschichte 1918–1933. Dokumente zur Innen- und Außenpolitik, Frankfurt 1992
40. R. MORSEY/K. RUPPERT (Bearb.), Die Protokolle der Reichstagsfraktion der Deutschen Zentrumspartei 1920–1925, Mainz 1981
41. R. MORSEY (Bearb.), Die Protokolle der Reichstagsfraktion und des Fraktionsvorstands der Deutschen Zentrumspartei 1926–1933, Mainz 1969
42. M. RICHARZ (Hrsg.), Jüdisches Leben in Deutschland. Selbstzeugnisse zur Sozialgeschichte 1918–1945, Stuttgart 1982
43. G. A. RITTER/S. MILLER (Hrsg.), Die deutsche Revolution 1918–1919. Dokumente. Hamburg 1975, 2. erw. u. überarb. Aufl., Frankfurt 1983
44. O.-E. SCHÜDDEKOPF, Das Heer und die Republik. Quellen zur Politik der Reichswehrführung 1918–1933, Frankfurt 1955
45. H. SCHULZE (Hrsg.), Anpassung oder Widerstand? Aus den Akten des Parteivorstands der deutschen Sozialdemokratie 1932/1933, Bonn-Bad Godesberg 1975

46. K. Schwabe (Hrsg.), Quellen zum Friedensschluß von Versailles, Darmstadt 1997
46a. V. Stalmann/J. Stehling (Bearb.), Der Hamburger Arbeiter- und Soldatenrat 1918/19, Düsseldorf 2013
47. D. Stegmann (Hrsg.), Politische Radikalisierung in der Provinz. Lageberichte und Stärkemeldungen der Politischen Polizei und der Regierungspräsidenten für Osthannover 1922–1933, Hannover 1999
48. H. Stehkämper (Bearb.), Der Nachlaß des Reichskanzlers Wilhelm Marx, 5 Bde., Köln 1968/1997
49. W. Steitz (Hrsg.), Quellen zur deutschen Wirtschafts- und Sozialgeschichte vom Ersten Weltkrieg bis zum Ende der Weimarer Republik, Darmstadt 1993
50. L. D. Stokes, Kleinstadt und Nationalsozialismus. Ausgewählte Dokumente zur Geschichte von Eutin 1918–1945, Neumünster 1984
51. W. Treue, Deutsche Parteiprogramme seit 1861, Göttingen ⁴1968
52. A. Tyrell, Führer befiehl... Selbstzeugnisse aus der ‚Kampfzeit' der NSDAP, Düsseldorf 1969
53. M. Vogt (Bearb.), Die Entstehung des Youngplans. Dargestellt vom Reichsarchiv 1931–1933, Boppard 1970
54. H. Weber (Hrsg.), Der Gründungsparteitag der KPD. Protokoll und Materialien, Frankfurt 1969
54a. H. Weber/J. Drabkin/B. H. Bayerlein (Hrsg.), Deutschland, Russland, Komintern – Dokumente (1918–1943): Nach der Archivrevolution: Neuerschlossene Quellen zu der Geschichte der KPD und den deutsch-russischen Beziehungen, Teilbd. 1 (1919–1933), Berlin 2014
54b. F. Wittreck (Hrsg.), Weimarer Landesverfassungen. Die Verfassungsurkunden der deutschen Freistaaten 1918–1933. Textausgabe mit Sachverzeichnis und einer Einführung, Tübingen 2004
55. Schulthess' Europäischer Geschichtskalender, N. F., 34. Jg. 1918–49. Jg. 1933, München 1922–1934
56. Deutscher Geschichtskalender. Begr. v. K. Wippermann, 35. Jg. 1919–49. Jg. 1933, Leipzig o. J. (Ergänzungsbände: Die deutsche Revolution, 2 Bde., 1919; Vom Waffenstillstand zum Frieden von Versailles, 1919; Die deutsche Reichsverfassung vom 11. Aug. 1919, 1919)

3. Stenographische Berichte und Statistiken

57. Allgemeiner Kongreß der Arbeiter- und Soldatenräte Deutschlands vom 16. bis 21. Dezember 1918 im Abgeordnetenhause zu Berlin. Stenographische Berichte, Berlin 1919; Nachdruck Glashütten 1972
58. II. Kongreß der Arbeiter-, Bauern- und Soldatenräte Deutschlands vom 8. bis 14. April 1919 im Herrenhaus zu Berlin. Stenographisches Protokoll, Berlin 1919; Nachdruck Glashütten 1975
59. Verhandlungen der verfassungsgebenden Deutschen Nationalversammlung. Stenographische Berichte, Berlin 1919f., Bd. 326–343.
60. Verhandlungen des Deutschen Reichstages, 1920–1933, Berlin 1920ff., Bd. 344–457
61. Statistisches Jahrbuch für das Deutsche Reich. Hrsg. v. Statistischen Reichsamt, 34. Jg. Berlin 1919 – 53. Jg. Berlin 1934.

4. Memoiren und andere Selbstzeugnisse (Tagebücher, Briefe) in Auswahl

62. E. V. Viscount d'Abernon, Ein Botschafter der Zeitwende. Memoiren 3 Bde., Leipzig 1929–1930
63. Aus den Geburtsstunden der Weimarer Republik. Das Tagebuch des Obersten Ernst van den Bergh. Hrsg. v. W. Wette, Düsseldorf 1991
63a. M. J. Bonn, Zur Krise der Demokratie. Politische Schriften in der Weimarer Republik 1919–1932. Hrsg. v. J. Hacke, Berlin 2015
64. O. Braun, Von Weimar zu Hitler, New York 1940, Hamburg ³1949
65. A. Brecht, Aus nächster Nähe. Lebenserinnerungen 1884–1927, Stuttgart 1966
66. Ders., Mit der Kraft des Geistes. Lebenserinnerungen 1927–1967, Stuttgart 1967

Bredt siehe Nr. 17, 3. Reihe, Bd. 1

67. H. Brüning, Memoiren 1918–1934, Stuttgart 1970
68. Ders., Reden und Aufsätze eines deutschen Staatsmanns. Hrsg. v. W. Vernekohl unter Mitarb. v. R. Morsey, Münster 1968
69. J. Curtius, Sechs Jahre Minister der Deutschen Republik, Heidelberg 1948
70. W. Dittmann, Erinnerungen. Bearb. und eingel. v. J. Rojahn, 3 Bde., Frankfurt/New York 1995
71. F. Ebert, Schriften, Aufzeichnungen, Reden. Hrsg. v. F. Ebert jun., 2 Bde., Dresden 1926

72. E. FEDER, Heute sprach ich mit... Tagebücher eines Berliner Publizisten 1926–1932. Hrsg. v. C. LOWENTHAL-HENSEL und A. PAUCKER, Stuttgart 1971
73. O. GESSLER, Reichswehrpolitik in der Weimarer Zeit. Hrsg. v. K. SENDTNER, Stuttgart 1958
74. Die Tagebücher von JOSEPH GOEBBELS, hrsg. v. E. FRÖHLICH, Teil I: Aufzeichnungen 1923–1941, Bde. 1 und 2 in 5 Teilbänden (Oktober 1923 bis März 1934), München 2004 ff.
75. W. GROENER, Lebenserinnerungen. Jugend, Generalstab, Weltkrieg. Hrsg. v. F. FRHR. HILLER v. GAERTRINGEN, Göttingen 1957
76. A. GRZESINSKI, Im Kampf um die deutsche Republik. Erinnerungen eines Sozialdemokraten. Hrsg. von E. KOLB, München 2001
77. T. HEUSS, Erinnerungen 1905–1933, Tübingen 1963
77a. DERS., Bürger der Weimarer Republik. Briefe 1918–1933. Hrsg. u. bearb. von M. DORRMANN, München 2008
78. W. KEIL, Erlebnisse eines Sozialdemokraten, 2 Bde., Stuttgart 1947/48
79. H. GRAF KESSLER, Tagebücher 1918–1937. Hrsg. v. W. PFEIFFER-BELLI, Frankfurt 1961. Das Tagebuch 1880–1937, Bd. 7 (1919–1923), Bd. 8 (1923–1926), Bd. 9 (1926–1937), Stuttgart 2007 ff.
80. H. KÖHLER, Lebenserinnerungen des Politikers und Staatsmannes 1878–1949. Unter Mitw. v. F. ZILKEN hrsg. v. J. BECKER, Stuttgart 1964
81. A. KREBS, Tendenzen und Gestalten der NSDAP. Erinnerungen an die Frühzeit der Partei, Stuttgart 1959
82. P. LÖBE, Erinnerungen eines Reichstagspräsidenten, Berlin 1949
83. H. LUPPE, Mein Leben. In Zusammenarbeit mit M. HEINSEN-LUPPE aus dem Nachlaß hrsg. v. Stadtarchiv Nürnberg, Nürnberg 1977
84. H. LUTHER, Politiker ohne Partei. Erinnerungen, Stuttgart 1960
85. DERS., Vor dem Abgrund. 1930–1933. Reichsbankpräsident in Krisenzeiten, Berlin 1964
86. O. MEISSNER, Staatssekretär unter Ebert – Hindenburg – Hitler, Hamburg 1950
87. R. NADOLNY, Mein Beitrag. Erinnerungen eines Botschafters des Deutschen Reiches. Hrsg. u. eingel. v. G. WOLLSTEIN, Köln 1985
88. G. NOSKE, Von Kiel bis Kapp, Berlin 1920
89. DERS., Erlebtes aus Aufstieg und Niedergang einer Demokratie, Offenbach 1947
90. F. VON PAPEN, Vom Scheitern einer Demokratie 1930–1933, Mainz 1968
90a. H. PREUSS, Gesammelte Schriften Bd. 4: Politik und Verfassung in der Weimarer Republik. Hrsg. und eingel. von D. LEHNERT, Tübingen 2008

90b. H. Preuss, Gesammelte Schriften Bd. 3: Das Verfassungswerk von Weimar. Hrsg., eingel. u. erl. v. D. Lehnert, C. Müller u. D. Schefold, Tübingen 2015
91. H. Pünder, Politik in der Reichskanzlei. Aufzeichnungen aus den Jahren 1929–1932. Hrsg. v. T. Vogelsang, Stuttgart 1961
92. Ders., Von Preußen nach Europa. Lebenserinnerungen, Stuttgart 1968
93. Die Deutschnationalen und die Zerstörung der Weimarer Republik. Aus dem Tagebuch von Reinhold Quaatz 1928–1933. Hrsg. v. H. Weiss u. P. Hoser, München 1989
94. G. Radbruch, Briefe. Hrsg. v. E. Wolf, Göttingen 1968
95. Ders., Der innere Weg. Aufriß meines Lebens, Stuttgart 1951
96. W. Rathenau, Gesamtausgabe Bd. 2: Hauptwerke und Gespräche, hrsg. v. E. Schulin, Heidelberg 1977 (erw. Taschenbuch-Ausg. München 1980); Bd. 5: Briefe, hrsg. v. A. Jaser, C. Picht und E. Schulin, Teilband 2 (1914–1922), Düsseldorf 2006
97. Ders., Ein preußischer Europäer. Briefe. Hrsg. v. M. v. Eynern, Berlin 1955
98. Ders., Tagebuch 1907–1922. Hrsg. v. H. Pogge v. Strandmann, Düsseldorf 1967
99. H. Schacht, 76 Jahre meines Lebens, Bad Wörishofen 1953
100. P. Schmidt, Statist auf diplomatischer Bühne 1923–1945, Bonn 1949
101. L. Graf Schwerin v. Krosigk, Staatsbankrott. Die Geschichte der Finanzpolitik des deutschen Reiches 1920–1945, Göttingen 1974
102. C. Severing, 1919/1920 im Wetter- und Watterwinkel, Bielefeld 1927
103. Ders., Mein Lebensweg, 2 Bde., Köln 1950
104. G. Stresemann, Vermächtnis. Hrsg. v. H. Bernhard, 3 Bde., Berlin 1932–1933
105. G. R. Treviranus, Das Ende von Weimar. Heinrich Brüning und seine Zeit, Düsseldorf/Wien 1968
105a. E. Troeltsch, Spectator-Briefe und Berliner Briefe (1919–1922). Hrsg. v. G. Hübinger mit N. Wehrs, Berlin 2015 (Ernst Troeltsch – Kritische Gesamtausgabe Bd. 14)
105b. Ders., Briefe V (1918–1923). Hrsg. v. F. W. Graf, Berlin 2020 (Ernst Troeltsch – Kritische Gesamtausgabe Bd. 22)
106. M. Weber, Zur Neuordnung Deutschlands. Schriften und Reden 1918–1920. Hrsg. v. W. J. Mommsen in Zusammenarbeit mit W. Schwentker, Tübingen 1988 (Max Weber-Gesamtausgabe I/16)
106a. Ders., Briefe 1918–1920. Hrsg. von G. Hübinger und M. R. Lepsius, Tübingen 2011 (Max Weber-Gesamtausgabe 2/10)
K. Graf v. Westarp siehe Nr. 17, 3. Reihe, Bd. 10

B. LITERATUR

1. Handbücher, Gesamtdarstellungen, Allgemeines

107. H. Aubin/W. Zorn (Hrsg.), Handbuch der deutschen Wirtschafts- und Sozialgeschichte, Bd. 2, Stuttgart 1976
108. A. Barkai/P. Mendes-Flohr/S. M. Lowenstein, Deutsch-jüdische Geschichte in der Neuzeit, Bd. 4: Aufbruch und Zerstörung 1918–1945, München 1997
108a. N. Beaupré, Das Trauma des großen Krieges 1918–1932/33, (= WBG Deutsch-französische Geschichte, Bd. 8), Darmstadt 2009
108b. W. L. Bernecker, Europa zwischen den Weltkriegen 1914–1945, Stuttgart 2002
109. K. D. Bracher, Die Auflösung der Weimarer Republik. Eine Studie zum Problem des Machtverfalls in der Demokratie, Villingen 1955, ^{5}1971 (Taschenbuchausgabe Königstein i. T./Düsseldorf ^{6}1978)
110. Ders., Die Krise Europas 1917–1975, Berlin 1976
111. Ders./M. Funke/H.-A. Jacobsen (Hrsg.), Die Weimarer Republik 1918–1933, Düsseldorf 1987
111a. U. Büttner, Weimar. Die überforderte Republik 1918–1933. Leistungen und Versagen in Staat, Gesellschaft, Wirtschaft und Kultur, Stuttgart 2008
112. C. M. Cipolla/K. Borchardt (Hrsg.), Europäische Wirtschaftsgeschichte; Bd. 5: Die europäischen Volkswirtschaften im 20. Jahrhundert, Stuttgart/New York 1980
113. W. Conze/H. Raupach (Hrsg.), Die Staats- und Wirtschaftskrise des Deutschen Reichs 1929/33, Stuttgart 1967
114. K. Dederke, Reich und Republik. Deutschland 1917–1933, Stuttgart ^{8}1996
115. K. D. Erdmann, Die Weimarer Republik, in: B. Gebhardt, Handbuch der deutschen Geschichte, Bd. 4/1, Stuttgart ^{9}1973, 145–330
116. Ders., Die Geschichte der Weimarer Republik als Problem der Wissenschaft, in: VfZ 3 (1955), 1–19
117. Ders./H. Schulze (Hrsg.), Weimar. Selbstpreisgabe einer Demokratie, Düsseldorf 1980
118. T. Eschenburg, Die improvisierte Demokratie, München 1963; überarbeitete Neuausgabe u. d. T.: Die Republik von Weimar. Beiträge zur Geschichte einer improvisierten Demokratie, München 1984
119. E. Eyck, Geschichte der Weimarer Republik, 2 Bde., Erlenbach/Zürich 1954–56; Bd. 1 ^{5}1973, Bd. 2 ^{4}1972

120. E. J. FEUCHTWANGER, From Weimar to Hitler. Germany 1918–1933, Houndsmill/London 1993
121. W. FISCHER (Hrsg.), Europäische Wirtschafts- und Sozialgeschichte vom Ersten Weltkrieg bis zur Gegenwart (Handbuch der europäischen Wirtschafts- und Sozialgeschichte Bd. 6), Stuttgart 1987
121a. M. FÖLLMER/R. GRAF (Hrsg.), Die „Krise" der Weimarer Republik. Zur Kritik eines Deutungsmusters, Frankfurt/New York 2005
122. F. FRIEDENSBURG, Die Weimarer Republik, Berlin 1946, ²1957
123. D. GESSNER, Das Ende der Weimarer Republik. Fragen, Methoden und Ergebnisse interdisziplinärer Forschung, Darmstadt 1978, ²1988
123a. R. GRAF, Die Zukunft der Republik. Krisen und Zukunftsaneignungen in Deutschland 1918–1933, München 2008
123b. C. GUSY (Hrsg.), Weimars lange Schatten – „Weimar" als Argument nach 1945, Baden-Baden 2003
124. H. HEIBER, Die Republik von Weimar, München 1966, ²⁰1994
125. F. A. HERMENS/T. SCHIEDER (Hrsg.), Staat, Wirtschaft und Politik in der Weimarer Republik. Festschrift für Heinrich Brüning, Berlin 1967
126. H. G. HOCKERTS, Weimarer Republik, Nationalsozialismus, Zweiter Weltkrieg (1919–1945), Darmstadt 1996 (Quellenkunde zur Deutschen Geschichte der Neuzeit von 1500 bis zur Gegenwart Bd. 6/I)
127. E. R. HUBER, Deutsche Verfassungsgeschichte seit 1789; Bd. 6: Die Weimarer Reichsverfassung, Stuttgart 1981; Bd. 7: Ausbau, Schutz und Untergang der Weimarer Republik, Stuttgart 1984; vgl. Nr. 193
128. Institut für Marxismus-Leninismus beim ZK der SED, Geschichte der deutschen Arbeiterbewegung; Bd. 3 (1917–1923) und Bd. 4 (1924–Januar 1933), Berlin (Ost) 1966
129. G. JASPER (Hrsg.), Von Weimar zu Hitler 1930–1933, Köln 1968
130. DERS., Die gescheiterte Zähmung. Wege zur Machtergreifung Hitlers 1930–1934, Frankfurt 1986
131. K. JESERICH/H. POHL/G.-C. V. UNRUH (Hrsg.), Deutsche Verwaltungsgeschichte; Bd. 4: Das Reich als Republik und in der Zeit des Nationalsozialismus, Stuttgart 1985
132. I. KERSHAW (Hrsg.), Weimar: Why did German Democracy fail?, London 1990
132a. U. KLUGE, Die Weimarer Republik, Paderborn 2006
133. D. LEHNERT, Die Weimarer Republik. Parteienstaat und Massengesellschaft, Stuttgart 1999
134. P. LONGERICH, Deutschland 1918–1933. Die Weimarer Republik, Hannover 1995

134a. G. Mai, Europa 1918–1939. Mentalitäten, Lebensweisen, Politik zwischen den Weltkriegen, Stuttgart 2001
135. C. Maier, Recasting Bourgeois Europe. Stabilization in France, Germany and Italy in the Decade after World War I, Princeton, N. J. 1975, ²1988
136. G. Mann, Deutsche Geschichte 1919–1945, Frankfurt 1961
136a. R. Marcowitz, Die Weimarer Republik 1929–1933, Darmstadt 2004
137. W. Michalka (Hrsg.), Die nationalsozialistische Machtergreifung, Paderborn/München/Wien/Zürich 1984
138. H. Möller, Weimar. Die unvollendete Demokratie, München 1985, ⁸2006
139. Ders., Europa zwischen den Weltkriegen, München 1998
140. H. Mommsen, Die verspielte Freiheit. Der Weg der Republik von Weimar in den Untergang 1918–1933, Berlin 1989; Taschenbuchausgabe u. d. T.: Aufstieg und Untergang der Weimarer Republik 1918–1933, München 2001
141. G. Niedhart, Deutsche Geschichte 1918–1933. Politik in der Weimarer Republik und der Sieg der Rechten, Stuttgart 1994, ²1996
142. E. Nolte, Der Faschismus in seiner Epoche, München 1963, ⁵1979
143. M. Overesch/F. W. Saal, Chronik deutscher Zeitgeschichte; Bd. 1: Die Weimarer Republik, Düsseldorf 1982
144. D. Peukert, Die Weimarer Republik. Krisenjahre der klassischen Moderne, Frankfurt 1987, Darmstadt 1997
144a. N. Rossol/B. Ziemann (Hrsg.), Aufbruch und Abgründe. Das Handbuch der Weimarer Republik, Darmstadt 2021
145. A. Rosenberg, Entstehung der Weimarer Republik, Frankfurt 1961 (zuerst Berlin 1928 u. d. T.: Die Entstehung der Deutschen Republik)
146. Ders., Geschichte der Weimarer Republik, Frankfurt 1961 (zuerst Karlsbad 1935 u. d. T.: Die Geschichte der deutschen Republik)
147. T. Schieder (Hrsg.), Handbuch der Europäischen Geschichte; Bd. 7: Europa im Zeitalter der Weltmächte, Stuttgart 1979
148. W.-H. Schröder, Sozialdemokratische Parlamentarier in den deutschen Reichs- und Landtagen 1867–1933. Ein Handbuch, Düsseldorf 1995
149. G. Schulz, Faschismus – Nationalsozialismus. Versionen und theoretische Kontroversen 1922–1972, Frankfurt/Berlin/Wien 1974
150. Ders., Aufstieg des Nationalsozialismus. Krise und Revolution in Deutschland, Frankfurt 1975
151. Ders. (Hrsg.), Weimarer Republik, Freiburg/Würzburg 1987
152. H. Schulze, Weimar. Deutschland 1917–1933, Berlin 1982

153. M. Schumacher (Hrsg.), M. d. L. Das Ende der Parlamente 1933 und die Abgeordneten der Landtage und Bürgerschaften der Weimarer Republik in der Zeit des Nationalsozialismus, Düsseldorf 1995
154. A. Schwarz, Die Weimarer Republik, in: Brandt/Meyer/Just (Hrsg.), Handbuch der deutschen Geschichte Bd. 4/III, Konstanz 1958, Frankfurt ²1964
155. F. Stampfer, Die ersten 14 Jahre der Deutschen Republik, Offenbach 1947
156. M. Stürmer (Hrsg.), Die Weimarer Republik, Königstein i. T. ⁴1993
157. M. Vogt, Die Weimarer Republik (1918–1933), in: Ders. (Hrsg.), Deutsche Geschichte, begründet von P. Rassow, Stuttgart 1987, 568–645
157a. H.-U. Wehler, Deutsche Gesellschaftsgeschichte 1914–1949, München 2003 [231–539]
157b. E. D. Weitz, Weimar Germany. Promise and Tragedy, Princeton 2007
158. H. A. Winkler. Weimar 1918–1933. Die Geschichte der ersten deutschen Demokratie, München 1993, ⁴2005. Vgl. auch Nr. 584–586
159. Ders. (Hrsg.), Weimar im Widerstreit. Deutungen der ersten deutschen Republik im geteilten Deutschland, München 2002
160. A. Wirsching, Die Weimarer Republik. Politik und Gesellschaft, München 2000, ²2008
160a. Ders. (Hrsg.), Herausforderungen der parlamentarischen Demokratie. Die Weimarer Republik im europäischen Vergleich, München 2007

2. Bibliographien

161. ABC-Clio Information Services (Hrsg.), The Weimar Republic, Santa Barbara/Denver/Oxford 1984
162. Bibliographie zur Geschichte der deutschen Arbeiterbewegung. Hrsg. v. d. Bibliothek des Archivs der Sozialen Demokratie, Bonn 1976ff.
163. Bibliographie zur Zeitgeschichte, Beilage der Vierteljahrshefte für Zeitgeschichte, München 1953ff.
164. Bibliographie zur Zeitgeschichte 1953–1980. Hrsg. v. T. Vogelsang und H. Auerbach, Bd. 1 und 2, München/New York 1982, Bd. 4 (Supplement 1981–1989) München/New York 1991, Bd. 5 (Supplement 1990–1995) München 1997
165. G. Eisfeld/K. Koszyk, Die Presse der deutschen Sozialdemokratie, Bonn ²1980
166. M. Gunzenhäuser, Die Pariser Friedenskonferenz 1919 und die Friedensverträge 1919–1920, Frankfurt 1970

167. Jahresberichte für Deutsche Geschichte. Neue Folge. Hrsg. v. Institut für Geschichte an der Deutschen Akademie der Wissenschaften, Berlin (Ost) 1949–1990; hrsg. v.d. Berlin-Brandenburgischen Akademie der Wissenschaften, Berlin 1991 ff.
168. Jahresbibliographie der Bibliothek für Zeitgeschichte, Frankfurt 1960ff., München 1973 ff.
169. K. KLOTZBACH, Bibliographie zur Geschichte der deutschen Arbeiterbewegung 1914–1945, Bonn ³1981
170. G. P. MEYER, Bibliographie zur deutschen Revolution 1918/19, Göttingen 1977
171. M. RUCK, Bibliographie zum Nationalsozialismus, 2 Bde., Darmstadt ²2000
172. M. SCHUMACHER, Wahlen und Abstimmungen 1918–1933, Düsseldorf 1976
173. A. SEYWALD, Die Presse der sozialen Bewegungen 1918–1933, Essen 1994
174. H.-P. ULLMANN, Bibliographie zur Geschichte der deutschen Parteien und Interessenverbände, Göttingen 1978
175. W. WALSDORFF, Bibliographie Gustav Stresemann, Düsseldorf 1972

3. WELTKRIEGSENDE, REVOLUTION, REICHSVERFASSUNG

176. W. APELT, Geschichte der Weimarer Verfassung, München 1946, ²1964
177. R. BESSEL, Germany after the First World War, Oxford 1993
178. H.-J. BIEBER, Gewerkschaften in Krieg und Revolution, 2 Bde., Hamburg 1981
179. DERS., Bürgertum in der Revolution. Bürgerräte und Bürgerstreiks in Deutschland 1918–1920, Hamburg 1992
180. K. BOSL (Hrsg.), Bayern im Umbruch. Die Revolution von 1918, ihre Voraussetzungen, ihr Verlauf und ihre Folgen, München 1969
180a. A. BRAUNE/M. DREYER (Hrsg.), Zusammenbruch, Aufbruch, Abbruch? Die Novemberrevolution als Ereignis und Erinnerungsort. Stuttgart 2019
181. F. L. CARSTEN, Revolution in Mitteleuropa 1918–1919, Köln 1973
182. S. DOBSON, Authority and Upheaval in Leipzig, 1910–1920, New York 2001
183. J. S. DRABKIN, Die Novemberrevolution 1918 in Deutschland, Berlin (Ost) 1968
184. M. DREYER/O. LEMBCKE, Die deutsche Diskussion um die Kriegsschuldfrage 1918/19, Berlin 1993
184a. M. DREYER, Hugo Preuß. Biografie eines Demokraten, Stuttgart 2018

185. J. DUPPLER/G. P. GROSS (Hrsg.), Kriegsende 1918: Ereignis, Wirkung, Nachwirkung, München 1999
186. H. G. EHLERT, Die wirtschaftliche Zentralbehörde des Deutschen Reiches 1914 bis 1919. Das Problem der „Gemeinwirtschaft" in Krieg und Frieden, Wiesbaden 1982
187. W. ELBEN, Das Problem der Kontinuität in der deutschen Revolution. Die Politik der Staatssekretäre und der militärischen Führung vom November 1918 bis Februar 1919, Düsseldorf 1965
188. G. D. FELDMAN, Armee, Industrie und Arbeiterschaft in Deutschland 1914 bis 1918, Berlin/Bonn 1985
189. DERS./E. KOLB/R. RÜRUP, Die Massenbewegungen der Arbeiterschaft in Deutschland am Ende des Ersten Weltkrieges (1917–1920), in: PVS 13 (1972), 84–105
189a. A. GALLUS (Hrsg.), Die vergessene Revolution von 1918/1919, Göttingen 2010
189b. R. GERWARTH, Die größte aller Revolutionen. November 1918 und der Aufbruch in eine neue Zeit. Aus dem Englischen von Alexander Weber, München 2018
190. C. GUSY, Die Weimarer Reichsverfassung, Tübingen 1997
190a. C. GUSY, 100 Jahre Weimarer Verfassung. Eine gute Verfassung in schlechter Zeit, Tübingen 2018
190b. T. HAREN, Der Volksstaat Hessen 1918/19. Hessens Weg zur Demokratie, Berlin 2003
191. U. HEINEMANN, Die verdrängte Niederlage. Politische Öffentlichkeit und Kriegsschuldfrage in der Weimarer Republik, Göttingen 1983
191a. T. HENSE, Konrad Beyerle. Sein Wirken für Wissenschaft und Politik in Kaiserreich und Weimarer Republik, Frankfurt 2002 [Verfassungsberatungen 113–188]
192. K. HOCK, Die Gesetzgebung des Rates der Volksbeauftragten, Pfaffenweiler 1987
193. E. R. HUBER, Deutsche Verfassungsgeschichte seit 1789, Bd. 5: Weltkrieg, Revolution und Reichserneuerung 1914–1919, Stuttgart 1978
194. H. HÜRTEN, Die Kirchen in der Novemberrevolution, Regensburg 1984
195. INSTITUT FÜR MARXISMUS-LENINISMUS BEIM ZK DER SED (Hrsg.), Illustrierte Geschichte der Novemberrevolution in Deutschland, Berlin (Ost) 1968; Neuaufl. u. d. T.: Illustrierte Geschichte der deutschen Novemberrevolution 1918/19, Berlin (Ost) 1978

195a. M. Jones, Am Anfang war Gewalt. Die deutsche Revolution 1918/19 und der Beginn der Weimarer Republik. Aus dem Englischen von Karl Heinz Siber, Berlin 2017

195b. P. Keller, „Die Wehrmacht der deutschen Republik ist die Reichswehr". Die deutsche Armee 1918–1921, Paderborn 2014

196. U. Kluge, Soldatenräte und Revolution. Studien zur Militärpolitik in Deutschland 1918/19, Göttingen 1975

197. Ders., Die deutsche Revolution 1918/19. Staat, Politik und Gesellschaft zwischen Weltkrieg und Kapp-Putsch, Frankfurt 1985

197a. M. Kohlrausch, Der Monarch im Skandal. Die Logik der Massenmedien und die Transformation der wilhelminischen Monarchie, Berlin 2005

198. E. Kolb, Die Arbeiterräte in der deutschen Innenpolitik 1918 bis 1919, Düsseldorf 1962, Frankfurt/Berlin/Wien ²1978

199. Ders. (Hrsg.), Vom Kaiserreich zur Weimarer Republik, Köln 1972

200. Ders., Internationale Rahmenbedingungen einer demokratischen Neuordnung in Deutschland 1918/19, in: L. Albertin/W. Link (Hrsg.), Politische Parteien auf dem Weg zur parlamentarischen Demokratie in Deutschland, Düsseldorf 1981, 147–176

201. H. Konrad/K. M. Schmidlechner (Hrsg.), Revolutionäres Potential in Europa am Ende des Ersten Weltkrieges. Die Rolle von Strukturen, Konjunkturen und Massenbewegungen, Wien/Köln 1991

202. A. Krause, Scapa Flow. Die Selbstversenkung der wilhelminischen Flotte, Berlin 1999

203. R. Krumpholz, Wahrnehmung und Politik. Die Bedeutung des Ordnungsdenkens für das politische Handeln am Beispiel der deutschen Revolution von 1918–1920, Münster 1998

204. P. Kuckuk, Bremen in der deutschen Revolution 1918–1919, Bremen 1986

205. D. Lehnert, Sozialdemokratie und Novemberrevolution. Die Neuordnungsdebatte 1918/19 in der politischen Publizistik von SPD und USPD, Frankfurt/New York 1983

205a. D. Lehnert (Hrsg.), Revolution 1918/19 in Norddeutschland, Berlin 2018

206. P. Lösche, Der Bolschewismus im Urteil der deutschen Sozialdemokratie 1903–1920, Berlin 1967

207. I. Materna, Der Vollzugsrat der Berliner Arbeiter- und Soldatenräte 1918/19, Berlin (Ost) 1978

208. E. Matthias, Zwischen Räten und Geheimräten. Die deutsche Revolutionsregierung 1918–1919, Düsseldorf 1970

209. J. MAUERSBERG, Ideen und Konzeption Hugo Preuß' für die Verfassung der deutschen Republik 1919 und ihre Durchsetzung im Verfassungswerk von Weimar, Frankfurt/Bern/New York/Paris 1991
210. G. MEHNERT, Evangelische Kirche und Politik 1917–1919, Düsseldorf 1959
211. S. MILLER, Die Bürde der Macht. Die deutsche Sozialdemokratie 1918–1920, Düsseldorf 1978
212. W. E. MOSSE (Hrsg.), Deutsches Judentum in Krieg und Revolution 1916–1923, Tübingen 1971
213. M. MÜLLER-AENIS, Sozialdemokratie und Rätebewegung in der Provinz. Schwaben und Mittelfranken in der bayerischen Revolution 1918–1919, München 1986
214. H. MUTH, Die Entstehung der Bauern- und Landarbeiterräte im November 1918 und die Politik des Bundes der Landwirte, in: VfZ 21 (1973), 1–38
215. H. NEUHAUS, Das Ende der Monarchie in Deutschland 1918, in: Historisches Jahrbuch 111 (1991), 102–136
215a. W. NIESS, Die Revolution von 1918/19 in der deutschen Geschichtsschreibung: Deutungen von der Weimarer Republik bis ins 21. Jahrhundert, Berlin 2013
216. H. OECKEL, Die revolutionäre Volkswehr 1918/19, Berlin (Ost) 1968
217. P. v. OERTZEN, Betriebsräte in der Novemberrevolution, Düsseldorf 1963, Bonn ²1976
218. E. PORTNER, Die Verfassungspolitik der Liberalen 1919, Bonn 1973
219. H. POTTHOFF, Das Weimarer Verfassungswerk und die deutsche Linke, in: AfS 12 (1972), 433–483
220. G. W. RAKENIUS, Wilhelm Groener als Erster Generalquartiermeister. Die Politik der Obersten Heeresleitung 1918/19, Boppard 1977
221. Revolution und Fotografie. Berlin 1918/19. Hrsg. von der Neuen Gesellschaft für Bildende Kunst, Berlin 1989
222. L. RICHTER, Kirche und Schule in den Beratungen der Weimarer Nationalversammlung, Düsseldorf 1996
223. G. A. RITTER, Die Entstehung des Räteartikels 165 der Weimarer Reichsverfassung, in: HZ 258 (1994), 73–112
224. R. RÜRUP, Probleme der Revolution in Deutschland 1918/19, Wiesbaden 1968
225. DERS. (Hrsg.), Arbeiter- und Soldatenräte im rheinisch-westfälischen Industriegebiet, Wuppertal 1975
226. E.-H. SCHMIDT, Heimatheer und Revolution 1918, Stuttgart 1981
D. SCHUMANN siehe auch Nr. 454a [preußische Provinz Sachsen]
D. SIEGFRIED siehe Nr. 568a. [Kiel]

226a. D. SCHUMANN/C. GUSY/W. MÜHLHAUSEN (Hrsg.), Demokratie versuchen. Die Verfassung in der politischen Kultur der Weimarer Republik, Göttingen 2021
227. J. TAMPKE, The Ruhr and Revolution. The Revolutionary Movement in the Rhenish-Westphalian Region, 1912–1919, London 1979
228. S. VESTRING, Die Mehrheitssozialdemokratie und die Entstehung der Reichsverfassung von Weimar 1918/19, Münster 1987
229. C. P. VINCENT, The Politics of Hunger. The Allied Blockade of Germany, 1915–1919, Athens/London 1985
230. F. VÖLTZER, Der Sozialstaatsgedanke in der Weimarer Reichsverfassung, Frankfurt 1992
231. F. C. WACHS, Das Verordnungswerk des Reichsdemobilmachungsamtes. Stabilisierender Faktor zu Beginn der Weimarer Republik, Frankfurt/Bern/New York/Paris 1991
231a. K. WEINHAUER/A. MCELLIGOTT/K. HEINSOHN (Hrsg.), Germany 1916–1923: a revolution in context, Bielefeld 2015
232. D. G. WILLIAMSON, The British in Germany, 1918–1930. The Reluctant Occupiers, New York 1991
233. H. A. WINKLER, Die Sozialdemokratie und die Revolution 1918/19, Bonn 1979; vgl. Nr. 584
234. F. ZUNKEL, Industrie und Staatssozialismus. Der Kampf um die Wirtschaftsordnung in Deutschland 1914–1918, Düsseldorf 1974

4. VORAUSSETZUNGEN, VERLAUF UND ERGEBNIS DER FRIEDENSKONFERENZ

235. W. BAUMGART, Vom Europäischen Konzert zum Völkerbund, Darmstadt 1974, ²1987
236. M. BOEMEKE/G. D. FELDMAN/E. GLASER (Hrsg.), The Treaty of Versailles: A Reassessment After Seventy Five Years, Cambridge 1998
237. K. BOSL (Hrsg.), Versailles – St. Germain – Trianon, München/Wien 1971
238. R. E. BUNSELMEYER, The Cost of the War of 1914–1919. British Economic War Aims and the Origins of Reparation, Hamden, Conn. 1975
239. H. J. BURGWYN, The Legend of the Mutilated Victory: Italy, the Great War, and the Paris Peace Conference, 1915–1919, Westport, Conn. 1993
240. F. DICKMANN, Die Kriegsschuldfrage auf der Friedenskonferenz von Paris 1919, München 1964 (zuerst: HZ 197 (1963), 1–101)
241. M. L. DOCKRILL/J. D. GOOLD, Peace without Promise. Britain and the Peace Conference 1919–1923, London 1981

242. G. W. EGERTON, Great Britain and the Creation of the League of Nations. Strategy, Politics, and International Organization, 1914–1919, Chapel Hill 1978
243. H. ELCOCK, Portrait of a Decision. The Council of Four and the Treaty of Versailles, London 1972
244. J. FLOTO, Colonel House in Paris. A Study of American Policy at the Paris Peace Conference 1919, Princeton, N. J. 1980
245. L. E. GELFAND, The Inquiry. American Preparations for Peace 1917–1919, New Haven/London 1963
246. E. GOLDSTEIN, Winning the Peace. British Diplomatic Strategy, Peace Planning, and the Paris Peace Conference 1916–1920, Oxford 1991
246a. G. HANKEL, Die Leipziger Prozesse. Deutsche Kriegsverbrechen und ihre strafrechtliche Verfolgung nach dem Ersten Weltkrieg, Hamburg 2003
248. P. E. HELMREICH, From Paris to Sèvres. The Partition of the Ottoman Empire at the Peace Conference of 1919–1920, Columbus, Ohio 1974
249. L. S. JAFFE, The Decision to Disarm Germany. British Policy towards Postwar German Disarmament, 1914–1919, Boston/London/Sydney 1985
250. H. KÖHLER, Novemberrevolution und Frankreich. Die französische Deutschlandpolitik 1918–1919, Düsseldorf 1979
250a. E. KOLB, Der Frieden von Versailles, München 2005
251. P. KRÜGER, Deutschland und die Reparationen 1918/19, Stuttgart 1973
252. DERS., Die Reparationen und das Scheitern einer Verständigungspolitik auf der Pariser Friedenskonferenz im Jahre 1919, in: HZ 221 (1975), 326–375
253. G. KRUMEICH (Hrsg.), Versailles 1919. Ziele – Wirkung – Wahrnehmung, Essen 2001
253a. J. LEONHARD, Der überforderte Frieden. Versailles und die Welt 1918–1923, München 2018
253b. T. LORENZ, „Die Weltgeschichte ist das Weltgericht!" Der Versailler Vertrag in Diskurs und Zeitgeist der Weimarer Republik, Frankfurt 2008
254. A. LOW, Die Anschlußbewegungin Österreich und Deutschland 1918–1919 und die Pariser Friedenskonferenz, Wien 1975
255. K. LUNDGREEN-NIELSEN, The Polish Problem at the Paris Peace Conference, Odense 1979
256. S. MARKS, Innocent Abroad. Belgium at the Paris Peace Conference of 1919, Chapel Hill 1981
257. A. J. MAYER, Politics and Diplomacy of Peacemaking. Containment and Counter-Revolution at Versailles 1918–1919, London 1967
258. P. MIQUEL, La paix de Versailles et l'opinion publique française, Paris 1972

259. J. MUHR, Die deutsch-italienischen Beziehungen in der Ära des Ersten Weltkrieges (1914–1922), Göttingen/Frankfurt/Zürich 1977
260. H. I. NELSON, Land and Power. British and Allied Policy on Germany's Frontiers 1916–1919, London/Toronto 1963
261. K. L. NELSON, Victors Divided. America and the Allies in Germany, 1918–1923, Berkeley, Calif. 1975
262. D. NEWTON, British Policy and the Weimar Republic, 1918–1919, Oxford 1997
262a. M. PAYK, Frieden durch Recht? Der Aufstieg des modernen Völkerrechts und der Friedensschluss nach dem Ersten Weltkrieg, Berlin 2018
263. D. PERMAN, The Shaping of the Czechoslovak State, Leiden 1961
264. V. H. ROTHWELL, British War Aims and Peace Diplomacy 1914–1918, Oxford 1971
265. Saint-Germain 1919. Protokoll des Symposiums am 29. und 30. Mai 1979 in Wien, München 1989
266. R. SCHOBER, Die Tiroler Frage auf der Friedenskonferenz von Saint Germain, Innsbruck 1982
267. G. SCHULZ, Revolutionen und Friedensschlüsse 1917–1920, München 1967
268. K. SCHWABE, Deutsche Revolution und Wilson-Frieden. Die amerikanische und deutsche Friedensstrategie zwischen Ideologie und Machtpolitik 1918/19, Düsseldorf 1971; überarb. Ausgabe: Woodrow Wilson, Revolutionary Germany, and Peacemaking 1918–1919: Missionary Diplomacy and the Realities of Power, Chapel Hill 1985
269. W. SCHWENGLER, Völkerrecht, Versailler Vertrag und Auslieferungsfrage. Die Strafverfolgung wegen Kriegsverbrechen als Problem des Friedensschlusses 1919/20, Stuttgart 1982
269a. A. SEDLMAIER, Deutschlandbilder und Deutschlandpolitik. Studien zur Wilson-Administration (1913–1921), Stuttgart 2003
270. A. SHARP, The Versailles Settlement. Peacemaking in Paris, 1919, Houndsmill/London 1991
271. G. STEINMEYER, Die Grundlagen der französischen Deutschlandpolitik 1917–1919, Stuttgart 1979
272. D. STEVENSON, French War Aims against Germany 1914–1919, Oxford 1982
273. S. STOPINSKI, Das Baltikum im Patt der Mächte. Zur Entstehung Estlands, Lettlands und Litauens im Gefolge des Ersten Weltkriegs, Berlin 1997
274. J. M. THOMPSON, Russia, Bolshevism, and the Versailles Peace, Princeton, N. J. 1966

275. S. P. TILLMAN, Anglo-American Relations at the Paris Peace Conference of 1919, Princeton, N. J. 1961
276. R. ULLMAN, Anglo-Soviet Relations, 1917–1921, 3 Bde., Princeton, N. J. 1961–1972
277. E. VIEFHAUS, Die Minderheitenfrage und die Entstehung der Minderheitenschutzverträge auf der Pariser Friedenskonferenz 1919, Würzburg 1960
278. A. WALWORTH, Wilson and his Peacemakers. American Diplomacy at the Paris Peace Conference, 1919, New York/London 1986
279. U. WENGST, Graf Brockdorff-Rantzau und die außenpolitischen Anfänge der Weimarer Republik, Bern/Frankfurt 1973
280. D. R. ŽIVOJINOVIĆ, America, Italy and the Birth of Yugoslavia (1917–1919), New York 1972

5. INTERNATIONALE BEZIEHUNGEN UND DEUTSCHE AUSSENPOLITIK 1919–1932

281. J. BARIÉTY, Les relations franco-allemandes après la première guerre mondiale, 10 novembre 1918 – 10 janvier 1925, Paris 1977
282. C. BAUMGART, Stresemann und England, Köln 1996
283. J. BECKER/K. HILDEBRAND (Hrsg.), Internationale Beziehungen in der Weltwirtschaftskrise 1929–1933, München 1980
284. W. BEITEL/J. NÖTZOLD, Deutsch-sowjetische Wirtschaftsbeziehungen in der Zeit der Weimarer Republik, Baden-Baden 1979
285. M. BERG, Gustav Stresemann und die Vereinigten Staaten von Amerika. Weltwirtschaftliche Verflechtung und Revisionspolitik 1907–1929, Baden-Baden 1990
285a. R. BLESSING, Der mögliche Frieden. Die Modernisierung der Außenpolitik und die deutsch-französischen Beziehungen 1923–1929, München 2008
286. R. BOURNAZEL, Rapallo, ein französisches Trauma, Köln 1976
287. E. BUCHHEIT, Der Briand-Kellogg-Pakt von 1928 – Machtpolitik oder Friedensstreben?, Münster 1998
288. B. V. BURKE, Ambassador Frederic Sackett and the Collapse of the Weimar Republic, 1930–1933. The United States and Hitler's Rise to Power, Cambridge 1994
289. F. G. CAMPBELL, Confrontation in Central Europe. Weimar Germany and Czechoslovakia, Chicago 1975
290. F. L. CARSTEN, Britain and the Weimar Republic, London 1984
290a. P. O. COHRS, The Unfinished Peace after World War I. America, Britain and the Stabilisation of Europe, 1919–1932, Cambridge/New York 2006

290b. C. Cornelissen/D. Van Laak (Hrsg.), Weimar und die Welt. Globale Verflechtungen der ersten deutschen Republik, Göttingen 2020
291. B. Dohrmann, Die englische Europapolitik in der Wirtschaftskrise 1921–1923, München/Wien 1980
292. K. Düwell, Deutschlands auswärtige Kulturpolitik 1918–1932, Köln 1976
293. H. L. Dyck, Weimar Germany and Soviet Russia 1926–1933, New York 1966
293a. K. Eichner, Briten, Franzosen und Italiener in Oberschlesien 1920–1922. Die Interalliierte Regierungs- und Plebiszitkommission im Spiegel der britischen Akten, St. Katharinen 2002. Vgl. Nr. 458a., 987c.
294. W. Eichwede, Revolution und internationale Politik. Zur kommunistischen Interpretation der kapitalistischen Welt 1921–1925, Köln/Wien 1971
295. J. Elvert, Mitteleuropa! Deutsche Pläne zur europäischen Neuordnung (1918–1945), Stuttgart 1998
296. W. Elz, Die Weimarer Republik und ihre Außenpolitik. Ein Forschungs- und Literaturbericht, in: Historisches Jahrbuch 119 (1999), 307–375
297. M. Enssle, Stresemann's Territorial Revisionism. Germany, Belgium and the Eupen-Malmédy Question 1919–1929, Wiesbaden 1980
298. K. D. Erdmann, Deutschland, Rapallo und der Westen, in: VfZ 11 (1963), 105–165
299. S. Feucht, Die Haltung der Sozialdemokratischen Partei Deutschlands zur Außenpolitik während der Weimarer Republik (1918–1933), Frankfurt 1998
300. C. Fink, The Genoa Conference. European Diplomacy, 1921–1922, Chapel Hill/London 1984
301. Dies. (Hrsg.), Genoa, Rapallo, and European Reconstruction in 1922, Washington D.C. 1991
301a. C. Fischer, The Ruhr Crisis 1923–1924, Oxford/New York 2003
302. A. Fleury, La pénétration allemande au Moyen-Orient 1919–1939. Le cas de la Turquie, de l'Iran et de l'Afghanistan, Leiden 1977
303. R. Frommelt, Paneuropa oder Mitteleuropa. Einigungsbestrebungen im Kalkül deutscher Wirtschaft und Politik 1925–1933, Stuttgart 1977
304. D. Geyer (Hrsg.), Osteuropa-Handbuch Sowjetunion, Außenpolitik 1917–1955, Köln/Wien 1972
305. H. Graml, Europa zwischen den Kriegen, München 1969
306. Ders., Die Rapallo-Politik im Urteil der westdeutschen Forschung, in: VfZ 18 (1970), 366–391
307. Ders., Zwischen Stresemann und Hitler. Die Außenpolitik der Präsidialkabinette Brüning, Papen und Schleicher, München 2001

307a. Ders., Bernhard von Bülow und die deutsche Außenpolitik. Hybris und Augenmaß im Auswärtigen Amt, München 2012
308. R. P. Grathwol, Stresemann and the DNVP: Reconciliation or Revenge in German Foreign Policy, 1924–1928, Lawrence 1980
309. H. Grieser, Die Sowjetpresse über Deutschland in Europa 1922–1932, Stuttgart 1970
310. K. H. Grundmann, Deutschtumspolitik zur Zeit der Weimarer Republik. Eine Studie am Beispiel der deutsch-baltischen Minderheit in Estland und Lettland, Hannover 1977
311. P. Grupp, Deutsche Außenpolitik im Schatten von Versailles 1918–1920, Paderborn 1988
312. H. Hagspiel, Verständigung zwischen Deutschland und Frankreich? Die deutsch-französische Außenpolitik der zwanziger Jahre im innenpolitischen Kräftefeld beider Länder, Bonn 1987
313. J. v. Hehn/H. v. Rimscha/H. Weiss (Hrsg.), Von den baltischen Provinzen zu den baltischen Staaten 1918–1920, Marburg 1977
314. J. Heideking, Areopag der Diplomaten. Die Pariser Botschafterkonferenz der alliierten Hauptmächte und die Probleme der europäischen Politik 1920–1931, Husum 1979
315. H. Helbig, Die Träger der Rapallo-Politik, Göttingen 1958
316. P. Heyde, Das Ende der Reparationen. Deutschland, Frankreich und der Young-Plan 1929–1932, Paderborn 1998
317. J. Hiden, The Baltic States and Weimar Ostpolitik, Cambridge 1987
318. K. Hildebrand, Das Deutsche Reich und die Sowjetunion im internationalen System 1918–1932, Wiesbaden 1977
319. Ders., Das vergangene Reich. Deutsche Außenpolitik von Bismarck bis Hitler 1871–1945, Stuttgart 1995 [383–559]
320. A. Hillgruber, Großmachtpolitik und Militarismus im 20. Jahrhundert, Düsseldorf 1974
321. C. Höltje, Die Weimarer Republik und das Ostlocarno-Problem 1919–1934, Würzburg 1958
322. H.-P. Höpfner, Deutsche Südosteuropapolitik in der Weimarer Republik, Frankfurt/Bern 1983
323. J. Jacobson, Locarno Diplomacy. Germany and the West, 1925–1929, Princeton, N. J. 1972
324. R. Jaworsky, Vorposten oder Minderheit? Der sudetendeutsche Volkstumskampf in den Beziehungen zwischen der Weimarer Republik und der ČSR, Stuttgart 1977

325. A. KAISER, Lord d'Abernon und die englische Deutschlandpolitik 1920–1926, Frankfurt/Bern/New York/Paris 1989
326. B. KENT, The Spoils of War. The Politics, Economics, and Diplomacy of Reparations 1918–1932, Oxford 1989
327. C. M. KIMMICH, Germany and the League of Nations, Chicago 1976
328. F. KNIPPING, Deutschland, Frankreich und das Ende der Locarno-Ära 1928–1931, München 1987
328a. G. KOENEN, Der Rußland-Komplex. Die Deutschen und der Osten 1900–1945, München 2005
329. A. S. KOTOWSKI, Polens Politik gegenüber seiner deutschen Minderheit 1919–1939, Wiesbaden 1998
330. N. KREKELER, Revisionsanspruch und geheime Ostpolitik der Weimarer Republik. Die Subventionierung der deutschen Minderheit in Polen 1919–1933, Stuttgart 1973
331. P. KRÜGER, Friedenssicherung und deutsche Revisionspolitik. Die deutsche Außenpolitik und die Verhandlungen über den Kellogg-Pakt, in: VfZ 22 (1974), 227–257
332. DERS., Die Außenpolitik der Republik von Weimar, Darmstadt 1985, ²1993
333. DERS., Versailles. Deutsche Außenpolitik zwischen Revisionismus und Friedenssicherung, München 1986
333a. A.-M. LAUTER, Sicherheit und Reparationen. Die französische Öffentlichkeit, der Rhein und die Ruhr (1919–1923), Essen 2006
334. M. M. LEE/W. MICHALKA, German Foreign Policy 1917–33. Continuity or Break?, Leamington Spa/Hamburg/New York 1987
335. M. P. LEFFLER, The Elusive Quest. America's Pursuit of European Stability and French Security, 1919–1933, Chapel Hill 1979
336. W. LINK, Die amerikanische Stabilisierungspolitik in Deutschland 1921–1932, Düsseldorf 1970
337. DERS., Die Beziehungen zwischen der Weimarer Republik und den USA, in: M. KNAPP u. a., Die USA und Deutschland 1918–1975, München 1978, 62–106
338. H. G. LINKE, Deutsch-sowjetische Beziehungen bis Rapallo, Köln 1970
339. DERS., Der Weg nach Rapallo. Strategie und Taktik der deutschen und sowjetischen Außenpolitik, in: HZ 264 (1997), 55–109
340. W. A. MCDOUGALL, France's Rhineland Diplomacy 1914–1924, Princeton, N. J. 1978
340a. S. MARKS, The Illusion of Peace: International Relations in Europe, Houndsmill 2003
341. M.-O. MAXELON, Stresemann und Frankreich 1914–1929, Düsseldorf 1972

342. K. J. MAYER, Die Weimarer Republik und das Problem der Sicherheit in den deutsch-französischen Beziehungen, 1918–1925, Frankfurt/Bern/New York/Paris 1990
343. K. MEGERLE, Deutsche Außenpolitik 1925. Ansatz zu aktivem Revisionismus, Frankfurt 1974
344. W. MICHALKA/M. M. LEE (Hrsg.), Gustav Stresemann, Darmstadt 1982
345. C. MICK, Sowjetische Propaganda, Fünfjahrplan und deutsche Rußlandpolitik 1928–1932, Stuttgart 1995
346. H. J. MÜLLER, Auswärtige Pressepolitik und Propaganda zwischen Ruhrkampf und Locarno (1923–1925). Eine Untersuchung über die Rolle der Öffentlichkeit in der Außenpolitik Stresemanns, Frankfurt 1991
347. S. NADOLNY, Abrüstungsdiplomatie 1932/33. Deutschland auf der Genfer Konferenz im Übergang von Weimar zu Hitler, München 1978
348. G. NIEDHART, Die Außenpolitik der Weimarer Republik, München 1999, ³2012
349. A. ORDE, British Policy and European Reconstruction after the First World War, Cambridge 1990
350. H. PIEPER, Die Minderheitenfrage und das Deutsche Reich 1919–1933/34, Hamburg 1974
350a. E. PILLER, Selling Weimar. German Public Diplomacy and the United States, 1918–1933, Stuttgart 2021
351. E.-A. PLIEG, Das Memelland 1920–1939. Deutsche Autonomiebestrebungen im litauischen Gesamtstaat, Würzburg 1962
352. H. POGGE V. STRANDMANN, Großindustrie und Rapallopolitik. Deutschsowjetische Handelsbeziehungen in der Weimarer Republik, in: HZ 222 (1976), 265–341
353. DERS., Rapallo – Strategy in Preventive Diplomacy: New Sources and New Interpretations, in: V. R. BERGHAHN/M. KITCHEN (Hrsg.), Germany in the Age of Total War, London 1981, 123–146
354. K.-H. POHL, Weimars Wirtschaft und die Außenpolitik der Republik 1924–1926. Vom Dawes-Plan zum Internationalen Eisenpakt, Düsseldorf 1979
355. G. POST, The Civil-Military Fabric of Weimar Foreign Policy, Princeton, N. J. 1973
356. G. RATENHOF, Das Deutsche Reich und die internationale Krise um die Mandschurei 1931–1933, Frankfurt/Bern/New York 1984
357. M.-L. RECKER, England und der Donauraum 1919–1929. Probleme einer europäischen Nachkriegsordnung, Stuttgart 1976

358. A. RÖDDER, Stresemanns Erbe: Julius Curtius und die deutsche Außenpolitik 1929–1931, Paderborn 1996
359. H. ROOS, Geschichte der polnischen Nation 1918–1985, fortgeführt von M. ALEXANDER, Stuttgart ⁴1986
360. G. ROSENFELD, Sowjet-Rußland und Deutschland 1917–1922, Köln 1984
361. DERS., Sowjetunion und Deutschland 1922–1933, Köln 1984
362. H. J. RUPIEPER, The Cuno Government and Reparations 1922–1923. Politics and Economics, Den Haag 1979
362a. S. C. SALZMANN, Great Britain, Germany and the Soviet Union. Rapallo and after, 1922–1934, Woodbridge 2003
363. R. SCHATTKOWSKY, Deutschland und Polen von 1918/19 bis 1925, Frankfurt 1994
364. DERS. (Hrsg.), Locarno und Osteuropa. Fragen eines europäischen Sicherheitssystems in den 20er Jahren, Marburg 1994
365. T. SCHIEDER, Die Entstehungsgeschichte des Rapallo-Vertrags, in: HZ 204 (1967), 545–609
366. G. SCHMIDT (Hrsg.), Konstellationen internationaler Politik 1924–1932. Politische und wirtschaftliche Faktoren in den Beziehungen zwischen Westeuropa und den Vereinigten Staaten, Bochum 1983
367. B. SCHOT, Nation oder Staat? Deutschland und der Minderheitenschutz. Zur Völkerbundspolitik der Stresemann-Ära, Marburg 1988
368. H.-J. SCHRÖDER, Südosteuropa im Spannungsfeld der Großmächte 1919–1939, Wiesbaden 1983
369. S. A. SCHUKER, The End of French Predominance in Europe. The Financial Crisis of 1924 and the Adoption of the Dawes Plan, Chapel Hill 1976
370. M. SCHULZ, Deutschland, der Völkerbund und die Frage der europäischen Wirtschaftsordnung 1925–1933, Hamburg 1997
371. C. STAMM, Lloyd George zwischen Innen- und Außenpolitik. Die britische Deutschlandpolitik 1921/22, Köln 1977
372. S. A. STEHLIN, Weimar and the Vatican 1919–1933, Princeton, N. J. 1983
372a. Z. STEINER, The Lights that Failed. European International History, 1919–1933, Oxford 2005
373. S. SUVAL, The Anschluß Question in the Weimar Era. A Study of Nationalism in Germany and Austria, 1918–1932, Baltimore 1974
374. T. H. TOOLEY, National Identity and Weimar Germany. Upper Silesia and the Eastern Border, 1918–1922, Lincoln/London 1997
375. V. TORUNSKY, Entente der Revisionisten? Mussolini und Stresemann 1922–1929, Köln/Wien 1986

376. M. Trachtenberg, Reparation in World Politics: France and European Economic Diplomacy, 1916–1923, New York 1980
377. G. Wagner, Deutschland und der polnisch-sowjetische Krieg 1920, Wiesbaden 1979
377a. M. Wala, Weimar und Amerika. Botschafter Friedrich von Prittwitz und Gaffron und die deutsch-amerikanischen Beziehungen von 1927 bis 1933, Stuttgart 2001
378. M. Walsdorff, Westorientierung und Ostpolitik. Stresemanns Rußlandpolitik in der Locarno-Ära, Bremen 1971
379. F. P. Walters, A History of the League of Nations, 2 Bde., London 1952, London/New York ²1965
380. W. Weidenfeld, Die Englandpolitik Gustav Stresemanns, Mainz 1972
381. T. Weingartner, Stalin und der Aufstieg Hitlers. Die Deutschlandpolitik der Sowjetunion und der Kommunistischen Internationale 1929–1934, Berlin 1970
381a. J. Wintzer, Deutschland und der Völkerbund 1918–1926, Paderborn 2006
381b. T. Wittek, Auf ewig Feind? Das Deutschlandbild in den britischen Massenmedien nach dem Ersten Weltkrieg, München 2005
382. C. A. Wurm, Die französische Sicherheitspolitik in der Phase der Umorientierung 1924–1926, Frankfurt/Bern/Las Vegas 1979
383. J. Zarusky, Die deutschen Sozialdemokraten und das sowjetische Modell. Ideologische Auseinandersetzung und außenpolitische Konzeptionen 1917–1933, München 1992
384. L. Zimmermann, Deutsche Außenpolitik in der Ära der Weimarer Republik, Göttingen 1958
385. Ders., Frankreichs Ruhrpolitik. Von Versailles bis zum Dawesplan, Göttingen 1971

6. Regierungssystem und Wahlen, Reich und Länder, Justiz und Verwaltung, zentrale innenpolitische Ereignisse

386. G. Arns, Regierungsbildung und Koalitionspolitik in der Weimarer Republik 1919–1924, Clausthal-Zellerfeld 1971
387. J. Becker, Brüning, Prälat Kaas und das Problem einer Regierungsbeteiligung der NSDAP 1930–1932, in: HZ 196 (1963), 74–111
388. W. Benz, Süddeutschland in der Weimarer Republik. Ein Beitrag zur deutschen Innenpolitik 1918–1923, Berlin 1970
389. L. Berthold, Carl Schmitt und der Staatsnotstandsplan am Ende der Weimarer Republik, Berlin 1999

390. W. Besson, Württemberg und die deutsche Staatskrise 1928–1933, Stuttgart 1959
391. J. Biesemann, Das Ermächtigungsgesetz als Grundlage der Gesetzgebung im nationalsozialistischen Staat. Ein Beitrag zur Stellung des Gesetzes in der Verfassungsgeschichte 1919–1945, Münster 1985
392. L. Biewer, Reichsreformbestrebungen in der Weimarer Republik, Frankfurt/Bern 1980
393. F. Blaich, Grenzlandpolitik im Westen 1926–1936. Die „Westhilfe" zwischen Reichspolitik und Länderinteressen, Stuttgart 1978
393a. D. Blasius, Weimars Ende. Bürgerkrieg und Politik 1930–1933, Göttingen 2005
394. P. Blomeyer, Der Notstand in den letzten Jahren der Weimarer Republik. Die Bedeutung von Recht, Lehre und Praxis der Notstandsgewalt für den Untergang der Weimarer Republik und die Machtübernahme durch die Nationalsozialisten, Berlin 1999
395. M. Böttger, Der Hochverrat in der höchstrichterlichen Rechtsprechung der Weimarer Republik. Ein Fall politischer Instrumentalisierung von Strafgesetzen?, Frankfurt 1998
395a. M. Braun, Der Badische Landtag 1918–1933, Düsseldorf 2009
396. O. Büsch/M. Wölk/W. Wölk (Hrsg.), Wählerbewegungen in der deutschen Geschichte. Analysen und Berichte zu den Reichstagswahlen 1871–1933, Berlin 1978
397. O. Büsch/W. Haus (Hrsg.), Berliner Demokratie 1919–1985; Bd. 1: Berlin als Hauptstadt der Weimarer Republik 1919–1933, Berlin 1987
398. U. Büttner, Hamburg in der Staats- und Wirtschaftskrise 1928–1931, Hamburg 1982
399. J. Christoph, Die politischen Reichsamnestien 1918–1933, Frankfurt 1988
400. W. Conze, Die Krise des Parteienstaates in Deutschland 1929/30, in: HZ 178 (1954), 47–83
401. G. Doose, Die separatistische Bewegung in Oberschlesien nach dem Ersten Weltkrieg (1918–1922), Wiesbaden 1987
402. H. Ehni, Bollwerk Preußen? Preußen-Regierung, Reich-Länder-Problem und Sozialdemokratie 1928–1932, Bonn 1975
403. E. Eimers, Das Verhältnis von Preußen und Reich in den ersten Jahren der Weimarer Republik (1918–1923), Berlin 1969
404. G. Eliasberg, Der Ruhrkrieg von 1920, Bonn 1974
405. K. D. Erdmann, Adenauer in der Rheinlandpolitik nach dem Ersten Weltkrieg, Stuttgart 1966

406. J. ERGER, Der Kapp-Lüttwitz-Putsch, Düsseldorf 1967
407. J. FALTER/T. LINDENBERGER/S. SCHUMANN, Wahlen und Abstimmungen in der Weimarer Republik. Materialien zum Wahlverhalten 1919–1933, München 1986; vgl. Nr. 864
408. H. FENSKE, Wahlrecht und Parteiensystem, Frankfurt 1972
409. M. FREHSE, Ermächtigungsgesetzgebung im Deutschen Reich 1914–1933, Pfaffenweiler 1985
409a. T. GÖTHEL, Demokratie und Volkstum. Die Politik gegenüber den nationalen Minderheiten in der Weimarer Republik, Köln 2002
409b. K. GROH, Demokratische Staatsrechtslehrer in der Weimarer Republik. Von der konstitutionellen Staatslehre zur Theorie des modernen demokratischen Verfassungsstaats, Tübingen 2010
410. H. GRUND, „Preußenschlag" und Staatsgerichtshof im Jahre 1932, Baden-Baden 1976
411. C. GUSY, Weimar – die wehrlose Republik? Verfassungsschutzrecht und Verfassungsschutz in der Weimarer Republik, Tübingen 1991
412. B. HÄUFEL, Die Gründung des Landes Thüringen. Staatsbildung und Reformpolitik 1918–1923, Weimar/Köln 1995
413. P. HAUNGS, Reichspräsident und parlamentarische Kabinettsregierung. Eine Studie zum Regierungssystem der Weimarer Republik in den Jahren 1924 bis 1929, Köln 1968
414. H.-J. HAUSS, Die erste Volkswahl des deutschen Reichspräsidenten, Kallmünz 1965
415. M. P. HEIMERS, Unitarismus und süddeutsches Selbstbewußtsein. Weimarer Koalition und SPD in Baden in der Reichsreformdiskussion 1918–1933, Düsseldorf 1992
416. W. HEINDL, Die Haushalte von Reich, Ländern und Gemeinden in Deutschland von 1925 bis 1933, Frankfurt/Bern/New York/Nancy 1984
417. V. HENTSCHEL, Weimars letzte Monate. Hitler und der Untergang der Republik, Düsseldorf 1978, ²1980
418. U. HÖRSTER-PHILIPPS, Konservative Politik in der Endphase der Weimarer Republik. Die Regierung Franz von Papen, Köln 1982
419. W. HOFMANN, Zwischen Rathaus und Reichskanzlei. Die Oberbürgermeister in der Kommunal- und Staatspolitik des Deutschen Reiches von 1890 bis 1933, Stuttgart 1974
420. J. HOLZER, Parteien und Massen. Die politische Krise in Deutschland 1928–1930, Wiesbaden 1975
421. I. J. HUECK, Der Staatsgerichtshof zum Schutze der Republik, Tübingen 1996

422. G. JASFER, Der Schutz der Republik. Studien zur staatlichen Sicherung der Demokratie in der Weimarer Republik 1922–1930, Tübingen 1963
423. DERS., Justiz und Politik in der Weimarer Republik, in: VfZ 30 (1982), 167–205
424. O. JUNG, Direkte Demokratie in der Weimarer Republik. Die Fälle „Aufwertung", „Fürstenenteignung", „Panzerkreuzerverbot" und „Youngplan", Frankfurt/New York 1989
425. H. KÖHLER, Adenauer und die rheinische Republik. Der erste Anlauf 1918–1924, Opladen 1986
426. E. KOLB (Hrsg.), Friedrich Ebert als Reichspräsident. Amtsführung und Amtsverständnis, München 1997
426a. DERS., 20. Juli 1932: Reichsexekution gegen Preußen, in: Bundesrat (Hrsg.), Ein Staatsstreich? Die Reichsexekution gegen Preußen, Berlin 2007, 9–28
426b. G. KRUMEICH/J. SCHRÖDER (Hrsg.), Der Schatten des Weltkriegs: Die Ruhrbesetzung 1923, Essen 2004
427. H. KÜHR, Parteien und Wahlen im Stadt- und Landkreis Essen in der Zeit der Weimarer Republik, Düsseldorf 1973
428. R. KUHN, Die Vertrauenskrise der Justiz (1926–1928). Der Kampf um die „Republikanisierung" der Rechtspflege in der Weimarer Republik, Köln 1983
429. A. KURZ, Demokratische Diktatur? Auslegung und Handhabung des Artikels 48 der Weimarer Verfassung 1919–1925, Berlin 1992
430. E. LAUBACH, Die Politik der Kabinette Wirth 1921/22, Lübeck 1968
431. R. M. LEPSIUS, From Fragmented Party Democracy to Government by Emergency Decree and National Socialist Takeover: Germany, in: J. J. LINZ/A. STEPAN (Hrsg.), The Breakdown of Democratic Regimes, Baltimore/London 1978, 34–79
432. M. LIEPACH, Das Wahlverhalten der jüdischen Bevölkerung. Zur politischen Orientierung der Juden in der Weimarer Republik, Tübingen 1996
433. E. LUCAS, Märzrevolution 1920, 3 Bde., Frankfurt 1970–1978
433a. T. MERGEL, Parlamentarische Kultur in der Weimarer Republik. Politische Kommunikation, symbolische Politik und Öffentlichkeit im Reichstag, Düsseldorf 2002
434. A. MILATZ, Wähler und Wahlen in der Weimarer Republik, Neuwied 1965
435. H. MÖLLER, Parlamentarismus in Preußen 1919–1932, Düsseldorf 1985
435a. DERS./M. KITTEL (Hrsg.), Demokratie in Deutschland und Frankreich 1918–1933, München 2002
436. H. MOMMSEN, Die Stellung der Beamtenschaft in Reich, Ländern und Gemeinden in der Ära Brüning, in: VfZ 21 (1973), 151–165

437. I. Nagel, Fememorde und Fememordprozesse in der Weimarer Republik, Köln/Wien 1991
438. H. Oberreuter, Die Norm als Ausnahme. Zum Verfall des Weimarer Verfassungssystems, in: GWU 35 (1984), 299–323
439. D. Orlow, Weimar Prussia 1918–1925. The Unlikely Rock of Democracy, Pittsburgh 1986; Weimar Prussia 1925–1933. The Illusion of Strength, Pittsburgh 1991
440. K. Petersen, Literatur und Justiz in der Weimarer Republik, Stuttgart 1988; vgl. Nr. 649.
440a. W. Pyta, Die Präsidialgewalt in der Weimarer Republik, in: M.-L. Recker (Hrsg.), Parlamentarismus in Europa, München 2004, 65–95
440b. T. Raithel, Das schwierige Spiel des Parlamentarismus. Deutscher Reichstag und französische Chambre des Députés in den Inflationskrisen der 1920er Jahre, München 2005
441. J. Ramm, Eugen Schiffer und die Reform der deutschen Justiz, Neuwied/Darmstadt 1987
442. K. Reimer, Rheinlandfrage und Rheinlandbewegung (1918–1933), Frankfurt/Bern/Las Vegas 1979
443. K. Rohe, Wahlen und Wählertraditionen in Deutschland. Kulturelle Grundlagen deutscher Parteien und Parteiensysteme im 19. und 20. Jahrhundert, Frankfurt 1992
444. W. Runge, Politik und Beamtentum im Parteienstaat. Die Demokratisierung der politischen Beamten in Preußen zwischen 1918 und 1933, Stuttgart 1965
445. M. Sabrow, Die verdrängte Verschwörung. Der Rathenau-Mord und die deutsche Gegenrevolution, Frankfurt 1999
B. Sauer siehe Nr. 844a.
446. K. Schaap, Die Endphase der Weimarer Republik im Freistaat Oldenburg 1928–1933, Düsseldorf 1975
447. E. Schanbacher, Parlamentarische Wahlen und Wahlsystem in der Weimarer Republik. Wahlgesetzgebung und Wahlreform im Reich und in den Ländern, Düsseldorf 1982
448. R. Schiffers, Elemente direkter Demokratie im Weimarer Regierungssystem, Düsseldorf 1971
449. L. Schirmann, Blutmai Berlin 1929. Dichtungen und Wahrheit, Berlin 1991
450. Ders., Altonaer Blutsonntag 17. Juli 1932. Dichtungen und Wahrheit, Hamburg 1994

450a. M. Schlemmer, „Los von Berlin". Die Rheinstaatsbestrebungen nach dem ersten Weltkrieg, Köln/Weimar/Wien 2007
451. H. Schmahl, Disziplinarrecht und politische Betätigung der Beamten in der Weimarer Republik, Berlin 1977
452. T. Schnabel, Württemberg zwischen Weimar und Bonn 1928 bis 1945/46, Stuttgart 1986
453. U. Schüren, Der Volksentscheid zur Fürstenenteignung 1926, Düsseldorf 1978
454. G. Schulz, Zwischen Demokratie und Diktatur. Verfassungspolitik und Reichsreform in der Weimarer Republik; Bd. 1: Die Periode der Konsolidierung und der Revision des Bismarckschen Reichsaufbaus 1919–1930, Berlin 1963, ²1987; Bd. 2: Deutschland am Vorabend der Großen Krise, Berlin/New York 1987; Bd. 3: Von Brüning zu Hitler. Der Wandel des politischen Systems in Deutschland 1930–1933, Berlin/New York 1992
454a. D. Schumann, Politische Gewalt in der Weimarer Republik 1918–1933. Kampf um die Straße und Furcht vor dem Bürgerkrieg, Essen 2001
454b. C. Schwieger, Volksgesetzgebung in Deutschland. Der wissenschaftliche Umgang mit plebiszitärer Gesetzgebung auf Reichs- und Bundesebene in Weimarer Republik, Drittem Reich und Bundesrepublik Deutschland (1919–2002), Berlin 2005
455. G. Seiberth, Anwalt des Reiches. Carl Schmitt und der Prozeß „Preußen contra Reich" vor dem Staatsgerichtshof, Berlin 2001
456. B. Sendler, Die Führung in den Koalitions- und Präsidialkabinetten der Weimarer Republik, Berlin 1999
456a. J. Sneeringer, Winnning Women's Votes. Propaganda and Politics in Weimar Germany, Chapel Hill/London 2002
457. W. Steffani, Die Untersuchungsausschüsse des Preußischen Landtages zur Zeit der Weimarer Republik, Düsseldorf 1960
458. K. Stein, Parteiverbote in der Weimarer Republik, Berlin 1999
458a. K. Struve (Hrsg), Oberschlesien nach dem Ersten Weltkrieg. Studien zu einem nationalen Konflikt und seiner Erinnerung, Marburg 2003
459. M. Stürmer, Koalition und Opposition in der Weimarer Republik 1924–1928, Düsseldorf 1967
460. M. Süss, Rheinhessen unter französischer Besatzung. Vom Waffenstillstand im November 1918 bis zum Ende der Separatistenunruhen im Februar 1924, Stuttgart 1988
461. B. Vogel/D. Nohlen/R.-O. Schultze, Wahlen in Deutschland 1848–1970, Berlin 1971

461a. N. WERNER, Die Prozesse gegen die Landvolkbewegung in Schleswig-Holstein 1929/32. Ein Beitrag zur Justizkritik in der späten Weimarer Republik, Frankfurt 2001
462. H. A. WINKLER (Hrsg.), Die deutsche Staatskrise 1930–1933. Handlungsspielräume und Alternativen, München 1992
463. P.-C. WITT, Reichsfinanzminister und Reichsfinanzverwaltung. Zum Problem des Verhältnisses von politischer Führung und bürokratischer Herrschaft in den Anfangsjahren der Weimarer Republik 1918/19–1924, in: VfZ 23 (1975), 1–61

7. Parteien, Kirchen, gesellschaftliche Organisationen und Bewegungen

463a. R. AHRENS, Bündische Jugend: eine neue Geschichte; 1918–1933, Göttingen 2014
464. L. ALBERTIN, Liberalismus und Demokratie am Anfang der Weimarer Republik. Eine vergleichende Analyse der Deutschen Demokratischen Partei und der Deutschen Volkspartei, Düsseldorf 1972
465. W. T. ANGRESS, Die Kampfzeit der KPD 1921–1923, Düsseldorf 1973
466. J. ARETZ, Katholische Arbeiterbewegung und Nationalsozialismus. Der Verband katholischer Arbeiter- und Knappenvereine Westdeutschlands 1923–1945, Mainz 1978
467. S. BAHNE, Die KPD und das Ende von Weimar, Frankfurt 1976
467a. A. BARKAI, „Wehr Dich!" Der Centralverein deutscher Staatsbürger jüdischen Glaubens (C.V.) 1893–1938, München 2002
468. S. BERGER, Ungleiche Schwestern? Die britische Labour Party und die deutsche Sozialdemokratie im Vergleich 1900–1931, Bonn 1997
469. L. BERGSTRÄSSER, Geschichte der politischen Parteien in Deutschland, München ¹¹1965
470. H. M. BOCK, Syndikalismus und Linkskommunismus von 1918 bis 1923, Darmstadt 1993 (zuerst 1969)
471. R. BREITMAN, German Social Democracy and the Weimar Republik, Chapel Hill 1981
472. H. BRUNCK, Die Deutsche Burschenschaft in der Weimarer Republik und im Nationalsozialismus, München 1999
473. D. BRUNNER, Bürokratie und Politik des Allgemeinen Deutschen Gewerkschaftsbundes 1918/19 bis 1933, Köln 1992

474. K.-W. Dahm, Pfarrer und Politik. Soziale Position und politische Mentalität des deutschen evangelischen Pfarrerstandes zwischen 1918 und 1933, Köln/Opladen 1965
475. L. Döhn, Politik und Interesse. Die Interessenstruktur der Deutschen Volkspartei, Meisenheim am Glan 1970
476. H. Donat/K. Holl (Hrsg.), Die Friedensbewegung. Organisierter Pazifismus in Deutschland, Österreich und in der Schweiz, Düsseldorf 1983
477. H. Drechsler, Die Sozialistische Arbeiterpartei Deutschlands (SAPD), Meisenheim am Glan 1965
478. E. Eschebach, Volkskirche im Zwiespalt. Die Generalsynode der Evangelischen Kirche der altpreußischen Union in der Weimarer Republik, Frankfurt/Bern/New York/Paris 1991
479. W. Euchner, Ideengeschichte des Sozialismus in Deutschland. Teil I, in: H. Grebing (Hrsg.), Geschichte der sozialen Ideen in Deutschland, Essen 2000, 21–350 [hier: 263–350]
479a. U. Eumann, Eigenwillige Kohorten der Revolution. Zur regionalen Sozialgeschichte des Kommunismus in der Weimarer Republik, Frankfurt 2007
480. R. J. Evans, The Feminist Movement in Germany 1894–1933, London 1976
481. B. Fischer, Theoriediskussion der SPD in der Weimarer Republik, Frankfurt/Bern/New York 1987
482. C. Fischer, The German Communists and the Rise of Nazism, Basingstoke 1991
483. O. K. Flechtheim, Die KPD in der Weimarer Republik. Mit einer Einleitung von H. Weber, Frankfurt 1969
484. B. B. Frye, Liberal Democrats in the Weimar Republic. The History of the German Democratic Party and the German State Party, Carbondale/Edwardsville 1985
485. D. Fricke (Leiter des Redaktionskollektivs), Die bürgerlichen Parteien in Deutschland, 2 Bde., Leipzig 1968–1970; erweiterte Neuaufl. u. d. T.: Lexikon zur Parteiengeschichte. Die bürgerlichen und kleinbürgerlichen Parteien und Verbände in Deutschland (1789–1945), 4 Bde., Köln 1983–1986
485a. S. Gerber, Pragmatismus und Kulturkritik. Politikbegründung und politische Kommunikation im Katholizismus der Weimarer Republik (1918–1925), Paderborn 2016
486. D. Gessner, Agrarverbände in der Weimarer Republik, Düsseldorf 1976
487. D. Golombek, Die politische Vorgeschichte des Preußenkonkordats (1929), Mainz 1970

488. B. Greven-Aschoff, Die bürgerliche Frauenbewegung in Deutschland 1894–1933, Göttingen 1981
489. D. Grothmann, „Verein der Vereine"? Der Volksverein für das katholische Deutschland im Spektrum des politischen und sozialen Katholizismus der Weimarer Republik, Köln 1997
490. C. Gusy, Die Lehre vom Parteienstaat in der Weimarer Republik, Baden-Baden 1993.
490a. J. Hacke, Existenzkrise der Demokratie. Zur politischen Theorie des Liberalismus in der Zwischenkriegszeit, Berlin 2018
491. C. Haffert, Die katholischen Arbeitervereine Westdeutschlands in der Weimarer Republik, Essen 1994
492. I. Hamel, Völkischer Verband und nationale Gewerkschaft. Der Deutschnationale Handlungsgehilfen-Verband 1893–1933, Frankfurt 1967
493. D. Harsch, German Social Democracy and the Rise of Nazism, Chapel Hill 1993
494. W. Hartenstein, Die Anfänge der Deutschen Volkspartei 1918–1920, Düsseldorf 1962
495. F. Heidenreich, Arbeiterkulturbewegung und Sozialdemokratie in Sachsen vor 1933, Weimar/Köln 1995
495a. K. Heinsohn, Konservative Parteien in Deutschland 1912 bis 1933. Demokratisierung und Partizipation in geschlechterhistorischer Perspektive, Düsseldorf 2010
496. L. Hertzman, DNVP. Right-Wing Opposition in the Weimar Republic 1918–1924, Lincoln, Nebr. 1963
497. J. C. Hess, ‚Das ganze Deutschland soll es sein'. Demokratischer Nationalismus in der Weimarer Republik am Beispiel der Deutschen Demokratischen Partei, Stuttgart 1978
498. H. Hömig, Das preußische Zentrum in der Weimarer Republik, Mainz 1979
499. K.-P. Hoepke, Die deutsche Rechte und der italienische Faschismus, Düsseldorf 1968
500. H. Holzbach, Das ‚System Hugenberg'. Die Organisation bürgerlicher Sammlungspolitik vor dem Aufstieg der NSDAP 1918–1928, Stuttgart 1980
500a. B. Hoppe, In Stalins Gefolgschaft. Moskau und die KPD 1928–1933, München 2007
501. H. Hürten, Deutsche Katholiken 1918–1945, Paderborn 1992
502. J. Jacke, Kirche zwischen Monarchie und Republik. Der preußische Protestantismus nach dem Zusammenbruch von 1918, Hamburg 1976

503. E. Jonas, Die Volkskonservativen 1928–1933, Düsseldorf 1965
504. L. E. Jones, German Liberalism and the Dissolution of the Weimar Party System, 1918–1933, Chapel Hill/London 1988
504a. Ders., Hitler versus Hindenburg. The 1932 Presidential Elections and the End of the Weimar Republic, Cambridge 2016
504b. Ders., The German Right, 1918–1930. Political Parties, Organized Interests, and Patriotic Associations in the Struggle against Weimar Democracy, Cambridge 2020
505. D. Junker, Die Deutsche Zentrumspartei und Hitler 1932/33, Stuttgart 1969
506. J.-C. Kaiser, Arbeiterbewegung und organisierte Religionskritik. Proletarische Freidenkerverbände in Kaiserreich und Weimarer Republik, Stuttgart 1981
507. Ders., Sozialer Protestantismus im 20. Jahrhundert. Beiträge zur Geschichte der Inneren Mission 1914–1945, München 1989
508. A. Kastning, Die deutsche Sozialdemokratie zwischen Koalition und Opposition 1919 bis 1923, Paderborn 1970
508a. C. Kemper, Das „Gewissen" 1919–1925. Kommunikation und Vernetzung der Jungkonservativen, München 2011
508b. E. Kiisinen, Die Deutschnationale Volkspartei in Bayern (Bayerische Mittelpartei) in der Regierungspolitik des Freistaats während der Weimarer Zeit, München 2005
509. W. Kindt (Hrsg.), Die deutsche Jugendbewegung 1920–1933. Die Bündische Zeit, Düsseldorf 1974
510. G. Klein, Der Volksverein für das katholische Deutschland 1890–1933, Paderborn 1996
511. D. Klenke, Die SPD-Linke in der Weimarer Republik. Eine Untersuchung zu den regionalen organisatorischen Grundlagen und zur politischen Praxis und Theoriebildung des linken Flügels der SPD in den Jahren 1922–32, 2 Bde., Münster 1983
512. S. Koch-Baumgarten, Aufstand der Avantgarde. Die Märzaktion der KPD 1921, Frankfurt/New York 1986
513. G. Könke, Organisierter Kapitalismus, Sozialdemokratie und Staat. Eine Studie zur Ideologie der sozialdemokratischen Arbeiterbewegung in der Weimarer Republik (1924–1932), Stuttgart 1987
514. E. Kolb, Die sozialdemokratische Strategie in der Ära des Präsidialkabinetts Brüning – Strategie ohne Alternative?, in: U. Büttner (Hrsg.), Das Unrechtsregime. Festschrift für W. Jochmann, 2 Bde., Hamburg 1986, Bd. 1, 157–176

515. DERS./W. MÜHLHAUSEN (Hrsg.), Demokratie in der Krise. Parteien im Verfassungssystem der Weimarer Republik, München 1997
516. W. KRABBE, Die gescheiterte Zukunft der Ersten Republik. Jugendorganisationen bürgerlicher Parteien im Weimarer Staat (1918–1933), Opladen 1995
517. H. KRAUSE, USPD. Zur Geschichte der Unabhängigen Sozialdemokratischen Partei Deutschlands, Frankfurt 1975
518. A. KRUCK, Geschichte des Alldeutschen Verbandes 1890–1939, Wiesbaden 1954
519. T. KURZ, Feindliche Brüder im deutschen Südwesten. Sozialdemokraten und Kommunisten in Baden und Württemberg von 1928 bis 1933, Berlin 1996
520. G. LAUBSCHER, Die Opposition im Allgemeinen Deutschen Gewerkschaftsbund (ADGB) 1918–1923, Frankfurt 1979
521. R. M. LEPSIUS, Parteiensystem und Sozialstruktur. Zum Problem der Demokratisierung der deutschen Gesellschaft, in: DERS., Demokratie in Deutschland, Göttingen 1993, 25–50 (zuerst in Lütge-Festschrift 1966)
522. R. LEUSCHEN-SEPPEL, Zwischen Staatsverantwortung und Klasseninteresse. Die Wirtschafts- und Finanzpolitik der SPD zur Zeit der Weimarer Republik unter besonderer Berücksichtigung der Mittelphase 1924–1928/29, Bonn 1981
523. W. LIEBE, Die Deutschnationale Volkspartei 1918–1924, Düsseldorf 1956
523a. A. LINHARDT, Die Technische Nothilfe in der Weimarer Republik, Norderstedt 2006
524. U. LOHALM, Völkischer Radikalismus. Die Geschichte des Deutschvölkischen Schutz- und Trutz-Bundes 1919–1923, Hamburg 1970
525. U. LUDEWIG, Arbeiterbewegung und Aufstand. Eine Untersuchung zum Verhalten der Arbeiterparteien in den Aufstandsbewegungen der frühen Weimarer Republik 1920–1923, Husum 1978
526. W. LUTHARDT (Hrsg.), Sozialdemokratische Arbeiterbewegung und Weimarer Republik. Materialien zur gesellschaftlichen Entwicklung 1927–1933, 2 Bde., Frankfurt/M. 1978
527. K.-M. MALLMANN, Kommunisten in der Weimarer Republik. Sozialgeschichte einer revolutionären Bewegung, Darmstadt 1996
528. E. MATTHIAS/R. MORSEY (Hrsg.), Das Ende der Parteien 1933, Düsseldorf 1960, ²1979
528a. C. MAURER, Der Caritasverband zwischen Kaiserreich und Weimarer Republik, Freiburg 2008

528b. T. MERGEL, Das Scheitern des deutschen Tory-Konservatismus. Die Umformung der DNVP zu einer rechtsradikalen Partei 1928–1932, in: HZ 276 (2003), 323–368
529. H. MOMMSEN, Die Sozialdemokratie in der Defensive. Der Immobilismus der SPD und der Aufstieg des Nationalsozialismus, in: DERS. (Hrsg.), Sozialdemokratie zwischen Klassenbewegung und Volkspartei, Frankfurt 1974, 106–133
530. D. W. MORGAN, The Socialist Left and the German Revolution. A History of the German Independent Socialist Democratic Party 1917–1922, Ithaca, N. Y./London 1975
531. R. MORSEY, Die Deutsche Zentrumspartei 1917–1923, Düsseldorf 1966
532. DERS., Der Untergang des politischen Katholizismus. Die Zentrumspartei zwischen christlichem Selbstverständnis und „Nationaler Erhebung" 1932/1933, Stuttgart/Zürich 1977
533. M. MÜLLER, Die Christlich-Nationale Bauern- und Landvolkpartei 1928–1933, Düsseldorf 2001
534. W. MÜLLER, Lohnkampf, Massenstreik, Sowjetmacht. Ziele und Grenzen der „Revolutionären Gewerkschafts-Opposition" (RGO) in Deutschland 1928 bis 1933, Köln 1988
535. S. NEUMANN, Die Parteien der Weimarer Republik, Stuttgart ^{5}1986 (zuerst Berlin 1932 u. d. T.: Die politischen Parteien in Deutschland)
536. D. L. NIEWYK, The Jews in Weimar Germany, Manchester 1980
537. K. NOWAK, Evangelische Kirche und Weimarer Republik. Zum politischen Weg des deutschen Protestantismus zwischen 1918 und 1932, Göttingen 1981, ^{2}1988
538. G. OPITZ, Der Christlich-soziale Volksdienst, Düsseldorf 1969
539. B. PETZINNA, Erziehung zum deutschen Lebensstil. Ursprung und Entwicklung des jungkonservativen „Ring"-Kreises 1918–1933, Berlin 2000
540. S. PLÜCK, Das Badische Konkordat vom 12. Oktober 1932, Mainz 1984
540a. A. POSTERT, Von der Kritik der Parteien zur außerparlamentarischen Opposition: die jungkonservative Klub-Bewegung in der Weimarer Republik und ihre Auflösung im Nationalsozialismus, Baden-Baden 2014
541. H. POTTHOFF, Gewerkschaften und Politik zwischen Revolution und Inflation, Düsseldorf 1979
542. DERS., Freie Gewerkschaften 1918–1933. Der Allgemeine Deutsche Gewerkschaftsbund in der Weimarer Republik, Düsseldorf 1987
543. H.-J. PRIAMUS, Angestellte und Demokratie. Die nationalliberale Angestelltenbewegung in der Weimarer Republik, Stuttgart 1979

544. W. PYTA, Gegen Hitler und für die Republik. Die Auseinandersetzung der deutschen Sozialdemokratie mit der NSDAP in der Weimarer Republik, Düsseldorf 1989

545. DERS., Dorfgemeinschaft und Parteipolitik 1918–1933. Die Verschränkung von Milieu und Parteien in den protestantischen Landgebieten Deutschlands in der Weimarer Republik, Düsseldorf 1996

546. F. RAABE, Die Bündische Jugend, Stuttgart 1961

547. L. RICHTER, Die Deutsche Volkspartei 1918–1933, Düsseldorf 2002

548. D. RIESENBERGER, Die katholische Friedensbewegung in der Weimarer Republik, Düsseldorf 1976

549. G. A. RITTER, Kontinuität und Umformung des deutschen Parteiensystems 1918–1920, in: DERS., Arbeiterbewegung, Parteien und Parlamentarismus, Göttingen 1976, 116–157

550. H. RODER, Der christlich-nationale Deutsche Gewerkschaftsbund (DGB) im politisch-ökonomischen Kräftefeld der Weimarer Republik, Frankfurt/Bern/New York 1986

551. E. ROSENHAFT, Beating the Fascists? The German Communists and Political Violence 1929–1933, Cambridge 1983

552. M. RUCK, Die Freien Gewerkschaften im Ruhrkampf 1923, Köln 1986

553. K. RUDOLPH, Die sächsische Sozialdemokratie vom Kaiserreich zur Weimarer Republik (1871–1923), Weimar/Köln 1995

554. K. RUPPERT, Im Dienst am Staat von Weimar. Das Zentrum als regierende Partei in der Weimarer Demokratie 1923–1930, Düsseldorf 1992

555. R. SCHAEFER, SPD in der Ära Brüning: Tolerierung oder Mobilisierung? Handlungsspielräume und Strategien sozialdemokratischer Politik 1930–1932, Frankfurt/New York 1990

556. R. SCHECK, Alfred von Tirpitz and German Right Wing Politics, 1914–1930, Atlantic Highlands 1998

557. F.-K. SCHEER, Die Deutsche Friedensgesellschaft (1892–1933). Organisation, Ideologie, politische Ziele, Frankfurt ²1983

558. M. SCHNEIDER, Die Christlichen Gewerkschaften 1894–1933, Bonn 1982

559. W. SCHNEIDER, Die Deutsche Demokratische Partei in der Weimarer Republik 1924–1930, München 1978

560. K. SCHÖNHOVEN, Die Bayerische Volkspartei 1924–1932, Düsseldorf 1972

561. DERS., Zwischen Anpassung und Ausschaltung. Die Bayerische Volkspartei in der Endphase der Weimarer Republik 1932/33, in: HZ 224 (1977), 340–378

562. DERS., Die deutschen Gewerkschaften, Frankfurt 1987

563. DERS., Reformismus und Radikalismus. Gespaltene Arbeiterbewegung im Weimarer Sozialstaat, München 1989
564. K. SCHOLDER, Die Kirchen und das Dritte Reich; Bd. 1: Vorgeschichte und Zeit der Illusionen 1918–1934, Frankfurt/Berlin/Wien 1977
565. D. SCHÜTZ, Zwischen Standesbewußtsein und gewerkschaftlicher Orientierung. Beamte und ihre Interessenverbände in der Weimarer Republik, Baden-Baden 1992
565a. B. SCHULTE, Veteranen des Ersten Weltkriegs. Der Kyffhäuserbund von 1918 bis 1933, Bielefeld 2020
566. M. SCHUMACHER, Mittelstandsfront und Republik. Die Wirtschaftspartei, Reichspartei des deutschen Mittelstandes 1919–1933, Düsseldorf 1972
567. DERS., Land und Politik. Eine Untersuchung über politische Parteien und agrarische Interessen 1914–1923, Düsseldorf 1979
568. H. SCHUSTEREIT, Linksliberalismus und Sozialdemokratie in der Weimarer Republik. Eine vergleichende Betrachtung von DDP und SPD 1919–1930, Düsseldorf 1975
568a. D. SIEGFRIED, Das radikale Milieu. Kieler Novemberrevolution, Sozialwissenschaft und Linksradikalismus 1917–1922, Wiesbaden 2004
569. J. STANG, Die Deutsche Demokratische Partei in Preußen 1918–1933, Düsseldorf 1994
570. G. STOLTENBERG, Politische Strömungen im schleswig-holsteinischen Landvolk 1918–1933, Düsseldorf 1962
571. J. STRIESOW, Die Deutschnationale Volkspartei und die Völkisch-Radikalen 1918–1922, 2 Bde., Frankfurt 1981
572. A. STUPPERICH, Volksgemeinschaft oder Arbeitersolidarität. Studien zur Arbeiternehmerpolitik in der Deutschnationalen Volkspartei (1918–1933), Göttingen/Zürich 1982
573. K. SUHL, SPD und öffentlicher Dienst in der Weimarer Republik. Die öffentlich Bediensteten in der SPD und ihre Bedeutung für die sozialdemokratische Politik 1918–1933, Opladen 1988
573a. P. E. SWETT, Neighbors and Ennemies. The Culture of Radicalism in Berlin 1929–1933, Cambridge 2004
574. A. THIMME, Flucht in den Mythos. Die Deutschnationale Volkspartei und die Niederlage von 1918, Göttingen 1969
575. K. H. TJADEN, Struktur und Funktion der „KPD-Opposition" (KPO). Eine organisationssoziologische Untersuchung zur „Rechts"-Opposition im deutschen Kommunismus zur Zeit der Weimarer Republik, Meisenheim am Glan 1964

576. C. F. TRIPPE, Konservative Verfassungspolitik 1918–1923. Die DNVP als Opposition in Reich und Ländern, Düsseldorf 1995
577. J. WACHTLER, Zwischen Revolutionserwartung und Untergang. Die Vorbereitung der KPD auf die Illegalität in den Jahren 1929–1933, Frankfurt 1983
577a. F. WALTER, „Republik, das ist nicht viel". Partei und Jugend in der Krise des Weimarer Sozialismus, Bielefeld 2011
578. H. WEBER, Die Wandlung des deutschen Kommunismus. Die Stalinisierung der KPD in der Weimarer Republik, 2 Bde., Frankfurt 1969
579. DERS., Hauptfeind Sozialdemokratie. Strategie und Taktik der KPD 1929–1933, Düsseldorf 1982
580. DERS., Kommunismus in Deutschland 1918–1945, Darmstadt 1983
580a. DERS./A. HERBST, Deutsche Kommunisten. Biographisches Handbuch 1918–1945, Berlin 2004
580b. R. WEBER, Bürgerpartei und Bauernbund in Württemberg. Konservative Parteien im Kaiserreich und in Weimar (1895–1933), Düsseldorf 2004
581. E. D. WEITZ, Creating German Communism, 1890–1990. From Popular Protests to Socialist State, Princeton N.J. 1997
582. R. F. WHEELER, USPD und Internationale, Frankfurt 1975
583. H. A. WINKLER, Klassenbewegung oder Volkspartei? Zur Programmdiskussion in der Weimarer Sozialdemokratie 1920–1925, in: GG 8 (1982), 9–54
584. DERS., Von der Revolution zur Stabilisierung. Arbeiter und Arbeiterbewegung in der Weimarer Republik 1918 bis 1924, Berlin/Bonn 1984
585. DERS., Der Schein der Normalität. Arbeiter und Arbeiterbewegung in der Weimarer Republik 1924 bis 1930, Berlin/Bonn 1985, ²1988
586. DERS., Der Weg in die Katastrophe. Arbeiter und Arbeiterbewegung in der Weimarer Republik 1930 bis 1933, Berlin/Bonn 1987, ²1990
587. A. WIRSCHING, Vom Weltkrieg zum Bürgerkrieg? Politischer Extremismus in Deutschland und Frankreich 1918–1933/39. Berlin und Paris im Vergleich, München 1999
588. J. R. C. WRIGHT, „Über den Parteien". Die politische Haltung der evangelischen Kirchenführer 1918–1933, Göttingen 1977

8. BILDUNGSWESEN, KULTUR UND WISSENSCHAFT, MEDIEN, IDEOLOGIEN, LEBENSREFORM

588a. H. AHLHEIM, „Deutsche, kauft nicht bei Juden". Antisemitismus und politischer Boykott in Deutschland 1924 bis 1935, Göttingen 2011

589. B. ASMUSS, Republik ohne Chance? Akzeptanz und Legitimation der Weimarer Republik in der deutschen Tagespresse zwischen 1918 und 1923, Berlin/New York 1994

589a. K. BARNDT, Sentiment und Sachlichkeit. Der Roman der Neuen Frau in der Weimarer Republik, Bonn 2003

590. W. BAUER, Wertrelativismus und Wertbestimmtheit im Kampf um die Weimarer Demokratie. Zur Politologie des Methodenstreites der Staatsrechtslehrer, Berlin 1968

590a. R. BAVAJ, Von links gegen Weimar. Linkes antiparlamentarisches Denken in der Weimarer Republik, Bonn 2005

591. A. BAUMGARTNER, Sehnsucht nach Gemeinschaft. Ideen und Strömungen im Sozialkatholizismus der Weimarer Republik, München 1977

592. S. BECKER, Neue Sachlichkeit, Bd. 1: Die Ästhetik der neusachlichen Literatur (1920–1933), Köln/Weimar/Wien 2000

593. W. BECKER, Demokratie des sozialen Rechts. Die politische Haltung der Frankfurter Zeitung, der Vossischen Zeitung und des Berliner Tageblatts 1918–1924, Göttingen 1971

594. K. BERGMANN, Agarromantik und Großstadtfeindschaft, Meisenheim am Glan 1970

595. D. BERING, Kampf um Namen. Bernhard Weiß gegen Joseph Goebbels, Stuttgart 1991

595a. K. V. BEYME, Das Zeitalter der Avantgarden. Kunst und Gesellschaft 1905–1955, München 2005

596. R. BODEK, Proletarian Performance in Weimar Berlin: Agitprop, Chorus, and Brecht, Columbia 1997

597. R. BÖLLING, Volksschullehrer und Politik. Der Deutsche Lehrerverein 1918–1933, Göttingen 1978

598. M. BOSCH, Liberale Presse in der Krise. Die Innenpolitik der Jahre 1930 bis 1933 im Spiegel des „Berliner Tageblatts", der „Frankfurter Zeitung" und der ‚Vossischen Zeitung', Frankfurt 1976

599. N. BOLZ, „Auszug aus der entzauberten Welt". Philosophischer Extremismus zwischen den Weltkriegen, München 1990

600. K. D. BRACHER, Zeit der Ideologien. Eine Geschichte des politischen Denkens im 20. Jahrhundert, Stuttgart 1982

601. M. BRENNER, Jüdische Kultur in der Weimarer Republik, München 2000

601a. D. BREUER/G. CEPL-KAUFMANN (Hrsg.), „Deutscher Rhein – fremder Rosse Tränke?" Symbolische Kämpfe um das Rheinland nach dem Ersten Weltkrieg, Essen 2005

602. S. BREUER, Anatomie der Konservativen Revolution, Darmstadt ²1995

602a. Ders., Die Völkischen in Deutschland. Kaiserreich und Weimarer Republik, Darmstadt 2008

603. K. Breuning, Die Vision des Reiches. Deutscher Katholizismus zwischen Demokratie und Diktatur (1929 bis 1934), München 1969

604. J. Campbell, Der Deutsche Werkbund 1907–1934, Stuttgart 1981, München 1989

604a. F. Cebulla, Rundfunk und ländliche Gesellschaft 1924–1945, Göttingen 2004

604b. G. Cepl-Kaufmann/G. Krumeich/U. Sommer (Hrsg.), Krieg und Utopie. Kunst, Literatur und Politik im Rheinland nach dem Ersten Weltkrieg, Essen 2006

604c. G. Cepl-Kaufmann (Hrsg.), Jahrtausendfeiern und Befreiungsfeiern im Rheinland. Zur politischen Festkultur 1925 und 1930. Essen 2009

604d. M. Cowan/K. M. Sicks (Hrsg.), Leibhaftige Moderne. Körper in Kunst und Massenmedien 1918–1933, Bielefeld 2005

604e. W. Delabar, Klassische Moderne. Deutschsprachige Literatur 1918–33, Berlin 2010

605. H. Döring, Der Weimarer Kreis. Studien zum politischen Bewußtsein verfassungstreuer Hochschullehrer in der Weimarer Republik, Meisenheim am Glan 1975

605a. J. Dülffer/G. Krumeich (Hrsg.), Der verlorene Frieden. Politik und Kriegskultur nach 1918, Essen 2002

606. L. Dupeux, „Nationalbolschewismus" in Deutschland 1919–1933, München 1985

607. B. Faulenbach, Ideologie des deutschen Weges. Die deutsche Geschichte in der Historiographie zwischen Kaiserreich und Nationalsozialismus, München 1980

607a. W. Faulstich (Hrsg.), Die Kultur der 20er Jahre, München 2008

607b. E. Fischer/S. Füssel (Hrsg.), Geschichte des deutschen Buchhandels im 19. und 20. Jahrhundert d. 2: Die Weimarer Republik 1918–1933, München 2007

607c. D. Franz, USA oder Sowjetunion? Konkurrierende Modernitätsentwürfe in den Massenmedien der Weimarer Republik, Göttingen 2019

608. C. Führ, Zur Schulpolitik der Weimarer Republik. Die Zusammenarbeit von Reich und Ländern im Reichsschulausschuß (1919–1923) und im Ausschuß für Unterrichtswesen (1924–1933), Weinheim ²1972

609. K. C. Führer, Auf dem Weg zur „Massenkultur"? Kino und Rundfunk in der Weimarer Republik, in: HZ 262 (1996), 739–781

610. Ders., Wirtschaftsgeschichte des Rundfunks in der Weimarer Republik, Potsdam 1997
610a. Ders., Medienmetropole Hamburg. Mediale Öffentlichkeiten 1930–1950, München 2008
610b. B. Fulda, Press and Politics in the Weimar Republic, Oxford 2009
610c. A. Gallus/A. Schildt (Hrsg.), Rückblickend in die Zukunft. Politische Öffentlichkeit und intellektuelle Positionen in Deutschland um 1950 und 1930, Göttingen 2011
610d. M. Gangl/G. Raulet (Hrsg.), Intellektuellendiskurse in der Weimarer Republik. Zur politischen Kultur einer Gemengelage, Frankfurt ²2007
610e. M. Gangl (Hrsg.), Das Politische. Zur Entstehung der Politikwissenschaft während der Weimarer Republik, Frankfurt 2008
611. P. Gay, Die Republik der Außenseiter. Geist und Kultur in der Weimarer Zeit 1918–1933, Frankfurt 1970
611a. R. Gerwarth, Der Bismarck-Mythos. Die Deutschen und der Eiserne Kanzler, München 2007
612. M. Gollbach, Die Wiederkehr des Weltkrieges in der Literatur. Zu den Frontromanen der späten zwanziger Jahre, Kronberg i. T. 1978
612a. F. W. Graf, Der heilige Zeitgeist. Studien zur Ideengeschichte der protestantischen Theologie in der Weimarer Republik, Tübingen 2011
613. G. Grünthal, Reichsschulgesetz und Zentrumspartei in der Weimarer Republik, Düsseldorf 1968
613a. M. Grunewald/U. Puschner (Hrsg.), Das katholische Intellektuellenmilieu in Deutschland, seine Presse und seine Netzwerke (1871–1963), Bern 2006
614. C. Gusy (Hrsg.), Demokratisches Denken in der Weimarer Republik, Baden-Baden 2000
615. W. L. Guttsman, Workers' Culture in Weimar Germany. Between Tradition and Commitment, New York/Oxford/München 1990
615a. W. Hardtwig (Hrsg.), Politische Kulturgeschichte der Zwischenkriegszeit 1918–1939, Göttingen 2005
615b. Ders. (Hrsg.), Ordnungen in der Krise. Zur politischen Kulturgeschichte Deutschlands 1900–1933, München 2007
615c. M. Hau, The Cult of Health and Beauty in Germany 1890–1930, Chicago/London 2003
615d. C. Hecht, Deutsche Juden und Antisemitismus in der Weimarer Republik, Bonn 2003
616. J. Herf, Reactionary Modernism. Technology, Culture and Politics in Weimar and the Third Reich, Cambridge 1984

617. J. HERMAND/F. TROMMLER, Die Kultur der Weimarer Republik, München 1978
618. U. HERRMANN (Hrsg.), „Neue Erziehung" – „Neue Menschen". Erziehung und Bildung zwischen Kaiserreich und Diktatur, Weinheim/Basel 1987
619. B. HEY'L, Geschichtsdenken und die literarische Moderne. Zum historischen Roman in der Zeit der Weimarer Republik, Tübingen 1994
620. K. HOLL/W. WETTE (Hrsg.), Pazifismus in der Weimarer Republik, Paderborn 1981
620a. T. HÖPEL, Von der Kunst- zur Kulturpolitik. Städtische Kulturpolitik in Deutschland und Frankreich 1918–1939, Stuttgart 2007
620b. P. HOERES, Die Kultur von Weimar, Berlin 2008
621. N. HUSE, „Neues Bauen" 1918 bis 1933. Moderne Architektur in der Weimarer Republik, Berlin ²1985
622. C. JANSEN, Professoren und Politik. Politisches Denken und Handeln der Heidelberger Hochschullehrer 1914–1935, Göttingen 1992
622a. E. N. JENSEN, Body by Weimar. Athletes, Gender, and German Modernity, Oxford 2010
623. E. JOHN, Musikbolschewismus. Die Politisierung der Musik in Deutschland 1918–1933, Stuttgart/Weimar 1994
623a. J. JOHN, „Not deutscher Wissenschaft"? Hochschulwandel, Universitätsidee und akademischer Krisendiskurs in der Weimarer Republik, in: M. GRÜTTNER (Hrsg.), Gebrochene Wissenschaftskulturen. Universität und Politik im 20. Jahrhundert, Göttingen 2010, 107–140
623b. A. KAES, Shell Shock Cinema. Weimar Culture and the Wounds of War, Princeton 2009
623c. A. KAISER, Von Helden und Opfern. Eine Geschichte des Volkstrauertags, Frankfurt 2010
624. M. H. KATER, Studentenschaft und Rechtsradikalismus in Deutschland 1918–1933, Hamburg 1975
624a. S. KIENITZ, Beschädigte Helden. Kriegsinvalidität und Körperbilder 1914–1923, Paderborn 2008
624b. H. KIESEL, Geschichte der deutschsprachigen Literatur 1918 bis 1933, München 2017
624c. E. KLAUTKE, Unbegrenzte Möglichkeiten. „Amerikanisierung" in Deutschland und Frankreich (1900–1933), Stuttgart 2003
625. H.-H. KNÜTTER, Die Juden und die deutsche Linke in der Weimarer Republik 1918–1933, Düsseldorf 1971

626. T. KOEBNER (Hrsg.), Weimars Ende. Prognosen und Diagnosen in der deutschen Literatur und politischen Publizistik 1930–1933, Frankfurt 1982
627. H. KORTE, Der Spielfilm und das Ende der Weimarer Republik. Ein rezeptionshistorischer Versuch, Göttingen 1998
627a. R. KÖSTER, Die Wissenschaft der Außenseiter. Die Krise der Nationalökonomie in der Weimarer Republik, Göttingen 2011
628. K. KOSZYK, Deutsche Presse 1914–1945, Berlin 1972
628a. K. KRATZ-KESSEMEIER, Kunst für die Republik. Die Kunstpolitik des preußischen Kultusministeriums 1918 bis 1932, Berlin 2007
628b. H.-C. KRAUS (Hrsg.), Konservative Zeitschriften zwischen Kaiserreich und Diktatur. Fünf Fallstudien, Berlin 2003
629. K. KREIMEIER, Die UFA-Story. Geschichte eines Filmkonzerns, München 1992
629a. DERS./A. EHMANN/J. GOERGEN (Hrsg.), Geschichte des dokumentarischen Films in Deutschland Bd. 2: Die Weimarer Republik 1918–1933, Stuttgart 2005
629b. F.-L. KROLL, Kultur, Bildung und Wissenschaft im 20. Jahrhundert, München 2003
629c. A. LABA, Die Grenze im Blick. Der Ostgrenzendiskurs der Weimarer Republik, Marburg 2019
629d. M. LAMBERTI, The Politics of Education. Teachers and School Reform in Weimar Germany, New York/Oxford 2002
629e. B. LANGE (Hrsg.), Vom Expressionismus bis heute (= Geschichte der bildenden Kunst in Deutschland, Bd. 8), München 2006
630. D. LANGEWIESCHE, Politik – Gesellschaft – Kultur. Zur Problematik von Arbeiterkultur und kulturellen Arbeiterorganisationen in Deutschland nach dem 1. Weltkrieg, in: AfS 22 (1982), 359–402
631. DERS./H.-E. TENORTH (Hrsg.), Handbuch der deutschen Bildungsgeschichte; Bd. 5, 1918–1945: Die Weimarer Republik und die nationalsozialistische Diktatur, München 1989
632. B. M. LANE, Architektur und Politik in Deutschland 1918–1945, Braunschweig 1986
633. W. LAQUEUR, Weimar. Die Kultur der Republik, Frankfurt 1976
634. D. LEHNERT/K. MEGERLE (Hrsg.), Politische Identität und nationale Gedenktage. Zur politischen Kultur in der Weimarer Republik, Opladen 1989
635. DIES. (Hrsg.), Politische Teilkulturen zwischen Integration und Polarisierung. Zur politischen Kultur in der Weimarer Republik, Opladen 1990

636. R. M. Lepsius, Extremer Nationalismus. Strukturbedingungen vor der nationalsozialistischen Machtergreifung, in: Ders., Demokratie in Deutschland, Göttingen 1993, 51–79 (zuerst Stuttgart 1966)
637. W. B. Lerg, Rundfunkpolitik in der Weimarer Republik, München 1980
637a. M. Lücke, Männlichkeit in Unordnung. Homosexualtität und männliche Prostitution in Kaiserreich und Weimarer Republik, Frankfurt 2008
638. H.-J. Lutzhöft, Der nordische Gedanke in Deutschland 1920–1940, Stuttgart 1971
639. S. Marquardt, Polis contra Polemos. Politik als Kampfbegriff der Weimarer Republik, Köln/Weimar/Wien 1997
639a. S. Mauser/M. Schmidt (Hrsg.), Geschichte der Musik im 20. Jahrhundert. 1900–1925 (= Handbuch der Musik im 20. Jahrhundert, Bd. 1), Laaber 2005
640. J. Meinck, Weimarer Staatslehre und Nationalsozialismus, Frankfurt 1978
640a. S. Merta, Wege und Irrwege zum modernen Schlankheitskult. Diätkost und Körperkultur als Suche nach neuen Lebensstilformen 1880–1930, Stuttgart 2003
641. K.-U. Merz, Das Schreckbild. Deutschland und der Bolschewismus 1917–1921, Berlin/Frankfurt 1995
642. A. Mohler, Die konservative Revolution in Deutschland 1918–1932, Stuttgart 1950, 3. erw. Aufl., 2 Bde., Darmstadt 1989, 6. völlig überarb. u. erw. Aufl. mit K. Weissmann, Graz 2005
642a. D. Morat, Von der Tat zur Gelassenheit. Konservatives Denken bei Martin Heidegger, Ernst Jünger und Friedrich Georg Jünger 1920–1960, Göttingen 2007
643. W. E. Mosse/A. Paucker (Hrsg.), Entscheidungsjahr 1932. Zur Judenfrage in der Endphase der Weimarer Republik, Tübingen 1965
644. H.-H. Müller, Der Krieg und die Schriftsteller. Der Kriegsroman der Weimarer Republik, Stuttgart 1986
645. S. F. Müller, Die Höhere Schule Preußens in der Weimarer Republik, Weinheim 1977
646. D. T. Murphy, The Heroic Earth. Geopolitical Thought in Weimar Germany 1918–1933, Kent, Oh./London 1997
647. D. Nachmansohn/R. Schmid, Die große Ära der Wissenschaft in Deutschland 1900 bis 1933. Jüdische und nichtjüdische Pioniere in der Atomphysik, Chemie und Biochemie, Stuttgart 1988
647a. E. Nickel, Politik und Politikwissenschaft in der Weimarer Republik, Berlin 2004
647b. R. Oswald, Fußball-Volksgemeinschaft. Ideologie, Politik und Fanatismus im deutschen Fußball 1919–1964, Frankfurt 2008

648. A. Paucker, Der jüdische Abwehrkampf gegen Antisemitismus und Nationalsozialismus in den letzten Jahren der Weimarer Republik, Hamburg 1968
648a. W. Pehnt, Deutsche Architektur seit 1900, München 2006
649. K. Petersen, Zensur in der Weimarer Republik, Stuttgart 1995
650. P. Petro, Joyless Streets. Women and Melodramatic Representation in Weimar Germany, Princeton, N. J. 1989
651. J. Petzold, Wegbereiter des deutschen Faschismus. Die Jungkonservativen in der Weimarer Republik, Köln 1978
651a. M. Pöhlmann, Kriegsgeschichte und Geschichtspolitik: Der Erste Weltkrieg. Die amtliche Militärgeschichtsschreibung 1914–1956, Paderborn 2002
652. K. Prümm, Die Literatur des soldatischen Nationalismus der 20er Jahre 1918–1933, 2 Bde., Kronberg i. T 1974
652a. A. Riethmüller/M. Custodis/E. Budde (Hrsg.), Geschichte der Musik im 20. Jahrhundert. 1925–1945 (= Handbuch der Musik im 20. Jahrhundert, Bd. 2), Laaber 2006
653. F. K. Ringer, Die Gelehrten. Der Niedergang der deutschen Mandarine 1890–1933, Stuttgart 1983
654. T. Rohkrämer, „Eine andere Moderne"? Zivilisationskritik, Natur und Technik in Deutschland 1880–1933, Paderborn 1999
654a. C. Ross, Media and the Making of Modern Germany. Mass Communications, Society, and Politics from the Empire to the Third Reich, Oxford 2008
654b. C. Saehrendt, Der Stellungskrieg der Denkmäler. Kriegerdenkmäler im Berlin der Zwischenkriegszeit (1919–1939), Bonn 2004
655. T. J. Saunders, Hollywood in Berlin. American Cinema and Weimar Germany, Berkeley/Los Angeles 1994
656. H. Schleier, Die bürgerliche deutsche Geschichtsschreibung der Weimarer Republik, 2 Bde., Berlin (Ost) 1975
656a. H. D. Schlosser (Hrsg.), Das Deutsche Reich ist eine Republik. Beiträge zur Kommunikation und Sprache der Weimarer Zeit, Frankfurt 2003
657. W. Schluchter, Entscheidung für den sozialen Rechtsstaat. Hermann Heller und die staatstheoretische Diskussion in der Weimarer Republik, Köln 1968
657a. W. Schmitz/C. Vollnhals (Hrsg.), Völkische Bewegung – Konservative Revolution – Nationalsozialismus. Aspekte einer politischen Kultur, Dresden 2005

658. C. SCHMÖLDERS/S. L. GILMAN (Hrsg.), Gesichter der Weimarer Republik. Eine physiognomische Kulturgeschichte, Köln 2000

658a. M. SCHÖNING, Versprengte Gemeinschaft, Kriegsroman und intellektuelle Mobilmachung in Deutschland 1914–1933, Göttingen 2009

659. O.-E. SCHÜDDEKOPF, Linke Leute von Rechts. Die nationalrevolutionären Minderheiten und der Kommunismus in der Weimarer Republik, Stuttgart 1960

660. N. J. SCHÜRGERS, Politische Philosophie in der Weimarer Republik. Staatsverständnis zwischen Führerdemokratie und bürokratischem Sozialismus, Stuttgart 1989

661. H.-P. SCHWARZ, Der konservative Anarchist. Politik und Zeitkritik Ernst Jüngers, Freiburg i. Br. 1962

662. H.-J. SCHWIERSKOTT, Arthur Moeller van den Bruck und der revolutionäre Nationalismus in der Weimarer Republik, Göttingen 1962

663. B. SÖSEMANN, Das Ende der Weimarer Republik in der Kritik demokratischer Publizisten. Eine vergleichende Analyse der Auffassungen von Theodor Wolff, Ernst Feder, Julius Elbau, Leopold Schwarzschild, Berlin 1976

664. K. SONTHEIMER, Antidemokratisches Denken in der Weimarer Republik. Die politischen Ideen des deutschen Nationalismus zwischen 1918 und 1933, München 1962, ²1968

665. W. SPEITKAMP, Die Verwaltung der Geschichte. Denkmalpflege und Staat in Deutschland 1871–1933, Göttingen 1996

666. F. STERN, Kulturpessimismus als politische Gefahr. Eine Analyse nationaler Ideologie in Deutschland, Bern/Stuttgart/Wien 1963

667. M. STOLLEIS, Geschichte des öffentlichen Rechts in Deutschland, Bd. 3: Staats- und Verwaltungsrechtswissenschaft in Republik und Diktatur, München 1999

667a. G. STREIM, Einführung in die Literatur der Weimarer Republik, Darmstadt 2009

668. W. STRUVE, Elites against Democracy. Leadership Ideals in Bourgeois Political Thought in Germany, 1890–1933, Princeton, N. J. 1973

669. K. TANNER, Die fromme Verstaatlichung des Gewissens. Zur Auseinandersetzung um die Legitimität der Weimarer Reichsverfassung in Staatsrechtswissenschaft und Theologie der zwanziger Jahre, Göttingen 1989

670. H.-E. TENORTH, Zur deutschen Bildungsgeschichte 1918–1945, Köln/Wien 1985

670a. A. ULLRICH, Von „jüdischem Optimismus" und „unausbleiblicher Enttäuschung". Erwartungsmanagement deutsch-jüdischer Vereine und gesellschaftlicher Antisemitismus 1914–1938, Berlin 2019
671. R. VIERHAUS/B. VOM BROCKE (Hrsg.), Forschung im Spannungsfeld von Politik und Gesellschaft. Geschichte und Struktur der Kaiser Wilhelm-/ Max-Planck-Gesellschaft, Stuttgart 1990
672. D. WALTER, Antisemitische Kriminalität und Gewalt. Judenfeindschaft in der Weimarer Republik, Bonn 1999
672a. M. WARSTATT, Theatrale Gemeinschaften. Zur Festkultur der Arbeiterbewegung 1918–1933, Tübingen 2005
672b. B. WEDEMEYER-KOLWE, „Der neue Mensch". Körperkultur im Kaiserreich und in der Weimarer Republik, Würzburg 2004
673. P. WEINDLING, Health, Race and German Politics between National Unification and Nazism, 1870–1945, Cambridge 1989
673a. A. WEINRICH, Der Weltkrieg als Erzieher. Jugend zwischen Weimarer Republik und Nationalsozialismus, Essen 2013
673b. C. WELZBACHER, Die Staatsarchitektur der Weimarer Republik, Berlin 2006
673c. DERS., (Hrsg.), Der Reichskunstwart. Kulturpolitik und Staatsinszenierung in der Weimarer Republik 1918–1933, Weimar 2010
674. C. H. WERTH, Sozialismus und Nation. Die deutsche Ideologiediskussion zwischen 1918 und 1945, Opladen 1996
674a. I. WIGGER, Die „Schwarze Schmach am Rhein". Rassistische Diskriminierung zwischen Geschlecht, Klasse, Nation und Rasse, Münster 2007
675. K. W. WIPPERMANN, Politische Propaganda und staatsbürgerliche Bildung. Die Reichszentrale für Heimatdienst in der Weimarer Republik, Bonn 1976
675a. A. WIRSCHING/J. EDER (Hrsg.), Vernunftrepublikanismus in der Weimarer Republik, Stuttgart 2008
676. W. WITTWER, Die sozialdemokratische Schulpolitik in der Weimarer Republik, Berlin 1980

9. WIRTSCHAFTLICHE ENTWICKLUNG, SOZIALE PROBLEME, LEBENSVERHÄLTNISSE, MILIEUS

677. W. ABELSHAUSER (Hrsg.), Die Weimarer Republik als Wohlfahrtsstaat, Stuttgart 1987

678. D. H. ALDCROFT, Die zwanziger Jahre. Von Versailles zur Wall Street 1919–1929 (Geschichte der Weltwirtschaft im 20. Jahrhundert Bd. 3), München 1978
679. G. AMBROSIUS, Die öffentliche Wirtschaft in der Weimarer Republik. Kommunale Versorgungsunternehmen als Instrumente der Wirtschaftspolitik, Baden-Baden 1984
680. U. BACHMANN, Reichskasse und öffentlicher Kredit in der Weimarer Republik 1924–1932, Frankfurt 1996
681. K. J. BADE (Hrsg.), Auswanderer – Wanderarbeiter – Gastarbeiter. Bevölkerung, Arbeitsmarkt und Wanderung in Deutschland seit der Mitte des 19. Jahrhunderts, 2 Bde., Ostfildern 1985
682. J. BÄHR, Staatliche Schlichtung in der Weimarer Republik. Tarifpolitik, Korporatismus und industrieller Konflikt zwischen Inflation und Deflation 1919–1932, Berlin 1989
683. R. BAIER, Der deutsche Osten als soziale Frage. Eine Studie zur preußischen und deutschen Siedlungs- und Polenpolitik in den Ostprovinzen während des Kaiserreichs und der Weimarer Republik, Köln/Wien 1980
684. T. BALDERSTON, The Origins and Course of the German Economic Crisis, November 1923 to May 1932, Berlin 1993
684a. DERS., Economics and Politics in the Weimar Republic, Cambridge 2002
685. H. BECKER, Handlungsspielräume der Agrarpolitik in der Weimarer Republik zwischen 1923 und 1929, Stuttgart 1990
686. J. BERGMANN/K. MEGERLE, Protest und Aufruhr der Landwirtschaft in der Weimarer Republik (1924–1933). Formen und Typen der politischen Agrarbewegung im regionalen Vergleich, in: J. BERGMANN u. a. (Hrsg.), Regionen im historischen Vergleich. Studien zu Deutschland im 19. und 20. Jahrhundert, Opladen 1989, 200–287
687. C. BERRINGER, Sozialpolitik in der Weltwirtschaftskrise. Die Arbeitslosenversicherung in Deutschland und Großbritannien im Vergleich 1928–1934, Berlin 1999
688. R. BERTHOLD u. a. (Hrsg.), Geschichte der Produktivkräfte in Deutschland von 1800 bis 1945; Bd. 3: Produktivkräfte in Deutschland 1917/18 bis 1945, Berlin (Ost) 1988
689. S. BISCHOFF, Arbeitszeitrecht in der Weimarer Republik, Berlin 1987
690. F. BLAICH, Die Wirtschaftskrise 1925/26 und die Reichsregierung. Von der Erwerbslosenfürsorge zur Konjunkturpolitik, Kallmünz 1977
691. C. BOHRET, Aktionen gegen die „kalte Sozialisierung" 1926–1930. Ein Beitrag zum Wirken ökonomischer Einflußverbände in der Weimarer Republik, Berlin 1966

692. J. Bönig, Die Einführung der Fließbandarbeit in Deutschland bis 1933. Zur Geschichte einer Sozialinnovation, Münster/Hamburg 1993

692a. F. Bösch, Das konservative Milieu. Vereinskultur und lokale Sammlungspolitik in ost- und westdeutschen Regionen (1900–1960), Göttingen 2002

693. K. Borchardt, Wachstum, Krisen, Handlungsspielräume der Wirtschaftspolitik, Göttingen 1982

694. K. E. Born, Die deutsche Bankenkrise 1931, München 1967

695. U. Braun, Die Besteuerung der Unternehmen in der Weimarer Republik von 1923 bis 1933, Köln 1988

696. K. Brunner (Hrsg.), The Great Depression Revisited, Boston/Den Haag/ London 1981

697. G. Bry, Wages in Germany 1871–1945, Princeton, N. J. 1960

698. C. Buchheim/M. Hutter/H. James (Hrsg.), Zerrissene Zwischenkriegszeit. Wirtschaftshistorische Beiträge, Baden-Baden 1994

699. O. Büsch/G. D. Feldman (Hrsg.), Historische Prozesse der deutschen Inflation 1914–1924, Berlin 1978; vgl. auch Nr. 713–715

700. U. Büttner, Politische Alternativen zum Brüningschen Deflationskurs. Ein Beitrag zur Diskussion über ‚ökonomische Zwangslagen' in der Endphase von Weimar, in: VfZ 37 (1989), 209–251

700a. D. Cohen, The War Come Home. Disabled Veterans in Britain and Germany, 1914–1939, Berkeley 2001

701. D. F. Crew, Germans on Welfare. From Weimar to Hitler, New York/ Oxford 1998

702. Deutsche Bundesbank (Hrsg.), Währung und Wirtschaft in Deutschland 1876–1975, Frankfurt 1976

703. P. Dudek, Erziehung durch Arbeit. Arbeitslagerbewegung und freiwilliger Arbeitsdienst 1920–1935, Opladen 1988

704. R. J. Evans/D. Geary (Hrsg.), The German Unemployed. Experiences and Consequences of Mass Unemployment from the Weimar Republic to the Third Reich, London 1987

705. G. D. Feldman, Iron and Steel in the German Inflation 1916–1923, Princeton, N. J. 1977

706. Ders., Vom Weltkrieg zur Weltwirtschaftskrise. Studien zur deutschen Wirtschafts- und Sozialgeschichte 1914–1932, Göttingen 1984

707. Ders. (Hrsg.), Die Nachwirkungen der Inflation auf die deutsche Geschichte 1924–1933, München 1985

708. Ders., The Great Disorder. Politics, Economics, and Society in the German Inflation, 1914–1924, Oxford 1993

709. DERS., Die Deutsche Bank vom Ersten Weltkrieg bis zur Weltwirtschaftskrise 1914–1933, in: L. GALL/G. D. FELDMAN/C.-L. HOLTFRERICH/H. E. BÜSCHGEN, Die Deutsche Bank 1870–1995, München 1995, 138–314
710. DERS./H. HOMBURG, Industrie und Inflation. Studien und Dokumente zur Politik der deutschen Unternehmer 1916–1923, Hamburg 1977
711. DERS./I. STEINISCH, Die Weimarer Republik zwischen Sozial- und Wirtschaftsstaat. Die Entscheidung gegen den Achtstundentag, in: AfS 18 (1978), 353–439
712. DERS./DIES., Industrie und Gewerkschaften 1918–1924. Die überforderte Zentralarbeitsgemeinschaft, Stuttgart 1985
713. DERS./C.-L. HOLTFRERICH/G. A. RITTER/P.-C. WITT (Hrsg.), Die deutsche Inflation, Berlin/New York 1982
714. DIES. (Hrsg.), Die Anpassung an die Inflation, Berlin/New York 1986
715. DIES. (Hrsg.), Konsequenzen der Inflation, Berlin 1989
715a. A. FISCHER, Luftverkehr zwischen Markt und Macht (1919–1937). Lufthansa, Verkehrsflug und der Kampf ums Monopol, Stuttgart 2003
716. W. FISCHER, Deutsche Wirtschaftspolitik 1918–1945, Opladen ³1968
717. J. FLEMMING, Landwirtschaftliche Interessen und Demokratie. Ländliche Gesellschaft, Agrarverbände und Staat 1890–1925, Bonn 1978
717a. M. FÖLLMER, Die Verteidigung der bürgerlichen Nation. Industrielle und hohe Beamte in Deutschland und Frankreich 1900–1930, Göttingen 2002
718. E. FRAENKEL, Der Ruhreisenstreit 1928–1929 in historisch-politischer Sicht, in: F. A. HERMENS/T. SCHIEDER, Staat, Wirtschaft und Politik (Nr. 125), 97–117
719. T. V. FREYBERG, Industrielle Rationalisierung in der Weimarer Republik, Frankfurt/New York 1989
720. K. C. FÜHRER, Arbeitslosigkeit und die Entstehung der Arbeitslosenversicherung in Deutschland 1902–1927, Berlin 1990
721. DERS., Mieter, Hausbesitzer, Staat und Wohnungsmarkt. Wohnungsmangel und Wohnungszwangswirtschaft in Deutschland 1914–1960, Stuttgart 1995
722. T. GEIGER, Die soziale Schichtung des deutschen Volkes, Stuttgart 1932, Darmstadt ²1967
723. D. GESSNER, Agrardepression und Präsidialregierungen in Deutschland 1930 bis 1933. Probleme des Agrarprotektionismus am Ende der Weimarer Republik, Düsseldorf 1977
724. M. H. GEYER, Verkehrte Welt. Revolution, Inflation und Moderne: München 1914–1924, Göttingen 1998

724a. DERS., Kapitalismus und politische Moral in der Zwischenkriegszeit. Oder: Wer war Julius Barmat?, Hamburg 2018
724b. S. GILLERMAN, Germans into Jews. Remaking the Jewish Social Body in the Weimar Republic, Stanford 2009
725. W. GLASHAGEN, Die Reparationspolitik Heinrich Brünings 1930–1931, Diss. phil. Bonn 1980
726. M. GRÄSER, Der blockierte Wohlfahrtsstaat. Unterschichtjugend und Jugendfürsorge in der Weimarer Republik, Göttingen 1995
727. M. GRÜBLER, Die Spitzenverbände der Wirtschaft und das erste Kabinett Brüning, Düsseldorf 1982
728. B. GRZYWATZ, Arbeit und Bevölkerung im Berlin der Weimarer Zeit. Eine historisch-statistische Untersuchung, Berlin 1988
729. K. HAGEMANN, Frauenalltag und Männerpolitik. Alltagsleben und gesellschaftspolitisches Handeln von Arbeiterfrauen in der Weimarer Republik, Bonn 1990
730. G. HARDACH, Weltmarktorientierung und relative Stagnation. Währungspolitik in Deutschland 1924–1931, Berlin 1976
731. K. HARTEWIG, Das unberechenbare Jahrzehnt. Bergarbeiter und ihre Familien im Ruhrgebiet 1914–1924, München 1993
732. H.-H. HARTWICH, Arbeitsmarkt, Verbände und Staat 1918–1933. Die öffentliche Bindung unternehmerischer Funktionen in der Weimarer Republik, Berlin 1967
733. E. HARVEY, Youth and the Welfare State in Weimar Germany, Oxford/ New York 1993
734. W. J. HELBICH, Die Reparationen in der Ära Brüning, Berlin 1962
735. D. HERTZ-EICHENRODE, Politik und Landwirtschaft in Ostpreußen 1919–1930, Köln 1969
736. DERS., Wirtschaftskrise und Arbeitsbeschaffung. Konjunkturpolitik 1925/26 und die Grundlagen der Krisenpolitik Brünings, Frankfurt 1982
737. K. HOLL (Hrsg.), Wirtschaftskrise und liberale Demokratie, Göttingen 1978
738. C.-L. HOLTFRERICH, Die deutsche Inflation 1914–1923, Berlin 1980
739. DERS., Alternativen zu Brünings Wirtschaftspolitik in der Weltwirtschaftskrise?, in: HZ 235 (1982), 605–631
740. DERS., Zu hohe Löhne in der Weimarer Republik? In: GG 10 (1984), 122–141
741. H. HOMBURG, Rationalisierung und Industriearbeit. Arbeitsmarkt – Management – Arbeiterschaft im Siemens-Konzern Berlin 1900–1939, Berlin 1991

742. I. Freifrau v. Hoyningen-Huene, Adel in der Weimarer Republik. Die rechtlich-soziale Situation des reichsdeutschen Adels 1918–1933, Limburg 1992
743. R.-M. Huber-Koller, Gewerkschaften und Arbeitslose. Erfahrungen der Massenerwerbslosigkeit und Aspekte freigewerkschaftlicher Arbeitslosenpolitik in der Endphase der Weimarer Republik, 2 Bde., Pfaffenweiler 1992
744. M. L. Hughes, Paying for the German Inflation, Chapel Hill/London 1988
745. H. James, The Reichsbank and Public Finance in Germany 1924–1933, Frankfurt 1985
746. Ders., Deutschland in der Weltwirtschaftskrise 1924–1936, Stuttgart 1988
747. W. Jochmann, Brünings Deflationspolitik und der Untergang der Weimarer Republik, in: D. Stegmann/B.-J. Wendt/P.-C. Witt (Hrsg.), Industrielle Gesellschaft und politisches System, Bonn 1978, 97–112
748. G. Kähler (Hrsg.), Geschichte des Wohnens, Bd. 4:1918 bis 1945. Reform, Reaktion, Zerstörung, Stuttgart 1996
748a. C. Kaiser, Gewerkschaften, Arbeitslosigkeit und politische Stabilität. Deutschland und Großbritannien in der Weltwirtschaftskrise seit 1929, Frankfurt 2002
749. H.-I. Kim, Industrie, Staat und Wirtschaftspolitik. Die konjunkturpolitische Diskussion in der Endphase der Weimarer Republik 1930–1932/33, Berlin 1997
750. C. P. Kindleberger, Die Weltwirtschaftskrise 1929–1939 (Geschichte der Weltwirtschaft im 20. Jahrhundert Bd. 4), München 1973
750a. H. Knortz, Wirtschaftsgeschichte der Weimarer Republik. Eine Einführung in Ökonomie und Gesellschaft der ersten Deutschen Republik. Göttingen 2010
751. E. Kolb, Die Reichsbahn vom Dawes-Plan bis zum Ende der Weimarer Republik, in: L. Gall/M. Pohl (Hrsg.), Die Eisenbahn in Deutschland, München 1999, 109–163
752. C.-D. Krohn, Stabilisierung und ökonomische Interessen. Die Finanzpolitik des Deutschen Reiches 1923–1927, Düsseldorf 1974
753. J. Frhr. v. Kruedener (Hrsg.), Economic Crisis and Political Collapse. The Weimar Republic 1924–1933, New York/Oxford/München 1990
754. A. Kunz, Civil Servants and the Politics of Inflation in Germany 1914–1924, Berlin 1986
755. M. le Bars, Le mouvement paysan dans le Schleswig-Holstein, 1928–1932, Bern 1986

756. E. LEDERER, Kapitalismus, Klassenstruktur und Probleme der Demokratie in Deutschland 1910–1940, Göttingen 1979
757. D. LEHNERT, Kommunale Politik, Parteiensystem und Interessenkonflikte in Berlinund Wien 1919–1932. Wohnungs-, Verkehrs- und Finanzpolitik im Spannungsfeld von städtischer Selbstverwaltung und Verbandseinflüssen, Berlin 1991
758. P. LEWEK, Arbeitslosigkeit und Arbeitslosenversicherung in der Weimarer Republik 1918–1927, Stuttgart 1992
759. W. C. MCNEIL, American Money and the Weimar Republic. Economics and Politics on the Eve of the Great Depression, New York 1986
759a. S. MALINOWSKI, Vom König zum Führer. Sozialer Niedergang und politische Radikalisierung im deutschen Adel zwischen Kaiserreich und NS-Staat, Berlin 2003
760. H. MARCON, Arbeitsbeschaffungspolitik der Regierungen Papen und Schleicher, Bern/Frankfurt 1974
761. I. MAURER, Reichsfinanzen und Große Koalition. Zur Geschichte des Reichskabinetts Müller (1928–1930), Bern/Frankfurt 1973
762. R. MEISTER, Die große Depression. Zwangslagen und Handlungsspielräume der Wirtschafts- und Finanzpolitik in Deutschland 1929–1932, Regensburg 1991
763. S. MERKENICH, Grüne Front gegen Weimar. Reichs-Landbund und agrarischer Lobbyismus 1918–1933, Düsseldorf 1998
764. H. MOMMSEN, Klassenkampf oder Mitbestimmung. Zum Problem der Kontrolle wirtschaftlicher Macht in der Weimarer Republik, Köln 1978
765. DERS./D. PETZINA/B. WEISBROD (Hrsg.), Industrielles System und politische Entwicklung in der Weimarer Republik, Düsseldorf 1974, 2 Bde., Kronberg i. T./Düsseldorf ²1977
766. H. MÜLLER, Die Zentralbank, eine Nebenregierung. Reichsbankpräsident Hjalmar Schacht als Politiker der Weimarer Republik, Opladen 1973
767. M. L. MÜLLER, Bausparen in Deutschland zwischen Inflation und Währungsreform 1924–1948, München 1999
768. R. D. MÜLLER, Das Tor zur Weltmacht. Die Bedeutung der Sowjetunion für die deutsche Wirtschafts- und Rüstungspolitik zwischen den Weltkriegen, Boppard 1984
768a. M. MÜNZEL, Die jüdischen Mitglieder der deutschen Wirtschaftelite 1927–1955. Verdrängung – Emigration – Rückkehr, Paderborn 2006
769. R. NEEBE, Großindustrie, Staat und NSDAP 1930–1933. Paul Silverberg und der Reichsverband der Deutschen Industrie in der Krise der Weimarer Republik, Göttingen 1981

770. M. Niehuss, Arbeiterschaft in Krieg und Inflation. Soziale Schichtung und Lage der Arbeiter in Augsburg und Linz 1910 bis 1925, Berlin/New York 1985
770a. J. Oltmer, Migration und Politik in der Weimarer Republik, Göttingen 2005
771. A. Panzer, Das Ringen um die deutsche Agrarpolitik von der Währungsstabilisierung bis zur Agrardebatte im Reichstag im Dezember 1928, Kiel 1970
772. C. Patton, Flammable Material. German Chemical Workers in War, Revolution, and Inflation, 1914–1924, Berlin 1998
773. H.-J. Perrey, Der Rußlandausschuß der Deutschen Wirtschaft. Die deutschsowjetischen Wirtschaftsbeziehungen der Zwischenkriegszeit, München 1985
774. D. Petzina, Die deutsche Wirtschaft in der Zwischenkriegszeit, Wiesbaden 1977
775. Ders./W. Abelshauser/A. Faust, Sozialgeschichtliches Arbeitsbuch; Bd. 3: Materialien zur Statistik des Deutschen Reiches 1914–1945, München 1978
776. D. Peukert, Jugend zwischen Krieg und Krise. Lebenswelten von Arbeiterjungen in der Weimarer Republik, Köln 1987
777. G. Plumpe, Die I. G. Farbenindustrie AG. Wirtschaft, Technik und Politik 1904–1945, Berlin 1990
778. W. Plumpe, Betriebliche Mitbestimmung in der Weimarer Republik. Fallstudien zum Ruhrbergbau und zur Chemischen Industrie, München 1999
779. L. Preller, Sozialpolitik in der Weimarer Republik. Stuttgart 1949, Düsseldorf ²1978
779a. S. Rassloff, Flucht in die nationale Volksgemeinschaft. Das Erfurter Bürgertum zwischen Kaiserreich und NS-Diktatur, Köln/Weimar/Wien 2003
780. D. Rebentisch, Kommunalpolitik, Konjunktur und Arbeitsmarkt in der Endphase der Weimarer Republik, in: R. Morsey (Hrsg.), Verwaltungsgeschichte, Berlin 1977, 107–157
781. A. Reckendress, Das „Stahltrust"-Projekt. Die Gründung der Vereinigte Stahlwerke A. G. und ihre Unternehmensentwicklung 1926–1933/34, München 2000
781a. A. Ritschl, Deutschlands Krise und Konjunktur 1924–1934. Binnenkonjunktur, Auslandsverschuldung und Reparationsproblem zwischen Dawes-Plan und Transfersperre, Berlin 2002
781b. Ders., Knut Borchardts Interpretation der Weimarer Wirtschaft. Zur Geschichte und Wirkung einer wirtschaftsgeschichtlichen Kontroverse, in:

J. Elvert/S. Krauss (Hrsg.) Historische Debatten und Kontroversen im 19. und 20. Jahrhundert, Wiesbaden 2003, 234–244
782. S. Rouette, Sozialpolitik als Geschlechterpolitik. Die Regulierung der Frauenarbeit nach dem Ersten Weltkrieg, Frankfurt/New York 1993
783. W. Rudloff, Die Wohlfahrtsstadt. Kommunale Ernährungs-, Fürsorge- und Wohnungspolitik am Beispiel Münchens 1910–1933, 2 Bde., Göttingen 1998
784. C. Sachsse/F. Tennstedt, Geschichte der Armenfürsorge in Deutschland; Bd. 2: Fürsorge und Wohlfahrtspflege 1871–1929, Stuttgart 1988
785. H. Sanmann, Daten und Alternativen der deutschen Wirtschafts- und Finanzpolitik in der Ära Brüning, in: Hamburger Jahrbuch für Wirtschafts- und Gesellschaftspolitik 10 (1965), 109–140
786. G. Scharf, Geschichte der Arbeitszeitverkürzung. Der Kampf der deutschen Gewerkschaften um die Verkürzung der täglichen und wöchentlichen Arbeitszeit, Köln 1987
787. A. Schildt/A. Sywottek (Hrsg.), Massenwohnung und Eigenheim. Wohnungsbau und Wohnen in der Großstadt seit dem Ersten Weltkrieg, Frankfurt/New York 1988
788. M. Schneider, Das Arbeitsbeschaffungsprogramm des ADGB. Zur gewerkschaftlichen Politik in der Endphase der Weimarer Republik, Bonn 1975
789. Ders., Unternehmer und Demokratie. Die freien Gewerkschaften in der unternehmerischen Ideologie der Jahre 1918 bis 1933, Bonn 1975
790. H.-O. Schötz, Der Kampf um die Mark 1923/24. Die deutsche Währungsstabilisierung unter dem Einfluß der nationalen Interessen Frankreichs, Großbritanniens und der USA, Berlin/New York 1987
791. V. Schröter, Die deutsche Industrie auf dem Weltmarkt 1929–1933. Außenwirtschaftliche Strategien unter dem Druck der Weltwirtschaftskrise, Frankfurt/Bern/New York/Nancy 1984
792. H. Speier, Die Angestellten vor dem Nationalsozialismus, Göttingen 1977
793. P. D. Stachura (Hrsg.), Unemployment and the Great Depression in Weimar Germany, Houndsmill/London 1986
794. C. Steegmans, Die finanziellen Folgen der Rheinland- und Ruhrbesetzung 1918–1930, Stuttgart 1999
795. I. Steinisch, Arbeitszeitverkürzung und sozialer Wandel. Der Kampf um die Achtstundenschicht in der deutschen und amerikanischen Eisen- und Stahlindustrie 1880–1929, Berlin/New York 1986
796. K. Tenfelde (Hrsg.), Arbeiter im 20. Jahrhundert, Stuttgart 1991

796a. I. THAMM, Der Anspruch auf das Glück des Tüchtigen. Beruf, Organisation und Selbstverständnis der Bankangestellten in der Weimarer Republik, Stuttgart 2005

797. B. THEINE, Westfälische Landwirtschaft in der Weimarer Republik. Ökonomische Lage, Produktionsformen und Interessenpolitik, Paderborn 1991

798. P. THOMSEN, Ärzte auf dem Weg ins „Dritte Reich". Studien zur Arbeitsmarktsituation, zum Selbstverständnis und zur Standespolitik der Ärzteschaft gegenüber der staatlichen Sozialversicherung während der Weimarer Republik, Husum 1996

799. H. TIMM, Die deutsche Sozialpolitik und der Bruch der großen Koalition im März 1930, Düsseldorf 1952, ²1982

799a. C. TORP, Konsum und Politik in der Weimarer Republik. Göttingen 2011

800. R. TSCHIRBS, Tarifpolitik im Ruhrbergbau 1918–1933, Berlin/New York 1986

801. R. UNTERSTELL, Mittelstand in der Weimarer Republik. Die soziale Entwicklung und politische Orientierung von Handwerk, Kleinhandel und Hausbesitz 1919–1933, Frankfurt 1989

802. C. USBORNE, Frauenkörper – Volkskörper. Geburtenkontrolle und Bevölkerungspolitik in der Weimarer Republik, Münster 1994

803. H. VAN DER WEE (Hrsg.), The Great Depression Revisited, Den Haag 1972

803a. A. WAGNER, Die Entwicklung des Lebensstandards in Deutschland zwischen 1920 und 1960, Berlin 2008

803b. P. WEBER, Gescheiterte Sozialpartnerschaft – Gefährdete Republik? Industrielle Beziehungen, Arbeitskämpfe und der Sozialstaat. Deutschland und Frankreich im Vergleich (1918–1933/39), München 2010

804. B. WEISBROD, Die Schwerindustrie in der Weimarer Republik, Wuppertal 1978

804a. N. WENGE, Integration und Ausgrenzung in der städtischen Gesellschaft. Eine jüdisch-nichtjüdische Beziehungsgeschichte Kölns 1918–1933, Mainz 2005

805. R. W. WHALEN, Bitter Wounds: German Victims of the Great War, 1914–1939, Ithaca, N. Y. 1984

806. H. A. WINKLER, Mittelstand, Demokratie und Nationalsozialismus. Die politische Entwicklung von Handwerk und Kleinhandel in der Weimarer Republik, Köln 1972

807. H.-J. WINKLER. Preußen als Unternehmer 1923–1932. Staatliche Erwerbsunternehmen im Spannungsfeld der Politik am Beispiel der Preussag, Hibernia und Veba, Berlin 1965

808. P.-C. WITT, Finanzpolitik als Verfassungs- und Gesellschaftspolitik, in: GG 8 (1982), 386–414
809. DERS., Inflation, Wohnungszwangswirtschaft und Hauszinssteuer, in: L. NIETHAMMER (Hrsg.), Wohnen im Wandel, Wuppertal 1979, 385–407
810. H. WIXFORTH, Banken und Schwerindustrie in der Weimarer Republik, Köln/Weimar 1995
811. S. WOLFF-ROHE, Der Reichsverband der Deutschen Industrie 1919–1924/25, Frankfurt 2001
812. M. WOLFFSOHN, Industrie und Handwerk im Konflikt mit staatlicher Wirtschaftspolitik? Studien zur Politik der Arbeitsbeschaffung in Deutschland 1930–1934, Berlin 1977
813. J. WOYCKE, Birth Control in Germany 1871–1933, London/New York 1988
814. P. WULF, Die politische Haltung des schleswig-holsteinischen Handwerks 1928–1932, Köln 1969
815. C. ZAHN, Arbeitskosten und Lebenslagen zwischen Inflation und großer Krise. Zur Geschichte der Weimarer Lohnbewegung, St. Katharinen 1996
816. W. ZOLLITSCH, Arbeiter zwischen Weltwirtschaftskrise und Nationalsozialismus, Göttingen 1990.

10. REICHSWEHR, MILITÄRPOLITIK, PARAMILITÄRISCHE ORGANISATIONEN, POLIZEI

817. E. W. BENNETT, German Rearmament and the West, 1932/33, Princeton, N. J. 1979
818. V. BERGHAHN, Der Stahlhelm. Bund der Frontsoldaten 1918–1935, Düsseldorf 1966
818a. R. BERGIEN, Die bellizistische Republik. Wehrkonsens und „Wehrhaftmachung" in Deutschland 1918–1933, München 2012
819. K. W. BIRD, Weimar, the German Naval Officer Corps and the Rise of National Socialism, Amsterdam 1977
820. P. BUCHER, Der Reichswehrprozeß. Der Hochverrat der Ulmer Reichswehroffiziere 1929/30, Boppard 1967
821. J. BUDER, Die Reorganisation der preußischen Polizei 1918–1923, Frankfurt/Bern/New York 1986
822. F. L. CARSTEN, Reichswehr und Politik 1918–1933, Köln 1964
823. Darstellungen aus den Nachkriegskämpfen deutscher Truppen und Freikorps, hrsg. von der Kriegsgeschichtlichen Forschungsanstalt des Heeres, 9 Bde., Berlin 1936/1943

824. W. Deist/M. Messerschmidt/H.-E. Volkmann/W. Wette, Ursachen und Voraussetzungen der deutschen Kriegspolitik (Das Deutsche Reich und der Zweite Weltkrieg Bd. 1), Stuttgart 1979
825. J. M. Diehl, Paramilitary Politics in Weimar Germany, Bloomington, Ind. 1977
825a. P. Doepgen, Die Washingtoner Konferenz, das Deutsche Reich und die Reichsmarine. Deutsche Marinepolitik 1921–1935, Bremen 2005
826. J. Dülffer, Weimar, Hitler und die Marine. Reichspolitik und Flottenbau 1920–1939, Düsseldorf 1973
826a. S. Elsbach, Das Reichsbanner Schwarz-Rot-Gold. Republikschutz und politische Gewalt in der Weimarer Republik, Stuttgart 2019
827. J. Flemming, Die Bewaffnung des „Landvolks". Ländliche Schutzwehren und agrarischer Konservatismus in der Anfangsphase der Weimarer Republik, in: MGM 26 (1979), 7–36
828. M. Geyer, Aufrüstung oder Sicherheit. Die Reichswehr in der Krise der Machtpolitik 1924–1936, Wiesbaden 1980
829. H. J. Gordon, Die Reichswehr und die Weimarer Republik 1919–1926, Frankfurt 1959
830. C. Graf, Politische Polizei zwischen Demokratie und Diktatur. Die Entwicklung der preußischen Politischen Polizei vom Staatschutzorgan der Weimarer Republik zum Geheimen Staatspolizeiamt des Dritten Reiches, Berlin 1983
831. C. Guske, Das politische Denken des Generals von Seeckt, Lübeck 1971
832. E. W. Hansen, Reichswehr und Industrie. Rüstungswirtschaftliche Zusammenarbeit und wirtschaftliche Mobilmachungsvorbereitungen 1923–1932, Boppard 1978
833. K. Hornung, Der Jungdeutsche Orden, Düsseldorf 1958
834. J. Hürter, Wilhelm Groener. Reichswehrminister am Ende der Weimarer Republik 1928–1932, München 1993
835. C. Knatz, „Ein Heer im grünen Rock"? Der Mitteldeutsche Aufstand 1921, die preußische Schutzpolizei und die Frage der inneren Sicherheit in der Weimarer Republik, Berlin 2000
836. E. Könnemann, Einwohnerwehren und Zeitfreiwilligenverbände, Berlin (Ost) 1971
837. G. Krüger, Die Brigade Ehrhardt, Hamburg 1971
838. P. Lessmann, Die preußische Schutzpolizei in der Weimarer Republik. Streifendienst und Straßenkampf, Düsseldorf 1989
839. H. Liang, Die Berliner Polizei in der Weimarer Republik, Berlin 1977

840. H. J. MAUCH, Nationalistische Wehrorganisationen in der Weimarer Republik. Zur Entwicklung und Ideologie des „Paramilitarismus", Frankfurt/ Bern 1982
841. K.-J. MÜLLER/E. OPITZ (Hrsg.), Militär und Militarismus in der Weimarer Republik, Düsseldorf 1978
841a. W. MULLIGAN, The Creation of the Modern German Army. General Walther Reinhardt and the Weimar Republic, 1914–1930, New York/ Oxford 2005
841b. J. NAKATA, Der Grenz- und Landesschutz in der Weimarer Republik 1918 bis 1933. Die geheime Aufrüstung und die deutsche Gesellschaft, Freiburg 2002

M. PÖHLMANN siehe Nr. 651a

842. W. RAHN, Reichsmarine und Landesverteidigung 1919–1928, München 1976
843. K. ROHE, Das Reichsbanner Schwarz Rot Gold, Düsseldorf 1966
844. M. SALEWSKI, Entwaffnung und Militärkontrolle in Deutschland 1919–1927, München 1966
844a. B. SAUER, Schwarze Reichswehr und Fememorde, Berlin 2003
845. W. SAUER, Die Reichswehr, in: K. D. BRACHER, Die Auflösung der Weimarer Republik (Nr. 109), 205–253
846. A. SCHILDT, Militärdiktatur mit Massenbasis? Die Querfrontkonzeption der Reichswehrführung um General von Schleicher am Ende der Weimarer Republik, Frankfurt 1981
847. J. SCHMÄDEKE, Militärische Kommandogewalt und parlamentarische Demokratie. Zum Problem der Verantwortlichkeit des Reichswehrministers in der Weimarer Republik, Lübeck 1967
847a. R. SCHÖNRADE, General Joachim Stülpnagel und die Politik. Eine biographische Skizze zum Verhältnis militärischer und politischer Führung in der Weimarer Republik, Berlin 2007
848. H. SCHULZE, Freikorps und Republik 1918–1920, Boppard 1969
849. K. G. P. SCHUSTER, Der Rote Frontkämpferbund 1924–1929, Düsseldorf 1975
849a. I. STRENGE, Kurt von Schleicher. Politik im Reichswehrministerium am Ende der Weimarer Republik, Berlin 2006
850. T. VOGELSANG, Reichswehr, Staat und NSDAP 1930–1932, Stuttgart 1962
851. P. WAGNER, Volksgemeinschaft ohne Verbrecher. Konzeptionen und Praxis der Kriminalpolizei in der Zeit der Weimarer Republik und des Nationalsozialismus, Hamburg 1996

852. R. WOHLFEIL/E. GRAF V. MATUSCHKA, Reichswehr und Republik 1918–1933 (Handbuch zur deutschen Militärgeschichte 1648–1939, Bd. 3, Abschnitt 6), Frankfurt 1970
853. M. ZEIDLER, Reichswehr und Rote Armee 1920–1933, München 1993
853a. B. ZIEMANN, Veteranen der Republik: Kriegserinnerung und demokratische Politik 1918–1933, Bonn 2014

11. NS-BEWEGUNG VOR 1933

854. W. S. ALLEN, Das haben wir nicht gewollt! Die nationalsozialistische Machtergreifung in einer Kleinstadt 1930–1935, Gütersloh 1965; erweiterte und ergänzte Neuauflage der englischen Ausgabe: The Nazi Seizure of Power: The Experience of a Single German Town, 1922–1945, New York/Toronto/Sydney ²1984
855. R. BESSEL, Political Violence and the Rise of Nazism. The Storm Troopers in Eastern Germany 1925–1934, New Haven, Conn./London 1984
856. W. BÖHNKE, Die NSDAP im Ruhrgebiet 1920–1933, Bonn 1974
857. M. BROSZAT, Der Staat Hitlers, München 1969, ¹⁵2000
858. DERS., Soziale Motivation und Führerbindung des Nationalsozialismus, in: VfZ 18 (1970), 392–409
859. DERS., Zur Struktur der NS-Massenbewegung, in: VfZ 31 (1983), 52–76
860. DERS., Die Machtergreifung. Der Aufstieg der NSDAP und die Zerstörung der Weimarer Republik, München 1984
861. T. CHILDERS, The Nazi Voter. The Social Foundations of Fascism in Germany, 1919–1933, Chapel Hill 1983
862. DERS. (Hrsg.), The Formation of the Nazi Constituency 1919–1933, London/Sydney 1986
862a. C. DAMS, Staatsschutz in der Weimarer Republik. Die Überwachung und Bekämpfung der NSDAP durch die preussische politische Polizei von 1928 bis 1933, Marburg 2002
863. M. DÖRING, „Parlamentarischer Arm der Bewegung." Die Nationalsozialisten im Reichstag der Weimarer Republik, Düsseldorf 2001
863a. R. J. EVANS, Das Dritte Reich Bd. 1: Aufstieg, München 2004 [244–423]
864. J. W. FALTER, Hitlers Wähler, München 1991
865. A. FAUST, Der Nationalsozialistische Deutsche Studentenbund, 2 Bde., Düsseldorf 1973
866. C. FISCHER, Stormtroopers. A Social, Economic and Ideological Analysis, 1929–35, London 1983

867. G. Franz-Willing, Die Hitlerbewegung. Der Ursprung 1919–1922, Hamburg 1962, Preußisch Oldendorf ²1974
868. Ders., Krisenjahr der Hitlerbewegung 1923, Preußisch Oldendorf 1975
869. Ders., Putsch und Verbotszeit der Hitlerbewegung. November 1923 bis Februar 1925, Preußisch Oldendorf 1977
870. P. Fritzsche, Rehearsals for Fascism. Populism and Political Mobilization in Weimar Germany, New York/Oxford 1990
870a. M. Gailus, Protestantismus und Nationalsozialismus. Studien zur nationalsozialistischen Durchdringung des protestantischen Sozialmilieus in Berlin, Köln 2001
871. H. Gies, NSDAP und landwirtschaftliche Organisationen in der Endphase der Weimarer Republik, in: VfZ 15 (1967), 341–376
872. H. J. Gordon, Hitlerputsch 1923. Machtkampf in Bayern 1923 bis 1924, Frankfurt 1971
873. S. Gordon, Hitler, Germans, and the „Jewish Question", Princeton, N. J. 1984
874. K. Gossweiler, Kapital, Reichswehr und NSDAP 1919–1924, Köln 1982
875. D. Grieswelle, Propaganda der Friedlosigkeit. Eine Studie zu Hitlers Rhetorik 1920–1933, Stuttgart 1972
876. R. Hambrecht, Der Aufstieg der NSDAP in Mittel- und Oberfranken 1925–1933, Nürnberg 1976
877. R. F. Hamilton, Who voted for Hitler?, Princeton, N. J. 1982
877a. D. Hastings, Catholicism and the Roots of Nazism. Religious Identity and National Socialism, Oxford 2010
878. R. Heberle, Landbevölkerung und Nationalsozialismus. Eine soziologische Untersuchung zur politischen Willensbildung in Schleswig-Holstein 1918–1932, Stuttgart 1963
879. E. Hennig (Hrsg.), Hessen unterm Hakenkreuz. Studien zur Durchsetzung der NSDAP in Hessen, Frankfurt ²1984
879a. L. Herbst, Hitlers Charisma. Die Erfindung eines deutschen Messias, Frankfurt 2010
880. S. Höner, Der nationalsozialistische Zugriff auf Preußen. Preußischer Staat und nationalsozialistische Machteroberungsstrategie 1928–1934, Bochum 1984
881. W. Horn, Führerideologie und Parteiorganisation in der NSDAP 1919–1933, Düsseldorf 1972 (Nachdruck Königstein i. T./Düsseldorf 1980 u. d. T.: Der Marsch zur Machtergreifung. Die NSDAP bis 1933)
882. P. Hüttenberger, Die Gauleiter. Studie zum Wandel des Machtgefüges in der NSDAP, Stuttgart 1969

883. E. Jäckel, Hitlers Weltanschauung. Entwurf einer Herrschaft, Tübingen 1969, Stuttgart ²1981
884. M. Jamin, Zwischen den Klassen. Zur Sozialstruktur der SA-Führerschaft, Wuppertal 1984
885. M. H. Kater, The Nazi Party. A Social Profile of Members and Leaders 1919–1945, Oxford 1983
886. M. H. Kele, Nazis and Workers. National Socialist Appeals to German Labor, 1919–1933, Chapel Hill 1972
887. I. Kershaw, Der Hitler-Mythos, Stuttgart 1980, ²1999
888. U. Kissenkoetter, Gregor Straßer und die NSDAP, Stuttgart 1978
889. R. L. Koehl, The Black Corps. The Structure and Power Struggles of the Nazi SS, London 1983
890. V. Kratzenberg, Arbeiter auf dem Weg zu Hitler? Die Nationalsozialistische Betriebszellen-Organisation. Ihre Entstehung, ihre Programmatik, ihr Scheitern 1927–1934, Frankfurt/Bern/New York 1987
891. R. Kühnl, Die nationalsozialistische Linke 1925–1930, Meisenheim am Glan 1966
892. A. Kuhn, Hitlers außenpolitisches Programm. Entstehung und Entwicklung 1919–1939, Stuttgart 1970
893. P. Longerich, Die braunen Bataillone. Geschichte der SA, München 1989
894. C. Ludwig, Korruption und Nationalsozialismus in Berlin 1924–1934, Frankfurt 1998
895. P. Manstein, Die Mitglieder und Wähler der NSDAP 1929–1933. Untersuchungen zu ihrer schichtmäßigen Zusammensetzung, Frankfurt/Bern/New York/Paris 1988
896. H. Matzerath/H. A. Turner, Die Selbstfinanzierung der NSDAP 1930–1932, in: GG 3 (1977), 59–92
897. S. Meinl, Nationalsozialisten gegen Hitler. Die nationalrevolutionäre Opposition um Friedrich Wilhelm Heinz, Berlin 2000
898. P. Merkl, Political Violence under the Swastika. 581 Early Nazis, Princeton, N. J. 1975
899. Ders., The Making of a Stormtrooper, Princeton, N. J. 1980
900. D. Mühlberger, Hitler's Followers. Studies in the Sociology of the Nazi Movement, London/New York 1991
901. J. Noakes, The Nazi Party in Lower Saxony, 1921–1933, London 1971
902. J. Nyomarkay, Charisma and Factionalism in the Nazi Party, Minneapolis 1967
903. D. Orlow, The History of the Nazi Party; Bd. 1: 1919–1933, Pittsburgh 1969

904. G. PAUL, Aufstand der Bilder – Die NS-Propaganda vor 1933, Bonn 1990
904a. S. REICHARDT, Faschistische Kampfbünde. Gewalt und Gemeinschaft im italienischen Squadrismus und in der deutschen SA, Köln ²2009
905. J. M. RHODES, The Hitler Movement. A Modern Millenarian Revolution, Stanford/Calif. 1980
906. R. RIETZLER, „Kampf in der Nordmark". Das Aufkommen des Nationalsozialismus in Schleswig-Holstein (1919–1928), Neumünster 1982
906a. M. RÖSCH, Die Münchener NSDAP 1925–1933, München 2002
907. D. SCHMIECHEN-ACKERMANN, Nationalsozialismus und Arbeitermilieus. Der nationalsozialistische Angriff auf die proletarischen Wohnquartiere und die Reaktion in den sozialistischen Vereinen, Bonn 1998
908. T. SCHNABEL (Hrsg.), Die Machtergreifung in Südwestdeutschland. Das Ende der Weimarer Republik in Baden und Württemberg 1928–1933, Stuttgart 1982
909. G. SCHREIBER, Hitler. Interpretationen 1923–1983. Ergebnisse, Methoden und Probleme der Forschung, Darmstadt ²1988
910. P. D. STACHURA, Nazi Youth in the Weimar Republic, Santa Barbara/Calif. 1975
911. DERS., Gregor Strasser and the Rise of Nazism, London 1983
912. D. STEGMANN, Zum Verhältnis von Großindustrie und Nationalsozialismus 1930–1933, in: AfS 13 (1973), 399–482
913. B. THOSS, Der Ludendorff-Kreis 1919–1923. München als Zentrum der mitteleuropäischen Gegenrevolution zwischen Revolution und Hitler-Putsch, München 1978
914. H. A. TURNER, Faschismus und Kapitalismus in Deutschland. Studien zum Verhältnis zwischen Nationalsozialismus und Wirtschaft, Göttingen 1972
915. DERS., Großunternehmertum und Nationalsozialismus 1930–1933. Kritisches und Ergänzendes zu zwei neuen Forschungsbeiträgen, in: HZ 221 (1975), 18–68
916. DERS., Die Großunternehmer und der Aufstieg Hitlers, Berlin 1985
917. DERS., Hitlers Weg zur Macht. Der Januar 1933, München 1997
918. A. TYRELL, Vom ‚Trommler' zum ‚Führer'. Der Wandel von Hitlers Selbstverständnis zwischen 1919 und 1924 und die Entwicklung der NSDAP, München 1975
918a. A. WAGNER, „Machtergreifung" in Sachsen. NSDAP und staatliche Verwaltung 1930–1933, Köln/Weimar/Wien 2004
919. F. WIESEMANN, Die Vorgeschichte der nationalsozialistischen Machtübernahme in Bayern 1932/33, München 1975

920. H. A. WINKLER, Mittelstandsbewegung oder Volkspartei? Zur sozialen Basis der NSDAP, in: W. SCHIEDER (Hrsg.), Faschismus als soziale Bewegung, Hamburg 1976, 97–118.

A. WIRSCHING siehe Nr. 587.

12. BIOGRAPHIEN

Adenauer

921. H. STEHKÄMPER (Hrsg.), Konrad Adenauer. Oberbürgermeister von Köln, Köln 1976
922. H.-P. SCHWARZ, Adenauer. Der Aufstieg: 1876–1952, Stuttgart 1986
923. H. KÖHLER, Adenauer, Frankfurt/Berlin 1994

Böß

924. C. ENGELI, Gustav Böß. Oberbürgermeister von Berlin 1921–1930, Stuttgart 1971

Bolz

925. M. MILLER, Eugen Bolz, Stuttgart 1951
926. J. SAILER, Eugen Bolz und die Krise des politischen Katholizismus in der Weimarer Republik, Tübingen 1994

Braun

927. H. SCHULZE, Otto Braun oder Preußens demokratische Sendung, Frankfurt 1977

Brauns

928. H. MOCKENHAUPT, Weg und Wirken des geistlichen Sozialpolitikers Heinrich Brauns, Paderborn 1977

Brockdorff-Rantzau

929. L. HAUPTS, Graf Brockdorff-Rantzau, Göttingen/Zürich 1984
930. C. SCHEIDEMANN, Ulrich Graf Brockdorff-Rantzau (1869–1928), Frankfurt 1998

Brüning

931. F. MÜLLER, Die „Brüning Papers". Der letzte Zentrumskanzler im Spiegel seiner Selbstzeugnisse, Frankfurt 1993
932. W. C. PATCH, Heinrich Brüning and the Dissolution of the Weimar Republic, Cambridge 1998

933. H. Hömig, Brüning. Kanzler in der Krise der Republik, Paderborn 2000; Brüning. Politiker ohne Auftrag. Zwischen Weimarer und Bonner Republik, Paderborn 2005

933a. P. O. Volkmann, Heinrich Brüning (1885–1970). Nationalist ohne Heimat, Düsseldorf 2007

Dietrich

934. A. v. Saldern, Hermann Dietrich. Ein Staatsmann der Weimarer Republik, Boppard 1966

934a. D. Meier, Hermann Dietrich: Bürgertum und Liberalismus in der Weimarer Republik, Berlin 2021

Ebert

935. P.-C. Witt, Friedrich Ebert. Parteiführer, Reichskanzler, Volksbeauftragter, Reichspräsident, Bonn 1982, ⁴2008

936. R. König/H. Soell/H. Weber (Hrsg.), Friedrich Ebert und seine Zeit. Bilanz und Perspektiven der Forschung, München 1990

936a. W. Mühlhausen, Friedrich Ebert 1871–1925. Reichspräsident der Weimarer Republik, Bonn 2006

Eisner

937. B. Grau, Kurt Eisner 1867–1919, München 2001

Erkelenz

937a. A. Kellmann, Anton Erkelenz. Ein Sozialliberaler im Kaiserreich und in der Weimarer Republik, Berlin 2007

Erzberger

938. K. Epstein, Matthias Erzberger und das Dilemma der deutschen Demokratie, Berlin 1962

Geßler

939. H. Möllers, Reichswehrminister Otto Geßler. Eine Studie zu „unpolitischer" Militärpolitik in der Weimarer Republik, Frankfurt 1998

Goebbels

940. R. G. Reuth, Goebbels, München 1990
941. U. Höver, Joseph Goebbels – ein nationaler Sozialist, Bonn/Berlin 1992

Grzesinski

942. T. Albrecht, Für eine wehrhafte Demokratie. Albert Grzesinski und die preußische Politik in der Weimarer Republik, Bonn 1999

Haase
943. K. R. CALKINS, Hugo Haase. Demokrat und Revolutionär, Berlin 1976

Helfferich
944. J. G. WILLIAMSON, Karl Helfferich 1872–1924. Economist, Financier, Politician, Princeton, N. J. 1971

Hellpach
944a. C.-A. KAUNE, Willy Hellpach (1877–1955). Biographie eines liberalen Politikers der Weimarer Republik, Frankfurt 2005

Heuss
945. J. C. HESS, Theodor Heuss vor 1933, Stuttgart 1973

Hilferding
946. W. SMALDONE, Rudolf Hilferding. Tragödie eines deutschen Sozialdemokraten, Bonn 2000

Hindenburg
947. A. DORPALEN, Hindenburg in der Geschichte der Weimarer Republik, Berlin 1966
948. J. WHEELER-BENNETT, Der hölzerne Titan. Paul von Hindenburg, Tübingen 1969
949. H. ZAUN, Paul von Hindenburg und die deutsche Außenpolitik 1925–1934, Köln/Weimar/Wien 1999
949a. W. PYTA, Hindenburg. Herrschaft zwischen Hohenzollern und Hitler, München 2007

Hitler
950. A. BULLOCK, Hitler. Eine Studie über Tyrannei, Düsseldorf 1953, ²1967
951. J. C. FEST, Hitler, Frankfurt/Berlin/Wien 1973
952. R. ZITELMANN, Hitler. Selbstverständnis eines Revolutionärs, Stuttgart ²1989
953. I. KERSHAW, Hitler 1889–1936, Stuttgart 1998

Hoffmann
954. D. HENNIG, Johannes Hoffmann. Sozialdemokrat und bayerischer Ministerpräsident, München/London/New York/Paris 1990

Hugenberg
955. J. A. LEOPOLD, Alfred Hugenberg. The Radical Nationalist Campaign against the Weimar Republic, New Haven, Conn./London 1977

Joos
956. O. WACHTLING, Joseph Joos. Journalist, Arbeiterführer, Zentrumspolitiker, Mainz 1974

Kaas
957. G. MAY, Ludwig Kaas, 3 Bde., Amsterdam 1981/82

Keil
958. J. MITTAG, Wilhelm Keil (1870–1968). Sozialdemokratischer Parlamentarier zwischen Kaiserreich und Bundesrepublik, Düsseldorf 2001

Koch-Weser
959. G. PAPKE, Der liberale Politiker Erich Koch-Weser in der Weimarer Republik, Baden-Baden 1989

Leber
960. D. BECK, Julius Leber, Berlin 1983

Legien
960a. K. C. FÜHRER, Carl Legien 1861–1920. Ein Gewerkschafter im Kampf um ein „möglichst gutes Leben" für alle Arbeiter, Essen 2009

Luppe
961. H. HANSCHEL, Oberbürgermeister Hermann Luppe. Nürnberger Kommunalpolitiker in der Weimarer Republik, Nürnberg 1977

Marx
962. U. v. HEHL, Wilhelm Marx 1863–1946, Mainz 1987

Mierendorff
963. R. ALBRECHT, Der militante Sozialdemokrat. Carlo Mierendorff 1897 bis 1943, Berlin/Bonn 1987

Noske
964. W. WETTE, Gustav Noske, Düsseldorf 1987

Ossietzky
965. K. R. GROSSMANN, Ossietzky, München 1963

Papen
966. J. A. BACH, Franz von Papen in der Weimarer Republik. Aktivitäten in Politik und Presse 1918–1932, Düsseldorf 1977
967. J. PETZOLD, Franz von Papen. Ein deutsches Verhängnis, München/Berlin 1995

Rathenau

968. H. GRAF KESSLER, Walther Rathenau, Wiesbaden 1962
969. E. SCHULIN, Walther Rathenau. Repräsentant, Kritiker und Opfer seiner Zeit, Göttingen 1979, ²1992
970. P. BERGLAR, Walther Rathenau. Ein Leben zwischen Philosophie und Politik, Graz/Wien/Köln 1987
970a. C. SCHÖLZEL, Walther Rathenau, Paderborn 2006
970b. J. HENTZSCHEL-FRÖHLINGS, Walther Rathenau als Politiker der Weimarer Republik, Husum 2007

Schacht

971. A. E. SIMPSON, Hjalmar Schacht in Perspective, Den Haag 1969
972. H. PENTZLIN, Hjalmar Schacht. Leben und Wirken einer umstrittenen Persönlichkeit, Berlin/Frankfurt/Wien 1980

Schäffer, F.

973. O. ALTENDORFER, Fritz Schäffer als Politiker der Bayerischen Volkspartei 1888–1945, 2 Bde., München 1993

Schäffer, H.

974. E. WANDEL, Hans Schäffer. Steuermann in wirtschaftlichen und politischen Krisen, Stuttgart 1974

Scheidemann

975. H. SCHMERSAL, Philipp Scheidemann 1865–1939. Ein vergessener Sozialdemokrat, Frankfurt 1999

Schleicher

976. T. VOGELSANG, Kurt von Schleicher. Ein General als Politiker, Göttingen/Frankfurt/Zürich 1965

Seeckt

977. H. MEIER-WELCKER, Seeckt, Frankfurt 1967

Severing

978. T. ALEXANDER, Carl Severing – ein Demokrat und Sozialist in Weimar, 2 Bde., Frankfurt 1996 (knappere Fassung u.d.T.: Carl Severing. Sozialdemokrat aus Westfalen mit preußischen Tugenden, Bielefeld 1992)

Simons

979. H. GRÜNDER, Walter Simons als Staatsmann, Jurist und Kirchenpolitiker, Neustadt a. d. Aisch 1975

Stegerwald

980. H. J. Schorr, Adam Stegerwald. Gewerkschaftler und Politiker der ersten deutschen Republik, Recklinghausen 1966
980a. B. Forster, Adam Stegerwald (1874–1945). Christlichnationaler Gewerkschafter, Zentrumspolitiker, Mitbegründer der Unionsparteien, Düsseldorf 2003

Stinnes

981. P. Wulf, Hugo Stinnes. Wirtschaft und Politik 1918–1924, Stuttgart 1979
982. G. D. Feldman, Hugo Stinnes. Biographie eines Industriellen 1870–1924, München 1998

Stresemann

983. A. Thimme, Gustav Stresemann, Frankfurt 1957
984. H. A. Turner, Stresemann. Republikaner aus Vernunft, Berlin 1968
985. F. Hirsch, Stresemann, Göttingen 1978
986. K. Koszyk, Gustav Stresemann. Der kaiserliche Demokrat, Köln 1989
987. C. Baechler, Gustave Stresemann (1878–1929). De l'impérialisme à la sécurité collective, Strasbourg 1996
987a. E. Kolb, Gustav Stresemann, München 2003
987b. J. Wright, Gustav Stresemann 1878–1929, München 2006

Ulitza

987c. G. Hitze, Carl Ulitza (1873–1953). Oberschlesien zwischen den Weltkriegen, Düsseldorf 2002. Vgl. Nr. 458a.

Weber

988. W. J. Mommsen, Max Weber und die deutsche Politik 1890–1920, Tübingen 1959, ²1974

Wels

989. H. J. L. Adolph, Otto Wels und die Politik der deutschen Sozialdemokratie 1894–1939, Berlin 1971

Westarp

989a. E. L. Jones/W. Pyta (Hrsg.), „Ich bin der letzte Preusse". Der politische Lebensweg des konservativen Politikers Kuno Graf von Westarp (1864–1945), Köln/Weimar/Wien 2006
989b. D. Gasteiger, Kuno von Westarp (1864–1945). Parlamentarismus, Monarchismus und Herrschaftsutopien im deutschen Konservatismus, München 2018

Wirth

990. H. KÜPPERS, Joseph Wirth. Parlamentarier, Minister und Kanzler der Weimarer Republik, Stuttgart 1997
991. U. HÖRSTER-PHILIPPS, Joseph Wirth 1879–1956, Paderborn 1998

Wissell

992. D. E. BARCLAY, Rudolf Wissell als Sozialpolitiker 1890–1933, Berlin 1984
993. W. BENZ/H. GRAML (Hrsg.), Biographisches Lexikon zur Weimarer Republik, München 1988
994. B. BRAUN, Die Weimarer Reichskanzler. Zwölf Lebensläufe in Bildern, Düsseldorf 2011
995. M. FRÖHLICH (Hrsg.), Die Weimarer Republik. Portrait einer Epoche in Biographien, Darmstadt 2002
996. R. MORSEY (Hrsg.), Zeitgeschichte in Lebensbildern; Bd. 1, Mainz 1973 [u. a. über Erzberger, Porsch, Fehrenbach, Brauns, Wirth, Marx, Stegerwald, Held, Joos, Brüning, Kaas]; Bd. 2, Mainz 1975 [Papen]; Bd. 3, Mainz 1979 [Heß]; Bd. 6, Mainz 1984 [Gröber, Hermes, F. Schäffer]; Bd. 7, Mainz 1994 [J. Beyerle]; Bd. 8, Mainz 1997 [Imbusch, Gronowski, Föhr]; Bd. 9, Münster 1999 [H. Pünder, C. Schmitt], Bd. 11 Münster 2004 [J. Giesberts]

Anhang

Abkürzungsverzeichnis

BVP	Bayerische Volkspartei
DDP	Deutsche Demokratische Partei
DNVP	Deutschnationale Volkspartei
DVP	Deutsche Volkspartei
KPD	Kommunistische Partei Deutschlands
OHL	Oberste Heeresleitung
SPD	Sozialdemokratische Partei Deutschlands (1917–19 auch „Mehrheitssozialdemokratie", MSPD)
USPD	Unabhängige Sozialdemokratische Partei Deutschlands

Abgekürzt zitierte Zeitschriften

AfS	Archiv für Sozialgeschichte
GG	Geschichte und Gesellschaft
GWU	Geschichte in Wissenschaft und Unterricht
HZ	Historische Zeitschrift
IWK	Internationale wissenschaftliche Korrespondenz zur Geschichte der deutschen Arbeiterbewegung
MGM	Militärgeschichtliche Mitteilungen
NPL	Neue Politische Literatur
PVS	Politische Vierteljahresschrift
VfZ	Vierteljahrshefte für Zeitgeschichte

Ergebnisse der Wahlen

	Nationalvers. 19.1.1919	1. Reichstag 6.6.1920³	2. Reichstag 4.5.1924	3. Reichstag 7.12.1924
Wahlberechtigte in Mio.	36,766	35,949	38,375	38,987
Abgegebene Stimmen in Mio.	30,524	28,463	29,709	30,704
Wahlbeteiligung in %	83,0	79,2	77,4	78,8
Gesamtzahl der Mandate[1]	421 (423)[2]	459	472	493
DNVP	3,121 10,3 % **44**	4,249 15,1 % **71**	5,696 19,5 % **95**	6,206 20,5 % **103**
NSDAP (1924: NS-Freiheitsbeweg.)	–	–	1,918 6,5 % **32**	0,907 3,0 % **14**
Wirtschaftspartei/ Bayer. Bauernbund	0,275 0,9 % **4**	0,218 0,8 % **4**	0,694 2,4 % **10**	1,005 3,3 % **17**
Deutsch-Hannoversche Partei	0,077 0,2 % **1**	0,319 1,1 % **5**	0,320 1,1 % **5**	0,263 0,9 % **4**
Landbund	–	–	0,574 2,0 % **10**	0,499 1,6 % **8**
Deutsches Landvolk	–	–	–	–
Deutsche Bauernpartei	–	–	–	–
Christlich-sozialer Volksdienst	–	–	–	–
DVP	1,345 4,4 % **19**	3,919 13,9 % **65**	2,694 9,2 % **45**	3,049 10,1 % **51**
Zentrum (1919: Christl. Volkspartei)	5,980 19,7 % **91**	3,845 13,6 % **64**	3,914 13,4 % **65**	4,119 13,6 % **69**
BVP	–	1,238 4,4 % **21**	0,946 3,2 % **16**	1,134 3,7 % **19**
DDP (ab 1930: Deutsche Staatspartei)	5,641 18,5 % **75**	2,333 8,3 % **39**	1,655 5,7 % **28**	1,920 6,3 % **32**
SPD	11,509 37,9 % **163 (165)**[2]	6,104 21,7 % **102**	6,009 20,5 % **100**	7,881 26,0 % **131**
USPD	2,317 7,6 % **22**	5,046 17,9 % **84**	0,235 0,8 % –	0,099 0,3 % –
KPD	–	0,589 2,1 % **4**	3,693 12,6 % **62**	2,709 9,0 % **45**
Sonstige Parteien	0,131 0,5 % **2**	0,332 1,1 % –	0,930 3,1 % **4**[4]	0,598 2,0 % –

* Quelle: Statistisches Jahrbuch für das Deutsche Reich, 52. Jg. 1933 (Berlin 1933), 539.
Zur Einrichtung der Tabelle: Bei den einzelnen Parteien ist in erster Position die Zahl der auf die jeweilige Partei entfallenen Stimmen in Millionen angegeben, in zweiter Position der Prozentanteil, fettgedruckt die Zahl der Mandate (bei Beginn der Legislaturperiode).

[1] Die Gesamtzahl der Reichstagsmandate ist in den einzelnen Legislaturperioden unterschiedlich, da sie aufgrund des Wahlrechts (vgl. 461: VOGEL/NOHLEN/SCHULTZE, Wahlen in Deutschland, 145 ff., 361 ff.) von der Zahl der abgegebenen Stimmen abhängig war.

[2] Die Gesamtzahl der Mandate betrug 423, da durch die Wahl des Ostheeres am 2.2.1919 zusätzlich zwei Abgeordnete bestellt wurden; sie traten der SPD-Fraktion bei, deren Stärke sich dadurch auf 165 Sitze erhöhte.

[3] Ergebnis der Wahlen zum Reichstag am 6.6.1920 mit den Ergebnissen der Wahlen am 20.2.1921 in den Wahlkreisen Nr. 1 (Ostpreußen) und Nr. 14 (Schleswig-Holstein) und am 19.11.1922 im Wahlkreis Nr. 10 (Oppeln).

[4] Deutschsoziale Partei.

im Reich 1919–1933*

4. Reichstag 20.5.1928	5. Reichstag 14.9.1930	6. Reichstag 31.7.1932	7. Reichstag 6.11.1932	8. Reichstag 5.3.1933
41,224	42,957	44,226	44,374	44,685
31,165	35,225	37,162	35,758	39,654
75,6	82,0	84,1	80,6	88,8
491	577	608	584	647
4,381 14,2% 73	2,458 7,0% 41	2,177 5,9% 37	2,959 8,3% 52	3,136 8,0% 52
0,810 2,6% 12	6,409 18,3% 107	13,745 37,3% 230	11,737 33,1% 196	17,277 43,9% 288
1,397 4,5% 23	1,362 3,9% 23	0,146 0,4% 2	0,110 0,3% 1	–
0,195 0,6% 3	0,144 0,4% 3	0,047 0,1% –	0,064 0,2% 1	0,048 0,1% –
0,199 0,6% 3	0,194 0,6% 3	0,097 0,3% 2	0,105 0,3% 2	0,084 0,2% 1
0,581 1,9% 10	1,108 3,2% 19	0,091 0,2% 1	0,046 0,1% –	–
0,481 1,6% 8	0,339 1,0% 6	0,137 0,4% 2	0,149 0,4% 3	0,114 0,3% 2
–	0,870 2,5% 14	0,364 1,0% 3	0,403 1,2% 5	0,383 1,0% 4
2,679 8,7% 45	1,578 4,5% 30	0,436 1,2% 7	0,661 1,9% 11	0,432 1,1% 2
3,712 12,1% 62	4,127 11,8% 68	4,589 12,5% 75	4,230 11,9% 70	4,425 11,2% 74
0,945 3,1% 16	1,005 3,0% 19	1,192 3,2% 22	1,095 3,1% 20	1,074 2,7% 18
1,505 4,9% 25	1,322 3,8% 20	0,371 1,0% 4	0,336 1,0% 2	0,334 0,9% 5[8]
9,153 29,8% 153	8,577 24,5% 143	7,959 21,6% 133	7,248 20,4% 121	7,181 18,3% 120
0,021 0,1% –	–	–	–	–
3,264 10,6% 54	4,592 13,1% 77	5,283 14,3% 89	5,980 16,9% 100	4,848 12,3% 81
1,445 5,5% 4[5]	0,804 2,3% 4[6]	0,244 0,7% 1[7]	0,299 0,8% –	0,005 –

5 Sächsisches Landvolk 2, Volksrechtspartei 2.
6 Konservative Volkspartei.
7 Volksrechtspartei.
8 Gewählt auf dem Reichswahlvorschlag der SPD.

DIE REICHSPRÄSIDENTENWAHLEN 1919, 1925 UND 1932

1. Die Reichspräsidentenwahl 1919

Die Reichspräsidentenwahl 1919 erfolgte auf der Grundlage des „Gesetzes über die vorläufige Reichsgewalt" vom 10. Februar 1919, dessen §7 bestimmte: „Der Reichspräsident wird von der Nationalversammlung mit absoluter Stimmenmehrheit gewählt. Sein Amt dauert bis zum Amtsantritte des neuen Reichspräsidenten, der auf Grund der künftigen Reichsverfassung gewählt wird."

Am 11. Februar 1919 wählte die Nationalversammlung Friedrich Ebert (SPD) zum (vorläufigen) Reichspräsidenten. Von den 379 abgegebenen Stimmen entfielen auf Ebert 277, auf Graf v. Posadowsky (DNVP) 49, auf Scheidemann (SPD) und Erzberger (Zentrum) je eine Stimme. 51 Stimmzettel waren weiß = ungültig.

Die Weimarer Reichsverfassung bestimmte in Artikel 41, daß der Reichspräsident durch Volkswahl in sein Amt berufen wurde. Gemäß Artikel 180, Absatz 2 konnte der von der Nationalversammlung gewählte „vorläufige" Reichspräsident Ebert jedoch so lange weiter amtieren, bis der erste vom Volke gewählte Reichspräsident sein Amt antrat. Mit verfassungsändernder Zweidrittelmehrheit beschloß der Reichstag am 24. Oktober 1922, Artikel 180, Absatz 2 der WRV folgende Fassung zu geben: „Der von der Nationalversammlung gewählte Reichspräsident führt sein Amt bis zum 30. Juni 1925."[vgl. dazu E. Kolb, Friedrich Ebert: Vom „vorläufigen" zum definitiven Reichspräsidenten. Die Auseinandersetzungen um die „Volkswahl" des Reichspräsidenten 1919–1922, in 426: Ders. (Hrsg.), Friedrich Ebert als Reichspräsident, 109–156].

Nach dem Tode Eberts am 28. Februar 1925 übte der Präsident des Reichsgerichts, Simons, das Reichspräsidentenamt aus, bis der erste vom Volk gewählte Reichspräsident sein Amt antrat.

2. Die Reichspräsidentenwahl 1925

	1. Wahlgang am 29. März 1925		2. Wahlgang am 26. April 1925	
Stimmberechtigte in Mio.	39,23		39,41	
abgegebene Stimmen in Mio.	27,02		30,57	
Wahlbeteiligung	68,9%		77,6%	
gültige Stimmen in Mio.	26,87		30,35	
Hindenburg	–	–	14,66	48,3%
Jarres	10,42	38,8%	–	–
Held	1,01	3,7%	–	–
Ludendorff	0,29	1,1%	–	–
Braun	7,80	29,0%	–	–
Marx	3,89	14,5%	13,75	45,3%
Hellpach	1,57	5,8%	–	–
Thälmann	1,87	7,0%	1,93	6,4%
Splitterstimmen	0,03	0,1%	0,01	0,0%

3. Die Reichspräsidentenwahl 1932

	1. Wahlgang am 13. März 1932		2. Wahlgang am 10. April 1932	
Stimmberechtigte in Mio.	43,95		44,06	
abgegebene Stimmen in Mio.	37,89		36,77	
Wahlbeteiligung	86,2%		83,5%	
gültige Stimmen in Mio.	37,65		36,49	
Duesterberg	2,58	6,8%	–	–
Hindenburg	18,65	49,6%	19,36	53,0%
Hitler	11,34	30,1%	13,42	36,8%
Thälmann	4,98	13,2%	3,71	10,2%
Winter	0,11	0,3%	–	–
Splitterstimmen	0,01	0,0%	0,01	0,0%

Die Reichspräsidentenwahlen 1925 und 1932 erfolgten auf der Grundlage von Art. 41 WRV in Verbindung mit dem Gesetz über die Wahl des Reichspräsidenten vom 4. Mai 1920, neu verkündet durch Bekanntmachung vom 6. März 1924 und dann ergänzt durch das Zweite Gesetz über die Wahl des Reichspräsidenten vom 13. März 1925. Danach war gewählt, wer mehr als die Hälfte aller gültigen Stimmen erhielt. Erzielte kein Bewerber die absolute Mehrheit, mußte ein 2. Wahlgang stattfinden, für den auch Kandidaten nominiert werden konnten, die im 1. Wahlgang nicht zur Wahl gestanden hatten. Im 2. Wahlgang war derjenige Bewerber gewählt, der die meisten gültigen Stimmen (d. h. die absolute oder relative Mehrheit) auf sich vereinigte.

DATEN ZU BEVÖLKERUNGSENTWICKLUNG UND ERWERBSTÄTIGKEIT

1. Altersaufbau der Bevölkerung (in 1000)

Bevölkerung insgesamt	1910 64 926	1925 62 411	1933 65 362
davon im Alter			
unter 6	9 281 = 14,3 %	7 135 = 11,4 %	5 797 = 8,9 %
6–15	12 826 = 19,8 %	8 937 = 14,3 %	9 997 = 15,3 %
15–20	6 287 = 9,7 %	6 543 = 10,5 %	4 086 = 6,3 %
20–45	23 323 = 35,9 %	24 228 = 38,8 %	27 250 = 41,7 %
45–65	9 940 = 15,3 %	11 974 = 19,2 %	13 596 = 20,8 %
über 65	3 269 = 5,0 %	3 594 = 5,8 %	4 637 = 7,1 %

2. Bevölkerung nach Religionszugehörigkeit (in 1000)

Jahr	Bevölkerung insgesamt	Angehörige der			Sonstige
		evangel. Kirchen	röm.-kath. Kirche	jüd. Religionsgemeinschaft	
1910	64 926	39 991 = 61,6 %	23 821 = 36,7 %	615 = 1,0 %	598 = 0,7 %
1925	62 411	40 015 = 64,1 %	20 193 = 32,4 %	564 = 0,9 %	1 639 = 2,6 %
1933	65 218	40 865 = 62,7 %	21 172 = 32,5 %	500 = 0,8 %	2 681 = 4,0 %

3. Bevölkerung nach Gemeindegrössenklassen

	Es leben ... in Gemeinden mit ... Einwohnern (in %)				
	weniger als 2000	2000 bis unter 5000	5000 bis unter 20 000	20 000 bis unter 100 000	über 100 000
1910	40,0	11,2	14,1	13,4	21,3
1925	35,6	10,8	13,1	13,7	26,8
1933	32,9	10,6	13,2	12,9	30,4

4. Erwerbspersonen nach Wirtschaftsbereichen (in %)

Jahr	Land- und Forstwirtschaft	Industrie und Handwerk	Tertiärer Sektor			
			insg.	Handel und Verkehr	öffentl. und private Dienstleistungen	häusliche Dienste
1907	35,2	40,1	24,8	12,4	6,2	6,2
1925	30,5	42,1	27,4	16,4	6,6	4,4
1933	28,9	40,4	30,7	18,5	8,3	3,9

5. Arbeitskräftepotential (in 1000)

Jahr	Bevölkerung insgesamt	Bevölkerung von 15 bis unter 65 Jahren		
		insgesamt	männlich	weiblich
1910	64 926	39 507 = 60,9 %	19 480 = 60,8 %	20 027 = 60,9 %
1925	62 411	42 745 = 68,5 %	20 467 = 67,8 %	22 279 = 69,2 %
1933	65 362	44 932 = 68,8 %	21 633 = 68,3 %	23 300 = 69,4 %

Dem hier herangezogenen Begriff des Arbeitskräftepotentials liegt allein das Kriterium der altersmäßigen Arbeitsfähigkeit zugrunde. Nicht berücksichtigt ist dabei, daß einzelne Gruppen der 15- bis 65-jährigen aus physischen und sozialen Gründen nicht in den Arbeitsprozeß einbeziehbar oder nicht willens sind, am Erwerbsleben teilzunehmen.

6. Erwerbsquote

Erwerbsquote: Anteil der Erwerbspersonen an der Bevölkerung; Männer- bzw. Frauenerwerbsquote: Anteil der männlichen bzw. weiblichen Erwerbspersonen am männlichen bzw. weiblichen Bevölkerungsanteil

Jahr	Erwerbspersonen (einschl. Soldaten) davon Frauen			Erwerbsquote	Männererwerbsquote	Frauenerwerbsquote
	1000	1000	%			
1907	28 092	9 493	33,8	45,5	61,1	30,4
1925	32 009	11 478	35,8	51,3	68,0	35,6
1933	32 296	11 479	35,5	49,5	65,7	34,2

Die Daten sind zusammengestellt aufgrund der Tabellen bei 775: Petzina/Abelshauser/Faust (Hrsg.), Sozialgeschichtliches Arbeitsbuch Bd. 3 (28, 31, 37, 55, 29, 54).

ZEITTAFEL

1918

29. 9.	Oberste Heeresleitung verlangt sofortigen Waffenstillstand und Parlamentarisierung im Reich
3./4. 10.	Deutsches Waffenstillstandsangebot an Präsident Wilson
28. 10.	Parlamentarisierung der deutschen Reichsverfassung; Matrosenmeuterei bei der Hochseeflotte in Wilhelmshaven; Ausrufung der Tschechoslowakischen Republik in Prag
3. 11.	Waffenstillstand zwischen Österreich-Ungarn und den Alliierten; Aufstand der Matrosen in Kiel
3.–9. 11.	Ausbreitung der Aufstandsbewegung im Reich, Bildung von Soldatenräten und Arbeiterräten in vielen Städten
9. 11.	Abdankung Wilhelms II.; Ausrufung der Republik
10. 11.	Bildung des „Rats der Volksbeauftragten" (SPD/USPD); Übereinkunft Ebert – Groener
11. 11.	Unterzeichnung des Waffenstillstands in Compiègne; Polen unabhängige Republik
12. 11.	Deutsch-Österreich proklamiert den Anschluß an das Deutsche Reich
15. 11.	„Zentralarbeitsgemeinschafts"-Abkommen zwischen Großindustrie und Gewerkschaften
14. 12.	„Khaki-Wahlen" in Großbritannien
16.–20. 12.	Rätekongreß in Berlin: Entscheidung für Wahlen zur Nationalversammlung am 19. Januar 1919
28./29. 12.	Austritt der USPD-Vertreter aus dem Rat der Volksbeauftragten

1919

1. 1.	Gründung der KPD
5.–11. 1.	Straßenkämpfe in Berlin („Spartakusaufstand")
15. 1.	Ermordung Karl Liebknechts und Rosa Luxemburgs
18. 1.	Eröffnung der Friedenskonferenz in Paris (unter Ausschluß der besiegten Mittelmächte)
19. 1.	Wahl zur Nationalversammlung
6. 2.	Eröffnung der Nationalversammlung in Weimar
11. 2.	Wahl Friedrich Eberts zum Reichspräsidenten
13. 2.	Kabinett Scheidemann („Weimarer Koalition": SPD, DDP, Zentrum)
21. 2.	Ermordung des bayerischen Ministerpräsidenten Kurt Eisner
Februar – Mai	Unruhen, Streiks, Aufstände in vielen Teilen des Reichs
2.–6. 3.	Gründungskongreß der III. Internationale (Komintern) in Moskau
21. 3.–1. 8.	Räterepublik in Ungarn (Béla Kun)
7. 4.–2. 5.	Räterepublik in München

7. 5.	Übergabe der Friedensbedingungen an die deutsche Delegation
16. 6.	Alliiertes Ultimatum zur Annahme des Friedensvertrags
20. 6.	Rücktritt des Kabinetts Scheidemann; Kabinett Bauer (SPD und Zentrum)
28. 6.	Unterzeichnung des Friedensvertrags zwischen dem Deutschen Reich und den Alliierten in Versailles
11. 8.	Weimarer Reichsverfassung in Kraft
September	Abzug der alliierten Interventionstruppen aus Rußland
10. 9.	Friedensvertrag zwischen Österreich und den Alliierten (St. Germain)
November	Beginn der inneren Kämpfe in China (bis 1926)
16. 11.	Wahlsieg des „Nationalen Blocks" in Frankreich
18. 11.	Aussage Hindenburgs vor dem Untersuchungsausschuß der Nationalversammlung (Propagierung der „Dolchstoß"-Legende)
27. 11.	Friedensvertrag zwischen Bulgarien und den Alliierten (Neuilly)

1920

10. 1.	„Versailler Vertrag" in Kraft
1. 3.	Admiral Horthy zum Reichsverweser Ungarns gewählt
13.–16. 3.	Kapp-Lüttwitz-Putsch: Flucht der Reichsregierung über Dresden nach Stuttgart, Ausrufung des Generalstreiks durch die Gewerkschaften, Zusammenbruch des Putsches
März/April	Kämpfe im Ruhrgebiet und in Mitteldeutschland
19. 3.	Der amerikanische Senat lehnt den Beitritt der USA zum Völkerbund und die Ratifizierung des „Versailler Vertrags" ab
März – Oktober	Russisch-polnischer Krieg
4. 6.	Unterzeichnung des Friedensvertrags zwischen Ungarn und den Alliierten (Trianon)
6. 6.	Reichstagswahl (erhebliche Verluste der „Weimarer Koalition"); bürgerliches Minderheitskabinett Fehrenbach (Zentrum, DDP, DVP)
10. 8.	Unterzeichnung des Friedensvertrags zwischen der Türkei und den Alliierten (Sèvres)
14. 8.	Bildung der „Kleinen Entente" (Jugoslawien – Tschechoslowakei; Juni 1921 Anschluß Rumäniens)
16. 10.	Spaltung der USPD
4.–7. 12.	Anschluß des linken USPD-Flügels an die KPD
Dezember	Griechisch-türkischer Krieg (bis 1922)

1921

24.–29. 1.	Pariser Konferenz: Festsetzung der deutschen Reparationen auf 226 Mrd. Goldmark
19. 2.	Französisch-polnischer Beistandspakt

21. 2. – 14. 3.	Londoner Konferenz (Reparationsfrage, Drohung mit Sanktionen)
8. 3.	Besetzung von Duisburg, Ruhrort und Düsseldorf durch alliierte Truppen
8. – 16. 3.	Parteitag der Kommunistischen Partei Rußlands beschließt die „Neue ökonomische Politik"
18. 3.	Friede von Riga zwischen Polen und der Sowjetunion (Festlegung der polnischen Ostgrenze)
20. 3.	Volksabstimmung in Oberschlesien; „Märzaktion" der KPD in Mitteldeutschland
27. 4.	Festsetzung der deutschen Reparationen auf 132 Mrd. Goldmark
2. 5.	Beginn der Kämpfe in Oberschlesien
5. 5.	Londoner Ultimatum zur Annahme des „Londoner Zahlungsplans" durch die deutsche Regierung
10. 5.	Kabinett Wirth; Annahme des Londoner Ultimatums durch den Reichstag, Beginn der „Erfüllungspolitik"
24./25. 8.	Friedensverträge der USA mit dem Deutschen Reich und Österreich
26. 8.	Ermordung Erzbergers
12. 10.	Völkerbundsrat beschließt die Teilung Oberschlesiens zwischen Deutschland und Polen
5. 11.	Bildung einer „Großen Koalition" (SPD, Zentrum, DDP, DVP) in Preußen unter Otto Braun (SPD)
12. 11. 1921 – 6. 2. 1922	Washingtoner Konferenz (Flottenbegrenzungsabkommen, Unabhängigkeit Chinas)

1922

6. – 13. 1.	Konferenz von Cannes (Beschluß zur Einberufung einer Weltwirtschaftskonferenz nach Genua)
18. 1.	Kabinett Poincaré in Frankreich
10. 4. – 19. 5.	Konferenz von Genua
16. 4.	Vertrag von Rapallo zwischen Deutschland und der Sowjetunion
24. 6.	Ermordung des deutschen Außenministers Walther Rathenau durch Rechtsextremisten
18. 7.	„Gesetz zum Schutz der Republik" vom Reichstag beschlossen
7. – 14. 8.	Konferenz in London: Poincaré fordert von Deutschland als Gegenleistung für ein Moratorium „produktive Pfänder"
August	Beschleunigung der Inflation setzt ein
24. 9.	Vereinigung der Rest-USPD mit der SPD
10. 10.	Nach griechischen Niederlagen Waffenstillstand im griechisch-türkischen Krieg (= Zusammenbruch der Orientpolitik von Lloyd George)
23. 10.	Ablösung Lloyd Georges durch Bonar Law (Konservative Partei) als britischer Premierminister

24. 10.	Amtszeit des Reichspräsidenten Ebert durch verfassungsändernden Beschluss des Reichstags bis 30. 6. 1925 verlängert
28. 10.	„Marsch auf Rom": Beginn der faschistischen Machtergreifung in Italien; Berufung Mussolinis zum Ministerpräsidenten
14. 11.	Rücktritt des Kabinetts Wirth, Bildung eines bürgerlichen Minderheitskabinetts (unter W. Cuno, Generaldirektor der Hamburg-Amerika-Linie)

1923

10. 1.	Einfall der Litauer ins Memelland
11. 1.	Besetzung des Ruhrgebiets durch französische und belgische Truppen
13. 1.	Verkündung des „passiven Widerstandes"; Beginn des Ruhrkampfes
22. 5.	Stanley Baldwin neuer britischer Premierminister
24. 7.	Friedensvertrag von Lausanne zwischen Griechenland und der Türkei (griechischer Verzicht auf das türkische Festland)
12. 8.	Sturz des Kabinetts Cuno; „Große Koalition" (SPD, Zentrum, DDP, DVP) unter Gustav Stresemann (DVP)
13. 9.	Militärdiktatur Primo de Rivera in Spanien
26. 9.	Abbruch des „passiven Widerstands" im Ruhrgebiet; Verhängung des Ausnahmezustandes im Reich; Höhepunkt der Inflation
Oktober	Separatistische Bestrebungen im Rheinland und in der Pfalz
16. 10.	Errichtung der Deutschen Rentenbank zwecks Währungssanierung
Ende Oktober	Reichsexekution gegen die sächsische SPD-KPD-Regierung; Konflikt zwischen Bayern und Reich; Scheitern der kommunistischen Aufstandsbestrebungen („deutscher Oktober")
3. 11.	Austritt der sozialdemokratischen Minister aus der Reichsregierung infolge der Ereignisse in Sachsen und Bayern
8./9. 11.	Hitler-Ludendorff-Putsch in München; Ebert überträgt General v. Seeckt die vollziehende Gewalt im Reich
15. 11.	Einführung der Rentenmark (eine Rentenmark = 1 Billion Papiermark)
23. 11.	Sturz des Kabinetts Stresemann; Stresemann bleibt Außenminister im bürgerlichen Minderheitskabinett Marx (Zentrum, DVP, DDP, BVP); Verbot der NSDAP und der KPD (bis Frühjahr 1924)
30. 11.	Reparationskommission beschließt Einberufung eines Internationalen Sachverständigenausschusses zur Untersuchung der deutschen Zahlungsfähigkeit (Vorsitzender der amerikanische Finanzfachmann Charles G. Dawes)

1924

21. 1.	Tod Lenins
22. 1.	Erste Labour-Regierung in England unter Ramsay MacDonald (Minderheitskabinett)
25. 1.	Französisch-tschechoslowakischer Bündnisvertrag
27. 1.	Adriapakt zwischen Italien und Jugoslawien
1. 2.	Großbritannien erkennt die Sowjetunion an
13. 2.	Ende des Ausnahmezustandes in Deutschland
1. 4.	Hitler zu 5 Jahren Festungshaft verurteilt
9. 4.	Dawes-Plan zur vorläufigen Regelung der deutschen Reparationsleistungen veröffentlicht
16. 4.	Deutsche Regierung für Annahme des Dawes-Planes
4. 5.	Reichstagswahlen (Verluste der Regierungsparteien und der SPD, Stimmengewinne von DNVP, Völkischen und KPD)
11. 5.	Wahlsieg des „Linkskartells" in Frankreich (Kabinett Herriot mit Briand als Außenminister)
17. 5.	Memelstatut
16. 7.–16. 8.	Londoner Konferenz nimmt den Dawes-Plan an
29. 8.	Annahme der Dawes-Gesetze im Reichstag
2. 10.	Genfer Protokoll „für die friedliche Regelung internationaler Streitigkeiten" (von der britischen Regierung nicht unterzeichnet, daher wirkungslos)
24. 10.	Diplomatische Anerkennung der Sowjetunion durch Frankreich
29. 10.	Großer Wahlsieg der britischen Konservativen unter Stanley Baldwin; Übernahme der Regierung durch die Konservativen
7. 12.	Reichstagswahlen nach vorzeitiger Reichstagsauflösung (Verluste der radikalen Parteien)
17. 12.	Vorzeitige Entlassung Hitlers aus der Festungshaft
Dezember	Militärdiktatur in Litauen

1925

5. 1.	Erklärung der Alliierten, die am 10. 1. fällige Räumung der ersten Rheinlandzone (Köln) zu verschieben, da Deutschland gegen die Entwaffnungsbestimmungen verstoßen habe
15. 1.	Kabinett Luther unter Einbeziehung der DNVP: erste „Bürgerblock"-Regierung
20. 1./9. 2.	Memorandum Stresemanns zur Sicherheitsfrage an die britische und französische Regierung
21. 1.	Japan erkennt die Sowjetunion an; Neutralitätspakt
27. 2.	Neugründung der NSDAP
28. 2.	Tod des Reichspräsidenten Ebert
26. 4.	Wahl Hindenburgs zum Reichspräsidenten
4. 6.	Note der Botschafterkonferenz über den Stand der deutschen Entwaffnung
14. 7.	Beginn der Räumung des Ruhrgebiets (bis 1. 8. beendet)

25.8.	Räumung von Düsseldorf, Duisburg, Ruhrort
5.–16.10.	Konferenz von Locarno; Paraphierung der Locarno-Verträge
25.10.	Austritt der DNVP-Minister aus der Regierung
27.11.	Annahme der Locarno-Verträge durch den Reichstag
30.11.	Räumung der Kölner Zone beginnt (31.1.1926 beendet)
1.12.	Unterzeichnung der Locarno-Verträge in London

1926

19.1.	Zweites Kabinett Luther (bürgerliches Minderheitskabinett ohne DNVP)
24.4.	Deutsch-sowjetischer Freundschafts- und Neutralitätsvertrag („Berliner Vertrag")
3.–12.5.	Generalstreik in Großbritannien, endet mit Niederlage der Arbeiterbewegung
5.5.	Flaggenverordnung Hindenburgs
12.5.	Rücktritt des Kabinetts Luther wegen „Flaggen-Streit"; bürgerliches Minderheitskabinett unter Marx
12.–15.5.	Staatsstreich Marschall Pilsudskis in Polen
20.6.	Volksentscheid zur Fürstenenteignung
8.9.	Beschluß der Völkerbundsversammlung zur Aufnahme Deutschlands in den Völkerbund
17.9.	Gespräch zwischen Stresemann und Briand in Thoiry
6.10.	Verabschiedung General von Seeckts als Chef der Heeresleitung
19.10–18.11.	Reichskonferenz der Länder des britischen Empire in London definiert den Dominion-Status; Gründung des „Commonwealth of Nations"
10.12.	Stresemann erhält den Friedensnobelpreis
17.12.	Sturz des Kabinetts Marx

1927

29.1.	(4.) Kabinett Marx unter Einbeziehung der DNVP (Zweite „Bürgerblock"-Regierung)
31.1.	Interalliierte Militärkommission aus Deutschland zurückgezogen
4.–23.5.	Weltwirtschaftskonferenz in Genf
27.5.	Abbruch der diplomatischen Beziehungen zwischen Großbritannien und der Sowjetunion (Spionage- und Propagandavorwürfe der britischen Regierung); Wiederaufnahme der Beziehungen Oktober 1929
16.7.	Gesetz über Arbeitsvermittlung und Arbeitslosenversicherung
17.8.	Deutsch-französischer Handelsvertrag

1928

16.–18.1.	Reichskonferenz der Länderregierungen über die Frage der Reichsreform

15. 2.	Auflösung der Regierungskoalition wegen des Reichsschulgesetz-Entwurfs
20. 5.	Reichstagswahlen (Gewinne der Linksparteien, Verluste der DNVP und der bürgerlichen Mittelparteien)
28. 6.	„Große Koalition" unter Hermann Müller (SPD) als Reichskanzler
27. 8.	Unterzeichnung des Briand-Kellogg-Paktes („Kriegsächtungspakt"); bis Ende 1929 treten 54 Staaten dem Vertrag bei
September	Völkerbundstagung in Genf (u. a. Frage der Rheinlandräumung und einer endgültigen Regelung des Reparationsproblems)
Okt. – Dez.	Ruhreisenstreit
Oktober	1. Fünfjahresplan in der Sowjetunion
20. 10.	Alfred Hugenberg Vorsitzender der DNVP
9. 12.	Prälat Kaas Vorsitzender der Zentrumspartei

1929

9. 2.	Litwinow-Protokoll (Nichtangriffspaktsystem zwischen der Sowjetunion, Rumänien, Polen, Lettland und Estland)
11. 2.	Lateranverträge zwischen Italien und dem Hl. Stuhl
11. 2.–7. 6.	Konferenz in Paris zur Revision des Dawes-Abkommens unter dem Vorsitz des amerikanischen Wirtschaftsfachmanns Owen D. Young
24. 3.	Kammerwahl in Italien nach dem Wahlgesetz vom 12. 5. 1928 (Einheitsliste) erbringt plebiszitäre Zustimmung zum faschistischen Regime
7. 6.	Unterzeichnung des Young-Plans durch die Sachverständigen
9. 7.	Konstituierung eines „Reichsausschusses für das deutsche Volksbegehren" (DNVP, Stahlhelm, NSDAP) unter Führung Hugenbergs; Beginn der Anti-Young-Plan-Kampagne der nationalistischen Rechten
16. 7.	Rücktritt Poincarés
6.–31. 8.	Erste Konferenz in Den Haag über den Young-Plan
4./5. 9.	Briand legt der Völkerbundsversammlung einen Plan für die „Vereinigten Staaten von Europa" vor (Zoll- und Wirtschaftsunion)
3. 10.	Tod des Außenministers Stresemann
Ende Oktober	Zusammenbruch der Kurse an der New Yorker Börse – Beginn der Weltwirtschaftskrise
6. 12.	Denkschrift des Reichsbankpräsidenten Schacht gegen den Young-Plan
21. 12.	Stalin läßt sich an seinem 50. Geburtstag als Alleinherrscher feiern; Beginn des Personenkults
22. 12.	Scheitern des Volksbegehrens gegen den Young-Plan

1930

3.–20. 1.	Zweite Konferenz in Den Haag über den Young-Plan
21. 1.–22. 4	Flottenkonferenz in London
23. 1.	Wilhelm Frick erster nationalsozialistischer Minister (Thüringen)
7. 3.	Rücktritt Schachts als Reichsbankpräsident; Nachfolger: Hans Luther
12. 3.	Annahme der Young-Gesetze durch den Reichstag
27. 3.	Rücktritt des Kabinetts Hermann Müller
29. 3.	Ernennung Heinrich Brünings zum Reichskanzler; Bildung des ersten Präsidialkabinetts
17. 5.	Europa-Memorandum Briands
30. 6.	Vorzeitige Räumung des Rheinlands durch alliierte Truppen beendet
16. 7.	Aufhebung der Notverordnung zur „Sicherung von Wirtschaft und Finanzen" durch den Reichstag führt zur Auflösung des Reichstags
14. 9.	Reichstagswahlen (starke Stimmengewinne vor allem der NSDAP)
25. 9.	„Legalitätseid" Hitlers im Leipziger Hochverratsprozeß gegen Ulmer Reichswehroffiziere
1. 12.	Mehrere Notverordnungen (Deflationspolitik)

1931

Februar	Fast 5 Mill. Arbeitslose
20. 3.	Reichsregierung veröffentlicht den deutsch-österreichischen Zollunionsplan, der v. a. am französischen Veto scheitert
13. 4.	Sturz der Monarchie in Spanien
11. 5.	Zusammenbruch der Österreichischen Credit-Anstalt, wirkt alarmierend auf Wirtschaft und Politik in ganz Europa
20. 6.	Präsident Herbert Hoover schlägt ein einjähriges Moratorium für alle internationalen Zahlungsverpflichtungen vor
6. 7.	Verkündung des Hoover-Feierjahres
13. 7.	Zusammenbruch der Darmstädter und Nationalbank (Danat-Bank); Bankenkrise in Deutschland
18. 9.	Die Japaner erobern Mukden und besetzen die Mandschurei
6. 10.	Weitere Notverordnung zur „Sicherung von Wirtschaft und Finanzen"
9. 10.	Zweites Kabinett Brüning
11. 10.	Treffen der „nationalen Opposition" in Bad Harzburg („Harzburger Front")
8. 12.	4. Notverordnung zur „Sicherung von Wirtschaft und Finanzen"
11. 12.	Das „Westminster-Statut" gewährt den britischen Dominions die volle staatliche Autonomie

16. 12.	Bildung der „Eisernen Front" (SPD, ADGB, Arbeitersportverbände, Reichsbanner Schwarz-Rot-Gold)

1932

Februar	6,128 Mill. Arbeitslose in Deutschland (= Höchststand)
2. 2.	Eröffnung der internationalen Abrüstungskonferenz in Genf
18. 2.	Die besetzte Mandschurei wird von Japan als unter japanischem Protektorat stehender Satellitenstaat (Mandschukuo) konstituiert
10. 4.	Wiederwahl Hindenburgs zum Reichspräsidenten
13. 4.	Verbot von SA und SS
24. 4.	Landtagswahlen in Preußen, Bayern, Württemberg, Anhalt und Hamburg – überall große Stimmengewinne der NSDAP; in Preußen verliert die seit 1925 regierende „Weimarer Koalition" unter Otto Braun (SPD) die Mehrheit
12. 5.	(Erzwungener) Rücktritt Groeners als Reichswehrminister
20. 5.	Regierung Dollfuß in Österreich
30. 5.	Entlassung des Kabinetts Brüning; Kabinett der „nationalen Konzentration" unter Franz von Papen mit Schleicher als Reichswehrminister
4. 6.	Auflösung des Reichstags
16. 6.	Aufhebung des SA-Verbots
16. 6. –9. 7.	Konferenz von Lausanne: Ende der Reparationen
5. 7.	Antonio Salazar wird portugiesischer Ministerpräsident
20. 7.	„Preußenschlag" von Papens und Schleichers: Absetzung der geschäftsführenden preußischen Regierung, Einsetzung eines Reichskommissars; die abgesetzte preußische Regierung klagt beim Staatsgerichtshof gegen die Reichsexekution
22. 7.	Auszug Deutschlands aus der Genfer Abrüstungskonferenz
25. 7.	Sowjetisch-polnischer Nichtangriffspakt
31. 7.	Reichstagswahlen: NSDAP stärkste Partei
13. 8.	Hitlers Forderung auf Ernennung zum Reichskanzler von Hindenburg abgelehnt
4. 9.	Notverordnung „zur Belebung der Wirtschaft"
12. 9.	Mißtrauensvotum für Kabinett Papen, Auflösung des Reichstags
25. 10.	Urteil des Staatsgerichtshofs wegen Klage der preußischen Regierung: Exekutivgewalt in Preußen verbleibt beim Reichskommissar, Regierung O. Braun vertritt Preußen im Reichsrat
6. 11.	Reichtstagswahlen: trotz erheblicher Verluste bleibt NSDAP stärkste Partei
17. 11.	Rücktritt des Kabinett v. Papen (Weiteramtieren als geschäftsführende Regierung)
29. 11.	Frankreich und die Sowjetunion schließen einen Nichtangriffspakt
2. 12.	Präsidialkabinett Kurt von Schleicher

11. 12.	Fünf-Mächte-Erklärung: Anerkennung der deutschen Gleichberechtigung in der Rüstungsfrage

1933

4. 1.	Treffen Hitler – Papen in Köln (Auftakt der Sondierungen zur Bildung eines Hitler-Papen-Kabinetts)
28. 1.	Rücktritt Kurt von Schleichers, nachdem Hindenburg ihm das Vertrauen entzogen hatte
30. 1.	Ernennung Hitlers zum Reichskanzler an der Spitze eines Präsidialkabinetts

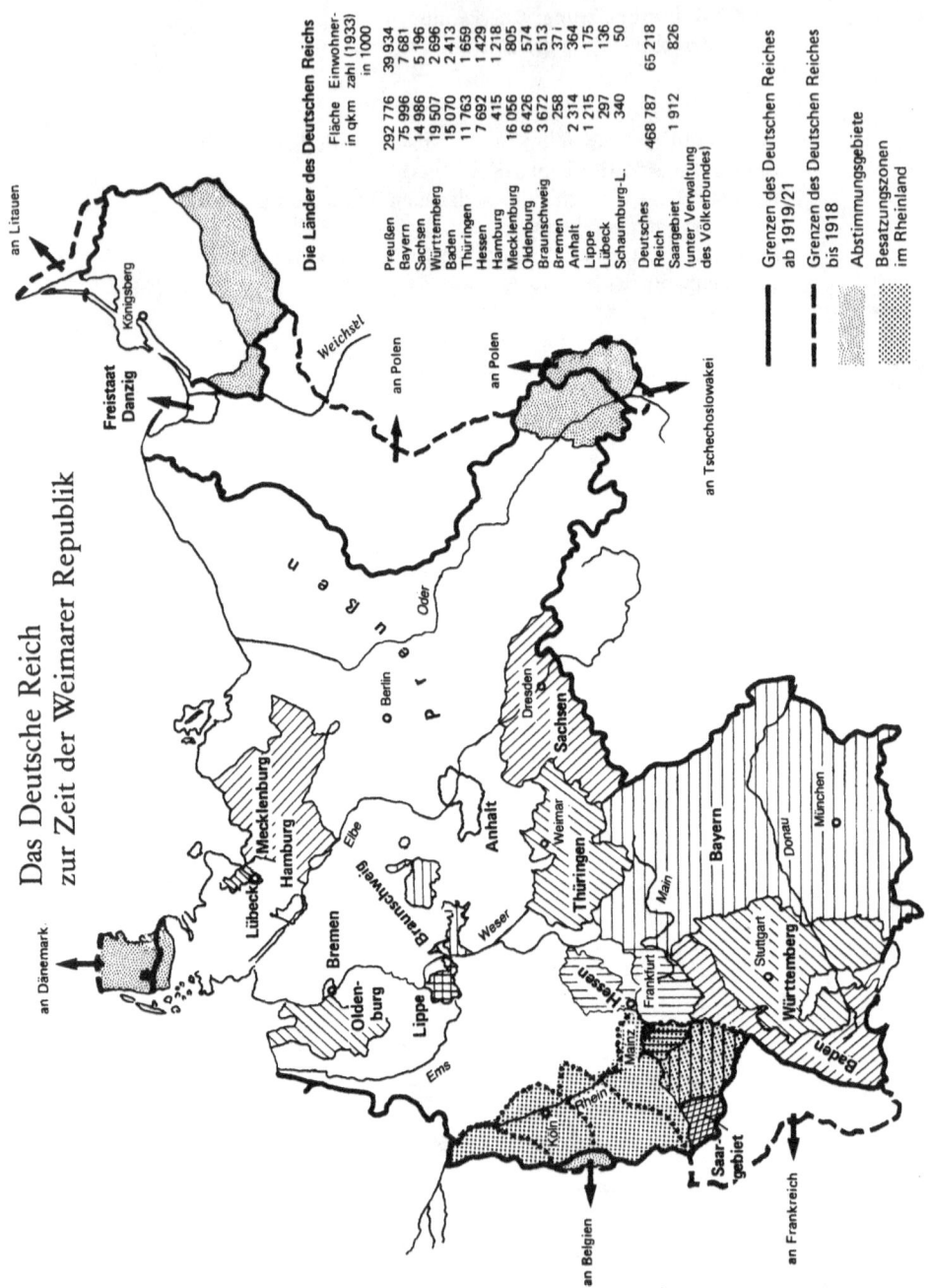

REGISTER

Personenregister

Handelnde Personen sind normal, Autoren in Kapitälchen gesetzt.

Abelshauser, W. 207
Adorno, T.W. 223
Ahrens, R. 287
Albertin, L. 180, 197
Alter, P. 248
Anderle, A. 246
Apelt, W. 179
Asquith, H.H. 57

Baechler, C. 250
Baldwin, S. 58, 379 f.
Bariéty, J. 244ff.
Barkai, A. 233
Barlach, E. 95
Barmat, J. 290 f.
Barndt, K. 217
Barth, B. 235
Barth, E. 7, 16
Bassermann, A. 100
Bauer, G. 34, 377
Bauer, W. 230
Baumgart, W. 240, 242 f., 248
Baumgartner, A. 233
Bavaj, R. 228
Beaupré, N. 236
Becker, H. 199
Becker, J. 255
Becker, S. 222
Beckmann, M. 99
Behrenbeck, S. 235
Bell, J. 35
Bendix, R. 128, 270
Benn, G. 106
Benz, W. 180
Berg, M. 36, 250
Berggötz, S. 226
Bergmann, J. 199
Bergsträsser, L. 185
Berthold, L. 267
Besier, G. 232
Bessel, R. 235
Besson, W. 257

Beumelburg, W. 102
Bialas, W. 229
Bieber, H.-J. 200
Birdsall, P. 240
Blomeyer, P. 267
Bock, H.M. 231, 233
Boemeke, M. 240
Bösch, F. 220, 236
Boldt, H. 182
Bonomi, I. 61
Bonn, M. J. 288
Borchardt, K. 91, 136, 163, 206, 209 ff., 256 f., 260 ff.
Bournazel, R. 246
Bracher, K.D. 40, 61, 130, 159 ff., 181, 184, 185, 243, 256 ff., 264, 273
Brandt, S. 235
Braun, O. 77, 83f., 134f., 143, 157, 242, 264 f., 373, 378, 384
Braune, A. 282
Brecht, A. 157, 160, 264
Brecht, B. 95, 102
Bredow, H. 110
Brenner, M. 233
Brentano, L. 196
Breuer, S. 225
Breuning, K. 233
Briand, A. 60, 71, 380-383
Brockdorff-Rantzau, Graf U. 33, 192
Broszat, M. 115, 268
Bruckner, F. 101
Brüning, H. 79, 94, 126, 131 f., 134-138, 157, 160, 182, 192, 195, 209, 254-264, 286, 288, 383 f.
Brunner, D. 200
Bülow, B.W.v. 254
Büttner, U. 165, 262

Carossa, H. 102
Carsten, F.L. 172, 193
Cebulla, F. 219
Chaplin, C. 109

CHILDERS, T. 270
Clemenceau, G. 25, 29, 60
COHN, O. 19
CONZE, W. 135, 160 f., 256 ff., 260
CORNELISSEN, C. 230, 291
Cuno, W. 51, 53, 379
Curtius, J. 139, 157, 254
CZICHON, E. 273

DÄHN, H. 169
Dawes, C.G. 67, 379 f.
DEÁK, I. 228
DECKER, A. 168
DEIST, W. 194
DELABAR, W. 223
Deterding, H. 129
DICKMANN, F. 239
Dietrich, H. 141, 288
Dietrich, M. 109
Dittmann, W. 7, 16
Döblin, A. 95
DÖRING, H. 229
Dollfuß, E. 63, 384
DORPALEN, E. 168
DREYER, M. 282, 284
Duesterberg, T. 139, 286, 373
DUPEUX, L. 226
DUSSEL, K. 218 f.

Ebert, F. 7, 13, 16, 18, 40, 50, 55, 83, 166 f., 173, 182 f., 192, 373, 376, 379 f.
ECKEL, J. 229 ff.
EHNI, H.-P. 238
Ehrhardt, H. 40, 49
EIMERS, E. 180
Eisenstein, S.M. 109
Eisner, K. 8, 192, 376
ELSAESSER, T. 216
ELSBACH, S. 288 f.
ELZ, W. 164
EPSTEIN, K. 253
ERDMANN, K.D. 36, 49, 65, 84, 122, 153, 155, 161, 164, 166, 243
Erzberger, M. 8, 34, 39, 50, 79, 372, 378
EYCK, E. 161, 184, 264

Facta, L. 61
FÄHNDERS, W. 223
Fallada, H. 102
FALTER, J.W. 184, 269 f., 272

FAULENBACH, B. 156, 230
Fehrenbach, K. 43, 46, 315
Feininger, L. 103
FELDMAN, G.D. 165, 172, 201 f., 207–210, 274, 276
FENSKE, H. 180, 184 f.
Feuchtwanger, L. 102
FINK, C. 247
FISCHER, S. 107
FLEMMING, J. 197
Flex, W. 102
Flick, F. 129
Foch, F. 9, 30, 34
Ford, H. 129
FRAENKEL, E. 202
FRANZ, D. 292
FREHSE, M. 182
FREI, N. 220
Frenssen, U. 102
Frick, W. 134, 383
FRIEDEMANN, G. 106
FRIEDENSBURG, F. 157 f.
FRIEDRICH, C.J. 183
FRITZSCHE, P. 190, 216
FROMME, F.K. 158
FÜHRER, K.C. 207, 219 f.
FULDA, B. 234

GANGL, M. 228, 231
Gareis, K. 50
GASTEIGER, D. 286
GATZKE, H.W. 250
GAUSS, S. 220
GAY, P. 98, 100, 213 ff., 226
Gayl, W. Frhr. v. 143
GEERTZ, C. 212
GERBER, S. 287 f.
GERWARTH, R. 280
Geßler, O. 41, 86, 192
GESSNER, D. 197
GEYER, D. 63
GEYER, M. 194 f.
GEYER, M.H. 216, 290 f.
Gierke, L. v. 284
Gilbert, P. 68, 72
GILLERMAN, S. 233
GILLESSEN, G. 180
Giolitti, G. 61
Glaeser, E. 102
GLASER, E. 240

Personenregister 389

Glashagen, W. 263
Göring, H. 144
Goering, R. 100
Gordon, H.J. 193
Graf, F.W. 232
Graf, R. 237
Graml, H. 51, 247 ff., 254 f., 263
Grathwol, R. 250
Grebing, H. 266
Grimm, H. 102
Groener, W. 13, 34, 89, 139, 193, 195, 376, 384
Groh, K. 231
Gropius, W. 95, 103, 105
Grosz, G. 95
Grzesinski, A. 192, 264
Gunzenhäuser, M. 240
Gusy, C. 180, 183, 231, 284 f.
Guttsman, W.L. 221

Haase, H. 7, 16
Hacke, J. 288
Hänisch, D. 272
Hake, S. 217
Halperin, S.W. 157
Hamburger, E. 258
Hamilton, R.F. 271
Hansen, E.W. 194
Harden, M. 50
Hardt, Y. 221
Hardtwig, W. 237
Hartlaub, G.F. 98
Hasenclever, W. 100 f.
Hastings, D. 233
Hau, M. 221
Haungs, P. 179
Hauptmann, G. 100
Haupts, L. 239
Haußmann, C. 21
Heckel, E. 99
Heidegger, M. 214, 226
Heimann, S. 189
Heinsohn, K. 236, 281
Heinze, R. 54
Helbich, W.J. 263
Helbig, H. 247
Held, H. 84, 373
Helfferich, K. 39, 50
Heller, H. 230 f.
Hellpach, W. 84, 373

Henke, J. 158
Hennig, E. 273
Hentschel, V. 142, 275 f.
Here, J. 227
Hermand, J. 101 f., 214, 217
Hermens, F.A. 183 f.
Herriot, E. 61, 380
Hesse, H. 100
Heyde, P. 263
Hickethier, K. 218
Hildebrand, K. 249, 255, 267
Hilferding, R. 16, 192
Hillgruber, A. 87, 115, 194, 242
Hindenburg, O.v. 149
Hindenburg, P. v. 34, 39, 83 f., 86 f., 120, 130, 132, 144-146, 149, 182 f., 192, 255-259, 263, 275, 277, 286, 289, 373, 377, 380 f., 384
Hitler, A. 55, 65, 113-116, 118, 120, 128, 130, 134, 139, 142-146, 148-152, 156, 184 f., 206, 209, 228, 239, 242, 253 ff., 257, 262 ff., 266-270, 272, 273, 274-277, 286, 373, 379 f., 383 ff.
Hoeres, P. 215
Höpfner, H.-P. 255
Hörster-Philipps, K. 249
Hoffmann, J. 42
Hofmannsthal, H.v. 225
Holtfrerich, C.-L. 202-207, 210 f., 261 f.
Hoover, H. 137 f., 383
Horn, W. 117, 268
Horthy, N. 63, 377
Huber, E. R. 76, 165, 179, 184
Hürten, H. 178, 233
Hürter, J. 195
Hüttenberger, P. 268
Hugenberg, A. 78, 88, 107, 121, 133, 139, 142, 150, 198, 218, 286, 382
Hughes, M.L. 208

Iggers, G. 229
Isenberg, N.W. 217

Jacobson, J. 250, 252
Jäckel, E. 115
Jannings, E. 109
Jansen, C. 229
Jarres, K. 84, 373
Jasper, G. 50, 257, 266, 269
Jensen, E.N. 222

JESSE, E. 174
Jessner, L. 95, 100
JOHN, E. 223
JOHN, J. 229
JONES, L. E. 285 f.
JONES, M. 282
Joos, J. 89
Jünger, E. 225 f., 290
JULIEN, E. 235

Kaas, L. 79, 88, 382
KAES, A. 236
KÄHLER, G. 104, 224
Kahr, G. Ritter v. 55
KAISER, A. 235
Kaiser, G. 100 f.
Kandinsky, W. 103
Kapp, W. 40, 323
KASTNING, A. 43
KAUFMANN, D. 189
KAUFMANN, T. 232
Kautsky, K. 16
Keil, W. 157, 192
KELLER, P. 283
Kellogg, F.B. 71, 374
Kelsen, H. 230 f.
Kemal Pascha, Mustafa (Atatürk) 35
KEMPER, C. 286 f.
KENT, B. 246
Keppler, W. 275
Kerr, A. 101
KESSEMEIER, G. 222
KEYNES, J.M. 239
KIENITZ, S. 235
KIESEL, H. 222, 226, 290
Kirchheimer, O. 20
Kirchner, E.L. 99
KLAUTKE, E. 227
Klee, P. 103
KLENKE, D. 189
KLUGE, U. 164, 168, 172, 174, 178
KNIPPING, F. 252, 254
KOCKA, J. 268
Koeth, J. 8
KÖHLER, H. 174
KÖSTER, R. 231
Kokoschka, O. 99
KOLB, E. 164, 167, 170, 172, 180, 183, 263, 266 f., 338
KONRAD, H. 172

KOOPS, T.P. 259
Kornfeld, P. 98
KORTE, H. 216
Kortner, F. 100
KRACAUER, S. 102, 216 f., 228
Krause, P.v. 8
KREIMEIER, K. 217
Kreuger, I. 129
KROHN, C.-D. 228
KROLL, F.-L. 215
KRUEDENER, J. Frhr. v. 204 f., 211, 262
KRÜGER, P. 33, 165, 239, 244, 247–250, 254
KRUMEICH, G. 236, 240
KRUSE, V. 231
KUHN, G. 224
Kun, B. 63, 376
KUNZ, A. 208, 210
KURZ, A. 180, 182
KURZ, R. 232
KURZKE, H. 228

LAAK, D. v. 291
LABA, A. 292
LACEY, K. 218
Lampel, P.M. 101
Landsberg, O. 7
LANE, B. 224
Lang, F. 108
LANGE, B. 223
LANGEWIESCHE, D. 188, 191, 220
LAQUEUR, W. 111, 213 f., 217, 226
LAUBACH, E. 221
Laubscher, G. 199
Law, A.B. 58, 378
LE BARS, M. 198
Le Corbusier (Charles-Edouard Jeanneret) 105
LEHNERT, D. 164, 172, 180, 188, 282
LENGER, F. 231
Lenin, W.I. 173, 380
LEONHARD, J. 218, 283 f.
LEPSIUS, R.M. 118, 187
LESSMANN, P. 266
Liebknecht, K. 9 f., 15 ff., 281, 376
LINK, W. 66, 73, 250
LINKE, H. 247, 249
LIPSET, S. M. 128, 269
Lloyd George, D. 25, 28, 57 f., 239, 242, 378
Lobe, P. 157

Personenregister

Löns, H. 102
Lösche, P. 188 f., 191
Longerich, P. 164
Lossow, O.H.v. 55
Ludendorff, E. 3, 13, 40, 54, 84, 339, 379
Lücke, M. 222
Lüttwitz, W.v. 40, 377
Lundgreen-Nielsen, K. 242
Luther, H. 82 f., 85, 380 f., 383
Luxemburg, R. 10, 16 f., 376

MacDonald, J.R. 58 f., 380
Macke, A. 99
Maier, C. 200
Makropoulos, M. 228
Maltzan, A.v. 248
Mann, H. 100
Mann, T. 95, 100, 228
Mannheim, K. 228
Mantoux, P. 240
Marc, F. 99
Marmetschke, K. 233
Marx, W. 79, 84 ff., 373, 379, 381
Matthias, E. 172, 186, 264
Matthiesen, H. 189
Matzerath, H. 274
Mauersberg, J. 180
Max, Prinz von Baden 3, 6
Maxelon, M.-O. 250 ff.
May, E. 105
Mayer, A.J. 241
Mayer, D. 227
McDougall, W. 244 f.
McElligott, A. 281
Megerle, K. 188, 199, 250, 252
Mehring, R. 226
Mehring, W. 95
Meier, D. 288
Meier-Welcker, H. 193
Meinck, J. 230
Meinecke, F. 256
Meissner, O. 83, 132
Meister, R. 262
Mendelssohn, P. de 106
Mergel, T. 237, 285
Merkenich, S. 197 ff.
Michalka, W. 250
Micheler, S. 222
Mies van der Rohe, L. 105
Miller, S. 172 f., 177

Moeller van den Bruck, A. 226
Möhring, M. 220
Mohler, A. 225
Mommsen, H. 91, 136, 164, 197, 236, 265
Mommsen, W.J. 174, 180
Morat, D. 226
Morsey, R. 74, 180, 186, 259
Mosse, W.E. 233
Müller, C. 219
Müller, F. 259
Müller, H. 34, 89, 94 f., 132, 254, 382 f.
Müller, K.-J. 192
Murnau, F.W. 108
Mussolini, B. 61, 379

Naumann, F. 20, 288
Neebe, R. 136, 200, 276
Neumann, S. 185
Nickel, E. 231
Niedhart, G. 164
Niehuss, M. 207
Niess, W. 280
Nitti, F.S. 61
Nolte, P. 231
Noske, G. 16, 40, 157, 283
Nowak, K. 232
Nyomarkay, J. 114, 268

Oberkrome, W. 230
Oberreuter, H. 181 f.
Oertzen, P.v. 172
Orlando, V.E. 25
Orlow, D. 268
Ossietzky, C.v. 227
Oswald, R. 221

Pabst, G.W. 109
Papen, F.v. 110, 131, 143-147, 149, 152, 218, 255, 257, 264-267, 275 ff., 384 f.
Partsch, C. 223
Patch, W.C. 259
Paucker, A. 233
Payk, M. 283 f.
Pechstein, M. 99
Pehnt, W. 224
Peters, O. 223
Petro, P. 217
Petzina, D. 204
Petzold, J. 168
Peukert, D. 164, 215, 224, 227

Pfeffer von Salomon, F. 118
PILLER, E. 292
Pilsudski, J. 63, 381
Piscator, E. 101
Plessner, H. 228
POGGE VON STRANDMANN, H. 247 f.
POHL, K.-H. 250
Poincaré, R. 25, 30, 45, 51, 53, 60, 245, 378, 382
PORTNER, E. 180
Posadowsky-Wehner, A. Graf v. 372
POSTERT, A. 287
POTTHOFF, H. 180, 200, 211
PRELLER, L. 158 f., 196, 202
Preuß, H. 8, 17, 21, 181, 284
Primo de Rivera, M. 379
PRÜMM, K. 226
PYTA, W. 164, 189, 264, 266 f.

RAHDEN, T. v. 234
RAITHEL, T. 227
Rathenau, W. 47, 50, 192, 248, 378
RATHERT, W. 223
RAUH-KÜHNE, C. 190
Redslob, E. 237
Reger, E. 102
Rehfisch, H. 101
REICHMANN, E.G. 233
Reinhardt, M. 95, 100
Reinhardt, W. 40
Remarque, E.M. 102
Renn, L. 102
Reusch, P. 276
Reutter, O. 95
RHODES, J.M. 268
RICHTER, L. 180, 182
Rilke, R.M. 100
RINGER, F. 229
RITSCHL, A. 211, 262
RITTER, G. 36 f., 239
RITTER, G.A. 93, 180, 187, 205
RODER, H. 200
RÖDDER, A. 254 f., 259
Rohe, K. 187, 264
ROHKRÄMER, T. 227
ROSENBERG, A. 157, 161, 169 f., 185, 255
Ross, C. 219
ROSSOL, N. 236, 279 f., 281
Rothfels, H. 230
RUCK, M. 164, 200

RÜHLE, G. 101
RÜRUP, R. 16, 172 ff., 180
Ruttmann, W.R. 109

Salazar, A. 384
SAEHRENDT, C. 235
SALDERN, A.v. 224
SALEWSKI, M. 243
SAUER, W. 193
SAUNDERS, T.J. 217
Schacht, H. 145, 275, 383
SCHAEFER, R. 264, 266
SCHANBACHER, E. 184
Scharoun, H. 105
Schauwecker, F. 102
SCHEELE, G. 157
Scheidemann, P. 7, 16, 18, 33, 50, 86, 192, 372, 376 f.
SCHIEDER, T. 70, 247
Schiffer, E. 8
Schiffers, R. 180
SCHILDT, A. 228
Schlange-Schöningen, H. 198
Schleicher, K. v. 86, 120, 130 ff., 140, 142–144, 146–149, 152, 193, 255, 257, 266 f., 276 f., 289, 384 f.
SCHLEIER, H. 230
SCHLOSSER, H.D. 237
SCHMIDLECHNER, K.M. 172
Schmidt-Rottluff, K. 99
SCHMIECHEN-ACKERMANN, D. 188
Schmitt, C. 226
SCHNEEDE, U. 224
SCHNEIDER, M. 199
SCHÖNHOVEN, K. 77, 191, 199, 201, 264, 266
SCHÖNING, M. 236
SCHOLDER, K. 232
Scholz, E. 86
SCHREIBER, G. 267
Schröder, K. Frhr.v. 149
Schubert, C. v. 254
SCHUBERT, G. 223
SCHÜRGERS, N.J. 228
SCHÜRMANN, S. 224
SCHÜTZ, R. 168
SCHUKER, S.A. 203, 244 f.
SCHULTE, B. 289
SCHULZ, G. 24, 114, 134, 165, 180, 240 f., 263 f.

Schulze, H. 42, 164, 181, 265
Schumacher, F. 105
Schumacher, M. 197
Schumann, D. 164, 279
Schwabe, K. 239, 248
Schwarz, A. 39, 161, 184
Schwarz, H.-P. 226
Schwierskott, H.-J. 225
Seeckt, H.v. 41, 49, 55, 80, 87, 193 f., 379, 381
Seisser, H. Ritter v. 55
Seldte, F. 122
Severing, C. 143, 157, 264
Sharp, A. 240
Simons, W. 372
Smuts, J.C. 26, 31
Solf, W. 8
Sontheimer, T. 225 f.
Stalin, J. 328
Stalmann, V. 281
Stampfer, F. 157
Stegerwald, A. 89
Stegmann, D. 274 ff.
Steinisch, I. 201, 207
Stern, F. 226 f.
Sternberg, J. v. 109
Sternberger, D. 181
Stiasny, P. 217
Stinnes, H. 192, 205
Stolleis, M. 230, 232
Stolper, G. 76
Stoltenberg, G. 199
Straßer, G. 117, 119, 134, 145 ff.
Streim, G. 223
Stresemann, G. 13, 53, 61, 65 f., 69, 71, 73, 79, 89 f., 162, 250-255, 378 ff.
Stürmer, M. 74, 79, 83, 87
Stupperich, A. 272

Tanner, K. 232
Taut, B. 105
Tenbruck, F. 231
Thälmann, E. 84, 139, 373
Theine, B. 199
Thimme, A. 251
Thompson, J. M. 242
Thum, G. 238
Thyssen, F. 129
Toller, E. 100
Trachtenberg, M. 244

Troeltsch, E. 32, 38 f.
Trommler, F. 101 f., 214, 217
Tucholsky, K. 227
Turner, H. A. 74, 250, 253, 273 f.
Tyrell, A. 268

Ullrich, A. 290
Unruh, F. v. 100

Vestring, S. 180
Viefhaus, E. 239
Völtzer, F. 180
Vogelsang, T. 195

Wagner, M. 105
Walsdorff, M. 250, 252
Walter, F. 188 f., 191
Ward, J. 224
Weber, A. 183
Weber, H. 192
Weber, M. 18, 114, 180 f., 185, 196, 288
Wehner, J.M. 102
Weichlein, S. 190
Weidenfeld, W. 250, 252
Weiling, C. 232
Weinhauer, K. 281
Weinrich, A. 289
Weipert, A. 282
Weisbrod, B. 200 ff.
Weitz, E. 215
Weltsch, R. 233
Welzbacher, C. 237
Wenge, N. 234
Wengst, U. 258
Westarp, K. Graf v. 86, 286
Weyergraf, B. 222
Wick, R. 224
Wiene, R. 108
Wiggershaus, R. 231
Wilhelm II. 3 ff., 32, 34, 376
Willett, J. 105
Williams, J. 221
Wilson, W. 3 ff., 25-33, 36, 240 f., 281, 376
Winkler, H.A. 14, 77, 164 f., 174, 176, 178, 181, 190 f., 202, 210, 263, 266 f., 269
Winter, G. 373
Wirsching, A. 164, 192, 259
Wirth, J. 46, 50, 79, 139, 192, 247, 379
Wissell, R. 16

WITT, P.-C 202, 205
WOHLFEIL, R. 193
Wolf, F. 101
WOLFF-ROHE, S. 200

Young, O. 382

ZEGENHAGEN, E. 222

ZEIDLER, M. 194
Zeigner, E. 54
ZIEMANN, B. 235, 279 f., 289
ZIMMERMANN, L. 242
ZIMMERMANN, M. 233
Zöberlein, H. 102
Zuckmayer, C. 95, 101
Zweig, A. 102

Sachregister

Abdankungsfrage 4
Abrüstung/Entmilitarisierung 30, 32, 70 f.
Achtstundentag 14, 91, 201
Agrarier s. Landwirtschaft
Angestellte 38, 120, 123, 269, 272 s. auch Mittelstand
„Amerikanismus" 227
Anhalt 140
Antimarxismus 10, 48, 116, 132, 149, 184, 268
Antiparlamentarismus 130, 132, 143, 150, 155, 197, 231, 268, 276
Antisemitismus 12, 38, 116, 129, 156, 197, 234, 253, 287, 290 f.
Arbeiter- und Soldatenräte Nov./Dez. 1918 6, 10, 15, 20, 167–177 s. auch Rätebewegung 1919, Rätekongreß, Rätesystem
Arbeiterbewegung 10, 16, 20, 23, 41, 92, 152, 162, 167, 220, 271 f.
Arbeiterschaft 6, 11 ff., 22, 41, 92, 148, 153, 172, 206 f., 221, 271 f.
Arbeitgeber/Arbeitgeberverbände s. Unternehmer
Arbeitsgemeinschaftsabkommen s. Zentralarbeitsgemeinschaftsabkommen
Arbeitslosenversicherung 87, 93 ff.
Arbeitslosigkeit/Arbeitsbeschaffung 83, 86, 93, 124, 137, 143, 148, 197, 203 f., 206 f., 260, 265, 272
Arbeitsmarktparteien 14, 92, 209 ff., 196–201
Architektur 95, 97, 102 ff., 212, 224
Artikel 48 19 f., 80, 85, 131 f., 134, 181 f., 258 s. auch Notverordnungen
Aufrüstung 89, 191–195
Aufstände s. Unruhen
Aufwertungsfrage 82, 208

Ausnahmezustand 19, 38, 54, 80, 146, 266 f.
Außenhandel/Auslandskredite 31, 44, 48, 52, 64, 66, 72, 124, 137, 203, 247, 260
Autoritäre Bestrebungen/autoritärer Staatsgedanke 39 f., 42, 62 f., 79, 87 f., 95, 129 ff., 141, 148, 151 f., 159, 197, 201, 227, 229–230, 233, 256, 263, 275

Baden 8, 87, 122, 288
Bankenkrise 137, 261 f.
„Bauhaus" 95, 104 f., 213, 224
Bayerische Volkspartei (BVP) 13, 50, 82, 84, 86, 88 f., 94, 127, 144 f., 191, 270
Bayern 8, 19, 42, 50, 54, 113, 117, 139, 267
Beamte/Bürokratie 10, 16, 41, 52, 123 f., 131, 135 f., 141, 206 f., 269
Belgien 29, 31, 46, 51, 69 ff.
Berlin 6, 10, 15, 38, 41, 55, 104–107, 119, 236, 271, 279, 282
– als Kulturmetropole 100 f., 105 f., 214–215
Berliner Vertrag 70, 252
Braunschweig 6, 8
Bremen 6, 8, 21
Bremer Linksradikale 16, 170
Briand-Kellogg-Pakt 71
Bürgerblock 75, 81 ff., 86 f., 89, 291
Bürgertum 10, 12, 15, 20, 23, 41, 119, 122, 130, 151, 206, 219, 226, 229, 282, 288 s. auch Mittelstand
Bürokratie s. Beamte
Bulgarien 2, 35, 63

Christlich-Nationale Bauern- und Landvolkpartei 198
cordon sanitaire 25, 28
Curzon-Linie 63

Sachregister

Dawes-Plan 66–69, 72 f., 80 f., 252
Deflationspolitik 133, 136, 209, 260–263
Demobilisierung 11, 15, 196
Demokratisierung 1, 15, 23, 170, 178 f., 231
Den Haag, Konferenz von 72 f.
Desintegration des demokratisch-parlamentarischen Systems 75 f., 79, 84 f., 87 f., 112, 129–133, 151, 159, 183–186, 200, 204, 231–232, 234, 255–278
Deutsche Demokratische Partei (DDP)/ Deutsche Staatspartei (DStP) 13, 17, 34, 42 f., 53, 69, 76 f., 79–86, 88 f., 127, 145, 270, 288
Deutsche Volkspartei (DVP) 13, 17, 35, 42 f., 51, 53, 66, 69, 75, 77, 79–84, 86–90, 127, 139, 145, 270, 275, 291
Deutschnationale Volkspartei (DNVP) 12, 17, 35, 39, 42 f., 50, 69, 75, 78, 80 ff., 84–88, 120 ff., 127–130, 133 ff., 138, 145, 148, 191, 237, 270, 275, 285 f.
Diktaturbestrebungen 38, 55, 63, 85, 150, 161 f., 172, 265, 266 f.
Dolchstoß-Legende 38 f., 156, 212, 235, 277

Einkommensentwicklung 90 f., 124, 203, 206–210
Entmilitarisierung s. Abrüstung
„Erfüllungspolitik" 51, 238, 248
Ermächtigungsgesetz 79 f.
Erwerbsquote 375
Expressionismus 97–101, 108, 214, 222 f.

Faschismus, ital. 61, 288
Fememorde 50
Film 95, 106, 108 f., 163, 212 f., 216–220, 280, 289
Finanzpolitik/Steuerpolitik 39, 44, 47, 52, 68, 93 f., 133, 137, 202–205, 257, 260 s. auch Währungspolitik, Wirtschaftspolitik
Flaggen-Streit 85
Flotte s. Marine
Föderalismus s. Reich-Länder-Verhältnis
Frankfurt 224
Frankreich 25, 35, 44, 48, 57, 59, 64, 66, 69–72, 124 f., 138, 239, 251, 280, 285

– franz. Deutschland- und Rheinpolitik 25, 28 ff., 34, 37, 41, 45, 51, 60, 242, 244–246
Frauen 15, 57, 110, 163, 207, 218, 221 f., 236, 281, 292
Freikorps 16, 21, 40, 47, 49, 118, 283
Friedenskonferenz s. Pariser Friedenskonferenz
Fürstenenteignung 86, 117

Gebietsveränderungen/territoriale Fragen/ Grenzfragen 9, 18, 25–28, 30, 35, 47, 49, 62, 65, 70 f., 243, 246 f., 252, 292
Generalstreik v. 1920/Generalstreikpläne 40, 52, 54, 143, 265
Genf, Völkerbundstagung in 26, 72
„Genfer Protokoll" 58
Genua, Konferenz von 48
Geschlechterrollen 213, 215, 217–218, 221 f., 236, 280 f.
Gesetz über die vorläufige Reichsgewalt 18, 179
Gewerkschaften 6, 14, 21, 40 f., 90 ff., 94, 119, 129, 136, 148, 152, 160, 177, 197, 199, 209, 264 f.
Grenzfragen s. Gebietsveränderungen
Großbritannien 25, 35, 44, 46, 51, 57–59, 64, 67, 69 f., 72, 74, 124 f., 280
„Große Koalition" 50–53, 75, 82 f., 86 f., 89 f., 95, 126, 130, 132, 135, 159, 255, 257
Grundrechte 19 f., 284

Hamburg 6, 8, 54, 140, 206, 214, 271, 287
Hamburger Punkte 15
Handel s. Außenhandel
Handwerk s. Mittelstand
Hannover 224
Harzburger Front 138, 149
Hauszinssteuer 104
Heer s. Reichswehr
Hessen 8, 140
Hitler-Putsch 55, 113 f.
Hoover-Moratorium 137 f.
Hyperinflation 202 f.

Industrie/wirtschaftl. Interessenverbände/ Arbeitgeber 12, 30, 44, 69, 71, 81, 90–94, 120, 128 ff., 145, 148, 151, 160, 178, 196, 199 f., 205, 209 ff., 273–278,

285 f. s. auch Unternehmer, Nationalsozialistische Deutsche Arbeiterpartei
Inflation 44 f., 52, 56, 61, 66, 137, 163, 201–206, 214, 216, 260, 291
Intellektuelle 214–215, 225–229, 233, 288, 292
Interessenverbände s. Industrie bzw. Landwirtschaft
Italien 25, 35, 46, 51, 61, 67, 70

Januaraufstand 16, 171
Juden/Judentum 106, 156, 220 f., 233–234, 290 s. auch Antisemitismus
Jugend 38, 116, 118 f., 123, 269, 287, 292, 374
Justiz 39 f., 50, 83 f., 113 f., 119, 160, 291

Kabinettsbildung 3, 7, 18, 34, 43, 46, 50 f., 53, 79, 89, 144
Kapp-Lüttwitz-Putsch 40–43, 283
Katholizismus 12, 78 f. 84, 87, 153, 178, 221, 232–233, 269, 287 f.
Kino s. Film
Klassengegensätze 51, 90 f., 110 ff., 151, 172, 187 f., 196, 207, 219
Koalitionspolitik 7, 39, 50 f., 53, 75 f., 78–83, 85 ff., 123, 133 f., 145, 184 s. auch „Große Koalition"
Köln 234
Körperkultur s. Sport
Kolonien, dt. 25, 32, 291
Komintern 43, 49, 54, 63, 143, 273
Kommunistische Partei Deutschlands (KPD) 16, 38, 42, 49, 53, 56, 80 ff., 84, 88, 101, 119, 123, 127, 133 ff., 139, 143, 168, 185, 191, 215, 236, 265, 270, 291
Konservativismus 39, 63, 74, 160, 186, 196 f., 225–227, 230, 232, 258, 285–287, 292
Kriegserinnerung 235, 280, 289 f.
Kriegsschuld-Artikel 32, 39, 122, 238, 277
Kulturpessimismus 96 f., 110 f., 226 f.
Kunst, bildende 95, 97–100, 212, 222–224

Länder s. Reich-Länder-Verhältnis
Landwirtschaft/landwirtschaftliche Interessenverbände 12, 30, 69, 78, 95, 119 f., 130, 141, 148, 151, 178, 190, 196 ff., 206, 219, 279, 285 f. s. auch Reichslandbund
Lateranverträge 62

Lausanne, Konferenz von 138
– Frieden von 35 f.
Liberalismus 1, 13, 17, 21, 79, 130, 180, 186, 225, 227–228, 287 f.
Linksextremismus 8 f., 17, 22, 37, 49, 53, 97, 151, 162, 166, 175, 282
Literatur 95, 97, 100 ff., 212, 222 f., 290
Locarno-Verträge 70, 82, 252
Löhne 14, 90 ff., 205–208
Londoner Konferenz 68, 245
Londoner Zahlungsplan 46, 67
Lübeck 6, 122, 146

„Märzaktion" der KPD 49
Malerei s. Kunst, bildende
Marine 5 f., 9, 29, 89
Massenmedien 95 f., 106–110, 155, 216–220, 223, 281
Matrosenmeuterei 5 f.
Mecklenburg-Schwerin 140
Mehrheitssozialdemokratie s. Sozialdemokratische Partei Deutschlands
Milieu, Milieus 187 ff., 220 f., 233–234, 236, 285 f., 293 s. auch Sozialstruktur/Sozialmilieu
Militärfrage 16, 171, 177, 192–195
Militärkontrolle 73, 252
Militärpolitik s. Reichswehr; s. auch Offizierskorps, Hamburger Punkte
Minderheitskabinette 43, 75, 81, 83, 85 f., 132 f.
Mitteleuropakonzeption 228
Mittelstand (alter)/Kleinbürgertum/Handwerk/Gewerbe 12, 79, 116, 119 f., 123 ff., 128, 190, 196, 206, 269 s. auch Angestellte
Monarchismus 12, 23, 37, 42, 136, 258
Mord, politischer 16 f., 50
München 8, 21, 50, 55, 117, 232, 282, 287
Musik 212, 222 f.

Nationalismus 34, 37 ff., 54, 62, 65, 73, 84, 88, 90, 98, 102, 113, 116, 121 f., 153, 156, 225, 232, 250, 254, 268, 277, 285, 287
Nationalsozialistische Deutsche Arbeiterpartei (NSDAP)/NS-Bewegung 50, 55, 78, 88, 110, 112–124, 126–130, 138 ff., 142–146, 149–152, 156, 183–186, 190, 205, 225,

Sachregister

228, 232–233, 236, 238, 242, 255, 267–278, 279, 281, 283, 289-291
- Finanzierungsfrage 122, 128 f., 273–276
- Führerprinzip 113–118, 120, 267 f., 277
- Industrie und Nationalsozialismus 128 f., 269, 273–276
- Wählerschaft/Wahlbewegung 116, 119–123, 126 f., 143, 183, 269–273, 286

Nationalversammlung 7, 10, 13, 21, 34, 158, 167, 171, 178–181, 284
„Neue ökonomische Politik" 64
„Neue Sachlichkeit" 98 f., 103, 109, 214, 222 f.
Notverordnungen 80, 131 ff., 135, 140, 146, 182, 257, 275 f.
Notverordnungsregime s. Präsidialregime

Oberschlesienfrage 29, 46, 63
Oberste Heeresleitung (OHL) 2, 8, 13, 16, 177
Obrigkeitsstaat s. Autoritäre Bestrebungen
Österreich 2, 18, 32, 35, 63, 137, 139, 254
Offizierskorps s. Reichswehrführung
Oktoberreform 5, 9, 11
Oldenburg 140
Organisation Consul 50
Ostgrenze s. Gebietsveränderungen
Ostorientierung der Außenpolitik 47 f., 70, 115 ff., 246–249
Ostsiedlungsnotverordnung 140 f.

Panzerkreuzerbau 89
Pariser Friedenskonferenz 19, 23–34, 177, 238–243, 283
Parlamentarisierung/Parlamentarismus 2, 5, 16, 18 f., 21 f., 76 ff., 147, 160, 166–176, 179, 191, 225, 227–228, 231, 258, 286
Parteien 160, 163, 177, 185–191, 197
- „bürgerliche" 8 f., 12, 17, 75, 77, 85–88, 123, 128, 132 f., 143 f., 153, 183 f., 191, 206, 237, 270, 280
- konservative 12, 236
- liberale 13, 79, 185, 191
- sozialistische 10 ff., 20, 38, 88, 161, 180
s. auch unter den einzelnen Parteinamen
Parteiensystem 17, 19, 75 ff., 88, 160, 163, 177 f., 181, 184–188, 206, 211, 256
passiver Widerstand 51, 55
Pazifismus 3 f., 6, 38

Plebiszitäre Verfassungselemente 20, 180 s. auch Volksbegehren/-entscheid
Polen 28, 35, 47, 62 f., 66, 70 f., 248, 252 f., 281
politische Kultur 188–190, 213, 215, 234–238, 277, 279, 281, 285 f., 289-291
s. auch Milieus
Polizei 6, 49, 54, 131, 143
Präsidialkabinette 110, 112, 130–153, 160, 218, 255–266
Präsidialregime 76, 85 f., 95, 130 ff., 142, 151, 159, 186, 255
Pressewesen 106 ff., 122, 130, 163, 212 f., 219, 234, 282, 291 f.
Preußen 8, 16, 18, 29, 41, 49, 77, 133, 135, 139, 143, 236, 263 ff., 284 f., 291
„Preußen-Schlag" 143, 152, 160, 264–66
Proletarische Hundertschaften 53
Protestantismus/evangel. Kirche 13, 38, 56, 120, 128, 178, 221, 232
Putsche 40, 53, 113, 143, 145, 150, 266
s. auch Hitler-P., Kapp-Lüttwitz-P., Unruhen

Querfront-Konzept 146

Rätebewegung 20, 169 s. auch Arbeiter- und Soldatenräte
Rätekongreß 15
Rätesystem 10, 15, 21 f., 38, 161, 170 f.
Rapallo, Vertrag v. 47 f., 64, 246–249
Rat der Volksbeauftragten 8, 13
Rechtsextremismus 37, 42, 49 f., 54, 80, 113 f., 122, 138, 150, 236, 238, 286, 291
Regierungsbildung s. Kabinettsbildung
Regierungskrisen 46, 53, 82 f., 85 ff., 89 f., 94, 139, 255, 257
Regierungssystem 19, 255
Reich-Länder-Verhältnis 8, 18 f., 54 f., 179, 279, 285
Reichsbahn 68 f., 72 f., 81
Reichsbanner 140, 143, 235–236, 238, 288 f.
Reichsexekution 54, 143
Reichslandbund 120, 197 ff.
Reichspräsident 18, 50, 180, 277, 286
- Einflußnahme 84 f., 95, 130 ff., 139, 144, 149, 257 s. auch Präsidialregime
Reichspräsidentenwahlen s. Wahlen
Reichstag 5, 18, 76, 179, 237

- Funktionsverlust des Reichstags 131 ff., 135 f., 237, 255, 284
Reichstagswahlen s. Wahlen
Reichswehr 12, 15, 40, 48, 131, 143, 146, 155, 160, 192–195, 283
Reichswehrführung 13, 16, 40, 55, 80, 150, 161, 166, 192–196
- Einflußnahme des Militärs auf Politik 87, 130 f., 140, 142, 192–196, 256, 259, 283
Reichswehrpolitik 13, 16, 40, 55, 86, 142, 192–196
Religion 212 f., 232 f., 279 s. auch Juden/Judentum, Katholizismus, Protestantismus
Rentenmark 53
Reparationen/Reparationspolitik 28, 31, 35, 43–46, 51, 60, 64–68, 71 ff., 81, 90, 121, 136 ff., 196, 203, 243 f., 252, 258, 261, 283, 291 s. auch Erfüllungspolitik, Londoner Zahlungsplan, Dawes-Plan, Young-Plan, Revisionismus
Republikgegner 37, 50, 56, 96, 102, 110, 112, 122, 126, 129 f., 148–152, 191–195, 214, 225 f., 229–230, 232, 242 f., 257, 266, 276, 285–287, 289
Republikschutzgesetze 50, 87
Revisionismus 26, 36, 65, 212, 217
- deutscher 36, 47, 64, 70, 73 f., 138, 238, 243–255, 258, 262 f.
- französischer 31, 34, 37, 46, 51, 59, 238, 245
Revolution von 1918/19 5 ff., 16, 21, 213–214, 216, 231, 280–282, 284 f., 286 f.
- Deutungen 22 f., 161, 166–177, 280
Revolutionäre Obleute 7, 16
Rheinlandbesetzung/-räumung 31, 42, 46, 68 f., 71 ff., 121, 252
Rigaer Frieden 63
Rostock 282
Rote Armee 48, 63, 193
Ruhrbesetzung 46, 51, 60, 68 f., 71, 245, 252
Ruhreisenstreit 92, 151, 201
Rundfunk 106, 109 f., 163, 213, 218–220

SA s. Nationalsozialistische Deutsche Arbeiterpartei
Saarfrage 29, 71, 252

Sachsen 8, 41, 53, 119, 126, 146
Schulfrage 20, 78, 87, 179
„Schwarze Reichswehr" 53
Separatismus 29 f., 53
Sowjetunion/Rußland 24, 27, 36, 48, 57 f., 61 f., 70, 241 f., 246–249, 281, 288, 292
Sozialdemokratische Partei Deutschlands (SPD) 34 f., 38, 42 f., 49, 53, 69, 84, 88, 94, 123, 132 ff., 145, 152, 180, 183, 185, 188, 191, 197, 220 f., 228, 270, 284, 291
- während der Revolutionsmonate 6–11, 13–21, 162, 166 f., 170–173, 176, 282, 288
- Koalitionspolitik 39, 50, 75, 77 ff., 86, 89, 94, 257
- Tolerierungspolitik 84, 134, 139, 263
- beim „Preußen-Schlag" 143, 160, 264–266
Sozialisierung/Sozialisierungsfrage 10, 15, 21, 90 f., 171, 201
Sozialpartnerschafts-Konzept 14, 90, 200
Sozialpolitik 11, 15, 83, 90 f., 93 ff., 104, 137, 158, 196, 209, 261
Sozialstruktur/Sozialmilieu 11, 118, 124, 187 ff., 196, 206, 220, 265, 268–273, 375
Spartakusbund 9, 15 f., 167–171
Splitterparteien 88, 127, 184
Sport 106, 110, 212 f., 215, 220–222, 292
Staatsnotstand/Staatsnotstandsplanung 129, 146–149, 152, 266 f.
Stahlhelm 122, 138, 235–236, 285
Streik/Streikbewegungen 21, 38
Studenten 38, 118 f., 292

Theater 95, 100–102, 212–214, 222
Thoiry, Treffen von 71
Thüringen 8, 41, 53, 103, 123, 146, 206
„Teilkulturen" 187, 235–237
Tolerierungspolitik 43, 75, 134, 141, 263
Tschechoslowakei 29, 35, 63, 70
Türkei 35

Unabhängige Sozialdemokratische Partei Deutschlands (USPD) 7, 16, 19–22, 38, 41 f., 49, 77, 80, 168, 170 f., 190
Ungarn 35, 63
Unruhen/Aufstandsversuche 6, 16, 21, 23, 40 f., 53 s. auch Putsche

Unternehmer/Unternehmerverbände 12, 14, 90–94, 151, 196, 199, 205, 209 f., 290 f. s. auch Industrie
USA 8, 25, 30, 44, 57, 60, 64, 67, 69, 72, 74, 124 f., 137 f., 203, 214, 218, 240 f., 243 ff., 251, 292

Vaterländische Verbände 49, 55
Vereinigte Staaten s. USA
Verfassung, Weimarer 18, 38, 145 f., 158, 176, 178–183, 236, 277, 280, 284 f., 290
Verfassungswandel 3, 15, 17 f., 69, 85, 131, 134, 141, 146, 152, 256
Versailler Vertrag 30 ff., 39, 42 f., 47 f., 60, 69, 238–243, 249, 252, 280, 283 f.
- Auseinandersetzungen um den Vertrag in Deutschland 32, 39, 122, 238, 242, 290
- in der Geschichtsschreibung 36, 238–243
Verträge 23 ff., 47 f., 62, 68–71 s. auch unter den einzelnen Vertragsorten
Verwaltung s. Beamte/Bürokratie
Völkerbund 26, 47, 58, 70, 73, 241, 252, 291
Völkische Gruppierungen 49 f., 54, 80, 82, 84, 101 f., 113, 220, 225, 232
Volksbegehren/Volksentscheid 19 f., 121 ff.
- zur Fürstenenteignung 86, 117
- gegen die Preußenregierung 135, 143 s. auch Young-Plan
Volksrechtspartei 208
Volkswehren/Einwohnerwehren 169
Vorortverträge 23, 35, 240 f.

Wählerbewegungen 17, 42 f., 79–82, 88, 128, 183, 187 ff., 267–273 s. auch Wahlen
Währungspolitik 44, 47, 52, 56, 66, 68, 163, 165, 201–206, 260 f.
Waffenstillstand 2, 6, 8, 23 f., 29, 32, 39
- Notenwechsel 1918 4

Wahlen
- zur Nationalversammlung 15
- zum Reichstag 42 f., 80 ff., 88 f., 121, 127, 134, 143, 145, 285, 370 f.
- zum Landtag 22, 122 f., 126, 139, 146
- Reichspräsidenten 19, 50, 84, 120, 139, 286, 289, 372 f.
Wahlsystem 15, 155, 183, 282
- Frauenstimmrecht 15
„Weimarer Koalition" 17, 46, 50 f.
Weimarer Verfassung s. Verfassung
Weltwirtschaftskrise 73, 90, 92, 101, 105, 113 f., 121, 124 f., 136, 151, 155, 190, 203, 206, 211, 255, 262
Westgrenze s. Gebietsveränderungen
Wilsons Vierzehn Punkte 4, 28, 33, 214
Wirtschaftspartei 82, 88
Wirtschaftspolitik 11, 14, 44, 66, 72–75, 90, 93 ff., 132, 135 ff., 177, 195–212, 243, 245 f., 254 f., 256 f., 260–263, 291
Wissenschaften 212–215, 223, 226, 229–232, 280, 282, 284, 292
Wohnungsbau 104 f., 224
Württemberg 8, 19, 139 f.

Young-Plan 72, 90, 94, 121 ff., 126, 132, 138, 252, 261

„Zähmungskonzept" 142, 147
Zeitungen s. Pressewesen
Zentralarbeitsgemeinschafts-Abkommen 14, 90, 201 s. auch Sozialpartnerschafts-Konzept
Zentrum 7, 12 f., 17, 20, 35, 39, 43, 53, 69, 75, 78 f., 80–88, 127, 132, 134, 139, 143 f., 152, 186–191, 257, 269, 287 f.
Zollunion, dt.-österr. 139, 254
Zwangsschlichtung 92, 201, 209

www.ingramcontent.com/pod-product-compliance
Lightning Source LLC
Chambersburg PA
CBHW031324230426
43670CB00006B/233